Regulação de Formas de Financiamento Empresarial *FinTech*

Regulação de Formas de Financiamento Empresarial *FinTech*

EM ESPECIAL O *CROWDFUNDING* E AS *INITIAL COIN OFFERINGS*

2022

João Vieira dos Santos

ALMEDINA

REGULAÇÃO DE FORMAS DE FINANCIAMENTO EMPRESARIAL *FINTECH*
EM ESPECIAL O *CROWDFUNDING* E AS *INITIAL COIN OFFERINGS*
AUTOR
João Vieira dos Santos
EDITOR
EDIÇÕES ALMEDINA, S.A.
Rua Fernandes Tomás, n.os 76-80
3000-167 Coimbra
Tel.: 239 851 904 • Fax: 239 851 901
www.almedina.net • editora@almedina.net
DESIGN DE CAPA
FBA.
PRÉ-IMPRESSÃO
EDIÇÕES ALMEDINA, S.A.
IMPRESSÃO E ACABAMENTO

Maio, 2022
DEPÓSITO LEGAL

ALMEDINA | GRUPOALMEDINA

BIBLIOTECA NACIONAL DE PORTUGAL – CATALOGAÇÃO NA PUBLICAÇÃO
SANTOS, João Nuno Pinto Vieira dos
REGULAÇÃO DE FORMAS DE FINANCIAMENTO EMPRESARIAL *FINTECH*: Em especial o *Crowdfunding* e as *Initial Coin Offer* – (Abreu advogados)
ISBN 978-989-40-0476-9
CDU 347

NOTA PRÉVIA

O texto que agora se publica corresponde, com alterações, à tese de Doutoramento em Direito entregue a 15 de outubro de 2020 na Faculdade de Direito da Universidade do Porto e defendida em provas públicas a 22 de setembro de 2021, perante um Júri composto pelos Senhores Professores Doutores Manuel Carneiro da Frada (Presidente), João Pacheco de Amorim (Orientador), Pedro Costa Gonçalves, Diogo Pereira Duarte (Arguente), Pedro Maia, Maria Elisabete Ramos e Maria Raquel Guimarães (Arguente).

As alterações introduzidas correspondem essencialmente a uma revisão linguística e à atualização da tese com referência à legislação em vigor (destacando-se as alterações introduzidas pela Lei n.º 99-A/2021) e à bibliografia consultada, até fevereiro de 2022. Foram, também, introduzidos, ainda que brevemente, alguns temas com desenvolvimentos recentes, como as finanças descentralizadas, as finanças sustentáveis e os *Non-fungible Tokens*.

O meu percurso doutoral apenas foi concluído com sucesso por todo o apoio que recebi da minha Família, sobretudo da Sara e dos meus Pais. A todos eles, bem como aos meus amigos, devo uma eterna gratidão pela incondicional companhia, mesmo nos piores dos dias, pelo que lhes dedico a minha tese.

Ao meu Orientador, o Senhor Professor João Pacheco de Amorim, uma palavra de particular apreço e de gratidão, palavra sempre curta, sempre insuficiente, pela disponibilidade, os conselhos e a confiança que teve em mim.

Exprimo ainda os meus agradecimentos a um conjunto de Professores que, ao longo do tempo e de diferentes maneiras me influenciaram e se mostraram disponíveis para discutir aspectos da tese comigo.

Começo pelo Senhor Professor Doutor Diogo Pereira Duarte tendo sido sempre um gosto enorme aproveitar a sua disponibilidade para discutir os temas da inovação financeira, cujo interesse partilhamos, agradecendo-lhe igualmente a amabilidade de aceitar escrever o prefácio desta publicação, o que muito a prestigia.

Um agradecimento é devido à Senhora Professora Doutora Maria Raquel Guimarães pela ajuda que me prestou, pelos ensinamentos e pela instigação ao espírito crítico, que muito contribuíram para o desenvolvimento dos meus trabalhos académicos.

Agradeço ao Senhor Professor Doutor Paulo de Tarso Domingues, por todos os seus conselhos e disponibilidade para discutir muitas opções que fui fazendo em várias fases da preparação da tese, e agradeço, igualmente, aos Senhores Professores Doutores Luís Guilherme Catarino, Alexandre Soveral Martins, Teresa Rodríguez de las Heras Ballell e Fernando Zunzunegui pelos seus ensinamentos.

Pude ainda contar com a ajuda muito próxima dos meus colegas da CMVM, preciosa para adquirir os conhecimentos necessários sobre os mercados de instrumentos financeiros e a sua regulação. O seu companheirismo e generosidade foram vitais para que a minha tese avançasse. Muito obrigado.

Benificiei adicionalmente da valiosa ajuda dos funcionários da Biblioteca da Procuradoria-Geral da República, que me enviaram as obras digitalizadas de que necessitava durante os períodos de confinamento, estando-lhes profundamente grato.

A minha gratidão vai também para o Instituto de Conhecimento da Abreu Advogados pela atribuição do Prémio Abreu Advogados 2021 ao meu trabalho de investigação, *ex aequo* com o trabalho de investigação do meu colega na Universidade Lusófona, o Senhor Professor Doutor José Gonçalves Machado. Sinto-me imensamente honrado por obter este reconhecimento por parte de um Instituto e de um Júri de tanta qualidade e tão reputados.

PREFÁCIO

Formas de Financiamento Empresarial FinTech: uma obra pioneira

PROFESSOR DOUTOR DIOGO PEREIRA DUARTE
Professor Auxiliar da Faculdade de Direito de Lisboa
Investigador do Centro de Investigação de Direito Privado

I. A monografia que agora se publica, com o título *"Formas de Financiamento Empresarial FinTech: em especial o crowdfunding e as Initial coin offerings"*, corresponde à dissertação de Doutoramento do Professor Doutor João Pinto Nuno Vieira dos Santos, cujas provas públicas tiveram lugar, na Faculdade de Direito da Universidade do Porto, no passado dia 22 de setembro de 2021. Foi a primeira dissertação de Doutoramento que, em Portugal, versou sobre estes temas.

O júri foi composto pelos Senhores Professores Doutores Manuel António Portugal Carneiro da Frada, João Salvador Velez Pacheco de Amorim, Pedro António Pimenta da Costa Gonçalves, Pedro Canastra Azevedo Maia, Maria Elisabete Gomes Ramos, e Maria Raquel de Almeida Graça Silva Guimarães, tendo-me cabido fazer uma das arguições.

O Professor Doutor João Pinto Nuno Vieira dos Santos é um membro ativo da comunidade FinTech, em Portugal, que muito tem contribuído para a divulgação e estudo dos mais diversos verticais em que esta se desdobra, com quem me tenho cruzado em inúmeras iniciativas, e por quem, nesse contexto, surgiu admiração profissional.

A monografia é composta por três partes: uma primeira parte em que se aborda o tema da Regulação em que, basicamente se procura discutir como deverá ocorrer a regulação da FinTech, ou seja, quais as linhas norteadoras que legisladores e entidades reguladoras deverão seguir na regulação de fenómenos a qualificar como FinTech. Uma segunda parte, em que analisa o fenómeno do *crowdfunding*, ou financiamento colaborativo. Uma terceira parte, em que se analisa o enquadramento jurídico das *Initial coin offerings*, isto é, a venda de cripto-ativos criados (*minted*) numa plataforma pública de registo distribuído, ou numa *blockchain*, como forma de financiamento empresarial.

O tema – no que respeita à análise das implicações jurídicas das formas de financiamento FinTech analisadas, ou seja, o financiamento colaborativo e as ofertas feitas, ao público, para a venda de cripto-ativos – é hoje um tema incontornável.

A sua pertinência afere-se (i) quer quanto à importância que essas formas de financiamento podem ter para o financiamento de PMEs e empresas em fase inicial de atividade, entre as quais as *start-ups*; (ii) quer em função da dimensão que as atividades em causa; (iii) quer quanto à complexidade dos problemas jurídicos implicados.

II. A importância do financiamento colaborativo para o financiamento de *start-ups* e PMEs, foi sublinhada em vários documentos produzidos por instituições da União[1] e hoje está expressamente espelhada nos considerandos (1) e (3) do Regulamento (UE) 2020/1503 do Parlamento Europeu e do Conselho, de 7 de outubro de 2020, relativo aos prestadores europeus de serviços de financiamento colaborativo a entidades (*RESFC*)[2]. Essa importância é de assinalar, especialmente, num contexto em que se reconhecem falhas de mercado (o chamado *funding gap*) no financiamento destas empresas, quer pelas limitações existentes no acesso ao financiamento bancário, quer porque o mercado especializado de capital de risco ou *private equity* apenas limitadamente apresenta

---

[1] Comunicação da Comissão ao Parlamento Europeu, ao Conselho, ao Comité Económico e Social Europeu e ao Comité das Regiões, *Unleashing the potential of Crowdfunding in the European Union*; Livro Verde sobre a construção de uma *Capital Markets Union*; *Capital Markets Union Action Plan*; *Crowdfunding in the EU Capital Markets Union*; Parecer e recomendações da ESMA sobre *equity-based crowdfunding*; Parecer da EBA sobre *lending-based crowdfunding*; *Fintech action plan: a more competitive and innovative european financial sector.*

[2] Na versão inglesa: *on European crowdfunding service for business*, sendo usualmente referido pela utilização do acrónimo ECSPR.

uma oferta adequada, porque incapaz de cobrir todas as fases do ciclo de financiamento destas empresas.

Quanto à dimensão da atividade de que estamos a falar, o mercado do financiamento colaborativo cresceu de forma significativa nos últimos anos. Esse crescimento é plenamente confirmado pelo *2nd Global Alternative Finance Market Benchmarking Report* da autoria do *Cambridge Centre for alternative finance*, que inclui dados finais relativos a 2019 e 2020 no mercado europeu de financiamento *online*[3].

De 2013 a 2019 o mercado Europeu de financiamento alternativo *online* (incluindo com o Reino Unido) cresceu, de forma consistente, de USD $ 1.5 mil milhões para USD $ 23.2 mil milhões.

Só em 2020 se viu uma diminuição em termos de volume global de mercado, para USD $ 22.6 mil milhões, tendo sido a primeira redução desde 2013, a que não foi estranha certamente o impacto da Pandemia de Covid-19, que atingiu de forma muito particular as plataformas de empréstimos, quer ao nível da diminuição do investimento, quer ao nível do número de incumprimentos.

A nível mundial, o financiamento alternativo *online* contou com um volume global de USD $ 114 mil milhões. Neste momento o bloco regional mais ativo é o composto pelos EUA e Canada (com 65% de quota de mercado) tendo substituído a China que foi durante largos períodos o bloco dominante. A Europa conta apenas com 9% de quota de mercado mundial, o que aponta para um potencial de crescimento ainda bastante relevante.

Quanto à relevância jurídica do tema, não existe, também, dúvida. No financiamento colaborativo de natureza financeira, temos uma intermediação no domínio financeiro (no sentido lato de interposição de um agente de canalização de poupanças para investimento em atividades económicas), mas feita por intermediários não tradicionais – e, numa primeira fase, sem qualquer autorização – colocando problemas diversos quanto a: (i) exclusividade para o desenvolvimento de atividades de intermediação, a requerer autorização; (ii) qualificação da atividade; (iii) proteção dos investidores, entre outros.

---

[3] https://www.jbs.cam.ac.uk/faculty-research/centres/alternative-finance/publications/the-2nd-global-alternative-finance-market-benchmarking-report/.

Essa relevância jurídica é bem patente nas iniciativas legislativas que, desde 2012, foram surgindo, nos EUA e em diversos ordenamentos europeus, para regular o financiamento colaborativo[4] e, em finais do ano passado, no início de vigência Regulamento (UE) 2020/1503. A articulação do regime europeu e o regime nacional aplicável ao financiamento colaborativo, que decorre da Lei n.º 102/2015, de 24 de agosto (Regime Jurídico do Financiamento Colaborativo, ou *RJFC*), deixa no ar diversas questões ainda em debate.

De acordo com o princípio da cooperação leal, consagrado no artigo 4.º, n.º 3, do Tratado da União Europeia, todas as autoridades dos Estados-Membros têm o dever de tomar medidas gerais ou especiais capazes de assegurar o cumprimento das obrigações impostas pelo Direito da União Europeia. Adicionalmente, o artigo 8.º, n.º 4, da Constituição da República Portuguesa adota o princípio do primado do Direito da União Europeia. A articulação das disposições acima referidas permite concluir que o regime português de *crowdfunding* está impedido de contrariar as disposições do *RESFC* que, de acordo com a jurisprudência relevante do Tribunal de Justiça da União Europeia[5], é diretamente aplicável em Portugal e, nesse âmbito, tacitamente substitui e complementa o regime nacional[6].

A precedência do *RESFC* é a justificação implícita para as regras transitórias que encontramos no artigo 48.º do Regulamento. De facto, resulta dessas disposições transitórias que após o início de aplicação do *RESFC* (10 de novembro de 2021, nos termos do artigo 52.º do Regulamento), os prestadores de serviços de financiamento colaborativo (PSFC) que pretendam prestar serviços cobertos pelo âmbito de aplicação do *RESFC* não poderão ser autorizados ao abrigo do regime nacional

---

[4] Para uma análise de Direito Comparado, no *crowdfunding*, ver o nosso *Financiamento Colaborativo de Capital: 'Equity-Crowdfunding'*, in António Menezes Cordeiro, Ana Perestrelo de Oliveira e Diogo Pereira Duarte (ed.) "Fintech: Desafios da Tecnologia Financeira", 2ª ed., Almedina, 2019, pp. 286 e ss..

[5] Cfr. Caso C-6-64 *Flaminio Costa contra ENEL*, e caso C-34/73 *Fratelli Variola S.p.A. v Amministrazione italiana delle Finanze.*

[6] Pietro Ortolani-Marije Louise, , *Introduction: keep calm and Continue Crowdfunding* in Pietro Ortolani and Marije Louise (ed.), "The EU Crowdfunding Regulation", OUP, p. 31.

e que esse regime não será aplicável à atividade dos PSFC após a data de aplicação do Regulamento[7].

No entanto, os PSFC autorizados ao abrigo do regime nacional poderão continuar a prestar serviços de financiamento colaborativo incluídos no âmbito do *RESFC*, de acordo com o regime nacional, até 10 de novembro de 2022 ou até que lhes seja concedida a autorização nos termos do artigo 12.º do Regulamento, conforme ocorra primeiro (artigo 48.º/ 1 *RESFC*). Acresce que durante o período transitório os Estados-Membro poderão instituir procedimentos simplificados para as entidades que, no momento em que iniciou a aplicação do RESCF, estavam já autorizados ao abrigo do regime nacional (artigo 48.º/ 2 *RESFC*).

Mas o *RESFC* e o *RJFC* não são inteiramente coincidentes. Em primeiro lugar, nos termos do seu artigo 1.º/ 2/ a), e do Considerando 8, o *RESFC* exclui do seu âmbito material a regulamentação dos serviços de *crowdfunding* em que o titular do projeto deva ser qualificado como consumidor, tal como definido no artigo 3.º/ a), da Diretiva 2008/48/EC, do Parlamento Europeu e do Conselho, de 23 de abril de 2008[8], aplicável ao crédito a consumidores (*ie.*, uma pessoa singular que, em transações abrangidas pela Diretiva, esteja a atuar fora de um escopo comercial ou profissional).

Sendo o consumidor uma pessoa singular, a emissão de valores mobiliários para distribuição por plataformas de *crowdfunding* estaria excluída por natureza, (para efeitos do artigo 2.º/ a)/ ii) do *RESFC*). Mas também o *crowdfunding* baseado em empréstimos (para efeitos do artigo 2.º/ a)/ i) do *RESFC*) no qual o beneficiário, como mutuário, deva ser qualificado como consumidor, está excluído do âmbito do *RESFC*.

---

[7] Marije Louise-Adam Pasaribu, *Authorization and Supervision of Crowdfunding Service Providers,* em Pietro Ortolani and Marije Louise (ed.), "The EU Crowdfunding Regulation", OUP, 2021, p. 183; João Vieira dos Santos, "Financiamento colaborativo e sociedades por quotas", in RDS XIII, 2, 2021, p. 182. Ver também a resposta 2.1 da Comissão Europeia incluída nas perguntas e respostas da ESMA sobre *crowdfunding* (ESMA's Q&A on crowdfunding), na versão atualizada de 10 de novembro de 2021, disponível em < https://www.esma.europa.eu/press-news/esma-news/esma-publishes-first-qas-crowdfunding>.

[8] Para uma explicação, Eugenia Macchiavello, *The European Crowdfunding Service Providers Regulation: The Future of Marketplace Lending and Investing in Europe and the 'Crowdfunding Nature' Dilemma*", em "European Business Law Review" 32, 3, 2021, p. 565.

Diferentemente, o regime português inclui consumidores na definição de beneficiários de financiamento colaborativo, uma vez que nos termos do artigo 7.º do *RJFC* (todas) "as pessoas singulares ou coletivas, nacionais ou estrangeiras, que tenham interesse em angariar fundos para as suas atividades ou projetos" são admitidos como beneficiários.

Com base nestes diferentes âmbitos, parece claro que os PSFC que facilitem a concessão de empréstimos em que o mutuário se qualifique como consumidor, desde que exista uma ligação relevante ao ordenamento português, deverão continuar a ser autorizados ao abrigo do *RJFC*, que continuará também a ser aplicável à atividade exercida por esses prestadores de serviços.

Ainda em relação ao *crowdfunding* por empréstimo, outra diferença deve ser destacada. Tendo em conta a definição de "empréstimo" prevista no artigo 2.º/ b) do *RESFC*[9], que inclui uma obrigação incondicional de reembolsar o capital juntamente com juros, os contratos de empréstimo subordinados e empréstimos estruturados, com rendimentos indexados aos lucros de projetos, estarão excluídos do âmbito de aplicação do *RESFC*.[10]

Como tais contratos são admitidos no *RJFC*, enquadrando-se no seu âmbito, teremos de concluir que os PSFC que facilitem a concessão de empréstimos em que os empréstimos não incluam uma *obrigação incondicional* de reembolsar o capital conjuntamente com juros corridos (como empréstimos subordinados e empréstimos estruturados subordinados aos lucros de um projeto), e na medida em que haja uma ligação relevante com o ordenamento jurídico português, deverão ser autorizados ao abrigo do *RJFC* e do Regulamento 1/2016 da CMVM, que ainda permanecerão aplicáveis à atividade exercida por tais prestadores de serviços.

---

[9] *"/.../ an agreement whereby an investor makes available to a project owner an agreed amount of money for an agreed period of time and whereby the project owner assumes an unconditional obligation to repay that amount to the investor, together with the accrued interest, in accordance with the instalment payment schedule".*

[10] Eugenia Macchiavello, *The European Crowdfunding Service Providers Regulation: The Future of Marketplace Lending and Investing in Europe and the 'Crowdfunding Nature' Dilemma"*, em "European Business Law Review" 32, 3, 2021,, p. 566.

Em relação ao financiamento colaborativo de capital, tal como este está definido no *RJFC*, podemos também encontrar diferenças relevantes no escopo material dos dois regimes. O *RESFC* limita o seu âmbito à intermediação financeira à distribuição de valores mobiliários (*transferable securities*) e outros instrumentos admitidos para efeitos de *crowdfunding*. É, assim, claro que a distribuição de ações em sociedades anónimas de direito português está incluída no âmbito de aplicação do *RESFC*, sendo estas ações qualificadas como valores mobiliários. No entanto, a hipótese distribuição de outros tipos de participações sociais está, aparentemente, excluída.

Os instrumentos admitidos para efeitos de *crowdfunding* são os definidos na alínea n), do n.º 1, do artigo 2.º do *RESFC*: *"em relação a cada Estado-Membro, participações numa sociedade de responsabilidade limitada que não estão sujeitas a restrições que as impeçam efetivamente de ser transferidas, incluindo restrições à forma como essas participações são oferecidas ou anunciadas ao público"*.

No âmbito do *RJFC*, as quotas nas sociedades por quotas e contratos de diferentes características podem ser distribuídos dentro do modelo de *crowdfunding* de capital. Se a distribuição de contratos (que não se enquadrem na definição de "empréstimos" do artigo 2.º/ 1/ b)) parece claramente excluída do âmbito do *RESFC*, marcando uma diferença significativa com o *RJFC*, não é ainda claro se as quotas de sociedade por quotas podem ser consideradas "instrumentos admitidos para efeitos de *crowdfunding*", na definição do *RESFC*, sem necessidade de uma alteração legislativa no regime aplicável às sociedades por quotas.

Com efeito, a necessidade do consentimento da sociedade para a cessão de quotas, como solução supletiva aplicável ao abrigo do Código das Sociedades Comerciais, e a exigência de registo comercial para tornar a cessão de quotas oponível a terceiros, como ocorre atualmente no quadro jurídico aplicável, pode razoavelmente suscitar dúvidas sobre se as quotas podem ser consideradas como não sujeitas a restrições que impeçam a sua transferência para fins de *crowdfunding*[11].

---

[11] Excluindo a possibilidade de qualificar as quotas das sociedades por quotas como "instrumentos admitidos" para efeitos do *RESFC*: João Vieira dos Santos "Financiamento colaborativo e sociedades por quotas", in RDS XIII, 2, 2021, pp. 192 e ss..

Em qualquer caso, pode afirmar-se seguramente que caso os PSFC pretendam distribuir participações sociais que não sejam qualificadas como valores mobiliários ou outros instrumentos admitidos para efeitos de *crowdfunding*, ou caso pretendam distribuir instrumentos de base contratual, e funcionamento de *quase-capital*, e na medida em que essa distribuição tenha uma ligação relevante com o ordenamento jurídico português, esses PSFC terão de estar habilitados ao abrigo do *RJFC* e do Regulamento n.º 1/2016 da CMVM, que continuarão a ser aplicáveis à atividade exercida por esses prestadores de serviços.

Outra diferença relevante diz respeito ao tratamento dos PSFC autorizados fora do espaço da União Europeia. De acordo com o artigo 3.º, n.º 1, do *RESFC*, apenas os prestadores de serviços de *crowdfunding* estabelecidos na União Europeia e autorizados como PSFC, nos termos do artigo 12.º, podem prestar serviços de *crowdfunding*, conforme estes estão definidos no *RESFC*. Diferentemente, o artigo 5.º/ 1 do *RJFC* não apresenta qualquer limitação em relação a empresas de países terceiros[12].

A ausência de um quadro para as empresas de países terceiros no *RESFC* significa apenas que as empresas de países terceiros que operam plataformas de *crowdfunding* terão de estabelecer uma ligação a um Estado-Membro[13] para poderem operar no âmbito do *RESFC*, e não uma proibição para operar na União Europeia numa base transfronteiriça. Mas, nesse âmbito, os Estados-Membros têm a possibilidade de adotar regimes nacionais para condicionar o acesso de PSFC de países terceiros ao mercado doméstico[14].

Assim, os PSFC não localizados na União Europeia, que pretendam prestar serviços *crowdfunding* previstos no *RJFC*, em Portugal, terão de ser autorizados ao abrigo do *RJFC* e do Regulamento 1/2016 da CMVM, cujas disposições continuam a ser aplicáveis à atividade exercida por

[12] Luís Guilherme Catarino, *Crowdfunding e Crowdinvestment: o regresso ao futuro?*, CEDIPRE online, 32, 2018, disponível em: <https://www.fd.uc.pt/cedipre/wp-content/uploads/pdfs/co/public_32.pdf>, 54.

[13] Eugenia Macchiavello *The European Crowdfunding Service Providers Regulation: The Future of Marketplace Lending and Investing in Europe and the 'Crowdfunding Nature' Dilemma"*, em "European Business Law Review" 32, 3, 2021, p. 580.

[14] Petja Ivanova, *The Scope of the Crowdfunding Regulation and the Impact of Brexit*, in Pietro Ortolani and Marije Louise (ed.), "The EU Crowdfunding Regulation", OUP, 2021, p. 79.

esses prestadores de serviços (a menos que operem ao abrigo do regime da solicitação inversa).

III. Também a relevância do estudo sobre vendas, pelo público, de cripto-ativos, como forma de financiamento de atividades empresariais é manifesta.

Em Setembro de 2020, a Comissão Europeia divulgou uma proposta de regulamento do Parlamento Europeu e do Conselho relativo aos mercados de cripto-ativos (Regulamento MiCA), com um capítulo dedicado especificamente às ICOs e, portanto, ao financiamento com recurso à distribuição de *tokens*. Ainda neste âmbito, também a intermediação em processos de financiamento será objeto de regulação, no quadro da autorização de prestadores de serviços sobre ativos virtuais.

No considerando 2 da Proposta de Regulamento –, sobre a relevância para o financiamento empresarial, refere-se que *ao simplificar os processos de mobilização de capital e aumentar a concorrência, as emissões de criptoativos podem abrir caminho a uma forma mais barata, menos pesada e mais inclusiva de financiamento para as pequenas e médias empresas*.

Por outro lado, em 2017 e 2018, quando o enquadramento regulatório aplicável era ainda menos claro do que como hoje se apresenta, as ICOs foram responsáveis pela angariação, a nível mundial, de um montante global de, respetivamente, 9 e 7.6 mil milhões de dólares[15]. Muitos destes projetos foram financiados em poucos segundos, o que é revelador de eficácia desta forma de financiamento como meio de financiamento empresarial.

Quanto à complexidade jurídica dos temas implicados: estas ofertas públicas são apenas uma possível aplicação (ou caso de uso) de um fenómeno que hoje é uma realidade incontornável: DeFi, ou *decentralised finance*, ou seja, que é um termo genérico para referir a utilização de *aplicações descentralizadas* (Dapps) que, com recurso a *smart contracts*, prestam serviços financeiros numa camada de liquidação *blockchain*. Entre os quais - para além do financiamento implicado nas ICOs ou outras distribuições de *tokens* em marcado primário - temos ainda pagamentos, empréstimos,

[15] Dados recolhidos em "tokens.economy.com" e não verificados.

ordens de negociação, investimentos e gestão de ativos, seguros, entre outros.

E a complexidade jurídica é evidente. Começando (i) pela qualificação dos cripto-ativos, para determinar quais os que já estão cobertos pela legislação em vigor (desde logo, aplicável aos serviços financeiros e à moeda eletrónica)[16], (ii) a diferenciação do financiamento colaborativo, incluindo a eventual dificuldade em encontrar um intermediário que possa funcionar como *gatekeeper*; (iii) a dificuldade na proteção dos adquirentes de cripto-ativos, expostos a riscos muito diversos, onde avultam o risco de mercado (pela volatilidade dos ativos) e o risco cibernéticos; (iv) o regime jurídico/relevância jurídica dos *smart contracts*. Um novo continente se abre à investigação.

Só no que respeita ao tema da qualificação dos cripto-ativos, o relatório da *Securities and Exchange Commission*, relativo a ações de supervisão desde o último trimestre de 2013 ao último trimestre de 2020, relata que das 75 ações sancionatórias (*enforcement actions*) promovidas pela SEC, 2/3 respeitaram a ofertas não registadas de instrumentos financeiros (*securities*) que ocorreram sob a formulação de *Initial coin offerings*.

No contexto de produtos DeFi, sobre a qualificação dos cripto-ativos estão pendentes processo que farão história, entre os quais relativos ao token XPR emitido pela Ripple Lab e contra a *coin base*, e tendo o tema conhecido um novo impulso desde a nomeação do Prof. Gary Gensler como chairman da SEC.

A complexidade existe ainda no que respeita à articulação entre o *crowdfunding* e a venda de *tokens* pelo público. Quer o *crowdfunding*, quer o financiamento com recurso à venda de *tokens* através de ICOs, *initial coin offerings* ou IDOs, *inital dex offerings*, surgem no contexto da desintermediação possibilitada pela tecnologia e de independência face à regulamentação, aos reguladores e instituições financeiras tradicionais, permitindo um acesso rápido, barato e desburocratizado a financiamento por parte das empresas. Por outro lado, suprem a dificuldade que empresas recentes sem uma

---

[16] Nesse âmbito, são muito relevantes as propostas feitas, sobre o Regulamento MiCA, pela Comissão dos Assuntos Económicos e Monetários do Parlamento Europeu, em 17 de março deste ano, com impacto material na classificação dos cripto-ativos (e com relevo subsequente na determinação da legislação aplicável).

sustentabilidade comprovada têm em aceder ao financiamento tradicional, em especial após a crise de 2008 e de uma postura mais conservadora dos bancos. Promovem, ademais, o financiamento em fases iniciais do investimento que não captam o interesse dos financiadores tradicionais, mesmo quando nos referimos a *business angels* e *venture capital*. A razão da sua existência e as explicações para o seu sucesso são comuns.

Nos *token generated events*, as empresas financiam-se através da venda, *online*, pelo público em troca de moeda com curso legal (*fiat*) ou moedas virtuais de forte aceitação, de determinados *tokens* por elas emitidos. A distribuição pode ocorrer no site da empresa emitente, juntamente com a publicação de um *whitepaper*, onde pode ser encontrado o modelo de negócio que será desenvolvido pela sociedade emitente e que contém a descrição dos direitos que, relativamente plataforma e seu emitente, o *token* habilita o seu portador. O *token* é livremente programável pelo emitente e pode habilitar o portador às mais diversas vantagens – direito de voto relativamente ao projeto subjacente, direito a adquirir um PFP NFT em determinado jogo, direito de uso de determinada plataforma, entre outros.

Mas, recentemente tem-se notabilizado o modelo de distribuição de *tokens* P2P que implicam a utilização de plataformas intermediárias para o efeito, os assim chamados *launch pads*, que têm por missão a filtragem e divulgação dos projetos, divulgação das suas condições jurídicas e a recolha de intenções de participação no evento, ou *whitelisting*. Na base parece estar, precisamente, o modelo do financiamento colaborativo tradicional (financiamento pela *crowd*, com recurso à *internet*), mas desta feita utilizando ativos virtuais e a descentralização possibilitada pela tecnologia. Um dos maiores desafios que se coloca é o de saber como deverão ser enquadrados estes modelos ao abrigo da legislação europeia e da Portuguesa, à luz de instrumentos normativos que não foram concebidos, na origem, para cobrir o financiamento com recurso a ativos virtuais.

Apesar da intenção da Comissão dos Assuntos Económicos e Monetários de incluir no escopo do *RESFC* as ICO de *tokens* que qualificassem como valores mobiliários[17], as ofertas de *tokens*, em sentido amplo, foram

[17] Eugenia Macchiavello, *The European Crowdfunding Service Providers Regulation: The Future of Marketplace Lending and Investing in Europe and the 'Crowdfunding Nature' Dilemma*", em "European Business Law Review" 32, 3, 2021,, p. 567 (34).

explicitamente excluídas do escopo do Regulamento. O Considerando 15 estabelece, a este propósito: "*Embora as ofertas iniciais de moeda virtual tenham potencial para financiar as PME e as empresas inovadoras em início de atividade e em fase de expansão, e possam acelerar a transferência de tecnologias, as suas características divergem consideravelmente das dos serviços de financiamento colaborativo regidos pelo presente regulamento*".

Não é clara a aplicabilidade do *RJFC* às vendas de cripto-ativos, no mercado primário,[18] pela utilização de plataformas especializadas[19] que operam como intermediarias entre os vendedores e os compradores desses cripto-ativos.

Nos termos do artigo 1/ 1/ g) do Código dos Valores Mobiliários, a definição de *valores mobiliários* inclui, *inter alia*, documentos representativos de situações jurídicas homogéneas e suscetíveis de transmissão em mercado,[20] o que é potencialmente aplicável aos cripto-ativos[21]. A orientação da Comissão do Mercado e Valores Mobiliários (CMVM) é a de que a qualificação dos cripto-ativos como valores mobiliários depende de uma análise casuística e que, em particular um cripto-ativo poderá ser qualificado como um valor mobiliário se os seguintes requisitos se verificarem cumulativamente (i) for um documento que representa uma ou mais pretensões e natureza patrimonial; e (ii) for comparável, do ponto de vista do seu funcionamento, com os demais valores mobiliários.[22]

---

[18] Marco Dell'Erba, *Initial Coin Offerings. A Primer. The First Response of Regulatory Authorities*, NYU Journal of Law & Business, Vol. 14, 1109, julho, 2017, p. 4, disponível em < https://ssrn.com/abstract=3063536 or http://dx.doi.org/10.2139/ssrn.3063536>.

[19] Como a Polkastarter, acessível em < https://polkastarter.com/>.

[20] Nos termos do artigo 1.º, do Código dos Valores Mobiliários.

[21] Cfr. António Garcia Rolo, *As Criptomoedas como meio de financiamento e a Qualificação de Tokens*, em António Menezes Cordeiro, Ana Perestrelo de Oliveira e Diogo Pereira Duarte (ed.) "FinTech: Novos Estudos sobre Tecnologia Financeira", Almedina, 2019, pp. 279-290.

[22] Para uma abordagem geral sobre a qualificação de *tokens* e os respetivos problemas regulatórios, Phillip Hacker e Chris Thomale, *The Crypto-Security: Initial Coin Offerings and EU Securities Regulatio*, in Hacker, Lianos, Dimitropoulos e Eich (ed.) "Regulating Blockchain: Techo-social and Legal Challenges", OUP, 2019, pp. 229-248; Houman B. Shadab, *Regulation of Blockchain Token Sales in the United States*, in Hacker, Lianos, Dimitropoulos e Eich (ed.) "Regulating Blockchain: Techo-social and Legal Challenges", OUP, 2019, pp. 249-258; Dirk A. Zetzsche, Filippo Annunziata, Douglas W. Arner, e Ross P. Buckley, *The Markets in Crypto-Assets Regulation (MICA) and the EU Digital Finance Strategy*", European Banking Insti-

Para efeito a comparabilidade referida anteriormente, será necessário incluir elementos que possam de alguma forma vincular o emitente a uma conduta que resulte numa expetativa de retorno financeiro para o investidor, incluindo: (i) o direito a um rendimento (por exemplo, se o cripto-ativo confere direito a dividendo ou a juros); ou (ii) a prática de atos pelo emitente ou uma entidade relacionada que sejam adequados a aumentar o valor do cripto-ativo.[23]

Com base no referido anteriormente, é sustentável que o regime do *crowdfunding* será aplicável sempre que ocorrer o financiamento de projetos pela emissão e aquisição de *tokens* com uma idêntica estrutura e funcionamento a ações ou instrumentos de dívida emitidos por sociedades, na medida em que os ICOs, IDOs ou qualquer outra forma de venda de *tokens* ocorra no mercado primário e suportada pela intermediação de uma plataforma disponível na internet.[24] Tal sucede, na medida em que essa atividade será subsumível à atividade das plataformas, na intermediação do *crowdfunding* de capital ou por empréstimo, ao abrigo do artigo 3.º/ c) e d) do *RJFC*[25]. Resta ainda a questão: e os *utility tokens*? Poderão integrar o *crowdfunding* de donativo ou recompensas?

---

tute Working Paper Series No. 2020/77, University of Luxembourg Law Working Paper Series No. 2020-018, University of Hong Kong Faculty of Law Research Paper No. 2020/059, 2020, disponível em <https://ssrn.com/abstract=3725395 or http://dx.doi.org/10.2139/ssrn.3725395>), 5; Raffaele Battaglini and Davide Davico, *Is the Crowdfunding Regulation Future-Proff?* in Pietro Ortolani and Marije Louise (ed.), "The EU Crowdfunding Regulation", OUP, 2021, pp. 137 ss..; Fromberger, *Technical and Factual Background*, in Maume, Maute and Fromberger (ed.) "The Law of Crypto Assets: a Handbook" Beck 2022, pp. 20 *e* ss.; Zickgraf, *Initial Coin Offerings (ICOs)*, in in Maume, Maute and Fromberger (ed.) "The Law of Crypto Assets: a Handbook" Beck 2022, pp. 174-226.

[23] Como decorre da resposta da CMVM às FAQ de entidades disponíveis em: https://www.cmvm.pt/en/Investor_area/Faq/Pages/QAs-Cryptoassets_entities.aspx.

[24] Sublinhando que a regulação do *crowdfunding* é potencialmente aplicável a STOs, Bank of Lithuania, Guidelines on Securities Token Offerings, October 2019, available at <https://www.lb.lt/uploads/consultations/docs/21877_57f454a0941b935920614c709cf9b937.pdf>, par. 5.

[25] Ainda em relação a ICOs, sublinhando os problemas decorrentes das diferenças na interpretação do conceito de *financial instrument* e *transferable security* ao abrigo da DMIF II ao nível dos Estados-Membro, cfr. Martin Hobza and Aneta Vondráčková, *The New Financial Crowdfunding Regulation and Its Implications for Investment Services under MiFID II*, Charles Uni-

IV. Sobre estas e outras questões, poderá o leitor encontrar nesta monografia uma interessante reflexão. É, pois, uma obra que se recomenda a todos os títulos, quer pela importância dos temas, quer pelo caráter pioneiro da investigação que sobre os mesmos se dá em Portugal.

versity in Prague Faculty of Law Research Paper No. 2020/III/2, November 6, 2020, disponível em <https://ssrn.com/abstract=3725997>, p. 9.

RESUMO

Perante os desenvolvimentos notáveis da *FinTech*, novos modelos de negócios, novos modos de interação, novas estratégias e novos instrumentos regulatórios surgiram nos últimos anos a uma velocidade vertiginosa, não se tratasse de uma realidade pertencente às novas tecnologias que visa suprimir as circunstâncias fatídicas vividas recentemente na economia mundial. Aventuramo-nos assim, no presente estudo, a observar todas as vertentes do fenómeno *FinTech*, tendo em vista determinar a melhor forma de regulação das formas de financiamento empresarial *FinTech*. Procurando abranger a compreensão das estratégias dos órgãos políticos da União Europeia e nacionais e dos novos instrumentos regulatórios que se introduzem no funcionamento quotidiano da administração pública e das empresas, almejamos no presente estudo encontrar resposta relativamente à adequação de uma abordagem regulatória específica para as formas de financiamento empresarial *FinTech*, bem como às traves-mestras que devem sustentar essa abordagem regulatória no sistema jurídico nacional. Por fim, procuramos validar essa abordagem regulatória que propomos recorrendo a duas figuras paradigmáticas das formas de financiamento de *FinTech*, o *Crowdfunding* e as *Initial Coin Offerings*, em que perscrutamos as questões jurídicas suscitadas pela aplicação dessa abordagem regulatória, *maxime*, quanto ao enquadramento mais adequado destas figuras no ordenamento jurídico nacional.

Palavras-chave: Regulação financeira; Inovação financeira; *FinTech*; *Crowdfunding*; Financiamento Colaborativo; *Initial Coin Offerings*; Criptoativos.

ABSTRACT

In the face of the remarkable developments of FinTech, new business models, new interaction models, new strategies and new regulatory instruments have emerged in recent years with lightening speed, as a phenomenon belonging to the new technologies that aims to abolish the fateful circumstances lived in the world economy. Thus, we venture in our thesis to look at the FinTech phenomenon, in order to establish the best regulatory approach to address FinTech corporate financing. We seek to cover the understanding of the strategies of the political bodies, from European Union and Portugal, and the new regulatory instruments that are introduced in the daily functioning of public administration and companies and we aim in this thesis to find an answer regarding the adequacy of a specific regulatory approach for the forms of financing of FinTech, as well as to the key players that must support this regulatory approach in the national legal system. Finally, we investigate a form to validate this regulatory approach that we propose using two paradigmatic figures of the forms of FinTech corporate financing, namely, Crowdfunding and Initial Coin Offerings, in which we examine the legal issues raised by the application of this regulatory approach, *maxime*, as to the most appropriate framework of these figures in the Poruguese legal system.

Keywords: Financial regulation; Financial innovation; FinTech; Crowdfunding; Initial Coin Offerings; Crypto-assets.

LISTA DE ABREVIATURAS

AAFDL – Associação Académica da Faculdade de Direito de Lisboa
AFM – *Autoriteit Financiële Markten*
AMF – *Autorité des Marchés Financiers*
Art. – Artigo
Arts. – Artigos
ASF – Autoridade de Supervisão de Seguros e Fundos de Pensões
BaFin – *Bundesanstalt für Finanzdienstleistungsaufsicht*
BBVA – *Banco Bilbao Vizcaya Argentaria*
BCE – Banco Central Europeu
BEI – Banco Europeu de Investimento
BFA – *Bankable Frontier Associates*
CC – Código Civil
CDFUE – Carta dos Direitos Fundamentais da União Europeia
Cfr. – Conferir
CIRE – Código da Insolvência e da Recuperação das Empresas
CMVM – Comissão do Mercado de Valores Mobiliários
CNMV – *Comisión Nacional del Mercado de Valores*
CONSOB - *Commissione Nazionale per le Società e la Borsa*
CPA – Código do Procedimento Administrativo
CRC – Código do Registo Comercial
CRP – Constituição da República Portuguesa
CSC – Código das Sociedades Comerciais
CSD – Centrais de depósito de valores mobiliários (*central securities depositaries*)
CVM – Código dos Valores Mobiliários
DLT – *Distributed Ledger Technology / Distributed Ledger Technologies*
DLT Pilot Regime – Proposta de Regulamento Europeu sobre o regime piloto para a utilização de DLT em estruturas de mercado

DMIF – Diretiva 2004/39/CE do Parlamento Europeu e do Conselho, de 21 de abril de 2004, relativa aos mercados de instrumentos financeiros
DMIF II – Diretiva 2014/65/UE do Parlamento Europeu e do Conselho, de 15 de maio de 2014, relativa aos mercados de instrumentos financeiros
DNB – *De Nederlandsche Bank*
D&O – *Directors and Officers*
EBA – *European Banking Authority*
Ed. – Edição
EIOPA – *European Insurance and Occupational Pensions Authority*
ESMA – *European Securities and Markets Authority*
FAQ – *Frequently Asked Questions*
FCA – *Financial Conduct Authority*
FDUP – Faculdade de Direito da Universidade do Porto
FINRA – *Financial Industry Regulatory Authority*
FSA – *Financial Services Authority*
GAFI – Grupo de Ação Financeira Internacional
IAPMEI – Instituto de Apoio às Pequenas e Médias Empresas e à Inovação
i.e. – *Id est*
IEFP – Instituto do Emprego e Formação Profissional
IEMINHO – Instituto Empresarial do Minho
IFI – Informações fundamentais destinadas aos investidores
IFIFC – Informações fundamentais destinadas aos investidores de financiamento colaborativo
IOSCO – *International Organization of Securities Commissions*
IPCG – Instituto Português de *Corporate Governance*
IRS – Imposto sobre o Rendimento de Pessoas Singulares
ISCTE – Instituto Superior de Ciências do Trabalho e da Empresa
Lei-Quadro das Entidades Reguladoras – Lei n.º 67/2013, de 28 de agosto
MiCA – Proposta de Regulamento Europeu sobre o mercado de criptoativos
MTF – *multilateral trading facility*
n.º – Número
OCDE – Organização para a Cooperação e o Desenvolvimento Económico
OTF – *Organised trading facility*
p. – Página
PME – Pequena(s) e média(s) empresa(s)
pp. – Páginas

QREN – Quadro de Referência Estratégia Nacional
REFIT – *European Commission's Regulatory Fitness and Performance*
Regulamento dos Prospetos – Regulamento (UE) 2017/1129, de 14 de junho de 2017, relativo ao prospeto a publicar em caso de oferta de valores mobiliários ao público ou da sua admissão à negociação num mercado regulamentado
RGICSF – Regime Geral das Instituições de Crédito e Sociedades Financeiras
RGOIC – Regime Geral dos Organismos de Investimento Coletivo
RJFC – Regime Jurídico do Financiamento Colaborativo
RMIF – Regulamento (UE) n.º 600/2014 do Parlamento Europeu e do Conselho, de 15 de maio de 2014, relativo aos mercados de instrumentos financeiros
SEC – *U.S. Securities and Exchange Commission*
SPV – *Special purpose vehicle*
ss. – Seguintes
TFUE – Tratado sobre o Funcionamento da União Europeia
UCLA – *University of California, Los Angeles*
UPTEC – Parque de Ciência e Tecnologia da Universidade do Porto
Vd. – *Vide*
v.g. – *Verbi gratia*
Vol. – Volume

PLANO DA TESE

Introdução

PRIMEIRA PARTE
REGULAÇÃO DAS FORMAS DE FINANCIAMENTO FINTECH

SEGUNDA PARTE
REGULAÇÃO DO CROWDFUNDING

TERCEIRA PARTE
REGULAÇÃO DAS INITIAL COIN OFFERINGS

Síntese conclusiva

Introdução

1. Enquadramento e importância do objeto de estudo

O fenómeno *FinTech* tem ganho um especial relevo nos últimos anos pela atenção que tem gerado, muito devido à forma lesta como se tem desenvolvido e à transformação que provocou em certos modelos de negócio, sobretudo, nos que aqui nos cingimos, as formas de financiamento. Essa transformação espoletou-se como reação à crise financeira de 2007/2008, um marco enorme para toda a sociedade, que não apenas devastou as aspirações dos mais jovens e das classes média e baixa de grande parte dos países, como também, motivou empreendedores e académicos a procurar respostas para o sucedido e alternativas aos modelos económicos e sociais vigentes. A crise financeira foi, também, um dos motivos do estudo que aqui apresentamos, em razão de todo o impacto provocado, bem como dos valores democráticos presentes nas intenções reformistas subsequentes, tais como a solidariedade, a transparência, a igualdade, o pluralismo, a liberdade e a responsabilidade.

A consciência de que qualquer pessoa pode influenciar uma vasta multidão através do engenho – da utilização de tecnologia num modelo inovador ou de uma mera publicação nas redes sociais –, teve um impacto na construção de novas formas colaboracionistas de as pessoas se relacionarem. A busca de novas soluções para velhos problemas torna-se cada vez mais um projeto comum e acessível a todos cidadãos. Devido à revolução tecnológica, pode-se considerar dispensável, em muitos casos, a estrutura de uma grande empresa para a formação destes processos inovadores, dando-se mais importância à dinâmica e à redução de procedimentos no contexto empresarial e social. Neste sentido, as novas tecnologias estão a marcar indelevelmente o espírito de uma época, originando, igualmente, novos desafios para o Direito na sua tarefa de tipificação e ordenação das novas realidades socioeconómicas. Daí a nossa vontade de contribuir para a comunidade jurídica numa área que carece de ser explorada, sendo este mais um dos motivos para a elaboração da presente tese.

A revolução tecnológica ou quarta revolução industrial, nossa contemporânea, tem demonstrado uma verdadeira força transformadora de fenómenos existentes e exploradora de espaços desconhecidos e novos paradigmas, fazendo-nos questionar e "reconsiderar os nossos princípios, regras e a nossa conceção do modelo de convivência social"[26], numa ótica de contribuir, colaborar e comunicar de forma a arranjar melhores soluções para um mundo, que se tornou tão pequeno. Torna-se vital aprender a colaborar, criar em conjunto, auto-organizarmo-nos para satisfazer as necessidades de inovação, simplicidade e celeridade na comunicação deste admirável mundo novo, onde abundam *smartphones*, *tablets* e redes sociais, "que incentivam a colaboração, cooperação e interatividade – o utilizador *online* deixou de ser apenas um mero consumidor, para também ser um agente ativo na colocação e difusão de conteúdos na *Internet*"[27].

A mentalidade na nossa sociedade alterou-se, profundamente, devido ao impacto da crise e às caraterísticas das novas tecnologias, como a *big data*, a *internet of things*, a inteligência artificial e a DLT, tendo-se suscitado a intervenção do Direito como meio reativo aos novos aspetos da ordem social. Ademais, as novas tecnologias permitiram um melhor tratamento da informação, garantindo a atenção dos agentes para o que é mais relevante nas trocas comerciais. De facto, a atenção tornou-se um bem escasso, realçando-se a importância da estratégia comercial no mundo cibernético e das plataformas eletrónicas na sua otimização. Por outro

---

[26] Teresa Rodríguez De Las Heras Ballell, "El *crowdfunding*: una forma de financiación colectiva, colaborativa y participativa de proyectos" in *Revista Pensar en Derecho.*, n.º 3, Año 2, University of Buenos Aires, tradução livre, 2013, p. 121, disponível em: http://www.derecho.uba.ar/.

[27] João Fachana, *A responsabilidade civil pelos conteúdos ilícitos colocados e difundidos na Internet – Em especial da responsabilidade pelos conteúdos gerados pelos utilizadores*, Almedina, Coimbra, 2012, pp. 29 e 30.

lado, a informação disponível tornou-se abundante e, por essa razão, contraria a lógica económica da escassez nos mercados, reduzindo-se a necessidade de intermediação.

O enquadramento regulatório de novas realidades é, indubitavelmente, incerto e complexo, o que também motiva o seu estudo, pelos desafios que emergem dessas novas realidades. É notório que a economia se transformou e que os modelos de negócio se têm adaptado com criatividade às novas coordenadas com que a evolução económica tem marcado o largo da história, ao ritmo da competência e da cooperação, redesenhando as condições do mercado e fundando uma nova estrutura *molecular* de relações económicas. Estas alterações implicam uma reponderação sobre como deve a regulação económico-financeira atuar para ser verdadeiramente eficiente perante os novos desafios e problemas, nomeadamente, a "infoexclusão, o homem que informa e se informa por máquinas, manipuláveis, mais «máquina falante» do que ser pensante, dirigido de fora e tão transparente que não tem interior, submetido à tirania da imagem... sem mensagem dum «mundo virtual» deificado em «aldeia global», com a informação «centro e medida de todas as coisas» e a confundir-se com conhecimento ou saber"[28].

Os riscos da cibersegurança têm-se multiplicado e a nossa privacidade está a ser atacada incessantemente, enquanto a regulação se tem tornado cada vez mais complexa devido à tecnicidade dos novos desafios e à ubiquidade permitida pelas novas tecnologias. Por outro lado, os instrumentos regulatórios têm também sido utilizados para promover os aspetos positivos do mundo virtual, tais como a maior inclusão e o aumento da concorrência.

Com efeito, os aplicadores do Direito não poderão abster-se de intervir – "o Direito é imprescindível em toda a sociedade"[29] ou *ubi ius ibi societas* –, em prol da certeza regulatória necessária para o funcionamento regular dos mercados e da iniciativa económica em geral e da aproximação das pessoas e das novas tecnologias ao mundo financeiro, com a fina-

[28] João Calvão da Silva, *Banca, Bolsa e Seguros – Direito Europeu e Português*, 4.ª ed., Revista e Aumentada, Tomo I – Parte Geral, Almedina, Coimbra, 2013, p. 110.

[29] José de Oliveira ascensão, *O Direito – Introdução e Teoria Geral*, 13.ª ed. refundida, Almedina, Coimbra, 2016, p. 56.

lidade de assegurar a utilização dos meios de financiamento disponíveis e a igualdade de oportunidades, tendo o Direito a função de garantia em relação à tutela dos investidores e dos consumidores, de modo a manter a confiança da sociedade no sistema económico e financeiro. Por estes motivos, é preponderante a produção e partilha de conhecimento sobre os impactos da revolução tecnológica e, neste novo paradigma, a aproximação do mundo financeiro às pessoas e às novas tecnologias, com a finalidade de assegurar a utilização dos meios de financiamento disponíveis e a igualdade de oportunidades.

A *FinTech* assumiu uma enorme relevância na interseção entre a tecnologia e os serviços financeiros no período pós-crise. Apesar de a tecnologia estar associada à área financeira há muito tempo, o que pode ser considerado novo e disruptivo é a velocidade em termos de inovação de produto e modelos de negócio, e o leque de serviços no sistema financeiro que pode ser afetado pelas novas tecnologias, transformando o seu funcionamento, proporcionando uma melhoria nos serviços prestados a investidores, facilitando o cumprimento regulatório das instituições, mas também, originando novos tipos de riscos e de barreiras jurídicas, que terão que ser enfrentados.

A regulação deve procurar, assim, um equilíbrio entre a estabilidade financeira, a proteção do consumidor e do investidor e a promoção da competitividade de novos agentes, as denominadas *startups*. As maiores exigências de competitividade das empresas, no contexto global, têm-se repercutido, sobremaneira, na organização económica da nossa sociedade, com o surgimento de uma quantidade nunca antes vista de novos projetos de inovação a tentar ganhar a sua quota de mercado. "A forma como as empresas e os territórios constroem, acedem e reproduzem o conhecimento aparece como um aspecto central na actual economia assente na informação, no conhecimento e na aprendizagem"[30].

A promoção desta competitividade é fundamental para o crescimento económico e para a criação de mais benefícios para consumidores e investidores, tendo em vista um sistema financeiro responsável pelo bem-estar da sociedade e que funcione como um suporte à economia real. Neste

---

[30] Rui Gama e Ricardo Fernandes, *Políticas públicas de inovação em Portugal – Uma análise do QREN*, 2011, p. 2, disponível em: https://estudogeral.sib.uc.pt/handle/10316/20470.

contexto, cabe destacar as formas de financiamento como elementos essenciais para o aumento da competitividade das PME e *startups* e, consequentemente, para o surgimento de novos projetos inovadores que favoreçam o sistema financeiro, tendo essas próprias formas de financiamento sido sujeitas a processos de inovação devido às dificuldades em obter financiamento com que as empresas se confrontaram no período da crise financeira.

Esta força transformadora da inovação faz-nos, também, repensar o nosso sistema económico, em resposta a um contexto difícil de contração do crédito, sobretudo para as famílias e para as pequenas e médias empresas. Contudo, esse contexto não surgiu apenas devido à crise financeira de 2007/2008, mas também devido ao desvio da atividade bancária de uma função tradicional de financiamento da economia real para uma política de investimento nos mercados financeiros – "os bancos reforçaram os seus capitais próprios e dedicaram-se a um negócio mais seguro de captar fundos do banco central para os utilizarem na compra de dívida pública (*carry trade*), abandonando o seu negócio natural de operações de crédito"[31].

Os problemas financeiros dos bancos – originados pelo contágio da crise da banca de investimento à banca comercial – e as políticas monetárias europeias chegaram a um ponto em que "na sequência de injecções em massa de liquidez (*Quantitative Easing*) e de juros muito baixos, vários Bancos ficaram sentados em montanhas de liquidez e a não (re)distribuírem o crédito às empresas, sobretudo PME's, às famílias e à economia real, e mesmo a outros bancos, com o fechamento do mercado interbancário sobretudo às instituições de crédito de países com grave risco da dívida soberana como Grécia, Irlanda, Portugal, Itália e Espanha, concretizando-se assim um exemplo do que Keynes chama a armadilha da liquidez"[32].

---

[31] Fernando Zunzunegui, "Régimen jurídico de las plataformas de financiación participativa (crowdfunding)", in *Revista de Derecho del Mercado Financiero*, junio 2015, tradução livre, 2016, p. 270, disponível em: http://www.rdmf.es.

[32] João Calvão da Silva, *Fundos de Investimento e Fundos de Garantia – Sumários (Ano lectivo 2014/2015)*, apontamentos policopiados, p. 73. Relativamente a este assunto é interessante ter em conta a opinião de Richard Koo, economista japonês, que refere que estamos perante

Tais problemas incentivaram o surgimento de formas mais democráticas de financiar empresas, aproveitando a facilidade de interação *peer-to-peer* entre financiadores e financiados através da *web* 2.0. Integradas no fenómeno *FinTech*, novas formas de financiamento alastraram-se e ganharam preponderância no apoio a empresas tecnológicas, assentando nos mesmos princípios transformadores no movimento pós-crise onde abundam *startups* e *hackers*[33]. Houve, deste modo, um fenómeno de aproveitamento do espaço vazio deixado pelas instituições financeiras tradicionais por plataformas eletrónicas que souberem acompanhar as novas tendências do comércio da era da informação ou era digital, proporcionando um serviço mais rápido e eficaz para certas empresas e suprindo certas falhas de mercado.

Atualmente, é comum vermos estas plataformas eletrónicas a especializarem-se, aproveitando nichos de mercado que necessitam de apoio e que sensibilizam grande parte da população, como as PME, projetos artísticos ou projetos relacionados com a sustentabilidade[34]. A recuperação da reputação do setor financeiro passa muito por este envolvimento em causas e em projetos universais que consigam despertar a atenção das multidões, aproximando as pessoas dos projetos através de um acompanhamento direto, duradouro e efetuado em qualquer parte do mundo, sendo esta realidade exclusivamente proporcionável por plataformas eletrónicas.

---

uma "recessão de balanço", em que as poupanças do sector privado são enormes e as taxas de juro baixíssimas, sendo que a única solução são os estímulos orçamentais e a canalização das poupanças para a aquisição de títulos de dívida, *vd.* http://www.publico.pt.

[33] A expressão "*hackers*" não é aqui utilizada na sua conotação negativa de cibercriminoso, mas antes no sentido de empreendedor ou alguém que pretende ultrapassar rapidamente barreiras, cfr. Ana Perestrelo de Oliveira, "O papel das startups na FinTech e o ciclo de financiamento de startups", in *FinTech – Desafios da Tecnologia Financeira*, Almedina, Coimbra, 2017, p. 237.

[34] Todos os anos, o interesse em investimentos sustentáveis continua a acelerar. Ativos em produtos relacionados a investimentos sustentáveis atingiram 30,7 biliões de dólares no início de 2018, um aumento de 34% desde o início de 2016. Dados disponíveis em: https://capitalmarkets.bmo.com/en/news-insights/institutional-investing/sustainable-investing-reimagining-products-lasting-benefit/?j=4731420&sfmc_sub=94793986&l=99560_HTML&u=107551433&mid=1336910&jb=1.

Em Portugal, a aversão ao risco que ainda caracteriza a nossa sociedade é um enorme obstáculo ao crescimento de novas formas de financiamento, mas as competências do país em termos de inovação estão, neste momento, a um nível altíssimo – temos muitas pessoas com elevado conhecimento nas áreas das tecnologias e grandes empresas internacionais estão a basear em Portugal os seus centros tecnológicos –, implicando uma reversão desse estado de espírito para se conseguir ser mais empreendedor no que concerne ao investimento e ao financiamento. Por esse motivo, o papel do Estado na promoção da inovação torna-se preponderante, sobretudo, neste mundo globalizado em que a concorrência dos países no mercado digital é feroz, e em que muitos governos incluem na sua agenda e nas suas prioridades promover a *FinTech*, de forma a tornar a sua economia mais competitiva.

Neste enquadramento, a regulação pode ter um papel preponderante ao transmitir segurança ao investimento através de um enquadramento regulatório simples, transparente, claro e estável. Para tanto, é essencial compreender como pode a regulação promover eficientemente o ecossistema *FinTech*, com vista a promover a utilização de novas tecnologias por empresas e investidores, aproveitando os seus benefícios e mitigando os seus riscos.

Este estudo tem, diante deste desafio, o objetivo de expor uma abordagem regulatória que permita um tratamento das formas de financiamento *FinTech* que seja consentâneo com os benefícios que estas podem proporcionar e de forma a identificar mais facilmente como devem ser enquadradas no sistema jurídico português. As questões que pretendemos responder são: i) É adequado ter uma abordagem regulatória específica para as formas de financiamento empresarial *FinTech*? ii) Essa abordagem regulatória deve ser diferente da que existe para outras formas de financiamento empresarial, consideradas tradicionais? e iii) Se diferente, como deverá ser construída essa abordagem regulatória?

Vamos, assim, procurar testar a abordagem regulatória que propusermos nas duas principais formas de financiamento empresarial do universo *FinTech*, o *Crowdfunding* e as *Initial Coin Offerings*, estando cientes das dificuldades que nos podemos deparar por estamos perante duas figuras que surgiram, sobretudo, em jurisdições com um sistema de *com-*

mon law e porque a legislação financeira atual não foi concebida tendo em conta a existência deste novo mercado virtual[35].

2. Sequência da exposição e método

Com vista a definir a abordagem regulatória que pretendemos propor, encetaremos o presente estudo com uma breve explicação do surgimento da *FinTech* e das caraterísticas das novas formas de financiamento *FinTech*, *maxime*, a sua alternatividade ao financiamento tradicional (bancário e dos mercados financeiros). Proporemos, em seguida, uma nova tipologia da *FinTech*, dividindo este fenómeno em três vertentes, consoante a inovação concerne o modelo de negócio, a tecnologia, ou ambos. Essa tipologia serve para auxiliar a na nossa análise, com vista a uma simplificação e segmentação da abordagem regulatória que pretendemos propor.

Seguidamente, procuraremos analisar que estratégias estão a ser adotadas pelos órgãos governamentais portugueses e da União Europeia relativamente à *FinTech* e à promoção do financiamento empresarial com o objetivo de fomentar o crescimento económico, tendo em consideração o papel essencial do Estado no incentivo à inovação, o que se explica tendo em conta que esta "tem desempenhado um fundamental papel na elevação dos padrões de vida das sociedades"[36] e na atração de investimento estrangeiro. Numa economia globalizada, onde existe uma grande interdependência económica da maioria dos Estados Membros da União Europeia, quisemos examinar a forma através da qual as instituições europeias visam garantir aos europeus uma economia mais sustentável

---

[35] Verena Ross, Diretora Geral da ESMA, referiu que a legislação europeia não foi criada tendo em consideração a indústria do *Crowdfunding*, cfr. VERENA ROSS, *Financial Innovation: towards a balanced regulatory response*, Speech at the London Business School/Bank of England Conference on: 'How Imminent is the real Fintech Revolution' – London, UK, 2016, p. 9, disponível em: https://www.esma.europa.eu/sites/default/files/library/2016-345_financial_innovation_towards_a_balanced_regulatory_response_-_speech_by_v._ross_0.pdf.
O mesmo poderá ser referido em relação às *Initial Coin Offerings*, até de uma forma mais categórica, devido a ser uma inovação mais recente e disruptiva.

[36] GABRIELA FIGUEIREDO DIAS, *A assistência técnica nos contratos de know-how*, Coimbra Editora, Coimbra, 1995, p. 14.

e eticamente mais responsável, que permita às empresas *FinTech* ganhar escalabilidade e que possibilite o acesso ao financiamento a todo tecido empresarial europeu. Servirá esta parte para enquadrar o que tem vindo a ser feito a nível legislativo, para podermos fixar um ponto de partida para abordagem regulatória que pretendemos propor.

Observaremos ainda os novos instrumentos regulatórios que estão a ser utilizados por entidades governamentais e entidades reguladoras como reação aos desafios da inovação financeira, tendo em vista garantir a integridade, estabilidade e sustentabilidade do sistema financeiro, bem como a proteção e capacitação responsável e inclusiva dos agentes económicos. A alteração do paradigma de funcionamento dos serviços e produtos financeiros requer assim que também as entidades reguladoras e os instrumentos regulatórios sejam objeto de uma reconfiguração, refletida nomeadamente numa abordagem de supervisão em que o conhecimento e utilização da tecnologia assumem relevo particular e numa aproximação às empresas num contributo mútuo de aprendizagem e partilha em prol de um mercado mais eficiente, estável e competitivo.

No fundo, a complexidade e a imprevisibilidade da interseção da tecnologia com as áreas financeiras implicam uma resposta igualmente inovadora e dinâmica por parte das entidades reguladoras, impondo-se-lhes uma dupla tarefa difícil de compatibilizar: compreender as inovações tecnológicas, agindo de forma cautelosa para não criar constrangimentos excessivos aos agentes inovadores que pretendem entrar no mercado, legitimando os benefícios que este oferecem ao sistema financeiro e aos investidores; e criar instrumentos flexíveis que consigam acompanhar os movimentos do mercado, de forma a prevenir, corrigir e responder aos riscos e problemas associados à inovação num sistema de responsabilidade partilhada entre as entidades reguladoras e os agentes do mercado.

Desta forma, analisaremos o enquadramento das políticas governamentais e dos instrumentos jurídicos no sistema jurídico nacional, procurando o seu sustento nos princípios constitucionais, princípios administrativos e missões estatutárias das entidades reguladoras financeiras. Consideraremos, em linha com os últimos planos de política legislativa dos órgãos da União Europeia, se a escolha de uma regulação baseada em princípios para a regulamentação das formas de financiamento *Fintech* será adequada ao nosso ordenamento jurídico. A opção pela regulação basaeda em princípios é comumente considerada um caminho diametralmente oposto ao apelidado "tsunami regulatório" que marcou a legislação e regulamentação pós-crise, caraterizado por um volume de produção normativo de grandes proporções e por uma "complexidade e detalhe sem precedentes"[37], que visou reabilitar a confiança dos investidores e recuperar os mercados[38]. Analisaremos, assim, em detalhe este modelo da regulação em princípios, de forma a verificarmos se será a opção mais adequada para responder aos desafios da *FinTech*, tendo em conta o funcionamento do nosso ordenamento jurídico.

Terminaremos a Parte I, com a proposta de abordagem regulatória que se baseará na análise realizada, e que procurará aferir a adequação de um tratamento específico para as formas de financiamento *FinTech*. Com esta abordagem regulatória, referimo-nos não só ao enquadramento jurídico dos poderes regulatórios e dos tipos contratuais referentes às formas de financiamento *FinTech*, mas igualmente aos instrumentos regulatórios que podem ser utilizados e como devem ser estes enquadrados. Referimo-nos, neste âmbito, à regulação como função administrativa do Estado que modela a sua intervenção na economia de forma à prossecução do interesse público[39]. "A responsabilidade de regular, de definir regras de conduta e de impor a respetiva aplicação aos operadores económicos que oferecem bens no mercado e prestam serviços, designadamente serviços de interesse geral, eleva a regulação pública à condição de principal instrumento de ação do Estado Administrativo de Garantia"[40].

---

[37] Francisco Soares Machado, "A Proposta de Reforma da Supervisão Financeira em Portugal" in *Revista de Direito Financeiro e dos Mercados De Capitais*, n.º 3, Vol. 1, 2019, p. 295, disponível em: http:/publications/publication/7876768308f6/.

[38] Cfr. Paulo Câmara, "Medidas regulatórias adotadas em resposta à crise financeira: um exame crítico", in *Direito dos Valores Mobiliários*, Volume IX, Coimbra Editora, Coimbra, 2009, pp. 111 e ss..

[39] Cfr. Mário Aroso de Almeida, "A regulação como função administrativa do Estado: a complexidade de um conceito", in *Garantia de Direitos e Regulação: Perspectivas de Direito Administrativo*, Coord. Carla Amado Gomes, Ricardo Pedro, Rute Saraiva e Fernanda Maçãs, AAFDL Editora, Lisboa, 2020, pp. 38 e ss..

[40] Pedro Costa Gonçalves, "Estado de Garantia e Mercado", in *Revista da Faculdade de Direito da Universidade do Porto*, Vol. VII, Coimbra Editora, Coimbra, 2010, p. 12.

No entanto, não nos limitaremos no nosso percurso à resolução dos problemas de Direito Público, uma vez que julgamos, igualmente, importante para um adequado enquadramento jurídico das formas de financiamento *FinTech*, ter em consideração as questões de Direito Privado que possam interferir com a definição e delimitação dos tipos contratuais subjacentes a essas formas de financiamento. Existe, atualmente, uma relevante dimensão valorativa de tutela sobre os direitos associados a certos contratos, face à atual necessidade de impor maiores limites à autonomia privada, justificados por questões de tutela jus-pública, gerando uma conexão cada vez maior entre a legislação intervencionista e as regras clássicas do contrato[41]. O Direito Privado, por outro lado, também tem intensificado a sua influência na resolução de questões de Direito Público, face às necessidades do comércio global, especialmente nos temas regulatórios, dado que a regulação, enquanto técnica, visa favorecer o mercado e a concorrência, devendo fazê-lo de forma neutral e técnica, servindo o mercado sem o perturbar, eliminando tudo que obste ao desenvolvimento das suas potencialidades[42]. A este propósito, fala-se mesmo numa "economização do Direito Administrativo e publicização do Direito Comercial"[43].

Nas Partes II e III, analisaremos as formas de financiamento *FinTech* que mais se destacaram, o *Crowdfunding* e as *Initial Coin Offerings*. A escolha por estas duas figuras deve-se, primeiramente, à importância e dimensão que estas atingiram no comércio e na sociedade, nos últimos anos. Em segundo lugar, o *Crowdfunding* e as *Initial Coin Offerings* constituem dois casos paradigmáticos, um de modelo de negócio inovador e outro de uma aplicação de uma nova tecnologia a um modelo de negócio já existente, o que suscita questões complexas ao nível regulatório. Em terceiro lugar, tem havido dificuldades por parte dos legisladores e

[41] Cfr. Joaquim de Sousa Ribeiro, *O Problema do Contrato – As Cláusulas Contratuais Gerais – As Cláusulas Contratuais Gerais e o Princípio da Liberdade Contratual*, Dissertação de Doutoramento em Direito Civil apresentada à Faculdade de Direito da Universidade de Coimbra, Almedina, Coimbra, 1999, pp. 109 e ss.

[42] Cfr. Raquel Brízida Castro, *Constituição, Lei e Regulação dos Media*, Almedina, Coimbra, 2016, p. 32.

[43] Juliana Coutinho, *O Público e o Privado na Organização Administrativa – Da relevância do sujeito à especialidade da função*, Almedina Coimbra, 2017, p. 457.

aplicadores do Direito no enquadramento adequado destas figuras, pelo que, estamos a dar o nosso contributo para que estas questões sobre o seu enquadramento fiquem mais claras. Pretendemos abranger, no entanto, outras formas de financiamento *FinTech* que, apesar de não terem atingido um impacto e complexidade tão relevantes como as duas figuras que escolhemos – porventura, por se encontrarem numa fase muito embrionária –, podem obedecer ao quadro regulatório que nos arriscamos a descrever na Parte I deste estudo.

Procuraremos, na Parte II e III, identificar as principais caraterísticas do *Crowdfunding* e das *Initial Coin Offerings*, com vista analisar a melhor forma de enquadrar estas novas figuras no ordenamento jurídico português, tendo em consideração os objetivos e os valores jurídicos da abordagem regulatória específica que pretendemos propor e tendo em conta o equilíbrio dos interesses que deve ser procurado pelas entidades reguladoras competentes, neste ambiente complexo e turbulento da inovação financeira.

Nas *Initial Coin Offerings*, trataremos da figura complexa dos criptoativos, cingindo-nos às particularidades relativas ao financiamento empresarial, apesar das variadas questões jurídicas interessantes que os criptoativos suscitam. Alguma dessas questões ultrapassam o escopo do nosso estudo, nomeadamente, as questões relacionadas com o impacto dos criptoativos nos serviços de pagamento e na política monetária.

Por fim, avançamos para esta estudo com objetivo de procurar a melhor forma de enquadrar as formas de financiamento *FinTech* e, em especial, o *Crowdfunding* e as *Initial Coin Offerings* no sistema jurídico nacional, pretendendo dar o nosso contributo para se encontrarem mais facilmente soluções para os obstáculos que possam surgir neste campo da inovação, ainda carregado de incertezas em termos de determinação dos regimes aplicáveis e dos instrumentos regulatórios que se devem utilizar.

PRIMEIRA PARTE

Regulação das Formas de Financiamento *FinTech*

I.
Formas de Financiamento *FinTech*

1. O surgimento da *FinTech*

A aplicação das novas tecnologias como a *blockchain*, a inteligência artificial e a *internet of things*, bem como a adoção de novos modelos de negócio assentes, nomeadamente, em plataformas eletrónicas, têm transformado profundamente muitos setores da atividade económica, sendo o setor financeiro um dos que se destaca, devido à forte influência da intangibilidade da informação e da celeridade em que uma quantidade enorme de informação é transmitida na banca, nos seguros e nos mercados financeiros[44]. Estas novas tecnologias têm tido um enorme impacto na transformação dos modelos de negócio, na interação com os investidores e consumidores[45] e na criação de aplicações, processos ou produtos com um efeito material associado aos mercados, às instituições financeiras e à prestação de serviços financeiros[46], em todas os seus subsectores e funções, tais como os pagamentos, a gestão de ativos, o financiamento/investimento e a gestão do risco[47].

---

[44] Cfr. Filipa Ferro dos Santos, "Importância da informação no mercado de capitais", in *Revista de Direito das Sociedades,* Ano X, n.º 2, Almedina, Coimbra, 2018, pp. 364-393.

[45] Cfr. Parlamento Europeu, *Competition issues in the Area of Financial Technology (FinTech)*, disponível em: http://www.europarl.europa.eu/thinktank/en/document.html?reference=IPOL_STU(2018)619027.

[46] Financial Stability Board, *FinTech and market structure in financial services: Market developments and potential financial stability implications,* p. 1, 2019, disponível em: https://www.fsb.org/wp-content/uploads/P140219.pdf.

[47] "A inovação financeira é algo de conatural aos sistemas financeiros mas que a inovação tecnológica tem acelerado", Luís Guilherme Catarino, *Inovação Financeira e ICOs: mercados*

Atribui-se a todas estas novas realidades o termo aglutinador de *FinTech* (*Finance* e *Technology*), muito utilizado nos últimos anos, quer de um ponto de vista objetivo, para se referir às atividades financeiras originadas ou que foram alvo de uma transformação, quer de um ponto de vista subjetivo, utilizando-se, igualmente, o termo empresas *FinTech* como referência às empresas que se dedicam a transformar o sistema financeiro, aproveitando as oportunidades criadas pelas novas tecnologias[48].

Existem dúvidas em relação à origem do termo *Fintech*. Há quem atribua a sua origem a um projeto do *Citigroup*, denominado *Financial Services Technology Consortium*, que teve início nos anos 90 do século passado e que procurava utilizar a tecnologia para aumentar a colaboração entre os vários intervenientes do setor financeiro e também há quem atribua o termo ao *FinTech Innovation Lab* fundado em 2010 pela *Accenture* e o *Partnership Fund for New York City*[49].

Apesar do uso recorrente do termo *FinTech* em vários contextos, não se poderá afirmar que a utilização da tecnologia no setor financeiro seja recente. Basta relembrar a criação da *Fedwire*, um sistema de transferência de fundos em tempo real introduzido pela Reserva Federal Americana em 1918, e a criação das caixas multibanco no Reino Unido em 1967[50]. Contudo, a utilização de novas tecnologias no setor financeiro está a evoluir atualmente de uma forma extremamente mais célere, acompanhando as várias tendências tecnológicas globais de outros setores.

---

privados alternativos, 2018, p. 2, disponível em: https://institutovaloresmobiliarios.pt/estudos/pdfs/1548431077icos_lgc_vf.pdf.

[48] Cfr. António Barreto Menezes Cordeiro, *Manual de Direito dos Valores Mobiliários*, 2.ª ed., Almedina, Coimbra, 2018, p. 84. "São entidades que surgem, essencialmente, no espaço vazio deixado pelos bancos, que, em resposta ao ambiente regulatória sentido pós crise financeira, se viram obrigados a desviar a atenção dos clientes menos rentáveis arriscados e desenvolverem plataformas digitais, como os empréstimos e transferências *peer-to-peer* (P2P), o *online crowdfunding* ou a consultoria robótica", Madalena Perestrelo de Oliveira, "As Recentes Tendências da FinTech: Disruptivas e Colaborativas", in *FinTech – Desafios da Tecnologia Financeira*, Almedina, Coimbra, 2017, pp. 59 e 60.

[49] Cfr. Leonildo Manuel e Jacinto Manuel, "FinTech: experiências e desafios no contexto africano" in *Escritos sobre FinTech e Corporate Finance – Experiências e Desafios no Contexto Africano*, AAFDL, junho 2019. p. 29.

[50] Cfr. Ross P. Buckley, Douglas, W. Arner e Janos Nathan Barberis, *150 Years of FinTech: An Evolutionary Analysis*, 2016, p. 23 e ss., disponível em: https://www.researchgate.net/.

Adicionalmente, as novas tecnologias e novos modelos de negócios estão a causar grandes alterações no modo de fornecer serviços e produtos financeiros, dando resposta às cada vez mais exigentes necessidades dos agentes do mercado, dos consumidores e dos investidores. Em suma, a transformação do setor financeiro passou a ser uma constante e passou a ser exponencial, exigindo-se, deste modo, a todos os participantes do setor financeiro que se adaptem, através de uma alteração dos seus padrões de comportamento, à inovação contínua dos tempos modernos. Explica-se, deste modo, a necessidade da utilização de um novo termo, neste caso, o termo *FinTech*, com vista a identificar devidamente este fenómeno em que a tecnologia está envolvida em todos os processos das empresas do setor financeiro, transformando-o profundamente.

A forte adoção da *FinTech* ultimamente deveu-se, em grande medida, ao grande crescimento do poder da computação (tratamento da informação), à maior capacidade de análise de um conjunto cada vez maior de dados, à maior acessibilidade a bens e serviços e ao papel da *Internet* na substituição de prestadores de serviços tradicionais, a que dá o nome de incumbentes, por prestadores de serviços *online*, tendo-se incitado a movimentação de vários agentes do mercado para áreas não reguladas ou pouco reguladas. Outras das razões para este surgimento da *FinTech* é a diminuição ou, por vezes, eliminação de custos de bens e serviços, bem como a existência de um maior recurso a métodos automatizados e a facilidade de se recorrer ao *outsourcing*, deixando de existir a necessidade de estruturas tão pesadas e complexas como, por exemplo, as dos bancos para a prestação de serviços financeiros.

O surgimento da *FinTech* explica-se, ainda, pela diminuição da confiança dos consumidores e dos investidores nas instituições financeiras, face à crise financeira de 2007/2008 e aos episódios descredibilizadores que se sucederam, não só em Portugal como em muitos outros países de todo o mundo. Num inquérito realizado em 2016, 37% dos cidadãos europeus que participaram nesse inquérito expressaram a sua vontade de mudar de fornecedor de serviços financeiros se as instituições financeiras não oferecessem serviços ou produtos de tecnologia avançada. Este resultado não é apenas fundamentado nas habilidades digitais e no acesso à tecnologia e aos serviços *FinTech*, mas também, foi apontada, neste mesmo inquérito, a confiança como um elemento-chave para o maior recurso a empresas *FinTech*[51].

Os últimos anos foram marcados por um crescimento da exigência dos consumidores e dos investidores em termos de rapidez, custo, variedade e facilidade de acesso e pelo diferente relacionamento das novas gerações com a tecnologia. Os *millenials*, termo geralmente referido para os nascidos entre 1980 e 2000, têm caraterísticas muito particulares, como a enorme propensão para desenvolverem várias atividades, e a busca de satisfação a curto prazo, de uma forma otimista e colaborativa[52].

Os elementos desta geração são para o setor financeiro um enorme desafio de conquista e fidelização, sensíveis ao que os rodeia e atentos a factores de confiança e coerência, uma vez que, tal como a *FinTech*, foram moldados pela tecnologia e pela crise financeira global[53]. Os *millenials* adaptam-se facilmente a novas realidades e ofertas de serviços, incluindo os financeiros, pelo que facilmente surgem e crescem novas formas de consumo de produtos financeiros e novas formas de investir, como o *social trading* ou *copy trading*[54], obrigando a uma adaptação constante de

---

[51] A. Fraile Carmona, A. González-Quel Lombardo, R. Rivera Pastor, C. Tarín Quirós, J. P. Villar García E D. Ramos Muñoz e L. Castejon Martín, *Competition issues in the Area of Financial Technology (FinTech)*, Estudo encomendados pelo Comité Económico, Social e de Qualidade de Vida do Parlamento Europeu, julho/2019, disponível em http://www.europarl.europa.eu/thinktank/en/document.html?reference=IPOL_STU(2018)619027.

[52] Cfr. Neil Howe e William Strauss, *Rising: The next great generation*, 1.ª ed., Vintage Books, Nova Iorque, 2009, pp. 15 e ss..

[53] Jon Frost, *The economic forces driving fintech adoption across countries*, BIS Working Papers n.º 838, 2020, pág. 8, disponível em: https://www.bis.org/publ/work838.htm.

[54] Cfr. Tom Lin, "The New Investor", in *UCLA Law Review*, n.º 678, 2013, pp. 710 e 711, disponível em: papers.ssrn.com. Os termos *social trading* e *copy trading* referem-se à forma de investimento potenciada por plataforma eletrónicas que permitem que os investidores de retalho sigam as decisões de investimento de investidores profissionais, Andreas Oehler, Matthias Horn e Stefan Wendt, "Benefits from social trading? Empirical evidence for certificates on wikifolios", in *International Review of Financial Analysis*, Maio/2016, p. 3 e ss., disponível em: www.sciencedirect.com. Estas novas formas de investimento já foram enquadradas juridicamente pela ESMA através das suas "FAQs", disponíveis em: https://www.esma.europa.eu/sites/default/files/library/2015/11/2012-382.pdf.

Cfr. Neil Howe e William Strauss, *Rising: The next great generation*, 1.ª ed., Vintage Books, Nova Iorque, 2009, pp. 15 e ss..

todos os agentes do setor financeiro, quer através do surgimento de novas empresas *FinTech* – face à celeridade e à facilidade com que se produzem inovações, estas empresas caraterizam-se pela efemeridade e pelo rápido crescimento –, quer através de uma transformação considerável das instituições financeiras tradicionais[55].

Notou-se, igualmente, um grande crescimento das empresas *FinTech*, inclusive no período pandémico da Covid-19, apesar das intervenções públicas de ajuda financeira e de esclarecimentos regulatórios às empresas *FinTech* terem sido reduzidos nesse período, a nível internacional, de acordo com dados apurados pelo estudo realizado pelo Cambridge Centre for Alternative Finance, pelo Banco Mundial e pelo Fórum Económico Mundial, em 2020[56].

Ademais, uma das caraterísticas mais relevantes associadas às formas de financiamento *FinTech* é a de estas serem formas de financiamento alternativo, sendo que outra das caraterísticas que se destaca é o foco nas *startups*. Diante do exposto, analisaremos seguidamente estas duas caraterísticas dos meios de financiamento *FinTech*, que para nós são as que mais se destacam, com vista a compreendermos melhor o posicionamento atual destas figuras no sistema financeiro, com vista ao enquadramento do nosso estudo.

---

[55] Ricardo Santos, *As Fintech na geração Millennials*, dissertação de mestrado, Instituto Superior de Gestão, Lisboa, 2017, p. 44, disponível em: comum.rcaap.pt.

[56] Cambridge Center for Alternative Finance, World Bank Group e World Economic Forum, *Global COVID-19 FinTech Market Rapid Assessment Study*, 2020, disponível em: https://www.jbs.cam.ac.uk/faculty-research/centres/alternative-finance/publications/2020-global-covid-19-fintech-market-rapid-assessment-study/. O estudo também revela que os riscos associados à *FinTech* exacerbaram-se no período pandémico, sobretudo, na área da cibersegurança. A COVID-19 pode ter sido também um catalisador para adoção mais acelarada de tecnologia pelo setor financeiro, cfr. Douglas Arner, Jànos Barberi, Julia Walker, Andrew Dahdal e Ross Buckley, "Digital Finance & The COVID-19 Crisis", in *University of Hong Kong Faculty of Law Research Paper No. 2020/017 UNSW Law Research*, 2020, p. 23, disponível em: papers.ssrn.com.

2. *FinTech* e financiamento alternativo

O termo financiamento alternativo refere-se a formas de financiamento que são desenvolvidas fora do setor financeiro tradicional, quer bancário, quer dos mercados financeiros[57]. A razão para as formas de financiamento empresarial *FinTech* se enquadrarem nas formas de financiamento alternativo é o facto de serem uma opção alternativa e recente aos meios de financiamento empresariais existentes, sendo estes mais tradicionais e considerados mais convencionais.

As formas de financiamento alternativo destacaram-se, principalmente, no pós-crise do sistema financeiro, momento caraterizado pela criação de vários meios de financiamento empresarial concorrentes. "Um dos principais problemas das economias atingidas por fortes crises como aquela que a área do euro atravessou nos últimos anos é a redução drástica do financiamento disponível, devido, em grande parte, à excessiva dependência das empresas do recurso ao financiamento bancário"[58]. Houve, deste modo, uma tendência para a utilização de formas de financiamento alternativo, com o objetivo de permitir diversificar as fontes de financiamento das PME e de alargar as opções dos aforradores, tornando a economia mais resistente.

Um dos meios de financiamento alternativo que mais se evidenciou foi o investimento em capital de risco[59], uma vez quer se trata de uma forma de financiamento eficaz para as empresas de inovação e tecnologia,

---

[57] Cfr. Cambridge Center for Alternative Finance e World Bank Group, *Regulating Alternative Finance: Results From A Global Regulator Survey*, 2019, p. 12, disponível em: https://www.jbs.cam.ac.uk/wp-content/uploads/2020/08/2019-11-ccaf-regulating-alternative-finance-report.pdf.

[58] Tomás Virtuoso, Ana Gouveia e Ana Martins, "A União dos Mercados de Capitais: Análise Crítica", in *Boletim Mensal de Economia Portuguesa,* n.º 8, 2015, p. 7.

[59] "O investimento em capital de risco é surpreendentemente antigo. Vem da velhíssima comenda, contrato em que o mercador obtinha financiadores que entravam com capitais para uma empresa determinada e com quem partilhava no fim o resultado (...) Da comenda evoluíram, num longo processo histórico, as contas (associações) em participação e as comanditas", Pedro Pais de Vasconcelos, "O acionista de capital de risco – dever de gestão", in *II Congresso Direito das Sociedades em Revista,* Almedina, Coimbra, 2012, p. 159. Nos nossos dias, o capital de risco está mais associado a investimentos em empresas em arranque, com grandes perspetivas de crescimento e com projeto dinâmicos. O alto risco que assumem os investido-

incentivando e suportando a sua dinâmica, produtividade e rápido crescimento[60]. O investimento em capital e risco pode funcionar com recurso a capitais próprios, ou seja, os *business angels*, as Sociedades de Capital de Risco ou Fundos de Capital de Risco concretizam o financiamento através de participação no capital social das empresas, nomeadamente através da realização de aumentos de capital, que podem ser complementados, por exemplo, por suprimentos ou prestações suplementares de capital. A participação destas entidades no capital das sociedades é temporária e, na generalidade dos casos, minoritária, sendo a participação alienada num prazo médio de 3 a 7 anos. Trata-se, assim, de uma forma de financiamento completamente distinta do financiamento bancário, por este não ter qualquer participação no risco empresarial. O direito ao retorno do capital principal e a remuneração do juro são garantidos, independentemente do sucesso ou insucesso da empresa, enquanto no capital de risco, as entidades financiadoras participam diretamente no capital social das empresas, apoiando a sua gestão e tentando otimizar ao máximo o seu sucesso, uma vez que o seu investimento está dependente dos resultados obtidos.

Nos contratos de financiamento celebrados com as Sociedades de Capital de Risco e com os Fundos de Capital de Risco, as principais questões contratuais estão relacionadas com o montante do investimento, a periodicidade das rondas de financiamento, a participação de cada sócio, os direitos voto, os direitos aos lucros, os direitos de informação, a representação no conselho de administração, a explicitação das medidas de

---

res de capital de risco é compensado por uma alta taxa de rentabilidade, cfr. MARIA GARCIA MANDALONIZ, *La Financiacion de las PYMES*, Aranzadi, Navarra, 2003, p. 307.
"O Capital de Risco pode ser definido simplesmente como uma forma de investimento empresarial, com o objectivo de financiar empresas, apoiando o seu desenvolvimento e crescimento, com fortes reflexos na gestão", RUI CALDEIRA, *O Contributo das Sociedades de Capital de Risco para o Empreendedorismo*, 2014, p. 13, disponível em: http://comum.rcaap.pt/handle/123456789/7307; Capital de risco é um "tipo de atividade financeira realizada por instituições que investem essencialmente em empresas que ainda não são listadas em bolsa de valores, com o objetivo de alavancar o seu desenvolvimento", JOÃO CALVÃO DA SILVA, *Banca, Bolsa... op. cit.*, . 242.

[60] Cfr. ANTONIN ROSEK, *Capital Markets Union: The Key to Restoring the Economic Growth and the Real Convergence in the Eurozone*, 2015 p. 15 disponível em: scholarpublishing.org.

performance, frequência e tipo de informação a ser providenciada e a estratégia e os prazos de desinvestimento.

O investimento em capital de risco possibilitou que muitas empresas assegurassem os meios necessários ao desenvolvimento de soluções tecnológicas e de estratégias de eficiência (de produção, distribuição e promoção), contribuindo para a valorização do negócio e, em última instância, para o crescimento económico e a criação de emprego"[61]. Revela-se ser característico das empresas que recorrem ao capital de risco a atuação em sectores inovadores, de elevada tecnologia e de grande risco. Contrariamente, as empresas dos sectores mais tradicionais recorrem, sobretudo, ao financiamento bancário[62].

Este meio de financiamento alternativo foi alvo de grande atenção pelo legislador da União Europeia no pós-crise, nomeadamente, através da Diretiva n.º 2011/61/UE, do Parlamento Europeu e do Conselho, de 8 de junho de 2011, da Diretiva n.º 2013/14/UE, do Parlamento Europeu e do Conselho, de 21 de maio de 2013, e dos Regulamentos (UE) n.ºs 345/2013 e 346/2013, do Parlamento Europeu e do Conselho, de 17 de abril.

Foram, deste modo, criados os fundos de capital de risco europeus (EuVECA) e os fundos europeus de empreendedorismo social (EuSEF), permitindo-se que estes fundos comercializem e angariarem capital no mercado interno[63]. O Regulamento relativo aos fundos de capital de risco europeus (EuVECA) e o Regulamento relativo ao Fundo de Empreendedorismo Social Europeu (EuSEF) definem as condições em que estes fundos podem ser comercializados junto dos investidores institucionais e dos particulares com um elevado património líquido em toda a União Europeia.

---

[61] Relatório anual da Atividade de Capital de Risco da CMVM, 2014, p. 6, disponível em http://www.cmvm.pt/pt/EstatisticasEstudosEPublicacoes/Publicacoes/CapitaldeRisco/Pages/Relatorio_CapRisco.aspx?pg.

[62] Cfr. Marta Fernandes dos Ramos, "Capital de risco e financiamento bancário: custos e benefícios jurídico-económicos para as empresas portuguesas", in *Colecção Estudos Instituto do Conhecimento AB*, n.º 6, Almedina Coimbra, 2016, p. 259.

[63] Cfr. Ana Perestrelo De Oliveira, *Manual de Corporate Finance*, 2.ª ed., Almedina, Coimbra, 2015, p.71.

Todavia, os passaportes EuVECA e EuSEF só podem ser atualmente obtidos pelos pequenos gestores de fundos, cuja carteira de ativos não exceda 500 milhões de euros. A Comissão Europeia, reduzindo desta forma o limiar de investimento dos fundos EuVECA e EuSEF, tem o objetivo de atrair um maior número de investidores e acelerar a comercialização e o investimento transnacional[64].

Em Portugal, transpôs-se parcialmente as Diretivas 2011/61/UE, do Parlamento Europeu e do Conselho, de 8 de junho, e 2013/14/UE, do Parlamento Europeu e do Conselho, de 21 de maio, que asseguram a execução, na ordem jurídica interna, dos Regulamento (UE) n.ºs 345/2013 e 346/2013, do Parlamento Europeu e do Conselho, de 17 de abril, estabelecendo-se o regime jurídico do capital de risco, do empreendedorismo social e do investimento especializado de risco investimento em capital de risco (Lei n.º 18/2015, de 4 de março), sendo a atividade de investimento em capital de risco sujeita à supervisão da CMVM.

Neste diploma o investimento em capital de risco é definido, no número 1 do seu artigo 3.º, como "a aquisição, por período de tempo limitado, de instrumentos de capital próprio e de instrumentos de capital alheio em sociedades com elevado potencial de desenvolvimento como forma de beneficiar da respetiva valorização". Neste âmbito, podemos ter fundos ou sociedades de capital de risco a assumirem uma opção na entrada de capital numa certa empresa, da qual sairão mais tarde através de uma subscrição pública ou privada.

A caraterística essencial do capital de risco "é a limitação do tempo de investimento, sendo o retorno decorrente do ganho ou mais valia da participação no desinvestimento"[65]. Como refere Ana Perestrelo de Oliveira, "o capital de risco não é mais, portanto, do que tal subscrição ou aquisição de participações sociais numa empresa em fase de instalação (*venture capital*) ou de reestruturação (*private equity*), financiando-a (através das

---

[64] Cfr. Comissão Europeia, *Livro verde: Construção de uma União dos Mercados de Capitais*, COM (2015) 63 final, 2015, p 19, disponível em:
https://eur-lex.europa.eu/legal-content/PT/TXT/?uri=CELEX%3A52015DC0063

[65] Pedro Pais de Vasconcelos, O acionista de capital de risco – dever de gestão", in *II Congresso Direito das Sociedades em Revista*, Almedina, Coimbra, 2012, p. 158.

entradas realizadas), tendo em vista a respetiva valorização para posterior alienação da participação com lucro"[66].

Convém, igualmente, destacar outros agentes no âmbito do investimento em capital de risco, os *business angels*[67]. Estes podem ser definidos como investidores particulares, normalmente empresários de experiência comprovada, que gerem o seu *portfolio* de investimento com especial enfoque em empresas em fase de arranque (*startups*) e baseados, por vezes, na sua intuição e proximidade com os empreendedores, apoiando-os com o seu *know-how* e capital – sendo este investimento também conhecido como *smart money* – numa fase inicial da atividade das PME e *startups*[68].

A atividade dos *business angels* encontra-se regulada no regime jurídico do capital de risco, do empreendedorismo social e do investimento especializado de risco investimento em capital de risco (Lei n.º 18/2015, de 4 de março), sob a nomenclatura de "atividade dos investidores em capital de risco", estando sujeita a registo prévio, não público, junto da CMVM.

Verificou-se um grande crescimento destas figuras de financiamento alternativo nas últimas décadas[69], permitindo a muitas PME a nível mundial ambicionarem o título de "unicórnio"[70]. Como referido por Pedro

---

[66] Ana Perestrelo De Oliveira, *Manual de Corporate Finance*, 2.ª ed., Almedina, Coimbra, 2015, p. 71.

[67] O termo "*business angels*" vem da *Broadway*, no final do século XIX, onde os investidores mais abastados garantiam os meios para os diretores financiarem a produção de novos musicais e peças de teatro, Valend Ramadani, "Business Angels – Who They Really Are?" in *Strategic Change: Briefings on Entrepreneurial Finance*, Vol. 18, N.º. 7-8, 2009, p. 2, disponível em: papers.ssrn.com.

[68] Cfr. Véronique Bessière, Eric Stephany e Peter Wirtz, *Crowdfunding, Business Angels, and Venture Capital: New Funding Trajectories for Start-Ups?*, 2018, p. 6, disponível em: papers.ssrn.com; Andrew Y. Wong, *Angel Finance: The Other Venture Capital*, 2006, pp. 26 e ss., disponível em: papers.ssrn.com.

[69] Joern Hendrich Block, Philipp G. Sandner e Geertjan De Vries, Venture Capital and the Financial Crisis: An Empirical Study across Industries and Countries, 2010, p. 6, disponível em: https://www.researchgate.net/.

[70] A expressão "unicórnios" é utilizada para se referir a *startups* com uma avaliação de preço de mercado de, pelo menos, mil milhões de euros, Em Portugal, temos o exemplo da Farfetch, da Outsystems e da Talkdesk, *vd.* http://saldopositivo.cgd.pt/empresas/como-transformar-sua-startup-num-unicornio/; https://expresso.pt/economia/2018-06-05-Outsystems-e-o-novo-

Pais de Vasconcelos: "Hoje, no mercado global, o que maior volume de fundos envolve e que investe com maior eficiência e maleabilidade é talvez o *private equity*"[71]. Esse crescimento abrangeu não só os fundos de capital de risco e os *business angels*, mas também as formas de financiamento *FinTech*, como o *Crowdfunding* e as *Initial Coin Offerings*. Apontam-se os mesmos resultados e as mesmas implicações nestas figuras e no investimento em capital de risco, sendo, por vezes referido que podem preencher algumas lacunas do investimento de capital de risco[72]. Deste modo faz sentido que estas se aglutinem na mesma categoria, que se apelida de financiamento alternativo, pelo que se poderá encontrar soluções regulatórias comuns para todas estas figuras face às suas semelhanças de caraterísticas e propósitos[73].

3. *FinTech* e financiamento de *startups*

Primeiro, há que referir que "na economia do conhecimento em que vivemos, a vantagem competitiva das empresas decorre dos processos de inovação que desenvolvem e que decorrem dos seus recursos humanos e do conhecimento que estes têm, seja ele tácito ou explícito"[74].

Tendo isto em conta, as grandes instituições financeiras deveriam obter vantagem na inovação porque têm maiores recursos para investi-

-unicornio-portugues; https://www.jornaldenegocios.pt/empresas/tecnologias/detalhe/talkdesk-e-o-novo-unicornio-portugues;

[71] Pedro Pais de Vasconcelos, "O acionista de capital de risco – dever de gestão", in *II Congresso Direito das Sociedades em Revista*, Almedina, Coimbra, 2012, p. 157.

[72] Diogo Pereira Duarte, "Financiamento Colaborativo de Capital (Equity-Crowdfunding)", in *FinTech. Desafios da Tecnologia Financeira*, coord. António Menezes Cordeiro, Ana Perestrelo de Oliveira e Diogo Pereira Duarte, Almedina, Coimbra, 2017, p. 251.

[73] Apesar do grande crescimento a nível global, a maior parte das jurisidições ainda não regularam estas atividades, cfr. Cambridge Center for Alternative Finance e World Bank Group, *Regulating Alternative Finance: Results From A Global Regulator Survey*, 2019, p. 8, disponível em: https://www.jbs.cam.ac.uk/wp-content/uploads/2020/08/2019-11-ccaf-regulating-alternative-finance-report.pdf.

[74] Lourenço Gouveia Booth, *Lisboa: Startup City – Caraterização do Ecossistema empreendedor de Lisboa*, Dissertação de Mestrado, Instituto Superior de Contabilidade e Administração de Lisboa, Lisboa, 2016, p. 37, disponível em: https://repositorio.ipl.pt/.

gar, sistemas de distribuição estabelecidos e podem financiar e suportar o risco dos projetos; só que às empresas instaladas não interessa muitas vezes explorar as inovações tecnológicas, porque a mudança pode ter custos muito elevados, pode implicar riscos maiores e podem não existir incentivos suficiente para a promover, pelo que as *startups* poderão ter o seu espaço e ter funções complementares às dos incumbentes[75].

O movimento *startup* coincidiu com a emergência da *FinTech*. Assim, um dos tópicos essenciais em termos de compreender o fenómeno da *FinTech* numa determinada jurisdição é o financiamento das *startups*, uma vez que "as startups, pelas suas características próprias, deparam-se frequentemente com uma séria dificuldade no acesso a meios de financiamento tradicionais com recurso a capitais alheios, máxime, crédito bancário"[76].

A exploração de soluções criativas que caracterizam o perfil destas novas empresas, a que se dá o nome de *startups*[77] tem vindo a definir a inovação de certo país, e o surgimento deste tipo de empresas ganhou uma dimensão digna de análise devido às inúmeras consequências quer positivas, quer negativas, que podem advir dos seus novos modelos de negócio na coesão económica e social.

No entanto, a falta de antecedentes históricos dificulta, naturalmente, a conceptualização deste fenómeno. Costuma-se determinar que o termo "*startup*" começou a ser muito usado na chamada "bolha da *internet*" entre 1996 e 2001, nos Estados Unidos da América, nomeadamente para especificar um grupo de pessoas que trabalhava com uma ideia diferente que poderia alcançar um grande nível de lucro e crescimento.

Este termo foi evoluindo ao longo dos anos, mas a sua premissa essencial mantém-se: as *startups* tem necessariamente um carácter inovador, sendo normalmente criadas a partir de ideias inovadoras e promissoras,

---

[75] Cfr. Rebel Cole, Douglas Cumming e Jon Taylor, *Does FinTech Compete With or Complement Bank Finance?*, 2019, p. 16, disponível em: papers.ssrn.com.

[76] Diogo Pereira Duarte e João Freire de Andrade, "Breves notas sobre o financiamento de start-ups e a sua regulação" in *FinTech – Novos Estudos sobre Tecnologia Financeira*, coord. por António Menezes Cordeiro, Ana Perestrelo de Oliveira e Diogo Pereira Duarte, Almedina, Coimbra, 2019, p. 223.

[77] Cfr. Liliana Silva, Luís Gomes e Patrícia Ramos, *Estrutura de financiamento das empresas start-up em Portugal*, 2015, p. 2, disponível em: http://www.aecal.org.

e por essa razão, a sua especificidade mais relevante é a possibilidade de crescimento. Destarte, as *startups* são feitas para aumentar muito rapidamente, sendo que o seu foco é o crescimento célere independentemente do local onde o negócio se desenvolve[78].

Ademais, é possível identificar outras especificidades das *startups*, a sua tendência para se ligarem a áreas tecnológicas, de investigação e desenvolvimento[79], o seu enquadramento nas PME e o seu estado embrionário, devido a encontrarem-se geralmente em processos de implementação e organização das suas operações: podendo não ter ainda iniciado a comercialização dos seus produtos ou serviços, já estão a funcionar ou, pelo menos, em processo final de instalação.

Em termos de definições, a literatura económica costuma recorrer ao estudo de Racolta-Paina e Mone, de 2009, no qual se define *startup* como uma empresa que é nova no mercado e que está a tentar ganhar uma posição (não necessariamente para se tornar líder, mas para se tornar funcional no seu mercado relevante)[80]. Outro estudo, de Berger e Udell, classifica as empresas da seguinte forma: "sementes" (0-2) anos, "*start-ups*" (3-4 anos), "idade média" (5-24 anos) e "antigas" (25 ou mais anos)[81].

Em Portugal, contamos já com uma definição no Dicionário Priberam da Língua Portuguesa de 2016: "*Start-up* é uma empresa ou negócio novo ou em fase de arranque, geralmente de caráter inovador e ligado à tecnologia". Na legislação portuguesa, a Portaria 432/2012, de 31 de dezembro, que cria a medida de apoio à contratação de trabalhadores por empresas *startups*, define estas através dos seguintes requisitos: ser uma pessoa singular ou coletiva de natureza jurídica privada, com ou sem fins lucrativos, regularmente constituída e registada, ter obtido certificação de PME (pequena ou média empresa), nos termos do Decreto-Lei n.º 372/2007,

---

[78] Cfr. Armando Santos e Pedro Rossetti, *Startups de Base Tecnológica na UPTEC – Caracterização e Análise das Startups*, 2014, p. 6, disponível em http://paginas.fe.up.pt.

[79] Cfr. Ana Gual, *Determinantes da Estrutura de Capital das Startups Portuguesas*, 2015, p. 40, disponível em: https://sapientia.ualg.pt/handle/10400.1/8281.

[80] Cfr. Racolta-Paina e Mone, *Start-up Marketing: How to Become a Player on the B2B Services Market in Romania*, 2009, pp. 63-78, disponível em: http://www.managementmarketing.ro.

[81] Cfr. Allen N. Berger e Gregory F. Udell, "The economics of small business finance: The roles of private equity and debt markets in financial growth cycle", in *Journal of Banking &Finance*, Vol. 22, ed. 6-8, Elsevier Science BV, Amesterdão, 1998, pp. 613 e ss..

de 6 de novembro, ter iniciado atividade há menos de 18 meses e ser uma empresa baseada em conhecimento, com potencial de exportação ou de internacionalização.

O impacto das *startups* na economia mundial deveu-se sobretudo à crise financeira de 2007-2008, que levou à contração do crédito às PME, devido à dependência que todas empresas tinham do financiamento bancário[82], e a maiores custos em *compliance* por parte das empresas, devido a maiores exigências regulatórias, e ao desvio da atividade bancária de uma função tradicional de financiamento da economia real para uma política de investimento nos mercados financeiros – os bancos reforçaram os seus capitais próprios e dedicaram-se a um negócio mais seguro de captar fundos do banco central para os utilizarem na compra de dívida pública (*carry trade*), abandonando o seu negócio originário de operações de crédito[83].

Estes problemas de financiamento ainda se acentuaram mais nas *startups* devido aos seus ativos maioritariamente intangíveis, curto historial de crédito e ao elevado grau de incerteza quanto ao seu sucesso[84], tendo em conta que os bancos geralmente demonstram relutância em emprestar dinheiro a novos negócios com garantias limitadas[85]. Tal dificuldade inviabiliza grande parte das *startups*, uma vez que estas necessitam de financiamento para o lançamento de produtos, serviços ou de conceitos até então desenvolvidos, bem como ao *marketing* inicial. As *startups* apresentam-se "no mercado como uma novidade e sem historial associado, o seu investimento inicial costuma, por norma, ser baixo sendo prove-

---

[82] Cfr. Tomás Virtuoso, Ana Gouveia e Ana Martins, "A União dos Mercados de Capitais: Análise Crítica", in *Boletim Mensal de Economia Portuguesa*, n.º 8, 2015, p. 7.

[83] Cfr. Fernando Zunzunegui, "Régimen jurídico de las plataformas de financiación participativa («*crowdfunding*»)", in *La regulación del shadow banking en el contexto de la reforma del mercado financiero*, Aranzadi, Madrid, 2016, p. 270.

[84] Cfr. José Freitas, *O venture capital: a transformação de uma ideia inovadora numa empresa de sucesso*, 2014, p. 14, disponível em: https://repositorio-aberto.up.pt/handle/10216/76812?locale=pt.

[85] Cfr. Joana Sequeira, *Financiamento de startups com recurso a financiamento angel em Portugal – Estudo de Caso*, 2014, p. 12, disponível em: http://www.repository.utl.pt/handle/10400.5/7499.

niente do capital pessoal dos seus fundadores, uma vez que o recurso ao crédito bancário é, muitas vezes, impossível"[86].

Apesar de inúmeras *startups* iniciarem o seu desenvolvimento com o capital mínimo requerido para o efeito e serem subsistentes por si mesmas (o chamado *bootstraping*) ou apenas com o financiamento dos elementos conhecidos como "3Fs" (*family, friends and fools*), num determinado ponto do seu ciclo de vida será inevitável uma injeção de capital ainda antes de qualquer retorno financeiro, daí a papel relevante no investimento da inovação e da tecnologia[87] por parte dos *business angels* ao colocarem estas pequenas empresas em grandes mercados[88].

Para assegurar este financiamento, também se costuma utilizar *convertible notes* (obrigações convertíveis em ações), ou um instrumento chamado SAFE (*simple agreement for future equity*), que consiste na atribuição de um warrant ao investidor para adquirir ações da *startup* futuramente.

A ideia subjacente à progressão da *startup* manifesta-se mais no rápido crescimento do que a sua subsistência interna, e é essa a função do financiamento externo, a de colmatar a lacuna do *cash flow* no estado inicial de uma *startup* até este ser internamente suficiente para manter um crescimento ótimo[89]. Não obstante o teorema económico de Modigliani-Miller determinar que a "escolha da política de financiamento da empresa não afeta o seu valor de mercado contando que se mantenha a distribuição de fluxos de caixa (*cash-flows*)"[90], é notória a grande necessidade de financiamento externo por parte das PME e *startups*, devido à insuficiência de capital dos seus fundadores.

---

[86] Ana Gual, *Determinantes da Estrutura de Capital das Startups Portuguesas*, 2015, p. 45, disponível em: https://sapientia.ualg.pt/handle/10400.1/8281.

[87] O mercado de investimento dos *Business Angels* na União Europeia, em 2013, foi cerca de 5 mil milhões de euros. Tem-se analisado bastante esta figura com vista a regulamentar o *Crowdfunding* devido às suas semelhanças, cfr. Maxence Decarré e Emilie Wetterhag, *Uncovering the Outcomes of Equity Crowdfunding*, 2014, p. 21, disponível em: papers.ssrn.com/.

[88] Cfr. Maria Garcia Mandaloniz, *La Financiacion de las PYMES*, Aranzadi, Navarra, 2003, p. 342.

[89] Cfr. Patrícia Rodrigues, *O Capital de Risco e o Conflito de Interesses*, 2012, p. 17, disponível em: http://repositorio.ucp.pt.

[90] Ana Perestrelo De Oliveira, *Manual de Corporate Finance*, 2.ª ed., Almedina, Coimbra, 2015, p. 33.

Apesar dos problemas de financiamento referidos, o surgimento de *startups* trouxe novas oportunidades para todo o ecossistema, uma vez que as *startups* também promoveram o recurso ao financiamento alternativo e, consequentemente, formas inovadoras de financiamento alternativo. Pode-se aferir, assim, que as empresas de prestação de serviços de financiamento *FinTech* são maioritariamente *startups*, tal como os seus clientes são maioritariamente *startups*, o que leva a estas formas de financiamento a consubstanciarem, no fundo, epicentros de inovação.

Face ao exposto, as formas de financiamento *FinTech* parecem ter um papel muito relevante no ecossistema das *startups* e da inovação empresarial e financeira, podendo-se mesmo referir alegoricamente que as startups e os prestadores de serviços de financiamento *FinTech* "falam a mesma língua", sobretudo após a crise de 2007-2008, tendo estas formas de financiamento *FinTech* funcionado como alternativa importante ao financiamento bancário e originado novos modelos que merecem ser perscrutados de um ponto de vista jurídico, o que motiva o nosso estudo.

4. As três vertentes da *FinTech*

A *FinTech* abarca várias realidades de índoles muito diversas, pelo que, propomos, a propósito do nosso estudo, uma divisão da *FinTech* em três vertentes com uma componente funcional para a análise que faremos posteriormente.

A primeira das vertentes é a adoção de novos modelos de negócio, sem a inclusão de qualquer tecnologia emergente como a DLT e a inteligência artificial. Muitos modelos de negócio ainda surgem com componentes inovadores, utilizando apenas tecnologias que não podem ser consideradas, de momento, como novas ou emergentes. O caso típico é o da *internet*, que ainda proporciona o surgimento de novas realidades.

Neste contexto, temos o exemplo de outro fenómeno paralelo e com extrema relevância, apelidado de "*Sharing Economy*" ou "Economia Colaborativa"[91], no qual se inclui modelos como o da Uber e a Airbnb.

[91] No comunicado (2016) 356 da Comissão Europeia, disponível em: https://ec.europa.eu/transparency/regdoc/rep/1/2016/PT/COM-2016-356-F1-PT-MAIN-PART-1.PDF, "a expressão «economia colaborativa» refere-se aos modelos empresariais no

Este fenómeno é caraterizado pela utilização de plataformas *online*, pelo melhor aproveitamento dos bens e uma tendencial estrutura *peer-to-peer* (P2P)[92].

Este fenómeno também tem sido aproveitado pelas empresas *FinTech*, que acompanharam a utilização crescente de plataformas eletrónicas para remodelar os processos de intermediação do setor financeiro, o que explica já se apelidar a *FinTech* de "uberização"[93] do mundo financeiro. Esta, também designada, plataformização do setor financeiro enquadra-se nesta primeira vertente, que suscita relevantes problemas jurídicos no âmbito do financiamento empresarial.

âmbito dos quais as atividades são facilitadas por plataformas colaborativas que criam um mercado aberto para a utilização temporária de bens ou serviços, muitas vezes prestados por particulares. São três as categorias de intervenientes na economia colaborativa: (i) os prestadores de serviços que partilham os ativos, os recursos, a disponibilidade e/ou as competências – podem ser particulares que oferecem serviços numa base esporádica («pares») ou prestadores de serviços que atuam no exercício da sua atividade profissional («prestadores de serviços profissionais»); (ii) os utilizadores desses serviços; e (iii) os intermediários que – através de uma plataforma em linha – ligam prestadores de serviços e utilizadores, facilitando as transações recíprocas («plataformas colaborativas»). Por via da regra, as transações de economia colaborativa não implicam uma transferência de propriedade, podendo ser realizadas com fins lucrativos ou sem fins lucrativos".

[92] Cfr. Joana Campos Carvalho, "A Proteção do Consumidor na *Sharing Economy*", in *I Congresso de Direito do Consumo*, Almedina Coimbra, 2016, p. 119. As vantagens da *Sharing Economy*, como a redução de custos e o aumento do número de agentes do mercado, tem como contraposto, desvantagens como críticas dos setores tradicional à concorrência desleal suscitada pelos novos modelos de negócio e a falta de regulação, cfr. Sofia Ranchordas, "Does Sharing Mean Caring? Regulating Innovation in the Sharing Economy", in *Minessota Journal of Law, Science and Technology*, Volume 16, Issue 1, Article, 9, pp. 467 e ss., disponível em: scholarship.law.umn.edu. *"in the collaborative economy, platforms are not usually just passive message boards advertising users contacts, and neither are they direct servisse providers"*, Maria Raquel Guimarães, "The Legal (Ir)relevance of Sleeping on Someone Else's Sofa" in *The Sharing Economy – Legal Problems of Permutations and Combinations Society*, Cambridge Scholars Publishing, Cambridge, 2019, p. 276.

[93] Hélder Rosalino, "Fintech e Banca Digital", in *FinTech – Desafios da Tecnologia Financeira*, Almedina, Coimbra, 2017, p. 11; Madalena Perestrelo de Oliveira, "As Recentes Tendências da FinTech: Disruptivas e Colaborativas", in *FinTech – Desafios da Tecnologia Financeira*, Almedina, Coimbra, 2017, pp. 59 e 60; Luís Guilherme Catarino, *Inovação Financeira e ICOs: mercados privados alternativos*, 2018, p. 2, disponível em: https://institutovaloresmobiliarios.pt/estudos/pdfs/1548431077icos_lgc_vf.pdf.

A segunda vertente da *FinTech* consiste na aplicação de uma tecnologia emergente (ou várias) a um serviço financeiro já existente, com a introdução de ferramentas criadas que não alteram os modelos de negócio das instituições financeiras tradicionais, apenas os tornam mais eficientes. Existem, na atualidade, empresas *FinTech* que já construíram a sua reputação no mercado no desenvolvimento de soluções baseadas em novas tecnologias para os serviços das instituições financeiras tradicionais, provocando um novo tipo de interação entre estes prestadores de serviços financeiros e os seus clientes[94], o que origina um ecossistema de novos agentes, também contemplados no vasto leque de empresas *FinTech*.

Sendo a confiança o atributo mais procurado no sistema financeiro, será de expectar uma continuação do crescimento destas empresas que desenvolvem soluções baseadas em tecnologias emergentes para outras, podendo-se espoletar o surgimento de tensões pela relação entre estas empresas e instituições financeiras tradicionais, o que se revela um tema desafiante e complexo.

Nesta medida, as instituições financeiras tradicionais, também apelidadas de incumbentes, procuram identificar qual é a melhor forma de se relacionarem com estes prestadores de serviços. Por outro lado, as empresas *FinTech* que desenvolvem soluções a partir de tecnologias emergentes também precisam de analisar como é que esta relação poderá ser frutífera, tendo em conta a viabilidade dos projetos que se encontram a desenvolver. Conceberam-se, assim, três modelos de cooperação que costumam ser adotados pelos incumbentes[95]: i) a incorporação de uma empresa *FinTech*; ii) a parceria exclusiva com uma empresa *FinTech*; e iii) o estabelecimento de várias parcerias com empresas *FinTech*.

As duas primeiras opções aparentam acarretar um risco maior, devido ao elevado número de empresas *FinTech* que não alcançam sucesso. Na perspetiva de uma empresa *FinTech*, a sua incorporação numa grande

---

[94] Cfr. HÉLDER ROSALINO, "Fintech e Banca Digital", in *FinTech – Desafios da Tecnologia Financeira*, Almedina, Coimbra, 2017, p. 10.

[95] Cfr. MADALENA PERESTRELO DE OLIVEIRA, "As Recentes Tendências da FinTech: Disruptivas e Colaborativas", in *FinTech – Desafios da Tecnologia Financeira*, Almedina, Coimbra, 2017, p. 66.

empresa também poderá não ser uma experiência positiva, devido ao nível de flexibilidade e independência que a empresa *FinTech* necessita. A opção mais segura parece ser a de manutenção da dimensão da empresa *FinTech*, porque a subordinação a uma hierarquia superior e a sujeição a uma enorme burocracia numa grande instituição financeira pode não se coadunar com a criatividade e a celeridade que, comummente, um projeto de inovação envolve.

Face a estes motivos, a terceira das opções tem sido a mais utilizada como modelo de cooperação, porque o estabelecimento de várias parcerias pelos incumbentes é o caminho que estes consideram mais apropriado para reagir rapidamente a transições emergentes e novas oportunidades, sendo determinante que essas parcerias não bloqueiem a inovação, sendo igualmente uma opção mais rentável por externalizarem parte dos seus serviços.

Em contrapartida, existem empresas *FinTech* que são concorrentes dos incumbentes, devido à utilização de um modelo de negócio diferente para a prestação dos mesmos serviços, pertencendo, desse modo, à primeira vertente da *FinTech*. Nessa vertente, não faz sentido aplicar os modelos de cooperação acima expostos.

Voltando à segunda vertente, esta também levanta problemas jurídicos extremamente complexos e relevantes, mas a maior parte não se enquadra no âmbito do nosso estudo, por não estarem em causa, maioritariamente, aspetos inovadores que alterem a forma de financiamento empresarial, apenas aspetos inovadores que alteram a organização interna dos incumbentes. Um exemplo de uma questão jurídica de grande relevância desta segunda vertente é a responsabilidade civil relativa à utilização de inteligência artificial no âmbito da prestação de serviços financeiros, tal como na consultoria para o investimento e na gestão de carteiras, utilização que nestes serviços é comummente chamada de *Robo-advisor*[96].

---

[96] Sobre este tema, *vd.* MAFALDA MIRANDA BARBOSA, "Robots advisors e responsabilidade civil" in *Revista de Direito Comercial*, 2020, disponível em: https://www.revistadedireitocomercial.com/; ANTÓNIO BARRETO MENEZES CORDEIRO, "Inteligência artificial e consultoria robótica (Automation in Financial Advice)", in *FinTech. Desafios da Tecnologia Financeira*, coord. ANTÓNIO MENEZES CORDEIRO, ANA PERESTRELO DE OLIVEIRA E DIOGO PEREIRA DUARTE, Almedina, Coimbra, 2017, pp. 203 e ss.; ERIKA CHAMBAL, *Robo-advisors: desafios no*

A terceira vertente trata-se de um híbrido das duas anteriores, isto é, consiste na aplicação de tecnologias emergentes (por exemplo, DLT, inteligência artificial e *internet of things*) na criação de novos modelos de negócio ou na alteração relevante de um modelo negócio tradicional, gerando-se concorrência com os incumbentes. Nesta vertente, também há aspetos relevantes que requerem um tratamento jurídico no âmbito do nosso estudo, face ao impacto que têm no modo de financiamento empresarial, tal como na primeira vertente, com o desafio suplementar da aplicação de uma nova tecnologia poder suscitar questões jurídicas que não encontram soluções perante o nosso ordenamento jurídico, obrigando o recurso ao processo de integração de lacunas, previsto no artigo 10.º do CC, ou à necessidade de intervenção do legislador.

Serviu este capítulo para explicar os motivos para o surgimento da *FinTech*, para expor brevemente o enquadramento das formas de financiamento *FinTech* no âmbito do financiamento alternativo e do ecossistema *start-up* e para explicar as três vertentes da FinTech que utilizaremos no nosso estudo, com vista a melhor enquadrar a abordagem regulatória às formas de financiamento *FinTech* que pretendemos propor.

Seguidamente, efetuaremos uma análise periférica das estratégias que já foram adotadas quanto ao financiamento empresarial e à *FinTech*, nos últimos anos, pelas entidades governamentais e entidades reguladoras, sobretudo, as nacionais e da União Europeia, com vista a percebermos o nosso ponto de partida para, posteriormente, conseguirmos identificar, com o devido suporte, uma base de enquadramento regulatório para as formas de financiamento *FinTech*.

---

mercado de capitais, Dissertação de Mestrado em Direito na Universidade Católica Portuguesa – Escola do Porto, 2019, disponível em:
https://repositorio.ucp.pt/handle/10400.14/30378.

II.
Estratégias a Nível Governamental Relacionadas com as Formas de Financiamento *FinTech*

1. Plano de Ação da União dos Mercados de Capitais

No Tratado de Roma, assinado em 1957, um dos grandes objetivos da Comunidade Económica Europeia era, já, a coesão económica e social. Desse modo, as reestruturações económicas, com o objetivo de melhoraria a mobilidade dos trabalhadores e as oportunidades de emprego no mercado comum, eram cofinanciados, primeiramente pelo Fundo Social Europeu[97]. Em 1975, o FEDER (Fundo Europeu de Desenvolvimento Regional) foi instituído com o grande objetivo de financiar a ajuda estrutural através de programas de desenvolvimento regional orientados para as regiões menos desenvolvidas, atuando em função de uma estratégia global e integrada com os restantes fundos estruturais.

Mesmo após o Tratado de Maastricht, de 1993, e o Tratado de Amesterdão, de 1999, "os programas de fomento da União Europeia destinam-se à garantia da coesão económica e social de todo o território da União e o valor da solidariedade (entre os Estados-Membros), a que os tratados instituintes fazem constantemente apelo em várias matérias e circunstâncias, e que dá origem a um princípio fundamental autónomo – o princípio da solidariedade"[98].

---

[97] Sobre o Fundo Social Europeu, *vd.* Mário Caldeiro Dias, "Fundo Social Europeu (FSE): análise da sua evolução, in *Revista Lusíada. Economia & Empresa*, Universidade Lusíada Editora, Lisboa, 2017, pp. 51 e ss.

[98] João Pacheco de Amorim, *Direito Administrativo da Economia, Vol. I (Introdução e Constituição Económica)*, Almedina, Coimbra, 2014, p. 236.

No início deste século, no Conselho Europeu de Lisboa, concluiu-se que a União Europeia está confrontada com uma enorme mutação resultante da globalização e dos desafios de uma nova economia baseada no conhecimento, cujas mudanças estão a afetar todos os aspetos da vida das pessoas e requerem uma transformação radical da economia europeia. A passagem para uma economia digital e baseada no conhecimento, impulsionada pela existência de novos bens e serviços, constitui um poderoso motor para o crescimento, a competitividade e a criação de emprego, que permite melhorar a qualidade de vida dos cidadãos e o ambiente.

A Comissão Europeia, na reação à crise financeira, começou por promover uma estrutura de supervisão integrada da União Europeia, criando, em 2010, o Sistema Europeu de Supervisão Financeira e, a partir de 2012, implementou a União Bancária, num claro processo de aceleração de integração do projeto europeu. Neste seguimento, o Relatório dos 5 Presidentes[99] aponta para a conclusão do processo da União Bancária e o encetamento de uma União dos Mercados de Capitais de modo a garantir a estabilidade do Euro, partilhar riscos com o setor privado, fortalecer o crescimento económico e estimular a criação de emprego, canalizando as poupanças dos aforradores em investimentos mais produtivos, e, sobretudo, em PME, que compõem a maior parte do tecido empresarial na União Europeia.

A Comissão Europeia publicou, no dia 18 de fevereiro de 2015, o Livro Verde sobre a "Construção de uma União dos Mercado de Capitais"[100], visando, como prioridades, o crescimento e o emprego. A ideia principal é, basicamente, criarem-se mercados de capitais mais robustos que aguentem os choques das crises financeiras e complementem o financiamento bancário, permitindo, assim, mobilizar mais investimento para as

---

[99] Cfr. Jean-Claude Juncker, Donald Tusk, Jeroen Dijsselbloem, Mario Draghi e Martin Schulz, *Relatório dos 5 Presidentes: Concluir a União Económica e Monetária Europeia*, Junho/2015, disponível em: https://ec.europa.eu/commission/sites/beta-political/files/5-presidents-report_pt.pdf.

[100] Cfr. Comissão Europeia, *Livro Verde: Construção de uma União dos Mercados de Capitais*, COM (2015) 63 final, 2015 disponível em:
https://eur-lex.europa.eu/legal-content/PT/TXT/?uri=CELEX%3A52015DC0063.

PME[101], tornar o sistema financeiro mais estável e diversificar as fontes de financiamento.

Posteriormente, perante a recente "Comunicação da Comissão Europeia ao Parlamento Europeu, ao Conselho, ao Comité Económico Social Europeu e ao Comité das Regiões" sobre o "Plano de Ação para a Criação de uma União dos Mercado de Capitais", de 30 de setembro de 2015[102], avistou-se um caminho bem definido para a construção da União dos Mercados de Capitais, a estratégia primordial da Comissão Europeia para apoiar o financiamento empresarial.

Esta estratégia visa, igualmente, a redução da fragmentação dos mercados financeiros dos Estados-Membros[103], o que poderá contribuir para a redução o custo do financiamento da economia, promovendo a criação de emprego[104], tarefa árdua nos duros tempos de instabilidade económica face à crise da Zona Euro e, mais recentemente, face ao Brexit. De todo o modo, o caminho iniciou-se com a tentativa de melhorar a qualidade das alternativas de financiamento[105] e a promoção do acesso das PME aos mercados financeiros, visando uma aproximação ao modelo anglo-saxónico.

A razão para abordarmos este Plano de Ação deve-se ao enquadramento das novas formas de financiamento no seu âmbito, tendo em conta que os fundamentos e objetivos do plano visam promover as formas de

---

[101] Na Recomendação n.º 2003/361/CE, de 6 de Maio, a Comissão Europeia definiu a qualificação de pequenas e médias empresas (PME) como "empresas que empregam menos de250 pessoas e cujo volume de negócios anual não excede 50 milhões de euros ou cujo balanço total anual não excede 43 milhões de euros", cfr. Recomendação n.º 2003/361/CE da Comissão Europeia de 6 de Maio de 2003, disponível em: https://eur-lex.europa.eu/legal-content/PT/ALL/?uri=CELEX%3A32003H0361.

[102] Cfr. COMISSÃO EUROPEIA, Comunicação da Comissão ao Parlamento Europeu, ao Conselho, ao Comité Económico e Social Europeu e ao Comité das Regiões, "Plano de Ação para a Criação de uma União dos Mercados de Capitais", COM/2015/0468, 30 de Setembro de 2015, disponível em: https://eur-lex.europa.eu/summary/PT/2405_5.

[103] Cfr. MARKUS DEMARY, MATHIAS DIEMEIER E HEIDI HAAS, *A capital markets union for Europe: The relevance of banks and markets*, 2015, p. 33, disponível em: www.iwkoeln.de

[104] Cfr. ANA GOUVEIA E ANA MARTINS, "O Plano de investimento para a Europa: Oportunidade e limitações", in *Boletim Mensal de Economia Portuguesa*, n.º3, disponível em: www.gee.min-economia.pt, 2015, p. 4.

[105] Convergentemente, PIERRE CHAMMO, *Capital Markets Union and small and médium-sized enterprises (SME's): A preliminary assesment*, 2015, pp. 35 e 36, disponível em: www.ssrn.com.

financiamento *FinTech*, estando mesmo contemplado no seu texto inicial um capítulo dedicado ao *Crowdfunding*. Perante isto, o nosso estudo deste Plano de Ação passará por uma análise detalhada do contexto histórico das diferenças entre o referido modelo anglo-saxónico e o modelo continental que motivaram a definição do Plano de Ação, seguida de um exame das medidas e objetivos da construção da União dos Mercados de Capitais, nomeadamente, o financiamento das PME, o investimento a longo prazo e os mercados de titularização e o fomento da concorrência, uma vez que se trata de uma estratégia que determina o posicionamento da Comissão Europeia em relação às formas de financiamento *FinTech*.

1.1. O contexto histórico dos modelos anglo-saxónico e continental

Na Europa, os mercados, enquanto atividade económica[106], desenvolveram-se muito cedo e eram considerados um legado institucional da Idade Média. Esses mercados foram sempre bastante regulados de forma a proteger consumidores e pequenos produtores e a racionalizar recursos, levando a uma promoção de cartéis por parte dos governos europeus[107].

Numa fase ulterior, inovações financeiras como os títulos de crédito começaram em França e nos Bancos de Bruges[108] e Antuérpia, espoletando-se, mais tarde, a grande troca de instrumentos financeiros. Em 1602, o primeiro mercado de instrumentos financeiros desenvolvido foi

---

[106] "O mercado, enquanto actividade económica, é o ponto de encontro entre vendedores e compradores", Ricardo Sá Fernandes, "O direito dos mercados em geral e o mercado de valores mobiliários em especial", in *Direito dos Valores Mobiliários*, LEX, Lisboa, 1997, 191.

[107] Prática que se manteve nos restantes séculos, por oposição ao governo dos Estados Unidos da América, que os proibiu desde o século XIX, cfr. Mark Casson e John Lee, "The Origin and Development of Markets: A Business History Perspective" in *Business History Review*, Vol. 85, Issue 1, Cambridge Journals, Cambridge, 2011, pp. 9-37.

[108] "A origem do termo bolsa não está esclarecida, muito embora tradicionalmente se associe o seu aparecimento à cidade de Bruges, onde o senhor de uma nobre família Van der Bourse mandou construir um local destinado à reunião de assembleias de comerciantes, o qual estaria ornado, no seu frontispício, com o escudo das suas armas carregadas de três bolsas...", Ricardo Sá Fernandes, "O direito dos mercados em geral e o mercado de valores mobiliários em especial", in *Direito dos Valores Mobiliários*, LEX, Lisboa, 1997, p. 187.

criado pela Companhia das Índias Holandesa – *Vereenigde Oostindische Compagnie*, destacando-se posteriormente a praça de Londres, devido, em grande medida, à posição privilegiada do Reino Unido no início da Revolução Industrial e na internacionalização dos mercados de capitais, aproveitando a era do liberalismo e do *laissez-faire*, a era que permitiu o rápido crescimento desses mercados[109].

No início do século XX, a emissão de obrigações do governo americano "deu a conhecer ao público em geral o mercado dos valores mobiliários, incentivando inúmeras empresas, a partir da década de 20 do século passado a procurarem este tipo de financiamento, em desfavor dos mais tradicionais empréstimos bancários. Esta viragem, com impacto direto nas suas receitas, impeliu as instituições de crédito a penetrarem na pujante área dos instrumentos financeiros"[110]. Após a "Grande Depressão" americana, de 1929, suscitou-se a criação do *New Deal*, "um amplo programa de intervenção na economia"[111], sendo uma das medidas deste programa a criação de legislação federal para controlar os mercados de capitais e o sistema bancário (*Securities Act* e *Glass-Steagell Act* de 1933), tutelar a negociação de valores mobiliários (*Securities Exchange Act* de 1934), regular os instrumentos de dívida (*Trust Indenture Act* de 1939), regular os fundos de investimento (*Investment Company Act* de 1940) e regular a consultoria para investimento (*Investment Advisers Act* de 1940). Estas leis federais, em conjunto com a criação em 1934 da SEC, foram essenciais para uma regulação efetiva do sistema financeiro, permitindo um fortalecimento dos mercados financeiros, e o seu consequente crescimento[112], e impuseram a separação entre a banca comercial e a banca de investimento, que durante longas décadas, foi "um dos elementos mais

---

[109] Cfr. Maurice Obstfeld e Alan Taylor, *Globalization in Historical Perspective*, Chicago: University of Chicago Press, 2003, pp. 121-127.

[110] António Barreto Menezes Cordeiro, "Organização e supervisão dos mercados financeiros", in *Revista de Direito das Sociedades*, Ano VI, n.ºs 3/4, Almedina, Coimbra, 2014, p. 567.

[111] Paulo de Tarso Domingues, "O capital social (ou a falta dele) nos Estados Unidos da América", in *Revista da Faculdade de Direito da Universidade do Porto*, Ano VI, Coimbra Editora, Coimbra, 2009, p. 489.

[112] Cfr. Paulo de Tarso Domingues, "O capital social (ou a falta dele) nos Estados Unidos da América", in *Revista da Faculdade de Direito da Universidade do Porto*, Ano VI, Coimbra Editora, Coimbra, 2009, pp. 489-492.

característicos do mercado financeiro estado-unidense"[113]. Na Europa Continental, por outro lado, inexistiram barreiras entre a banca comercial e a banca de investimento, adotando-se o sistema bancário universal.

Em termos filosófico-políticos, contrariamente ao que sucedeu na Europa Continental, a história dos Estados Unidos da América e do Reino Unido foi influenciada pelo pensamento do mercado livre[114], o que teve uma enorme ascendência no maior desenvolvimento dos seus mercados de capitais.

No pós-2.ª Guerra Mundial, a Europa procurou a sua reconstrução na celebração dos "Tratados Fundamentais das Comunidades Europeias – o Tratado de Paris, de 18 de Abril de 1951, que institui a Comunidade Europeia do Carvão e do Aço (C.E.C.A), e os Tratados de Roma, de 25 de Março de 1957, institutivos da Comunidade Europeia da Energia Atómica (C.E.E.A, Euratom) e da Comunidade Económica Europeia"[115].

Seguidamente, terminada a era *Bretton Woods*[116] (1945-1971), em que se procurou reerguer a Economia mundial depois das duas Grandes Guerras, ocorreu um crescimento exponencial da mobilização de capitais[117],

---

[113] António Barreto Menezes Cordeiro, "Organização e supervisão dos mercados financeiros", in *Revista de Direito das Sociedades*, Ano VI, n.ºs 3/4, Almedina, Coimbra, 2014, p. 567.

[114] Um pensamento que introduzia a ideia que qualquer individuo poder iniciar o se negócio e entrar nos mercados, permitindo-se a concorrência com empresas já estabelecidas, ressalvando-se que o Governo Federal protegia esse direito de entrada, *vd.* Mark Casson e John Lee, "The Origin and Development of Markets: A Business History Perspective" in *Business History Review*, Vol. 85, Issue 1, Cambridge Journals, Cambridge, 2011, p. 11.

[115] João Calvão da Silva, *Banca, Bolsa e Seguros – Direito Europeu e Português*, 4.ª ed., Revista e Aumentada, Tomo I – Parte Geral, Almedina, Coimbra, 2013, p. 10.

[116] O acordo *Bretton Woods* estabeleceu um conjunto de relações comerciais, produtivas, tecnológicas e financeiras, em que se procurou iniciar uma nova ordem internacional estável e regulada. "Sob o manto desta hegemonia foram reconstruídas as economias da Europa e do Japão e criadas as condições para o avanço das experiências de industrialização na periferia do capitalismo", Luiz Belluzo, "O declínio de Bretton Woods e a emergência dos mercados "globalizados", *in Revista de Economia da UNICAMP*, UNICAMP, São Paulo, 1995, p. 14; "O sistema de Bretton Woods veio acentuar o declínio da função monetária do ouro, proscrito como denominador na escolha dos regimes cambiais acessíveis aos países", in Paulo Pitta e Cunha, "O Processo de Desmaterialização da Moeda", in *Revista da Ordem dos Advogados*, Ano 67, Ordem dos Advogados, Lisboa, 2007, p. 548.

[117] Um dos grandes marcos da ascensão dos mercados de capitais, foi a abertura do primeiro mercado de capitais secundário e eletrónico do mundo, em Nova Iorque, a 5 de fevereiro de

destacando-se os Estados Unidos da América, país que apostou fortemente na inovação financeira, através do Regulamento Q, que impôs limites máximos à taxas de juros em depósitos bancários, levando a uma maior procura de instrumentos dos mercados financeiros[118]. Ulteriormente, em 1999, o mesmo país revogou a barreira que separava a banca de comercial e a banca de investimento, através do *Gramm-Leach-Bliley Act*. O recente progresso tecnológico da engenharia financeira permitiu "a maximização da utilização de activos, quer do lado do passivo, quer do lado activo das empresas financeiras e não financeiras"[119], passando a existir uma dinâmica holística dos operadores de mercado e uma diversificação das fontes de financiamento, aliadas à globalização da economia.

Michael Thiel refere a importância dos mercados de capitais, em particular nos Estados Unidos da América, durante os anos noventa, no financiamento das empresas dos sectores das telecomunicações, média e tecnologia, o que contribui para a elevada taxa de crescimento dos Estados Unidos da América nos últimos anos. Por outro lado, o mesmo autor indica que há uma natural preferência por parte das empresas destes sectores pelo financiamento no mercado de capitais. Thiel argumenta que as empresas em novos sectores poderão recear a divulgação de segredos comerciais e industriais se existirem relações privilegiadas com um número reduzido de intermediários financeiros. Neste caso, estas empresas preferem uma relação de maior distância para com os investidores (relação *arm's length*)[120].

Em suma, podemos considerar que o modelo anglo-saxónico é marcado por um mercado de capitais sólido, pela pouca intervenção do Estado na Economia e grandes incentivos aos investidores; e o modelo

---

1971, o *NASDAQ*, *vd.* Maria Garcia Mandaloniz, *La Financiacion de las PYMES*, Aranzadi, Navarra, 2003, p. 380.

[118] Cfr. Niki Handerson, Martin Brooke, Michael Hume e Miriam Kurtsiova, *European Capital Markets Union: implications for growth and stability*, 2015, p. 8, disponível em: www.bankofengland.co.uk.

[119] José Quelhas, *Sobre crises financeiras, o risco sistémico e a incerteza sistemática*, Almedina, Coimbra, 2012, p. 83.

[120] Cfr. Michael Thiel, "Finance and Economic Growth – a review of theory and the available evidence", *Economic Papers* 158, European Commission, 2001, disponível em: https://ideas.repec.org/p/euf/ecopap/0158.html.

continental por uma forte intervenção do Estado na Economia e uma influência muito forte dos bancos no financiamento empresarial. No pós-crise de 2007/2008, verifica-se, igualmente, que os países com o modelo anglo-saxónico resistiram mais eficientemente aos impactos da instabilidade económica.

Constata-se, também, que na União Europeia a autonomia nacional das políticas financeiras não acompanhou "a globalização financeira e a realidade da integração, interligação ou interdependência dos mercados de capitais europeus, com a sentida falta de cooperação/coordenação ou integração da supervisão a não frenar a instabilidade do sistema ou seguramente a não concorrer para um sistema estável"[121], sendo que o sector financeiro mais afetado pela crise foi o bancário, gerando dificuldades enormes na concessão de crédito[122]. Houve também um declínio na liquidez e uma notória fragmentação dos mercados de capitais da União Europeia, deteriorando o acesso a estes mercados[123].

Contudo, as formas de crédito não bancárias encontram-se muito pouco desenvolvidas na União Europeia – enquanto as PME europeias dependem dos bancos em mais de 70% do seu financiamento, nos Estados Unidos, as PME apenas dependem em 30% do seu financiamento[124] –, pelas razões históricas *supra* descritas, perspetivando-se um longo e árduo caminho na sua promoção[125].

---

[121] João Calvão da Silva, *Banca, Bolsa e Seguros – Direito Europeu e Português*, 4.ª ed., Revista e Aumentada, Tomo I – Parte Geral, Almedina, Coimbra, 2013, p. 85.

[122] A crise financeira de 2007 afetou menos os países com mercados de capitais desenvolvidos, tendo os mercados de capitais sido um instrumento vital para a estabilidade financeira, cfr. Shoenmaker, *From Banking Union to Capital Markets Union*, 2015, pp. 5 a 8, disponível em: http://www.ilf-frankfurt.de/fileadmin/user_upload/Article_Schoenmaker.pdf.

[123] Cfr. Iulian Paniant, "Towards a Capital Market Union" in *Hyperion Economic Journal*, Vol. III, Issue 2, 2015, p. 40, disponível em: ideas.repec.org/s/hyp/journl.html.

[124] Cfr. Julia Stepanova e Tsvetoslav Stoev, "Institutional and Market Drivers towards a European Market Union" in *Journal of Global Economics*, Vol. 7, n.º. 1, 2015, p. 15, disponível em: http://iem.ro/en/publicatii/revista-de-economie-mondiala/.

[125] Há quem seja contra essa promoção, argumentando que as economias banked-based são mais resistentes e que o fomento do financiamento alternativo apenas implicará a deslocalização do risco para o shadow banking, Robby Riedel, *Capital Markets Union – another European failure?*, 2016, disponível em: https://www.thebrokeronline.eu/capital-markets-union-another-european-failure/.

Em grande parte da União Europeia, os fundos e sociedades de capital de risco enfrentam problemas para alcançar a escala necessária e alargar o risco de carteira. A ausência de uma cultura de participação no capital, a falta de informação, a fragmentação do mercado e os elevados custos parecem ser das principais razões para esta situação.

A Comissão Europeia tem enaltecido, portanto, o apoio prestado por investidores providenciais no âmbito do incentivo ao investimento em capital de risco, promovendo o crescimento e proporcionando "aos empresários a possibilidade de mobilizar fundos na Europa, bem como em países terceiros"[126]. Igualmente, a Comissão Europeia terá em conta o acompanhamento dos Estados-Membro do progresso desta reforma estrutural, ajudando os mercados mais pequenos através do Plano de Apoio às Reformas Estruturais, que visa o financiamento de iniciativas nacionais conexas com o desenvolvimento dos mercados financeiros[127].

1.2. O objetivo do financiamento das PME

Existem cerca de 25 milhões de PME na União Europeia, constituindo a espinha dorsal da economia da União Europeia, valorizando todos os setores da economia e proporcionando soluções inovadoras. Ademais, as PME empregam cerca de 100 milhões de pessoas e representam mais de metade do PIB da União Europeia[128], daí a importância do seu financiamento e da sua inclusão de forma destacada na construção de uma União dos Mercados de Capitais.

---

[126] Comissão Europeia, Comunicação da Comissão ao Parlamento Europeu, ao Conselho, ao Comité Económico e Social Europeu e ao Comité das Regiões: Plano de Ação para a Criação de uma União dos Mercados de Capitais", COM/2015/0468, 30 de setembro de 2015, p. 13, disponível em https://eur-lex.europa.eu/legal-content/PT/TXT/?uri=CELEX%3A52015DC0468.

[127] Cfr. Cristina Sofia Dias, "União do Mercado de Capitais", in *III Congresso de Direito Bancário*, Coord. Luís Miguel Pestana de Vasconcelos, Almedina, Coimbra, 2018, pp. 185 e ss..

[128] Cfr. Comissão Europeia, *Comunicação da Comissão ao Parlamento Europeu, ao Conselho, ao Comité Económico e Social Europeu e ao Comité Das Regiões – Uma Estratégia para as PME com vista a uma Europa Sustentável e Digital*, 2020, p. 1, disponível em: https://eur-lex.europa.eu/legal-content/PT/TXT/HTML/?uri=CELEX:52020DC0103&from=EN

"No mundo do financiamento, melhor informação significa quase sempre melhor acesso a financiamento"[129]. No entanto, muitas PME europeias comunicam informações financeiras apenas com base nas normas de contabilidade nacionais, que podem ser insuficientes para responder às necessidades dos investidores internacionais devido à falta de comparabilidade. Este défice de informação impossibilita os investidores de identificar e analisar as empresas que os poderiam interessar, bem como as empresas de conhecerem as fontes de financiamento mais consentâneas com as suas características.

São vários os problemas detetados nesta matéria: a disparidade entre os ordenamentos jurídicos e as práticas de supervisão dos diferentes Estados-Membros, que restringe as possibilidades de normalização das práticas de emissão e de informação financeira; e o facto de a informação ter custos elevados de produção, não obstante ser barato reproduzi-la, resultando em falhas relevantes nos mercados financeiros[130].

Neste domínio, sentiu-se a urgência da intervenção da União Europeia, e a Comissão Europeia tomou, recentemente, medidas nesta matéria com as Diretivas da Transparência (Diretiva n.º 2013/50/EU) e das Demonstrações Financeiras (Diretiva n.º 2013/34/EU). Os esforços vão no sentido de uma harmonização das normas de contabilidade e de auditoria na União Europeia, facilitando o intercâmbio das melhores práticas.

"Quanto mais informação for colocada à disposição dos mercados, menor será o risco incorrido pelos investidores"[131]. Por essa razão, a avaliação do risco de crédito, que permite acesso a informação de solvabilidade das PME, é tida como uma prioridade[132]. Outrossim, as informações sobre risco de crédito podem, sobretudo, atrair investidores institucio-

---

[129] *Vd.* https://www.raize.pt/blog/3-ideias-para-melhorarmos-a-competitividade-da-economia-portuguesa/.

[130] Cfr. Paul Samuelson e William Nordhaus, *Economia*, 18.ª ed., Tradução de Elsa Fontainha e José Pires Gomes, Mcgraw-Hill Interamericana de España, Madrid, 2005, p. 194.

[131] António Barreto Menezes Cordeiro, "Organização e supervisão dos mercados financeiros" in *Revista de Direito das Sociedades*, Ano VI, n.ºs 3/4, Almedina, Coimbra, 2014, p. 275.

[132] Cfr. Tomás Virtuoso, Ana Gouveia e Ana Martins, "A União dos Mercados de Capitais: Análise Crítica", in *Boletim Mensal de Economia Portuguesa*, n.º 8, 2015, p. 9.

nais, produzindo resultados benéficos à integração e harmonização dos mercados de capitais[133].

A Comissão Europeia tenciona, deste modo, aumentar o intercâmbio das melhores práticas, de modo a criar fontes de informações fiáveis para apoiar as PME que pretendam obter financiamento. A ideia é instituir-se um sistema de informação que assegure a ligação, a nível de toda a Europa, entre os potenciais prestadores de serviços de financiamento externo e as PME. A Comissão considera, também, criar ligações transfronteiras para associar os sistemas nacionais existentes, reunindo os investidores e as PME em toda a Europa. Com efeito, um sistema que interligue as estruturas nacionais preservará os conhecimentos a nível local e permitirá às PME disponibilizar aos investidores a nível europeu um conjunto de dados essenciais no domínio financeiro e do crédito. Será essencial que esta fonte de valor acrescentado consiga uma comparabilidade suficiente dos dados fundamentais, proporcionando aos investidores potenciais em toda a União Europeia uma visão exata, verdadeira e fiável da situação financeira das PME.

Também importa assegurar que os bancos fundamentem a rejeição de pedidos de financiamento das PME, protegendo-se estas, devido ao seu limitado poder negocial[134]. Essa informação poderá ser vital para uma empresa aferir a sua capacidade de acesso a financiamento. Uma melhor informação prestada aos pequenos investidores poderá garantir a transparência que, neste momento, os mercados de capitais tanto necessitam.

Outro passo relevante foi a entrada em vigor, a 21 de julho de 2019, do Regulamento dos Prospetos (Regulamento (UE) n.º 2017/1129 do Parlamento Europeu e do Conselho, de 14 de junho de 2017). Este Regulamento prevê no seu artigo 15.º o Prospeto UE Crescimento, que visa facilitar o acesso ao mercado de capitais para emitentes de menor dimensão, através da criação de um regime simplificado de apresentação de um

---

[133] Cfr. ORÇUN KAYA, *Capital Marktes Union – Na ambitious goal but a few quick wins*, 2015, p. 18, disponível em: www.dbresearch.com; NICOLAS VÉRON E GUNTRAM WOLFF, *Capital Markets Union: A vision for the long term*, 2015, p. 12, disponível em: bruegel.org.

[134] Cfr. MARIA GARCIA MANDALONIZ, *La Financiacion de las PYMES*, Aranzadi, Navarra, 2003, p. 77.

prospeto, utilizável pelas entidades que não tenham ainda valores mobiliários admitidos à negociação em mercado regulamentado.

Nesta sequência, surgiu o Regulamento (UE) 2019/2115, de 27 de novembro de 2019 e em vigor a partir de 31 de dezembro de 2019, que procedeu a uma adaptação do regime vigente dos mercados de capitais, por fim a que este melhor se adeque às PME cotadas em mercados de PME em crescimento. Em concreto, é simplificado o regime aplicável a esta subcategoria de sistema de negociação multilateral, face a outros intervenientes no mercado. Destaque-se, neste sentido, a permissão de utilização de um prospeto simplificado e do prospeto UE Crescimento, mediante determinados requisitos e do regime simplificado de divulgação de informações. Este Regulamento alterou certas disposições do Regulamento de Abuso de Mercado (Regulamento (EU) n.º 596/2014), no sentido de alargar o âmbito da obrigação de elaborar listas de pessoas com informação privilegiada e de adaptar as disposições do Regulamento à realidade do mercado das PME.

Ademais, a Comissão Europeia elege como uma das suas prioridades em sede da criação da União dos Mercados de Capitais a canalização de esforços para aumentar a utilização dos meios de financiamento alternativo, apostando, primeiramente, no fomento da literacia financeira dos investidores e das PME[135], por serem esses meios de financiamento um ponto fulcral na evolução e integração dos mercados financeiros da União Europeia, seguindo o exemplo do Reino Unido que tem estes mercados muito fortalecidos[136]. Solicita-se, assim, o recurso à proporcionalidade, não impondo custos desnecessários na intermediação e acesso aos mercados[137], no sentido de coordenar-se com as outras prioridades do processo de construção da União dos Mercados de Capitais, controlando-se, ao mesmo tempo, certos riscos como o aumento substancial das interli-

[135] Sobre a importância da literacia financeira na União dos Mercados de Capitais, *vd.* MARKUS DEMARY, MATHIAS DIEMEIER E HEIDI HAAS, *A capital markets union for Europe: The relevance of banks and markets*, 2015, pp. 33-36, disponível em:

[136] Sobre esta autonomização, *vd.* WOLF-GEORG RINGE, *Capital Markets Union for Europe – A political message to the UK*, 2015, pp. 2-10, disponível em: papers.ssrn.com.

[137] Cfr. IULIAN PANIANT, "Towards a Capital Market Union" in *Hyperion Economic Journal*, Vol. III, Issue 2, 2015, pp. 41 e 42, disponível em: ideas.repec.org/s/hyp/journl.html.

gações financeiras, a assimetria regulatória e a excessiva pró-ciclicidade dos mercados de capitais[138].

A Comissão Europeia não se esqueceu de abordar os meios de financiamento alternativo no Livro Verde da "Construção de uma União dos Mercados de Capitais, onde se afirma o seguinte: "Surgem novas tecnologias e modelos empresariais, tais como *peer to peer lending* (empréstimos coletivos) ou outros tipos de empréstimos diretos não bancários, que procuram oferecer financiamento às PME e às empresas numa fase inicial da sua atividade. A Comissão Europeia tencionava conhecer os pontos de vista sobre a existência de obstáculos significativos à entrada no mercado que impeçam prestação destes serviços e ao seu desenvolvimento, ao lado dos empréstimos bancários"[139].

Neste enquadramento, foi publicada uma estratégia para as PME para uma Europa sustentável e digital, em 10 de março de 2020[140]. Nesta estratégia foram estabelecidos como pilares a capacitação e apoio para a transição para a sustentabilidade e digitalização, reduzir a carga regulatória e melhorar o acesso ao mercado e melhorar o acesso ao financiamento, e como objetivo central o apoio e a capacitação das PME de todos os setores, desde novas tecnologias ao artesanato tradicional.

1.3. O investimento a longo prazo e os mercados de titularização

"O excessivo foco no curto prazo gera uma afetação deficiente dos ativos da sociedade, conduz a uma volatilidade nociva nos mercados financeiros, gerando instabilidade devido à procura desenfreada pelo lucro"[141]. A

---

[138] Cfr. Tomás Virtuoso, Ana Gouveia e Ana Martins, "A União dos Mercados de Capitais: Análise Crítica", in *Boletim Mensal de Economia Portuguesa*, n.º 8, 2015, p. 11.

[139] Comissão Europeia, *Livro verde: Construção de* uma União dos Mercados *de Capitais*, COM (2015) 63 final, 2015, p. 20, disponível em: https://eur-lex.europa.eu/legal-content/PT/TXT/?uri=CELEX%3A52015DC0063

[140] *Vd.* https://ec.europa.eu/info/sites/info/files/communication-sme-strategy-march-2020_en.pdf.

[141] João Vieira dos Santos, "Ações de lealdade – A primazia dos interesses da estabilidade a longo prazo das sociedades anónimas", in *Revista de Direito das Sociedades*, Ano VI , n.º 2, Almedina, Coimbra, 2014, pp. 445-480.

potencial visão míope dos administradores de sociedades comerciais foi uma das causas identificadas na crise financeira global de 2007/2008. É compreensível, destarte, a preocupação da Comissão Europeia em incentivar investimentos sustentáveis, de longo prazo, que garantam crescimento económico, visão que mais se coaduna com uma União efetiva dos mercados de capitais, em que deve destacar a sustentabilidade e o crescimento a longo prazo das sociedades comerciais.

Por este motivo, a Comissão Europeia adotou, em abril de 2015, o Regulamento relativo ao Fundo Europeu de Investimento a Longo Prazo (ELTIF), criando-se um veículo de financiamento transfronteiras para projetos de longo prazo (por exemplo, nos domínios da energia, dos transportes e das infraestruturas de comunicação, nas infraestruturas industriais e de serviços e na habitação). É notória a grande necessidade da Europa de dispor de um importante volume de novos investimentos a longo prazo e sustentáveis para manter e aumentar a competitividade e assegurar a transição para uma economia mais ética e mais eficiente a nível da afetação de recursos. Tal não foi esquecido no "Plano de Ação da União dos Mercados de Capitais", que refere a intenção da Comissão Europeia de apoiar os investidores a tomar decisões de investimento a longo prazo com conhecimento de causa e a controlar os riscos a ele inerentes.

No mesmo sentido, determinou-se ser essencial a promoção da emissão de títulos com maturidades mais longas[142], sendo vital uma intervenção no mercado de titularizações. Devido ao facto de os mercados de capitais se encontrarem mais desenvolvidos nos Estados Unidos da América, como descrito *supra*, houve, neste País, durante a crise financeira de 2007/2008, uma errada avaliação dos riscos envolvidos na concessão de crédito. No entanto, o caminho na Europa poderá ser diferente se garantirmos uma titularização simples, transparente e muito bem regulada[143].

---

[142] Cfr. RICHARD HERRING, *Innovations to Enhance Liquidity: Implications for Systemic Risk*, Working Paper, n.º 93-10, The Wharton School, University of Pennsylvania, Filadélfia, 1993, p- 8.

[143] Cfr. VOLKER BRUL, *Comments on the EU Commission's capital markets union Project*, 2015, p. 12, disponível em: www.econstor.eu.

Os grandes benefícios da titularização de créditos são o melhoramento dos rácios de solvabilidade dos bancos europeus e a "possibilidade de entrega de ativos junto do Banco Central Europeu como garantia, para efeitos de política monetária do Eurosistema, de modo a assegurar liquidez para esses bancos". Pode, até, dizer-se que a titularização de créditos constitui um "factor de dinamização e diversificação do mercado de capitais"[144].

A titularização é benéfica, deste modo, para o crédito bancário, que continuará a ter uma primordial importância nas economias dos Estados-membros, mantendo-se como principal fonte de financiamento das empresas, contribuindo para libertar a capacidade financeira dos bancos, aumentar a sua capacidade de conceder empréstimos e consolidar uma base de investidores de longo prazo. Isto posto, será necessário enquadrar o sistema bancário na União dos Mercados de Capitais, o que poderá ser feito através de um regime mais harmonizado e apropriado de titularização de créditos.

No contexto europeu, apenas será possível o fomento deste mercado através da padronização dos títulos de créditos para os mercados financeiros, e principalmente, para o mercado das obrigações [145], sendo que este mercado, na Europa, tem menos de metade do tamanho do que o dos Estados Unidos da América[146]; e para isso será uma condição perentória a presença ativa dos investidores institucionais. Contudo, a padronização poderá conduzir a uma perda de qualidade de informação, ganhando importância o papel da regulação e supervisão[147]. Por este motivo, a transparência e a padronização destes instrumentos são essenciais[148]. Tendo em conta o exposto, foi criado o Regulamento (UE) 2017/2402, de 12 de

---

[144] João Calvão da Silva, *Titularização de créditos – Securatization – No coração da crise financeira global*, 3.ª ed., Revista e aumentada, Almedina, Coimbra, 2013, p. 16.

[145] Cfr. Anton Bender, Florence Pisani e Daniel Gros, *Building a Capital Markeys Union... or designing a financial system for the euro area?*, 2015, p. 2 disponível em: aei.pitt.edu/64585/.

[146] Cfr. Orçun Kaya, *Capital Marktes Union – Na ambitious goal but a few quick wins*, 2015, p. 2, disponível em: www.dbresearch.com.

[147] Cfr. Constantin Gurdgiev, *Summary of comments on the European Comission Green Paper "Building a Capital Markets Union (COM(2015)63*, 2015, pp. 9 e 10, disponível em: ssm.com.

[148] Cfr. Tobias Adrian, and Market-Based Finance", in *Shadow Banking: Financial Intermediation Beyond Banks*, Larcier, Viena, 2018, p. 25.

dezembro de 2017, que estabelece um regime geral para a titularização e cria um regime específico para a titularização simples, transparente e padronizada.

Deste modo, a Comissão Europeu tem dado a devida a relevância a este assunto, garantindo normas de elevada segurança jurídica nos instrumentos de titularização, de forma a aumentar a transparência, a coerência e a disponibilidade de informações essenciais, especialmente no domínio do crédito às PME. Com o exposto, a Comissão Europeia pretende atrair investimento e promover o desenvolvimento de mercados secundários para facilitar a emissão e a aquisição de títulos[149].

1.4. O fomento da concorrência

Uma das bases do Direito da União Europeia é o Direito da Concorrência, assente no princípio da livre concorrência. Através de este princípio, procura-se defender o mercado europeu de uma concorrência falseada, tendo este objetivo sido, desde cedo, uma necessidade e um dos objetivos fundamentais da Comunidade Europeia, de forma a promover as liberdades económicas e políticas, bem como garantir um elevado nível de vida às populações[150].

A concorrência é uma consequência das liberdades económicas, um verdadeiro motor da Economia do mercado, que, no entanto, é um mecanismo frágil, que dificilmente subsistiria entregue a si próprio[151]. Uma política de promoção de concorrência ilustra-se facilmente através da comparação entre propriedades de dois arquétipos extremos de estrutura de mercado: a concorrência perfeita e o monopólio. Isto posto, apesar da irreversibilidade do fim da utopia da concorrência perfeita,

---

[149] Cfr. Comissão Europeia, *Livro verde: Construção de uma União dos Mercados de Capitais*, COM(2015) 63 final. 2015, p. 12, disponível em:
https://eur-lex.europa.eu/legal-content/PT/TXT/?uri=CELEX%3A52015DC0063.

[150] Sofia Oliveira Pais, *Entre inovação e concorrência, Em defesa de um modelo europeu*, Universidade Católica Editora, Lisboa, 2011, pp. 61 e 62.

[151] Cfr. António Carlos dos Santos, Maria Eduarda Gonçalves e Maria Leitão Marques, *Direito Económico*, 5.ª ed., Almedina, Coimbra, 2010, p. 100.

a monopolização dos mercados tem, do ponto de vista do conjunto da sociedade, vários potenciais inconvenientes, sendo que, por outro lado e do ponto de vista dos vendedores, a monopolização é uma fonte de potenciais benefícios, pelo que é de esperar que eles a tentem promover. Destarte, o papel do direito da concorrência é o de evitar que estes últimos adotem práticas anti-concorrenciais em detrimento do conjunto da sociedade[152]. Além disto, o objetivo do direito da concorrência tem que passar pela prossecução de finalidades económicas mais concretas como o crescimento, o equilíbrio e o pleno emprego[153].

A concorrência desempenha um papel essencial na garantia de obtenção dos melhores produtos e serviços a preços justos pelos consumidores. De igual forma, a concorrência garante que os fluxos de investimento são canalizados para as utilizações mais produtivas. Deste modo, há que eliminar os obstáculos à entrada de concorrentes, devendo ser assegurado o acesso às infraestruturas dos mercados financeiros, permitindo também a estes que sejam mais eficazes e eficientes[154].

No entanto, alguns sustentam que a defesa da concorrência e a eliminação dos obstáculos à circulação de capitais em toda a União Europeia é vista como um objetivo demasiado ambicioso, que não devia ser um de entre vários objetivos do Plano de Ação – como a simplificação dos prospetos –, arriscando-se a improceder devido à menor dificuldade de outros objetivos, que poderão concretizar-se no curto-prazo[155]. Não somos da mesma opinião, pela simples razão de considerarmos indispensável para um mercado de capitais verdadeiramente integrado a eliminação dos obstáculos que impedem a livre concorrência entre as partes[156],

---

[152] Cfr. Vasco Rodrigues, *Análise Económica do Direito – uma introdução*, Almedina, Coimbra, 2007, pp. 157-167.

[153] Cfr. António Carlos dos Santos, Maria Eduarda Gonçalves e Maria Leitão Marques, *Direito Económico*, 5.ª ed., Almedina, Coimbra, 2010, p. 322.

[154] Cfr. Comissão Europeia, *Livro verde: Construção de uma União dos Mercados de Capitais*, COM (2015) 63 final, 2015, p. 24, disponível em: https://eur-lex.europa.eu/legal-content/PT/TXT/?uri=CELEX%3A52015DC0063

[155] Com esta opinião, Diego Valiante, *Light and shadows in Europe's new Action Plan for Capital Markets Union*, 2015, pp. 1-4, disponível em: http://aei.pitt.edu/67884.

[156] Convergentemente, Tomás Virtuoso, Ana Gouveia e Ana Martins, "A União dos Mercados de Capitais: Análise Crítica", in *Boletim Mensal de Economia Portuguesa*, n.º 8, 2015, p. 8.

e mais relevante ainda que abolir todas as restrições à livre circulação de capitais no espaço da União Europeia, é assegurar que a concorrência não seja falseada[157]. "O caminho a seguir não pode deixar de ser o caminho de concorrer num mundo globalizado, de acordo com as lições não só da teoria como também da experiência, com a remoção das imperfeições do mercado e a criação das indispensáveis economias externas"[158].

Assim posto, o Direito da Concorrência terá, indubitavelmente, um papel primordial na construção da União dos Mercados de Capitais, sobretudo, para a integração dos mercados de capitais, sendo necessário que estes incluam mais concorrência, maior escolha e a custos mais reduzidos para os investidores, bem como uma distribuição mais eficiente dos riscos e uma melhor partilha dos mesmos[159].

1.5. Revisão intercalar e novo plano de ação

O Plano de Ação foi objeto de uma revisão intercalar em junho de 2017[160], tendo sido avaliado por diversas empresas e associações do setor financeiro como tendo ficando aquém do que seria desejável em termos de integração dos mercados financeiros e que muitas das medidas então propostas pela Comissão Europeia acabaram por não ser implementadas com a extensão e detalhe inicialmente pretendidos.

Foram, assim, estabelecidas novas prioridades nesta revisão, com vista a que Comissão Europeia reforce o quadro de supervisão dos mercados de capitais, aumente a proporcionalidade das regras aplicáveis às pequenas sociedades cotadas e às empresas de investimento, evite novos obstáculos ao investimento transfronteiras, reforce a liderança da União

---

[157] Cfr. Miguel Gorjães-Henriques, *Direito da União – História, Direito, Cidadania, Mercado Interno e Concorrência*, 7.ª Ed., Almedina, Coimbra, 2010, pp. 638-643.

[158] Manuel Lopes Porto, *Teoria de Integração e Políticas Comunitárias, Face aos Desafios da Globalização*, 4.ª edição, Almedina, Coimbra, 2009, p. 573.

[159] Cfr. Comissão Europeia, *Livro verde: Construção de uma União dos Mercados de Capitais*, COM (2015) 63 final. 2015, p. 10, disponível em: https://eur-lex.europa.eu/legal-content/PT/TXT/?uri=CELEX%3A52015DC0063.

[160] *Vd.* https://eur-lex.europa.eu/legal-content/PT/TXT/HTML/?uri=CELEX:52017DC0292&from=EN.

Europeia em matéria de financiamento sustentável e permitir o desenvolvimento da *FinTech*.

Em 24 de setembro de 2020, foi apresentado um novo plano de ação para a construção da União dos Mercados de Capitais[161], no contexto de o início de um novo mandato da Comissão Europeia, na sequência da eleição de Ursula von der Leyen como nova Presidente da Comissão Europeia. Este novo plano introduz a construção da União dos Mercados de Capitais como uma das principais prioridades da Comissão para a recuperação da crise económica espoletada pelo COVID-19. Nesta esteira, foram anunciadas 16 medidas (legislativas e não legislativas), tendo por objetivos chave apoiar uma recuperação económica sustentada, digital, inclusiva e resiliente, mediante financiamento mais acessível para as empresas europeias, tornar a União Europeia um espaço ainda mais seguro para a poupança e investimento de longo prazo e integrar os mercados de capitais nacionais num verdadeiro mercado único europeu.

Dentro dessas 16 medidas que a Comissão Europeia pretende implementar, destacamos o incentivo da convergência da supervisão e a aplicação consistente de um mesmo conjunto de regras (*single rulebook*) para os mercados financeiros na União Europeia, a simplificação dos procedimentos de admissão à negociação, a harmonização das regras sobre a insolvência de empresas, a flexibilização de requisitos regulatórios e prudenciais (incluindo os associados à titularização) para que bancos possam investir mais em PME e alienar, se necessário, créditos que possam ter sobre essas empresas, e, por último, a possível imposição, aos bancos, quando estes não aprovem pedidos de crédito de PME, de os redirecionarem para fontes de financiamento alternativo.

2. Estratégia para o Mercado Único Digital na União Europeia e o Pacote de Serviços Digitais

A Estratégia do Mercado Único Digital foi adotada pela Comissão Europeia a 6 de maio de 2015, perspetivando-o como uma das suas priori-

---

[161] *Vd.* https://eur-lex.europa.eu/legal-content/EN/TXT/HTML/?uri=COM:2020:590:FIN &from=EN.

dades a dar cumprimento no âmbito da Estratégia Europa 2020[162], que visa criar oportunidades quer para *startups* como para empresas já instaladas num mercado de mais de 500 milhões de pessoas. É previsto que a implementação de um Mercado Único Digital possa contribuir com 415 mil milhões de euros por ano para a economia europeia, criar empregos e transformar os serviços públicos. Além disso, oferece oportunidades para os cidadãos, com vista a que estes tenham as competências digitais necessárias, melhorando, assim, o seu acesso à informação, à cultura e a oportunidades de trabalho.

Esta Estratégia do Mercado Único Digital está assente em três pilares. O primeiro consiste no melhor acesso para consumidores e empresas a bens e serviços digitais em toda a Europa. O segundo pilar assenta na criação de condições adequadas e equitativas para as redes digitais e o desenvolvimento de serviços inovadores e na maximização do potencial de crescimento da economia digital. O terceiro pilar foca-se na otimização do potencial de crescimento da economia digital.

Neste âmbito, a Comissão Europeia tem o papel de promover a criação de todo o tipo de soluções digitais para potenciar a evolução da União Europeia, de forma a torná-la mais atrativa ao investimento por parte de agentes associados às tecnologias de informação. Assim, a Comissão Europeia estabeleceu um conjunto de medidas[163] de interoperabilidade para que tanto os Estados-Membros como as instituições europeias ficassem habilitados a dar o exemplo quanto à relevância das ferramentas

---

[162] Cfr. Comissão Europeia, *Commission Staff Working Document* "A Digital Single Market Strategy for Europe – Analysis and evidence", *Communication from the Commission to the European Parliament, the Council, the European Economic and Social Committee and the Committee of the Regions*, SWD(2015) 100 final, Bruxelas, 6 de maio de 2015, disponível em: https://eur-lex.europa.eu/legal-content/EN/TXT/?uri=CELEX%3A52015SC0100.

[163] Uma das medidas foi a criação do Grupo Estratégico relativo ao Mercado Único Digital, o qual é constituído pelos representantes dos Estados-Membros pertencentes aos respetivos governos e presidido pelo Diretor-Geral da DG CONNECT (*European Commission Directorate General for Communications Networks, Content & Technology*) da Comissão Europeia. Este Grupo reúne cerca de três vezes por ano, para aconselhar os serviços da Comissão Europeia sobre as políticas nas áreas abrangidas pelo Mercado Único Digital, articular e estreitar a coordenação das políticas aos níveis europeu, regional e nacional em matéria de melhoria das condições para o desenvolvimento da sociedade e economia digital, bem como para monitorizar o progresso da implementação das ações do Mercado Único Digital e discutir as futuras iniciativas.

digitais e a fim de as identificar como um dos instrumentos indispensáveis à observância das finalidades da União Europeia[164], medidas que visam assegurar o acesso a atividades *on-line* para indivíduos e empresas em condições de concorrência leal, proteção dos consumidores e dados, eliminando problemas de bloqueio geográfico e direitos de autor.

Visa-se, igualmente, que o Mercado Único Digital seja um espaço em que a livre circulação de pessoas, serviços e capitais é assegurada e onde os indivíduos e as empresas possam aceder e exercer atividades on-line em condições de concorrência leal, com um alto grau de proteção de dados pessoais e de consumo, independentemente da sua nacionalidade ou local de residência.

A Comissão Europeia examinou quais são os regulamentos que devem ser aplicados a um subconjunto dos intermediários da rede, de forma a exigir uma maior responsabilização e a devida diligência na administração das suas redes e dos sistemas, isto é, a imposição de um dever de cuidado para as plataformas eletrónicas, apesar de ser sempre necessário realizar uma abordagem setorial a cada problema, sendo ainda um objetivo em curso e sob análise, que só foi parcialmente concluído, com a introdução do Regulamento (UE) 2019/1150,de 20 de junho de 2019 relativo à promoção da equidade e da transparência para os utilizadores profissionais de serviços de intermediação em linha[165].

A 10 de maio de 2017, a Comissão Europeia publicou uma revisão intercalar da Estratégia do Mercado Único Digital[166], que avalia e apresenta o progresso na implementação da Estratégia desde 2015 e que revela a necessidade de conceber novas ações, das quais se destacam as

[164] Cfr. Joana Covelo de Abreu, "O Mercado Único Digital e o seu desígnio político -constitucional: o impacto da Agenda Eletrónica Europeia nas soluções de interoperabilidade", in *UNIO – EU Law Journal*. Vol. 3, N.º 1, 2017, pp 130-150, disponível em: www.unio.cedu.direito.uminho.pt.

[165] Cfr. Giancarlo Frosio, "Reforming Intermediary Liability" in *The Platform Economy: A European Digital Single Market Strategy*, 2019, pp. 4 e ss., disponível em: papers.ssrn.com.

[166] Cfr. Comissão Europeia, comunicado de imprensa "Mercado único digital: Comissão apela à rápida adoção de propostas fundamentais e apresenta os desafios futuros", 2017, disponível em: https://europa.eu/rapid/press-release_IP-17-1232_pt.htm.

novas regras sobre portabilidade dos serviços digitais[167] e a reforma dos direitos de autor para a era digital[168]. Em 2019, tiraram-se as principais conclusões desta estratégia, dado o final de mandato de Jean-Claude Juncker nesse ano, destacando-se os 41.3 mil milhões de euros investidos no setor digital pelo Fundo Europeu de Investimentos Estratégicos, a criação de regras para o comércio das plataformas eletrónicas e a implementação do Regulamento (UE) 2019/881 do Parlamento Europeu e do Conselho, de 17 de abril de 2019, relativo à ENISA (Agência da União Europeia para a Cibersegurança) e à certificação da cibersegurança das tecnologias da informação e comunicação[169].

No dia 15 de dezembro de 2020, a Comissão Europeia apresentou ao Parlamento Europeu e ao Conselho Europeu o Pacote de Serviços Digitais, um projeto de reforma da legislação em matéria de serviços digitais e de mercados digitais[170]. Os principais objetivos elencados pela Comissão Europeia para este pacote legislativo passam pela proteção dos consumidores e pela existência de mercados digitais mais justos e eficientes.

O referido Pacote incluiem duas propostas de diplomas: a Proposta de Regulamento dos Serviços Digitais[171] e a Proposta de Regulamento dos Mercados Digitais. Enquanto o primeiro regula os serviços de intermediação em linha, os serviços de hospedagem (*hosting*), as plataformas em linha e as plataformas em linha de grande dimensão (consideradas como tais se tiverem um número igual ou superior a 45 milhões de utilizadores), o segundo estabelece regras harmonizadas que garantem mercados

---

[167] Cfr. Conselho da Europa, comunicado de imprensa "Portability of digital services across the EU: Council adopts new rules", 2017, disponível em: https://www.consilium.europa.eu/en/press/press-releases/2017/06/08/portability-of-digital-services/.

[168] Cfr. Conselho da Europa, comunicado de imprensa "Legislação da UE sobre direitos de autor adaptada à era digital", 2019, disponível em: https://www.consilium.europa.eu/pt/press/press-releases/2019/02/13/eu-copyright-rules-adjusted-to-the-digital-age/.

[169] Cfr. Comissão Europeia, *A Digital Single Market for the benefit of all Europeans*, 2019, disponível em: https://ec.europa.eu/digital-single-market/en/news/digital-single-market-benefit-all-europeans.

[170] Cfr. Comissão Europeia, comunicado de imprensa "Uma Europa preparada para a era digital: Comissão propõe novas regras para as plataformas digitais", 2020, disponível em: https://europa.eu/rapid/press-release_IP-17-1232_pt.htm.

[171] Este diploma vem atualizar e complementar a Diretiva sobre o Comércio Eletrónico (Diretiva 2000/31/EC).

concorrenciais e equitativos no setor digital em toda a União onde os controladores de acesso[172] estão presentes, visando garantir aos profissionais que dependem destes controladores de acesso para o exercício da sua atividade um maior equilíbrio na relação.

3. Os Planos de Ação *FinTech* e o Pacote dos Serviços Financeiros Digitais

Na sequência e no âmbito da construção da União dos Mercados de Capitais e da Estratégia do Mercado Único Digital, a Comissão Europeia apresentou, no dia 8 de março de 2018, um Plano de Ação sobre a forma de tirar partido das oportunidades geradas na área dos serviços financeiros pela inovação tecnológica, mais conhecido como Plano de Ação *FinTech*. O Plano de Ação faz parte dos esforços da Comissão Europeia para criar uma União dos Mercados de Capitais e um verdadeiro mercado único de serviços financeiros prestados aos consumidores, inserindo-se, também, no quadro dos seus esforços para a criação de um Mercado Único Digital e para tornar as regras da União Europeia mais orientadas para o futuro e alinhadas com a rápida evolução tecnológica[173].

O Plano de Ação *FinTech* define medidas para permitir que os modelos de negócio inovadores cresçam e apoia a adoção de novas tecnologias para melhorar a cibersegurança e a integridade do sistema financeiro, nomeadamente através da organização, pela Comissão Europeia, de um Laboratório da União Europeia para a *FinTech*, que servirá de ponto de encontro entre as autoridades europeias e nacionais e os fornecedores de tecnologias, num espaço neutro e não comercial.

---

[172] Nos termos do artigo 3.º da Proposta de Regulamento dos Mercados Digitais, um prestador de serviços essenciais de plataforma deve ser designado como controlador de acesso se: a) tiver um impacto significativo no mercado interno; b) explorar um serviço essencial de plataforma que serve de porta de acesso importante para os utilizadores profissionais chegarem aos utilizadores finais; e c) ocupar uma posição enraizada e duradoura nas suas operações ou se for previsível que venha a ocupar tal posição num futuro próximo.

[173] Cfr. COMISSÃO EUROPEIA, comunicado de imprensa "*FinTech*: Comissão adota medidas para um mercado financeiro mais competitivo e inovador", 2018, disponível em https://europa.eu/rapid/press-release_IP-18-1403_pt.htm.

Ainda no âmbito do Plano de Ação *FinTech*, a Comissão procederá a consultas sobre a melhor forma de promover a digitalização das informações publicadas pelas empresas cotadas em bolsa na Europa, incluindo através da utilização de tecnologias inovadoras para interligar as bases de dados nacionais. Tal proporcionará aos investidores um acesso muito mais fácil a informações fundamentais para as suas decisões de investimento e uma maior celeridade e eficiência para todas as partes.

Pretende-se, igualmente, analisar a utilização destes meios pré-regulatórios e de cooperação com os regulados como sendo uma vantagem mútua para efetuar testes do mercado e da regulação com a prática da inovação, oferecendo no momento de autorização de atividade e posterior supervisão uma orientação para as novas empresas, mas também orientações para as instituições financeiras tradicionais que pretendam utilizar modelos de negócio *FinTech*.

No cumprimento deste Plano de Ação *FinTech*, as autoridades de supervisão financeira europeias procederam a uma análise comparativa dos ambientes facilitadores da inovação e determinaram as melhores práticas para a respetiva criação e funcionamento, no seu relatório de janeiro de 2019[174]. De acordo com este relatório, a falta de cooperação entre reguladores financeiros europeus pode impedir a expansão dos prestadores de serviços de *FinTech* numa base transnacional.

No que respeita ao *Crowdfunding*, foi sinalizado por este Plano de Ação a fragmentação do mercado e o subdesenvolvimento desta forma alternativa de angariação de investimento na União Europeia em comparação com outras grandes economias mundiais. Um dos maiores obstáculos é a falta de regras comuns a toda a União Europeia, o que aumenta significativamente os custos operacionais e de conformidade e impede as plataformas de *Crowdfunding* de expandirem as suas atividades além-fronteiras.

Paralelamente, a Comissão Europeia tem monitorizado os desenvolvimentos na área dos criptoativos, os quais constituem formas alternativas de angariação de financiamento cada vez mais utilizadas. Simultaneamente às oportunidades que proporciona, este novo tipo de ativo acar-

---

[174] Cfr. EBA, *Relatório "FinTech: Regulatory sandboxes and innovation hubs"*, 2018, disponível em: https://eba.europa.eu/documents/10180/2545547/JC+2018+74+Joint+Report+on+Regulatory+Sandboxes+and+Innovation+Hubs.pdf

reta riscos para os investidores e para o mercado, nomeadamente no que respeita à proteção dos investidores, prevenção do branqueamento de capitais e financiamento do terrorismo, manipulação do mercado, fraude e *hacking*.

Um dos maiores desafios dos criptoativos, que será por nós analisado *infra* na Parte III, é o da sua categorização destes instrumentos e a necessidade de determinar a respetiva disciplina normativa, seja pela aplicação das normas existentes da regulação financeira a esta nova realidade, seja pela criação de um regime específico. Para este efeito, a Comissão encontra-se a trabalhar em articulação com as autoridades de supervisão financeira europeias com vista ao mapeamento dos criptoativos e à determinação dos próximos passos em matéria regulatória.

Com o advento de um novo mandato da Comissão Europeia, foi publicado, no dia 3 de abril de 2020, uma consulta pública sobre um novo Plano de Ação *FinTech*, com vista à implementação de uma nova estratégia. No documento da consulta pública[175] são anunciados os principais objetivos da nova estratégia, que são assegurar que o enquadramento regulamentar dos serviços financeiros é adequado para a era digital, permitir que os consumidores e agentes de mercado aproveitem as oportunidades do Mercado Único no âmbito dos serviços financeiros digitais, promover a economia de dados no setor financeiro e reforçar a segurança digital no setor financeiro. A Comissão visará, assim, promover iniciativas normativas que habilitem e apoiem o potencial da digitalização dos serviços financeiros em termos de inovação e concorrência, enquanto mitigam os riscos, em conformidade com as prioridades da Comissão tornar a União Europeia apta para a era digital e para construir uma economia para o futuro e que funcione para as pessoas.

Em 24 de setembro de 2020, a Comissão Europeia publicou uma nova Estratégia para os serviços financeiros digitais, juntamente com um Pacoto dos Serviços Financeiros Digitais, composto por três propostas legislativas (uma sobre o mercado de criptoativos, outra sobre a utilização de DLT nas estruturas de mercados e a terceira sobre resiliência

[175] Disponível em: https://ec.europa.eu/info/sites/info/files/business_economy_euro/banking_and_finance/documents/2020-digital-finance-strategy-consultation-document_en.pdf.

digital)[176]. A referida Estratégia tem quatro prioridades: (i) combater a fragmentação no mercado único digital para o setor financeiro, permitindo assim aos consumidores europeus aceder a serviços em toda a União Europeia e ajudar as empresas financeiras europeias a expandir as suas operações digitais; (ii) garantir que o quadro regulamentar da União Europeia facilite a inovação no interesse dos consumidores e da eficiência do mercado; (iii) criar um espaço europeu de dados no setor financeiro para promover a inovação; e (iv) enfrentar novos desafios e riscos associados à transformação digital, incluindo o aumento da resiliência operacional digital do sistema financeiro.

Neste contexto a Comissão Europeia efetuou um pedido de opinião técnica às Autoridades Europeias de Supervisão, enviado no dia 2 de fevereiro de 2021, que incidiu sobre a fragmentação das cadeias de valor dos serviços financeiros, plataformas eletrónicas de serviços financeiros, riscos dos grupos que combinam várias atividades, empréstimos não bancários e o sistema de garantia de depósitos.

4. A Estratégia Europeia para as Finanças Sustentáveis

Desde o Acordo de Paris, em 2016, e a Agenda das Nações Unidas para o Desenvolvimento Sustentável 2030, acordada em 2015, que a sustentabilidade tem estado no epicentro das políticas da União Europeia. Face às necessidades de promover o investimento sustentável e o financiamento em projetos sustentáveis, a Comissão Europeia adotou no dia 8 de março de 2018 um Plano de Ação das Finanças Sustentáveis[177], com os seguintes objetivos: (i) orientar os fluxos de capital para o investimento sustentável e inclusivo; (ii) gerir riscos financeiros decorrentes das alterações climáticas, da degradação ambiental e dos conflitos sociais; e (iii) promover a transparência e o planeamento a longo prazo no setor financeiro.

[176] Disponível em: https://ec.europa.eu/info/publications/200924-digital-finance-proposals_en.

[177] Disponível em: https://ec.europa.eu/info/publications/sustainable-finance-renewed-strategy_en.

Nesta sequência foi apresentado um pacote legislativo que deu origem ao Regulamento (UE) 2019/2088, relativo à divulgação de informações relacionadas com a sustentabilidade no setor dos serviços financeiros, e ao Regulamento (UE) 2020/852, relativo ao estabelecimento de um regime para a promoção do investimento sustentável.

Para complementar, a Comissão Europeia apresentou, no dia 21 de abril de 2021, várias propostas de atos delegados relativo ao Regulamento (UE) 2020/852 e uma Proposta de Diretiva que visa alterar que altera a Diretiva 2013/34/UE, a Diretiva 2004/109/CE, a Diretiva 2006/43/CE e o Regulamento (UE) n.º 537/2014, no que respeita à comunicação de informações sobre a sustentabilidade das empresas.

No dia 6 de julho de 2021, a Comissão Europeia renovou a sua Estratégia para as Finanças Sustentáveis, tendo em vista apoiar o financiamento da transição para uma economia sustentável, através acções em quatro áreas: financiamento da transição, inclusão, resiliência e contribuição do sistema financeiro e ambição global. Foi também apresentado um novo pacote legislativo composto por uma Proposta de Regulamento relativo às obrigações verdes europeias e um ato delegado relativo ao artigo 8.º do Regulamento (UE) 2020/852, que versa sobre medidas de transparência das empresas nas demonstrações não financeiras.

5. Estratégia Nacional de Transição Digital, incentivos públicos às *startups* e PME em Portugal e o programa "Capitalizar"

Em Portugal, a estratégia dos últimos governos tem incluído a capacitação digital das pessoas, a transformação digital das empresas e da digitalização do Estado, tendo a Resolução do Conselho de Ministros n.º 30/2020, de 21 de abril, aprovado o Plano de Ação para a Transição Digital que reflete a estratégia definida para a transição digital e condensa a visão do XXII Governo Constitucional neste domínio, materializada numa estrutura que contempla três principais pilares de atuação: *Pilar I* – Capacitação e inclusão digital das pessoas; *Pilar II* – Transformação digital do tecido empresarial; *Pilar III* – Digitalização do Estado, bem como uma dimensão adicional de catalisação que cria as condições de base a uma acelerada digitalização do País.

A Estrutura de Missão Portugal Digital, criada através da Resolução do Conselho de Ministros n.º 31/2020 de 21 de abril, é a entidade responsável por assegurar a correta coordenação global do Plano de Ação para a Transição Digital, garantir a articulação com as diferentes estruturas envolvidas na implementação das medidas, assegurar o reporte dos resultados e a sua promoção a nível nacional e internacional.

A construção de uma sociedade digital tem sido identificada como uma oportunidade para reinventar o funcionamento e a organização do Estado, orientando-o para o cidadão, para o reforço da competitividade da economia e para desenvolver um clima favorável à inovação e ao conhecimento. Desta forma, foram criados programas e estratégias nacionais, do domínio digital, quer da esfera pública quer privada, que estão a ser acompanhados no âmbito da Estratégia Nacional de Transição Digital, que engloba o Plano de Ação para a Transição Digital e todas as estruturas, entidades e programas que se associam pelas causas comuns previstas nessa estratégia governamental.

Neste contexto, foram criados programas específicos para o fomento da indústria 4.0, para a modernização administrativa e de apoio a empresas, com foco nas PME e nas *startups*, com base na capacidade inovadora destas, razão pela qual iremos analisar mais detalhadamente o que tem sido feito pelas entidades públicas neste âmbito.

Em Portugal, a forma jurídica predominante das *startups* é a sociedade por quotas. Uma das razões envolve a dimensão, dado que as *startups* são, sobretudo, micro e pequenas empresas[178]. Outra das razões centra-se na flexibilidade (necessidade de uma grande dinâmica e pouca burocracia), tendo em conta que o valor de capital social mínimo das sociedades por quotas é modesto e os custos de gestão são baixos, em comparação com

---

[178] Sobre a adequação do modelo às sociedades por quotas, *vd.* Maria de Fátima Ribeiro, *A Tutela dos Credores da Sociedade por Quotas e "Desconsideração da Personalidade Jurídica"*, Dissertação para Doutoramento em Ciências Jurídicas na Faculdade de Direito da Universidade Católica Portuguesa, Almedina, Coimbra, 2009, pp. 39 e 40. Um dos importantes factores da adoção das sociedades por quotas é a maior flexibilidade do regime legal, em considerável parte, direito dispositivo, cfr. António Ferrer Correia, *Temas de Direito Comercial e Direito Internacional Privado*, Almedina, Coimbra, 1989, pp. 75 e ss.. "Do tipo legal da sociedade por quotas faz parte a própria elasticidade", Raúl Ventura, *Sociedades por Quotas – Comentário ao Código das Sociedades Comerciais*, Vol. I, 2.ª ed. Almedina, Coimbra, 1999, p. 37.

os das sociedades anónimos. Normalmente, para além da sua formalização em termos societários (contrato de sociedade), as *startups* são criadas através de um acordo entre os seus fundadores, no qual podem constar as seguintes estipulações: o objetivo global do negócio, as consequências da saída de um ou mais dos fundadores, a duração mínima de permanência de cada fundador e a natureza da contribuição de cada fundador para o desenvolvimento do projeto.

Em Portugal as PME, segundo dados relativos a 2019[179], têm um peso de 99,9%, empregam mais de 3 milhões de pessoas e têm um volume negócios 248.445 milhões de euros. Por este motivo, os Governos nacionais têm destacado a importância de as entidades públicas promoverem uma política de desenvolvimento económico socialmente sustentável, orientada para o reforço da competitividade, através do apoio às micro, pequenas e médias empresas. Neste âmbito, surge o apoio essencial das entidades públicas às *startups*, devido à sua proliferação e à sua importância crescente na economia atual.

Convém, assim, recuar no tempo e abordarmos a Lei Orgânica do Ministério da Economia (Decreto-Lei n.º 11/2014, de 22 de janeiro), que estabelece como atribuições deste Ministério a promoção e apoio à inovação, empreendedorismo e internacionalização das empresas. Têm surgido vários programas de apoio a *startups* no nosso país, na sequência do que já se efetuava na Alemanha com o programa de apoios a *startups*, chamado *Grundungszuschuss*[180]. Estes tipos de programas têm sido promovidos, sobretudo, por entidades como a Comissão Ministerial de Coordenação do QREN[181] e o IAPMEI – Agência para a Competitividade e Inovação, I.P..

---

[179] Dados disponiveis em: www.pordata.pt.

[180] Cfr. Marco Caliendo, Steffen Kunn e Martin Weissenberg, *Personality Traits and the Evaluation of Start-Up Subsidies*, 2016, p. 5, disponível em: https://papers.ssrn.com.

[181] O Quadro de Referência Estratégico Nacional constituiu o enquadramento para a aplicação das políticas da União Europeia de coesão económico-social em Portugal, tendo sido aprovado pela Resolução do Conselho de Ministros a 3 de julho de 2007, onde estão discriminadas todas as orientações necessárias para a organização e distribuição dos fundos da União Europeia a nível nacional durante o período vigente e para a nova estrutura dos diversos programas operacionais.

O QREN apresenta como grande desígnio estratégico a qualificação dos portugueses e das portuguesas, valorizando o conhecimento, a ciência, a tecnologia e a inovação, bem como a promoção de níveis elevados e sustentados de desenvolvimento económico e sociocultural e de qualificação territorial. O QREN avançou já com programas como o COMPETE, com o objetivo de concretização dos investimentos do Portugal 2020 que estão fortemente direcionados para a investigação, desenvolvimento tecnológico e inovação. O programa COMPETE conta com uma série de incentivos às empresas para apoiar o investimento produtivo de inovação, o empreendedorismo, a I&DT (Investigação e Desenvolvimento Tecnológico) para a dinamização da economia portuguesa.

Isto posto, podemos aferir que o QREN tem revelado, como prioritário, a necessidade de reforçar a especialização e produtividade, de promover a melhoria das dinâmicas empresariais e de inovação e de aumentar o conhecimento científico e tecnológico, sendo o maior responsável pelo financiamento das *startups* portuguesas em termos da própria inovação[182].

Outra instituição relevante neste âmbito é o IAPMEI, criado em 1975 através do Decreto-Lei n.º 51/75, tendo atualmente como objetivos estimular e gerir plataformas de interação entre as empresas e o Sistema Científico e Tecnológico Nacional, potenciando a transferência de conhecimento, tecnologia, investigação e inovação para o tecido empresarial, e desenvolver competências e sensibilidades do foro empresarial junto do meio científico, nomeadamente na promoção de criação de *spin-offs* (projetos de inovação realizados em universidades), *startups* e na utilização do I&D para o aumento da inovação e competitividade de empresas existentes.

Desta forma, foi esta a entidade escolhida para executar a Estratégia Nacional para o Empreendedorismo[183], designada por Programa *Star-*

---

[182] Cfr. Pedro Lima, *A Eficácia do Sistema de Incentivos do QREN para a Internacionalização de PME's*, 2014, p. 11, disponível em: https://repositorio-aberto.up.pt/handle/10216/77341.

[183] Aos tradicionais factores de produção (terra, mão de obra e capital), por vezes inclui-se o empreendedorismo, enquanto esforço e capacidades envolvidas na combinação ou na organização dos outros três, cfr. Larry Neal e Rondo Cameron, *História Económica do Mundo*, Tradução de Inês Guerreiro, Escolar Editora, Forte da Casa, 2019, p. 35.

tup Portugal[184], iniciado em 2007 e que ainda vigora. Este programa visa fomentar o espírito empreendedor, apoiar os empreendedores, assegurando a longevidade das empresas criadas e garantindo que produzem maior impacto em termos de criação de emprego e de valor económico. Esta Estratégia destina-se a organizar, desbloquear e promover a partilha de benefícios, boas práticas e recursos, assim como entender onde há falhas regionais e setoriais e retificar lacunas, focando 3 áreas de atuação: ecossistema, financiamento e internacionalização.

No âmbito do Programa *Startup* Portugal, encontram-se medidas de apoio importantes como o *Startup voucher*, que se destina a jovens universitários que estejam a terminar os cursos, ou já licenciados, e visa que estes tenham uma verba mensal, durante alguns meses, para que possam desenvolver o seu projeto.

Outra medida de apoio de destaque é o Programa Semente, promovido em 2018 e 2019, que visa dar benefícios fiscais às pessoas que investem em *startups* numa fase inicial. As deduções fiscais podem atingir um máximo de 40% no IRS dos investidores. O investimento terá de ser feito em *startups* que reúnam um conjunto de condições prévias que as qualifiquem como aptas para este programa, ou seja, sejam uma micro ou pequena empresa com menos de 5 anos, tenham 20 trabalhadores ou menos, não detenham bens ou direitos em valor superior a 200.000€, não estejam cotadas em mercado regulamentado ou não regulamentado de valores mobiliários, tenham a sua situação fiscal e contributiva regularizada e sejam certificadas pela Rede Nacional de Incubadoras.

Releva neste âmbito referir, também, a iniciativa Indústria 4.0 promovida pelo Ministério da Economia e que reúne um conjunto de peritos e de empresas, no sentido de criar as bases para uma compreensão uniforme do potencial da Indústria 4.0 a nível nacional e produzir recomendações ambiciosas, mas realizáveis. A estratégia é composta por um conjunto de 60 medidas de iniciativa pública e privada e procurará ter impacto no tecido empresarial português e na requalificação e formação de trabalhadores em competências digitais.

---

[184] Mais informações disponíveis em: https://www.iapmei.pt/PRODUTOS-E-SERVICOS/Empreendedorismo-Inovacao/Empreendedorismo-(1)/Startup-Portugal.aspx.

Surgiram, igualmente, novas figuras de apoio às *startups*, *maxime*, as incubadoras e os programas de aceleração. As incubadoras são, maioritariamente, associações de direito privado sem fins lucrativos, apesar de, em Portugal, o seu processo de desenvolvimento ter visto um coenvolvimento de uma multiplicidade de atores, de natureza privada ou pública, como por exemplo, câmaras municipais, juntas de freguesia, universidades, parques científicos e tecnológicos, câmaras do comércio, bancos e grandes empresas. Deste modo, para sistematizar estes modelos heterogéneos, salientamos quatro tipos de entidades, que normalmente gerem incubadoras com, por vezes, diferentes objetivos. As incubadoras das universidades, que têm como objetivo o apoio a *spin-offs* das universidades e estão inseridas nas próprias (exemplos: UPTEC da Universidade do Porto, a Incubadora de Empresas da Universidade de Aveiro e a TecMinho, da Universidade do Minho). Em segundo lugar, as incubadoras associadas a Municípios ou a entidades do Estado, que têm como objetivo apoiar o empreendedorismo de base local (exemplos: a StartUp Lisboa, a Startup Braga e a INOVA Gaia). Em terceiro lugar, as incubadoras geridas por associações empresariais (exemplos: a INOVISA – Associação para a Inovação e o Desenvolvimento Empresarial, a IEMINHO e a Startup Benedita). Por último, as incubadoras criadas ou geridas por empreendedores, empresas ou instituições financeiras (exemplos: a Beta-i e a AITEC).

As incubadoras normalmente oferecem um conjunto de serviços básicos às *startups*: ajuda com a modelagem básica do negócio; atividades de *networking*; assistência de marketing; acesso à internet; ajuda com a contabilidade e com a gestão financeira; acesso a empréstimos bancários, fundos de empréstimo e programas de garantia; ajuda com técnicas de apresentação; acesso a recursos de ensino superior; acesso a parceiros estratégicos; acesso aos investidores e aos fundos de capital de risco; conselhos consultivos; ajuda na etiqueta empresarial e assistência na comercialização de tecnologia[185].

---

[185] Cfr. Sara Ferrão, "Empreendedorismo e Empresas Startup: Uma nova visão estratégica como motor da empregabilidade jovem", in *Boletim de Sociologia Militar*, número 4, Centro de Psicologia Aplicada do Exército, Lisboa, 2013, p. 17.

O conceito de incubadora nasceu em 1956 em Nova Iorque, quando, depois da falência de um grande parque industrial, o proprietário decidiu arrendar o espaço a várias pequenas empresas, tendo a proliferação das incubadoras coincidido com o início do uso do termo *startup*, durante a chamada bolha da internet[186]. As incubadoras começaram por ser fornecedoras de espaços de trabalho a *startups* com uma renda reduzida, mas rapidamente progrediram para o aconselhamento, através de mentores[187], e para o estabelecimento de relações de negócio para que as *startups* conseguissem concretizar as suas ideias.

O objetivo das incubadoras é, assim, promover a criação de novas empresas de base tecnológica, científica e criativa, onde é valorizado o clima de troca de conhecimento, criatividade e inovação empresarial para que as empresas se sintam seguras e tenham uma base sólida para poderem desenvolver o seu projeto empresarial e, consequentemente, para poderem evoluir.

O número de incubadoras em Portugal tem vindo a crescer a um ritmo elevado, nos últimos anos. Enumeramos, a mero título exemplificativo, algumas incubadoras portuguesas: Incubadora de Empresas da Universidade de Aveiro, Inova Gaia, Beta-i, *StartUp* Lisboa, Startup Braga, Fábrica de Santo Thyrso, DNA Cascais, UPTEC e TagusPark.

Por outro lado, os programas de aceleração compreendem usualmente eventos estruturados com um apoio de curta duração às *startups*, tendo alcançado um grande reconhecimento devido ao contributo oferecido por estes programas a *startups* que alcançaram um enorme sucesso como a *Dropbox*, a *Airbnb* e a *Reddit*. As incubadoras também podem ser consideradas programas de apoio a *startups*, mas consistem, sobretudo, em programas mais longos, mais detalhados e mais completos do que os programas de aceleração[188]. Ao passo que as incubadoras fornecem um

---

[186] Cfr. Jin-Hyuk Kim e Liad Wagman, *Portfolio Size and Information Disclosure: An Analysis of Startup Accelerators*, 2012, p. 3, disponível em: https://papers.ssrn.com/.

[187] Uma das dificuldades sentidas pelas *startups* é o apoio durante a execução do negócio. Assim, sugeriu-se que uma das formas de colmatar este ponto seria através de mentores (pessoas com larga experiência na área que pudessem ajudar estes novos atores a entrar no mercado).

[188] Cfr. Duarte Garcia, *Do cohorts accelerate? Startups accelerators and entrepeneurial learning*,

acompanhamento longo, prevenindo os riscos das *startups*, as aceleradoras colocam as *startups* a enfrentar a realidade rapidamente, estando na sua essência a seleção e o desenvolvimento das *startups* em apenas alguns meses.

Os programas de aceleração organizam-se em *bootcamps* e são basicamente competições de *startups*, com a finalidade de aferir o seu potencial. Através de uma orientação intensiva, os programas de aceleração são capazes de escolher as *startups* vencedoras e ajudá-las a crescer. Para participarem, as *startups* devem candidatar-se ao programa mais adequado para o seu perfil, sendo as mais promissoras eleitas para participar. Durante o programa de aceleração, as *startups* concorrem entre si por um prémio final que pode incluir valores em dinheiro, investimento, participação em *roadshows* e outros benefícios.

Os temas incluídos nos programas de aceleração vão desde a assessoria jurídica e fiscal até à prática de uma apresentação de ideias e negócio, a que se costuma chamar de *pitch*[189]. São um ótimo recurso para as *startups* porque permitem a obtenção de experiência e de financiamento através da exposição que alcançam.

Os programas de aceleração também têm sido impulsionados pelo Governo e pelas Câmaras Municipais em Portugal, como, por exemplo, o programa de aceleração *Lisbon Challenge*, promovido pela Beta-i, tendo como parceiros a Câmara Municipal de Lisboa, a Presidência da República Portuguesa, o Governo de Portugal, a Comissão Europeia, a Caixa Geral de Depósitos, o Turismo de Portugal e o IEFP.

Os programas de aceleração são considerados fundamentais para o ecossistema das *startups*, porque podem ser o primeiro passo para encorajar as pessoas a criarem o seu próprio negócio, e servem como uma espécie de primeiro teste do projeto e do seu potencial de mercado. Estes programas permitem testar a equipa, a tecnologia, a existência de mercado para o produto, a resposta dos clientes; permitem também identifi-

---

2017, p. 12, disponível em: https://repositorio.ucp.pt/bitstream/10400.14/21811/2/Duarte-abstract.pdf.

[189] Cfr. Aurora Teixeira, *Aceleradores de comercialização de tecnologias em Portugal*, 2016, p. 14, disponível em: https://repositorio-aberto.up.pt/handle/10216/86571.

car se há um erro fatal a todos os níveis, algo que é essencial detetar logo no início do projeto.

Os programas de aceleração funcionam também como intermediários, acrescentando valor às incubadoras[190], e como um núcleo aglomerador que junta debaixo da mesma alçada todos os intervenientes para a criação e desenvolvimento de novas empresas tecnológicas, criando assim sinergias e fomentando a interação entre os mesmos a nível nacional e internacional.

Outra forma de promoção e apoio das entidades públicas, que espoletou nos últimos anos, tem sido a criação de fundos ou sociedades de capital de risco, na ótica de colaboração e cooperação que a economia do conhecimento inspira. A atividade destas indústrias (capital de risco e incubação de empresas) contribui positivamente para aumentar a taxa de empreendedorismo da economia e para a redução da mortalidade das *startups*[191].

Em relação ao investimento em capital de risco, existe uma entidade que se enquadra neste objetivo, a Portugal Ventures. É uma sociedade gestora de fundos de capital de risco que tem como associados entidades públicas bem como entidades de direito privado (instituições financeiras). Um dos seus grandes objetivos estratégicos é melhorar a competitividade da economia portuguesa e o investimento em indústrias e setores que podem competir globalmente com base em tecnologias de ponta. Privilegia os investimentos ligados às ciências da vida, tecnologias de informação, comunicações e eletrónica, possuindo uma unidade focada no investimento em *start-ups* com projetos tecnológicos inovadores, contribuindo para a transformação do conhecimento em valor económico e para a criação e desenvolvimento de empresas com elevado potencial de crescimento. Os investimentos destinam-se maioritariamente a projetos de aplicação clara e com foco no mercado, que se baseiem em fundamentos científicos e tecnológicos com origem em laboratórios nacionais

---

[190] Cfr. Aurora Teixeira, *Aceleradores de comercialização de tecnologias em Portugal*, 2016, p. 48, disponível em: https://repositorio-aberto.up.pt/handle/10216/86571.

[191] Cfr. Fernando Gaspar, "Fomentar o Empreendedorismo Através do Capital de Risco e da Incubação de Empresas – Um estudo empírico em Portugal.", in *Revista Portuguesa e Brasileira de Gestão*, vol. 7 n.º 3, Almedina, Coimbra, 2008, p. 19.

ou centros de pesquisa e universidades. Em termos de instrumentos de financiamento de startups, também existem apoios a fundos de capital de risco público através do programa COMPETE e do SAFRI – Sistema de Apoio ao Financiamento e Partilha de Risco da Inovação.

Outrossim, tem-se desenvolvido uma linha de financiamento a investidores informais em capital de risco, chamada de Iniciativa Portugal Inovação Social, e um fundo de coinvestimento (*matching fund*) para investidores em capitais de risco. O objetivo será, sobretudo, atrair fundos internacionais com conhecimento especializado nas áreas de investimento. A Portugal Ventures e a PME Investimento (instituição de crédito do setor empresarial do Estado) são as instituições encarregadas de selecionar os investidores que podem ser elegíveis.

Enaltece-se, assim, o espírito de iniciativa que as entidades públicas têm demonstrado na formação de parcerias[192], na promoção da investigação e inovação nas universidades e nos apoios a *startups*. No entanto, Portugal ainda se posiciona no último lugar, no seio da União Europeia[193], em termos de contribuições para a formação na área do empreendedorismo no Ensino Básico e Secundário, alertando-se, deste modo, para a urgente necessidade de um maior leque de políticas neste âmbito.

Num âmbito mais alargado de financiamento empresarial, destacamos o programa "Capitalizar", criado pela Resolução do Conselho de Ministros n.º 42/2016[194], visando o apoio à capitalização das empresas, à retoma do investimento e ao relançamento da economia. Tem, igualmente, por objetivo promover estruturas financeiras mais equilibradas, reduzindo os passivos das empresas que se apresentam economicamente viáveis, ainda

---

[192] "Particulares e Administração. Pública podem tornar-se parceiros ou sócios de uma entidade de composição mista, pública e privada. Esta entidade, em regra de direito privado, poderá estar sob influência dominante da Administração (será então uma entidade administrativa privada) ou não (estaremos, então, diante de uma entidade privada com participação pública", Pedro Costa Gonçalves, *Entidades privadas com poderes públicos – o exercício de poderes públicos de autoridade por entidades privadas com funções administrativas*, Reimpressão, Almedina, Coimbra, 2008, p. 453.

[193] Cfr. João Pedro Tomásia Barroca, *O sucesso das startups em tempo de crise*, Dissertação de Mestrado, ISCTE, Lisboa, 2012, p. 10, disponível em: http://hdl.handle.net/10071/6272.

[194] Disponível em: https://dre.pt/home/-/dre/75158988/details/maximized?p_auth=i1rM2AqL.

que com níveis excessivos de endividamento, bem como de melhorar as condições de acesso ao financiamento das PME.

O programa "Capitalizar" foi criado pelo Governo para ajudar as empresas em virtude de três necessidades das mesmas. Primeiramente, a preparação das empresas para novas fases de investimento, dotando-as do suporte financeiro adequado e eliminando barreiras administrativas à sua efetivação. Em segundo lugar, robustecer os intermediários financeiros tradicionais e estimular a utilização ou o surgimento de outros atores e de novas soluções. Por último, criar condições para a mobilização de capitais nacionais ou estrangeiros, designadamente da diáspora, atraindo investimento direto estrangeiro e desincentivando a saída de capitais nacionais.

No âmbito deste programa, procederam-se a alterações ao Código da Insolvência e da Recuperação de Empresas, ao Código das Sociedades Comerciais e legislação conexa, através do Decreto-Lei n.º 79/2017, de 30 de junho. Destas alterações, enaltecemos a alteração ao processo especial de revitalização[195], tornando-se este exclusivo para empresas em situação

[195] Sobre as alterações do Decreto-Lei n.º 79/2017, de 30 de junho, ao Código da Insolvência e da Recuperação de Empresas *vd.* Luís Menezes Leitão, *A Recuperação Económica dos Devedores – (RERE, PER, PEAP, Plano de Insolvência, Plano de Pagamentos e Exoneração do Passivo Restante)*, Almedina, Coimbra, 2019; Catarina Serra, "Novo (?) Regime Extrajudicial de Recuperação de Empresas", in *Seminário de Direito da Insolvência*, coord. Catarina Serra, Almedina, Coimbra, 2019; Rita Mota Soares, "Renovado Processo Especial de Revitalização", in *Seminário de Direito da Insolvência,* coord. Catarina Serra, Almedina, Coimbra, 2019; José Gonçalves Ferreira, "Novo (?) Processo Especial para Acordo de Pagamento", in *Seminário de Direito da Insolvência,* coord. Catarina Serra, Almedina, Coimbra, 2019; Fátima Reis Silva, "Novos Aspetos do Processo de Insolvência – As Alterações Introduzidas pelo Decreto-Lei n.º 79/2017, de 30 de Junho", in *Seminário de Direito da Insolvência,* coord. Catarina Serra, Almedina, Coimbra, 2019; Pedro Pidwell, "O Mediador de Recuperação de Empresas – Algumas Notas", in *Seminário de Direito da Insolvência,* coord. Catarina Serra, Almedina, Coimbra, 2019; Alexandre Soveral Martins, *Estudos de Direito da Insolvência,* 2.ª ed., Almedina, Coimbra, 2018; David de Oliveira Festas, "Alterações a introduzir no Processo Especial de Revitalização (17.º-A a 17.º-I)", in *Revista de Direito das Sociedades,* Ano IX – 2017, n.º 1, Almedina, Coimbra; Madalena Perestrelo de Oliveira, "O Regime de Proteção do "Dinheiro Novo" no PER", in *Revista de Direito das Sociedades,* Ano IX – 2017, n.º 1, Almedina, Coimbra, 2017; Ana Alves Leal, "O processo especial para acordo de pagamento (PEAP): o novo regime pré-insolvencial para devedores não empresários", in *Revista de Direito das Sociedades,* Ano IX – 2017, n.º 1, Almedina, Coimbra, 2017.

económica difícil ou em situação de insolvência iminente, passando a ser necessário, para a sua abertura, em regra, o apoio de pelo menos 10% dos credores não subordinados. O requerimento para abertura do processo especial de revitalização deve ser instruído com declaração subscrita por contabilista certificado ou por revisor oficial de contas, sempre que a revisão de contas seja legalmente exigida, atestando que não se encontra em situação de insolvência atual.

Quanto ao processo de insolvência, introduziu-se possibilidade de apensação de processos relativos a empresas pertencentes ao mesmo grupo de empresas, com possibilidade de nomear um administrador judicial provisório comum. Introduziu-se, ainda, a possibilidade de nomear um administrador de insolvência comum para todas as sociedades que se encontrem em situação de relação de domínio ou de grupo, relativamente às quais tenha sido proposto processo de insolvência.

Criou-se o processo especial para acordo de pagamento destinado às pessoas singulares e que corresponde, em grande medida, ao regime do processo especial de revitalização destinado agora em exclusivo às empresas, e criou-se o Regime Extrajudicial de Recuperação de Empresas que, em grande medida, tenderá a substituir o antigo SIREVE – Sistema de Recuperação de Empresas por Via Extrajudicial – e que constitui um instrumento através do qual um devedor que se encontre em situação económica difícil ou de insolvência iminente poderá encetar negociações com todos ou alguns dos seus credores com vista a alcançar um acordo – voluntário, de conteúdo livre e, por regra, confidencial – tendente à sua recuperação.

Ademais, foi introduzida a figura do Mediador de Recuperação de Empresas a quem competirá, sob nomeação do IAPMEI[196], analisar a situação económico-financeira do devedor e auxiliá-lo na elaboração de uma proposta de acordo de reestruturação e nas negociações a estabelecer com os credores.

Institui-se a possibilidade de conversão de créditos de terceiros (não sócios) em capital social de sociedades com capitais próprios negativos

[196] É uma instituição pública que apresenta como um dos seus eixos de intervenção a dinamização do empreendedorismo através de estímulo à criação de novos negócios com potencial inovador.

(elegíveis para um plano de recuperação de empresas) por iniciativa de uma maioria de credores[197]e, por exemplo, enaltece-se, também, a criação nas sociedades por quotas de um mecanismo simplificado de aumento do capital social por conversão de suprimentos, cuja eficácia fica dependente da não oposição expressa dos demais sócios. O sócio que representar pelo menos 75% do capital social, por si ou juntamente com outros, pode comunicar aos gerentes o aumento do capital social por conversão de suprimentos registados no último balanço aprovado de que seja titular. A gerência deve proceder à comunicação por escrito, no prazo máximo de 10 dias, aos sócios que não hajam participado no aumento referido, com a advertência de que a eficácia do aumento depende da não oposição expressa de qualquer um daqueles, manifestada por escrito, também no prazo de 10 dias, contados da comunicação.

No âmbito deste programa, procedeu-se ainda à alteração do Regime do Penhor Mercantil[198], pelo Decreto-Lei n.º 75/2017, de 26 de junho de 2017[199]. Alterou-se, também o Programa Vistos *Gold*, pelo Decreto Regulamentar n.º 9/2018 de 11 de setembro, no que toca a investimentos elegíveis relativamente a empresas. O objetivo é claro e pretende replicar no caso das sociedades o interesse verificado no sector imo-

---

[197] Sobre as alterações do Decreto-Lei n.º 79/2017, de 30 de junho, ao Código das Sociedades Comerciais *vd.* PAULO DE TARSO DOMINGUES, "Regime Jurídico da Conversão de Créditos: A tomada de assalto das sociedades pelos credores?", in *Seminário de Direito da Insolvência*, coord. CATARINA SERRA, Almedina, Coimbra, 2019; PAULO DE TARSO DOMINGUES, "A conversão de suprimentos em capital social (DL n.º 79/2017, de 30 de junho)" in *Direito das Sociedades em Revista*, Outubro 2017, Ano 9, Vol. 18., Almedina, Coimbra, 2017; MARIA DE FÁTIMA RIBEIRO, "Regime Simplificado de Aumento de Capital por Conversão de Suprimentos", in *Seminário de Direito da Insolvência*, coord. CATARINA SERRA, Almedina, Coimbra, 2019; JOSÉ FERREIRA GOMES, "Alterações aos artigos 87.º e 88.º do Código das Sociedades Comerciais – Conversão de créditos em suprimentos em capital" in *Revista de Direito das Sociedades*, Ano IX – 2017, n.º 1, Almedina, Coimbra, 2017.

[198] Sobre este novo regime *vd.* PATRÍCIA PEREIRA DE LEÃO, *O Penhor como Elemento Resolutivo da Insolvência*, Dissertação de Mestrado, Faculdade de Direito da Universidade Nova de Lisboa, Lisboa, 2018;

[199] Este regime tornou possível a apropriação do bem dado em garantia pelo credor em caso de incumprimento, ficando este último obrigado a restituir ao devedor a soma correspondente à diferença entre o valor do bem e o montante em dívida, à semelhança do que já se encontra previsto no regime do penhor financeiro.

biliário. O valor de investimento para efeitos de obtenção do visto é limitado a 350.000€ (no caso de criação de novas sociedades ou capitalização direta e desde que sejam criados 5 postos de emprego permanentes ou via fundos de investimento em sociedades pré-existentes) ou € 200.000 (para sociedades em situação económica difícil ou em fase de plano de recuperação).

Mais especificamente sobre o mercado de capitais português, foram tomadas algumas medidas no contexto destes programas, das quais destacamos a criação das Sociedades de Investimento para Fomento da Economia[200], como um novo tipo de sociedades de investimento coletivo destinado à captação de financiamento/investimento por parte de pequenas e médias empresas, e como forma de acesso indireto por estas aos mercados regulamentados criadas pelo Decreto-Lei n.º 77/2017, de 30 de junho. Este diploma introduziu, igualmente, os certificados de dívida de curto prazo, um novo tipo de valores mobiliários, na decorrência do regime do papel comercial, que se pretende venham a ser elegíveis como investimento para organismos de investimento coletivo.

Por sua vez, o Decreto-Lei n.º 19/2019 de 28 de janeiro aprovou o regime das sociedades de investimento e gestão imobiliária, com os objetivos de captação de investimento direto estrangeiro revela-se estratégica para a expansão dos recursos financeiros e não financeiros disponíveis na economia portuguesa, permitindo o aumento do investimento e o reforço da competitividade do tecido económico, bem como a diversificação das fontes de financiamento e a dinamização e competitividade do mercado de capitais, aliadas à promoção do financiamento das empresas mediante o recurso a capitais próprios e à redução da dependência do financiamento bancário, designadamente através do incentivo ao reinvestimento dos lucros, permitem a evolução para uma maior neutralidade entre o financiamento através de capitais próprios e o endividamento.

---

[200] Sobre este tipo de sociedades *vd.* João Nuno Barros, "Sociedades de Investimento Mobiliário para Fomento da Economia (SIMFE): Primeiras Notas", in *Revista Electrónica de Direito*, V. 15, n.º 1, 2018, disponível em: https://www.cije.up.pt.

6. Zonas livres tecnológicas

Expressamente sobre *FinTech*, somente em 2020 e 2021 surgiram as primeiras medidas governamentais em Portugal, que se encontram na Resolução do Conselho de Ministros n.º 29/2020, de 21 de abril, no n.º 3 do artigo 7.º da Lei n.º 57/2020, de 28 de agosto, e o Decreto-Lei n.º 67/2021, de 30 de julho, sobre a criação de zonas livres tecnológicas, correspondendo ao conceito de *regulatory sandboxes*, um tema que analisaremos com mais detalhe *infra*, no capítulo III.

A Resolução do Conselho de Ministros n.º 29/2020 estabelece os princípios gerais para a criação e regulamentação das zonas livres tecnológicas que se aplicam a vários setores da economia. No entanto, a *FinTech* é destacada nos considerandos do diploma, visto ser nesse âmbito em que os ambientes de teste como as *regulatory sandboxes* são vastamente utilizados a nível internacional.

Determinou-se na referida Resolução: (i) a preparação de abordagem ou quadro legal para a experimentação em Portugal que constitua a base de referência ou enquadramento para o efeito, contendo princípios e regras transversais a todas as atividades de experimentação de novas tecnologias e soluções, sem prejuízo da potencial necessidade de quadros ou revisões legais ou regulatórias específicas consoante as necessidades e os setores em causa; (ii) a elaboração de recomendações, orientações, princípios-base, ações ou metas concretas para os quadros legais necessários à efetiva implementação dos diplomas reguladores das zonas livres tecnológicas, bem como para a atuação dos intervenientes públicos relevantes na promoção de atividades de experimentação do país, em áreas e setores identificados como prioritários; (iii) a promoção e atração de atividade privada, comercial e de investigação e desenvolvimento e acelerar os processos de desenvolvimento e testes; (iv) a atração de projetos inovadores para testar novas tecnologias, produtos, serviços, processos e modelos de negócio, posicionando Portugal de forma definitiva como um país aberto à inovação e à experimentação; (v) a implementação de iniciativas que contribuam para o processo de desenvolvimento de novas tecnologias, produtos, serviços, processos e modelos de negócio, bem como para a participação de Portugal em projetos europeus ou transnacionais de testes, incluindo ao abrigo das políticas da União Europeia;

(vi) o desenvolvimento de ações que contribuam para acelerar a transição para o mercado de tecnologias, produtos, serviços, processos e modelos de negócio inovadores; (vii) a definição de um modelo regulatório das novas tecnologias ou a sua aplicação, criando mais certeza legal e transparência, e contribuindo assim também para o trabalho da União Europeia neste domínio, incluindo ao nível da aplicação do «Principio de Inovação» no âmbito do dossier «Melhor regulamentação da União Europeia e da identificação de boas práticas»; (viii) a garantia da competitividade internacional do país, através do desenvolvimento empresarial e científico, atração de financiamento e mobilização dos diversos atores da inovação e empreendedorismo, tanto nacionais como internacionais; (viii) a promoção da cooperação entre empreendedores, centros de investigação e desenvolvimento, academia e empresas, incluindo PME; (ix) o desenvolvimento de iniciativas que contribuam para a criação de conhecimento e propriedade intelectual de base portuguesa; e, por fim, (x) a garantia da obtenção de dados e conhecimento pelas entidades públicas relevantes para a promoção da inovação e a definição de quadros legais e regulatórios adequados às novas tecnologia.

Estabeleceu-se, igualmente, que na elaboração do quadro legal aplicável às zonas livres tecnológicas deverá assegurar-se, nomeadamente, a segurança de pessoas e bens, a proteção dos consumidores, o respeito pela privacidade, as regras de proteção de dados pessoais, a utilização ética e responsável das tecnologias e a necessidade de se acautelar necessidades específicas dos vários setores da economia, em particular aqueles que são objeto de maior regulação no acesso à atividade económica ou ao mercado e que têm maior valor estratégico e potencial de disseminação da tecnologia no atual quadro de transformação da indústria orientado pelas transições energética e digital.

Adicionalmente, o disposto no n.º 3 do artigo 7.º da Lei n.º 57/2020, de 28 de agosto, prevê que o Conselho Nacional de Supervisores Financeiros[201] (ASF, Banco de Portugal e CMVM) apresenta ao membro do

[201] O Conselho Nacional de Supervisores Financeiros foi criado em setembro de 2000, pelo Decreto-Lei n.º 228/2000, de 23 de setembro, tendo como competências promover a coordenação da atuação das autoridades de supervisão do sistema financeiro, facilitar e coordenar o intercâmbio de informações entre as autoridades de supervisão, promover o desen-

Governo responsável pela área das finanças, no prazo de 120 dias a contar da data de entrada em vigor da presente lei um relatório relativo à eventual criação de *regulatory sandboxes* e de zonas livres tecnológicas na área das *FinTech*, tendo por referência, designadamente, os desenvolvimentos no âmbito da União Europeia, incluindo as iniciativas adotadas neste domínio pela Comissão Europeia ou pelas Autoridades Europeias de Supervisão.

Foi publicado no dia 30 de julho de 2021 o Decreto-Lei n.º 67/2021, que estabelece o regime e define o modelo de governação para a promoção da inovação de base tecnológica através da criação de zonas livres tecnológicas. As zonas livres tecnológicas foram definidas no referido diploma como ambientes físicos, geograficamente localizados, em ambiente real ou quase-real, destinados à realização de testes e experimentação de tecnologias, produtos, serviços e processos inovadores de base tecnológica, com o acompanhamento direto e permanente por parte das entidades competentes, nomeadamente ao nível da realização de testes, da prestação de informações, orientações e recomendações.

O referido Decreto-Lei não cria, ainda, qualquer zona livre tecnológica, mas determina as condições para a sua criação independentemente do setor económico a que os testes respeitem, e determina a possibilidade de, dentro das zonas livres tecnológicas, serem criados instrumentos específicos de experimentação, sob a forma de programas para a inovação, temporalmente delimitados e especificamente criados para o efeito, ou instrumentos legais e regulamentares, em que a realização de testes de experimentação pode ser efetuada mediante candidatura livre e contínua a submeter à entidade gestora.

A utilização dos instrumentos de experimentação deverá ter em conta o tipo de zona livre tecnológica criada. Existem dois tipos de zona livre tecnológicas: i) as zonas livres tecnológicas que não implicam a derrogação do quadro legal existente, devendo respeitar o regime previsto no presente decreto-lei e na legislação setorial aplicável e são criadas por portaria dos membros do Governo responsáveis pelas áreas da econo-

volvimento de regras e mecanismos de supervisão de conglomerados financeiros e formular propostas de regulamentação de matérias conexas com a esfera de ação de mais de uma das autoridades de supervisão.

mia, da ciência e da área que tutele o setor de atividade em que a zona livre tecnológica se insere; e ii) as zonas livres tecnológicas especiais, que implicam a derrogação do quadro legal existente e que são criadas por ato legislativo, precedido, sempre que aplicável, de audição prévia da entidade reguladora competente em razão da matéria, aplicando-se subsidiariamente o regime previsto no Decreto-Lei n.º 67/2021.

As zonas livres tecnológicas podem prever a criação de instrumentos específicos de experimentação sempre que os testes de experimentação a realizar, pela sua natureza e especificidade, assim o exijam, podendo assumir a modalidade de programas para a inovação e, cumulativa ou alternativamente, e sempre que o quadro legal o justifique, integrar-se no modelo de zona livre tecnológica especial.

No Decreto-Lei n.º 67/2021é também definido o modelo de governação das zonas livres tecnológicas, abrangendo as seguintes entidades: i) a autoridade de testes, que, sem prejuízo das competências próprias de outras entidades, tem a função de gerir e dinamizar, de forma centralizada, a Rede de zonas livres tecnológicas que vierem a ser criadas; ii) a entidade gestora, que se trata da entidade responsável pela gestão, operação e manutenção da respetiva zona livre tecnológica, designadamente pelo acompanhamento e fiscalização dos testes aí realizados; e iii) as entidades reguladoras, sendo as entidades abrangidas pelo âmbito de aplicação da Lei-Quadro das Entidades Reguladoras, bem como quaisquer outras que tenham competências administrativas de regulação ou supervisão.

As entidades gestoras das zonas livres tecnológicas são designadas no ato constitutivo de cada zona livre tecnológica, o qual pode, em alternativa, indicar o processo para a sua seleção, devendo em qualquer caso definir as suas atribuições e competências, receitas, caso aplicável, e coordenação com outras entidades competentes, designadamente em matéria de monitorização dos testes.

Refere-se, ainda, que as competências da Autoridade de Testes são exercidas pela Agência Nacional de Inovação, S. A.., tendo o papel de tomar a iniciativa de criação de zonas livres tecnológicas e aprovar propostas de criação que lhe sejam apresentadas (por qualquer entidade, incluindo as entidades reguladoras), com vista a assegurar a coordenação e o alinhamento da rede de zonas livres tecnológicas. Por último, incumbe às entidades reguladoras competentes em razão da matéria exercer as competências de supervisão, por referência à legislação setorial aplicável, prestar, nos termos dos seus estatutos, o apoio técnico necessário ao lançamento dos testes de experimentação e inovação e colaborar com as entidades gestoras no lançamento dos programas para a inovação, bem como na elaboração dos respetivos regulamentos.

7. A agenda "*Better Regulation*" da Comissão Europeia, o programa "Legislar Melhor" e o processo de Lamfalussy

Um tema que nem sempre é abordado no âmbito da *FinTech*, mas que pode ser deveras relevante na promoção da inovação e da *FinTech* é a forma de legislar, sendo associado o recurso de certas jurisdições a uma regulação baseada em princípios ao fomento da utilização de modelos de negócio inovadores por parte das empresas dessas jurisdições. Consideramos, deste modo, muito relevante para o nosso estudo sobre qual o melhor enquadramento para os meios de financiamento da *FinTech* conhecer de que modo poderá esse enquadramento estruturar-se em termos legísticos.

Perante o exposto, começamos por detalhar a "*Better Regulation*", que corresponde à agenda da Comissão Europeia para o aperfeiçoamento normativo, lançada em 2002. Esta agenda procura concretamente elaborar e avaliar a legislação e as políticas europeias de forma transparente e com base em dados concretos, tendo em conta as observações dos cidadãos e das partes interessadas. Acresce que esta iniciativa abrange todos os domínios de intervenção da União Europeia e visa assegurar a adoção de regulamentação específica simples que não vai além do necessário, a fim de atingir os objetivos com custos mínimos[202], algo que se relaciona com a promoção da inovação devido à importância da proporcionalidade, da clareza e da simplicidade na regulação de novos modelos de negócio.

---

[202] Consultável em: https://ec.europa.eu/info/law/law-making-process/planning-and-proposing-law/better-regulation-why-and-how_pt.

A "*Better Regulation*", que decorre do Livro Branco sobre governação europeia de 2001[203], foi apresentada pela Comissão Europeia como um instrumento para ganhar legitimidade democrática, numa demonstração de abertura e responsabilização, materializado através de um sistema institucional de escrutínio, tendo sido celebrado em 2003 o "Acordo Interinstitucional entre o Parlamento Europeu, o Conselho da União Europeia e a Comissão Europeia sobre Legislar Melhor"[204].

No contexto desta agenda, foi criada a plataforma REFIT (*Regulatory Fitness and Performance Programme*), em 2012. Esta plataforma visa contribuir para a simplificação da legislação europeia, eliminar encargos desnecessários e adaptar a legislação em vigor sem comprometer os objetivos políticos da Comissão Europeia, igualmente com o objetivo de aumentar os níveis de legitimidade democrática, um tópico muito discutido aquando da celebração do Tratado de Lisboa[205]. Dedica-se um enfoque especial às PME, uma vez que estas representam 99% do conjunto das empresas europeias e que podem ser afetadas de forma desproporcionada pelos encargos associados à aplicação da legislação europeia. Note-se que, nesta linha, muitas das propostas da Comissão Europeia têm procurado, igualmente, moldar o campo societário com vista a que este assente mais em princípios, em linha com o modelo societário americano[206].

De forma concreta, a plataforma REFIT permite às autoridades nacionais, aos cidadãos e às restantes partes interessadas contribuírem para melhorar a legislação europeia, apresentando sugestões sobre o modo

---

[203] Cfr. Comissão das Comunidades Europeias, *European Governance – A White Paper*, 2001, consultável em: https://www.ab.gov.tr/files/ardb/evt/1_avrupa_birligi/1_6_raporlar/1_1_white_papers/com2001_white_paper_european_governance.pdf

[204] Cfr. Alberto Alemanno, "How Much Better is Better Regulation? Assessing the Impact of the Better Regulation Package on the European Union – A Research Agenda", in *European Journal of Risk Regulation,* vol. 6, issue 3, 2015, pp. 7 e ss., disponível em: https://www.cambridge.org/core/journals/european-journal-of-risk-regulation/article/how-much-better-is-better-regulation/863E24306B94D7299FD2150087A5A9CA. O acordo interinstitucional pode ser consultado em: https://eur-lex.europa.eu/legal-content/EN/TXT/?uri=CELEX%3A32003Q1231%2801%29.

[205] Cfr. Wim Voermans, "Beating about the bush" in *Better Regulation,* Eleven International Publishing, Haia, 2016, p. 11.

[206] Cfr. Paulo Câmara, *Manual de Direito dos Valores Mobiliários*, Almedina, Coimbra, 2018, p. 290.

de reduzir os encargos regulamentares e administrativos resultantes da sua aplicação, sendo que essas sugestões são depois analisadas pela plataforma REFIT e pela Comissão Europeia[207].

Infere-se, deste modo, o foco dos órgãos da União Europeia na procura pela simplicidade e objetividade e dos normativos legais, expresso de forma precisa na "Comunicação da Comissão ao Parlamento Europeu, ao Conselho, ao Comité Económico e Social Europeu e ao Comité Das Regiões – Legislar melhor para obter melhores resultados – agenda da UE": Este acervo legislativo da União Europeia constitui um modelo único de governação coletiva no mundo, existindo uma grande preocupação de estabelecer, antes de qualquer processo legislativo, os meios adequados para o objetivo a que se destina, de uma forma moderna, eficaz, proporcional, operacional e tão simples quanto possível. Este acervo é consentâneo com as finalidades de se ter uma legislação de fácil aplicação, que garanta a segurança e a previsibilidade e evite quaisquer encargos desnecessários. Devido à heterogeneidade presente na União Europeia, é essencial termos legislação simples, sensata e realista, para que esta seja aplicada e executada em toda a União Europeia de forma eficiente, cumprindo a sua missão de satisfazer os objetivos comuns da União Europeia[208].

---

[207] Essas sugestões são depois analisadas pela plataforma REFIT e pela Comissão Europeia. Todos os anos, a Comissão publica em linha o painel de avaliação REFIT – presidido pela Primeiro Vice-Presidente da Comissão Europeia e composto um perito de alto nível da administração pública de cada Estado-Membro, 20 especialistas dos *stakeholders*, entre os quais a maioria são provenientes do mundo empresarial, parceiros sociais e organizações da sociedade civil, e dois representantes do Comité Económico e Social Europeu e do Comité de as Regiões, que acompanha as iniciativas de simplificação ao longo do respetivo ciclo de vida. O painel de avaliação dá uma ideia geral clara dos resultados do REFIT relativos a cada uma das prioridades políticas da Comissão Europeia, mostra de que forma a Comissão teve em conta as recomendações da plataforma REFIT e enumera todas as iniciativas REFIT que estão a ser aplicadas nos diversos domínios de intervenção da União Europeia. Mais informações em: https://ec.europa.eu/info/law/law-making-process/evaluating-and-improving-existing-laws/refit-making-eu-law-simpler-and-less-costly_pt

[208] Cfr. Comissão Europeia, *Comunicação da Comissão ao Parlamento Europeu, ao Conselho, ao Comité Económico e Social Europeu e ao Comité das Regiões: Legislar melhor para obter melhores resultados – agenda da UE*, 2015, disponível em: https://eur-lex.europa.eu/legal-content/PT/TXT/HTML/?uri=CELEX:52015DC0215&from=EN

As normas de nível 1 são compostas por princípios-quadro, num modelo de codecisão entre o Conselho e o Parlamento, onde se delimitam as normas com mais pormenores técnicos que serão para momento posterior. As normas de nível 2 preconizam-se através da aprovação pela Comissão Europeia de diretivas ou regulamentos de execução, com base em parecer técnico submetido pelo Comité das Autoridades de Regulamentação dos Mercados Europeus cuja elaboração pressupõe a realização de consultas públicas. As normas nível 3 consubstanciam-se num processo de cooperação, promovido por recomendações do Comité das Autoridades de Regulamentação dos Mercados Europeus acompanhado pelo Parlamento Europeu, tendo em vista a coerência e convergência das práticas na aplicação dos diplomas da União Europeia e práticas de supervisão. Por último, as normas de nível 4 estabelecem a vigilância do cumprimento, competindo à Comissão Europeia supervisionar a aplicação do Direito da União Europeia e da atempada transposição, sob pena de, em caso de violação do Direito da União Europeia ou de atraso na transposição, sancionar os Estados-Membros[209].

Com efeito, existem vários objetivos da plataforma REFIT e da agenda "*Better Regulation*" que se relacionam com a inovação, como permitir que se alcance um equilíbrio adequado entre a previsibilidade do sistema normativo e a flexibilidade do progresso tecnológico e científico, garantir uma abordagem geral da avaliação dos impactos da legislação na inovação, com o objetivo de simplificar e aumentar a eficácia e coerência do quadro regulamentar, verificar questões de implementação que possam afetar os resultados, inclusive em nível nacional, regional e administração local, aumentando o diálogo entre as partes interessadas para identificar problemas e soluções e, por último, procurar provas de conceito, bem como abordagens mais inovadoras e favoráveis à inovação[210].

---

[209] Cfr. Maria Luísa Azevedo, Jornadas "Sociedades Abertas, Valores Mobiliários e Intermediação Financeira" – DMIF – Desafios, in *Jornadas Sociedades Abertas, Valores Mobiliários e Intermediação Financeira*, coord. Maria de Fátima Ribeiro, Almedina, Coimbra, 2007, pp. 32 e 33; Angelina Morais Castro, *O Processo de Lamfalussy*, 2008, pp. 1-5, disponível em: http://www.gpeari.gov.pt/arquivo-interno-de-ficheiros/bmep/2008-1/Art-06-O-Processo-de-Lamfalussy.pdf.

[210] Cfr. Comissão Europeia, *Better regulations for innovation-driven investment at EU level – Commission staff working document*, 2016, p. 11, disponível em: https://op.europa.eu/en/publication-

No âmbito da agenda "*Better Regulation*", foi estabelecido um princípio da inovação[211], de forma a promover regulamentos e políticas orientadas para o futuro, destinadas a incentivar atividades de inovação que podem gerar progresso social e benefícios ambientais, tendo sido criado em junho de 2007, pela Comissão Europeia, um instrumento regulatório para melhor integrar a inovação no quadro regulamentar da União Europeia, estabelecendo os princípios que a Comissão segue ao preparar novas iniciativas e propostas e ao gerir e avaliar a legislação existente[212].

Foi também implementado, no âmbito da agenda "*Better Regulation*", o teste PME[213], que visa analisar os possíveis efeitos das propostas legislativas da União Europeia nas PME. Este teste visa avaliar os custos e benefícios das opções de políticas, tendo em consideração o princípio "*think small principle*" e a melhoria do ambiente económico da União Europeia. Os fundamentais do princípio "*think small first*" foram considerados estreitamente ligados aos da agenda "*Better Regulation*" por ser amplamente reconhecido que as PME são um dos principais beneficiários dos progressos no domínio da simplificação dos atos legislativos, redução dos encargos administrativos e avaliações de impacto regulatório[214]. Assim, o teste PME concretiza-se na avaliação preliminar das empresas que podem ser afetadas, na consulta com as PME e organizações representativas das PME, na avaliação do impacto nas PME (análise de custo-benefício) e o uso de medidas mitigadoras, se apropriado[215].

Em Portugal, o programa "Legislar Melhor", designação inspirada no "*better regulation*" da União Europeia, foi aprovado pela Resolução do Conselho de Ministros n.º 63/2006, de 4 de maio, publicada na 1.ª série do Diário da República, de 18 de maio, sendo este o primeiro programa

---

detail/-/publication/404b82db-d08b-11e5-a4b5-01aa75ed71a1/language-en/format-PDF/source-79728021.

[211] *Vd.* https://ec.europa.eu/info/files/innovation-principle_en.

[212] *Vd.* https://ec.europa.eu/info/files/better-regulation-toolbox-21_en.

[213] *Vd.* https://ec.europa.eu/growth/smes/sme-strategy/sme-test_en.

[214] Cfr. Comissão Europeia, *Think Small First – Considering SME interests in policy-making including the application of an 'SME Test' – Report of the Expert Group*, 2009, pp. 12 e ss., disponível em: https://ec.europa.eu/growth/content/report-think-small-first-expert-group-considering-smes-interests-policy-making-0_en.

[215] *Vd.* https://ec.europa.eu/growth/smes/sme-strategy/sme-test_en.

estratégico nacional sobre qualidade normativa. Como decorre da citada Resolução do Conselho de Ministros que o aprovou, este programa teve em vista "implementar um conjunto de iniciativas em matéria de qualidade e eficiência dos actos normativos do Governo que estabeleçam parâmetros de exigência para o procedimento legislativo, em linha com as recomendações da União Europeia e de organizações internacionais a que Portugal está associado".

Este programa conteve várias áreas operacionais, a saber, a título exemplificativo, a desmaterialização do procedimento legislativo, mediante a utilização das tecnologias de informação, a reforma do Diário da República, envolvendo a concessão legal à sua edição eletrónica, a modernização e abertura de formas de acesso ao direito pelos cidadãos, a avaliação prévia e sucessiva do impacto dos atos normativos – tendo-se criado o teste SIMPLEX para avaliação legislativa prévia –, o contro da qualidade normativa e a simplificação dos atos normativos[216].

Entre maio de 2010 e junho de 2011, foi implementado em Portugal o programa de simplificação legislativa SIMPLEGIS pelo XVIII Governo Constitucional, que pretendeu ser um seguimento e aprofundamento das medidas do programa "Legislar Melhor", integrando no âmbito dos objetivos e metodologias as adotadas neste domínio pela Comissão Europeia e pela OCDE[217]. O SIMPLEGIS assumiu-se, ainda, como um programa direcionado para a população e para o setor empresarial, destinado

[216] Para mais detalhe sobre este programa, cfr. Carlos Blanco de Morais, *Manual de Legística – Critérios e Técnicos para Legislar Melhor*, Verbo, Lisboa, 2007, pp. 279 e ss.; Diana Etner e João Tiago Silveira, "Programas de Better Regulation em Portugal: o SIMPLEGIS", in *e-Pública* vol.1 no.1 Lisboa jan. 2014, disponível em: http://www.scielo.mec.pt/scielo.php?script=sci_arttext&pid=S2183-184X2014000100008.

[217] "A OCDE já se debruçou especificamente sobre o caso português109 tendo emitido em 2015 um relatório onde apontava as medidas então implementadas para correção da política legislativa e advertindo que Portugal se encontrava atrasado relativamente a outros países da OCDE", Maria Teresa Oliveira Cristovão, *Alterações legislativas em Portugal como elemento condicionante do desenvolvimento das empresas: a dimensão institucional e as perceções dos empresários*, Dissertação de Mestrado apresentada na Faculdade de Direito da Universidade do Porto, 2019, p. 42, disponível em: https://sigarra.up.pt/fdup/pt/pub_geral.pub_view?pi_pub_base_id=300226.

a resolver problemas de escopo socioeconómico e a facilitar a relação de todos com as matérias da legislação[218].

Os anos seguintes podem ser resumidos num seguimento muito próximo das orientações da União Europeia, destacando-se apenas o facto de a Resolução do Conselho de Ministros n.º 90-B/2015 ser último diploma onde constam as regras e melhores práticas legísticas do Governo Português, uma vez que, mais recentemente, passaram a constar do anexo ao Decreto-Lei n.º 169-B/2019, de 3 de dezembro, que aprova o regime da organização e funcionamento do XXII Governo Constitucional, sem prejuízo, como referido nos considerandos do diploma, da aprovação, no decorrer da legislatura, de um código de legística comum a todas as instituições com poderes legislativos[219].

Passamos a expor a agenda relativamente ao Direito dos Mercados Financeiros em específico, pela pertinência do tema para o nosso estudo sobre as novas formas de financiamento empresarial e tendo em conta o interessante dilema que este tema pode revelar, uma vez que este ramo do Direito é caraterizado por uma enorme complexidade e tecnicidade, mas simultaneamente por uma extrema volatilidade e dinâmica, em permanente fluxo, sobretudo, no âmbito da *FinTech*.

Primeiro, há que assinalar o ponto de contacto que existe entre a regulação baseada em princípios e esta estratégia da União Europeia de "*better regulation*", uma vez que os sistemas que implementaram a regulação baseada em princípios dispõem de previsão legais mais simples e sintéticas, com uma determinação mais clara dos objetivos[220]. No Direito dos Valores Mobiliários, a regulação baseada em princípios foi inicialmente introduzida no Reino Unido e posteriormente seguido pela IOSCO – organização internacional das comissões de supervisão dos mercados financeiros –, através da criação do seu principal documento

[218] Cfr. Diana Etner e João Tiago Silveira, "Programas de Better Regulation em Portugal: o SIMPLEGIS", in *e-Pública* vol.1 no.1 Lisboa jan. 2014, disponível em: http://www.scielo.mec.pt/scielo.php?script=sci_arttext&pid=S2183-184X2014000100008.

[219] No entanto, existe ainda Resolução do Conselho de Ministros n.º 44/2017 que teve importância neste âmbito ao ter aprovado o modelo de avaliação prévia de impacto legislativo.

[220] Cfr. Paulo Câmara, *Manual de Direito dos Valores Mobiliários*, Almedina, Coimbra, 2018, p. 291

orientador que assenta num enunciado de princípios, de seu nome "*Objetives and Principles of Securities Regulation*", de setembro de 1998[221]. Pouco depois, foi aceite pela Comissão Europeia, numa forma, juntamente com o processo de Lamfalussy, de tornar o grau de harmonização aceitável para todos os Estados-Membros. Em vez do comportamento prescrito detalhado, os textos de legislação prescrevem apenas metas desejáveis[222].

Em maio de 1999, a Comissão Europeia procurou dar um impulso significativo à construção do mercado único de serviços financeiros com a definição de 42 medidas incluídas no Plano de Ação para os Serviços Financeiros, adotado pelos Chefes de Estado e de Governo no Conselho Europeu de Lisboa de 2000. No que diz respeito à área da regulação mobiliária, pretendia-se que a mesma fosse suficientemente flexível para poder dar resposta à própria evolução do sector, satisfazendo, simultaneamente, a exigência de transparência e de segurança jurídica.

A concretização de algumas medidas deste plano levou a que, em julho de 2000, o Conselho ECOFIN – constituído pelos ministros da Economia e das Finanças de todos os Estados-Membros e responsável pela política da União Europeia nos domínios da política económica, fiscalidade e regulamentação dos serviços financeiros – criasse um Comité de Sábios sobre a Regulamentação dos Mercados Europeus de Valores Mobiliários, presidido por Alexandre Lamfalussy, com os objetivos de tornar mais lesta a forma de decisão em matéria de criação de legislação da União Europeia e a sua transposição para a legislação nacional (por exemplo, a Diretiva sobre o Prospeto de Admissão demorou oito anos a ser implementada, entre 1972 e 1980[223]) e de resolver o problema da insuficiente harmonização no espaço europeu criado pela existência de um elevado número de entidades reguladoras na União Europeia, que dificultava a convergência das práticas de supervisão e das normas regulamentares[224].

---

[221] Cfr. Paulo Câmara, *Manual de Direito dos Valores Mobiliários*, Almedina, Coimbra, 2018, pp. 34 e 290.

[222] Cfr. Borut Strazisar, *Principle Based Legislation Smart Choice for Capital Market's Regulation?*, 2011, p. 2, disponível em https://papers.ssrn.com/sol3/papers.cfm?abstract_id=1999798.

[223] Cfr. Paulo Câmara, *Manual de Direito dos Valores Mobiliários*, Almedina, Coimbra, 2018, p. 49.

[224] Cfr. Angelina Morais Castro, *O Processo de Lamfalussy*, 2008, pp. 1-5, disponível em:

Este Comité de Sábios apresentou o seu relatório final em 15 de fevereiro de 2001, nascendo, assim, o processo de Lamfalussy, adotado no Conselho Europeu de Estocolmo de 23 e 24 de março de 2001. Este processo constituiu uma nova abordagem ao desenvolvimento e adoção de legislação europeia na área dos valores mobiliários, compreendendo a criação do Comité das Autoridades de Regulamentação dos Mercados Europeus em 2002, com as competências de apoio ao processo legislativo, assessoria à Comissão Europeia e reforço de cooperação e de convergência de supervisão entre reguladores.

Neste contexto, foi, igualmente, promovida a implementação de um procedimento a quatro níveis, em que cada um deles se centra num estádio específico de desenvolvimento legislativo, que tem por finalidade responder de forma rápida e flexível aos acontecimentos e progressos inerentes ao funcionamento dos mercados financeiros, tendo em conta o crescendo de complexidade das matérias reguladas pelo Direito da União Europeia.

Com efeito, verifica-se que no processo de Lamfalussy, apesar de assentar nos princípios enquadrados nas normas de nível 1, terá de haver sempre uma maior definição através das normas de nível 2, não se pressupondo qualquer autossuficiência das normas de nível 1. Mesmo que não se considere que haja qualquer relação do processo de Lamfalussy com a regulação baseada em princípios – Paulo Câmara defende que o processo de Lamfalussy, em vez de simplificar e sintetizar o processo legislativo da União Europeia, favorece antes o efeito inverso[225] –, é inegável que esta necessita de ser composta por algumas normas detalhadas de cariz técnico.

No entanto, acompanhamos o comentário de Paulo Câmara quanto à maior densificação legislativa provocada pelo processo Lamfalussy, sobretudo, pela dimensão dos pacotes legislativos das duas Diretivas do

---

http://www.gpeari.gov.pt/arquivo-interno-de-ficheiros/bmep/2008-1/Art-06-O-Processo--de-Lamfalussy.pdf

[225] Cfr. Paulo Câmara, "A Regulação baseada em Princípios e a DMIF", in *Cadernos do Mercado de Valores Mobiliários*, Vol. 7, 2007, p. 3, disponível em: https://www.cmvm.pt/pt/EstatisticasEstudosEPublicacoes/CadernosDoMercadoDeValoresMobiliarios/Documents/43ffdf6896544a209c04b8468f5c4f89Artigo3.pdf.

Mercado de Instrumentos Financeiros. A primeira DMIF foi mesmo um dos quatro diplomas legislativos considerados as traves-mestre do Plano de Ação para os Serviços Financeiros de 1999, juntamente com a Diretiva dos Prospetos (Diretiva n.º 2003/71/CE, de 4 de novembro de 2003)[226], a Diretiva da Transparência (Diretiva n.º 2004/109/CE, e 15 de dezembro de 2004)[227] e a Diretiva do Abuso de Mercado (Diretiva n.º 2003/6/CE, de 28 de janeiro de 2003)[228], em que se implementou pela primeira vez este processo[229].

Com efeito, o nível de detalhe da DMIF é extenso[230], tendo esta diretiva mais do quíntuplo da dimensão da sua predecessora Diretiva dos Serviços de Investimento (Diretiva n.º 93/22/CEE do Conselho, de 10 de maio de 1993), dando passos para uma regulação mais baseada em regras do que em princípios e onerando em demasia certos mercados, apesar de ter havido de esforço para alguma contenção na densidade normativa, fazendo utilização frequente de conceitos indeterminados[231].

Contudo, uma maior densificação chegou com a DMIF II, de forma a responder às preocupações da crise financeira de 2007/2008, tendo sido implementado um pacote legislativo de grande dimensão (cerca de 400 páginas) e complexidade, com 44 diplomas de nível 2. Tal decorreu da vontade da Comissão Europeia de impor uma maior harmonização,

---

[226] Consultável em: https://eur-lex.europa.eu/legal-content/PT/TXT/?uri=CELEX%3A32003L0071

[227] Consultável em: https://eur-lex.europa.eu/legal-content/PT/TXT/PDF/?uri=CELEX:32004L0109&from=SL

[228] Consultável em https://eur-lex.europa.eu/legal-content/PT/TXT/?uri=celex%3A32003L0006

[229] Cfr. Kwangwook Lee, *Investor Protection in European Union: Post FSAP Directives and MiFID*, 2009, p. 4, disponível em: papers.ssrn.com.

[230] Cfr. Duncan Alford, *The Lamfalussy Process and EU Bank Regulation: Another Step on the Road to Pan-European Bank Regulation?*, 2006 p. 27, disponível em: papers.ssrn.com.

[231] Cfr. Jean-Pierre Casey e Karel Lannoo, "The MiFID Implementing Measures: Excessive detail or level playing field?", in *ECMI Policy Brief*, n.º 1, 2006, 2-4, disponível em: https://www.files.ethz.ch/isn/29605/001_The%20MiFID%20Implementing%20Measures.pdf; Paulo Câmara, "A Regulação baseada em Princípios e a DMIF", in *Cadernos do Mercado de Valores Mobiliários*, Vol. 7, 2007, pp. 3 e ss., disponível em:
https://www.cmvm.pt/pt/EstatisticasEstudosEPublicacoes/CadernosDoMercadoDeValoresMobiliarios/Documents/43ffdf6896544a209c04b8468f5c4f89Artigo3.pdf.

"excluindo ou reduzindo discricionariedades nacionais, de modo a permitir que todas as entidades operem em igualdade de circunstâncias, a bem de uma concorrência sã"[232].

No entanto, esse volume regulatório constitui um desafio de grandes proporções para os intermediários financeiros, mormente para os de pequena e média dimensão, e para as entidades reguladoras, compreendendo mais custos e novos condicionantes ao modo e termos em que os agentes do mercado podem desenvolver a sua atividade no domínio dos serviços de investimento[233]. Nas palavras de Paulo Câmara: "Se olharmos ao trajeto dos últimos anos de regulação europeia, foi agora atingido um extremo que deve merecer uma reponderação séria. A concisão legislativa é uma virtude a recuperar com urgência: promove um melhor conhecimento das regras jurídicas pelos seus utilizadores (aforradores, intermediários financeiros, reguladores e magistrados judiciais) e facilita uma cultura de cumprimento mais robusta"[234].

De todo o modo, temos de reconhecer que o processo de Lamfalussy foi vital ao lançar "as bases de um sector financeiro competitivo e dinâmico, sólido e eficiente, permitindo deste modo limitar o custo de integração que decorre da potencial duplicação de supervisão e de leis e da aplicação divergente e incoerente das normas, a qual poderá provocar distorções nos mercados financeiros"[235].

Este processo fomentou uma mudança de paradigma, contribuindo para a agilização do processo regulatório, para a aberturas de processos

---

[232] Fernando Faria de Oliveira, "A DMIF II e a dinamização do mercado de capitais" in *O Novo Direito dos Valores Mobiliários- Vol. 2 – II Congresso sobre Valores Mobiliários e Mercados Financeiros*, 2019, pp. 59 e 60.

[233] Cfr. Paulo Câmara, "DMIF II: A Nova pedra Angular do direito dos mercados financeiros", *in O Novo Direito dos Valores Mobiliários- I Congresso sobre Valores Mobiliários e Mercados Financeiros*, Almedina, Coimbra, 2017, p. 209; Carlos Francisco Alves, "A DMIF II e a dinamização do mercado de capitais", in *O Novo Direito dos Valores Mobiliários- Vol. 2 – II Congresso sobre Valores Mobiliários e Mercados Financeiros*, 2019, pp. 59 e 60.

[234] Paulo Câmara, "DMIF II: A Nova pedra Angular do direito dos mercados financeiros", *in O Novo Direito dos Valores Mobiliários- I Congresso sobre Valores Mobiliários e Mercados Financeiros*, Almedina, Coimbra, 2017, p. 209

[235] Angelina Morais Castro, *O Processo de Lamfalussy*, 2008, pp. 1-5, disponível em: http://www.gpeari.gov.pt/arquivo-interno-de-ficheiros/bmep/2008-1/Art-06-O-Processo-de-Lamfalussy.pdf.

de consulta pública e para convergência na interpretação das normas do Direito da União Europeia[236]. Incentivou, igualmente, uma cultura de cooperação, de maior transparência e de reforço do diálogo entre os decisores políticos e os operadores do sector privados, tendo-se seguido nessa linha, mais recentemente, com o relatório Laroisière, que deu origem ao Sistema Europeu de Supervisão Financeira, que analisaremos *infra*, no capítulo III desta Parte I.

[236] Cfr. Paulo Câmara, *Manual de Direito dos Valores Mobiliários*, 4.ª ed., Almedina, Coimbra, 2018, p. 283.

III.
Estratégias a Nível Regulatório sobre *FinTech*

1. Entidades reguladoras e *FinTech*

A regulação jurídica da economia consubstancia o desenvolvimento de técnicas de intervenção pública indireta na atividade económica, que envolve algum tipo de coordenação da atividade e das condições do seu exercício, tendo em perspetiva assegurar o seu funcionamento equilibrado em função de determinados objetivos públicos, sobretudo, os de garantia preventiva da abertura ao mercado e do seu permanente funcionamento, através de entidades reguladoras com missões estatutárias definidas[237].

Nesta sequência, as mudanças estruturais rápidas e de longo alcance pelas quais os serviços financeiros estão a passar criam oportunidades e desafios para as entidades reguladoras financeiras, que precisam de equilibrar com precisão a sua missão e atribuições, às vezes conflituantes[238]. Em regra, as entidades reguladoras do sistema financeiro têm como atri-

---

[237] Eduardo Paz Ferreira e Luís Morais, "A regulação sectorial da Economia – Introdução e perspectiva geral", in *Regulação em Portugal: Novos Tempos, Novo Modelo?*, Almedina, Coimbra, 2009, p. 22; Maria Eduarda Azevedo, *Temas de Direito da Economia*, 4.ª ed., Almedina, Coimbra, 2020, p. 198.

[238] Cfr. Dirk Zetzsche, Ross P. Buckley, Douglas, W. Arner e Janos Nathan Barberis, "Regulating a Revolution from Regulatory Sandboxes to Smart Regulation", in *EBI Working Paper Series*, n.º. 11, 2017, pp. 52 e ss., disponível em https://papers.ssrn.com; FCA, *Guide To Promoting Financial & Regulatory Innovation Insights From The UK*, Cambrige Center for Alterantive Finance, University of Cambrige, Judge Buiness School, Março/2018, pp. 12 e ss., disponível em: https://assets.publishing.service.gov.uk/government/uploads/system/uploads/attachment_data/file/701847/UK_finanical___regulatory_innovation.pdf.

buições assegurar a estabilidade financeira ou proteger os investidores e a integridade dos mercados financeiros, enquanto têm de promover o desenvolvimento do mercado e a concorrência.

Pode haver, assim, maiores dificuldades na supervisão da *FinTech* do que nos modelos mais tradicionais e sedimentados. As razões para isso incluem o conhecimento limitado das entidades reguladoras face aos aspetos tecnológicos dos modelos *FinTech*, os recursos limitados das empresas *FinTech* para o cumprimento regulatório, as dificuldades na coordenação de competências das entidades reguladoras face a novos modelos de negócio que não se enquadram de forma rigorosa nos compartimentos estanques do setor financeiro, pelos quais as entidades reguladoras se dividem na sua supervisão e, por último, a falta de dados empíricos sobre os modelos *FinTech*, daí a necessidade das entidades reguladoras recorrem a instrumentos regulatórios mais flexíveis.

A rápida evolução das tecnologias da informação e comunicação e a consequente mudança no setor financeiro e na estrutura dos intermediários financeiros, juntamente com o surgimento de plataformas digitais, também criam desafios para as políticas regulatórias.

Por outro lado, a regulação pode ter impactos positivos e negativos na inovação, dependendo das condições técnicas, sociais e económicas de determinada jurisdição. Muitas vezes a tecnologia e as inovações do mercado estão à frente da lei e dos regulamentos, tendo sido utilizadas frequentemente para ultrapassar as exigências legais, uma vez que os processos legislativos reativos são demasiado morosos para enfrentar a celeridade da inovação.

A natureza inovadora, disruptiva, dinâmica e acelerada do setor *FinTech* tem desafiado os reguladores e legisladores a manterem-se atualizados[239]. Devido ao exigente enquadramento regulatório do setor financeiro, o surgimento espontâneo de inovação proporciona incerteza sobre como regular os novos agentes, sendo que qualquer solução preconizada

---

[239] Cfr. FCA, *Guide to Promoting Financial & Regulatory Innovation Insights From The UK*, Cambrige Center for Alterantive Finance, University of Cambrige, Judge Buiness School, Março/2018, p.8, disponível em:
https://assets.publishing.service.gov.uk/government/uploads/system/uploads/attachment_data/file/701847/UK_finanical___regulatory_innovation.pdf.

pelas entidades reguladoras pode ser extremamente desafiadora para as empresas *FinTech*, devido às suas dificuldades de enquadramento regulatório e aos recursos limitados para atuar em estruturas regulatórias complexas. Para tanto, as entidades reguladoras têm procurado aproximar-se dos agentes de mercado a fim de tentarem resolver as dificuldades destes no que respeita ao seu enquadramento regulatório, tentando reduzir a incerteza jurídica dos seus modelos de negócio inovadores.

Deste modo e após este enquadramento sobre o papel das entidades reguladoras face à *FinTech*, prosseguiremos por perscrutar como está estruturado o sistema de supervisão financeira europeu, com vista a identificar o papel das Autoridades Europeias de Supervisão Financeira em relação à *FinTech*. Posteriormente, observaremos quais os instrumentos regulatórios que têm sido utilizados, a nível internacional, por fim a responder às oportunidades e riscos da *FinTech*.

Relativamente à abordagem das entidades reguladoras em relação à inovação, é necessário ter em conta as dificuldades de escolha da via regulatória mais eficiente para enfrentar a inovação. Primeiro, a regulação de certos setores, como o financeiro, é extremamente exigente e poderá criar constrangimentos à inovação. Segundo, os mercados são cada vez mais globais, com transações internacionais entre investidores e intermediários, implicando uma solução que tenha em conta todo o contexto regulatório internacional. Adicionalmente, a diversidade de modelos de negócio torna a inovação um alvo em movimento para os reguladores, dificultando a sua tarefa de enfrentar estes novos modelos de negócio com eficácia[240].

Acresce que, as entidades reguladoras podem enfrentar outras dificuldades na regulação da inovação financeira. As entidades reguladoras não costumam ter muitos especialistas em tecnologia, muitos agentes do setor *FinTec*h podem estar fora da esfera de supervisão das entidades

---

[240] Cfr. Sofia Ranchordas, "Does Sharing Mean Caring? Regulating Innovation in the Sharing Economy", in *Minessota Journal of Law, Science and Technology*, Volume 16, Issue 1, Article, 9, 2015, p. 421, disponível em: scholarship.law.umn.edu; Roger Brownsword e Karen Yeung, "Regulating Technologies: Tools, Targets and Thematics", in *Regulating Technologies: Legal Futures, Regulatory Frames and Technological Fixes*, Hart Publishing, Oxford, 2010, pp. 3-22.

reguladoras do setor financeiro e as entidades reguladoras costumam ser avessas ao risco, promovendo muitas vezes a estabilidade em detrimento da inovação. Adicionalmente, a proliferação de pequenos atores desagregados que podem ser mais suscetíveis a choques externos do que os incumbentes, as empresas de *FinTech*, por causa de seu pequeno tamanho e natureza dispersa, são menos influenciadas por restrições de reputação do que os incumbentes[241] e pode existir uma pressão das entidades das instituições incumbentes para a manutenção do *status quo*.

Podem ainda existir falhas regulatórias, que surgem quando uma intervenção regulatória distorce o mercado e prejudica a economia, designadamente por uma externalidade negativa, ou por não alcançar o objetivo visado. Tal pode ocorrer pelo aumento de barreiras à entrada no mercado, pela criação de dificuldades à inovação ou por restrições a qualquer produto ou serviço financeiro, que tornam muito exigente a tarefa de regular a inovação. Estas falhas podem ocorrer devido, igualmente, a uma intervenção precipitada da regulação, sem se que se tenha apercebido do impacto real de certa inovação[242].

Para lidar com estes desafios, cabe às entidades reguladoras escolher os instrumentos regulatórios para atingir o equilíbrio referido de promover a inovação e mitigar os seus riscos inerentes, sobretudo, nos tempos atuais em que as novas tecnologias estão completamente entranhadas na vida das pessoas e das empresas[243], tornando esta realidade cada vez mais complexa e dificultando a prossecução do interesse público por parte das entidades reguladoras.

Acresce que a inércia regulatória prolongada também pode ter o efeito de reforçar o *status quo*, desfavorecendo novas tecnologias e desincentivando a inovação. Para contrariar isso, tem sido sugerido que as

---

[241] Cfr. William Magnusson, "Regulating FinTech", in *Vanderbilt Law Review*, Forthcoming Texas A&M University School of Law Legal Studies Research Paper n.º. 17-55, 2017, p. 33, disponível em: papers.ssrn.com.

[242] Cfr. Sofia Ranchordas, "Does Sharing Mean Caring? Regulating Innovation in the Sharing Economy", in *Minessota Journal of Law, Science and Technology*, Volume 16, Issue 1, Article, 9, 2015, p. 444, disponível em: scholarship.law.umn.edu.

[243] Cfr. Sofia Ranchordas, "Does Sharing Mean Caring? Regulating Innovation in the Sharing Economy", in *Minessota Journal of Law, Science and Technology*, Volume 16, Issue 1, Article, 9, 2015, p. 422, disponível em: scholarship.law.umn.edu.

entidades reguladoras sejam pró-ativas e que se adaptem na regulação de novos modelos de negócio, porque a inércia regulatória também pode resultar em regulamentações desatualizadas, ineficazes, ou pior, prejudiciais, num novo ecossistema complexo e arriscado[244].

Impõe-se, deste modo, às entidades reguladoras uma dupla tarefa, em que as duas dimensões são dificilmente compatíveis: compreender as inovações tecnológicas, agindo de forma cautelosa para não criar constrangimentos aos agentes inovadores que pretendem entrar no mercado; e, por outro lado, criar instrumentos flexíveis que consigam acompanhar os movimentos do mercado, de forma a prevenir, corrigir e responder aos riscos e problemas associados à inovação. Os riscos associados à disseminação de novas tecnologias devem, portanto, ser abordados de maneira proactiva, e os abusos devem ser contrariados de forma rigorosa. Não existe uma única fórmula para concretizar com sucesso estas tarefas, e, por esse motivo, as entidades reguladoras de vários países têm experimentado uma panóplia de instrumentos regulatórios, que procuraremos analisar neste capítulo.

2. O Sistema Europeu de Supervisão Financeira

O Sistema Europeu de Supervisão Financeira foi criado por quatro Regulamentos do Parlamento Europeu e do Conselho, a 4 de Novembro de 2010: o Regulamento (UE) n.º 1092/2010, que criou o Comité Europeu do Risco Sistémico; o Regulamento (UE) n.º 1093/2010, que criou a Autoridade Bancária Europeia; o Regulamento (UE) n.º 1094/2010, que criou a Autoridade Europeia dos Seguros e Pensões Complementares de Reforma; e o Regulamento (EU) n.º 1095/2010, que criou a Autoridade Europeia dos Valores Mobiliários e dos Mercados.

Este reforço institucional da supervisão financeira foi claramente uma resposta em peso da Comissão Europeia à crise financeira de 2007/2008, sendo notório que o relaxamento da regulação e da supervisão pruden-

---

[244] Cfr. Lev Bromberg, Andrew Godwin e Ian Ramsay, "Fintech Sandboxes: Achieving a Balance between Regulation and Innovation" in *Journal of Banking and Finance Law and Practice*, Vol.28, No. 4, 2017, p. 13, disponível em: papers.ssrn.com

ciais[245], dada a diminuta probabilidade subjetiva de um desastre, contribuiu para a fragilidade crescente do sistema financeiro[246].

Criado sobre a base de três princípios essenciais, que são a descentralização, a cooperação e a segmentação[247], o Sistema Europeu de Supervisão Financeira é constituído, segundo o artigo 1.º, n.º 3, do Regulamento (UE) n.º 1092/2010 e artigo 2.º, n.º 2 dos Regulamentos (UE) n.ºs 1093/2010, 1094/2010 e 1095/210, pelo Comité Europeu de Risco Sistémico[248], pelas três Autoridades de Supervisão e seu Comité Conjunto e pelas autoridades nacionais de supervisão dos Estados-membros, "num paradigma de centralização e cooperação vertical a superar a meramente horizontal"[249].

---

[245] A supervisão prudencial abrange, nomeadamente, as atividades e as relações dos intermediários financeiros com os clientes para garantir a estabilidade e a consistência financeira do intermediário perante os clientes, cfr. José Nunes Pereira, "Regulação e Supervisão dos Mercados de Valores Mobiliários e das Empresas de Investimento: Alguns Problemas Actuais", in *Boletim de Ciências Económicas*, Vol. XL, 1997, pp. 56 e ss.., disponível em: digitalis-dsp.uc.pt/. "De origem anglo-saxónica, a expressão tornou-se comum por toda a parte. Traduz-se na fiscalização do cumprimento das obrigações impostas às instituições pelas chamadas normas prudenciais que, dizendo sinteticamente, têm em vista assegurar que uma instituição seja bem gerida, designadamente no que respeita à sua solvabilidade e à sua liquidez", Augusto de Athayde, *Curso de Direito Bancário*, Vol. I, 2.ª ed., Coimbra, Coimbra Editora, 2009, p. 294. "Assim, no seu cerne a regulação e supervisão de instituições financeiras envolve uma dimensão prudencial dirigida ao controlo e verificação permanentes de um conjunto especial de indicadores de equilíbrio financeiro e de aferição de riscos de gestão dessas instituições financeiras e uma dimensão de controlo e escrutínio da conduta de mercado dessas instituições", Luís Silva Morais, "Lei-quadro das Entidades Reguladoras", in *Revista de Concorrência e Regulação*, Ano V, n.º 17, Coimbra, Almedina, 2014, p. 116,

[246] Cfr. Jack Guttentag e Richard Herring, "Credit Rationing and Financial disorder", in *The Journal of Finance*, Vol. XXXIX, n.º 5, Dezembro, American Finance Association, 1984, p. 1378.

[247] Cfr. Luís Silva Morais, "Lei-quadro das Entidades Reguladoras", in *Revista de Concorrência e Regulação*, Ano V, n.º 17, Coimbra, Almedina 2014, p. 118.

[248] Encontramos a definição legal de risco sistémico, no artigo 2.º, alínea c), do Regulamento (EU) n.º 1092/2010 do Parlamento Europeu e do Conselho de 24 de novembro de 2010: "Um risco de perturbação do sistema financeiro suscetível de ter consequências negativas graves no mercado interno e na economia real".

[249] João Calvão da Silva, *Banca, Bolsa e Seguros – Direito Europeu e Português*, 4.ª ed., Revista e Aumentada, Tomo I – Parte Geral, Almedina, Coimbra, 2013, p. 77.

Este modelo de regulação económica autónomo foi inspirado no sistema norte-americano e recentemente introduzido na União Europeia, "devido a vastos programas de privatização e liberalização de múltiplos setores económicos onde predominavam antes monopólios públicos ou direitos especiais ou exclusivos do Estado"[250].

Como grande novidade temos o Comité Europeu de Risco Sistémico, que é o órgão responsável pela supervisão macroprudencial e vocacionado para lidar com os diversos setores financeiros, que não dispõe de personalidade jurídica. Apesar das suas recomendações e alertas não serem vinculativos, considera-se que este órgão tem "natureza reputacional", isto é, a capacidade de influência e de ação do Comité Europeu de Risco Sistémico reside na sua credibilidade, independência e qualidade técnica, podendo também tornar essas recomendações e alertas públicos[251].

Foram criadas, também, três Autoridades Europeias de Supervisão, com estatuto de agências da União Europeia [252], responsáveis perante o Parlamento Europeu e o Conselho, e cada uma goza de personalidade jurídica própria, no sentido diametralmente oposto ao Comité Europeu de Risco Sistémico. Na área dos valores mobiliários, opera a ESMA, a par

---

[250] Luís Silva Morais, "Lei-quadro das Entidades Reguladoras", in *Revista de Concorrência e Regulação*, Ano V, n.º 17, Coimbra, Almedina 2014, p. 103.

[251] Cfr. Luís Heleno Terrinha, *Necessidade, efectividade e legalidade da (Nova) Arquitectura Europeia de Supervisão Financeira*, 2012, p. 14, disponível em: recipp.ipp.pt.

[252] Existem muitas críticas às agências da União Europeia, nomeadamente à sua falta de legitimidade democrática. Nas palavras de Martin Shapiro: "o facto de estas agências defenderem que o que fazem é na base da legitimação técnica mostra que é negada transparência à população. Se a linguagem usada pelos técnicos, que não pode ser entendida por outros, mas é ao mesmo tempo a grande base da legitimação reclamada, então a mensagem que certamente tem de ser dada à população em geral é a de que: 'alguém me está a dizer que não é suposto eu entender e não posso mesmo entender o que se passa no Governo...", Martin Shapiro, "Agencies in the European Union: An American Perspective", in *The New European Agencies – Conference Report*, EU Working Papers, Instituto Universitário Europeu, San Domenico, 1993, p. 104. Explicando o surgimento de figuras como as entidades reguladoras independentes, Ary Ferreira da Cunha: "A complexidade da realidade social cresce e com ela também a complexidade e quantidade de regras jurídicas. Surgiu então a necessidade de organizações especializadas em verificar o cumprimento dessas normas complexas", Ary Ferreira da Cunha, *Combate à Corrupção – Da Teoria à Prática*, Lisboa, Quid Juris, 2015, p. 158.

da EBA, para a área bancária, e da EIOPA, para os seguros e fundos de pensões.

Com efeito, os agentes de mercado da União Europeia enfrentam vários desafios relativos ao aumento dos requisitos regulatórios no pós-crise, à dificuldade de gerar lucros em um ambiente de curva de juros baixos e ainda à concorrência das grandes empresas dos Estados Unidos da América e da China apoiadas pelos seus vastos mercados domésticos.

A Comissão Europeia pretendeu que as Autoridades Europeias de Supervisão tivessem um papel importante a desempenhar na promoção contínua de uma maior convergência neste domínio, dando maior relevo à avaliação pelos pares, ao recurso a este sistema, ao uso de mecanismos de resolução de litígios, sempre que necessário e aos seus poderes de investigação relativamente às alegadas violações do direito da União Europeia, podendo esse papel facilitar a aplicação e implementação coerente do direito da União Europeia em todo o mercado único[253].

Em relação à *Fintech*, o Plano de Ação *FinTech* prevê, como acima referido, que as Autoridades Europeias de Supervisão Financeira procedam a uma análise comparativa dos ambientes facilitadores da inovação e determinaram as melhores práticas para a respetiva criação e funcionamento[254]. Na sequência desse relatório, o Regulamento (EU) n.º 2019/2175 do Parlamento Europeu e do Conselho, de 18 de dezembro de 2019, alterou os Regulamentos que criaram cada uma das Autoridades Europeias de Supervisão, passando o n.º 4 do artigo 9.º de cada um desses Regulamentos passado a prever que as Autoridades Europeias de Supervisão criam, como sua parte integrante, um Comité para a proteção dos consumidores e a inovação financeira, que reúne todas as autoridades competentes e autoridades responsáveis pela proteção dos consumidores interessadas, com vista a reforçar a proteção dos consumidores, obter uma abordagem coordenada do tratamento regulamentar e de supervisão das atividades

[253] Cfr. Comissão Europeia, *Livro verde: Construção de uma União dos Mercados de Capitais*, COM (2015) 63 final, 2015, p. 24, disponível em: https://eur-lex.europa.eu/legal-content/PT/TXT/?uri=CELEX%3A52015DC0063

[254] Cfr. EBA, *Relatório "FinTech: Regulatory sandboxes and innovation hubs"*, 2018, disponível em: https://eba.europa.eu/documents/10180/2545547/JC+2018+74+Joint+Report+on+Regulatory+Sandboxes+and+Innovation+Hubs.pdf

financeiras novas ou inovadoras e a prestar aconselhamento, que a Autoridade faculta ao Parlamento Europeu, ao Conselho Europeu e à Comissão Europeia.

Foram aditados outros normativos relacionados com *FinTech*, tais como, a nova atribuição das Autoridades Europeias de Supervisão de ter em conta a inovação tecnológica, modelos de negócio sustentáveis e inovadores, bem como a integração de factores ambientais, sociais e de governo, o dever das Autoridades Europeias de Supervisão e, a fim de contribuir para o estabelecimento de uma abordagem comum europeia de inovação tecnológica, o dever das Autoridades Europeias de Supervisão promoverem a convergência no domínio da supervisão, com o apoio, se for caso disso, dos Comités para a proteção dos consumidores e a inovação financeira, facilitando a entrada no mercado de intervenientes ou produtos com base na inovação tecnológica, designadamente através do intercâmbio de informações e melhores práticas. O principal propósito destas alterações foi evitar que os Estados-Membros desenvolvam abordagens divergentes quanto às questões *FinTech*, que não permitam ao Mercado Único aproveitar os benefícios e oportunidades deste fenómeno de forma plena.

Também na sequência do referido relatório e de forma a promover a cooperação e coordenação dos facilitadores de inovação dos Estados-Membros, foi criado o *European Forum for Innovation Facilitators*, em 25 de maio de 2019[255], que tem como objetivo fornecer uma plataforma para as entidades reguladoras participantes partilharem experiências, casos concretos, decisões e aprendizagens sobre *FinTech*, promovendo uma melhor resposta regulatória de forma harmonizada[256].

Cabe, deste modo, às Autoridades Europeias de Supervisão um papel cada vez mais presente e de coordenação nas novas matérias, designadamente, a sustentabilidade e a *FinTech*, em linha com que já sucede com as agências de notação de risco – a supervisão destas entidades cabe à

---

[255] Criado no dia 25 de maio de 2019. Os termos de referência podem ser consultados em: https://esas-joint-committee.europa.eu/Pages/Activities/EFIF/European-Forum-for-Innovation-Facilitators.aspx.

[256] Cfr. Elisabeth Noble, *Crypto-assets – Overcoming impediments to scaling: A view from the EU*, 2020, pp. 3 e 4, disponível em: ssrn.com.

ESMA, nos termos do Regulamento (CE) n.º 1060/2009, alterado pelo Regulamento (UE) n.º 462/2013 –, com vista a promover-se uma estratégia harmonizada para o futuro do sistema financeiro europeu, em que se pretende que a resposta da União Europeia tenha mais impacto e que seja orientadora dos futuros passos da economia global.

O Sistema Europeu de Supervisão Financeira não se encontra nos documentos referentes ao Plano de Ação para a criação de uma União dos Mercados de Capitais, uma vez que se trata de uma das linhas de caráter geral para a reforma do sistema financeiro europeu por parte da Comissão Europeia que foi aposta num diferente âmbito. De todo o modo, consideramos que será essencial a proximidade das Autoridades de Supervisão Europeia com a União dos Mercados de Capitais e com o fomento do financiamento empresarial, sendo essencial uma grande coordenação entre estas Autoridades devido ao esbatimento das fronteiras entre subsetores do sistema financeiro, *maxime*, o surgimento dos conglomerados financeiros e a necessidade de promover as formas de financiamento de *startups* e PME[257].

O papel preponderante nessa coordenação caberá à ESMA, devido às suas especificidades de regulador dos mercados de instrumentos financeiros. A dificuldade da tarefa deste órgão deve-se, em grande medida, ao facto de que, tanto empiricamente como de acordo com a ciência económica, os mercados financeiros serem intrinsecamente instáveis, "requerendo assim que garantam, de fora, estilizadores adequados, tendo a regulação financeira benefícios, tais como a estabilidade do sistema financeiro, a solidez das instituições, a proteção dos consumidores e, sobretudo, garantir o equilíbrio do sistema transmitindo confiança a todas as partes[258].

A ESMA, no entanto, não tem um papel tão exclusivo como a EBA na União Bancária[259], devido à grande necessidade de cooperação que referimos. Exige-se, outrossim, que a ESMA se coordene constantemente

[257] Cfr. Christopher Buttigieg, *Governance of securities regulation and supervision: Quo vadis Europa?*, 2015, pp. 35 e 36, disponível em: ssrn.com.

[258] Cfr. José Simões Patrício, *Direito Bancário Privado*, Lisboa, Quid Juris, 2004, pp. 42-44.

[259] Cfr. Karel Lanoo, *Which Union for Europe Capital's Market?*, 2015, p. 6, disponível em: www.ceps.eu.

com as autoridades nacionais dos Estados-membros, de forma a assegurar que as sanções não sejam evitadas pelos agentes do mercado pela simples alteração da sua atividade para outra jurisdição[260], a chamada *forum shopping*[261], e de forma a preservar a inovação tecnológica, a celeridade das operações e a competência do setor, apenas limitando a autonomia privada na estrita medida da segurança jurídica dos agentes e das transações financeiras[262].

Perante estas difíceis tarefas, a ESMA é dotada de poderes no âmbito do processo regulatório, podendo emitir pareceres e desenvolver orientações, recomendações e projectos de normas técnicas de regulamentação (*technical standards*) e de execução. Em caso de violação do direito da União Europeia por alguma das autoridades competentes dos Estados-Membros, a ESMA tem poderes de investigação, de formulação de recomendações para sanação do ilícito e de envio de informação do ocorrido à Comissão Europeia[263].

A integração dos mercados e a remoção das barreiras nacionais podem provocar imensos riscos, implicando a existência de uma Autoridade de Supervisão Única da União dos Mercados de Capitais que promova o controlo e a partilha de riscos[264]. Neste sentido, vemos como impreterível o reforço dos poderes da ESMA, para esta ganhar uma importância comparável à SEC nos Estados Unidos da América. António Barreto Menezes Cordeiro refere acertadamente que: "A crescente integração mobiliária comunitária vai levar, inevitavelmente, a uma ampliação e extensão dos

---

260 Cfr. Henry Butler e Larry Ribstein, "Legal Process and the Discovery of Better Policies for Fostering Innovation and Growth", in *Rules for Growth – Promoting Innovation and Growth through Legal Reform*, 2011, pp. 466 e 467, disponível em: https://www.kauffman.org/-/media/kauffman_org/research-reports-and-covers/2011/02/rulesforgrowth.pdf.

261 Cfr. Nicolas Véron e Guntram Wolff, *Capital Markets Union: A vision for the long term*, 2015, pp. 11 e 12, disponível em: bruegel.org.

262 Cfr. Fernando Zunzunegui, *Derecho Bancário e Bursátil*, 2.ª ed., Constitución y Leyes, Madrid, 2012, p. 35.

263 Cfr. Paulo Câmara, *O sistema europeu de supervisão financeira*, 2011, p. 8 disponível em: www.institutovaloresmobiliarios.pt.

264 Cfr. *Report of the Candidate for President of the European Commission, A new start for Europe: My agenda for Jobs, Growth, Fairness and Democratic Change, European Parliament plenary session*, Strasbourg, 2015, p. 12, disponível em: http://www.eesc.europa.eu.

poderes da ESMA. Sem uma autoridade de supervisão centralizadora o tão desejado mercado financeiro único não passará de uma miragem"[265].

3. *Soft Law*

Os primeiros meios de reação das entidades reguladoras à *FinTech* foram os instrumentos de *Soft Law* e a promoção da autorregulação. Estes instrumentos não são uma novidade, mas merecem a nossa análise devido à frequência com que têm sido utilizados, fazendo-nos questionar que caraterísticas estes instrumentos possuem para as entidades reguladoras os considerarem adequados no âmbito do crescimento da *FinTech*.

Especificamente em relação às *Initial Coin Offerings*, na União Europeia como no resto do mundo, a posição das entidades reguladoras tem-se manifestado através dos instrumentos de *Soft Law*, sob a forma de alertas para os riscos associados aos criptoativos[266], nomeadamente, o comunicado realizado pela ESMA[267].

A FCA do Reino Unido é um bom exemplo de uma entidade reguladora que utiliza frequentemente a *Soft Law* para transmitir as suas posições sobre a inovação financeira[268], caminho que tem sido seguido, entre nós, pela CMVM, nomeadamente, através do "Alerta aos investidores sobre *Initial Coin Offerings*" de 3 de novembro de 2017[269], do "Comunicado da CMVM às entidades envolvidas no lançamento de «*Initial Coin Offerings*» (ICOs) relativo à qualificação jurídica dos tokens" de 23 de julho

---

[265] António Barreto Menezes Cordeiro, *Direito dos Valores Mobiliários*, Vol. I, Coimbra, Almedina, 2015, p. 121.

[266] *Vd.* https://www.iosco.org/publications/?subsection=ico-statements

[267] Cfr. ESMA, comunicado de imprensa "ESMA highlights ICO risks for investors and firms", 2017, disponível em: https://www.esma.europa.eu/press-news/esma-news/esma-highlights-ico-risks-investors-and-firms.

[268] Alguns exemplos podem ser consultados em: https://www.fca.org.uk/firms/fca-innovate.

[269] Cfr. CMVM, comunicado de imprensa "Alerta aos investidores sobre Initial Coin Offerings (ICOs)", 2017, disponível em: http://www.cmvm.pt/pt/Comunicados/Comunicados/Pages/20171103a.aspx.

de 2018[270], das "Perguntas e Respostas sobre financiamento colaborativo (*crowdfunding*)"[271] e das "Perguntas e Respostas sobre criptoativos"[272].

A definição da *Soft Law* tem sido longamente discutida no Direito Internacional[273], devido à dificuldade de categorização de tratados e de outros instrumentos. Uma conceptualização mais objetiva de *Soft Law* no Direito União Europeia surgiu em 1994, através da obra "*The Effectiveness of EC Law*" de Francis Snyder, onde o autor transmite o seguinte conceito de *Soft Law*: "regras de conduta que, em princípio, não tem força jurídica vinculativa, mas que, apesar disso, podem ter efeitos práticos".

Nos anos subsequentes, a utilização de *Soft Law* foi aumentando como complemento aos atos legislativos, nas políticas regulatórias das diferentes autoridades públicas por toda a União Europeia, sendo que ao mesmo tempo, se foram "disseminando, à medida das necessidades e à margem de um plano geral, autoridades reguladoras independentes, seja *ex novo*, seja através de sucessivas reorganizações administrativas de direções gerais e de institutos públicos, com caraterísticas de independência orgânica e funcional e amplos poderes de regulação (normativos, de decisão unilateral e resolução de litígios) e de supervisão"[274].

Deu-se início ao que costuma ser caracterizado pela doutrina anglo-saxónica por *Soft Regulation*, estabelecendo-se, deste modo, uma relação muito próxima entre regulação e *Soft Law*, devido ao surgimento do

---

[270] Cfr. CMVM, comunicado de imprensa "Comunicado da CMVM às entidades envolvidas no lançamento de "Initial Coin Offerings" (ICOs) relativo à qualificação jurídica dos tokens", 2018, disponível em: https://www.cmvm.pt/pt/Comunicados/Comunicados/Pages/20180723a.aspx.

[271] Cfr. CMVM, *Perguntas e Respostas sobre financiamento colaborativo (crowdfunding)*, 2019, disponível em: https://www.cmvm.pt/pt/AreadoInvestidor/Faq/Pages/crowdfunding.aspx.

[272] Cfr. CMVM, *Perguntas e Respostas sobre criptoativos*, 2019, disponível em: https://www.cmvm.pt/pt/AreadoInvestidor/Faq/Pages/Criptoativos.aspx

[273] "Definir soft law não tem sido uma tarefa fácil para a doutrina, porque a própria expressão soft law encerra um paradoxo. Tal paradoxo advém do fato de que direito representa, em grandes linhas, algo obrigatório, capaz de impor sanção, preciso, hard e, assim, oposto a algo não obrigatório, genérico, flexível, soft", ANA EFIGÉNIA, "O princípio "comply or explain" e a "Soft law"", in *Revista Electrónica de Direito*, n.º 1, fevereiro de 2015, p. 6, disponível em: https://www.cije.up.pt/revistared.

[274] JULIANA FERRAZ COUTINHO, *O Público e o Privado na Organização Administrativa – Da Relevância do Sujeito à Especialidade da Função*, Almedina, Coimbra, 2017, p. 683.

dever de o regulador "prestar informação sobre o significado e alcance das normas e da sua conduta"[275] e assegurar comportamentos ou a prática de operações económicas em conformidade com objetivos públicos, antes do recurso a medidas imperativas e coercivas[276]. No setor financeiro, devido à enorme dinâmica dos mercados e das instituições, foi preponderante o recurso a estes instrumentos na "construção de modelos decisórios para a resolução de casos concretos"[277].

Expandiram-se, igualmente, os estudos doutrinários sobre o tema, mas a *Soft Law* continua a consubstanciar uma categoria de instrumentos bastante imprecisa. Podemos, no entanto, identificar facilmente os instrumentos mais frequentemente associados à *Soft Law*: recomendações, instruções, pareceres, comunicações, linhas orientadoras e entendimentos.

Por último, refere-se que *Soft Law* tem emergido, na União Europeia, como uma nova modalidade de atuação administrativa que se carateriza pela sua informalidade e flexibilidade, e que permite uma redução de custos e da conflitualidade[278], qualidades que se coadunam com a inovação tecnológica associada a certos setores.

4. Autorregulação

Relativamente à promoção da autorregulação, muitos agentes com modelos de negócio inovadores que ainda foram alvo de regulamenta-

[275] Luís Guilherme Catarino, *Regulação e Supervisão dos Mercados de Instrumentos Financeiros – Fundamentos e Limites do Governo e Jurisdição das Autoridades Independentes*, Almedina, Coimbra, 2010, p. 420.

[276] Cfr. Eduardo Paz Ferreira e Luís Silva Morais, "A Regulação Sectorial da Economia – Introdução e Perspetiva Geral", in *Regulação em Portugal: Novos Tempos, Novo Modelo?*, Almedina, Coimbra, 2009, p. 34.

[277] Paulo Câmara, "Regulação e Valores Mobiliários", in *Regulação em Portugal: Novos Tempos, Novo Modelo?*, Almedina, Coimbra, 2009, p. 137.

[278] Também são apontados vários problemas à utilização de *Soft Law*, tais como, a falta de proteção judiciária, a confusão e insegurança geradas e a perceção pública de demasiada burocracia sem legitimidade democrática, cfr. Maria Gonçalves e Maria Gameiro, *Hard Law, Soft Law and Self-regulation: Seeking Better Governance for Science and Technology in the EU*, p. 10, disponível em: https://repositorio.iscte-iul.pt/handle/10071/4870.

ção começaram-se a autorregular para se legitimarem perante o mercado, tendo sido apoiados por entidades reguladoras, sobretudo no mercado asiático. No Japão, na sequência do "*CoinCheck hack*" (furto de 530 milhões de dólares em criptoativos, no dia 25 de janeiro de 2018), as plataformas de negociação de criptoativos japonesas criaram uma comissão de autorregulação, de forma a reestabelecer a confiança e a legitimidade no setor, tendo recebido o apoio da entidade reguladora do setor financeiro, a *Financial Services Agency*. No âmbito dos cripoativos, estas medidas de autorregulação foram replicadas, à sua maneira, nos Estados Unidos da América[279], em Singapura e na Coreia do Sul, através da criação de associações que autorregulam o mercado dos criptoativos com o apoio das respetivas entidades reguladoras[280].

Na União Europeia, encontramos um exemplo equivalente com o *Crowdfunding*, no início da década, antes da regulamentação desta forma de financiamento por vários Estados-Membros: a associação *EuroCrowd* promoveu as boas práticas nas plataformas de *Crowdfunding* da União Europeia, tendo recebido apoio da Comissão Europeia[281].

A autorregulação pode ser definida como o sistema sob o qual as regras são feitas por aqueles a quem elas vão ser aplicadas. Assume três caraterísticas essenciais, é uma forma de regulação e não a ausência dela, é uma forma de regulação coletiva e é uma forma de regulação não estadual[282].

Os regulados tornam-se, assim, reguladores, através de esquemas organizatórios adequados, reconhecidos pela administração pública, que formulam e implementam normas que influenciam, condicionam,

---

[279] Em 2019, foi criada nos Estados Unidos da América uma associação de empresas com uma atividade relacionada com os criptoativos, que criou um *ranking* de empresas que cumprem a legislação e as boas-práticas acordadas pelos associados, cfr. https://www.cryptoratingcouncil.com/.

[280] Cfr. Roy Kedar e Stephane Blemus, *Crypto-currencies and Market Abuse Risks: It's Time for Self-Regulation*, 2017, p. 3, disponível em: https://papers.ssrn.com/.

[281] Cfr. Kristof de Buysere, Oliver Gajda, Ronald Kleverlaan, Dan Marom, *A Framework for European Crowdfunding*, 2012, disponível em:
http://eurocrowd.org/wp-content/blogs.dir/sites/85/2013/06/FRAMEWORK_EU_CROWDFUNDING .pdf.

[282] Cfr. Maria Celeste Cardona, *Contributo para o conceito e a natureza das entidades administrativas independentes – As Autoridades Reguladoras*, Almedina, Coimbra, 2016, p. 676

proíbem e constringem a atividade dos agentes económicos[283]. Deste modo, existe dentro da autorregulação uma componente de autorregulamentação, uma componente de autoexecução e outra de autodisciplina, uma vez que a organização pode sancionar os agentes pelas infrações cometidas[284].

Como vantagens dos instrumentos de autorregulação, tem sido apontada a menor onerosidade, a maior eficácia, a maior proximidade dos destinatários, a maior consideração específica dos casos individuais, a maior flexibilidade, a maior adequação e a possibilidade de dar voz aos utilizadores. Podemos, igualmente, dizer que "um maior envolvimento da população nos problemas coletivos e nas escolhas da comunidade pode originar um elevado sentido de solidariedade coletiva e de altruísmo"[285]. Como desvantagens, são observáveis o maior potencial de conflito de interesses, a falta de transparência e a relutância de uma fiscalização efetiva[286].

Os instrumentos autorregulatórios têm vindo a evoluir e a adotar várias formas, caraterizando-se, deste modo, por serem dinâmicos, abertos e diversificados. Contudo, os instrumentos mais discutidos como instrumentos a ser implementados globalmente são os códigos de conduta ou códigos de boa governança, através dos quais se procuram implementar as melhores práticas do sector.

A ideia da criação de associações de autorregulação é a de impor regras mais rapidamente quando exigido pelos novos desenvolvimentos do mercado do que uma entidade reguladora, que em muitos casos depende de alterações legislativas. Além disso, argumenta-se que uma associação autorreguladora expande o alcance ou a regulamentação além das restrições orçamentais das entidades reguladoras, aumento a capacidade de supervisão e deteção de riscos, trazendo uma maior eficiência[287].

---

283 Cfr. Vital Moreira, *Auto-regulação Profissional e Administração Pública*, Almedina, Coimbra, 1997, pp. 52 e 53.

284 Cfr. Vital Moreira, *Auto-regulação Profissional e Administração Pública*, Almedina, Coimbra, 1997, pp. 69 ss..

285 José Neves Cruz, "Anomia Institucional em Economias de Mercado: Uma Revisão de Estudos Empíricos", in *Estudos Comemorativos dos 20 anos da FDUP*, Volume I, Almedina, Coimbra, 2017, p. 861.

286 Werner Bijkerk, *The Foundations of Finantial Regulation*, Simplexxis, Madrid, 2019, p. 26.

287 Werner Bijkerk, *The Foundations of Finantial Regulation*, Simplexxis, Madrid, 2019, p. 27.

Os códigos de boa governança surgiram com o movimento de *corporate governance* que se iniciou nos anos setenta do século passado nos Estados Unidos da América[288] e se alastrou gradualmente para o resto do mundo. Este movimento chegou à Europa nos anos 90, começando pelo Reino Unido em 1992, onde devido a numerosos escândalos financeiros e derrocadas empresariais, as empresas e os investidores institucionais reagiram com a publicação de códigos de boa governança de modo a restabelecer a confiança dos investidores.

Estes códigos, apesar de não serem juridicamente vinculativos, podem impor-se de facto pela força dos investidores e por serem fonte de usos societários[289], entregando-se o *compliance* às empresas através do método *comply or explain*, "exemplo paradigmático da conjugação entre a denominada *Soft Law* e o papel da informação, reconhecidamente relevantes na vida e na regulação do governo societário"[290].

As sociedades cotadas cumprem, assim, os códigos de boa governança, não por receio de sanções, mas porque o mercado e os investidores formulam o seu juízo sobre a política de governo empresarial, incorrendo num risco reputacional toda a empresa que esteja associada a práticas irregulares. Os códigos de governação são, assim, factores de competição empresarial que alertam para uma maior consciência geral e relevo da ética dos negócios[291].

Entende-se, perante o exposto, que quer a promoção da autorregulação, quer a utilização dos instrumentos de *Soft Law* são meios adequados

[288] "Investigações acerca do caso *Watergate* revelaram que muitas sociedades haviam financiado ilegalmente a campanha eleitoral de Nixon e subornado membros de governos estrangeiros", Coutinho de Abreu, *Governação das Sociedades Comerciais*, 2.ª ed., Almedina, Coimbra, 2010, pp. 9 e 10.

[289] Cfr. Coutinho de Abreu, *Governação das Sociedades Comerciais*, 2.ª ed., Almedina, Coimbra, 2010, p. 13.

[290] Manuel Carneiro da Frada· "Ou cumpres ou explicas-te! Sobre Soft Law no Governo Societário", in *III Congresso Direito das Sociedades em Revista*, Almedina, Coimbra, 2014, p. 340. Sobre a tutela ex post das declarações de comply or explain, *vd.* Ana Efigénia, "A tutela ex post das declarações de corporate governance falsas", in *Revista Electrónica de Direito*, n.º 2, junho de 2015, disponível em: https://www.cije.up.pt/revistared.

[291] Cfr. Pedro Jorge Magalhães, *Governo Societário e a Sustentabilidade da Empresa – Stakeholders Model Vs Shareholders Model*, Almedina, Coimbra, 2019, p. 354.

de reação a novos modelos de negócio *FinTech*, enquanto decorrem do amadurecimento das empresas, a utilização destas por parte dos investidores e da compreensão dos riscos envolvidos por parte das entidades reguladoras e dos governos, para só posteriormente estes avaliarem se será necessária alguma intervenção legislativa ou regulamentar. Ademais, um regime claro e estável, mesmo que de foro privado, poderá contribuir para a confiança dos investidores e dos agentes do mercado, fomentado o crescimento de uma nova forma de financiamento que pode ser muito importante para PME e *startups*[292].

5. *RegTech*

O termo *RegTech*, fusão entre as palavras *"regulatory"* e *"technology"*, refere-se a um conjunto de empresas e soluções que casam tecnologia inovadora e a observância das normas aplicáveis para atender às exigências regulatórias em todos os serviços, incluindo nos serviços financeiros[293]. A *Regtech* tem, assim, o potencial de ser aplicada em vários contextos regulatórios e pode ser utilizada para melhorar não só o processo regulatório, mas, também, as indústrias alvo de regulação. "Esta flexibilidade da *RegTech* contrasta com o foco inerentemente financeiro da *FinTech*"[294].

Nos últimos anos, o crescimento da *RegTech* tem ganho relevo, face ao aumento das exigências de cumprimento regulatório para intermediá-

---

[292] Sobre a aplicação de códigos de boa governança a modelos de negócio baseados em DLT e criptoativos *vd.* PHILIPP HACKER, "Corporate Governance for Complex Cryptocurrencies? A Framework for Stability and Decision Making in Blockchain-Based Organizations", in *Regulating Blockchain: Techno-Social and Legal Challenges*, PHILIPP HACKER, IOANNIS LIANOS, GEORGIOS DIMITROPOULOS E STEFAN EICH (Eds.), Oxford University Press, Oxford, 2019, pp. 140 e ss..

[293] Cfr. BBVA, "Banking Outlook", in *BBVA Research*, março de 2016, tradução livre, p.14, disponível em: https://www.bbvaresearch.com/wp-content/uploads/2016/03/Banking-Outlook-Q116.pdf.

[294] JOÃO FREIRE DE ANDRADE E MARGARIDA MENDES DA MAIA, "Fomentar a Regtech: o futuro da regulação financeira", in *FinTech: Novos estudos sobre tecnologia financeira*, coord. ANTÓNIO MENEZES CORDEIRO, ANA PERESTRELO DE OLIVEIRA E DIOGO PEREIRA DUARTE, Almedina, Coimbra, 2019, p. 11.

rios financeiros introduzidas pela DMIF II e outros diplomas, para responder à situação negativa provocada pela crise financeira de 2007-2008. De acordo com um estudo recente[295], estima-se globalmente a existência de 824 empresas no sector *RegTech*, que empregam 44.000 colaboradores e um volume de negócios anual de 4,9 mil milhões de euros.

A quantidade e a celeridade das alterações regulatórias criam dificuldades aos intermediários financeiros, que procuram os melhores instrumentos para se adaptar com uma abordagem eficiente em consonância com as novas obrigações, existindo uma crescente autonomização dos serviços de controlo de cumprimento[296]. Adicionalmente, a digitalização do sector financeiro terá resultado num aumento do volume de informação que necessita de ser tratada e monitorizada. O aumento da procura foi acompanhado por desenvolvimentos do lado da oferta tecnológica, nomeadamente o aumento da capacidade computacional, redução do custo de armazenamento de dados e avanços na arquitetura dos dados.

A Comissão Europeia acentuou a importância da *RegTech* como matéria a abordar de forma reforçar as capacidades e os conhecimentos das entidades reguladoras e das autoridades de supervisão em matéria de novas tecnologias no seu Plano de Ação para a Tecnologia Financeira (*FinTech*), publicado no dia 8 de março de 2018, tendo, igualmente, incluído a *RegTech* enquanto objeto de estudo e análise para fins estandardização, no seu grupo de trabalho sobre *FinTech*, com vista a facilitar a ligação digital entre as obrigações de reporte e a supervisão[297]. Mais recentemente, a Comissão Europeia iniciou uma reflexão sobre a necessidade de iniciativas adicionais ao nível da União Europeia para promover a adoção de soluções *RegTech* através de consulta pública ao mercado[298].

---

[295] CCAF (2019). The Global RegTech Industry Benchmark Report, disponível em: https://www.jbs.cam.ac.uk/fileadmin/user_upload/research/centres/alternative-finance/downloads/2019-12-ccaf-global-regtech-benchmarking-report.pdf

[296] Cfr. Paulo Câmara, *Manual de Direito dos Valores Mobiliários*, 4.ª ed., Almedina, Coimbra, 2018, p. 475.

[297] *Vd.* https://joinup.ec.europa.eu/collection/rolling-plan-ict-standardisation/fintech-and-regtech-standardisation.

[298] Disponível em: https://ec.europa.eu/info/consultations/finance-2020-digital-finance-strategy_en

As Autoridades Europeias de Supervisão Financeira, *European Securities and Market Authority* (ESMA), *European Banking Authority* (EBA) e *European Insurance and Occupational Pensions Authority* (EIOPA), também têm refletido, em conjunto com as autoridades nacionais, sobre as implicações da *RegTech* no recentemente criado *European Forum for Innovation Facilitators*[299], em que várias autoridades expuseram que estão a explorar como podem facilitar o acesso a conjuntos de dados sintéticos de alta qualidade para fins de testes *RegTech*, que têm surgido múltiplas questões regulatórias relativas a *FinTech* nos seus *Innovation Hubs* e os rápidos desenvolvimentos da *RegTech* tem causados desafios às autoridades[300].

Em termos de iniciativas sobre *RegTech* das autoridades de supervisão a nível mundial, destaca-se a *Financial Conduct Authority* (FCA) do Reino Unido, que publicou um documento de consulta pública sobre apoio ao desenvolvimento da *RegTech* em 2015[301], publicou o relatório da referida consulta pública em 2016[302], desenvolveu programas de trabalho sobre *RegTech* entre 2017 e 2019[303] e encetou um projeto de reportes regulatórios digitais em 2017 que ainda se encontra em desenvolvimento[304].

A *RegTech* carateriza-se comummente pela apresentação de soluções de autonomização de processos de reporte, de aferição da qualidade de um alto volume de dados, de análise automatizada de dados e de elaboração de relatórios de apoio a decisões. A indústria *RegTech* baseia-se na utilização de uma combinação de tecnologias[305], nomeadamente a *Cloud*

---

[299] Criado no dia 25 de maio de 2019. Os termos de referência podem ser consultados em: https://esas-joint-committee.europa.eu/Pages/Activities/EFIF/European-Forum-for-Innovation-Facilitators.aspx.

[300] *Vd.* https://esas-joint-committee.europa.eu/Publications/efif/December%202019%20-%20Minutes.pdf.

[301] Disponível em: https://www.fca.org.uk/news/news-stories/call-input-supporting-development-and-adoption-regtech.

[302] Disponível em: https://www.fca.org.uk/publications/feedback-statements/fs16-4-feedback-statement-call-input-supporting-development-and.

[303] Mais informação em: https://www.fca.org.uk/firms/innovation/regtech/our-work-programme.

[304] Mais informação em: https://www.fca.org.uk/innovation/regtech/digital-regulatory-reporting.

[305] Mais informação em: https://www.fca.org.uk/innovation/regtech/digital-regulatory-reporting.

Computing, a *Machine Learning* e *Big Data* Analytics (armazenamento e análise grandes conjuntos de dados estruturados e não estruturados), *Natural Language Processing* e API (*Application Programming Interface*).

A *RegTech* carateriza-se, igualmente, pela grande velocidade de implementação e de perceção dos benefícios e pela flexibilidade de integração de novas plataformas com outros sistemas já implementados. As principais aplicações atuais da *RegTech* são a deteção de transações fraudulentas, o reporte de dados do negócio às autoridades competentes e a gestão dos riscos, como os de liquidez e o operacional[306].

Apesar do termo *Regtech* ser novo, a atividade de oferecer soluções tecnológicas para resolver problemas gerados pelas exigências de regulamentação e *compliance* é antiga. A novidade agora é que, como em todas as áreas do mundo digital, as soluções são mais fragmentadas, resolvendo apenas problemas específicos, em nichos bem determinados. Como consequência, as implantações destes sistemas são muito mais rápidas do que as soluções mais tradicionais, aproveitando normalmente os benefícios da utilização da *cloud* como infraestrutura. A reconceptualização da regulação dos últimos anos, devido aos grandes avanços tecnológicos, torna cada vez mais indispensável o recurso às empresas de *Regtech*[307]. Estas empresas ajudam todas as entidades a reduzir riscos e resolvem problemas normalmente relacionados com o acompanhamento de regulamentação, controlo do cumprimento de normas de *compliance*, automatização de relatórios e monitorização de atividades.

As empresas de *Regtech* surgiram em 2013, principalmente no Reino Unido, com o crescimento exponencial das empresas *FinTech*. Os principais motivos para o surgimento foram o aumento dos custos com *compliance*, o surgimento de novas tecnologias e soluções, o aumento dos investimentos em novas tecnologias e a uniformização de normas regulatórias a nível global[308].

---

[306] Mais informação em: https://www.fca.org.uk/innovation/regtech/digital-regulatory-reporting.

[307] Cfr. Douglas Arner, Jànos Barberi e Ross Buckley, *FinTech, RegTech and the Reconceptualization of Financial Regulat*ion, 2017, p. 48, disponível em: ssrn.com.

[308] Cfr. Nizan Pakin, *RegTech, Compliance and Technology Judgement Rule*, 2017, p. 1, disponível em: papers.ssrn.com.

O rápido desenvolvimento das empresas *Fintech* implicou um acompanhamento equivalente por parte das empresas *Regtech*. Por outro lado, as alterações regulatórias e tecnológicas após a crise financeira de 2007/2008 marcaram profundamente todas as instituições financeiras. Devido ao peso da regulamentação pós-crise financeira, nos últimos 10 anos, os requisitos regulatórios aumentaram significativamente para os agentes do mercado. Por exemplo, a *Thomas Reuteurs*, empresa que segue mais de 750 reguladores à escala mundial, depara-se com uma média de 185 alterações regulatórias por dia, o que se traduz numa alteração em cada 12 minutos[309]. Os riscos de *compliance* também aumentaram, com o aumento das coimas dirigidas às instituições financeiras. Por outro lado, os avanços tecnológicos também propiciaram as empresas *Regtech*, estabelecendo-se a automação de processos que permitem uma identificação de riscos e um cumprimento regulatório mais eficazes e eficientes[310]. A tecnologia é, assim, um aspeto cada vez mais importante nos serviços financiadores, servindo de catalisador para a mudança e a inovação, sobretudo na promoção da concorrência no mercado de capitais, em que novas empresas adotam novos produtos e conceitos[311].

As empresas de *RegTech* focam-se, principalmente, na automatização de processos manuais e nas ligações entre as etapas dos processos analíticos/ de relatórios, na melhoria de qualidade de dados para criar uma visão holística dos dados, na análise automatizada de dados com aplicações capazes de aprender durante os processos, na integração de dados, na análise de risco e na elaboração de relatórios significativos que podem

---

[309] Cfr. Sílvia Marques Mateus, "Risk and Regulatory Technology: algumas notas sobre a aceleração de negócio (business acceleration) com inteligência artificial" in *Fintech – Desafios da Tecnologia Financeira*, coord. por António Menezes Cordeiro, Ana Perestrelo de Oliveira e Diogo Pereira Duarte, Almedina, Coimbra, 2017, pp. 321 e 322.

[310] Cfr. Douglas Arner, Jànos Barberi e Ross Buckley, *FinTech, RegTech and the Reconceptualization of Financial Regulation*, 2017, p. 2, disponível em: papers.ssrn.com.

[311] Cfr. FCA, *Call for Input: Using technology to achieve smarter regulatory reporting*, 2018, disponível em: https://www.fca.org.uk/publication/call-for-input/call-for-input-smarter-regulatory-reporting.pdf.

ser enviados para os reguladores e utilizados internamente para melhorar a tomada de decisões[312].

É importante diferenciar os benefícios a curto prazo dos benefícios a longo prazo nas *RegTechs*. Como benefícios a curto prazo podemos considerar a redução dos custos de *compliance*, soluções sustentáveis e escaláveis (automatização de tarefas), análise de dados avançada (aumento da capacidade de ler dados/informação) e a convergência de riscos e controlos. O nível de estandardização dos produtos, alcançada através das novas tecnologias, promove a mitigação da fraude e o aumento da rentabilidade das instituições financeiras. Enaltecemos, igualmente, os benefícios das empresas *RegTech* para o *onboarding* nas instituições financeiras, ao nível da celeridade dos processos de identificação dos dados dos clientes, sobretudo, para fins de prevenção de branqueamento de capitais.

Por outro lado, enquanto benefícios a longo prazo, temos a experiência positiva do utilizador, aumento da estabilidade do mercado, a melhoria da *governance* das entidades e a maior facilidade na elaboração de relatórios às entidades reguladoras. Outro benefício de elevada importância é a interpretação da regulação, permitindo identificar mais facilmente qual é a regulamentação aplicável a certa entidade.

Pela importância de se ter uma perspetiva equilibrada, identificamos os riscos e as barreiras de desenvolvimento das empresas *Regtech*. Grande parte desses riscos está relacionado com a participação de entidades terceiras no desenvolvimento de serviços financeiros, mormente, as empresas *Regtech* e as empresas de serviços profissionais, que têm de lidar com informação confidencial de instituições financeiras e seus clientes. Deparamo-nos com um *outsourcing* em certas áreas em que não era comum ou era impossível haver *outsourcing* anteriormente, existindo uma impreparação dos reguladores para lidar com este novo paradigma. Da mesma forma, existe o risco de *compliance*, por não existir uma delegação das responsabilidades nas entidades terceiras, mantendo-se estas responsa-

[312] Cfr. Pranay Gupta e Mandy Tham, *Fintech – A New DNA for Financial Services*, De|G Press, Berlim, 2018, pp. 373 e ss..

bilidades na instituição financeira, não se estendendo o risco por toda a cadeia de valor[313].

A segurança digital é outro importante risco a ter em conta. A migração de dados para infraestruturas centralizadas aumenta a vulnerabilidade das instituições financeiras a ataques informáticos. O tema da cibersegurança necessita, desta forma, de um tratamento aprofundado e permanente pelas empresas *Regtech*, com a colaboração muito próxima das instituições financeiras[314].

À medida que os participantes do mercado se tornam mais ligados através do reporte digital e automatizado, o aumento da interconectividade torna o sistema mais vulnerável a riscos de natureza operacional. Os riscos da *RegTech* estão relacionados, nomeadamente, com a segurança digital, a proteção de dados, a falta de delegação de responsabilidades do cumprimento regulatório para as empresas do setor das tecnologias de informação e a subvalorização de riscos financeiros aquando da utilização de novos mecanismos. Outra forma de risco operacional está associada ao aumento do grau de concentração dos prestadores de serviços *RegTech*[315].

Poderão existir diversos desafios ao desenvolvimento e adoção de soluções *RegTech,* tais como, os custos de implementação de novos mecanismos de cumprimento regulatório, as dificuldades de adaptação inerentes à adoção de diferentes métodos de cumprimento regulatório que carecem de resultados comprovados, o impacto nos recursos humanos, a dificuldade em fundamentar as decisões suportadas por sistemas automatizados, a falta de maturidade de certas empresas *RegTech* no setor financeiro, a incerteza regulatória das soluções *RegTech* em virtude da neutralidade das entidades reguladoras, as restrições ao acesso, partilha, processamento e armazenamento de dados, os diferentes modos de

---

[313] Cfr. Patrick Armstrong, *The Adoption of RegTech within the Financial Services Industry: Ten years from the Start of the 'Great Financial Crisis'*, 2017, disponível em: https://www.esma.europa.eu/sites/default/files/library/pka_speech_regtech.pdf.

[314] Cfr. Patrick Armstrong, *The Adoption of RegTech within the Financial Services Industry: Ten years from the Start of the 'Great Financial Crisis'*, 2017, disponível em: https://www.esma.europa.eu/sites/default/files/library/pka_speech_regtech.pdf.

[315] Cfr. ESMA, *RegTech and SupTech – Change for Markets and Regulators*, 2019, disponível em: https://www.esma.europa.eu/press-news/esma-news/regtech-and-suptech-–-change-markets-and-regulators.

estruturação da informação de reporte entre entidades e a falta de dados estandardizados na legislação e regulamentação atual e a dificuldades em encontrar falhas no sistema introduzido.

Como barreiras de desenvolvimentos, temos os custos de envolvimento inicial bastante elevados, a incerteza regulatória dos novos modelos de negócio *Fintech*, a difícil interação entre especialistas na regulação e especialistas na tecnologia e a resistência inicial às potencialidades das empresas *Regtech*. Outra barreira ao desenvolvimento é a delimitação local e nacional da regulação, tendo a inteligência artificial que evoluir ao nível da tradução e interpretação de normas regulatórias para resolver este problema linguístico. Por último, destacamos a morosa adaptação e o conservadorismo dos clientes na utilização de novas tecnologias, desincentivando a colocação lesta de novos produtos no mercado.

A principal barreira ao desenvolvimento da *RegTech* não são as limitações tecnológicas, mas a capacidade que os reguladores têm para processar os grandes volumes de dados gerados pela própria tecnologia. Os reguladores precisam de adotar uma abordagem coordenada, de forma a harmonizar os regulamentos financeiros e apoiar o desenvolvimento da indústria da *RegTech*.

Como participantes do ecossistema *Regtech* temos as entidades reguladoras, que normalmente, reúnem e dialogam com o mercado para promover inovações na área regulatória, de forma a criar iniciativas para desenvolver novas tecnologias e instruções de como gerir as mudanças, as empresas *Regtech*: dialogam com as entidades reguladoras e com instituições financeiras e desenvolvem soluções que atendam às necessidades dos negócios e dos reguladores, as empresas de serviços profissionais: que conectam utilizadores e fornecedores da tecnologia, além de, conduzir a coesão de padrões regulatórios, necessidades das instituições e soluções de fornecedores; e as instituições financeiras: que dialogam e apresentam as suas visões de mercado aos reguladores, bem como adotam e desenvolvem soluções direcionadas às empresas *RegTech*.

No âmbito do desenvolvimento das empresas *RegTech*, destaca-se a FCA, que é uma das pioneiras em auxiliar o desenvolvimento daquelas quer pela quantidade quer pela qualidade das iniciativas por elas (empresas *RegTech*) promovidas, enaltecendo-se as consultas públicas que fizeram ao mercado (em 2015[316] e em 2018[317]), e os *techsprints*[318] realizados nos últimos dois anos. Refere-se, igualmente, o estudo que a FCA está a desenvolver sobre *machine executable regulatory reporting*[319], com o objetivo de explorar como as novas tecnologias podem ajuar as empresas a cumprir mais facilmente os requisitos de relatórios regulatórios e melhorar a qualidade das informações que fornecem às entidades reguladoras.

No Reino Unido, têm-se vindo a criar um ecossistema amigável ao desenvolvimento das empresas *Fintech* e *Regtech* não só pelo contributo do FCA, mas também pelas intervenções do *Bank of England* e de outras autoridades reguladoras.

Noutros mercados, destaca-se a Tailândia, onde a estratégia até este ano de 2019 é usar o *RegTech* para uma melhor supervisão regulamentar. Nos Estados Unidos da América, a BFA e a *Rockefeller Philanthropy Advisors* estão a desenvolver um acelerador de *RegTech* para reguladores, chamado R2A[320].

A Comissão Europeia publicou uma consulta pública[321] com foco no desenvolvimento de políticas voltadas às empresas *FinTech*. Lançado durante o evento *FinTechEU*[322], o documento procurou obter contribuições sobre o impacto das novas tecnologias no setor de serviços financeiros europeu. Solicitou também aos participantes uma avaliação da ade-

[316] Cfr. FCA, *Call for Input: Using technology to achieve smarter regulatory reporting*, 2018, disponível em: https://www.fca.org.uk/publication/call-for-input/call-for-input-smarter-regulatory-reporting.pdf.

[317] Cfr. FCA, *Call for input on supporting the development and adopters of RegTech*, 2016, disponível em: https://www.fca.org.uk/publication/feedback/fs-16-04.pdf.

[318] *Techsprints* são eventos de dois dias que juntam os agentes de mercados para colaborarem e partilharem os desafios tecnológicos com que se tenham deparado, de forma a encontrar soluções para o mercado dos serviços financeiros. Mais informações disponíveis em: https://www.fca.org.uk/firms/regtech/techsprints.

[319] Cfr. FCA, *Digital Regulatory Reporting – Pilot Phase 1 Report*, 2018, disponível em: https://www.fca.org.uk/firms/our-work-programme/model-driven-machine-executable-regulatory-reporting.

[320] Sobre este projeto, *vd.* https://www.r2accelerator.org/r2a-competitions/.

[321] Cfr. Comissão Europeia, *Public consultation on FinTech: a more competitive and innovative European financial sector*, 2017, disponível em: https://ec.europa.eu/info/consultations/finance-2017-fintech_en.

[322] https://ec.europa.eu/info/events/conference-fintecheu-2017-mar-23_en

quação do quadro regulatório e de supervisão vigentes e a indicação de possíveis ações futuras na promoção de tais tecnologias. A consulta contou com 226 contribuições. Entre as respostas, destaca-se o texto enviado pela ESMA, que trouxe as suas considerações com maior foco nas áreas de inteligência artificial e *big data* para consultoria digital, *Crowdfunding*, *RegTech*, fornecedores e computação em nuvem (em inglês, *cloud computing*) e *distributed ledger technology* (DLT). Também explorou o papel exercido pela regulação e supervisão, reforçando a neutralidade tecnológica e recomendando o desenvolvimento de orientações específicas e demais ações de apoio a estas empresas de modo a facilitar sua entrada e conformidade junto aos quadros regulatórios já estabelecidos. Destacou também a importância de harmonizações e padronizações no conjunto de informações e dados.

Por parte da ESMA, Patrick Armstrong refere que as entidades reguladoras, como principais utilizadores de dados de supervisão têm um papel fundamental na evolução da *RegTech* e que as instituições do setor financeiro também têm um papel importante a desempenhar, concluindo que a *RegTech* também pode alterar a maneira pela qual as instituições financeiras e as entidades reguladoras cumprem as regras a que se sujeitam e exercem os seus poderes de supervisão[323].

O número de empresas *RegTech* vem aumentando nos últimos anos, acompanhando o crescimento do ecossistema das empresas *FinTech*. Existem cada vez mais conferências sobre o tema e o interesse sobre estas empresas é cada vez maior[324]. Destacamos a Feedzai, criada por portugueses, que está sedeada em São Francisco e é das empresas *RegTech* com mais sucesso no mundo[325], tendo como objeto a análise do compor-

---

[323] Diretor da equipa de inovação e produtos da ESMA, tendo esta intervenção sido feita numa conferência no dia 16 de maio de 2017, cfr. PATRICK ARMSTRONG, *The Adoption of RegTech within the Financial Services Industry: Ten years from the Start of the 'Great Financial Crisis'*, 2017, disponível em:
https://www.esma.europa.eu/sites/default/files/library/pka_speech_regtech.pdf.

[324] Cfr. JAN-MAARTEN MULDER, *RegTech is real and 120+ startups to prove it*, 2016, disponível em: https://medium.com/@janmaartenmulder/regtech-is-real-and-120-startups-to-prove-it-6b396d94dd8c

[325] https://feedzai.com/.

tamento do cliente ao nível do perfil de consumidor e contextualiza a informação das transações para identificação e prevenção de fraudes[326].

6. *SupTech*

A *SupTech* pode ser definida como a aplicação de tecnologia nas atividades de regulação e supervisão das entidades reguladoras. Há também uma grande oportunidade para as entidades reguladoras que adotarem inovações financeiras e regulatórias, de conseguir com isso estimular o desenvolvimento do mercado local, atrair os melhores talentos para suas respetivas jurisdições, bem como recolher e analisar grandes volumes de dados com a finalidade de melhorar a supervisão do mercado, reduzir os custos de cumprimento regulatório e conceber quadros regulatórios flexíveis baseados no risco.

Além disso, as próprias entidades reguladoras estão cada vez mais a perceber a importância de se incorporarem e tornarem parte do processo de inovação, construindo capacidade técnica interna para aproveitar as ferramentas, produtos e serviços que podem aprimorar as funções de supervisão, conformidade e relatórios – centrais para atender de forma eficiente a objetivos e a obrigações regulatórias. A *SupTech* pode ser utilizada para ajudar as entidades reguladoras não apenas a supervisionar

[326] Refere-se, a título de exemplo e pela sua importância as seguintes empresas *RegTech*: *Qumram* e *Digital Reasoning* – monitorizam as comunicações dos colaboradores com os clientes de modo a detetar eventuais falhas na conduta dos colaboradores; *Onfido* e *ComplyAdvantage* – permitem aos intermediários financeiros cumprirem com as suas obrigações no âmbito do branqueamento de capitais; *Ancoa* – disponibiliza software que deteta situações de abuso de mercado, fornecendo dados sobre comportamento em tempo real via relatórios automatizados. *Ravelin* – analisa o comportamento dos clientes nas suas transações, utilizando sistemas de análise de dados avançados "learning technologies", por forma a permitir, em tempo real, identificar situações de fraude; *Agmetrics* – monitoriza todos os contatos dos colaboradores cruzando a informação com a atividade de "trader" do colaborador, visando identificar situações de abuso de mercado.

e regular os agentes do mercado, mas também para identificar qual o melhor momento para fazê-lo[327].

No entanto, apresentam-se vários desafios que as entidades reguladoras têm que enfrentar, como a complexidade técnica da área tecnológica, acompanhada de toda uma nova gíria que as entidades reguladoras se tem visto forçado a aprender só para conseguir perceber a tendência, um problema que se reflete, com particular acuidade, na área dos recursos humanos, uma vez que, durante anos, as entidades reguladoras focaram-se em contratar os melhores profissionais, sobretudo nas áreas da Gestão, Economia e Direito[328]. Adicionalmente, há que ter em conta os perigos do tratamento de uma quantidade muito significativa de dados, que muito provavelmente, incluirão dados pessoais, segredos comerciais e outros elementos particularmente apetecíveis e tendencialmente vulneráveis[329], bem como os problemas de cibersegurança e de governança, que pedem um grande nível de sensibilidade para este tipo de temas, algo que ainda não é muito comum nas administrações das entidades reguladoras[330]. Por último, o sucesso de qualquer ferramenta de *SupTech* dependerá, também, do nível de interação e coordenação entre as entidades reguladoras, na deteção de insuficiências e necessidades de melhorias do sistema atual, e os programadores/fornecedores das ferramentas de *SupTech*, com a função de produzirem a melhor solução tecnológica possível, sendo esta relação muitas vezes complicada devido aos elevados níveis de transparência necessários[331].

---

[327] Cfr. Douglas, W. Arner, Janos Nathan Barberis e Ross P. Buckley, *FinTech and RegTech in a Nutshell, and the Future in a Sandbox*, 2018, p. 19, disponível em: papers.ssrn.com.

[328] Cfr. Inês Palma Ramalho, "Suptech e Regtech – O futuro da supervisão portuguesa?", in *InforBanca – Revista do Instituto de Formação Bancária*, n.º 116, 2019, pp. 44 e ss. disponível em: https://ifb.pt/publicacoes/.

[329] Cfr. Luca Enriques, *Financial Supervision and RegTech: Four Roles and Four Challenges*, 2017, pp. 4 e ss., disponível em: papers.ssrn.com; Inês Palma Ramalho, "Suptech e Regtech – O futuro da supervisão portuguesa?", in *InforBanca – Revista do Instituto de Formação Bancária*, n.º 116, 2019, pp. 44 e ss. disponível em: https://ifb.pt/publicacoes/.

[330] Cfr. Luca Enriques, *Financial Supervision and RegTech: Four Roles and Four Challenges*, 2017, pp. 4 e ss., disponível em: papers.ssrn.com

[331] Cfr. Inês Palma Ramalho, "Suptech e Regtech – O futuro da supervisão portuguesa?", in *InforBanca – Revista do Instituto de Formação Bancária*, n.º 116, 2019, pp. 44 e ss. disponível em: https://ifb.pt/publicacoes/.

Perante estes desafios, as entidades reguladoras de diversos países têm-se adaptado, de forma a promover a inovação e a concorrência destes novos agentes, protegendo, simultaneamente, os investidores dos novos riscos e começaram a desenvolver estratégias para adoção de novas tecnologias, em que tentam responder às seguintes questões: as aplicações tecnológicas devem ser geradas *in-house* ou através de *outsourcing*? Quais são as aplicações tecnológicas que poderão ajudar nas atividades de regulação e supervisão? Quais são os riscos gerados por essas aplicações tecnológicas para as atividades de regulação e supervisão?

Naturalmente, estas aplicações têm importantes consequências em todas as operações das entidades reguladoras. Por um lado, podem ajudar as entidades reguladoras a cumprir os seus objetivos, a reduzir o erro humano através da automatização de processos e identificar riscos e limitações importantes. Mas, por outro lado, podem também gerar riscos operacionais e externalidades negativas para o mercado, devido à homogeneidade do tratamento da informação, bem como gerar certas dificuldades na seleção dos riscos mais relevantes.

As ferramentas *SupTech* são mais adequadas a normativos mais detalhados, onde a linguagem computacional poderá até substituir a supervisão do cumprimento dessas normas. Por outro lado, a supervisão do cumprimento de normas mais abertas encontrará com mais dificuldade alguma utilidade nas ferramentas *SupTech*.

Tal como na *RegTech*, a utilização de tecnologia não é uma novidade para os seus aplicadores. No entanto, neste caso da *SupTech*, a capacidade das entidades reguladoras atualmente atingida pelas novas tecnologias consubstancia uma alteração de paradigma que em muito pode favorecer a gestão de recursos e de objetivos das entidades reguladoras[332].

Como exemplo de utilização de *SupTech* temos a Autoridade dos Mercados Financeiros do Québec, que desenvolveu um algoritmo de supervisão que funciona através de *machine learning* e é capaz de reconhecer diferentes categorias de campos de texto livre em dados de derivados

[332] Cfr. Inês Palma Ramalho, "Suptech e Regtech – O futuro da supervisão portuguesa?", in *InforBanca – Revista do Instituto de Formação Bancária*, n.º 116, 2019, pp. 44 e ss., disponível em: https://ifb.pt/publicacoes/.

financeiros, gerando alertas de forma automática quando deteta transações não autorizadas.

A ESMA está igualmente a utilizar uma aplicação *SupTech*, chamada *Nuix*, que permite rever e reunir informação de forma eficiente, armazenando-a em diferentes formatos numa única base de dados. Esta aplicação permite igualmente limpar os dados, evitando a duplicação e utilizando reconhecimento ótico de caracteres para identificar um texto ilegível por computador. Tem capacidade para identificar dados rapidamente através de filtros, e permite a inclusão de comentários associados a cada informação. O Departamento de Supervisão da ESMA integrou a *Nuix* nos seus processos de investigação e proporcionou formação adequada aos seus colaboradores.

Face ao exposto, os avanços da *SupTech* são notórios, e compreende-se que assim o seja dada a necessidade imperiosa das entidades reguladoras acompanharem os avanços tecnológicos dos supervisionados, sobretudo, da sua capacidade de processamento de informação, sendo esse o bem essencial dos mercados financeiros, que requer constante proteção.

7. *Innovation Hubs*

O envolvimento das entidades reguladoras com os agentes de mercado *FinTech* tem-se intensificado e tem ganho novas formas de interação, convocando-se "os novos agentes económicos para um quadro de acompanhamento e experimentação que permita aos reguladores do mercado compreender e colmatar eventuais falhas de mercado e novos meios de regulação e supervisão" [333].

Disso é exemplo, a criação de *Innovation Hubs*, um novo método de apoio a empreendedores na área da tecnologia que pretendam introduzir produtos ou serviços inovadores no mercado, podendo ser apoiados por entidades privadas, por entidades públicas ou por ambas. Os *Innovation Hubs* funcionam, fundamentalmente, como um centro de partilha

[333] Luís Guilherme Catarino, *Inovação financeira e ICOs: mercados privados alternativos?*, 2018, p. 3, disponível em: http://www.institutovaloresmobiliarios.pt/estudos/pdfs/1548431077icos_lgc_vf.pdf.

de conhecimentos, informação sobre a regulação da indústria, sessões de *brainstorming* para promover a inovação e de perspetivas sobre a inovação financeira e de como esta pode desenvolver-se no futuro[334].

Um *Innovation Hub* pode ser, portanto, "um ponto de ligação entre a comunidade local de *startups*, investidores, academias, empresas de tecnologia e o setor privado em geral. Estes espaços não só possibilitam a redução de custos como também fomentam a transferência de conhecimento entre *startups*"[335]. No presente contexto de crescente inovação financeira e alteração dos padrões comportamentais dos agentes económicos, é fundamental fomentar a criação de saber científico sobre estas novas realidades, potenciando o desenvolvimento económico.

Nos *Innovation Hubs* criados por entidades privadas, a intenção é promover estruturas de *networking* – "na qual se incluem entusiastas por tecnologia, programadores, empresários e investidores"[336] – para aferir oportunidades de negócio e para os incumbentes avaliarem empresas *FinTech* tendo em vista a sua futura aquisição. Já nos *Innovation Hubs* criados por entidades reguladoras, os objetivos são mais complexos e fazem parte de uma estratégia mais ampla, a que se consubstancia numa abordagem pró-ativa e de proximidade face à inovação financeira e, muitas vezes com a criação de departamentos específicos dedicados à inovação financeira[337].

---

[334] Cfr. João Freire de Andrade e Margarida Mendes da Maia, "Fomentar a Regtech: o futuro da regulação financeira", in *FinTech: Novos estudos sobre tecnologia financeira*, coord. António Menezes Cordeiro, Ana Perestrelo de Oliveira e Diogo Pereira Duarte, Almedina, Coimbra, 2019, p. 23.

[335] Leonildo Manuel e Jacinto Manuel, "FinTech: experiências e desafios no contexto africano" in *Escritos sobre FinTech e Corporate Finance – Experiências e desafios no contexto africano*, AAFDL Editora, Lisboa, 2019, p. 50.

[336] João Freire de Andrade e Margarida Mendes da Maia, "Fomentar a Regtech: o futuro da regulação financeira", in *FinTech: Novos estudos sobre tecnologia financeira*, coord. António Menezes Cordeiro, Ana Perestrelo de Oliveira e Diogo Pereira Duarte, Almedina, Coimbra, 2019, p. 23.

[337] Pode-se considerar esta abordagem "um estádio institucional de interacção em que os reguladores cooperam com as empresas FinTech prestando-lhes apoio mediante reuniões prévias e/ou posteriores a eventuais autorizações (mas não consultoria ou assessoria jurídica ou económica), tendo em vista a conformação de novos produtos ou novos serviços à regulação aplicável", Luís Guilherme Catarino, *Inovação financeira e ICOs: mercados privados*

Esta abordagem foca-se numa promoção ativa do conhecimento, através de iniciativas de proximidade, como conferências e outros eventos formativos, de forma a gerar confiança nos agentes de mercado que assim se sentem incentivados a desenvolver modelos de negócio inovadores e a tomarem decisões com o conhecimento dos efeitos e dos riscos da sua atividade, isto tendo em conta que as entidades reguladoras se focam na clarificação sobre a aplicação dos requisitos regulatórios aos modelos de negócio *FinTech*.

Este último objetivo pode ser concretizado através dos chamados *Innovation Hubs stricto senso*: tratam-se de iniciativas específicas para o envolvimento com as empresas *FinTech*, de forma a responder às dúvidas regulatórias que estas possam ter. São, por outras palavras, instrumentos menos formais no âmbito do quais entidades regulamentadas e não regulamentadas (ou seja, empresas não autorizadas) colaboram com a autoridade competente para debater questões relacionadas com inovação financeira e para obter esclarecimentos sobre a conformidade dos modelos de negócio com o quadro regulamentar, no que respeita aos requisitos regulamentares ou às condições de autorização, por exemplo, na transmissão por parte das entidades reguladoras de orientações adaptadas a cada empresa sobre a interpretação das regras aplicáveis[338].

Em vários países, as entidades reguladoras implementaram este tipo de abordagem. Por exemplo, na Alemanha, a BaFin criou em 2016 um grupo de trabalho sobre *FinTech*, tendo, em 2017, criado um Departamento de Inovação Financeira para lidar com a análise e gestão de questões de supervisão relacionadas com tecnologias emergentes. Em 2018, a BaFin publicou relatórios para consulta pública sobre *FinTech, big Data*, inteligência artificial e DLT, convidando empresas, associações, membros da academia, bem como outras autoridades supervisoras nacionais e internacionais, para participar ativamente.

---

alternativos?, 2018, p. 3, disponível em: http://www.institutovaloresmobiliarios.pt/estudos/pdfs/1548431077icos_lgc_vf.pdf

[338] Cfr. EBA, *Discussion Paper on EBA's approach to financial technology (FinTech)*, 2017, disponível em: https://www.eba.europa.eu/documents/10180/1919160/EBA+Discussion+Paper+on+Fintech+%28EBADP-2017-02%29.pdf.

Em Espanha, a CNMV estabeleceu a *FinTech* como uma prioridade desde 2017. Numa primeira fase, foi constituída uma área *FinTech* com a intenção de promover iniciativas em Espanha, ajudar empreendedores e as entidades financeiras sobre os aspetos regulatórios do mercado de valores mobiliários com efeitos sobre os respetivos projetos e, em simultâneo, criar um espaço de comunicação informal com promotores e entidades financeiras sobre iniciativas nesta área. Em 2018, a CNMV criou um Departamento de Estratégia e Inovação e uma subdireção de *FinTech* e cibersegurança, publicou um documento de perguntas e respostas sobre os aspetos regulatórios de modelos de negócio *FinTech* e, em conjunto com o Banco de Espanha, um comunicado sobre *Initial Coin Offerings*.

No Reino Unido, a FCA criou, em 2014, o *Project Innovate* que visou promover e facilitar a exploração de ideias inovadoras que impliquem alterações no sistema regulatório, tendo promovido várias iniciativas sobre *FinTech*, destacando-se a criação de um *Innovation Hub stricto sensu* destinado a clarificar as dúvidas regulatórias das empresas *Fintech*. Como outros exemplos deste tipo de *Innovation Hubs* temos "a ASIC's Innovation Hub (Austrália), o LHOFT (Luxemburgo), o MNB (Hungary), o DAC Beachcroft's (England), Accenture Fintech Innovation Hub (Irlanda), Impact Hub (Holanda)"[339].

Em Singapura, a *Monetary Authority of Singapure* (MAS) criou, em 2015, o grupo interno de inovação financeira e tecnológica para acompanhamento destes temas e para a promoção de iniciativas neste âmbito, o qual é composto por três departamentos, o departamento de soluções tecnológicas e de pagamento, o departamento de infraestrutura tecnológica e o departamento de inovação tecnológica. Em 2016, a MAS criou um departamento *FinTech* para servir de dinamizador do ecossistema *FinTech* na Singapura, estabelecendo contacto com agentes de mercado e congéneres.

Em Portugal, as entidades reguladoras, como a CMVM e o Banco de Portugal, também optaram pela mesma abordagem, estabelecendo um

---

[339] João Freire de Andrade e Margarida Mendes da Maia, "Fomentar a Regtech: o futuro da regulação financeira", in *FinTech: Novos estudos sobre tecnologia financeira*, coord. António Menezes Cordeiro, Ana Perestrelo de Oliveira e Diogo Pereira Duarte, Almedina, Coimbra, 2019, p. 26.

ponto de contacto dedicado à inovação financeira nos respetivos sites. A CMVM ainda chegou mais longe, criando um subdepartamento dedicado ao desenvolvimento do mercado e à promoção de inovação financeira e o um concurso de estudos sobre inovação financeira, de forma a promover o conhecimento sobre o tema.

Destaca-se ainda a criação de um *Innovation Hub stricto sensu*, chamado *Portugal FinLab*[340], por parte das entidades reguladoras do setor financeiro, o Banco de Portugal, a CMVM e a Autoridade de Supervisão de Seguros e Fundos de Pensões, em parceria com a Associação Portugal *FinTech*. O facto de ser, pela primeira vez, estabelecido um canal de comunicação direto entre os três reguladores do setor financeiro e os agentes do mercado foi um traço distintivo desta iniciativa face à de outras jurisdições, iniciativa que obteve reconhecimento nacional e internacional. Esta atuação concertada permitiu aos participantes terem uma visão transversal dos requisitos regulatórios aplicáveis às atividades que se propõem desenvolver, algo essencial perante a constante integração das várias áreas do setor financeiro.

Ao longo de seis meses, entre setembro de 2018 e abril de 2019, o *Portugal FinLab* foi o canal dedicado de comunicação para inovadores no sector financeiro, tendo esta iniciativa sido composta por duas fases. Na 1.ª fase foram recebidas 24 candidaturas e na 2.ª fase foram 15 as candidaturas. Destas 39 candidaturas, no total, foram selecionados 10 projetos para receberem um relatório de análise detalhado, por parte de um júri constituído pelas entidades reguladoras, pela Associação Portugal *FinTech* e por um membro independente, com base na necessidade de apoio, no caráter inovador do projeto, no estado de desenvolvimento do projeto e nos benefícios e riscos para o consumidor e para sector financeiro.

Comprovou-se, deste modo, o interesse das empresas *FinTech* neste instrumento regulatório em Portugal, motivada pela atitude de proximidade ao mercado e promotora da inovação por parte das entidades reguladoras do setor financeiro nacional. Esta iniciativa também teve como

[340] Sobre esta iniciativa *vd.* https://www.portugalfinlab.org/.

impacto positivo a visibilidade alcançada internacionalmente, uma vez que mais de um terço dos candidatos eram entidades estrangeiras[341].

8. *Regulatory sandboxes*

Regulatory sandboxes são regimes criados por autoridades competentes que permitem a entidades reguladas e não reguladas testar – nos termos de um plano de testes previamente acordado e monitorizado por um sector dedicado dessas autoridades competentes – produtos, serviços, modelos de negócio e mecanismos de distribuição que sejam inovadores no sector relevante e precisam de se sujeitar a um processo autorizativo para acederem ao mercado. No setor financeiro, estes instrumentos permitem às entidades participantes e às autoridades competentes compreenderem as oportunidades e riscos dos projetos de inovação financeira e respetivo tratamento regulatório num ambiente de testes e aferirem a viabilidade de propostas de projetos inovadores, especialmente no que respeita à aplicação e cumprimento do respetivo enquadramento regulatório e exercício da supervisão, conforme referido no Relatório das Autoridades Europeias de Supervisão sobre facilitadores de inovação[342].

Uma *regulatory sandbox* é, assim, e ainda, um instrumento passível de promover a inovação financeira e o desenvolvimento do mercado de instrumentos financeiros através do levantamento ou aligeiramento das barreiras existentes à entrada e à expansão de projetos, bem como da redução da incerteza jurídica, dado que a carga regulatória e a complexidade da envolvente no sistema financeiro "podem limitar a entrada de empresas inovadoras no mercado, com prejuízo para a concorrência e para o bem-estar dos consumidores"[343].

---

[341] Os resultados do Portugal FinLab podem ser consultados no Portugal FinLab Report, disponível em: https://www.portugalfinlab.org/portugal-finlab-report.

[342] ESAs Joint Report on regulatory sandboxes and innovation hubs, 2018, disponível em: https://www.esma.europa.eu/press-news/esma-news/esas-publish-joint-report-regulatory-sandboxes-and-innovation-hubs.

[343] Autoridade da Concorrência, *Regimes Regulatórios Promotores de Inovação no Setor Financeiro – Levantamento de Experiências Internacionais*, 2018, p. 1, disponível em: http://www.concorren-

As *regulatory sandboxes* proporcionam às entidades reguladoras "um conhecimento aprofundado da inovação (*regulatory innovation*), uma fiscalização e controlo (supervisão) e adaptação de normas e de procedimentos (regulamentação), e permitem às empresas um teste do produto ou serviço com uma regulação particularmente adaptada, com riscos e custos menores, e posterior adaptação à regulação necessária"[344]. Por um lado, as empresas querem ser disruptivas em relação ao *status quo*, por outro, as entidades reguladoras querem providenciar uma igualdade de tratamento, que possibilite todas as partes concorrerem entre si com a mesma informação[345].

Em regra, o processo de admissão a uma *regulatory sandbox* inicia-se com a submissão de candidaturas por parte dos promotores de projetos de inovação financeira de base tecnológica que se encontrem num estádio de desenvolvimento suficientemente avançado para poderem ser experimentados. A elegibilidade para entrar numa *Regulatory Sandbox* é padronizada e divulgada, exigindo que os participantes do mercado articulem o seu valor num formato pré-definido[346].

Os candidatos aprovados introduzem os seus produtos no mercado nos estritos termos previstos num plano de testes e sob um número de restrições e salvaguardas com vista à proteção dos investidores e à salvaguarda da segurança do sistema. Integrados numa *regulatory sandbox*, os participantes têm um acompanhamento e interação próximos e frequentes por parte das autoridades competentes, de forma a melhor interpretarem e cumprirem a regulação existente. As autoridades competentes poderão, igualmente, assegurar alguma flexibilidade regulatória, nomeadamente, através do compromisso de isentar o cumprimento de algumas regras de natureza regulatória que a realização do teste em questão pudesse violar,

---

cia.pt/vPT/Estudos_e_Publicacoes/Estudos_Economicos/Banca_e_Seguros/Documents/Fintech_Sandbox%20regulatórias%20e%20benchmarking%20internacional.pdf.

344 Luís Guilherme Catarino, *Inovação financeira e ICOs: mercados privados alternativos?*, 2018, p. 4.

345 Cfr. Simone di Castri e Ariadne Plaitakis, *Going Beyond Regulatory Sandboxes to Enable FinTech Innovation in Emerging Markets*, 2018, p. 4, disponível em: papers.ssrn.com.

346 Cfr. Dirk Zetzsche, Ross P. Buckley, Douglas, W. Arner e Janos Nathan Barberis, "Regulating a Revolution from Regulatory Sandboxes to Smart Regulation", in *EBI Working Paper Series*, n.º. 11, 2017, p. 13, disponível em https://papers.ssrn.com.

desde que o participante cumpra o plano de testes previamente acordados. As autoridades competentes podem, também, permitir a modificação temporária de regras não-críticas ou assegurar a aplicação proporcional de normas que permitam algum grau de discricionariedade por parte dos reguladores na respetiva aplicação.

Neste sentido, os participantes beneficiam de um conjunto de vantagens, entre as quais a redução do tempo e do custo de testar ideias inovadoras no mercado, o que encoraja a entrada de empresas desta natureza. É, ainda, relevante a menor incerteza regulatória a que o operador está sujeito, o que poderá permitir, por exemplo, o acesso mais fácil ao financiamento. Acrescem, por um lado, a garantia de que os direitos dos investidores são respeitados e os riscos para o sistema financeiro minimizados e, por outro, o acesso a um canal permanente de comunicação próximo e informal com as autoridades competentes[347].

Por outro lado, as *regulatory sandboxes* proporcionam às entidades reguladoras "um conhecimento aprofundado da inovação (*regulatory innovation*), uma fiscalização e controlo (supervisão) e adaptação de normas e de procedimentos (regulamentação), e permitem às empresas um teste do produto ou serviço com uma regulação particularmente adaptada, com riscos e custos menores, e posterior adaptação à regulação necessária"[348]. Existe, deste modo, uma tentativa de equilibrar a vontade das empresas em serem disruptivas em relação ao *status quo* e o dever dos reguladores de assegurarem uma igualdade de tratamento que possibilite a todas as partes concorrerem entre si com a mesma informação[349].

---

[347] Cfr. Autoridade da Concorrência, *Regimes Regulatórios Promotores de Inovação no Setor Financeiro – Levantamento de Experiências Internacionais*, 2018, pp. 3 e 4, disponível em: http://www.concorrencia.pt/vPT/Estudos_e_Publicacoes/Estudos_Economicos/Banca_e_Seguros/Documents/Fintech_Sandbox%20regulatórias%20e%20benchmarking%20internacional.pdf.

[348] Luís Guilherme Catarino, *Inovação financeira e ICOs: mercados privados alternativos?*, 2018, p. 4, disponível em: https://www.fd.uc.pt/cedipre/wp-content/uploads/pdfs/co/public_36.pdf.

[349] Cfr. Simone di Castri e Ariadne Plaitakis, *Going Beyond Regulatory Sandboxes to Enable FinTech Innovation in Emerging Markets*, 2018, p. 4, disponível em: https://papers.ssrn.com/sol3/papers.cfm?abstract_id=3059309.

A primeira *Regulatory Sandbox* surgiu nos Estados Unidos da América em 2012, tendo sido criada pela *Consumer Financial Protection Bureau*, com a designação de *Project Catalyst*, tendo inspirado a FCA a implementar este instrumento, a partir de 2016[350]. No mesmo sentido, a FCA manifestou, pela primeira vez, em fevereiro de 2018, a intenção de desenvolver uma "*global sandbox*". Nesta sequência, o FCA publicou, em agosto de 2018, um documento de consulta pública, intitulado *Global Financial Innovation Network* (GFIN), onde desenvolve os próximos passos deste projeto[351].

No dia 7 de Janeiro de 2018, em cumprimento do mandato que lhes foi conferido no Plano de Ação para a Tecnologia Financeira da Comissão Europeia[352], as Autoridades Europeias de Supervisão (*European Supervisory Authorities – European Securities and Markets Authority, European Banking Authority* e *European Insurance and Occupational Pensions Authority*) publicaram um relatório conjunto, o *Fintech: Regulatory Sandboxes and Innovation Hubs*[353], que procede a uma análise comparativa dos instrumentos facilitadores da inovação adotados, até aquela data, por Estados Membros da União Europeia. Neste relatório, as Autoridades Europeias de Supervisão divulgam ainda um conjunto de "boas práticas" relativas à instituição e funcionamento destes facilitadores da inovação, para apoiar as autoridades que pretendam recorrer a estes instrumentos e para promover a convergência e assegurar a existência de condições de igualdade no acesso e exercício da atividade pelos agentes do mercado.

Neste relatório, as autoridades supervisoras europeias do setor financeiro divulgaram ainda um conjunto de "boas práticas" relativas à instituição e funcionamento destes facilitadores da inovação, para apoiar as

---

[350] Cfr. Leonildo Manuel e Jacinto Manuel, "FinTech: experiências e desafios no contexto africano" in *Escritos sobre FinTech e Corporate Finance – Experiências e desafios no contexto africano*, AAFDL Editora, Lisboa, 2019, p. 48.

[351] Cfr. FCA, *GFIN – One year on, 2019*, disponível em: https://www.fca.org.uk/firms/global-financial-innovation-network.

[352] Disponível em: https://eur-lex.europa.eu/resource.html?uri=cellar:6793c578-22e6-11e8-ac73-01aa75ed71a1.0013.02/DOC_1&format=PDF

[353] ESAs Joint Report on regulatory sandboxes and innovation hubs, 2018, disponível em: https://www.esma.europa.eu/press-news/esma-news/esas-publish-joint-report-regulatory-sandboxes-and-innovation-hubs.

autoridades nacionais que pretendam recorrer a estes instrumentos e para promover a convergência e assegurar a existência de condições de igualdade no acesso e exercício da atividade pelos agentes do mercado da União. Vinte e um Estados-Membros e três membros do espaço económico comum mantêm ativos *innovation hubs*, embora apenas cinco estados membros (Dinamarca, Lituânia, Holanda, Polónia e Reino Unido) tenham *regulatory sandboxes* em pleno funcionamento.

Especificamente no que respeita às *regulatory sandboxes* e à respetiva base legal, o relatório refere que as autoridades competentes com *regulatory sandboxes* instituídas apresentam este instrumento como uma forma de mapeamento e compreensão dos riscos e oportunidades oferecidos pela inovação com vista à implementação de respostas adequadas do ponto de vista regulatório e do exercício das respetivas competências de supervisão. Dessa forma, as entidades reguladoras, ao ponderarem a criação de *regulatory sandboxes*, não veem esse processo de maneira diferente de qualquer outra ferramenta disponível para elas no desenvolvimento de políticas regulatórias e de supervisão em relação às atividades emergentes[354].

De notar que nenhuma autoridade nacional referiu os normativos da União Europeia como base para o enquadramento das respetivas *regulatory sandboxes* ou sinalizou a necessidade de previsão expressa a propósito para a sua efetiva implementação. Estes instrumentos foram, assim, enquadrados na respetiva missão estatutariamente consagrada de contribuir para a estabilidade financeira, para a confiança nos mercados financeiros e para a proteção dos investidores tendo sido entendido que não haveria necessidade de proceder a alterações legislativas para a efetivação destas *regulatory sandboxes*, já que estas se desenvolvem com recurso e no contexto do exercício dos poderes gerais de supervisão atribuídos às autoridades competentes. O factor diferenciador relativamente às práticas comuns de supervisão é, pois, o enquadramento específico da *regulatory sandbox*, nomeadamente, os critérios de elegibilidade para o acesso ao ambiente de testes e a especificação da parametrização dos testes em

---

[354] ESAs Joint Report on regulatory sandboxes and innovation hubs, 2018, p. 19, disponível em: https://www.esma.europa.eu/press-news/esma-news/esas-publish-joint-report-regulatory-sandboxes-and-innovation-hubs.

si mesmos, que, na maioria das vezes implicam um elevado dispêndio de recursos de supervisão e um grau de proximidade muito mais estreito do que na supervisão comum de uma atividade.

As autoridades competentes sublinharam ainda que as *regulatory sandboxes* em nenhum momento permitem a prossecução de atividades reguladas sem a devida autorização ou a concessão de isenções aos requisitos para obtenção dessa autorização. Em termos de avaliação do cumprimento das condições de autorização, as entidades reguladoras enfatizaram que, para as empresas que requerem autorização para realizar uma atividade regulamentada em relação a um serviço ou produto que pretendem ver testado, nenhuma abordagem menos exigente se aplica. No entanto e conforme práticas já realizadas normalmente nos processos de autorização, uma abordagem proporcional pode ser aplicada para a avaliação da conformidade do serviço ou produto a ser testado (por exemplo, em termos de expectativas em relação aos processos de organização e requisitos de sistemas de controlo)[355].

Nestes termos, se uma empresa não cumprir os requisitos necessários para obter a autorização para desempenho da atividade que se propõe testar, não poderá ser aceite na *regulatory sandbox*. Caso os cumpra, será admitida no ambiente de testes, sendo os respetivos parâmetros de testes fixados pelas autoridades competentes através da aposição de limitações e restrições específicas à autorização concedida a essa entidade e da celebração de um acordo com os termos e condições dos testes. O incumprimento destas limitações e restrições poderá desencadear ações de supervisão ou mesmo ação sancionatória.

Os modelos observados são transsetoriais a todo o sistema financeiro, abrangendo o setor bancário, o dos seguros e o dos mercados financeiros, e estão abertos a empresas incumbentes, *startups* e empresas tecnológicas (que estejam associadas a instituições financeiras), não se cingindo a produtos financeiros, mas também a soluções tecnológicas que facilitem o cumprimento regulatório (*RegTech*) ou a supervisão (*SupTech*).

[355] ESAs Joint Report on regulatory sandboxes and innovation hubs, 2018, p. 19, disponível em: https://www.esma.europa.eu/press-news/esma-news/esas-publish-joint-report-regulatory-sandboxes-and-innovation-hubs.

Noutros países, como França e Alemanha, as entidades reguladoras optaram por observar os desenvolvimentos do mercado antes da adoção de instrumentos desta natureza e caraterísticas. As respetivas opções podem justificar-se nas respostas das respetivas autoridades AMF[356] e BaFin[357] à consulta pública sobre *FinTech* da Comissão Europeia (de 23 de março de 2018) onde estas densificam as suas reservas à implementação de *regulatory sandboxes*, particularmente, quanto à incerteza do enquadramento e aceitabilidade deste instrumento à luz da legislação europeia aplicável, à dificuldade de enquadrar estatutariamente a seleção de certos projetos para a realização de testes em detrimento de outros, tendo em conta o princípio da igualdade e da neutralidade tecnológica, e ainda ao risco de se criar um *race to the bottom* entre estados membros no que respeita especificamente ao acolhimento de projetos de inovação financeira.

No nosso entendimento, existem essencialmente dois modelos de *regulatory sandboxes* na Europa que se destacam e que poderão ser seguidas nacionalmente, o modelo desenvolvido pelo Reino Unido e o modelo de Espanha previsto na *Ley* 7/2020 *para la Transformación Digital del Sistema Financiero.*

No Reino Unido, a FCA assumiu uma posição de grande destaque no desenvolvimento e estruturação de testes eficientes e robustos de produtos e serviços financeiros inovadores nas *regulatory sandboxes*, desde 2015, em *que* a intervenção *a priori* da FCA permite a delineação de estratégias que garantam a aprovação de normas especificamente desenhadas para a conjuntura analisada[358], um modelo que procurou ser reproduzido pela DNB na Holanda.

---

[356] A resposta da autoridade reguladora francês, AMF, pode ser consultada em: https://www.amf-france.org/Reglementation/Dossiers-thematiques/l-AMF/Fonctionnement-de-l-AMF--et-reformes-du-secteur-financier/R-ponse-de-l-AMF---la-consultation-de-la-Commission--europ-enne-sur-les-Fintech-----Vers-une-Europe-de-services-financiers-plus-concurrentiels-et-innovants--.

[357] A resposta da autoridade reguladora alemã, BaFin pode ser consultada em: https://ec.europa.eu/eusurvey/files/e9a86cda-48eb-498c-82e7-4b0b029e1229/75523ae3-c496-4016-a8d7-c92d807335f3

[358] Cfr. João Freire de Andrade e Margarida Mendes da Maia, "Fomentar a Regtech: o futuro da regulação financeira", in *FinTech: Novos estudos sobre tecnologia financeira*, coord.

As *regulatory sandboxes* do Reino Unido e da Holanda não estabelecem quaisquer isenções aos instrumentos normativos nacionais ou europeus, mas, nos termos dos respetivos atos de instituição estabelecem a possibilidade de alterar ou isentar o cumprimento de uma regra que seja tida por injustificadamente onerosa dentro dos poderes conferidos às respetivas autoridades reguladoras.

Neste sentido, a FCA expôs no seu relatório "*Regulatory sandbox*", de novembro de 2015, que qualquer opção legislativa que isente o regime de autorizações a empresas que participem numa *regulatory sandbox* é inexequível face às exigências do Direito da União Europeia[359].

A FCA publicou, ainda, em outubro de 2017, um relatório intitulado "*Regulatory sandbox lessons learned report*"[360], no qual foram expostos alguns modelos testados na sua *regulatory sandbox* criada em 2016. Desses modelos foram destacados no relatório os projetos em *Distributed Ledger Technologies* (DLT), tais como a representação de ações e processos de *corporate governance* com essa tecnologia e a oferta pública de obrigações através de DLT. Também foram explanadas as experiências com *robo-advising*, em que se identificaram os respetivos problemas e riscos, com vista a que os participantes pudessem mitigá-los em prol da proteção dos investidores e da integridade do mercado.

Nesse mesmo relatório não são identificadas quaisquer alterações ou isenções a normas regulamentares que tenham sido realizadas pela FCA no âmbito da sua *regulatory sandbox*, permitindo-se inferir que os principais benefícios deste instrumento são a aproximação e acompanhamento que a FCA oferece às empresas com projetos inovadores. Por outro lado, todas as ações da FCA identificadas no relatório são, atendendo às circunstâncias de cada mercado, similares às praticadas pelos reguladores nacionais no relacionamento com os seus *stakeholders*.

António Menezes Cordeiro, Ana Perestrelo de Oliveira e Diogo Pereira Duarte, Almedina, Coimbra, 2019, p. 11.

[359] Consultável em: https://www.fca.org.uk/publication/research/regulatory-sandbox.pdf

[360] Este relatório pode ser consultado em: https://www.fca.org.uk/publication/research-and-data/regulatory-sandbox-lessons-learned-report.pdf.

No caso holandês[361], a DNB refere que interpreta com razoabilidade as normas legais nacionais e europeias e as orientações das Autoridades Europeias de Supervisão, dependendo do espaço dado pelas mesmas. No caso britânico[362], a autoridade reguladora criou um processo de registo estandardizado específico para a *regulatory sandbox*, que permite simplificar e reduzir custos nesse processo para a prossecução de ideias de inovação financeira pré-determinadas.

Por outro lado, em Espanha, os Ministérios da Economia e das Finanças apresentaram, em 2018, uma proposta para constituir uma *regulatory sandbox* através do anteprojeto de lei das medidas para a transformação digital do sistema financeiro[363], submetido a consulta pública em julho de 2018. No dia 17 de setembro de 2020, o Congresso de Deputados espanhol aprovou o "*Proyecto de Ley para la Transformación Digital del Sistema Financiero*", tendo o Senado espanhol aprovado, por unanimidade e de forma definitiva, o mesmo diploma, no dia 4 de novembro de 2020. Posteriormente, foi publicada a *Ley* 7/2020 *para la Transformación Digital del Sistema Financiero*, de 13 de novembro, que tem como objeto a regulação de um ambiente de testes controlado que permite a implementação de projetos de inovação tecnológica no sistema financeiro com acomodação integral no enquadramento legal e de fiscalização. Optou-se pela implementação de um conjunto de disposições normativas que habilitam a realização controlada e delimitada de provas de um determinado projeto de inovação financeira de base tecnológica, com a participação dos três reguladores do setor financeiro, ou seja, o *Banco de España*, a *Comisión Nacional del Mercado de Valores* o a *Dirección General de Seguros y Fondos de Pensiones*.

No dia 15 de dezembro de 2020, foi publicada a "*Resolución de la Secretaria General del Tesoro y Financiación Internacional*", com o objetivo de apresentar o formulário de candidatura à *regulatory sandbox* e o primeiro

---

361 Cfr. https://www.dnb.nl/en/binaries/More-room-for-innovation-in-the-financial%20sector_tcm47-361364.pdf.

362 https://www.fca.org.uk/firms/regulatory-sandbox/sandbox-tools.

363 Consultável em:
www.mineco.gob.es/stfls/mineco/prensa/noticias/2014/180711_AP_Ley_transformacion_digital_sistema_financiero_f.pdf.

período de candidaturas, de 13 de janeiro de 2021 a 23 de fevereiro de 2021, tendo sido recebidas 67 candidaturas. No dia 15 de junho de 2021, anunciou-se o segundo período de candidaturas, de 1 de setembro de 2021 a 13 de outubro de 2021, tendo sido recebidas 13 candidaturas.

Podem aceder ao espaço controlado os agentes que pretendam implementar um projeto de inovação financeira de base tecnológica que se encontre num estado de desenvolvimento suficientemente avançado para poder ser experimentado. Adicionalmente, os projetos devem incluir um dos seguintes factores de valor acrescentado, a serem objeto de avaliação prévia pelas autoridades competentes: a) visar o melhor cumprimento normativo mediante a melhoria ou homogeneização de processos ou outros instrumentos; b) gerar benefícios aos utilizadores de serviços financeiros; c) aumentar a eficiência das entidades do mercado; d) proporcionar mecanismos de melhoria da regulação e do melhor exercício da supervisão financeira.

A avaliação prévia a realizar pelas autoridades competentes começa no final do prazo das candidaturas. No caso de um projeto receber uma avaliação prévia favorável, será celebrado entre o promotor e autoridade ou autoridades competentes (consoante o projeto abranja um ou mais sectores do sistema financeiro) um protocolo de provas, em que se estabelecem as condições em que as provas se desenvolvem, incluindo (i) limitações quanto ao volume e tempo de realização; (ii) indicação da informação que se disponibilizará às autoridades e o modo de aceder a essa informação; (iii) as fases do projeto e os objetivos a alcançar em cada uma; (iv) os recursos com que o promotor tem que contar para desenvolver as provas e, bem assim, (v) o regime de garantias para cobrir a sua eventual responsabilidade.

No protocolo, estão também estabelecidas as cautelas necessárias para garantir, em cada prova, um sistema específico de proteção dos participantes, em termos de proteção de dados, proteção de consumidores/investidores e prevenção do branqueamento de capitais e financiamento do terrorismo. Nos projetos de interesse geral, as autoridades competentes podem celebrar protocolos específicos para as provas serem desenvolvidas com a colaboração de organismos públicos de investigação ou universidades.

Os promotores podem desistir das provas a qualquer momento, não tendo qualquer direito de indemnização. A responsabilidade por danos sofridos pelos participantes nas provas é, por outro lado, exclusiva dos promotores. As autoridades competentes designam monitores para o acompanhamento das provas, que se desenvolvem através de um diálogo próximo entre estes e os promotores. Concluídas as provas, os promotores elaboram um relatório que servirá para a avaliação dos resultados e poderão requerer a autorização para o exercício de uma atividade ou prestação de serviços profissional.

Durante as provas, as autoridades devem aplicar o princípio da proporcionalidade, nos termos do direito administrativo geral espanhol, bem como adotar medidas de controlo e de monitorização. Está prevista a criação de uma comissão de coordenação, entre as autoridades competentes e o Ministério das Finanças Espanhol, que tem como objetivos: (i) tomar conhecimento das candidaturas, das avaliações prévias, dos protocolos e dos resultados; (ii) enquadrar e tomar conhecimento os motivos das decisões dos monitores; (iii) monitorizar e apreender qualquer ato relevante no âmbito das provas; (iv) assegurar a participação e coordenação das autoridades competentes; (v) deliberar sobre a aplicação do princípio da proporcionalidade e (vi) partilhar informação sobre inovação financeira de base tecnológica.

A maior especificidade deste modelo prende-se com o facto de o acesso ao espaço controlado não implicar a concessão de uma autorização para o início do exercício de uma atividade ou para a prestação de serviços de natureza profissional, uma vez que é expressamente salvaguardado numa disposição normativa que as provas não implicam, em nenhum caso, o exercício profissional e habitual de uma atividade sujeita a autorização. Não se trata, portanto, de uma dispensa de autorização administrativa, mas antes uma permissão de realizar provas a um modelo de negócio em momento prévio ao pedido de autorização[364].

Tal disposição permite aos agentes que adiram à *regulatory sandbox* espanhola enquadrar o exercício da respetiva atividade, nesse contexto,

---

[364] Cfr. REYES PALÁ LAGUNA, "La licencia sandbox para las Fintech: ¿es necesario un nuevo derecho para estos nuevos hechos?", in *Revista de Derecho del Mercado de Valores*, n.º 22/2018, N.º 22, 1 de ene. de 2018, Editorial Wolters Kluwer, Madrid, p. 8.

fora do âmbito da DMIF II, dado que as exigências previstas nessa Diretiva apenas se aplicam à "prestação de serviços de investimento e/ou o exercício de atividades de investimento enquanto ocupação ou atividade regular a título profissional"[365]. Permite-se, assim, um maior grau de liberdade de atuação ao legislador e às autoridades, no âmbito da *regulatory sandbox*.

A nível da União Europeia, a Comissão Europeia apresentou, no dia 24 de setembro de 2020, uma proposta de Regulamento Europeu sobre o regime piloto para a utilização de DLT em estruturas de mercado, que corresponde a uma *regulatory sandbox* para um caso específico. Analisaremos com maior detalhe esta proposta na Parte III.

No dia 21 de abril de 2021, a Comissão Europeia apresentou uma proposta de Regulamento Europeu que estabelece regras harmonizadas em matéria de inteligência artificial, estando previstas regras sobre a criação de *regulatory sandboxes* neste âmbito, nos seus artigos 53.º a 55.º com vista a facilitar a sua utilização transnacionalmente e de forma concertada entre as autoridades setoriais e as autoridades de proteção de dados.

---

[365] Artigo 5.º da DMIF II.

IV.
Enquadramento das Estratégias Governamentais e Regulatórias *FinTech* no Sistema Jurídico Nacional

1. Enquadramento no Direito da União Europeia e no Direito Constitucional

Fizemos uma breve excursão que serviu para estabelecer o nosso ponto de partida, chegando o momento em que nos debruçaremos sobre os limites e as normas programáticas a que está sujeita qualquer abordagem regulatória à *FinTech*, de forma a que as barreiras fiquem expostas claramente para que qualquer hipótese que avancemos não se depare com vícios insanáveis, aproveitando também as orientações vindas das normas programáticas para, eventualmente, reforçar os alicerces da nossa proposta de abordagem regulatória. Para tanto, centrar-nos-emos nos aspetos relacionados com a *FinTech*, ou seja, os limites e apoios à iniciativa económica privada previstas nas leis hierarquicamente superiores do nosso ordenamento jurídico.

Começamos pelo Direito da União Europeia, face ao primado deste no Direito Português, ou seja, as normas jurídicas da União Europeia têm aplicação imediata nos Estados Membros e nos seus órgãos, como disposto no n.º 4 do artigo 8.º da CRP, estabelecendo-se uma relação *interativa*, mais do que hierárquica, entre a ordem constitucional europeia e a ordem constitucional nacional[366].

---

[366] Cfr. Jorge Miranda, "Anotação ao artigo 8.º", in *Constituição Portuguesa Anotada*, Tomo I, 2.ª ed., Coimbra Editora, Coimbra, 2010, p. 176. "A Constituição regula a hierarquia do direito constitucional e do direito subordinado da União por remissão para o direito da União, ou seja, este direito prevalecerá ou não sobre o direito nacional, incluindo o direito constitucio-

As liberdades económicas fundamentais do Mercado Comum ficaram, desde logo, estabelecidas, no Tratado de Roma, assinado em 1957, a liberdade de circulação de mercadorias, a liberdade de circulação de pessoas, a liberdade de estabelecimento e prestação de serviços e a liberdade de circulação de capitais, previstas atualmente no TFUE, complementadas pela liberdade de circulação de pagamentos, pela liberdade de concorrência, pelo princípio da economia de mercado social – um corolário de todas as referidas liberdades –, e pelo recente princípio da coesão económica social, territorial e da solidariedade entre os Estados Membros[367].

Nos artigos 28.º e 29.º do TFUE está prevista a liberdade de circulação de mercadorias e nos artigos 46.º a 48.º está prevista a liberdade de circulação de pessoas. A liberdade de estabelecimento e de prestação de serviços está prevista nos artigos 49.º e 56.º do TFUE. As liberdades de circulação de pagamentos e de circulação de capitais, "«quarta» liberdade constitutiva do mercado comum", estão, por sua vez, consagradas nos artigos 63.º a 66.º do TFUE. Por último, a liberdade de concorrência consagra-se nos artigos 101.º a 106.º e 120.º do TFUE, o princípio da economia do mercado social no n.º 3 do artigo 3.º do TFUE e o princípio da coesão económica social, territorial e da solidariedade entre os Estados Membros nos artigos 3.º e 174.º do TFUE.

O TFUE determina ainda, no n.º 3 do artigo 4.º, que nos domínios da investigação, do desenvolvimento tecnológico e do espaço, a União Europeia dispõe de atribuições para desenvolver ações, incluindo a definição e a execução de programas, sem prejuízo do dever de cada Estado-Membro exercer a sua própria competência neste domínio[368].

Refere-se, igualmente, à previsão da liberdade de empresa e de propriedade no CDFUE, havendo uma preferência pela gestão privada como regime-regra dos bens económicos, sendo a intervenção pública tutelada na medida do necessário ao interesse geral, estabelecendo-se assim uma

---

nal português, nos termos definidos pelo direito da União Europeia", Ana Maria Guerra Martins, *Curso de Direito Constitucional da União Europeia*, Almedina, Coimbra, 2004, p. 441.

[367] Cfr. Luís Cabral de Moncada, *Direito Económico*, 7.ª ed., Almedina, Coimbra, 2018, p. 125.

[368] Cfr. Ana Maria Guerra Martins, Manuel de Direito da União Europeia, 2.ª ed., Almedina, Coimbra, 2018, p. 352.

ordem em que o livre funcionamento de mercado dita as regras da decisão económica prevalecente, com uma relevante intervenção do Estado quando necessária[369].

Trespassando para a lei fundamental, começamos por referir o artigo 61.º, n.º 1, da CRP, uma norma que fundamenta a ordem liberal económica instituída em Portugal[370], onde está prevista a liberdade de iniciativa empresarial[371], traduzida como uma liberdade de exercício de uma atividade económico-produtiva através de uma organização empresarial[372], ou seja, este desígnio constitucional instituí um direito geral dos cidadãos de participarem numa atividade económica-produtiva, como expressão da sua autonomia de poderem constituir, a um tempo, um modo de afirmação quer das singularidades quer da solidariedade, sendo esta autonomia encarada em qualquer dos casos como um factor de desenvolvimento, de eficiência e equidade"[373].

Seguidamente, salientamos o artigo 81.º da CRP, em que estão previstas as incumbências prioritárias do Estado no âmbito económico e social, sendo onde mais se acentua a vertente programática e compromissória da CRP, encontrando-se aqui as concretizações da democracia económica[374]. Para o nosso tema, identificamos as tarefas de promoção do desenvolvimento sustentável, incluindo assegurar uma política científica e tecnológica favorável ao desenvolvimento do País, de acordo com

---

[369] Cfr. Luís Cabral de Moncada, *Direito Económico*, 7.ª ed., Almedina, Coimbra, 2018, pp. 126 e ss..

[370] Cfr. João Pacheco de Amorim, *Direito Administrativo da Economia, Vol. I (Introdução e Constituição Económica)*, Almedina, Coimbra, 2014, pp. 385 e ss..

[371] Sobre a distinção entre liberdade de empresa e liberdade de profissão, *vd.* João Pacheco de Amorim, *Direitos Fundamentais e Ordens Profissionais – Em especial, do direito de inscrição nas Ordens – Parte I*, Dissertação de Doutoramento em Ciências Jurídico-Políticas na Faculdade de Direito da Universidade de Coimbra, 2004, pp. 195 e ss..

[372] Cfr. Evaristo Mendes, Anotação ao artigo 61.º, in *Constituição Portuguesa Anotada*, Tomo I, 2.ª ed., coord. Jorge Miranda e Rui Medeiros, Coimbra Editora, Coimbra, 2010, p. 1183.

[373] Guilherme d'Oliveira Martins, "A Constituição Económica Portuguesa – Novas Perspetivas", in *Estudos em Homenagem a Cunha Rodrigues*, Vol. 2, Coimbra Editora, Coimbra, 2001, pp. 344 e 345.

[374] Manuel Afonso Vaz e Manuel Fontaine, Anotação ao artigo 81.º", in *Constituição Portuguesa Anotada*, Vol. II, 2.ª ed., coord. Jorge Miranda e Rui Medeiros, Universidade Católica Editora, Lisboa, 2018, p. 30.

a alínea l) do artigo 81.º da CRP, conferindo "à mão visível do Estado"[375] uma função ativa na promoção do desenvolvimento económico e social. O desenvolvimento é uma condição do emprego e da geração de rendimentos, sem os quais não há bem-estar nem qualidade, salvaguardado o futuro, através do respeito ao aproveitamento dos recursos naturais, a estabilidade ecológica e a solidariedade entre gerações[376]. Remetemos aqui para o artigo 66.º, n.º 2, alínea d) da CRP, que se interliga com esta incumbência de desenvolvimento económico e social, bem como ao n.º 4 do artigo 73.º da CRP, que justifica a adoção de medidas de incentivo, ou até medidas preceptivas, que se afigurarem necessárias em relação às empresas, dado o papel crescente da inovação no progresso económico[377].

Ainda em relação às incumbências do Estado no âmbito económico e social, identificamos como relevante a alínea f) do artigo 81.º, que prevê o objetivo de garantia na formação, captação e segurança das poupanças corresponde, certamente, a uma concretização da incumbência prioritária do Estado de assegurar o funcionamento eficiente dos mercados, e reclama um particular cuidado na regulação pública dos mercados financeiros[378]. Esta norma permite, assim, que exista uma cobertura constitucional para regulação pública dos mercados, que é essencial também do ponto de vista dos agentes de mercado, uma vez que, sem um interveniente neutro que assegure o comportamento equitativo daqueles através de uma intervenção protetora e não dirigista nem planificada, não seria possível existir um mercado eficiente[379].

No n.º 1 do artigo 86.º é disposto que o Estado incentiva a atividade empresarial, em particular das PME, por reconhecer nestas um papel social fundamental na política de emprego e desenvolvimento social

---

[375] Cfr. Cristina Queiroz, "O plano da ordem jurídica", in *Revista da Faculdade de Direito da Universidade de Lisboa*, Lisboa, v. 30 e 31, 1989, p. 263.

[376] Cfr. José Gomes Canotilho e Vital Moreira, "Anotação do artigo 81.º", in *Constituição da República Portuguesa Anotada*, Vol. I, 4.ª ed., Coimbra Editora, Coimbra, 2014, p. 967.

[377] Cfr. José Gomes Canotilho e Vital Moreira, "Anotação do artigo 81.º", in *Constituição da República Portuguesa Anotada*, Vol. I, 4.ª ed., Coimbra Editora, Coimbra, 2014, p. 971.

[378] Cfr. Rui Guerra da Fonseca, *Comentário à Constituição Portuguesa*, II Volume, coord. Paulo Otero, Almedina, Coimbra, 2008, p. 763.

[379] Cfr. Luís Cabral de Moncada, *Direito Económico*, 7.ª ed., Almedina, Coimbra, 2018, pp. 50 e 51.

integrado. A CRP não concretiza este incentivo, remetendo para lei esse crivo[380].

A proteção específica das PME exige um tratamento diferenciado em relação a grandes empresas, no que respeita aos domínios economicamente relevantes, legitimando discriminações positivas que, de outro modo, poderiam infringir o princípio da igualdade[381].

Dado que o peso das PME na economia é bastante elevado, como vimos anteriormente, elas podem influenciar o mercado pelo seu volume de oferta e no plano social, pelo seu grande número, têm um papel relevante, podendo contribuir para a efetivação do pleno emprego, sendo ainda suscetíveis de regionalizar a oferta de trabalho[382]. Assim, com este objetivo de promover as PME, pretende-se salvaguardar o direito de livre empresa, o encorajamento da atividade privada e a garantia de uma oferta global[383].

Por outro lado, o n.º 3 do artigo 86.º da CRP parace vedar às empresas privadas e a outras entidades da mesma natureza o acesso a determinadas atividades, no entanto, temos três situações que Carlos Ferreira de Almeida formula como de reserva absoluta, reserva de controlo e reserva eventual. A reserva absoluta determina-se como a obrigatoriedade de a atividade pertencer ao setor público empresarial. A reserva de controlo, por outro lado, prevê que o Governo possa autorizar em casos excecionais a intervenção de empresas privadas, caso do setor do armamento. A reserva eventual, por último, determina a possibilidade de a atividade ficar sujeita ao regime da concessão[384].

Cabe-nos, igualmente, assinalar o artigo 99.º da CRP, que enuncia os objetivos da política comercial, fornece uma credencial clara para a inter-

---

380 Cfr. Luís Cabral de Moncada, *Direito Económico*, 7.ª ed., Almedina, Coimbra, 2018, pp. 545 e ss..

381 Cfr. José Gomes Canotilho e Vital Moreira, "Anotação do artigo 86.º", in *Constituição da República Portuguesa Anotada*, Vol. I, 4.ª ed., Coimbra Editora, Coimbra, 2014, p. 1014.

382 Cfr. Carlos Mota Pinto, *Direito Económico Português, Desenvolvimentos Recentes*, Coimbra, 1982, p. 131; Manuel Afonso Vaz, *Direito Económico – A Ordem Económica Portuguesa*, 4.ª ed., Coimbra Editora, Coimbra, 1998, pp. 369 e ss..

383 Luís Cabral de Moncada, *Direito Económico*, 7.ª ed., Almedina, Coimbra, 2018, p. 544.

384 Cfr. Carlos Ferreira de Almeida, *Direito Económico*, II, AAFDL, Lisboa, 1979, pp. 4 e ss..

venção do Estado e demais entidades públicas neste domínio e impõe uma atuação positiva das autoridades públicas, com vista à criação de instrumentos de regulação que acompanhem os desenvolvimentos do mercado e assegurem a proteção dos consumidores[385].

Continuamos com uma norma que se afigura central para a *FinTech*, por prever a estrutura e organização do sistema financeiro, o artigo 101.º da CRP, onde se determina expressamente que "O sistema financeiro é estruturado por lei, de modo a garantir a formação, a captação e a segurança das poupanças, bem como a aplicação dos meios financeiros necessários ao desenvolvimento económico e social".

Com o que isso significa de razões de ordem pública económica e social, tanto de ordem pública de direção da economia como o de ordem pública de proteção dos aforradores, depositantes, investidores e beneficiários de seguros[386], o artigo 101.º da CRP refere-se ao sistema financeiro, numa dupla aceção (ambas interligadas e interdependentes): a aceção objetiva, no sentido de conjunto de normas, princípios, institutos e mecanismos jurídicos que regem as atividades financeiras; e a aceção subjetiva, no sentido de conjunto de instituições, empresas e organizações com intervenção direta na atividade financeira[387].

Esta norma constitucional salvaguarda o papel determinante que o sistema financeiro desempenha no contexto da atividade económica de suprir falhas de mercado – sobredimensionadas com a complexificação e globalização da sociedade[388] – e prevenir que os riscos sistémicos abalem a confiança no sistema[389]. Assim, a proteção dessa confiança e credibilidade exige, no seu conjunto, fiabilidade, clareza, coerência, e

---

[385] Cfr. Rui Medeiros e Patrícia Fragoso Martins, "Anotação ao artigo 99.º", in *Constituição Portuguesa Anotada*, Vol. II, 2.ª ed., coord. Jorge Miranda e Rui Medeiros, Universidade Católica Editora, Lisboa, 2018, p. 180.

[386] João Calvão da Silva, "Global Master Repurchase Agreement e Reporte Financeiro" in *Estudos de Homenagem a António Barbosa de Melo*, Almedina, Coimbra, 2013, pp. 335 e ss..

[387] Cfr. José Gomes Canotilho e Vital Moreira, "Anotação do artigo 101.º", in *Constituição da República Portuguesa Anotada*, Vol. I, 4.ª ed., Coimbra Editora, Coimbra, 2014, p. 1080.

[388] Cfr. Nuno Miguel Cunha Rolo, *Manual de Administração e Governação Pública*, Vol. II, AAFDL Editora, Lisboa, 2020, p. 497.

[389] Cfr. José Gomes Canotilho e Vital Moreira, "Anotação do artigo 101.º", in *Constituição da República Portuguesa Anotada*, Vol. I, 4.ª ed., Coimbra Editora, Coimbra, 2014, p. 1081.

racionalidade dos atos do poder público em relação ao cidadão de modo que a este seja garantida a segurança nas suas disposições pessoais e nos efeitos jurídicos dos seus próprios atos. Sob esta perspetiva, a tutela da confiança apela à harmonia e a adequação do sistema no seu conjunto e, assim sendo, os cidadãos encontrarão na tutela da confiança um modo de concretização coerente e harmoniosa dos valores últimos do sistema financeiro.

Outro factor relevante para a tutela desta confiança e dos controlos públicos que têm que existir no sistema financeiro decorre do facto da moeda existente também ser de fonte privada, criada pelos bancos, ou seja, algo que antes era um privilégio estatal, passou tornar-se privado a partir do momento em que o Estado conferiu à moeda bancária força liberatória legal, colocando o sistema financeiro como um bem público, absolutamente necessário para a economia e o Estado, bem como para o desenvolvimento ecónomico e social[390].

Por essas razões, incumbe ainda ao sistema financeiro defender a segurança das poupanças, concretizando-se, desta forma, a incumbência prioritária do Estado, já acima referida, no sentido de assegurar o funcionamento eficiente dos mercados, prevista na alínea f) do artigo 81.º da CRP. Relativamente ao desirato de aplicação dos meios financeiros necessários ao desenvolvimento económico e social previsto na norma, este pode ser prosseguido através de o desenvolvimento de mecanismos de regulação adequados e de políticas económicas de qualidade que tornem o investimento em produtos financeiros competitivos com os de outros mercados[391].

O sistema financeiro é um dos pilares do desenvolvimento económico dos países, tendo em conta as suas funções de acumulação de capital e a alocação de recursos financeiros. Destarte, é essencial a intervenção pública das entidades reguladoras, quer nacional quer internacional-

[390] Cfr. Luís Miguel Pestana de Vasconcelos, *Direito Bancário*, 2.ª ed., Almedina Coimbra, 2019, pp. 30 e 31.

[391] Cfr. Nuno Cunha Rodrigues, "Anotação ao artigo 101.º", in *Constituição Portuguesa Anotada*, Vol. II, 2.ª ed., coord. Jorge Miranda e Rui Medeiros, Universidade Católica Editora, Lisboa, 2018, pp. 189 e 190.

mente[392], estabelecendo um elevado número de obrigações às instituições financeiras. Inclusive, as entidades reguladoras podem interferir com direitos, liberdades e garantias fundamentais, por exemplo, a liberdade de escolha da atividade profissional através do controlo dos atos de registo dos auditores, por exemplo[393]. As entidades reguladoras, pugnam, igualmente, pela aplicação das normas, pela monitorização do risco e pelo acompanhamento do mercado[394].

Acresce que, a regulação financeira procura equilibrar a necessidade de proteção dos investidores com a manutenção ou incremento de eficiência e competitividade dos mercados[395]. A regulação é único meio de mitigação de riscos[396] relativos a eventos que provavelmente não serão plenamente resolvidos pela via judicial que apenas atua *ex post*. Essa proteção dos investidores e dos consumidores, que são a parte mais fraca nas relações com as instituições financeiras está fortemente alicerçada na informação[397]. Por esse motivo, a regulação do sistema financeiro foca-se em assegurar a adequação da informação[398] prestada aos investidores e

---

[392] Referimo-nos, sobretudo, à IOSCO, à OCDE e ao *Bank of International Settlements*.

[393] Controlo exercido pela CMVM, nos termos da Regime Jurídico da Supervisão de Auditoria (Lei n.º 148/2015, de 9 de setembro).

[394] Cfr. Lúcio Tomé Feteira, "Regulação financeira e o setor bancário: justificação, âmbito e perspetivas", in *Garantia de Direitos e Regulação: Perspectivas de Direito Administrativo*, Coord. Carla Amado Gomes, Ricardo Pedro, Rute Saraiva e Fernanda Maçãs, AAFDL Editora, Lisboa, 2020, p. 959.

[395] Cfr. André Figueiredo, "A Informação Difundida no Mercado de Valores Mobiliários e os Poderes da CMVM", in *Cadernos do Mercado de Valores Mobiliários*, n.º 24, 2006, p. 69, disponível em: https://www.cmvm.pt/pt/EstatisticasEstudosEPublicacoes/CadernosDoMercadoDeValoresMobiliarios/Pages/Cadernos-do-mercado-de-valores-mobiliarios.aspx?pg.

[396] Risco é um conceito polissémico. Referimo-nos à não concretização de uma expetativa positiva e à concretização de uma externalidade negativa, Cfr. Lúcio Tomé Feteira, "Regulação financeira e o setor bancário: justificação, âmbito e perspetivas", in *Garantia de Direitos e Regulação: Perspectivas de Direito Administrativo*, Coord. Carla Amado Gomes, Ricardo Pedro, Rute Saraiva e Fernanda Maçãs, AAFDL Editora, Lisboa, 2020, pp. 954 e 955.

[397] Cfr. João Andrade Nunes, "Os Deveres de Informação no Mercado de Valores Mobiliários: O Prospeto", in *Revista de Concorrência e Regulação*, Ano VI, número 23-24, Almedina, Coimbra, 2015, p. 160.

[398] Com adequação da informação, queremos referirmo-nos à garantia de informação verdadeira, exata, suficiente e objetiva, cfr. Mafalda Gouveia Marques e Mário Freire, "A Informação no Mercado dos Capitais", in *Cadernos dos Mercados de Valores Mobiliários*, n.º 3,

aos consumidores, com vista a evitar assimetrias informativas, razão pela qual a independência e a transparência das entidades reguladoras são essenciais em prol da sua imparcialidade e equidistância, tendo em conta que o Estado mantém por vezes presença, sem *ius imperii*, no sistema financeiro. A falta de neutralidade de uma entidade reguladora implica um tratamento injusto e desigual aos agentes de mercado e pode colocar seriamente em causa a imprescindível confiança[399] dos investidores privados[400].

Para além destes princípios da independência e da transparência, a regulação financeira assenta, igualmente, nos princípios da eficiência e da estabilidade. O princípio da eficiência consiste no cumprimento do objetivo de garantir o bom funcionamento do sistema financeiro com o menor custo social possível, garantindo uma gestão equilibrada dos recursos disponíveis. Por fim, o princípio da estabilidade, como já referido acima, funda-se na necessidade de garantir a estabilidade das instituições financeiras, assegurando a confiança dos investidores e dos consumidores[401].

O Estado tem, assim, o dever de desenvolver uma atividade de regulação (junto dos regulados), de modo, não só a prevenir a eventual produção de crises e efeitos nefastos para o direito e o património dos utilizadores, como a viabilizar o funcionamento racional e equilibrado dos

---

1998, disponível em: https://www.cmvm.pt/pt/EstatisticasEstudosEPublicacoes/CadernosDoMercadoDeValoresMobiliarios/Pages/Cadernos-do-mercado-de-valores-mobiliarios.aspx?pg.

[399] "Por princípio, o objectivo da regulação financeira, independentemente do subsistema em análise, não deverá diferir do objectivo da política económica em geral, isto é, a procura da estabilidade macro-económica, da eficiência e da segurança. Se quisermos reduzir a uma palavra o que é hoje o mercado financeiro, escolheríamos a palavra confiança", João Duque, "A Regulação Do Sistema de Valores Mobiliários – Uma Abordagem pela Teoria Financeira", in *Cadernos dos Mercados de Valores Mobiliários*, n.º 6, 1998, p. 12, disponível em: https://www.cmvm.pt/pt/EstatisticasEstudosEPublicacoes/CadernosDoMercadoDeValoresMobiliarios/Pages/Cadernos-do-mercado-de-valores-mobiliarios.aspx?pg.

[400] Cfr. João Pacheco de Amorim, *Direito Administrativo da Economia, Vol. I (Introdução e Constituição Económica)*, Almedina, Coimbra, 2014, p. 255.

[401] Fernando Zunzunegui, *Derecho Bancário e Bursátil*, 2.ª ed., Constitución y Leyes, Madrid, 2012, pp. 31 e ss..

mercados; concretizando-se a regulação pública do Estado de Garantia como um elemento de prevenção de crises[402].

A regulação do sistema financeiro serve, assim, para assegurar a robustez e a competitividade das instituições e a estabilidade e eficiência do sistema, garantindo que os diferentes agentes do setor financeiro se ajustem ao ordenamento jurídico[403] e incrementando a confiança no sistema e nas instituições por todos os agentes de mercado. "A preservação da estabilidade financeira depende de todos os participantes no sistema financeiro adotarem comportamentos prudentes e éticos, tendentes a essa preservação"[404]. Por esta razão, as instituições financeiras têm requisitos de estrutura de capital e de governo muito exigentes, competindo às entidades reguladoras a supervisão do cumprimento desses requisitos desde o acesso à atividade até à saída[405].

Daqui decorre a necessidade prever a criação de autoridades administrativas independentes[406], responsáveis por regular o sistema financeiro visa corrigir as falhas de mercado que verificaram em cada subsector (banca, mercados financeiros e seguros) e, bem assim, garantir a formação, a captação e a segurança das poupanças, possibilidade preconizada no artigo 237.º, n.º 3, da CRP de criar estas entidades reguladoras. As autoridades administrativas independentes são uma realidade importada

---

[402] Pedro Costa Gonçalves, "Estado de Garantia e Mercado", in *Revista da Faculdade de Direito da Universidade do Porto,* Vol. VII, Coimbra Editora, Coimbra, 2010, pp. 112 e 113.

[403] Cfr. Luís Guilherme Catarino, *Regulação e Supervisão dos Mercados de Instrumentos Financeiros,* Almedina, Coimbra, 2010, p. 581

[404] João Pedro Castro Mendes, "Estabilidade Financeira, Princípio da Proporcionalidade e Supervisão Microprudencial", in *Estudos de Direito Bancário I,* Almedina, Coimbra, 2018, p. 49.

[405] João Pedro Castro Mendes, "Estabilidade Financeira, Princípio da Proporcionalidade e Supervisão Microprudencial", in *Estudos de Direito Bancário I,* Almedina, Coimbra, 2018, p. 70.

[406] "A independência, sob o ponto de vista orgânico, avalia-se pela composição, modo de designação dos titulares dos seus órgãos, regras relativas ao mandato e regime de incompatibilidades (os seus titulares não podem ser destituídos pelo Governo antes de terminarem o mandato). Sob o ponto de vista funcional, a indepedência caracteriza-se pelo facto de elas desenvolverem a sua actividade sem sujeição a quaisquer ordens ou instrumentos e sem qualquer censura ou contrato, por parte do governo ou de outra autoridade (salvo os Tribunais), José Gomes Canotilho e Vital Moreira, "Anotação do artigo 267.º", in *Constituição da República Portuguesa Anotada,* Vol. II, 4.ª ed., Coimbra Editora, Coimbra, 2010, pp. 810 e 811.

dos EUA, a partir das famosas independente *agencies* que a sua explosão na Europa a partir dos anos 80 do século XX[407].

As entidades reguladoras estão sujeitas no nosso ordenamento à prossecução do interesse público, à CRP e à lei, nos termos do artigo 266.º da CRP. O interesse público é referenciado como a satisfação dos interesses inequívocos da coletividade que se orientem para a existência de uma ordem social pacífica na qual coexistam valores fundamentais[408], prevalecendo o interesse públicos face aos interesses dos particulares que com aquele colidam[409].

Em relação à sujeição das entidades reguladoras à lei, distinguimos dois princípios, o princípio da legalidade e o princípio da reserva de lei – princípios que visam constituir um garante do legislador e da democraticidade da atuação das entidades reguladoras[410]. A função administrativa destas é caraterizada por uma ideia de não-primariedade, por não decidirem o conteúdo originário das políticas públicas, atuando sobre matéria emanada pelos órgãos legislativos[411].

O princípio da legalidade nasceu com o Estado de Direito e teve nas suas origens uma clara função garantista de defesa da propriedade pri-

---

[407] Cfr. Luís Filipe Colaço Antunes, "Constituição Administração e Interesse Público. O Eterno Retorno ao Momento Originante ou o Estado Contra a Administração", in *Nos 25 Anos da Constituição da República Portuguesa de 1976 – Evolução Constitucional e Perspectivas Futuras*, AAFDL, Lisboa, 2001, p. 518.

[408] Cfr. José Gomes Canotilho e Vital Moreira, "Anotação do artigo 266.º", in *Constituição da República Portuguesa Anotada*, Vol. II, 4.ª ed., Coimbra Editora, Coimbra, 2010, pp. 795 e 796; Adelaidade Menezes Leitão, *Normas de Protecção e Danos Puramente Patrimoniais*, Dissertação de Doutoramento em Ciências Jurídicas na Faculdade de Direito da Universidade de Lisboa, Almedina, Coimbra, 2009, pp. 787 e 788; Ary Ferreira da Cunha, *Authority and Accountability – Contributions of Agency Theory to Good Governance*, Tese de Doutoramento apresentada à Faculdade de Direito da Universidade do Porto, 2016, pp. 187 e ss..

[409] João Pacheco de Amorim, *Direitos Fundamentais e Ordens Profissionais – Em especial, do direito de inscrição nas Ordens – Parte II*, Dissertação de Doutoramento em Ciências Jurídico-Políticas na Faculdade de Direito da Universidade de Coimbra, 2004, pp. 1099 e ss..

[410] Sobre esse papel garantístico, *vd.* Luísa Neto, "Estado de direito democrático, força de lei e revisões constitucionais: Cinco considerações" in *Epública – Revista Eletrónica de Direito Público*, vol. 3, n.º 3, 2016, disponível em: https://www.e-publica.pt/.

[411] Cfr. Nuno Miguel Cunha Rolo, *Manual de Administração e Governação Pública*, Vol. I, AAFDL Editora, Lisboa, 2019, p. 171.

vada e das liberdades individuais frente aos excessos dos poderes públicos, concebendo-se que ao exigir que as disposições sobre as matérias fossem objecto de acto parlamentar, o perigo da arbitrariedade pública seria menor"[412].

Desta forma, o princípio da legalidade determina que a lei assume uma efetiva liderança na direção e condução da ação administrativa, conferindo poderes de agir em situações individuais e concretas e destacando-se como fonte de autorização da ação administrativa[413].

O princípio de reserva de lei significa que o exercício de qualquer atividade administrativa regulamentar tem de ser precedido de uma lei habilitante (precedência de lei)[414]. Exige-se, deste modo, que "os decretos regulamentares (regulamentos independentes) tenham por base uma definição legal (acto legislativo) de competência objectiva e subjectiva, como intenção de assegurar sempre a intervenção de um especial órgão como fonte primária de decisão (jurídico-política). No caso do Governo, tal configura-se adequadamente no Conselho de Ministros como órgão horizontal de definição de política"[415]. Tal explica o porquê de os regulamentos administrativos deverem "indicar expressamente as leis que visam regulamentar ou que definem a competência subjetiva e objetiva para a sua emissão" nos termos do n.º 7 do artigo 112.º da CRP e o facto de não ser reconhecida a nenhuma das entidades reguladoras um poder originário de regulamentação[416].

Verificamos, pelo exposto, que para além das normas programáticas do CRP que visam que o Estado promova o desenvolvimento económico e social e as PME, quem efetivamente tem um papel determinante na intervenção pública no setor financeiro são as entidades reguladoras,

---

[412] Cfr. Manuel Afonso Vaz, *Direito Económico – A Ordem Económica Portuguesa*, 4.ª ed., Coimbra Editora, Coimbra, 1998, p. 140.

[413] Cfr. Pedro Costa Gonçalves, *Manual de Direito Administrativo*, Vol. 1, Almedina, Coimbra, 2019, pp. 180 e 181.

[414] Diogo Freitas do Amaral, *Curso de Direito Administrativo*, Vol. II, com a colaboração de Lino Torgal, Almedina, Coimbra, 2001, p. 182.

[415] Manuel Afonso Vaz, *Lei e Reserva de Lei, A Causa da Lei na Constituição Portuguesa de 1976*, Dissertação de Doutoramento na Faculdade de Direito da Universidade Católica Portuguesa, Porto, 1992, p. 524.

[416] Cfr. Fernando Conceição Nunes, *Direito Bancário*, Vol. I, AAFDL, Lisboa, 1994, p. 80.

pelo que, em seguida, afigura-se essencial aprofundarmos os princípios orientadores que se destacam na relação entre as entidades reguladoras e a *FinTech*.

2. Princípios estruturantes da regulação da *FinTech*

Na decorrência do princípio da legalidade, já exposto, que é o principal esteio orientador das entidades reguladoras, estas estão sujeitas, no âmbito do exercício dos seus poderes públicos ao CPA e quaisquer outras normas e princípios de âmbito geral respeitantes aos atos administrativos do Estado, nos termos da alínea a) do n.º 2 do artigo 5.º da Lei-Quadro das Entidades Reguladoras[417].

Desses princípios, inclusive os previstos na CRP e no CPA, analisaremos os que mais relevam na atuação das entidades reguladoras financeiras no âmbito das suas respostas aos desafios complexos da *FinTech*, permitindo-nos, igualmente, identificar os limites e potencialidades para o nosso objetivo a que nos propomos, uma abordagem regulatória específica para os meios de financiamento *FinTech*.

Nesta análise, teremos em conta a dificuldade em encontrar os padrões que devem estar presentes no sistema regulatório de todos os modelos de negócio *FinTech*, devido à diversidade destes. No campo financeiro, irromperam variados novos produtos e serviços, quer no campo dos mercados financeiros, como na banca e nos seguros. Muitos modelos de negócio *FinTech* até se encontram no âmbito de mais do que uma área do setor financeiro, sendo cada vez mais comum a integração das várias atividades financeiras, da atividade creditícia bancária, da atividade de investimento mobiliários e da atividade seguradora[418].

Aproveitaremos, assim, o abundante conteúdo dogmático destes princípios, focar-nos-emos naqueles que mais relevância têm para a

---

[417] Refere-se que o diploma não se aplica ao Banco de Portugal (artigo 2.º, n.º 3, da Lei-Quadro das Entidades Reguladoras).

[418] Sobre a progressiva integração das atividades financeiras *vd.* João Calvão da Silva, *Banca, Bolsa e Seguros – Direito Europeu e Português*, 4.ª ed., Revista e Aumentada, Tomo I – Parte Geral, Almedina, Coimbra, 2013, pp. 21 e ss.

regulação financeira e analisaremos que princípios podem decorrer desses outros e que podem, de forma mais específica, enriquecer um sistema regulatório para a *FinTech*: o princípio da proporcionalidade e o princípio da igualdade.

Estes princípios têm, também, em comum a ideia essencial de razoabilidade. Enquanto mediadores da ideia de justiça e, portanto, expressão do justo, ambos os princípios devem fornecer o critério material, o *tertium comparationis* em função do qual devem ser aplicados, para o efeito de se aferir da razoabilidade da escolha pelas autoridades reguladoras dos meios em função do fim da regulamentação, rejeitando a escolha de meios inaceitáveis, por serem considerados excessivos ou desproporcionados à luz dos padrões da razão justa assumidos pela consciência jurídica da comunidade[419].

2.1. Princípio da proporcionalidade

Começando pelo princípio da proporcionalidade, este está consagrado no n.º 2 do artigo 266.º da CRP, no artigo 7.º do CPA e tem uma aplicação geral no universo jurídico, inclusive no direito privado[420]. Em geral, afirma-se que o princípio da proporcionalidade relaciona meios e fins, tendo o objetivo de responder ao problema de saber se, depois de aferida a legitimidade dos fins, a sua prossecução se pode alcançar através das medidas selecionadas, que hão de ser idóneas e exigíveis, causando mais benefícios que prejuízos.

A ponderação custos-benefícios que se pretende visa pesar as vantagens (para a consecução do fim) e as desvantagens implicadas pela ação administrativa, com a consequência de que quanto maiores forem os sacrifícios causados por esta maior importância devem assumir os benefícios para a satisfação da finalidade bem como em situações de incerteza,

[419] Cfr. Mário Aroso de Almeida, *Teoria Geral do Direito Administrativo*, 5.ª ed., Almedina, Coimbra, 2018, pp. 97 e 98; Fernando Alves Correia, *O Plano Urbanístico e o Princípio da Igualdade*, Almedina, Coimbra, 2001, pp. 442 e ss..

[420] Cfr. Pedro Costa Gonçalves, *Manual de Direito Administrativo*, Vol. 1, Almedina, Coimbra, 2019, p. 410.

deve o decisor escolher a alternativa cuja pior consequência seja superior às piores consequências das restantes[421]. Dessa forma, as dificuldades inerentes ao princípio da proporcionalidade relacionam-se com a tipologia e a intensidade dos juízos que este pressupõe, sobretudo enquanto desempenha uma função de controlo (e se assume como parâmetro da validade dos atos jurídico-públicos).[422]

Numa análise mais depurada deste princípio da proporcionalidade, refere-se que a sua aplicação se concretiza através de três subprincípios. Em primeiro lugar, o princípio da adequação, significando que as entidades reguladoras devem ter em conta a adequação da solução escolhida ao fim legalmente fixado, mediante o qual cumpre identificar as alternativas de ações disponíveis, tecnicamente adequadas à realização do fim visado na situação concreta, pelo que, ficam proibidas de adotar condutas administrativas que sejam inaptas ao fim que prossigam. Uma vez identificado com suficiente precisão, por interpretação da norma, o fim a prosseguir em concreto, há que ter em conta, de entre os meios disponíveis, aqueles que, atendendo às circunstâncias concretas da ação, se apresentam tecnicamente adequados à realização do fim e a lesão das posições jurídicas dos regulados tem de se revelar adequada e apta à prossecução do interesse público[423];

O segundo subprincípio é o princípio da necessidade, que pressupõe que as entidades reguladoras devem ter em conta a exigibilidade ou necessidade da solução escolhida, não podendo adotar condutas admi-

[421] Ana Raquel Gonçalves Moniz, "Juízo(s) de Proporcionalidade e Justiça Constitucional", in *Revista da Ordem dos Advogados*, Ano 80, Jan./Jun. 2020, pp. 43 e 44, disponível em: https://portal.oa.pt/media/131430/roa-i_ii-2020-web.pdf.

[422] Ana Raquel Gonçalves Moniz, "Juízo(s) de Proporcionalidade e Justiça Constitucional", in *Revista da Ordem dos Advogados*, Ano 80, Jan./Jun. 2020, p. 69, disponível em: https://portal.oa.pt/media/131430/roa-i_ii-2020-web.pdf.

[423] Cfr. Marcelo Rebelo de Sousa e André Salgado de Matos, *Direito Administrativo Geral – Introdução e princípios fundamentais*, Tomo I, 3.ª ed., reimpressão, Dom Quixote, Alfragide, 2008, pp. 214 e ss.; Mário Aroso de Almeida, *Teoria Geral do Direito Administrativo*, 5.ª ed., Almedina, Coimbra, 2018, pp. 97 e 98; Mário Esteves de Oliveira, Pedro Costa Gonçalves e João Pacheco de Amorim, *Código do Procedimento Administrativo Comentado*, anot. ao art. 5.º, 2.º ed., reimpressão, Almedina, Coimbra, com a colaboração de Rodrigo Esteves de Oliveira, 2010, p. 104.

nistrativas que não sejam indispensáveis para a prossecução do fim que visam atingir e, portanto, uma proteção insuficiente aos bens tutelados, de ficar abaixo ou aquém da tutela ou garantia exigível à situação. A decisão final de uma entidade reguladora depende, por outro lado, de uma ponderação jurídica mediante a qual se impõe avaliar os custos jurídicos envolvidos em cada uma das soluções tecnicamente adequadas à realização do fim, de modo que se opte pela solução que imponha menores sacrifícios a valores juridicamente protegidos. Há que proceder à avaliação dos custos jurídicos ligados à concreta utilização de cada um dos meios tecnicamente utilizáveis, por forma a assegurar que a opção recaia, de entre as soluções disponíveis que se apresentam adequadas à realização do fim, sobre aquela que se revele menos gravosa, por impor menos sacrifícios aos valores e bens envolvidos[424];

Por último, o princípio da proporcionalidade em sentido estrito ou da proibição do excesso. Este subprincípio reflete que as entidades reguladoras, sempre que o quadro normativo o consinta, devem proceder à ponderação em desvalor da solução escolhida e o valor do fim a atingir, para o efeito de determinar se existe desproporção entre o valor do fim e o desvalor do meio porque o menos custoso e menos lesivo aos interesses privados opositivos dos meios adequados à realização do fim proposto se revela, ainda assim, excessivo, em termos de poder justificar que se prescinda de prosseguir o fim. Desta forma, os custos da atuação administrativa não podem ser manifestamente superiores aos benefícios esperados[425]. O princípio pressupõe, outrossim, uma ponderação entre a importância do benefício social atingido pela consecução do fim sub-

---

[424] Cfr. Miguel Assis Raimundo, "Os princípios no novo CPA e o princípio da boa administração, em particular", in *Comentários ao Novo Código do Procedimento Administrativo*, coord. Carla Amado Gomes, Ana Fernanda Neves e Tiago Serrão, Vol. I, AAFDL editora, Lisboa, 2018, p. 262; Paulo Otero, *Direito do Procedimento Administrativo*, Vol. I, reimpressão, Almedina, Coimbra, 2019, pp. 177 e ss.; Marcelo Rebelo de Sousa e André Salgado de Matos, *Direito Administrativo Geral – Introdução e princípios fundamentais*, Tomo I, 3.ª ed., reimpressão, Dom Quixote, Alfragide, 2008, pp. 214 e ss.; Mário Aroso de Almeida, Teoria Geral do Direito Administrativo, 5.ª ed., Almedina, Coimbra, 2018, pp. 97 e 98;

[425] Cfr. Marcelo Rebelo de Sousa e André Salgado de Matos, Direito Administrativo Geral – Introdução e princípios fundamentais, Tomo I, 3.ª ed., reimpressão, Dom Quixote, Alfragide, 2008, pp. 214 e ss.; Mário Aroso de Almeida, Teoria Geral do Direito Adminis-

jacente à medida (satisfação do interesse público ou garantia de outro direito fundamental) e a importância social que existiria se se não restringisse o direito fundamental, num juízo que se propõe avaliar o estado desses benefícios antes e depois da restrição, comparando os respetivos efeitos marginais[426].

Refere-se, ainda, que a compreensão dos juízos inerentes ao princípio da proporcionalidade solicita uma indagação prévia sobre as funções por aquele desempenhadas. Assim, este princípio perspetiva-se como como cânone de interpretação, contribuindo para a concretização quer dos preceitos constitucionais, em especial, os atinentes aos direitos fundamentais, quer das normas infraconstitucionais. Por outro lado, o princípio da proporcionalidade serve como limite à atuação jurídico-pública, caracterizando-se como um parâmetro de validade e um padrão de controlo das entidades reguladoras, a convocar, *maxime*, quando está em causa a restrição de direitos fundamentais[427].

O princípio da proporcionalidade cumpre, igualmente, uma missão preponderante de "válvula de adequação e de prevenção de excessos regulatórios, sobretudo em relação às estruturas organizativas mais reduzidas ou com o modelo de negócio mais simples"[428]. Um aligeiramento de requisitos para empresas com menor dimensão, como, geralmente, acontece com as empresas *FinTech*, face ao menor impacto que estas empresas têm – muito devido à diminuição da rentabilidade da intermediação financeira e da concessão de crédito –, podendo promover a concorrência, e, consequentemente, a inovação. As obrigações regulatórias de uma empresa devem ser dinâmicas, no sentido de que precisam se adaptar

---

trativo, 5.ª ed., Almedina, Coimbra, 2018, pp. 97 e 98; Paulo Otero, *Direito do Procedimento Administrativo*, Vol. I, reimpressão, Almedina, Coimbra, 2019, p. 178.

[426] Ana Raquel Gonçalves Moniz, "Juízo(s) de Proporcionalidade e Justiça Constitucional", in *Revista da Ordem dos Advogados*, Ano 80, Jan./Jun. 2020, pp. 43 e 44, disponível em: https://portal.oa.pt/media/131430/roa-i_ii-2020-web.pdf.

[427] Ana Raquel Gonçalves Moniz, "Juízo(s) de Proporcionalidade e Justiça Constitucional", in *Revista da Ordem dos Advogados*, Ano 80, Jan./Jun. 2020, p. 46, disponível em: https://portal.oa.pt/media/131430/roa-i_ii-2020-web.pdf.

[428] Paulo Câmara, "DMIF II: A Nova pedra Angular do direito dos mercados financeiros", *in O Novo Direito dos Valores Mobiliários- I Congresso sobre Valores Mobiliários e Mercados Financeiros*, Almedina, Coimbra, 2017, p. 209

ao tamanho e à atividade de uma empresa, à medida que ela cresce e muda[429].

2.2. Princípio da igualdade

O princípio da igualdade, consagrado nos artigos 13.º e 266.º, n.º 2, da CRP e no artigo 6.º do CPA, exige que, no exercício dos seus poderes, as entidades reguladoras comparem os casos que vão decidir com outros casos, reais ou virtuais, pertencentes ao mesmo universo de relevância, determinando-se se esses casos devem ser ou não considerados como casos substancialmente idênticos e, posteriormente, assegurar o seu tratamento congruente, sendo proibido decisões contraditórias, mudanças de critérios sem fundamento material e que se considerem determinados casos como isolados, únicos e irrepetíveis[430]. Não existindo na ordem jurídica uma norma precisa para uma dada situação concreta, há que estabelecer um critério, uma máxima dessubjetivada e destemporalizada, que, regendo-se em função das concretas particularidades da situação em apreço, tem de ser concebida em moldes que, à partida e em abstrato, a tornem suscetível de aplicação em casos juridicamente análogos[431].

---

[429] Dirk Zetzsche, Ross P. Buckley, Douglas, W. Arner e Janos Nathan Barberis, "Regulating a Revolution from Regulatory Sandboxes to Smart Regulation", in *EBI Working Paper Series*, n.º. 11, 2017, pp. 52 e ss., disponível em https://papers.ssrn.com; FCA, *Guide To Promoting Financial & Regulatory Innovation Insights From The UK,* Cambridge Center for Alterantive Finance, University of Cambridge, Judge Buiness School, Março/2018, p. 35, disponível em: https://assets.publishing.service.gov.uk/government/uploads/system/uploads/attachment_data/file/701847/UK_finanical___regulatory_innovation.pdf.

[430] Cfr. Mário Esteves de Oliveira, Pedro Costa Gonçalves e João Pacheco de Amorim, *Código do Procedimento Administrativo Comentado,* anot. ao art. 5.º, 2.º ed., reimpressão, Almedina, Coimbra, com a colaboração de Rodrigo Esteves de Oliveira, 2010, pp. 99 e ss.; Paulo Otero, *Direito do Procedimento Administrativo,* Vol. I, reimpressão, Almedina, Coimbra, 2019, pp. 170 e ss.; Marcelo Rebelo de Sousa e André Salgado de Matos, Direito Administrativo Geral – Introdução e princípios fundamentais, Tomo I, 3.ª ed., reimpressão, Dom Quixote, Alfragide, 2008, pp. 214 e ss.; Mário Aroso de Almeida, Teoria Geral do Direito Administrativo, 5.ª ed., Almedina, Coimbra, 2018, pp. 97 e 98;

[431] Mário Aroso de Almeida, *Teoria Geral do Direito Administrativo,* 5.ª ed., Almedina, Coimbra, 2018, pp. 97 e 98

O princípio da igualdade encerra uma obrigação dirigida aos órgãos legislativos, administrativos e jurisdicionais de atuação de acordo com os ditames da justiça, pelo que, este princípio pode ser visto como uma obrigação de respeito pelos órgãos dotados de poderes de autoridade da justiça material, extraindo-se desta ideia uma consequência de grande relevo para a escolha dos encargos decorrentes da ação dos poderes públicos deve ser distribuídos de modo igual (ou de modo justo) pelos membros da comunidade[432]. Na mesma linha de raciocínio, o princípio da igualdade não confere um direito à igualdade na ilegalidade, constituindo sempre um limite ao exercício da atividade discricionária da Administração[433].

Para que este princípio seja respeitado, é essencial que as diferenças de tratamento radiquem em critérios que apresentem uma conexão bastante com fins a prosseguir com a regulação jurídica, por outro, que aqueles valores sejam considerados positivamente pelo ordenamento jurídico[434]. Nomeadamente, na indagação de meios de tutela da parte mais fraca, é necessário identificar um princípio geral do direito, que fundamente que essa parte mais fraca numa qualquer relação jurídica merece uma especial tutela, e que resulta do ordenamento jurídico como um todo. Está presente no Direito do Trabalho, no Direito do Consumidor, nas cláusulas contratuais gerais, em alguns aspetos do vínculo arrendatício também, nas relações entre credores – por algum motivo se fala e distingue credor forte e credor fraco[435].

Mesmo nas relações privadas, o princípio da igualdade tem de ser aplicado, enquanto proibição de discriminações que atinjam intoleravelmente a dignidade humana dos discriminados ou constituam uma desi-

---

[432] Cfr. Fernando Alves Correia, *O Plano Urbanístico e o Princípio da Igualdade,* Almedina, Coimbra, 2001, pp. 419 e ss..

[433] Cfr. António Francisco De Sousa, *Manual de Direito Administrativo*, Vida Económica, Porto, 2019, p. 401.

[434] Cfr. João Caupers, *Direito Administrativo*, Editorial Notícias, Lisboa, 1998, p. 77.

[435] António de Araújo Costa, "Do equilíbrio contratual na relação de crédito: a posição jurídica do garante no âmbito das PME", in *Colecção Estudos Instituto do Conhecimento AB*, n.º 6, Almedina Coimbra, 2016, pp. 402 e 403.

gualdade factual de oportunidades, implicando violações dos seus deveres de personalidade[436].

Esta ideia de autovinculação casuística das entidades reguladoras à utilização de critérios substancialmente idênticos para situação análogas é preponderante na inovação financeira, pela necessidade de se encontrar padrões e similitudes entre vários modelos para encontrar o enquadramento regulatório adequado para serviço ou produto financeiro inovador. A própria neutralidade e independência associada às entidades reguladoras as obriga a um tratamento imparcial, com equidade e igual distância entre as partes[437], criando um *level-playing field* para todos os agentes de mercado e fomentando a competência e a competitividade, essenciais para a promoção da inovação, perante quer empresas *FinTech* quer incumbentes[438].

No âmbito do princípio da igualdade, decorrem dois princípios relevantes aplicáveis à regulação da *FinTech*, que têm tido visibilidade internacionalmente, sendo preconizados por organizações como a IOSCO[439], a Comissão Europeia e o BCE[440] nos seus estudos sobre *FinTech*: o princípio da neutralidade tecnológica e o princípio "*same risks-same rules*", que analisaremos *infra*.

2.3. Princípio da neutralidade tecnológica

Relativamente ao princípio da neutralidade tecnológica, este consiste na elaboração por parte do legislador e das entidades reguladoras de normas gerais que promovam longevidade e regulação igualitária das tecnologias

---

[436] Cfr. José Carlos Vieira de Andrade, *Os Direitos Fundamentais na Constituição Portuguesa de 1976*, 6.ª ed., Almedina, Coimbra, 2019, pp. 255 e ss.; Rabindranath Capelo de Sousa, *Teoria Geral do Direito Civil*, Vol. I, Coimbra Editora, Coimbra, 2003, p. 52 e ss..

[437] Cfr. Paulo Câmara, *Manual de Direito dos Valores Mobiliários*, 4.ª ed., Almedina, Coimbra, 2018, pp. 300 e ss..

[438] Cfr. Bernardo Nicoletti, *The Future of FinTech: Integrating Finance and Technology in Financial Services*, Palgrave Macmilan, Suíça, 2017, p. 198.

[439] Cfr. IOSCO, *Update to the Report on the IOSCO Automated Advice Tools Survey*, 2016, pp. 14 e ss., disponível em: https://www.iosco.org/library/pubdocs/pdf/IOSCOPD552.pdf.

[440] Cfr. Sabine Lautenschläger, *Digital na(t)ive? Fintechs and the future of banking*, 2017, disponível em: https://www.bankingsupervision.europa.eu/press/speeches/date/2017/html/se170327_1.en.html.

antigas e novas, existindo uma equivalência funcional entre elas. Desta forma, as normas não devem exigir nem assumir uma tecnologia específica e não devem impedir o desenvolvimento e a utilização de novas tecnologias no futuro[441]. O enquadramento legislativo e regulamentar deve fornecer uma estrutura ideal e propícia à inovação, enquanto as preferências do mercado e da sociedade devem determinar quais tecnologias prevalecerão. Por vezes, um modelo de negócio pode criar a aparência de ser muito diferente dos modelos tradicionais, mas a única alteração realmente feita foi a utilização de uma tecnologia diferente, não se devendo aplicar regras específicas a esse modelo de negócio se a atividade é materialmente a mesma. Este princípio significa igualmente que a lei e as entidades reguladoras devem acautelar quaisquer externalidades negativas provenientes de alguma tecnologia e assegurar a proteção dos investidores e dos consumidores, independentemente da tecnologia utilizada[442].

O princípio da neutralidade tecnológica, adotado pelos países europeus mais amplamente nos anos 90 no advento da *internet*[443], constitui um dos princípios orientadores das políticas da Comissão Europeia, segundo o Plano de Ação *FinTech*, no qual também é referido o seguinte: "É necessário proceder a uma análise mais aprofundada do quadro jurídico dos serviços financeiros a fim de avaliar a sua neutralidade tecnológica e a sua capacidade de adaptação às inovações no domínio da tecnologia financeira, ou determinar se esse quadro deve ser adaptado para esse efeito"[444].

Na relação das entidades reguladoras com a *FinTech*, este princípio apela a uma interpretação mais ampla das suas missões estatuárias, conforme definido pela legislação aplicável (ou seja, proteção ao consumidor, estabilidade financeira, concorrência e regulamentação prudencial),

---

[441] Cfr. Rajab Ali, *Technological Neutrality*, 2009, p. 7. disponível em: https://papyrus.bib.umontreal.ca/xmlui/bitstream/handle/1866/9456/articles_236.pdf?sequence=1&isAllowed=y.

[442] Cfr. Winston Maxwell e Marc Bourreau, "Technology neutrality in Internet, telecoms and data protection regulation" in *Computer and Telecommunications L. Rev.*, 2014, p. 1, disponível em: papers.ssrn.com.

[443] Cfr. Anne Veerpalu, *Shareholder Ledger Using Distributed Ledger Technology: The Estonian Perspective*, 2019, p. 20, disponível em: https://journals.muni.cz/mujlt/article/view/11500.

[444] Comissão Europeia, *Comunicação da Comissão: Plano de Ação para a Tecnologia Financeira: rumo a um setor financeiro europeu mais competitivo e inovador*, 2018, disponível em: https://eur-lex.europa.eu/legal-content/PT/TXT/HTML/?uri=CELEX:52018DC0109&from=EN

em vez de uma aplicação exageradamente baseada em regras que inevitavelmente travarão a velocidade da inovação e implicarão uma carga excessiva de requisitos regulatórios. Em outras palavras, ser "tecnologicamente neutro" não deve ser usado como um argumento que isenta os reguladores da necessidade de entender o impacto de novas tecnologias em processos (por exemplo, identificação biométrica para pagamentos) ou modelos de negócios (por exemplo, *Crowdfunding*)[445].

É importante também notar que a capacidade das empresas *FinTech* de superarem os limites operacionais vinculados à sua posição geográfica e de operar em várias jurisdições simultaneamente para oferecer serviços aos clientes por meio de canais de distribuição telemática também enfatiza a importância de decisões regulatórias e de supervisão, tanto as já tomadas quanto as que serão descritas no futuro serem tecnologicamente neutras, tendo em vista as diferentes formas pelas quais as empresas *FinTech* são tratadas atualmente nos diferentes sistemas jurídicos[446].

2.4. Princípio "*same activity-same risks-same rules*"

O princípio "same *activity-same risks-same rules*" traduz-se na aplicação das mesmas regras às empresas com a mesma atividade e à criação de uma estrutura mínima obrigatória de controles internos e de conformidade para todos os tipos de agentes de mercado, tendo estes de passar pelo mesmo processo no desenvolvimento dos seus produtos e serviços até às suas vendas e prestação, de forma a evitar qualquer arbitragem regulatória na partilha de responsabilidades. As normas que forem além dessa estrutura mínima deverão ter em conta a complexidade e a dimensão dos agentes de mercado e todas as empresas devem passar pelo mesmo

---

[445] Dirk Zetzsche, Ross P. Buckley, Douglas, W. Arner e Janos Nathan Barberis, "Regulating a Revolution from Regulatory Sandboxes to Smart Regulation", in *EBI Working Paper Series*, n.º. 11, 2017, p. 58, disponível em https://papers.ssrn.com

[446] Cristiana Schena, Alessandra Tanda, Carlo Arlotta e Gianluca Potenza, *The development of FinTech Opportunities and risks for the financial industry in the digital age*, 2018, p. 15, disponível em:
https://www.researchgate.net/publication/333683133_The_development_of_FinTech_Opportunities_and_risks_for_the_financial_industry_in_the_digital_age.

processo[447]. Desta forma, os riscos que pertencem quer aos modelos de negócio *FinTech* quer aos modelos tradicionais tem o mesmo tratamento e, por outro lado, os riscos que só pertencerem aos modelos de negócio *FinTech* devem ser tratados de forma específica e proporcional.

Assim, a interpretação de um certo regime terá de ser realizada de igual forma pelas entidades reguladoras, quer se trate de uma empresa FinTech ou de um incumbente. O principal foco é que todas as entidades envolvidas em uma atividade regulamentada específica devem estar sujeitas às mesmas regras, independentemente de sua natureza. Nesse sentido, o conceito de *mesmas atividades, mesmos riscos, mesmas regras* é frequentemente visto como uma referência para políticas sólidas para promover condições equitativas e impedir a arbitragem regulatória[448] após o surgimento de empresas *Fintech* e empresas *BigTech* (ou *TechFins*)[449].

Poderão existir, no entanto, razões que derroguem estes princípios da neutralidade tecnológica e da "*same activity-same risks-same rules*", quer em termos gerais, quer em casos concretos, pelo que, justifica-se continuarmos a nossa análise, agora com a identificação das missões estatutárias das entidades reguladoras financeiras portuguesas.

3. Missões estatutárias das entidades reguladoras financeiras

Está previsto no artigo 12.º, n.º 1, da Lei-Quadro das Entidades Reguladoras que "sem prejuízo da observância do princípio da legalidade no domínio da gestão pública, e salvo disposição expressa em contrário, a

---

[447] Cfr. EBA, *The EBA's Fintech Roadmap – Conclusions from the Consultation on the EBA's Approach to Financial Technology (FinTech)*, 2018, p. 10, disponível em: https://eba.europa.eu/documents/10180/1919160/EBA+FinTech+Roadmap.pdf

[448] Cfr. FERNANDO ROSTOY, *Regulating fintech: what is going on, and where are the challenges?*, 2019, p. 6, disponível em: https://www.bis.org/speeches/sp191017a.pdf.

[449] *Big Tech* ou *TechFins*, ao contrário das *Fintech*, são gigantes tecnológicos que já têm uma enorme base de cliente e podem facilmente introduzir-se no setor financeiro, começando a prestar serviços financeiros aos seus clientes, cfr. DIRK ZETZSCHE, ROSS P. BUCKLEY, DOUGLAS, W. ARNER E JANOS NATHAN BARBERIS, "From FinTech to TechFin: The Regulatory Challenges of Data-Driven Finance", in *EBI Working Paper Series*, n.º. 6, 2017, pp. 9 e ss., disponível em: https://papers.ssrn.com/.

capacidade jurídica das entidades reguladoras abrange a prática de todos os atos jurídicos, o gozo de todos os direitos e a sujeição a todas as obrigações necessárias à prossecução das suas atribuições".

No enquadramento nacional relativo à regulação do setor financeiro, foi instituído um modelo tripartido de tipo institucional e setorial, que envolve uma componente funcional nessa matriz relativa às atividades financeiras de cada subsetor, independentemente da instituição que as desenvolva[450]. Temos, assim, três entidades reguladoras, o Banco de Portugal[451], a ASF e a CMVM.

Estas entidades regulatórias têm em comum o facto de serem pessoas coletivas de direito público, dotadas de autonomia administrativa, financeira e em matéria de política de pessoal, sujeitas, em extensas zonas da sua atividade, ao regime jurídico das entidades públicas empresariais e ao direito privado. Também são entidades cujos membros dos respetivos órgãos de administração se encontram sujeitos a um regime similar quanto à sua designação e às condições de exercício e cessação dos seus mandatos, no entanto, têm missões estatutárias diferentes.

O Banco de Portugal tem como missões essenciais a gestão das disponibilidades externas do País ou outras que lhe estejam cometidas, agir como intermediário nas relações monetárias internacionais do Estado, velar pela estabilidade do sistema financeiro nacional, assegurando com essa finalidade, designadamente, as funções de refinanciador de última instância e de autoridade macroprudencial nacional, participar no sistema europeu de prevenção e mitigação de riscos para a estabilidade financeira e em outras instâncias que prossigam a mesma finalidade e aconselhar o Governo nos domínios económico e financeiro, no âmbito das suas atribuições[452],

---

[450] Cfr. Luís Silva Morais, *Modelos de Supervisão Financeira em Portugal e no contexto da União Europeia*, 2016, pp. 32 e ss., disponível em: https://www.bportugal.pt/sites/default/files/anexos/pdf-boletim/estudomodelosupervisao2016.pdf.

[451] Apesar da Lei-Quadro das Entidades Reguladoras não se aplicar ao Banco de Portugal, também esta entidade está sujeita ao princípio da legalidade, nos termos do artigo 102.º da CRP.

[452] Nos termos do artigo 12.º da Lei Orgânica do Banco de Portugal (Lei n.º 5/98, de 31 de janeiro).

Por outro lado, a ASF "tem por missão assegurar o regular funcionamento do mercado segurador e dos fundos de pensões, através da promoção da estabilidade e solidez financeira das entidades sob a sua supervisão, bem como da garantia da manutenção de elevados padrões de conduta por parte das mesmas, com vista ao objetivo principal de proteção dos tomadores de seguros, segurados, subscritores, participantes, beneficiários e lesados"[453].

Por último, a missão da CMVM é regular e supervisionar os mercados de instrumentos financeiros, promovendo a proteção dos investidores e contribuindo para o desenvolvimento dos mercados de instrumentos financeiros através da difusão e fomento o conhecimento dos mercados e das normas legais e regulamentares aplicáveis[454].

Desta atribuição da CMVM de contribuir para o desenvolvimento dos mercados de instrumentos financeiros pode decorrer a promoção da inovação financeira, dadas as novas oportunidades proporcionadas por esta, como sejam o maior acesso, maior facilidade, maior velocidade em difundir informação, os quais conferem maior escolha e qualidade ao investidor. No entanto, a inovação financeira pode igualmente dar origem a novos desafios e riscos, o que pode, na verdade, levar a prejuízos para o investidor, prejudicar a integridade do mercado ou até mesmo aumentar os riscos financeiros sistémicos, cabendo a esta entidade reguladora a gestão do equilíbrio destas suas duas atribuições.

4. Enquadramento dos instrumentos regulatórios *Fintech* no sistema jurídico nacional

Muitos dos instrumentos regulatórios que acima descrevemos e que estão a ser utilizados de forma relevante internacionalmente, já são utilizados recorrentemente no plano nacional noutros contextos para além da *FinTech*.

---

[453] De acordo com artigo 6.º dos respetivos Estatutos (Decreto-Lei n.º 1/2015, de 6 de janeiro).

[454] Cfr. números 1 e 2 do artigo 4.º e artigo 5.º dos Estatutos da Comissão do Mercado de Valores Mobiliário aprovados pelo Decreto-Lei n.º 5/2015, de 8 de janeiro, alterado pela Lei n.º 148/2015, de 9 de setembro.

Começamos pelos instrumentos de *Soft Law*. Apesar da ausência de coercibilidade, tal não significa que estes não pertençam à ordem jurídica. A coercibilidade, como bem entende Oliveira Ascensão, "não é um fenómeno constante"[455] da ordem jurídica, existindo, de facto, regras jurídicas desprovidas de coercibilidade. Os atos de *Soft Law* não deixam de assumir relevo jurídico, até porque condicionam a atuação dos autores desses atos, "ao inspirarem nos respectivos destinatários (v.g. empresas) uma confiança legítima na aplicação dos critérios enunciados"[456]. Esses atos têm, portanto, um efeito de autolimitação dos reguladores, podendo o seu incumprimento resultar na "violação dos princípios da igualdade de tratamento, da segurança jurídica e da proteção da confiança, a sancionar jurisdicionalmente e, eventualmente, a levar os tribunais a aplicar as previsões de *soft law* relevantes no caso"[457].

No ordenamento jurídico português, a referência mais aproximada a estes instrumentos de *Soft Law* encontra-se na Lei-Quadro das Entidades Reguladoras, na norma relativa aos poderes destas entidades, em que é referido que "compete ainda às entidades reguladoras no exercício dos seus poderes de regulamentação, designadamente: (...) emitir recomendações e diretivas genéricas", de acordo com o artigo 40.º, n.º 2, alínea b), da Lei-Quadro das Entidades Reguladoras. No Direito da União da Europeia, encontramos a referência ao facto de as recomendações e os pareceres não serem vinculativos no artigo 288.º do Tratado do Funcionamento da União Europeia.

Isto posto, podemos considerar que estes instrumentos de *Soft Law* das entidades reguladoras podem enquadrar-se na atuação administrativa informal, não se devendo confundir a ausência de regulação jurídica com a ausência de base legal. O facto de instrumentos legislativos atribuírem a uma entidade administrativa a competência para a produção de um determinado ato, designadamente, para efetuar advertências, não

---

[455] José de Oliveira Ascensão, *O Direito – Introdução e Teoria Geral*, 13.ª ed. refundida, Almedina, Coimbra, 2016, p. 80.

[456] João Nuno Calvão da Silva, "Poderes e Instrumentos Regulatórios das Entidades Reguladoras", in *Estudos de Regulação Pública*, Vol. II, Coimbra Editora, Coimbra, 2015, p. 412.

[457] João Nuno Calvão da Silva, "Poderes e Instrumentos Regulatórios das Entidades Reguladoras", in *Estudos de Regulação Pública*, Vol. II, Coimbra Editora, Coimbra, 2015, p. 412.

significa que estejamos diante de um ato formal, podendo, portanto, ser um ato informal caso a lei não especificar as circunstâncias da sua produção e caso o ato não couber numa forma de atuação expressamente prevista, uma vez que não se subsume nos conceitos de ato, contrato ou regulamento administrativo[458].

Seguindo para a autorregulação, refere-se que, segundo o nosso ordenamento, as instituições financeiras, para além dos seus deveres legais e dos deveres contratuais (*maxime*, com os seus clientes), são sujeitos passivos de deveres de fonte autorregulatória, nomeadamente, os contidos em repositórios de regras de conduta ou de deontologia profissional elaborados por organizações privadas, como associações representativas[459].

Aponta-se, neste contexto, para o disposto nos artigos 77.º-B e 195.º do RGICSF, para o artigo 304.º-B do CVM, e para os artigos 10.º-B e 10.º-C do Regulamento CMVM n.º 3/2010, de 7 de abril, que estabelecem a obrigação de adoção de códigos de conduta por parte de instituições de crédito e intermediários financeiros. Destacamos, igualmente, o protocolo celebrado entre a CMVM e o IPCG, em 13 de outubro de 2017, que estabelece os princípios de cooperação entre ambas no quadro da entrada em vigor do novo Código de Governo das Sociedades do IPCG[460].

Segundo Paulo Câmara, "auto-regulação é a designação genérica de todas as formas de conformação de práticas estabelecidas pelos próprios participantes do mercado, individual ou coletivamente, nomeadamente através das respectivas associações profissionais"[461].

Podemos, assim, dizer que, muitas vezes, perante lacunas de regulação surgem entidades privadas que colaboram e interagem no desenvol-

---

[458] Cfr. Pedro Costa Gonçalves, "Advertências da Administração Pública", in *Estudos de Homenagem ao Prof. Doutor Rogério Soares*, Coimbra Editora, Coimbra, 2001, p. 756.

[459] Cfr. José Engrácia Antunes, "Deveres e Responsabilidade do Intermediário Financeiro – Alguns Aspetos", in *Cadernos do Mercado dos Valores Mobiliários*, n.º 56, 2017, pp. 43 e ss., disponível em: https://www.cmvm.pt/pt/EstatisticasEstudosEPublicacoes/CadernosDoMercadoDeValoresMobiliarios/Documents/Cadernos%20MVM%2056.pdf.

[460] Sobre este Código, *vd.* José Ferreira Gomes, "O novo Código de Governo das Sociedades do IPCG e a substituição do Código da CMVM", in *Revista de Direito das Sociedades*, Ano IX, n.º 4, 2017, Almedina, Coimbra, 2017, pp. 979 e ss..

[461] Paulo Câmara, "Regulação e Valores Mobiliários", in *Regulação em Portugal: Novos Tempos, Novo Modelo?*, Almedina, Coimbra, 2009, p. 141.

vimento da função reguladora, uma vez que, perante a complexidade da regulação, tornou-se imprescindível a cooperação das organizações económicas na definição e implementação de políticas públicas, podendo a administração pública consentir a estas organizações a assunção de funções regulatórias[462].

A *RegTech* e a *SupTech* não parecem suscitar quaisquer dúvidas jurídicas no nosso ordenamento, excetuando, face à vasta quantidade de dados que as empresas e entidades reguladoras necessitam de analisar, as questões de proteção de dados que pessoais, as quais não se encontram no âmbito do nosso estudo.

Dado que a supervisão é a atividade das entidades reguladoras que visa garantir que os sujeitos que atuam sob um regime que regula certa atividade regulada o façam em conformidade com a lei e os regulamentos aplicáveis, quer através de um controlo prévio, quer através da vigilância das suas atividades[463], o meio material para efetuar esse controlo de legalidade é discricionário, ou seja, pertence à discricionariedade organizatória das entidades reguladoras, designada como uma discricionariedade de programação do trabalho administrativo e de alocação de recursos[464]. O mesmo se pode argumentar *mutatis mutandis* ao cumprimento da lei por parte dos entes supervisionados, que, quando a lei estabeleça o contrário, têm liberdade para escolher o meio material da sua preferência para se conformarem com a legalidade, no âmbito da autonomia privada.

O único instrumento regulatório dos visados que ainda não foi implementado em Portugal, de forma específica no setor financeiro, e que parece relevar alguma complexidade na sua conformidade com o nosso ordenamento são as *regulatory sandboxes*, em qualquer um dos modelos implementados na Europa. Questionamo-nos, assim, de que forma pode

---

[462] Cfr. Vital Moreira, *Auto-regulação Profissional e Administração Pública*, Almedina, Coimbra, 1997, p. 21.

[463] Cfr. Luís Guilherme Catarino, *Regulação e Supervisão dos Mercados de Instrumentos Financeiros – Fundamento e Limites do Governo e Jurisdição das Autoridades Independentes*, Almedina, Coimbra, 2010, pp. 287 e ss..

[464] Cfr. Pedro Costa Gonçalves, *Manual de Direito Administrativo*, Vol. 1, Almedina, Coimbra, 2019, p. 290.

ser enquadrada juridicamente uma *regulatory sandbox* do setor financeiro no ordenamento jurídico português.

Tendo em conta que a instituição de uma *regulatory sandbox* passa, em regra, pela imposição de um conjunto de requisitos de elegibilidade aos participantes e atribuição de um conjunto de isenções ou adaptações regulatórias e de autorização a um operador durante um período de tempo determinado, o processo de criação deste instrumento deverá ter em conta os limites dos poderes regulamentares das autoridades reguladoras envolvidas, de forma a verificar-se a necessidade ou não de um instrumento normativo específico que propicie o enquadramento habilitante para a respetiva criação.

Primeiro, é necessário ter em conta, como vimos *supra*, que o poder regulamentar das entidades reguladoras financeiras nacionais (Banco de Portugal, ASF e CMVM) está limitado pelo princípio da legalidade e pelo princípio da reserva de lei, pelo que o estabelecimento de quaisquer isenções de obrigações legais extravasa a competência dos reguladores a menos que tal possibilidade decorra de norma habilitante expressa.

Por outro lado, o Direito da União Europeia impõe aos Estados-Membros o princípio da aplicabilidade direta e da primazia das suas normas[465], pelo que qualquer lei nacional ou regulamento administrativo nacional que institua uma *regulatory sandbox* terá que respeitar as normas do Direito da União, nomeadamente, os instrumentos do direito da União Europeia aplicáveis à atividade concreta pretendida desenvolver no referido ambiente de testes.

Acresce que a atuação e a intervenção legislativa da CMVM encontra limites decorrentes das competências "*paralegislativas*" da *European Securities and Markets Authority* , que, nos termos do artigo 16.º, n.º 1, do Regulamento (UE) n.º 1095/2010, de 24 de novembro, pode emitir orientações e recomendações dirigidas às autoridades competentes e aos agentes do mercado, que, não obstante serem não vinculativos, têm toda a força inerente à *Soft law* das Autoridades Europeias de Supervisão e

[465] Cfr. João Mota de Campos, João Luís Mota de Campos e António Pinto Pereira, *Manual de Direito Europeu – O sistema institucional, a ordem jurídica e o ordenamento económico da União Europeia*, 7.ª ed., Coimbra Editora, 2014, p. 412.

são, frequentemente, transpostos para diplomas legislativos nacionais[466]. O mesmo sucede com o Banco de Portugal em relação ao Banco Central Europeu e à *European Banking Authority*[467], e com a ASF em relação à *European Insurance and Occupational Pensions Authority*[468].

Quanto à a autonomia especial de regulamentação da CMVM, do Banco de Portugal e da ASF, esta concretiza-se nos poderes administrativos discricionários de decisão e escolha, nomeadamente, os poderes de registo e autorização para o exercício de atividades no setor financeiro. Em geral, estas entidades reguladoras têm atribuições, nomeadamente, ao nível (i) do processo de registo das atividades de instituições financeiras, (ii) das medidas de organização a adotar pela instituição financeira, tendo em conta a sua natureza, dimensão e risco, (iii) do processo de registo dos mercados regulamentados e sistemas de negociação multilateral ou organizada e das regras aos mesmos subjacentes (artigos 216.º e 318.º do CVM) no caso da CMVM. Com esta base, as entidades reguladoras decidem se determinada entidade ou conduta demonstra aptidão ou organização profissional, tendo em conta os seus limites internos e externos de adequabilidade, justiça, imparcialidade, igualdade e proporcionalidade[469].

Nos termos do *supra* disposto, a criação, a nível nacional, de um enquadramento normativo específico que permita, por exemplo, a elaboração de testes em ambiente controlado por parte de uma entidade que pretenda desenvolver um projeto inovador de intermediação de instrumentos financeiros, sempre teria de ser construída no estrito cumprimento

---

[466] Cfr. António Barreto Menezes Cordeiro, *Manual de Direito dos Valores Mobiliários*, 2.ª ed., Almedina, Coimbra, 2018, pp. 55 e 56.

[467] Nos termos do artigo 3.º da Lei Orgânica do Banco de Portugal (Lei n.º 5/98, de 31 de janeiro) e do artigo 16.º, n.º 1, do Regulamento (UE) n.º 1093/2010, de 24 de novembro.

[468] De acordo com e do artigo 16.º, n.º 1, do Regulamento (UE) n.º 1094/2010, de 24 de novembro.

[469] Cfr. Alexandre de Albuquerque e Pedro de Albuquerque, "O controlo contencioso da actividade das entidades de regulação económica", in *Regulação e Concorrência – Perspectivas e Limites da Defesa da Concorrência*, coord. Ruy de Albuquerque e António Menezes Cordeiro, Almedina, Coimbra, 2004, p. 277; Luís Guilherme Catarino, *Regulação e Supervisão dos Mercados de Instrumentos Financeiros – Fundamento e Limites do Governo e Jurisdição das Autoridades Independentes*, Almedina, Coimbra, 2010, p. 363, nota 15.

dos requisitos mínimos que são impostos pela legislação da União Europeia, não podendo a legislação nacional de implementação de uma *regulatory sandbox* contrariar ou isentar, em nenhum momento, os requisitos e exigências mínimos vertidos nos instrumentos do direito da União Europeia aplicáveis às atividades relevantes sob pena de Portugal poder ser visto como estando a incumprir parcialmente a sua obrigação de transposição de diretivas.

Neste âmbito, um instrumento como uma *regulatory sandbox* poderá ser mais imediatamente acolhido na prossecução da missão da CMVM de desenvolvimento de mercado, de entre os reguladores financeiros nacionais, uma vez que a interação próxima com agentes do mercado é uma forma adequada de consciencialização destes quanto aos requisitos regulatórios decorrentes das suas atividades e uma oportunidade para conferir à CMVM visibilidade sobre a inovação que está a surgir no mercado incentivando o seu desenvolvimento e promovendo a proteção adequada dos investidores. No entanto, as outras entidades reguladoras (Banco de Portugal e ASF) também poderão recorrer às normas programáticas constitucionais de desenvolvimento económico e social, acima expostas, para fundamentar a criação deste instrumento regulatório.

A aplicação, na realidade nacional, de qualquer dos modelos acima analisados (o modelo do Reino Unido e da Holanda e o modelo de Espanha) sempre implicará a consideração específica da dimensão e maturidade do mercado português, podendo o modelo de acompanhamento próximo e em permanência por parte das autoridades competentes desenhado no Reino Unido e Holanda conhecer limitações de eficiência por via da escassez de recursos e experiência dos reguladores financeiros nacionais e dos próprios agentes do mercado em matéria de inovação financeira. Segundo o Banco Mundial e *Consultative Group to Assist the Poor*, para a implementação de uma *regulatory sandbox* num país desenvolvido é necessário ter disponíveis, no mínimo, 25 pessoas a tempo inteiro e um orçamento de um milhão de dólares[470].

---

470 *Vd.* https://www.cgap.org/blog/running-sandbox-may-cost-over-1m-survey-shows. Por outro lado, a *Asociación española de Fintech e Insurtech* projeta que a *regulatory sandbox*, em Espanha, permitirá a criação de 5 mil empregos e a atração de 1 milhão de euros adicionais de investimento, *vd.* https://www.asociacionfintech.es/noticias-del-sector/la-aprobacion-del-

Por outro lado, o modelo adotado em Espanha apresenta algumas incertezas jurídicas ao considerar que a prossecução de uma atividade financeira por parte de um agente do mercado numa *regulatory sandbox* não constitui uma ocupação ou atividade regular a título profissional.

Efetivamente, a doutrina e a jurisprudência portuguesa têm encarado que tipos de atos constituem uma ocupação ou atividade regular a título profissional. A jurisprudência tem identificado, maioritariamente, a natureza profissional de uma atividade como o exercício estável ou habitual de uma atividade como meio de vida[471].

Para Alexandre Brandão da Veiga os critérios da profissionalidade são a habitualidade, a remuneração, a utilização de meios típicos de profissionais e a proximidade de profissão[472]. Segundo Fernando Conceição Nunes, para que o exercício de uma atividade seja considerado profissional, é, no mínimo, necessário que seja habitual e remunerado (exclusividade tendencial)[473]. No entendimento de Orlando de Carvalho, releva a intenção de exercer o comércio profissional (critério de arbítrio do sujeito) ou uma ideia objetiva de estabelecimento organizado que tenha alguma dimensão[474].

-sandbox-situa-a-espana-como-uno-de-los-paises-mas-avanzados-en-el-ambito-de-la-regulacion-fintech/.

[471] Cfr. Acórdão do Supremo Tribunal de Justiça de 11 de outubro de 2007, Processo n.º 07B3336, relator Oliveira Vasconcelos, disponível em: http://www.dgsi.pt/jstj.nsf/954f0ce6ad9dd8b980256b5f003fa814/ef457c19a90e726380257377003b5979?OpenDocument. Convergentemente, Coutinho de Abreu, *Curso de Direito Comercial*, vol. I, 12.ª ed., Almedina, Coimbra, 2020, p. 113. A própria referência a atividade alude a um conjunto de atos coordenados para a realização do mesmo fim e não para a realização de atos isolados de diversas índoles, cfr. Augusto de Athayde, *Curso de Direito Bancário*, Vol. I, 2.ª Ed., Coimbra Editora, Coimbra, 2009, p. 139.

[472] Cfr. Alexandre Brandão da Veiga, "A Profissionalidade na Intermediação Financeira", in *Cadernos do Mercado de Valores Mobiliários*, n.º 10, 2001, pp. 2 e ss., disponível em: https://www.cmvm.pt/pt/EstatisticasEstudosEPublicacoes/CadernosDoMercadoDeValoresMobiliarios/Pages/CadernoN10.aspx?v=.

[473] Fernando Conceição Nunes, "Os intermediários financeiros" in *Direito dos Valores Mobiliários*, Vol. II, 2000, pp. 94 e 95.

[474] Orlando de Carvalho, *Critério e Estrutura do Estabelecimento Comercial – O Problema da Empresa como Objecto de Negócios*, Atlântica Editora, Coimbra, 1967, pp. 694 e 695.

Para Filipe Cassiano dos Santos, por outro lado, a profissão envolve sistematicidade e unidade, o que implica uma atividade (sequência de atos) com continuidade ou estabilidade e um mínimo de densidade e organização (ainda que não continuidade perfeita e exclusividade), sendo exercida com um escopo lucrativo (que se reporta à atividade no seu conjunto) e a profissão caracteriza-se pela autonomia, ou seja, por ser exercida como um modo de vida, como um fim em si mesma, e não como atividade subordinada a um fim distinto, em termos de como isso alterar o sentido típico do exercício mercantil no mercado em que atua[475].

Nenhuma das noções de atividade profissional aduzidas permitem excluir *tout court* o campo de experimentação de uma *regulatory sandbox*. No entanto, pode-se argumentar que os atos praticados na *regulatory sandbox* consubstanciam apenas atos preparatórios de uma atividade profissional. Mesmo assim e tendo em conta que é mister de uma *regulatory sandbox* justamente averiguar a possibilidade de prossecução de certa atividade empresarial, citando Coutinho de Abreu, dificilmente se poderá argumentar que não foram praticados "actos reveladores do propósito e possibilidade de certo sujeito se dedicar ao exercício habitual de uma actividade empresarial" [476], pelo que, esses atos preparatórios relevam já para a qualificação da atividade como profissional.

Não obstante, a função económico-social das *regulatory sandboxes* não é, tradicionalmente, pelo menos no contexto aqui sob análise para o setor financeiro, uma função profissional, no sentido em que não pretende, primeiramente, a prossecução do lucro, mas antes o teste de ideias e a identificação dos benefícios e riscos de determinada atividade, produto ou serviço num espaço delimitado e controlado pelos reguladores, em troca do cumprimento por parte dos participantes de requisitos de inovação e de proteção dos consumidores e investidores envolvidos.

Não quermos fazer comparações com a dignidade dos direitos em causa nos ensaios clínios, em que a experimentação em seres humanos

[475] cfr. Filipe Cassiano dos Santos, *Direito Comercial Português*, Vol. I, Coimbra Editora, Coimbra, 2007, pp. 112 e 113

[476] Coutinho de Abreu, *Curso de Direito Comercial*, vol. I, 3.ª ed., 2002, p. 94, relativamente ao momento em que se adquire a qualidade de comerciante, portanto, de quando se começa a fazer profissão do comércio.

é indispensável para o progresso da ciência em geral e da medicina em particular. Nos termos da Convenção de Oviedo, para a Proteção dos Direitos do Homem e da Dignidade do Ser Humano face às Aplicações da Biologia e da Medicina: "A investigação tem como finalidade contribuir, através de uma melhoria significativa do conhecimento científico do estado de saúde da pessoa da sua doença ou perturbação, para obtenção, a prazo, de resultados que permitam um benefício para a pessoa em causa ou para outras pessoas do mesmo grupo etário ou que sofram da mesma doença ou perturbação ou apresentando as mesmas características"[477]. No entanto, pensamos ser possível fazer uma analogia entre a função económico-social das *regulatory sandboxes* e a função económico-social dos ensaios clínicos, em termos de conflito de valores em causa, por um lado, as finalidades que se querem prosseguir com os testes/ensaios que poderão ser benéficas para toda a sociedades, por outro lado, a proteção das pessoas que são alvo desses testes/ensaios.

Com efeito, as *regulatory sandboxes* são determinantes para a descoberta dos benefícios e riscos de certos produtos e serviços financeiros, podendo não haver outra forma igualmente eficiente de obter essas informações, que vemos como essenciais para o fomento da inovação financeira e do seu fim último de beneficiar os investidores e o mercado. É, no entanto, essencial não esquecer que a proteção dos consumidores e investidores deverá constituir o substrato e objetivo último dos testes realizados nas *regulatory sandboxes*, cabendo aos reguladores assegurar, através do exercício de uma supervisão especialmente próxima e incisiva dos testes tendo por objeto as atividades, produtos e serviços efetuados salvaguardam, a todo o momento, essa finalidade, tal como no regime dos ensaios clínicos em que "é necessário proteger os direitos, a segurança, a dignidade e o bem-estar dos sujeitos do ensaio e os dados produzidos devem ser fiáveis e robustos" e "os interesses dos sujeitos do ensaio deverão ter sempre prioridade sobre todos os outros interesses"[478].

---

[477] Art. 17.º, n.º 2 da Convenção de Oviedo, consultável em: http://www.arsalentejo.min-saude.pt/utentes/ces/Documents/Convenção%20de%20Oviedo.pdf.

[478] Considerando (1) do Regulamento (UE) n.º 536/2014, relativo aos ensaios clínicos de medicamentos para uso humano.

Da mesma forma que as normas que regem os ensaios clínicos devem garantir que a prossecução dessa finalidade se fará de acordo com o respeito pela integridade e dignidade da pessoa humana[479], as *regulatory sandboxes* do setor financeiro devem promover a inovação e o desenvolvimento do mercado e garantir a proteção dos consumidores e dos investidores, na medida em que estamos perante bens jurídicos protegidos na Constituição da República Portuguesa[480]. Deste modo, esta função económico-social *regulatory sandboxes* permitiria, no nosso entendimento, excluir as *regulatory sandboxes* do setor financeiro do conceito de atividade profissional.

Esta exclusão beneficiaria, do ponto de vista da segurança jurídica para todos os envolvidos, de uma intervenção legislativa. Vemos com dificuldade o adequado funcionamento destes mecanismos à luz de uma mera concretização regulamentar do conceito de ocupação ou atividade regular a título profissional sem que haja intervenção legal habilitante, dada a inexistência de entendimentos da doutrina e da jurisprudência sobre estas questões específicas. A possibilidade de uma decisão judicial considerar que essas normas regulamentares não se coadunam com os sentidos possíveis da lei[481], geraria incerteza para agentes inovadores, reguladores e investidores/consumidores, o que, no setor financeiro, cria riscos relevantes e que importa mitigar.

Quanto ao cumprimento do Direito da União Europeia, é importante considerar que o conceito de *atividade profissional* ainda não foi uniformizado no Direito da União Europeia, podendo os Estados-Membros

---

[479] João Manuel Pereira Araújo, *O Consentimento Informado e a Responsabilidade Civil nos Ensaios Clínicos*, dissertação de mestrado apresentada na Faculdade de Direito da Universidade de Coimbra, 2017, p. 59, disponível em: https://eg.uc.pt/handle/10316/84167.

[480] No n.º 1 do artigo 60.º ("Os consumidores têm direito à qualidade dos bens e serviços consumidos, à formação e à informação, à proteção da saúde, da segurança e dos seus interesses económicos, bem como à reparação de danos") e no artigo 101.º ("O sistema financeiro é estruturado por lei, de modo a garantir a formação, a captação e a segurança das poupanças, bem como a aplicação dos meios financeiros necessários ao desenvolvimento económico e social").

[481] Sobre a função interpretativa dos regulamentos administrativos, *vd.* Ana Raquel Gonçalves Moniz, *A Recusa de Aplicação de Regulamentos pela Administração com Fundamento em Invalidade*, Almedina, Coimbra, 2012, pp. 104 e ss..

avançar com legislação que defina um regime para atividades não profissionais dentro do setor financeiro ao abrigo dos princípios da subsidiariedade e da proporcionalidade previstos no artigo 5.º do Tratado da União Europeia, de forma a protegerem certos interesses legítimos. No caso das *regulatory sandboxes*, a promoção da inovação financeira e, sobretudo, a proteção dos consumidores e dos investidores podem ser bons exemplos. Tendo em conta os princípios referidos, as medidas adotadas devem ser estritamente proporcionadas a esses interesses nacionais pré-definidos[482], daí a necessidade de uma delimitação estrita do ambiente de testes e de adoção de medidas de mitigação dos riscos envolvidos.

Face ao exposto, somos do entendimento que poderá ser excluída a aplicabilidade das normas referentes a atividades profissionais nos testes a serem executados, desde que se salvaguarde, em termos legais, uma delimitação estrita do ambiente de testes, tal como existe na *Ley* 7/2020 *para la Transformación Digital del Sistema Financiero* de Espanha, com, por exemplo, limitações quanto ao número de destinatários, volume de produtos e tempo de realização e um regime de garantias para cobrir a eventual responsabilidade dos participantes relativamente a danos que provoquem nos consumidores e investidores[483].

Em termos de compatibilização com o Decreto-Lei n.º 67/2021, que estabelece o regime e define o modelo de governação para a promoção da inovação de base tecnológica através da criação de zonas livres tecnológicas, começamos por referir que trata-se de um quadro legal de base para a constituição das zonas livres tecnológicas em Portugal para qualquer setor económico, sendo, naturalmente, genérico e não especificando aspetos relevantes que um ambiente de testes deve ter em conta, como os seus limites e o regime sancionatório.

No entanto, há certas preocupações que o diploma nos suscita, conflito de competências entre autoridades, devido ao facto de se atribuir à

---

[482] VALERIE MICHEL, *Recherches Sur Les Competences De La Communaute*, L'Hamarttan, Paris, 2003, p. 500.

[483] Cfr. LAURA ABREU CRAVO E JOÃO VIEIRA DOS SANTOS, "*Regulatory Sandboxes*", in *Cadernos do Mercado de Valores Mobiliários – 20 anos do Código dos Valores Mobiliários*, Almedina, Coimbra, 2021, pp. 639 e ss..

Autoridade de Testes, à entidade gestora e à entidade reguladora competência para a supervisionar e fiscalizar testes nas zonas livres tecnológicas.

Em segundo lugar, existe o risco da desvalorização da independência das entidades reguladoras. Ao atribuir-se competências de supervisão e de fiscalização a uma entidade que faz parte do setor empresarial do Estado, bem como a outras entidades, nomeadamente privadas, se subvertem as razões de interesse público que levaram o legislador a atribuir a entidades administrativas independentes a supervisão do setor financeiro, descurando, ainda, o quadro europeu que nesta matéria se encontra em vigor em matéria de supervisão financeira e que impõe que os serviços financeiros sejam supervisionados por autoridades independentes.

Apesar do exposto, o diploma prevê a criação de zonas livres tecnológicas especiais, que podem derrogar o regime deste diploma, podendo-se, deste modo, acautelar nesse regime específico as questões que assinalámos.

Por fim, refere-se que um factor essencial do modelo espanhol que deve ser aproveitado é a participação dos três reguladores do setor financeiro, tal como previsto na *Ley* 7/2020 *para la Transformación Digital del Sistema Financiero*, algo que em Portugal já se experienciou no Portugal FinLab. A atuação concertada dos reguladores no Portugal FinLab permitiu às empresas terem uma visão transversal dos requisitos regulatórios aplicáveis às atividades que se propõem desenvolver, algo essencial perante a constante integração das várias áreas do setor financeiro. Numa *regulatory sandbox* esta interseção de áreas é ainda mais premente devido à limitação dos testes ao âmbito do regulador envolvido. De igual forma, a grande disponibilidade de recursos necessária para a implementação de uma *regulatory sandbox* torna esta iniciativa excessivamente onerosa para a participação de apenas um dos setores do sistema financeiro.

Da análise feita aos modelos do Reino Unido e Holanda não foi possível obter evidências da aplicação de isenções a qualquer norma jurídica nacional ou do direito da União. Mais ainda, da análise dos casos concretos disponibilizados nos sítios da internet das respetivas autoridades nacionais não foi ainda possível extrair exemplos de normas injustificadamente onerosas que tenham sido alteradas ou cujo cumprimento tenha sido isentado/aligeirado dentro dos poderes conferidos às respetivas autoridades reguladoras no contexto de uma *regulatory sandbox*, pelo que grande parte da atividade que decorre no contexto destas *regulatory sandboxes* funciona sem qualquer alteração ou aligeiramento relevante das normas aplicáveis, sem prejuízo da avaliação de adequação das normas regulamentares de que as autoridades competentes podem dispor. A tónica parece residir, sobretudo, no acompanhamento de proximidade por parte das autoridades competentes, com a imposição de salvaguardas de proteção do investidor, que permite, num momento posterior, nomeadamente, a aceleração da instrução de processos de registo para a atividade que foi testada na *regulatory sandbox* e se pretende desenvolver. Tal poderá servir para a atração de empresas *FinTech*, uma vez que estas, dada a sua ubiquidade, procuram estabelecer-se em jurisdições que promovam a inovação financeira[484].

O modelo espanhol, ainda com uma concretização empírica demasiado recente, acarreta um grau de incerteza que justifica um acompanhamento ao longo do tempo para confirmação da viabilidade e sucesso na implementação desta *regulatory sandbox*. No entanto, as dúvidas jurídicas levantadas pelo previsão, na *Ley* 7/2020 *para la Transformación Digital del Sistema Financiero* de Espanha, de que a prossecução de uma atividade financeira por parte de um agente do mercado numa *regulatory sandbox* não constitui uma ocupação ou atividade regular a título profissional podem ser colmatadas no nosso ordenamento jurídico por um instrumento legislativo habilitante que delimite o ambiente de testes e que assegure a proteção dos consumidores e dos investidores, considerando a função económico-social das *regulatory sandboxes* de testar ideias e identificar os benefícios e riscos de determinada atividade, produto ou serviço, pelo que, este modelo seria o que mais se adequaria ao ordenamento jurídico nacional, no nosso entender.

Nestes termos, somos levados a entender que grande parte da atividade que decorre no contexto destas *regulatory sandboxes* funciona sem qualquer alteração ou aligeiramento relevante das normas aplicáveis, isto sem prejuízo da avaliação de adequação das normas regulamentares de que as autoridades competentes podem dispor. Há, sobretudo, um acom-

---

[484] Cfr. Matthias Lehmann, "Global Rules for a Global Market Place? – The Regulation and Supervision of FinTech Providers" in *EBI Working Paper Series*, n.º 45, 2019, p. 15, disponível em: papers.ssrn.com.

panhamento de proximidade por parte das entidades reguladoras, com a imposição de salvaguardas de proteção do investidor, que permite, num momento posterior, nomeadamente, a aceleração da instrução de processos de registo para a atividade que foi testada na *regulatory sandbox* e se pretende desenvolver. No entanto, a utilização do modelo espanhol, poderá ser uma exceção e resultar num verdadeiro ambiente seguro de testes, por poderem existir isenções às normas da legislação da União Europeia, ao qualificar esses testes como uma atividade não profissional.

5. Uma regulação baseada em princípios para a *FinTech*?

Já abordamos anteriormente a associação simétrica que se faz entre uma regulação baseada em princípios e o fomento da inovação. Será que devemos, então, adotar uma regulação baseada em princípios, ou seja, mais "avessa à prolixidade legislativa e favorável a formulações legais mais abertas"[485], para enquadrar os meios de financiamento *FinTech* no ordenamento jurídico nacional?

A resposta só poderá ser dada após uma análise do funcionamento atual da nossa ordem jurídica. A repetição *ad nauseam* que a regulação baseada em princípios é a melhor solução para a inovação impede que se analisem a fundo os seus contornos, das vantagens e desvantagens desta opção e de um confronto com os maiores benefícios, mas também se corrijam e se expurguem os elementos inócuos, contraproducentes e contrários ao nosso ordenamento, procurando, igualmente, aferir se uma regulação baseada em princípios poderá promover a inovação e tutelar, ao mesmo tempo, os valores jurídicos essenciais, como alguns autores sustentam[486].

---

[485] Paulo Câmara, *Manual de Direito dos Valores Mobiliários*, 3.ª ed., Almedina, Coimbra, 2016, p. 270.

[486] Cfr. Sofia Ranchordas, "Does Sharing Mean Caring? Regulating Innovation in the Sharing Economy", in *Minessota Journal of Law, Science and Technology*, Volume 16, Issue 1, Article, 9, pp. 447 e ss., disponível em: scholarship.law.umn.edu; Dirk Zetzsche, Ross P. Buckley, Douglas, W. Arner e Janos Nathan Barberis, "Regulating a Revolution from Regulatory Sandboxes to Smart Regulation", in *EBI Working Paper Series*, n.º. 11, 2017, pp. 52 e ss., disponível em https://papers.ssrn.com; Erik Vermeulen, Mark Fenwick e Wulf A. Kaal,

Num plano jurídico mais genérico, há muito tempo que se debate a aplicação de uma regulação baseada em princípios ou de uma regulação baseada em regras, sendo a primeira comummente associada aos britânicos – "mercê de uma reforma legislativa lúcida e bem preparada nos finais dos anos noventa e de uma autoridade de supervisão daí resultante, a FSA avessa à prolixidade legislativa e favorável a formulações legais mais abertas"[487] – e a segunda aos estado-unidenses, estes devido às densidade e detalhe do *Securities Act* de 1933 e do *Securities Exchange Act* de 1934.

O debate mais conhecido de regras vs. princípios é o de entre Ronald Dworkin e Herbert Hart. Enquanto Hart, no âmbito do seu modelo positivista, defende que os juízes podem legislar e decidir dentro dos limites do Direito e que este é composto por um sistema meramente de regras, Dworkin contrapõe, afirmando que os princípios desempenham um papel fundamental no poder discricionário dos juízes[488].

Refere-se, no entanto, que uma regulação baseada em princípios nunca desconsideraria a necessidade da existência de regras, nem a regulação baseada em regras desconsideraria por completo os princípios,

---

"Regulation Tomorrow: What Happens when Technology is Faster than the Law?" *TILEC Discussion Paper,* Tilburg University, 2016, pp. 23 e ss., disponível em https://papers.ssrn.com; Dan Awrey, "Regulating Financial Innovation: A More Principles-Based Proposal?" in *Brooklyn Journal of Corporate, Financial & Commercial Law,* Vol. 5, Issue 2, Article 1, 2011, pp. 297 e ss., disponível em: brooklynworks.brooklaw.edu. Referindo que a regulação baseada em princípio é a melhor abordagem para a inovação em blockchain, por não haver precedentes regulatórios, *vd.* Agata Ferreira, Philipp Sandner e Thomas Dünser, *Cryptocurrencies, DLT and crypto assets – the road to regulatory recognition in Europe,* 2021, p. 25, disponível em: papers.ssrn.com

[487] Paulo Câmara, *A Regulação baseada em Princípios e a DMIF*, in *Cadernos do Mercado de Valores Mobiliários,* n.º 27, 2007, p. 1, disponível em:
https://www.cmvm.pt/pt/EstatisticasEstudosEPublicacoes/CadernosDoMercadoDeValoresMobiliarios/Documents/43ffdf6896544a209c04b8468f5c4f89Artigo3.pdf.

[488] Cfr. Herbert L. Hart, *O Conceito de Direito,* tradução de Ribeiro Mendes, 2.ª ed., Fundação Calouste Gulbenkian, Lisboa, 1996; Ronald Dworkin. *Justice in Robes,* The Belknap Press of Harvard University Press, Cambridge, 2006; Pedro Moniz Lopes, *Princípio da Boa Fé e Decisão Administrativa,* Almedina, Coimbra, 2011, p. 41; Tânia Schneider da Fonseca, "O Debate Entre Herbert L. A. Hart E Ronald Dworkin", in *Revista de Filosofia,* n.º 4, 2011, pp. 52 e ss., disponível em:
https://periodicos.ufpel.edu.br/ojs2/index.php/searafilosofica/article/view/541

uma vez que estas duas realidades se interligam, podendo-se aferir que se "alguns princípios são uma indução de regras, as regras podem, por vezes, ser configuradas como deduções de princípios"[489].

Adverte-se, igualmente, que a regulação baseada em princípios, no contexto do direito financeiro, não está rigorosamente associada aos princípios jurídicos em sentido técnico[490]. De um ponto de vista estritamente jurídico, os "princípios são parâmetros tendencialmente incondicionados ou submetidos a uma condicionalidade difusa e não pontual"[491], "apresentando-se como orientações multidirecionais derivadas da vivência do ordenamento jurídico"[492], "decorrentes de uma conceção racional da Justiça a partir da qual são formulados por dedução"[493]. Os princípios "são encarados, a partir de certo ponto de vista, como desejáveis de manter ou de ser objecto de adesão, e, por isso, não apenas enquanto capazes de fornecer uma explicitação ou fundamento lógico das regras que os exemplificam, mas também, pelo menos, enquanto capazes de contribuir para a justificação destas"[494]. São, assim, normas abertas que preveem um quadro racional, com percursos inferenciais expressos, implicando um juízo de prognose que consubstancia uma delegação de tarefas por parte do legislador na Administração[495]. São, assim, comandos de otimização e, como tal, exigem que algo seja feito na máxima extensão possível de acordo com as possibilidades de facto e de direito existentes A determinação do grau adequado de satisfação ou de realização de um princípio,

---

[489] PEDRO MONIZ LOPES, *Princípio da Boa Fé e Decisão Administrativa*, Almedina, Coimbra, 2011, p. 42

[490] Neste sentido, PAULO CÂMARA, *Manual de Direito dos Valores Mobiliários*, Almedina, Coimbra, 2018, p. 291.

[491] ANTÓNIO CORTÊS, *Jurisprudência dos princípios – ensaio sobre os fundamentos da decisão jurisdicional*, Universidade Católica Editora, Lisboa, 2010, p. 226.

[492] PAULO CÂMARA, *Manual de Direito dos Valores Mobiliários*, Almedina, Coimbra, 2018, p. 291.

[493] MARCELLO CAETANO, *Manual de Direito Administrativo*, Vol. I, Almedina, Coimbra, 1980, pp. 73 a 75.

[494] HERBERT L. HART, *O Conceito de Direito*, tradução de RIBEIRO MENDES, 2.ª ed., Fundação Calouste Gulbenkian, Lisboa, 1996, p. 322.

[495] Cfr. JOSÉ LUCAS CARDOSO, "Do Problema dos Conceitos Jurídicos Indeterminados em Direito Administrativo – Para uma análise dos limites funcionais da jurisdição administrativa", in *Polis – Revista de Estudos Jurídico-Políticos*, n.º 1, 1994, pp. 45 e ss., disponível em: http://revistas.lis.ulusiada.pt/index.php/polis/.

relativamente aos comandos de outros princípios, é conseguida através da ponderação. Portanto, a ponderação é a forma específica de aplicação dos princípios"[496].

As regras, por outro lado, surgem como normas dotadas de um detalhe muito superior aos princípios, verificando-se que são mandatos definitivos que determinam os seus pressupostos de aplicação, tidos como certos ao nível da sua interpretação e prescrevendo imperativamente uma exigência que só poderá ser cumprida ou violada, sendo que a sua aplicação obedece a uma lógica de tudo ou nada[497]. "Afirmar que estamos perante uma regra é dizer que se trata de uma norma com um âmbito de aplicação relativamente delimitado e que tendencialmente se poderá aplicar apenas com os tradicionais cânones de interpretação"[498]. Ou seja, as regras são normas que exigem algo de modo definitivo. São, portanto, comandos definitivos e a sua forma de aplicação é a subsunção. Se uma regra é válida e estão reunidas as condições para a sua aplicação, então deve ser feito exatamente o que ela exige. Se isso for feito, a regra é cumprida; se isso não for feito, a regra é violada[499].

Outra advertência a efetuar é que a distinção entre regras e princípios nem sempre é límpida, uma vez que pode a qualificação de uma determinada disposição legal como regra ou princípio ser mais um resultado da interpretação da mesma do que algo estabelecido na própria proposição normativa. Só depois de interpretada a disposição legal poderemos concluir se ela se aplicou essencialmente segundo um esquema lógico

---

[496] Robert Alexy, "Direitos fundamentais e princípio da proporcionalidade", in *O Direito*, Ano 146.º, IV, tradução de Paulo Pereira Gouveia, Juridireito, Coimbra, 2014, pp. 818 e 819.

[497] Cfr. Paulo Otero, *Legalidade e Administração Pública – O sentido da vinculação administrativa à juridicidade*, Almedina, Coimbra, 2003, pp. 165 e 166; Pedro Moniz Lopes, *Princípio da Boa Fé e Decisão Administrativa*, Almedina, Coimbra, 2011, pp. 42 e 43.

[498] António Cortês, *Jurisprudência dos princípios – ensaio sobre os fundamentos da decisão jurisdicional*, Universidade Católica Editora, Lisboa, 2010, pp. 131 e 132.

[499] Robert Alexy, "Direitos fundamentais e princípio da proporcionalidade", in *O Direito*, Ano 146.º, IV, tradução de Paulo Pereira Gouveia, Juridireito, Coimbra, 2014, p. 818.

dedutivo ou, se pelo contrário, exigiu uma ponderação complexa de circunstâncias, fins e interesses contrapostos[500].

Tendo em conta as salvaguardas referidas, temos que estabelecer que a diferença entre regra e princípios que nos interessa no presente estudo deve ser reconduzida, de forma sistemática, aos seguintes sete factores: (i) a sua génese; (ii) o grau de generalidade e abstração; (iii) a referência a uma ideia de justiça; (iv) a importância ou fundamentalidade para o ordenamento jurídico; (v) a sua abertura ou expansibilidade; (vi) a sua (in) determinabilidade prévia dos casos a que se aplica; (vii) e a capacidade para enformar toda a ordem jurídica[501]. Existe, portanto, uma diferença qualitativa e não apenas quantitativa – esta centrada essencialmente na maior generalidade do princípio face à regra, existindo uma, indeterminação estrutural dos princípios, consistente na ausência de pressupostos tipificados de previsão e estatuição, podendo orientar a busca da norma aplicável e a sua interpretação[502].

Destarte, nesta distinção atende-se ao grau de densidade normativa que se pretende que tenham os enunciados legislativos e regulamentares, sendo a regulação baseada em princípios direcionada para técnicas legislativas mais abertas cuja aplicação exige a ampla intervenção de mediações dogmáticas e jurisprudenciais, mas que possui também uma força irradiante que permite a sua aplicação em âmbitos diversos[503]. "Ora, para diminuir o grau de densidade das prescrições normativas não relevam apenas os princípios jurídicos, mas também a utilização de outras fórmulas que asseguram maior flexibilização da letra das disposições nor-

---

[500] Cfr. António Cortês, *Jurisprudência dos princípios – ensaio sobre os fundamentos da decisão jurisdicional*, Universidade Católica Editora, Lisboa, 2010, pp. 131 e 132.

[501] Cfr. Vitalino Canas, *O Princípio da proibição do excesso na conformação e no controlo de atos legislativos*, reimpressão, Almedina, Coimbra, 2019, pp. 885 e 886; José Lamego, *Elementos de Metodologia Jurídica*, Almedina, Coimbra, 2018, p. 69.

[502] Cfr. José Lamego, *Elementos de Metodologia Jurídica*, Almedina, Coimbra, 2018, p. 69.

[503] Cfr. Paulo Câmara, *Manual de Direito dos Valores Mobiliários*, Almedina, Coimbra, 2018, p. 291; António Cortês, *Jurisprudência dos princípios – ensaio sobre os fundamentos da decisão jurisdicional*, Universidade Católica Editora, Lisboa, 2010, pp. 131 e 132.

mativas – tais como conceitos indeterminados e cláusulas gerais"[504], por oposição ao «*ius strictum*».

Há várias vantagens associadas à regulação baseada em princípios, como a maior flexibilidade que pode oferecer às empresas, incentivando, deste modo, a inovação e a competitividade[505]. A presença de normas abertas afigura-se uma prerrogativa para garantir alguma proporcionalidade e incentivo à inovação financeira e à autorregulação. Os investidores podem beneficiar da melhor conduta das empresas, uma vez que estas se focam em melhorar a conformidade substantiva e alcançar resultados, e evitam abordagens meramente mecanicistas do cumprimento das prescrições (*box-ticking*), sem que consigam atingir uma assimilação dos valores que estão subjacentes à regulamentação. Isto, tendo em conta que as regras produzem erros de inclusão seja por excesso ou por defeito, pois captam o princípio ou a finalidade pública subjacente de forma necessariamente incompleta, e que a sua aplicação pode exigir inclusivamente uma ponderação de razões contrárias[506].

Desta forma, considera-se que a regulação é menos permeável a lacunas e mais adequada para um mercado em evolução, permitindo que a regulamentação tenha alguma durabilidade[507]. Os princípios mantêm-se, em face novos circunstancialismos, como sedimentos desvitalizados[508].

O ordenamento jurídico necessita, cada vez mais, de se adaptar às conceções sociais e às alterações da vida trazidas pela sociedade técnica,

---

[504] Paulo Câmara, *A Regulação baseada em Princípios e a DMIF*, in Cadernos do Mercado de Valores Mobiliários, 2007, p. 1, disponível em: https://www.cmvm.pt/pt/EstatisticasEstudosEPublicacoes/CadernosDoMercadoDeValoresMobiliarios/Documents/43ffdf6896544a209c04b8468f5c4f89Artigo3.pdf.

[505] Cfr. Julia Black, "Forms and Paradoxes of Principles Based Regulation" in *LSE Legal Studies Working Paper No. 13/2008*, 2008, p. 3, disponível em: papers.ssrn.com.

[506] Cfr. António Cortês, *Jurisprudência dos princípios – ensaio sobre os fundamentos da decisão jurisdicional*, Universidade Católica Editora, Lisboa, 2010, pp. 131 e 132

[507] Cfr. Paulo Câmara, "A Regulação baseada em Princípios e a DMIF", in *Cadernos do Mercado de Valores Mobiliários*, n,.º 7, 2007, p. 3, disponível em: https://www.cmvm.pt/pt/EstatisticasEstudosEPublicacoes/CadernosDoMercadoDeValoresMobiliarios/Documents/43ffdf6896544a209c04b8468f5c4f89Artigo3.pdf; Julia Black, "Forms and Paradoxes of Principles Based Regulation" in *LSE Legal Studies Working Paper No. 13/2008*, 2008, p. 3, disponível em: papers.ssrn.com.

[508] Carlos Mota Pinto, *Cessão da Posição Contratual*, Almedina Coimbra, 2003, p. 10.

ou seja, precisa de se fazer permeável aos seus próprios fundamentos ético-sociais. Neste contexto, pode-se distinguir no ordenamento jurídico, por um lado, conceitos «determinados» que são, genericamente, as estruturas arquitectónicas consolidadas da ordem jurídica, as quais permitem a construção de um sistema científico e propiciar a certeza e segurança do Direito; por outro lado, conceitos «indeterminados» e cláusulas gerais que constituem por assim dizer a parte *movediça* e *absorvente* do mesmo ordenamento, enquanto servem para ajustar e fazer evoluir a lei no sentido de a direcionar às mudanças e às particularidades das situações da vida[509].

Em caso de alterações à realidade regulada, os princípios e os conceitos indeterminados podem geralmente ser chamados para preencher lacunas[510] e a tarefa da entidade reguladora cinge-se apenas a uma atividade de interpretação que deve ter como limite os eixos da proporcionalidade e da adequação. A legislação e a regulamentação são, assim, mais estáveis e evita-se intervenções normativas desnecessárias, permitindo, igualmente, garantir simplicidade e sintetismo ao sistema normativo, permitindo à entidade reguladora densificar os conceitos indeterminados com a experiência adquirida através das relações estabelecidas com os agentes de mercado.

Estas caraterísticas concedem uma maior acessibilidade à compreensão da legislação – compreendendo os valores subjacentes aos valores que a regulação quer tutelar e, sobretudo, pelo que permite que as empresas se autorregulem[511] – e da regulamentação por parte das PME[512], algo que se coaduna com os objetivos do Plano de Ação para a criação de uma União dos Mercados de Capitais. Estabelece-se, assim, maior justiça, pro-

---

[509] Cfr. João Baptista Machado, *Introdução ao Direito e ao Discurso Legitimador*, 26.ª reimpressão, Almedina, Coimbra, 2019, p. 113.

[510] Cfr. Julia Black, "The Rise, Fall and Fate of Principles Based Regulation", in *LSE Legal Studies Working Paper No. 17/2010*, 2010, pp. 5-25, disponível em: papers.ssrn.com.

[511] Cfr. William Magnusson, "Regulating FinTech", in *Vanderbilt Law Review*, Forthcoming Texas A&M University School of Law Legal Studies Research Paper n.º. 17-55, 2017, p. 48, disponível em: papers.ssrn.com.

[512] Cfr. Julia Black, "Forms and Paradoxes of Principles Based Regulation" in *LSE Legal Studies Working Paper No. 13/2008*, 2008, p. 8, disponível em: papers.ssrn.com.

porcionalidade e igualdade de oportunidades para todos os agentes do mercado, fomentando, outrossim, a concorrência.

Outra das vantagens conhecidas é a relação que se estabelece entre as empresas reguladas e as entidades reguladoras, dado que a regulação baseada em princípios fomenta a responsabilidade, a reciprocidade e a confiança nesta relação, o que atenua as assimetrias de informação de ambas as partes, consequentemente reduzindo os custos de agência. As entidades reguladoras e os seus regulados passam a comunicar claramente os seus objetivos e expectativas e a aplicar princípios previsíveis. As entidades reguladoras transmitem de forma mais clara e transparente os seus objetivos e, por outro lado, os regulados partilham mais informação com as entidades reguladoras e adotam uma abordagem autorreflexiva de alinhamento dos seus processos e práticas comerciais para garantir que os objetivos estabelecidos na regulamentação sejam atingidos, passando a existir uma maior congruência entre os incentivos privados dos regulados e os objetivos regulatórios de interesse público[513].

Relativamente às desvantagens, a regulação baseada em princípios é criticada, sobretudo, por não fornecer segurança e previsibilidade. Apesar de termos exposto que a comunicação poderia ser favorecida por uma regulação baseada em princípios, muitas vezes poderão existir dificuldades interpretativas quanto aos objetivos regulatórios, uma vez que as normas abertas requerem uma prévia operação de preenchimento valorativo[514], cabendo um grande ónus às entidades reguladoras de concretização desses objetivos por parte de uma comunicação clara, sob pena das empresas recorrerem a uma abordagem mais cautelosa baseada no risco de não atuarem com a segurança que exige o bom funcionamento do comércio e do sistema financeiro[515]. As entidades reguladoras ficam, igualmente, obrigadas a uma vigilância redobrada e a um maior esforço

---

[513] Cfr. Julia Black, "The Rise, Fall and Fate of Principles Based Regulation", in *LSE Legal Studies Working Paper No. 17/2010*, 2010, pp. 17 e ss., disponível em: papers.ssrn.com

[514] Cfr. José Lucas Cardoso, "Do Problema dos Conceitos Jurídicos Indeterminados em Direito Administrativo – Para uma análise dos limites funcionais da jurisdição administrativa", in *Polis – Revista de Estudos Jurídico-Políticos*, n.º 1, 1994, p. 17, disponível em: http://revistas.lis.ulusiada.pt/index.php/polis/.

[515] Cfr. Julia Black, "Forms and Paradoxes of Principles Based Regulation" in *LSE Legal Studies Working Paper No. 13/2008*, 2008, pp. 3 e 4, disponível em: papers.ssrn.com

de análise na fiscalização, face à abertura dos normativos, suscitando maiores dificuldades de harmonização num plano da União Europeia[516], cabendo-lhes também a tarefa de descobrir pela «*ratio legis*» e pelos outros elementos de interpretação o pensamento real do legislador[517] podendo ser necessário, de uma forma mais frequente, o recurso à publicação de orientações para colmatar as dúvidas interpretativas do mercado.

Como refere Hans Kelsen: "a necessidade de uma interpretação resulta justamente do facto de a norma a aplicar ou o sistema de normas deixarem várias possibilidades em aberto, ou seja, de não contarem ainda qualquer decisão sobre a questão de saber qual dos interesses em jogo é de maior valor, mas deixarem antes esta decisão, a determinação da posição relativa de interesses, a um acto de produção normativa que ainda vai ser posto – à sentença judicial, por exemplo"[518].

Na regulação baseada em princípios, as empresas são obrigadas a interpretar à sua maneira conceitos indeterminados. Temos, por um lado, os conceitos indeterminados cuja concretização envolve apenas operações de interpretação da lei e de subsunção, somente condicionados pela linguagem, solucionáveis através de raciocínios teorético-discursivos, e os conceitos indeterminados cuja concretização apela já para preenchimentos valorativos por parte do aplicador do Direito[519], pelo que, convém esclarecer que nos referimos a estes últimos.

Há, portanto, uma maior exposição ao risco interpretativo – o risco de que autoridades façam uma interpretação diferente –, aumentando,

---

[516] Cfr. Paulo Câmara, *Manual de Direito dos Valores Mobiliários*, 4.ª ed., Almedina, Coimbra, 2018, p. 292.

[517] Cfr. Afonso Queiró, *O poder discricionário da administração*, Tese de doutoramento apresentada à Faculdade de Direito da Univiversidade de Coimbra, 1944, p. 261.

[518] Hans Kelsen, *Teoria Pura do Direito*, tradução de João Baptista Machado, 7.ª edição da tradução portuguesa, Almedina, Coimbra, 2008, p. 384.

[519] Cfr. Diogo Freitas do Amaral, Curso de Direito Administrativo, Vol. II, 4.º ed., com a colaboração de Pedro Machete e Lino Torgal, Almedina, Coimbra, 2020, pp. 93 e ss.; Karl Engish, *Introdução ao Pensamento Jurídico*, 6.ª ed., Fundação Calouste Gulbenkian, Lisboa, Tradução de João Baptista Machado, 1988, pp. 236 e 237; Sérvulo Correia, *Legalidade e Autonomia Contratual nos Contratos Administrativos*, Dissertação de Doutoramento em Ciências Jurídico-Políticas na Faculdade de Direito da Universidade de Lisboa, Almedina, Coimbra, 2020, p. 474.

assim, a conflitualidade social e judicial. "Cada pessoa insatisfeita ou cada grupo de interesses preterido por uma decisão administrativa acaba por abrir litígios judiciais, fornecendo todo o material genético para no sistema se alicerçarem os pressupostos conducentes a um governo de juízes"[520]. A utilização de princípios, conceitos indeterminados ou de cláusulas gerais pode gerar, deste modo, grandes preocupações, devido à forte discricionariedade da Administração na perseguição ou não de determinada conduta[521]. Por esta via remete-se, assim, para o aplicador administrativo do Direito um poder suplementar de proceder a ponderações de interesses e de bens alicerçados em princípios, perdendo-se a certeza e segurança jurídica na atuação administrativa, devendo esta assentar em conceitos claros e numa estrutura de quadros sistemáticos conclusivos, implicando um compromisso de grande dimensão para a Administração, ao ficar com um dever mais exigente de fundamentação e de estruturação dos conceitos indeterminados[522].

Nas palavras de Alexandre Brandão da Veiga: "o perigo fundamental da concretização de conceitos indeterminados é bem conhecido: o de se traduzir num mero desenvolvimento verbal. Por isso se tem de operar uma inversão metodológica. Em vez de seguir o caminho tradicional que começa com o regime da imputação para se analisar só depois o das consequências jurídicas tem de se seguir o percurso inverso. Tendo em conta a dependência funcional da previsão em relação à estatuição, o desenho dos contornos das estatuições revela as funções que este conceito desempenha, servindo pois de meio de controlo a qualquer interpretação que pretenda aderir à realidade"[523].

---

[520] Paulo Otero, *Legalidade e Administração Pública – O sentido da vinculação administrativa à juridicidade*, Almedina, Coimbra, 2003, pp. 168 e 169.

[521] Cfr. Luís Guilherme Catarino, *Regulação e Supervisão dos Mercados de Instrumentos Financeiros*, Almedina, Coimbra, 2010, p. 381.

[522] Cfr. Paulo Otero, *Legalidade e Administração Pública – O sentido da vinculação administrativa à juridicidade*, Almedina, Coimbra, 2003, p. 167; João Baptista Machado, *Introdução ao Direito e ao Discurso Legitimador*, 26.ª reimpressão, Almedina, Coimbra, 2019, p. 113.

[523] Alexandre Brandão da Veiga, "Idoneidade e Supervisão", in *Cadernos do Mercado de Valores Mobiliários*, n.º 55, 2016, p. 30, disponível em: https://www.cmvm.pt/pt/EstatisticasEstudosEPublicacoes/CadernosDoMercadoDeValoresMobiliarios/Documents/Cadernos%20MVM%2055E.pdf

Outro dos problemas da regulação baseada em princípios é a sua abordagem *ex post* aos riscos, focando-se no passado. Os princípios apenas entram na fase de execução quando o risco se "cristalizou", podendo, muitas vezes, a atividade interpretativa não funcionar ou ser demasiadamente árdua[524]. Sem a supervisão de uma entidade reguladora para garantir que os termos sejam interpretados de maneira razoável e responsável, os agentes de mercado podem definir os termos no seu próprio interesse e as decisões destes podem-se direcionar para zonas de maior risco, menos transparência, menor estabilidade sistémica e menor proteção dos investidores[525]. Por outro lado, no Direito Administrativo encontramos dois tipos de aplicadores das normas legais, valorando-as autonomamente: os órgãos da Administração Pública e os tribunais[526], o que fragiliza a segurança jurídica.

Outrossim, o ambiente em que os nossos esforços regulatórios devem operar é caracterizado por altos níveis de complexidade e mudanças rápidas. Isso coloca grande pressão sobre a capacidade do planeamento cen-

---

[524] Cfr. Julia Black, "The Rise, Fall and Fate of Principles Based Regulation", in *LSE Legal Studies Working Paper No. 17/2010*, 2010, pp. 5-25, disponível em: papers.ssrn.com.

[525] Cfr. Cristie Ford, *Principles-Based Securities Regulation in the Wake of the Global Financial Crisis*, 2010, p. 41, disponível em: papers.ssrn.com.

[526] No entanto, Otto Bachof reconhece à Administração, como poder autónomo do Estado, um âmbito de responsabilidade exclusiva, ficando os tribunais apenas com o dever de sindicar a subsunção realizada pelo agente administrativo quando dispuserem de parâmetros de controlo suficientemente seguros, cfr. José Lucas Cardoso, "Do Problema dos Conceitos Jurídicos Indeterminados em Direito Administrativo – Para uma análise dos limites funcionais da jurisdição administrativa", in *Polis – Revista de Estudos Jurídico-Políticos*, n.º 1, 1994, p. 32, disponível em: http://revistas.lis.ulusiada.pt/index.php/polis/. Segundo Barbosa de Melo, "na hipótese da ausência de critérios ou paradigmas pré-constituídos e tomados públicos, onde é que o juiz, para apreciar e controlar a decisão administrativa, iria buscar as máximas da decisão senão à sua própria vontade ou razão?", Barbosa de Melo, "Introdução às formas de concertação social", in *Boletim da Faculdade de Direito*, Vol. LIX, Faculdade de Direito da Universidade de Coimbra, Coimbra, 1985, p. 110. "A larga margem de discricionariedade inerente à atuação do supervisor, que implica que os tribunais apenas devem poder intervir em caso de ilegalidade manifesta", João Pedro Castro Mendes, "Estabilidade Financeira, Princípio da Proporcionalidade e Supervisão Microprudencial", in *Estudos de Direito Bancário I*, Almedina, Coimbra, 2018, p. 74.

tral deliberativo do legislador e das entidades reguladoras de gerarem as regras estruturais e regulamentares necessárias[527].

Por outro lado, a impossibilidade dos princípios conseguirem solucionar todo o tipo de situações é insuprível. Aliás, conforme nos alerta Faria Costa, "a tentação de querer resolver todos os problemas de interpretação que o direito levanta ou põe, através da própria regulamentação jurídica previamente determinada, tem sido uma constante"[528].

Acresce que a própria dinâmica social de uma determinada comunidade pode produzir novos conceitos e significações diante de normas antes tidas como claras e de acepções aceitas pacificamente[529].

A previsão de regras, no sentido de conceitos determinados, pode mitigar as desvantagens identificadas e também é o único meio possível para certas partes do sistema normativo, designadamente, as normas sancionatórias[530] – tendo em conta aos princípios constitucionais garantísticos do Direito Penal no que respeita à segurança, certeza, confiança e previsibilidade[531], como o princípio *nullum crimen sine lege praevia* – e as normas que preveem os requisitos patrimoniais e deveres de reporte – nestas poderão ser utilizadas ferramentas *SupTech* para auxiliar as entidades reguladoras.

Perante a nossa análise das vantagens e desvantagens da regulação baseada em princípios, observa-se que não existe uma solução ótima evidente. Consideramos, em geral, que num sistema regulatório aplicável a qualquer meio de financiamento *FinTech* deve ser procurado um equilí-

---

[527] Gillian Hadfield, "Producing Law for Innovation", in *Rules for Growth – Promoting Innovation and Growth through Legal Reform*, 2011, p. 25, disponível em: https://www.kauffman.org/-/media/kauffman_org/research-reports-and-covers/2011/02/rulesforgrowth.pdf.

[528] José de Faria Costa, *O perigo em direito penal*, Coimbra Editora, Coimbra, 2000, p. 153; "Nenhuma norma é capaz de ser completa o suficiente a ponto de não precisar de ulterior interpretação", Herbert L. Hart, *O Conceito de Direito*, tradução de Ribeiro Mendes, 2.ª ed., Fundação Calouste Gulbenkian, Lisboa, 1996, p. 34.

[529] Peter Harbele, *"Demokratische Verfassungstheorie im Lichte des Möglichkeitsdenken"*, in Die Verfassung des Pluralismus, Königstein/TS, Athenäum,1980, p. 4.

[530] Cfr. Borut Strazisar, *Principle Based Legislation Smart Choice for Capital Market's Regulation?*, 2011, p. 4, disponível em https://papers.ssrn.com/sol3/papers.cfm?abstract_id=1999798

[531] Cfr. Luís Guilherme Catarino, *Regulação e Supervisão dos Mercados de Instrumentos Financeiros*, Almedina, Coimbra, 2010, p. 581.

brio com a previsão cumulativa de princípios e regras, aproveitando as vantagens e desvantagens expostas, bem como os instrumentos regulatórios analisados, sem prejuízo de se atribuir preponderância à simplicidade, clareza e sintetismo do regime jurídico aplicável.

No entanto, atenta-se que a regulação baseada em princípios é, normalmente, abordada numa perspetiva dos sistemas da *common law*, em que nos deparamos com um conceito de Direito fundamentalmente diverso daquele que prevalece no continente europeu. Mais do que um conjunto de regras e princípios gerais que disciplinam normativamente a vida social, o Direito, nos sistemas da *common law* é tido essencialmente como um instrumento de resolução de litígios.

É possível, deste modo, que a regulação baseada em princípios não surta iguais resultados em ordenamentos jurídicos de pendor mais prescritivo como o português. Com efeito, nos sistemas da *common law* existe um maior pragmatismo e desconfiança relativamente aos princípios gerais que antecipam problemas jurídicos através de regras abstratas. As regras surgem como meras hipóteses de trabalho, continuamente testados nos tribunais[532]. A abordagem baseada em princípios é, por isso, mais utilizada nos sistemas da *common law* como uma técnica de precedentes judiciais no esclarecimento e na delimitação do conteúdo dessas formulações[533].

Com efeito, nos sistemas de *common law* houve sempre uma tendência para o pragmatismo e empirismo, em oposição aos direitos romano-germânicos[534], mas, por outro lado, não existe centralidade sistémica de conceitos e categorias jurídicas nos sistemas da *common law*[535], sendo que

---

[532] Cfr. Dário Moura Vicente, *Direito Comparado – Volume I*, 4.ª ed. Almedina, Coimbra, 2019, pp. 281 e 282.

[533] Abel Sequeira Ferreira refere que visão do Direito, típico das teses do jurisprudencialismo, assente nos princípios, tem elementos constitutivos do direito e consciente da pluridimensionalidade do sistema jurídico, em permanente construção, e que já não pode centrar-se apenas na lei, cfr. Abel Sequeira Ferreira, "A soft law e a juridicidade dos códigos de governo das sociedades", in *Revista de Direito das Sociedades*, Ano X, n.º 1, Almedina, Coimbra, 2018, p. 183.

[534] Carlos Ferreira de Almeida e Jorge Morais Carvalho, *Introdução ao Direito Comparado*, 3.ª ed., Almedina, Coimbra, 2017, p. 125.

[535] Relativamente à falta de centralidade sistémica relativa ao ato administrativo na *common law*, *vd.* Luís Filipe Colaço Antunes, "Interesse Público, Proporcionalidade e Mérito; Rele-

a ideia que permeia nestes sistemas é de que o Direito existe não para ser um edifício lógico e sistemático, mas para resolver questões concretas[536].

Apesar de existir uma aproximação dos dois sistemas atualmente, com uma tendência para uma maior presença da lei nas fontes do direito nos sistemas da *common law* e para uma maior importância da jurisprudência nos sistemas romano-germânicos e da maior utilização das técnicas legislativas da *common law* nos sistemas romano-germânicos, como a utilização de extensos glossários de conceitos empregues nos textos legislativos, bem como as técnicas de compilação e consolidação de leis[537], é notória a maior influência da "Teoria dos Sistemas"[538] nos sistemas romano-germânicos.

Nos sistemas jurídicos romano-germânicos, só a partir de configuração da lei num conjunto sistematicamente ordenado e articulado de outras normas, será possível entender os princípios fundamentais que impulsionam o funcionamento e que regem a necessária unidade e coerência dessa mesma ordem geral, ao disciplinarem em particular, as leis, nas suas relações recíprocas[539].

Nesse sentido, é suficientemente explanatório que a opção pelas expressões «ordem interna» e «ordem jurídica, contidas no artigo 8.º, n.ºs 2 e 3, e 277.º, n.º 3, da CRP, consubstancia a existência de uma estrutura

---

vância e Autonomia Processual do Princípio da Proporcionalidade", in *Estudos em Homenagem à Professora Doutora Isabel de Magalhães Collaço*, Vol. II, Almedina, Coimbra, 2002, p. 565.

[536] Guido Fernando Silva Soares, *Curso de Direito Internacional Público*, Vol. I, Atlas, São Paulo, 2002, p. 53.

[537] Carlos Ferreira de Almeida e Jorge Morais Carvalho, *Introdução ao Direito Comparado*, 3.ª ed., Almedina, Coimbra, 2017, pp. 127 e 128.

[538] Destacamos, neste contexto, os trabalhos de Von Bertalanffy, Talcott Parsons e Niklas Luhmann, tendo este último incluído um novo paradigma à "Teoria dos Sistemas": a conceção de sistema como sistema autopoiético. Sobre o referido *vd.* Von Bertalanffy, *Teoria Generale dei Sistemi*, tradução de Enrico Bellone, ILI, Milano, 1971; Talcott Parsons, "Sugestions for a Sociological Approach to a Theory of Organization" in *Administrative Science Quaterly*, Vol. 1, n.º 1, Sage Publications, Inc., New York, 1956, pp. 63 e ss.; Niklas Luhmann, *Fin y Racionalidad en los Sistemas: sobre la función de los fines en los sistemas sociales*, tradução de Jaime Nicolás Muñiz, Torregalindo, Madrid, 1983.

[539] Cfr. Carlo Blanco de Morais, *As Leis Reforçadas – As Leis Reforçadas pelo Procedimento no Âmbito dos Critérios Estruturantes das Relações Entre Actos Legislativos*, Coimbra Editora, Coimbra, 1998, p. 164.

jurídica positiva composta por vários elementos, articulados num conjunto necessariamente estruturado por relações de coerência, ou seja, um sistema intrínseco, do qual podem ser extraídos critérios orientadores que tornam possível a adaptação desse sistema a novos problemas e situações[540].

O sistema que a ciência jurídica elabora reconstitui uma ordem fundamental que visa integrar as ligações entre cada parcela, de forma a criar uma certa unidade de elementos jurídicos de que a lei, como norma, faz parte, assim sendo, as normas só atingem o seu conteúdo em harmonia com as demais normas se for tomada em consideração a relação sistemática que entre elas existe. Em universos caracterizados por interesses conflitivos como os das comunidades humanas, não pode deixar de existir alguma desordem e sendo esta última contrária à essência do Direito impõe-se, necessariamente, um processo de integração harmoniosa dos mesmos interesses, através de regras jurídicas, sendo precisamente nesta interação dinâmica que repousam os fundamentos da ordem jurídica[541].

O objetivo é que o sistema seja um feixe de relação entre os seus elementos que lhe confere aptidão para composição de um número indefinido de ocorrências[542] e seja dotado de coerência e que demonstre a conexão de sentido inerente ao ordenamento jurídico, através de uma sequência e harmonização lógica, axiológica e teleológica[543], o que se mostra indispensável à estabilidade, segurança, certeza e imperatividade que decorrem da natureza do Direito[544].

---

[540] Cfr. João Baptista Machado, *Introdução ao Direito e ao Discurso Legitimador*, 26.ª reimpressão, Almedina, Coimbra, 2019, p. 103.

[541] Cfr. José de Oliveira ascensão, *O Direito – Introdução e Teoria Geral*, 13.ª ed. refundida, Almedina, Coimbra, 2016, pp. 480 e ss.; Carlo Blanco de Morais, *As Leis Reforçadas – As Leis Reforçadas pelo Procedimento no Âmbito dos Critérios Estruturantes das Relações Entre Actos Legislativos*, Coimbra Editora, Coimbra, 1998, p. 164.

[542] Cfr. Carlos Ferreira de Almeida, *Texto e Enunciado na Teoria do Negócio Jurídico*, Vol. I, Almedina, Coimbra, 1992, p. 403.

[543] José Gomes Canotilho, "Relatório sobre programa, conteúdos e métodos de curso de teoria da legislação", in *Boletim da Faculdade de Direito da Universidade de Coimbra*, Vol. LXIII, Gráfica de Coimbra, Lda., 1992, p. 474.

[544] Referimo-nos a uma vocação para a plenitude, porque uma plenitude integral po considerar-se afastada, uma vez que a doutrina reconhece a categoria de lacunas "rebeldes à analogia", cfr. Karl Engish, *Introdução ao Pensamento Jurídico*, 6.ª ed., Fundação Calouste Gulbenkian,

Daqui decorre uma vocação para a plenitude, associada ao imperativo do «legislador completo», ou seja, a plenitude impõe à ordem jurídica que a mesma proveja institutos e soluções jurídicas para o preenchimento de lacunas, cuja ausência geraria omissões, disfunções regulatórias e falhas na função disciplinadora, axiomática e dogmática da ordem normativa[545]. O sistema é, deste modo, uma unidade normativa heterogénea[546] que também se estrutura em princípios positivos e transpositivos – em que o legislador pode induzir um sentido genérico de dever ser[547] –, em normas prescritas numa opção político-estratégica, na jurisprudência e na doutrina jurídica[548].

A descoberta desse sistema é feita através da concretização desses princípios e da formação de tipos e conceitos determinados pela função. Assim, o sistema é apto para resolver a necessidade de concretização de conceitos indeterminados através de um pensamento tipológico, isto é, através da separação e generalização de determinados elementos (índices), para, a partir deles, se formarem conceitos ordenados com vista a se poderem alcançar diversos graus de abstração, acrescentando ou subtraindo notas específicas particulares.

Por outras palavras, identifica-se as notas características tidas como típicas como as que estão presentes em grau e intensidade suficientes para que a situação de facto no seu todo corresponda a certo tipo de uma forma coerente, numa ótica de sistema aberto, equiparável à de uma

---

Lisboa, Tradução de João Baptista Machado, 1988, p. 282; José de Oliveira ascensão, *O Direito – Introdução e Teoria Geral,* 13.ª ed. refundida, Almedina, Coimbra, 2016, p. 465; Mário Franzen de Lima, *Da Interpretação Jurídica,* 2.ª ed., Ed. Forense, Rio de Janeiro, 1955, p. 136.

[545] Cfr. Carlo Blanco de Morais, *As Leis Reforçadas – As Leis Reforçadas pelo Procedimento no Âmbito dos Critérios Estruturantes das Relações Entre Actos Legislativos,* Coimbra Editora, Coimbra, 1998, p. 168.

[546] A natureza «heterogénea» reportar-se-ia à existência, no seio do sistema, de normas e de princípios de intensidade diversa, cfr. António Menezes Cordeiro, "Da Sistematização das Leis como Problema de Política Legislativa" in *Cadernos de Ciência de Legislação – INA,* n.º 6, Centro de Estudos INA – Instituto Nacional de Administração, Lisboa, 1993, pp. 13 e 14.

[547] Cfr. Hans Kelsen, *Teoria Pura do Direito,* tradução de João Baptista Machado, 7.ª edição da tradução portuguesa, Almedina, Coimbra, 2008, p. 384.

[548] Cfr. António Castanheira Neves, *Metodologia Jurídica – Problemas Fundamentais,* Coimbra Editora, Coimbra, 2013, pp. 155 e ss..

«rede neuronal», no sentido em que é um modelo dotado de interconetividade e baseado no reconhecimento de padrões[549]. Os tipos permitem, assim, apreender e entender com particular transparência as realidades designadas, discernir os nexos de sentido que as entreligam, e intuir os pontos vista valorativos e funcionais que lhes constituem o cerne[550].

Contrapondo o exposto à regulação baseada em princípios, afigura-se que a noção de sistema e os métodos utilizados nos sistemas jurídicos romano-germânicos têm capacidade de colmatar as desvantagens que identificamos em relação à regulação baseada em princípios, bem como têm capacidade de aproveitar as suas vantagens face à abertura, plasticidade, graduabilidade e totalidade do pensamento sistemático. Salienta-se que a lei nos sistemas da *common law* vincula nos limites em que dispõe, não admitindo qualquer extensão do âmbito que lhe foi demarcado, não existindo, portanto, tanta flexibilidade[551].

Os diferentes instrumentos regulatórios que analisámos anteriormente, de origem dos sistemas de *common law* (por exemplo, as *regulatory sandboxes*) são, como vimos, assimiláveis pelo nosso ordenamento jurídico, fenómeno também explicado pela elasticidade adquirida do nosso sistema pela receção, sobretudo na segunda metade do século XX, de múltiplas regras, tipos contratuais e instituto jurídicos carateristicamente anglo-saxónicos, causada pelo predomínio inglês e americano em muitos setores do comércio internacional[552].

---

549 Cfr. Karl Larenz, *Metodologia da Ciência do Direito*, 3.ª ed., tradução de José Lamego, Fundação Calouste Gulbenkian, Lisboa, 2009, pp. 644 e ss.; Pedro Pais de Vasconcelos, *Contratos Atípicos*, Dissertação de Doutoramento, Almedina, Coimbra, 1995, p. 184.

550 Pedro Pais de Vasconcelos, *Contratos Atípicos*, Dissertação de Doutoramento, Almedina, Coimbra, 1995, p. 45.

551 Cfr. José de Oliveira ascensão, "Interpretação das leis: integração das lacunas: aplicação do princípio da analogia", in *Revista da Ordem dos Advogados*, Lisboa, Ano 57, n.º 3, Ordem dos Advogados Portugueses, Lisboa, 1997, p. 915.

552 Apesar de os princípios gerais dos sistemas jurídicos continentais poderem, por conseguinte, conferir um alcance diverso aos institutos jurídicos anglo-saxónicos, quando estes hajam de ser aplicados pelos tribunais, cfr. Dário Moura Vicente, *Direito Comparado – Volume I*, 4.ª ed. Almedina, Coimbra, 2019, p. 242 e 522 e ss... Nos Estados Unidos da América, no entanto, há uma maior importância da lei como fonte direito e como instrumento de reforma social, havendo uma maior aproximação ao sistema romano-germânico, Dário

Não contraria o nosso ordenamento jurídico que exista um diálogo mais próximo entre as entidades reguladoras e os seus regulados no que concerne à leitura interpretativa dos normativos aplicáveis, antes pelo contrário. Este diálogo e comunicação, que poderá ser realizado através dos instrumentos regulatórios exposto no presente estudo, nomeadamente, *innovation hubs*, *regulatory sandboxes* ou, meramente, ou através da publicação de comunicados, pareceres genéricos[553] e perguntas frequentes – as chamadas FAQ (*frequently asked questions*) –-, trata-se de uma oportunidade para incrementar a transparência decisória das entidades reguladoras[554], objetivo consagrado no artigo 14.º do CPA.

Como anteriormente explorado, as entidades reguladoras têm um papel relevante no acompanhamento da inovação financeira, concretizando os conceitos indeterminados que solicitem a sua discricionariedade técnica[555], sempre no respeito das leis habilitantes e da adequada, equilibrada e proporcional composição dos interesses dos respetivos

---

Moura Vicente, Direito Comparado – Volume I, 4.ª ed. Almedina, Coimbra, 2019, pp. 344 e 345.

553 Estes pareceres genéricos não são, geralmente, vinculativos, mas contribuem para a certeza jurídica e garantem a imparcialidade e coerência decisória das entidades reguladoras, cfr. Paulo Câmara, *Manual de Direito dos Valores Mobiliários*, Almedina, Coimbra, 2018, pp. 282 e 283.

554 Cfr. Paulo Câmara, *Manual de Direito dos Valores Mobiliários*, Almedina, Coimbra, 2018, pp. 292 a 294.

555 "O legislador, impotente para retratar, de forma fiel, os contínuos avanços técnicos, tem que remeter para a Administração o controlo destes, facilitando-lhe a acção através de normas abertas, construídas com base em conceitos indeterminados, que representam uma nova técnica de formulação dos pressupostos da acção preventiva (de riscos)", Carla Amado Gomes, *Risco e Modificação do Acto Autorizativo Concretizador de Deveres de Protecção do Ambiente*, Coimbra Editora, Coimbra, 2007, p. 425. "Respeita-se a legitimidade democrática da Administração, a sua (eventual) representatividade social e a sua responsabilidade político-administrativa. Do mesmo modo, são respeitadas necessária flexibilidade e dinâmica para que a Administração possa integrar as suas decisões «altamente complexas» nos seus «programas de ação» e os adaptar permanentemente às necessidades de uma «boa administração». Assim ficam respeitadas também a «prognose», a «ponderação» e a «política administrativa», figuras indispensáveis a uma Administração moderna", António Francisco De Sousa, *«Conceitos Indeterminados» no Direito Administrativo*, Almedina, Coimbra, 1994, p. 239.

agentes de mercado[556], justifica-se esta atribuição de discricionariedade às entidades reguladoras, pela necessidade de regulação de certos setores sensíveis da vida financeira e económica que servem concomitantemente interesses públicos e privados conflituantes e pela necessidade de corresponder à tecnicidade e especialização exigidas pela matéria em causa, respondendo-se, desta forma, à pouca flexibilidade e inadaptação do legislador face à evolução tecnológica nesses setores[557]. Destarte, a decisão última sobre o justo no caso concreto é confiada à responsabilidade das entidades reguladoras competentes, não só porque não é possível excluir um resto de insegurança, mesmo através de regras, por mais minuciosas que estas sejam, mas também porque se "considera ser melhor solução aquela em que dentro de determinados limites alguém olhado como pessoa consciente da sua responsabilidade, faça valer o seu próprio ponto de vista"[558].

Um cenário de constante movimento exige impreterivelmente às entidades reguladoras uma maior flexibilidade na sua atuação e um entendimento abrangente dos serviços e produtos inovadores, através de um contacto próximo com as empresas e da promoção de iniciativas de partilha de saber. Somente com um conhecimento profundo do fenómeno da inovação financeira, dos instrumentos que lhe estão associados e das suas aplicações no sistema financeiro, é que as entidades reguladoras poderão agir de forma eficaz e eficiente, prevendo e gerindo os impactos mais amplos da inovação. Sob outra perspetiva, a carga e a complexidade da regulação e o respetivo desconhecimento por parte da maioria dos agentes do mercado *FinTech* podem limitar a inovação e a concorrência no mercado face à insegurança jurídica e a uma pluriestratificação das regras que gera opacidade[559].

---

[556] Cfr. Maria Celeste Cardona, *Contributo para o conceito e a natureza das entidades administrativas independentes – As Autoridades Reguladoras*, Almedina, Coimbra, 2016, p. 585.

[557] Cfr. Ana Raquel Gonçalves Moniz, *Estudos sobre os Regulamentos Administrativos*, Almedina, Coimbra, 2013, pp. 68 e ss..

[558] Karl Engish, *Introdução ao Pensamento Jurídico*, 6.ª ed., Fundação Calouste Gulbenkian, Lisboa, Tradução de João Baptista Machado, 1988, p. 220.

[559] Cfr. Rui Pinto Duarte, "Considerações sobre níveis de regulação e conceitos legais a propósito das sociedades comerciais" in *Cadernos do Mercado de Valores Mobiliários*, n.º 51, Ensaios de Homenagem a Amadeu Ferreira, Vol. 1, 2015, p. 95, disponível em: https://www.

Nada disto obsta a que no nosso ordenamento jurídico exista essa flexibilidade e que se forneça um enquadramento regulatório tecnologicamente neutro numa base de longo prazo, que apoie o setor financeiro na integração e exploração das tecnologias do futuro, criando flexibilidade para garantir que a política regulatória possa evoluir de acordo com esses desenvolvimentos, sendo, para tal efeito, mais auspicioso um modelo teleológico constante, por contraposição ao modelo estático, concreto, resultante da aplicação imediata de normas de que condicionam todo o setor, sem qualquer proporcionalidade ou outro tipo de valoração num plano sistemático.

De igual modo, a ordenação de novas situações pode ser muito rapidamente realizada por um sistema aberto, no confronto dinâmico de índices que permitam a inserção dessas situações num tipo existente ou num novo tipo. Considerando o rápido desenvolvimento tecnológico e a grande variedade de diferentes modelos de negócio de plataformas, a nossa ordem jurídica pode, também, recorrer a normativos que permitam o pensamento tipológico e instrumentos regulatórios mais flexíveis para se adaptar às mudanças tecnológicas e cobrir os diferentes modelos de negócio, bem como acompanhar as melhores práticas introduzidas pelos agentes de mercado[560]. Requer-se, deste modo, uma faculdade de *auto-inovação* do Direito e, por outro lado, requer-se que o Direito incite e estimule a inovação nos seus destinatários[561], intervindo um regulativo orientador desta contínua (re)constituição da ordem jurídica – um referente a que a ordem jurídica apela e pelo qual se orienta, em virtude de uma articulação dialética e da emergência de cada situação problemática juridicamente relevante[562].

---

cmvm.pt/pt/EstatisticasEstudosEPublicacoes/CadernosDoMercadoDeValoresMobiliarios/Pages/Caderno51-HomenagemAmadeuFerreira.aspx?v=.

[560] Cfr. Christoph Busch, *Self-Regulation and Regulatory Intermediation in the Platform Economy*, 2018, p. 12, disponível em: https://www.researchgate.net/.

[561] Luís Heleno Terrinha, *O Direito Administrativo na Sociedade – Função, prestação e reflexão do sistema jurídico-administrativo*, Universidade Católica Editora, Porto, 2017, p. 604

[562] Cfr. Fernando Bronze, "Pessoa, Direito e Estado (Algumas Reflexões), in *Estudos em Honra do Professor Doutor José de Oliveira Ascensão*, Vol. I, Almedina, Coimbra, 2008, pp. 291 e ss..

Por outro lado, recordamos a necessidade de contemplar as garantias necessárias à proteção dos consumidores e investidores, bem como à promoção da estabilidade. Realça-se, neste âmbito, a necessidade de as entidades reguladoras sujeitarem-se ao princípio da proteção da confiança[563] contemplado no n.º 2 do artigo 10.º do CPA, em que se estabelece uma instrução de ponderação entre "os valores fundamentais do Direito relevantes em face das situações consideradas, e, em especial, a confiança suscitada na contraparte pela atuação em causa e o objetivo a alcançar com a atuação empreendida". Neste enquadramento, a tutela da confiança dos particulares relativamente à continuidade das garantias e limites que a ordem jurídica estabelece, bem como à prática de atos em conformidade aos precedentes estabelecidos pela atividade estatal pretérita é a garantia mais geral de segurança jurídica inerente ao Estado de Direito[564], salvaguardando-se que a Administração, no exercício de poderes discricionários, não pode ignorar a relevância e a tutela jurídicas dos direitos e interesses legalmente protegidos dos cidadãos[565].

No âmbito do exercício da nova função administrativa que é a regulação, o Direito Administrativo assume-se, antes, como um direito orientador, supervisionador, conformador de condutas privadas que interessam à coletividade, o que obriga a repensar, num contexto de mercado sujeito à permanente evolução, a relação existente entre o princípio da prossecução de interesses públicos "atuais" e os princípios da estabilidade das

[563] "Muito embora sejam aplicáveis à atividade vinculada, a relevância dos princípios gerais da Administração Pública é tanto maior quanto mais discricionária for a atividade administrativa, uma vez que no caso do exercício de poderes vinculados, e sem prejuízo da exigência de razoabilidade na interpretação norma e na apreciação e qualificação jurídicas dos factos, o princípio da legalidade acaba por limitar – e não por se sobrepor ou eliminar, como chegou a ser considerado por alguma jurisprudência –, a relevância dos demais princípios", Juliana Ferraz Coutinho, "Os princípios da justiça, da razoabilidade e da proporcionalidade", in *Procedimento Administrativo – Jurisdição Administrativa e Fiscal*, 2020, p. 45, disponível em: http://www.cej.mj.pt/cej/recursos/ebooks/Administrativo_fiscal/eb_ProcedimentoAdministrativo.pdf.

[564] Jorge Reis Novais, *Princípios Estruturantes de Estado de Direito*, Reimpressão, Almedina, Coimbra, 2019, p. 150.

[565] Cfr. Luís Filipe Colaço Antunes, "Interesse Público, Proporcionalidade e Mérito; Relevância e Autonomia Processual do Princípio da Proporcionalidade", in *Estudos em Homenagem à Professora Doutora Isabel de Magalhães Colaço*, Vol. II, Almedina, Coimbra, 2002, p. 540.

relações administrativas e da segurança jurídica, na sua vertente proteção da confiança, imperando uma necessidade de ponderação entre estes valores[566].

A ordenação sistemática inclui, deste modo, valores jurídicos e extrajurídicos em si, o Direito não é neutro e tem uma efetiva vocação de intervenção[567]. Isso não vale apenas para a formação do sistema através da ciência, mas também para as «construções» do legislador[568], sendo este obrigado a evitar cláusulas abertas e conceitos indeterminados que não se adequem para garantia dos valores associados à confiança necessária no sistema financeiro. Também em benefício de uma unidade sistemática, razões de certeza e segurança, de transparência, mas também de garantia rígida de uma utilização não desfuncionalizada das formas jurídicas podem convincentemente esgrimir-se[569].

Assim, para o nosso propósito de encontrar uma abordagem regulatório específica para os meios de financiamento *FinTech*, afere-se pelo exposto que temos de encontrar o nosso caminho no pensamento sistemático providenciado pela forma como o nosso ordenamento jurídico está construído, conseguindo através dele alcançar uma abordagem que não crie obstáculos à introdução de novos modelos de negócio e à aplicação de novas tecnologias.

Não identificamos, consequentemente, necessidade que a abordagem regulatória assente na regulação baseada em princípios, sendo que vemos este fenómeno como um método meramente legístico de simplificação

[566] Marisa Apolinário, *O Estado Regulador: o novo papel do Estado – Análise da perspectiva da evolução recente do Direito Administrativo – O Exemplo do sector da energia*, Almedina, Coimbra, 2015, p. 663.

[567] Cfr. António Menezes Cordeiro, "Das Obrigações Naturais: Direito ou Moral?" in *Liber Amicorum de José de Sousa Brito*, Almedina, Coimbra, 2009, pp. 83 e ss..

[568] Claus-Wilhelm Canaris, *Pensamento Sistemático e Conceito de Sistema na Ciência do Direito*, 5.ª ed, tradução de António Menezes Cordeiro, Fundação Calouste Gulbenkian, Lisboa, 2012, pp. 180 e 181. "A ciência jurídica tem de ser comprometida com valores e com fins práticos, sem, com isso, se poder admitir a sua desvirtuação para fins ideológicos contrários àqueles mesmos valores", Eduardo dos Santos Júnior, *Da Responsabilidade Civil de Terceiro por Lesão do Direito de Crédito*, Dissertação em Ciências Jurídicas na Faculdade de Direito da Universidade Clássica de Lisboa, Almedina, Coimbra, 2003, p. 52.

[569] Joaquim de Sousa Ribeiro, "Autonomia Privada e atipicidade dos valores mobiliários" in *Direito dos Valores Mobiliários*, Volume VI, Coimbra Editora, Coimbra, 2006, p. 310.

e redução da prolixidade na redação do conteúdo normativo – sendo já uma exigência do nosso ordenamento que o legislador redija com clareza as normas jurídicas e com suficiente determinabilidade, sobretudo quando essas normas desenvolvem efeitos restritivos sobre direitos dos particulares[570]. A regulação baseada em princípios não pode ser concebida, no nosso entendimento, como um método suficientemente jurídico (no sentido de permitir encontrar soluções para problemas jurídicos) para suportar a necessidade uma abordagem regulatória que se baseie nas diferentes categorias jurídicas que poderão estar em causa nos meios de financiamento *FinTech*, sem prejuízo da possibilidade de recorrermos a alguns elementos da regulação baseada em princípios que em certo caso se mostrem adequados no contexto do nosso estudo[571].

---

[570] Cfr. Jorge Reis Novais, *Princípios Estruturantes de Estado de Direito*, Reimpressão, Almedina, Coimbra, 2019, p. 151.

[571] Não negamos que o incremento da exatidão e concisão dos textos jurídicos torna os negócios mais fáceis e mais seguros e permite a certificação das inovações concentuais serem necessárias ou úteis e qual o seu relacionamento com as categorias preexistentes, cfr. Rui Pinto Duarte, "Considerações sobre Níveis de Regulação e Conceitos Legais a Propósito das Sociedades Comerciais", *in Cadernos do Mercado de Valores Mobiliários -Ensaios de Homenagem a Amadeu Ferreira*, n.º 51, Vol. 1, 2015, pp. 106 e 107, disponível em: https://www.cmvm.pt/pt/EstatisticasEstudosEPublicacoes/CadernosDoMercadoDeValoresMobiliarios/Pages/Caderno51-HomenagemAmadeuFerreira.aspx?v.

V.
Uma Abordagem Regulatória para as Formas de Financiamento Empresarial *FinTech*

1. A *«intermediação financeira infinita»* enquanto função social e económica

Com o objetivo de identificarmos uma abordagem regulatória que se dirija a todas as formas de financiamento *FinTech*, precisamos de encontrar padrões, os tais índices a que nos referíamos, que dão coerência ao conjunto e nos podem indicar os valores e funções que poderão estar e podem justificar um tratamento específico por parte da ordem jurídica.

Para tanto, aproveitaremos a expressão *"intermediação financeira infinita"*[572] de Tom Lin e a ideia que lhe subjaz, uma vez que a desintermediação no sistema financeiro enquanto finalidade se afigura como uma tendência que têm ganho relevância e poderá servir de padrão para os meios de financiamento *FinTech*. A ideia que Tom Lin trespassa no seu estudo é que o objetivo de desintermediação por parte dos modelos de negócio *FinTech* acaba por não ser alcançado, uma vez que, após uma maturação desses modelos de negócios, os mesmos acabam por se integrar na rede complexa de centros de intermediação do sistema financeiro, tornando-se muito difícil atingir uma desintermediação pura. Optamos, assim, por explorar esta ideia, verificá-la no plano jurídico nacional e eventualmente considerar as caraterísticas que advierem da nossa análise para o propósito de reconhecermos critérios para a nossa proposta de abordagem regulatória, pelo que, nos centraremos nas formas de financiamento.

[572] Tom Lin, *Infinite Financial Intermediation*, 2016, disponível em: papers.ssrn.com.

Primeiro, cumpre-nos expor que o sistema financeiro integra os intermediários e os mercados financeiros, enquanto elementos estruturantes da organização produtiva, cuja existência e funcionamento visa possibilitar a transferência de recursos entre agentes excedentários e agentes deficitários de liquidez, materializando-se num conjunto de operações financeiras e respetivos fluxos que percorrem os intermediários e os mercados financeiros e possibilitam o seu funcionamento integrado[573].

A intermediação no sistema financeiro está, primeiramente, associada às instituições de crédito e ao seu papel na atividade creditícia de recolha de poupanças, sob forma de depósitos ou outros fundos reembolsáveis, com vista à sua transferência por conta própria para outros operadores económicos, *maxime*, empresas e Administração Pública, mediante empréstimos e outras formas de concessão de crédito e financiamento, que, como não estão incorporadas em instrumentos financeiros, carecem da homogeneidade e fungibilidade necessárias para serem suscetíveis de tráfico generalizado em mercado, pelo que requerem a mediação profissional das instituições de crédito[574].

Por outro lado, é usual considerar-se que a base dos mercados financeiros sempre se centrou no "encontro entre oferta e procura exclusivamente em relação ao respetivo preço"[575] dos instrumentos financeiros, sendo esta uma característica tendencialmente relacionada com mercados desintermediados[576], caraterizados pelo recurso direto das empresas,

---

[573] Lúcio Tomé Feteira, "Regulação financeira e o setor bancário: justificação, âmbito e perspetivas", in *Garantia de Diretios e Regulação: Perspectivas de Direito Administrativo*, Coord. Carla Amado Gomes, Ricardo Pedro, Rute Saraiva e Fernanda Maçãs, AAFDL Editora, Lisboa, 2020, p. 948; Carlos Costa Pina, *Instituições e Mercados Financeiros*, Almedina, Coimbra, 2005, p. 21.

[574] João Calvão da Silva, *Banca, Bolsa e Seguros – Direito Europeu e Português*, 4.ª ed., Revista e Aumentada, Tomo I – Parte Geral, Almedina, Coimbra, 2013, p. 22; Fernando Zunzunegui, *Derecho del Mercado Financiero*, 3.ª ed., Marcial Pons, Barcelona, 2005, p. 23.

[575] José Engrácia Antunes, *Os Instrumentos Financeiros*, 4.ª ed., Almedina, Coimbra, 2020, p. 83.

[576] O mercado de valores mobiliários é tradicionalmente qualificado como um mercado desintermediado, cfr. Paulo Câmara, *Manual de Direito dos Valores Mobiliários*, 4.ª ed., Almedina Coimbra, 2018, p. 381; Paulo Câmara, "Emissão e Subscrição de Valores Mobiliários", in *Direito dos Valores Mobiliários*, Lex, Lisboa, 1997, pp. 202-204. A desintermediação neste sentido prende-se com o facto do financiamento não consistir na concessão de crédito por

os agentes deficitários, a fundos do público, os agentes excedentários, através da transação de instrumentos financeiros[577], estando o público disposto a correr os correspondentes riscos económicos (principalmente, o risco de insolvência do emitente), com vista à obtenção de maiores benefícios económicos do que nos depósitos bancários[578].

No entanto, o desenvolvimento dos mercados financeiros ao longo da história implicou a criação de novos intermediários face à dificuldade da relação direta entre investidores, sendo as suas vontades raramente coincidentes, ao que acresce a complexidade, tecnicidade e onerosidade que envolvem este tipo de transações nos mercados financeiros[579].

Estes intermediários visam, assim, garantir a estabilidade financeira e segurança do investimento, através da sujeição a deveres, nomeadamente, as estruturas de mercado e os intermediários financeiros, sendo mesmo imposta a sua intervenção por via da lei. "O legislador entendeu não dever deixar que as poupanças fossem aplicadas e geridas por quem não tem particulares aptidões para esse efeito. Entregou o mercado de valores mobiliários nas mãos de profissionais especialmente qualificados, que se articulam entre si: tudo começa, de um lado, no comprador ou no subscritor e termina, do outro, no vendedor ou emitente. No meio estão os intermediários financeiros"[580], estabelecendo-se entre estes e os

---

parte de uma instituição financeiro, mas antes no acesso das empresas ao mercado para obterem financiamento por via da mediação de instituições financeiras, cfr. José Maria Pires, *Direito Bancário*, 2.º vol, Rei dos Livros, Lisboa, 1995, p. 45.

[577] Cfr. Paulo Câmara, "A Operação de Titularização", in *Titularização de Créditos*, Instituto de Direito Bancário, Lisboa, 2000, p. 76; António Carlos dos Santos, Maria Eduarda Gonçalves e Maria Leitão Marques, *Direito Económico*, 7.ª ed., Almedina, Coimbra, 2018, p. 430.

[578] Cfr. João Calvão da Silva, "Globalização e direito da banca, da bolsa e dos seguros: uma resposta europeia, in *Globalização e Direito*, Coimbra Editora, Coimbra, 2003, p. 127.

[579] Cfr. Rute Saraiva, O sistema financeiro no mundo mágico de Harry Potter, in Estudos de Homenagem ao Professor Doutor Alberto Xavier, Vol. II, coord. Eduardo Paz Ferreira, Heleno Taveira Torres e Clotilde Celorico Palma, Almedina, Coimbra, 2013, p. 797.

[580] Paula Costa e Silva, "Compra, venda e troca de valores mobiliários", In *Direito dos Valores Mobiliários*, Lex, Lisboa, 1997, p. 246.

investidores, seus clientes, uma "relação obrigacional especial", em que se geram deveres de lealdade e de proteção[581].

Na legislação portuguesa, existem atualmente obrigações que impõem que o acesso aos mercados seja realizado sistemas de negociação multilateral e aos sistemas de liquidação seja intermediado (arts. 206.º, n.º 1 e 267.º do CVM).

Destaca-se, ainda o artigo 289.º, n.º 2, que as atividades de intermediação financeiras[582] são exclusivas dos intermediários financeiros[583], estando sujeitos ao registo prévio na CMVM (art. 295.º do CVM). Adicionalmente, o legislador também determinou os seguintes tipos de intermediários financeiros[584]: instituições de crédito (art. 293.º, n.º 1, a) do CVM e artigos 2.º e 3.º do RGICSF); empresas de investimento (art. 293, n.º 1, a), e n.º 2, do CVM e arts. 199-A e ss. do RGICSF); entidades gestoras de instituições de investimento coletivo (art. 293.º, n.º 1, b), do CVM e arts. 29.º e ss. do RGOIC) eas instituições com funções correspondentes às acima referidas que estejam autorizadas a exercer em Portugal qualquer atividade de intermediação financeira (art. 293.º, n.º 1, c) do CVM).

Estas obrigações legais de intermediação partem das próprias exigências subjacentes ao funcionamento dos mercados financeiros, onde os intermediários financeiros assumem um papel central, enquanto entidades responsáveis pela articulação dos diferentes participantes nesse circuito económico[585]. Sem estes agentes, muito dificilmente teríamos

---

[581] Jorge Sinde Monteiro, *Responsabilidade por Conselhos, Recomendações ou Informações*, Dissertação de Doutoramento em Ciências Jurídicas pela Faculdade de Direito da Universidade de Coimbra, Almedina, Coimbra, 1989, p. 515.

[582] O elenco previsto na norma não é taxativo, podendo ser celebrado outros contratos de intermediação financeira, cfr. Rui Pinto Duarte, "Contratos de Intermediação no Código dos Valores Mobiliários", in *Escritos Jurídicos Vários 2010-2015*, Almedina, Coimbra, 2015, p. 24.

[583] Existindo, no entanto, a possibilidade de os intermediários financeiros serem representados em certas atividades por agentes vinculados (arts. 292.º, b), 294.º-A a 294.º-D, do CVM).

[584] Os intermediários financeiros não se qualificam como um tipo de instituições financeiras, tratando-se apenas de uma sobrequalificação para enquadrar as instituições que estão autorizadas a desenvolver os serviços de investimento relacionados com instrumentos financeiros, cfr. Carlos Costa Pina, *Instituições e Mercados Financeiros*, Almedina, Coimbra, 2005, p. 243.

[585] Cfr. José Queirós de Almeida, "Contratos de Intermediação Financeira enquanto categoria jurídica", in *Cadernos dos Mercados de Valores Mobiliários*, n.º 24, 2006, p. 292, disponível

mercados tão eficientes e seguros, destacando-se os intermediários pelas múltiplas atividades que podem exercer (arts. 291.º e 292.º do CVM).

O papel fundamental que está associado à intermediação no sistema financeiro prende-se com a redução de assimetrias informativas[586], a redução dos custos de agência[587], a diversificação de riscos, a melhor alocação de poupanças para a rentabilização de investimentos em grande escala nos mercados financeiros[588], a salvaguarda do regular funcionamento destes e na reunião célere e eficaz entre a oferta e a procura[589].

Relativamente à redução das assimetrias informativas, os intermediários financeiros têm a capacidade de reduzir os custos de obtenção de informação necessários ao investimento. Com efeito, é mais "fácil e

---

em: https://www.cmvm.pt/pt/EstatisticasEstudosEPublicacoes/CadernosDoMercadoDeValoresMobiliarios/Pages/Cadernos-do-mercado-de-valores-mobiliarios.aspx?pg.

[586] "Os intermediários financeiros reduzem, também, a duplicação de custos na recolha de informação associada à avaliação de projetos de investimento", Diana Magalhães Pinto, *A Responsabilidade Civil do Intermediário Financeiro*, dissertação de mestrado, ISCTE Business School, 2014, p. 19, disponível em: https://repositorio.iscte-iul.pt/handle/10071/8532. Nos mercados financeiros, as assimetrias financeiras são particularmente elevadas, sendo que a ausência de transferência de informação prejudicar a eficiência dos mercados, cfr. Richard Brealy e Hayne Pyle, "Informational Asymmetries, Financial Structure and Financial Intermediation", in *The Journal of Finance*, Vol. 32, n.º. 2, Papers and Proceedings of the Thirty-Fifth Annual Meeting of the American Finance Association, Atlantic City, New Jersey, September 16-18, 1976, Wiley para a American Finance Association, 1977, disponível em: https://www.jstor.org/stable/2326770?seq=1#page_scan_tab_contents.

[587] Os custos de agência estão relacionados com a Teoria da Agência que pode ser explicada tendo em conta o contrato de agência em que o principal obriga o agente a desempenhar um serviço em seu nome, que envolve ter algum poder de decisão. Por vezes, pode haver conflitos de interesse entre o principal e o agente, que podem levar o principal a controlar e incentivar o comportamento do agente. Aos custos associados a esses incentivos e controlo dá-se o nome de custos de agência. Cfr. Michael C. Jensen e William H. Meckling, *Theory of the Firm: Managerial Behavior, Agency Costs and Ownership Structure*, 1976, pp. 3 e 4, disponível em: http://www.sfu.ca/~wainwrig/Econ400/jensen-meckling.pdf.

[588] "O desenvolvimento da economia de um país depende, em grande medida, da capacidade de captação da poupança para a sua posterior canalização em investimento produtivo", José Queirós de Almeida, "Contratos de Intermediação Financeira enquanto categoria jurídica", in *Cadernos dos Mercados de Valores Mobiliários*, n.º 24, 2006, p. 292

[589] Cfr. Pedro Miguel Rodrigues, "A intermediação financeira: em especial, os deveres de informação do intermediário perante o cliente", in *Data Venia*, Edição n.º 02 – janeiro/junho 2013, p. 104, disponível em: https://datavenia.pt/edicoes/76-edicao02.

económico que um reduzido número de intermediários consiga reunir a informação necessária ao investimento do que se todos os investidores individuais tivessem que obter a mesma informação sempre que desejassem investir no mercado"[590].

Uma das funções dos intermediários financeiros é, assim, resolver atritos informacionais, através da monitorização e examinação de riscos nos investimentos realizados pelos aforradores, em representação destes uma vez que estes não possuem capacidade própria para fazê-lo. Consequentemente, estabelece-se uma relação duradoura entre investidores e intermediários financeiros, sendo que estes investem na criação e manutenção de relacionamentos com clientes e canais de distribuição de produtos, especializando-se em estruturas de comunicação para facilitar a correspondência entre as partes interessadas e utilizando as suas redes de agências para atuar como o "primeiro ponto de contato" dos clientes para serviços financeiros. Uma melhor gestão da informação e da comunicação geram poder de mercado dos intermediários financeiros, pelo interesse que os investidores têm em obter informação face a problemas de seleção adversa e face à elevada quantidade de dados que necessitam de ser analisados no setor financeiro[591].

Pelas razões expostas, a divulgação de informação contabilística/financeira rigorosa é o epicentro dos mercados financeiros. Os países onde as empresas publicam informação detalhada e rigorosa sobre o seu estado financeiro estão associados a sistemas financeiros mais desenvolvidos do que os países onde a informação publicada é insuficiente, pouco detalhada ou de menor credibilidade[592]. Por este motivo, a falta de confiança nos mercados financeiros causada pela crise financeira de 2007/2008 obteve uma forte resposta legislativa da União Europeia com

---

590 Cátia Sofia Cerqueira Lopes, *A Reintermediação Financeira como Driver da Sustentabilidade do Sistema Financeiro Português*, dissertação de mestrado, ISCTE Business School, 2010, p. 13.

591 Arnould Boot, Peter Hoffmann, Luc Laeven e Lev Ratnovski, *Financial intermediation and technology: What's old, what's new?*, ECB Working Paper Series, 2020, p. 7, disponível em: https://www.ecb.europa.eu/pub/pdf/scpwps/ecb.wp2438~d0d447b9b6.en.pdf.

592 Cfr. Luís Ferreirinho Grosso, *O Impacto das Agências de Notação Financeira na Conjuntura Económica*, dissertação de mestrado, Universidade Técnica de Lisboa, Instituto Superior de Economia e Gestão, 2012, p. 20.

a DMIF II, que impôs exigentes deveres de informação aos intermediários financeiros.

A importância destes encontra, também, fundamento na complexidade inerente ao investimento em instrumentos financeiros, e no grau de conhecimento elevado que os intermediários financeiros têm, ao invés dos investidores, bem como na necessidade de existir uma mediação no acesso ao mercado quer dos investidores, quer dos emitentes, não se olvidando todas as funções relativos ao registo e depósito de valores mobiliários[593]. É também devido à necessidade de celeridade, padronização, anonimato e confiança nos mercados financeiros que se pretende que exista na relação entre a oferta e a procura de valores mobiliários e que não são possíveis de atingir se houvesse um contacto directo entre comprador e vendedor[594].

Em suma, com a intervenção dos intermediários financeiros, pretende-se garantir que os investidores, sobretudo os não profissionais, vejam a sua posição e os interesses devidamente tutelados e que os emitentes sejam auxiliados na emissão de instrumentos financeiros[595], pelo que foi estabelecido no art. 304.º do CVM um elenco dos princípios que devem pautar a atuação dos intermediários financeiros e que são o princípio da proteção dos legítimos interesses dos clientes, o princípio da proteção da eficiência do mercado, o princípio da atuação de boa-fé, de acordo com elevados padrões de diligência, lealdade e transparência, o princípio do conhecimento da situação financeira e experiência do cliente (*know your customer*) e o princípio do sigilo profissional.

Dos referidos princípios decorre um avultado leque de deveres gerais que impendem sobre os intermediários financeiros, alguns diretamente expressos nos princípios, nomeadamente o dever de lealdade e o dever

---

593 Cfr. Guilherme Gonçalves Martins, *A Tecnologia Blockchain e a sua aplicação ao Mercado de Instrumentos Financeiros*, dissertação de mestrado, Universidade Católica Portuguesa, Faculdade de Direito de Lisboa, 2018, p. 34, disponível em https://repositorio.ucp.pt/bitstream/10400.14/25769/1/Tecnologia%20Blockchain%20e%20a%20sua%20aplicação%20ao%20mercado%20financeiro.pdf.

594 Alexandre Lucena e Vale, "Consultoria para investimento em valores mobiliários" in *Direito dos Valores Mobiliários*, Vol. V, Coimbra Editora, Coimbra, 2004, p. 349.

595 Cfr. Rui Polónia, *Deveres de Informação dos Intermediários Financeiros*, Almedina, Coimbra, 2019, p. 94.

de sigilo profissional, e outros indiretamente, porquanto se encontram noutros normativos, tais como, o dever de assegurar elevados níveis de aptidão profissional (art. 305.º, n.º 1, do CVM), o dever de adequar os meios humanos, materiais e técnicos à prestação de serviço com qualidade e eficiência (art. 305.º, n.º 2, do CVM), o dever de assegurar segregação patrimonial (art. 306.º do CVM), o dever de prevenção dos conflitos de interesses (arts. 309.º e ss. do CVM), o dever de evitar a intermediação excessiva[596] (art. 310.º do CVM), o dever de defesa do mercado (art. 311.º do CVM), o dever de adequação (art. 314.º do CVM)[597], o dever de segredo e os deveres informativos que o intermediário financeiro deve prestar junto de clientes que manifestem vontade de investir no mercado de valores mobiliários (arts. 312.º e ss. do CVM), permitindo acesso eficiente e organizado à informação, para que o mercado permita transmitir confiança aos seus agentes[598].

Os referidos requisitos de organização, tais como o controlo do cumprimento dos deveres, gestão de riscos, auditoria interna, conservação de arquivos, apreciação de reclamações de clientes, bem como o princípio *know your costumer,* basearam-se no ordenamento jurídico estado-unidense, mais especificamente, na *New York Stock Exchange Rule* 405[599], que

---

[596] "As situações paradigmáticas de intermediação excessiva são aquelas em que o intermediário tem a gestão discricionária da conta do cliente ou, mais propriamente, tem o seu controlo. Se, pelo contrário, é o cliente que dá as ordens ou aprova as operações, pode suscitar-se a dúvida em que termos pode ser responsabilizado o intermediário por realizar intermediação excessiva de valores mobiliários", José Pedro Fazenda Martins, "Deveres dos Intermediários Financeiros – Em especial, os deveres para com os clientes e o Mercado", in *Cadernos do Mercado dos Valores Mobiliários*, n.º 7, 2000, p. 7, disponível em: https://www.cmvm.pt/pt/EstatisticasEstudosEPublicacoes/CadernosDoMercadoDeValoresMobiliarios/Pages/CadernoN31.aspx?v=.

[597] Um dever que se tornou mais exigente com a DMIF II, que reforçou as normas de product governance, cfr. Andrea Perrone, "Servizi di investimento e tutela dell'investitore", in *Banca Borsa Titoli di Credito*, Vol. LXXII, Giuffrè, Milão, 2019, pp. 1 a 16.

[598] Cfr. Gonçalo André Castilho dos Santos, *A Responsabilidade Civil do Intermediário Financeiro Perante o Cliente*, Almedina, Coimbra, 2008, p. 135.

[599] Esta norma, já revogada pela FINRA Rule 21, preconizava: "*Every member organization is required through a principal executive or a person or persons 34 designated under the provisions of Rule 3110(a) to use due diligence to learn the essential facts relative to every customer, every order, every cash or margin account accepted or carried by such organization and every person holding power of attorney*

foi criada com o objetivo de proteger os investidores na bolsa de clientes desonestos ou insolventes, tendo em vista a preservação e fortalecimento da relação entre os intermediários financeiros e os investidores[600].

Quanto ao nosso ordenamento jurídico, a imposição destes deveres e requisitos de organização aos intermediários financeiros permite inferir a necessidade de tutelar uma relação contratual ou pré-contratual[601] entre os intermediários financeiros e os investidores, sendo que essa relação tem um especial caráter fiduciário. Perante isto, há quem considere que o intermediário financeiro pode ser qualificado como o garante dos mercados financeiros[602], atuando nos interesses dos diferentes agentes e salvaguardando o seu bom funcionamento, devido às suas funções, ao seu acesso a informação e devido às obrigações legais a que está sujeito. Como é referido no Acórdão do Tribunal da Relação de Coimbra, de 15 de dezembro de 2016, "um objectivo essencial da actividade de interme-

---

over any account accepted or carried by such organization. In the case of a margin account carried by a member organization for a non-member corporation, definite knowledge should be had to the effect that the non-member corporation has the right under its charter and by-laws to engage in margin transactions for its own account and that the persons from whom orders and instructions are accepted have been duly authorized by the corporation to act on its behalf. It is advisable in each such case for the carrying organization to have in its possession a copy of the corporate Charter, By-laws and authorizations. Where it is not possible to obtain such documents, a member or principal executive in the member organization carrying the account should prepare and sign a memorandum for its files indicating the basis upon which he believes that the corporation may properly engage in margin transactions and that the persons acting for the corporation have been duly authorized to do so. In the case of a cash account carried for a non-member corporation, the carrying member organization should assure itself through a general partner or an officer who is a holder of voting stock that persons entering orders and issuing instructions with respect to the account do so upon the proper authority. When an agency account is carried by a member organization its files should contain the name of the principal for whom the agent is acting and written evidence of the agent's authority. When Estate and Trustee accounts are involved a member organization should obtain counsel's advice as to the documents which should be obtained. Information as to the country of which a customer is a citizen is deemed to be an essential fact.", retirado de: http://www.nyse.com.

600 Cfr. Miguel Gonçalves Galveias, *O dever de adequação: instrumento de proteção dos investidores*, dissertação de mestrado, Universidade de Lisboa, Faculdade de Direito, 2017, p. 14, http://repositorio.ul.pt/handle/10451/32156?locale=en.

601 Cfr. Gonçalo Castilho dos Santos, *A responsabilidade Civil do Intermediário Financeiro Perante o Cliente*, Almedina, Coimbra, 2008, p. 151

602 Cfr. António Barreto Menezes Cordeiro, *Manual de Direito dos Valores Mobiliários*, 2.ª ed., Almedina, Coimbra, 2018, pp. 285 e ss.

diação é o de propiciar decisões de investimento informadas, em ordem a prevenir a lesão dos interesses dos clientes"[603].

Perante o exposto, depreende-se que a tutela dada pela lei aos investidores e à integridade do mercado foca-se primordialmente na imposição de deveres aos intermediários financeiros, devido à relevância que estes têm para o funcionamento regular dos mercados financeiros e por estes desempenharem um papel crucial na transformação da poupança em investimento produtivo e de fornecimento dos meios para uma gestão eficiente do risco, justificando-se, assim, as preocupações regulatórias, face às hipóteses de desintermediação nos mercados financeiros ou pelo aparecimento de novos agentes não regulados.

Apesar do relevo dos intermediários, a desintermediação no sistema financeiro foi sempre uma ameaça ao regular funcionamento do mercado, pelo que passaremos a perscrutar a base histórica e atual da intermediação e desintermediação no sistema financeiro, de forma a identificar as razões para o surgimento do fenómeno da desintermediação.

Os mercados financeiros em Portugal desenvolveram-se, sobretudo, em meados do século XVIII, quando surgiram as primeiras emissões de ações e títulos de dívida pública, tendo a construção da primeira bolsa portuguesa sido concluída em 1758. Mais tarde, em 1833, com a aprovação do «Código Commercial Portuguez», de Ferreira Borges, emergem os primeiros normativos sobre bolsas, com especificações sobre a sua natureza e organização. Em 1837, foram implementados os Regulamentos das Praças Comerciais e da Corporação dos Corretores, que concediam o papel primordial do governo bolsista à Câmara de Corretores, instituição constituída por profissionais de corretagem, sendo que estes profissionais não se dedicavam apenas à intermediação de valores mobiliários como também à intermediação nos negócios relativos a metais preciosos, navios e mercadorias[604]. Ao longo da História, a corretagem foi

[603] Acórdão do Tribunal da Relação de Coimbra de 15/12/2016, processo n.º 377/12.5TVPRT. C2, relatora Maria Domingas Simões, dsiponivel em:
http://www.dgsi.pt/jtrc.nsf/8fe0e606d8f56b22802576c0005637dc/88b817f8010ed2e3802 5809f004ff58d?OpenDocument

[604] Cfr. Paulo Câmara, "O governo das bolsas" in *Direito dos Valores Mobiliários*, vol. VI, 2006, Coimbra Editora, Coimbra, p. 195. "Inicialmente nas bolsas negociavam-se todo o tipo

uma atividade do comércio que consistia na celebração de contratos cujo objeto foi a aproximação de partes num futuro contrato sob quaisquer bens (mercadorias, instrumentos financeiros ou outros) no qual o corretor não intervém[605].

O impulso decisivo para a regulamentação dos mercados financeiros em Portugal surgiu em 1888, com a aprovação do Código Comercial Português, de Veiga Beirão, e com o Regulamento das Bolsas de 1889, diplomas que assentavam numa distribuição tripartida de poderes, entre o Governo, a associação comercial da localidade e a Câmara dos Corretores. Após este impulso, são aprovados em 1901 o Regimento do Ofício do Correctôr e o Regulamento do serviço e operações das Bolsas de fundos públicos e particulares e outros papéis de crédito. Nestes diplomas é finalmente estabelecida a especificidade jurídica da bolsa de valores – anteriormente nas bolsas negociavam-se, também, mercadorias, metais preciosos e outros produtos – e previu-se a existência de corretores dedicados exclusivamente à intermediação dos negócios em mercado.

Todas as operações bolsistas começam a ser regulamentadas, inclusive as datas de liquidação das transações, as operações de produtos derivados e os horários de negociação[606]. Contudo, o desenvolvimento da banca de investimento em Portugal peca por tardio, em comparação com outros países, apenas se detetando a autonomização de um serviço de um banco com o objeto específico de corretagem em 1929[607], sendo que, durante quase um século, os diplomas legislativos referidos foram os únicos documentos vigentes. Até 1929, pode-se considerar que o mercado de capitais português não evoluiu como seria expectável, revelando-se mesmo apá-

---

de mercadorias, não podendo, por isso, falar-se em bolsa de valores", AMADEU FERREIRA, "Direito dos Valores Mobiliários", *Sumário das lições dadas ao 5.º ano, menções de Ciências Jurídico-Económicas, no ano letivo de 1997/98, 1.º e 2.º semestres*, Associação Académica da Faculdade de Direito de Lisboa, 1997, p. 76.

605 Cfr. HIGINA ORVALHO CASTELO, *O contrato de mediação*, Almedina, Coimbra, 2014, p. 15.

606 Cfr. DIANA MAGALHÃES PINTO, *A Responsabilidade Civil do Intermediário Financeiro*, dissertação de mestrado, ISCTE Business School, 2014, p. 3, disponível em: https://repositorio.iscte-iul.pt/handle/10071/8532.

607 Cfr. PAULO CÂMARA, *Manual de Direito dos Valores Mobiliários*, Almedina, Coimbra, 2018, p. 382.

tico, já que só esporadicamente eram registadas as cotações das ações no boletim da Bolsa.

Após a "grande depressão" de 1929, os sistemas financeiros ocidentais foram construídos com base em dois princípios fundamentais: os da especificidade e da especialidade das instituições financeiras. Por especificidade das instituições financeiras entendia-se o tratamento particular que as instituições financeiras mereciam dentro dos vários setores de atividade económica. Não se encarava o setor financeiro do mesmo modo que se encaravam os sectores comercial e industrial. A salvaguarda das especificidades da moeda e a manutenção da confiança dos agentes económicos, fortemente abalada em 1929, originou um tratamento especial por parte das autoridades em relação ao setor financeiro. Daí o movimento legislativo que se estendeu a todos os países ocidentais e que se traduziu em minuciosas regulamentações e na imposição de rígidas regras prudenciais. Quanto à especialização das instituições financeiras, esta consistia numa separação rígida de funções entre os vários tipos dessas instituições, igualmente por razões prudenciais.

A partir de 1932, o mercado português começa o seu período de recuperação e de alinhamento com os importantes desenvolvimentos dos mercados internacionais[608], que são interrompidos pela II Guerra Mundial. Em 1948, uma nova crise é espoletada e isso traduz-se numa significativa redução do volume de operações. Devido ao crescimento económico em Portugal nos anos 60 e início dos anos 70, o mercado de capitais renasce. Em 20 de maio de 1965, foi publicado o Decreto-lei n.º 46 342, de o primeiro diploma em Portugal sobre fundos de investimento mobiliários, com a justificação de constituírem valiosos instrumentos de canalização de poupanças e servem uma necessidade específica do pequeno

[608] Nomeadamente, a publicação do *Securites Act* de 1933, em que é introduzido o princípio do *full disclosure* e são aprovadas regras rigorosas contra as fraudes em operações sobre valores mobiliários, e a criação da SEC, nos Estados Unidos da América, AMADEU FERREIRA, "Direito dos Valores Mobiliários", *Sumário das lições dadas ao 5.º ano, menções de Ciências Jurídico-Económicas, no ano letivo de 1997/98, 1.º e 2.º semestres*, Associação Académica da Faculdade de Direito de Lisboa, 1997p. 78

e médio investidor, que procura rentabilidade estável para as economias, com um mínimo de risco e liquidez quase garantida[609].

Este renascimento, porém, durou pouco tempo, uma vez que volta a passar por tempos difíceis com a alteração política de abril de 1974, em que são encerradas as Bolsas de Valores de Lisboa e do Porto (que só reabriram, respetivamente em 1976, e 1981), a maior parte das sociedades cotadas é nacionalizada e a Junta de Salvação Nacional decidiu suspender todas as transações de instrumentos financeiros. Na legislação, dá-se uma autonomização importante dos corretores em instrumentos financeiros com o Decreto-Lei n.º 8/74[610]. Em 1981, apenas as obrigações de dívida pública e das empresas públicas são emitidas no mercado, com vista à subscrição pública.

A partir dos anos 80 do século XX, o princípio da especialização é posto em causa nas sociedades ocidentais por uma série de medidas de liberalização da atividade financeira, tendo ocorrido um desenvolvimento significativo na diversidade de intermediários, instrumentos e mercados no sistema financeiro, impulsionados principalmente não só pela desregulamentação, mas também pelo avanço tecnológico e pela rápida globalização.

"Como resultado, a intermediação financeira também sofreu mudanças notáveis, principalmente nos países desenvolvidos, mas também nas economias emergentes. Essas mudanças forneceram diversas opções e oportunidades para famílias e empresas em termos de empréstimos e financiamentos, bem como decisões de empréstimos e investimentos. Por exemplo, as empresas têm sido capazes de recorrer cada vez mais aos mercados de títulos e ações para obter fundos, enquanto as famílias podem começar a diversificar suas carteiras de depósitos bancários em títulos, fundos mútuos e derivativos"[611].

---

[609] Cfr. Tiago dos Santos Matias e João Pedro Luís, *Fundos de Investimentos em Portugal – Análise do Regime Jurídico e Tributário*, Almedina, Coimbra, 2008, p. 13.

[610] Cfr. Paulo Câmara, *Manual de Direito dos Valores Mobiliários*, Almedina, Coimbra, 2018, p. 389.

[611] Hans Genberg, *The changing nature of financial intermediation and its implications for monetary policy*, 2008, p. 2, disponível em: https://www.bis.org/publ/bppdf/bispap39f.pdf.

O modelo anglo-saxónico de organização e de funcionamento dos mercados foi-se generalizando, e muitos países adotaram o princípio de harmonização mínima de forma a colocarem as suas instituições financeiras com uma vantagem competitiva nos mercados financeiros internacionais[612]. No modelo anglo-saxónico, destacam-se, igualmente, as medidas britânicas que serviram de estandarte à nova era e que se traduziram na abolição da distinção entre *brokers* e *jobbers*, ou seja, na abolição da distinção entre corretores e intermediários. Até essa data, somente os intermediários (*jobbers*) podiam negociar títulos em bolsa, comprando e vendendo aos corretores (*brokers*) e não diretamente ao público.

É através deste movimento de desregulamentação e de inovação na criação de produtos financeiros motivada resultantes da fuga à regulação[613] que emerge a desintermediação no sistema financeiro, consubstanciando uma desbancarização da atividade financeira, fenómeno que se apelidou de *shadow banking*[614], ou sistema bancário paralelo[615].

A emergência do *shadow banking* deveu-se, principalmente aos exigentes requisitos de solvabilidades impostos pelos Acordos de Basileia, passando as instituições bancárias a utilizar crescentemente um conjunto de instrumentos, nomeadamente "produtos estruturados" e derivados financeiros, para retirar os riscos do seu balanço e viabilizar o aumento da sua alavancagem, uma alquimia financeira que foi possibilitada pelas agências de notação de risco, ao classificarem tais instrumentos como de

---

[612] Cfr. Carlos Baptista Lobo, *Concorrência Bancária?*, Almedina, Coimbra, 2001, p. 59 e ss..

[613] Cfr. Carlos Baptista Lobo, *Concorrência Bancária?*, Almedina, Coimbra, 2001, p, 135.

[614] A referência ao *shadow banking* no nosso estudo não permite cobrir todas as suas implicações, nomeadamente, para a estabilidade financeira, mas apenas denotar a sua função de desintermediação e alternatividade em relação ao financiamento bancário.

[615] O termo "*shadow banking*" foi primeiramente adotado por Paul McCulley em 2007 para se referir a instituições de crédito com pouca transparência e não sujeito a supervisão macro prudencial, cfr. José Gonzaga Rosa, "Shadow Banking – New Shadow Entities Come to Light", *in Revista de Concorrência e Regulação*, Ano V | N.º 18 | Abril/Junho 2014, Almedina, Coimbra, p. 121. O Financial Stability Board, por outro lado, definiu *shadow banking* como o sistema de intermediação de crédito que envolve entidade que desenvolvem atividades fora do sistema bancário regular e estima a dimensão do shadow banking em 146 biliões de dólares, representando 46% da totalidade dos ativos financeiros, Financial Stability Board, *Shadow Banking: Strengthening Oversight and Regulation*, 2011, pp. 1 a 3, disponível em: http://www.fsb.org/wp-content/uploads/r_111027a.pdf.

baixo risco. Este fenómeno possibilitou, ainda, a entrada de novos agentes que, não estando autorizados a conceder crédito, adquiriram estes instrumentos emitidos pelas instituições bancárias e com rentabilidade vinculada ao reembolso dos créditos que essas concederam, tornaram-se, dessa forma, participantes do mercado de crédito[616].

Antes da liberação financeira dos anos 80 do século passado cada uma das funções da banca, (i) a de financiamento e de transformação de ativos, (ii) a de gestão dos meios de pagamentos, (iii) a de mutualização e de transformação dos riscos individuais e (iv) de corretagem, era atribuída a diferentes tipos de instituições, procurando-se uma separação clara entre a moeda e outros ativos financeiros, bem como entre as diversas atividades financeiras.

Desta forma, conseguia-se um melhor controlo monetário e evitava-se os riscos de contágio de eventuais crises que viessem a afetar um determinado tipo de instituições financeiras. A partir da referida liberalização, as barreiras entre as quatro funções apontadas tendem a cessar devido à desregulamentação que revogou os impedimentos legais à desintermediação e provocou a entrada em cena de novos agentes financeiros fora da estrutura regulatória existente e tornou a função de mutualização e de transformação dos riscos individuais uma atividade banalizada.

A banca abandonou, assim, a sua função primordial de financiamento e de transformação de ativos para se afirmar como prestadora de serviços até então não associados à atividade bancária, pelos quais cobra comissões, deixando a banca, portanto, de ser apenas o local de encontro entre os agentes económicos excedentários de liquidez e os carenciados de liquidez, deixando de gerir o seu negócio através das respetivas taxas pas-

---

[616] Cfr. LUIZ CARLOS BRESSER-PEREIRA, "A crise financeira de 2008", in *Revista de Economia Política*, vol. 29, n.º 1 (113), janeiro-março/2009, pp. 135 e 136, disponível em: http://submission.scielo.br/index.php/rep. "As principais técnicas inerentes ao sistema de shadow banking são a intermediação de garantias e a titularização. A primeira consiste em reutilizar intensamente garantias escassas para apoiar volumes ou cadeias de transações, e faz-se sobretudo via acordos de recompra (repo) e empréstimos de títulos. Já a titularização consiste em originar, reempacotar e revender *pools* de crédito, e pode, segundo, ser de 'passagem' ou de divisão em tranches", SARA GONÇALVES, *Determinantes da evolução do shadow banking europeu*, dissertação de mestrado, Universidade do Porto, Faculdade de Economia, 2016, p. 14, disponível em: https://sigarra.up.pt/fcup/pt/pub_geral.pub_view?pi_pub_base_id=149485.

sivas e ativas e dos seus diferenciais e deixando de se limitar a receber as ordens de bolsa dos seus clientes e a negociar em moeda estrangeira, para passar a prestar serviços de aconselhamento financeiro, gerir complicadas operações de captação e aplicação de fundos para empresas e funcionar como agente de arbitragem entre os vários mercados, nacionais e estrangeiros.

Tal implicou uma profunda alteração da estrutura contabilística dos bancos, onde os créditos sobre terceiros dão sucessivamente lugar às comissões por serviços prestados. Com a liberalização e globalização dos mercados financeiros, os bancos, para responderem à potencial perda de ganhos em intermediação, tendem agora a diversificar os seus produtos e serviços com vista a que melhor se adequem ao perfil de cada cliente[617]. Rapidamente se verificou um movimento de desintermediação, impulsionado por um processo de inovação financeira e tecnológica, consolidado por grandes instituições internacionais, conhecidos como bancos de investimento. Esse processo de desintermediação e de recurso aos mercados financeiros ameaçou fortemente os bancos comerciais, criando um incentivo para estes compensarem as perdas na atividade bancária comercial tradicional através da tomada de posições na área da banca de investimento[618].

Desta forma, a banalização da intermediação financeira e a consequente desintermediação bancária alteraram os hábitos dos investidores, das empresas e dos aforradores. A tradicional relação de confiança que ligava, por longos anos, as empresas e os particulares aos respetivos bancos, é substituída pela forte concorrência e pela tentativa de maximização dos lucros financeiros, devido ao surgimento de outras entidades que assumiram funções financeiras, aproveitando as menores barreiras à

---

[617] Cfr. Cátia Sofia Cerqueira Lopes, *A Reintermediação Financeira como Driver da Sustentabilidade do Sistema Financeiro Português*, dissertação de mestrado, ISCTE Business School, 2010, p. 2.

[618] Cfr. Carlos Baptista Lobo, *Concorrência Bancária?*, Almedina, Coimbra, 2001, p, 137. Os Bancos "podem ser operadores da Bolsa investindo por conta própria em valores mobiliários dinheiros provenientes de depósitos que num modelo de

entrada e à descida das margens financeiras provocadas pela desregulamentação e pelo crescimento da concorrência[619].

Apesar deste desempenho das atividades bancárias, com a transformação maturidade/liquidez e a potenciação de alavancagem a suscitar problemas de risco sistémico, sobretudo devido à interligação entre *shadow banking* e o sistema bancário tradicional[620], foram reconhecidos benefícios ao *shadow banking*, nomeadamente, na diversificação das fontes de financiamento da economia e na importância demonstrada pelos mercados financeiros na sua intervenção na oferta de crédito[621].

Comprovou-se, igualmente, que o *shadow banking* conduz a ganhos de eficiência económica, devido aos reduzidos custos de transação envolvidos[622], tendo-se começado a associar o *shadow banking* a uma transformação natural do sistema financeiro, com o surgimento do um leque de instituições mais diversas e com um modelo de negócio mais desintermediado, devido à interseção de setores (banca e mercados financeiros) potenciada pelo crescimento da banca universal.

Destarte, começou-se a regular estas novas entidades, instrumentos e atividades associadas ao *shadow banking* (também exercidas por instituições bancárias)[623], frisando-se a necessidade de impor requisitos prudenciais e um maior controlo monetário, de salvaguarda dos interesses coletivos da confiança e da segurança no sistema financeiro, formalizando-se, não só uma desintermediação subjetiva pelo aparecimento de novos intermediários, mas também objetiva, correspondente à passagem do risco para os clientes, através da eliminação do filtro da responsabilização

---

[619] Cfr. Cátia Sofia Cerqueira Lopes, *A Reintermediação Financeira como Driver da Sustentabilidade do Sistema Financeiro Português*, dissertação de mestrado do ISCTE Business School, 2010, p. 15.

[620] Cfr. Financial Stability Board, *Global Shadow Banking Monitoring Report 2017*, 2017, p. 1, disponível em: http://www.fsb.org/wp-content/uploads/r_111027a.pdf

[621] Cfr. Tobias Adrian e Hyun Song Shin, *The Shadow Banking System: Implications for Financial Regulation*, 2009, p. 1, disponível em: papers.ssrn.com.

[622] Sendo que grande parte dos custos que se reduzem são regulatórios, como a não sujeição às taxas de juros determinadas pelos bancos centrais, cfr. Steven Schwarcz, *Regulating Shadow Banking*, 2012, p. 8, disponível em: papers.ssrn.com.

[623] Cfr. Melanie Fein, *The Shadow Banking Charade*, 2013, p. 3, disponível em: papers.ssrn.com.

do profissional, implicando uma diminuição da importância relativa dos depósitos a prazo ou outros produtos de rendimento fixo em relação a produtos em que o cliente participa no risco das operações[624].

Com esta nova regulação, as diferenças entre os mercados financeiros e o mercado bancário esbateram-se, sendo comum afirmar-se atualmente, que: "Apesar de ao mercado de valores mobiliários e ao mercado bancário corresponderem dois subsistemas com autonomia entre si, é evidente que há pontos de aproximação, quer jurídica, quer fáctica entre eles"[625]. Igualmente, conseguiu-se alterar a opacidade associada ao *shadow banking* para modelos muito mais estruturados e baseados nos mercados regulados[626].

No contexto nacional, o período do final do século passado foi marcado, sobretudo, pela adesão de Portugal à Comunidade Económica Europeia, em 1986, fomentado uma reforma determinante para a sofisticação dos seus mercados financeiros. Como bem explica José Nunes Pereira: "Anunciada por desafios, como a desregulação financeira, a integração dos setores financeiros, a criação progressiva do mercado financeiro europeu, designadamente por força da introdução do euro, a inovação e aumento da concorrência entre as empresas financeiras, a utilização cada vez mais intensa das novas tecnologias informáticas e de comunicação, a desintermediação e o alargamento das camadas da população com intervenção directa no mercado de capitais; concretizada, tanto por diplomas fundamentais, ao nível europeu (como a Directiva dos Serviços de Investimento) e ao nível interno (com destaque para o Código do Mercado de Valores Mobiliários de 1991, o Regime Geral das Instituições de Crédito e Sociedades Financeiras de 1992 ou, no fecho deste período, o Código dos Valores Mobiliários de 1999), como por iniciativas dos agentes do mercado e acções das autoridades de supervisão – esta resolução traduziu-se

---

624 Alexandre Brandão da Veiga, *Fundos de Investimento Mobiliário e Imobiliário (Regime Jurídico)*, Almedina, Coimbra, 1999, pp. 19 e 20.

625 Paula Costa e Silva, *Direito dos Valores Mobiliários – Relatório*, Coimbra Editora, Coimbra, 2005, p. 72.

626 Cfr. Tobias Adrian, "Shadow Banking and Market-Based Finance", in *Shadow Banking: Financial Intermediation Beyond Banks*, Larcier, Viena, 2018, pp. 20 e ss..

em fenómenos que alteraram profundamente as estruturas do mercado e o modelo regulatório"[627].

Efetivamente, em 1991, é criado em Portugal o Código do Mercado de Valores Mobiliários, pelo Decreto-Lei n.º 142-A/91, de 10 de abril, conhecido por "Lei Sapateiro" e a CMVM, substituindo o Auditor-Geral do Mercado de Títulos, que tinha sido introduzido em 1987. Desta maneira, começou-se a controlar e a regular o sistema de registo e o depósito dos valores mobiliários e a dar maior relevância à compensação e liquidação das operações. Simultaneamente, a manipulação do mercado e o *insider trading* passaram a ser sancionados penalmente.

Nos mercados financeiros e, de igual modo, nos setores da banca e seguros, as modificações operadas nas regras de funcionamento e, consequentemente, na estrutura e conduta das entidades aí presentes foram muito profundas e relativamente rápidas. Embora o processo de liberalização financeira tenha tido o seu início antes de 1986, a adesão às Comunidades, com a necessidade de adoção de regras comuns ao conjunto dos Estados membros e posteriormente a construção de um mercado único de produtos e serviços financeiros, não terá deixado de condicionar o ritmo da mudança[628].

A partir dos anos 90 do século passado, o mercado de capitais português entra numa fase de crescimento, devido ao plano de privatizações do governo português, bem como ao investimento de grandes e novos grupos económicos e à expansão internacional dos mercados financeiros, tendo Portugal um mercado muito permeável aos movimentos externos, sobretudo, a partir da segunda metade da referida década, em que a União Económica Monetária reduziu o espaço das políticas públicas[629].

---

[627] José Nunes Pereira, "A Comissão do Mercado de Valores Mobiliários: Uma Experiência de Regulação Financeira em Portugal", in *Cadernos de Valores Mobiliários*, n.º 12, dezembro de 2001, p.1, disponível em: https://www.cmvm.pt/pt/EstatisticasEstudosEPublicacoes/CadernosDoMercadoDeValoresMobiliarios/Pages/CadernoN12.aspx?v=.

[628] Cfr. António Nogueira Leite, "Bolsa Portuguesa: O Caminho Percorrido e os próximos Desafios", *in Cadernos de Valores Mobiliários*, n.º 12, dezembro de 2001, p.1, disponível em: https://www.cmvm.pt/pt/EstatisticasEstudosEPublicacoes/CadernosDoMercadoDeValoresMobiliarios/Pages/CadernoN12.aspx?v=.

[629] Cfr. José Reis, *A Economia Portuguesa – Formas de economia política numa periferia persistente (1960-2017)*, Almedina, Coimbra, 2018, p. 59.

Com a adoção da moeda única, a criação da União Monetária e com a adoção de políticas monetárias únicas para os países que integravam o espaço europeu, verificou-se uma intensificação dos mercados financeiros mundiais e a entrada crescente nos mercados europeus de produtos que competem diretamente com a produção de setores. Neste contexto, Portugal deixou de ser classificado como um mercado emergente, ascendendo à categoria de mercado desenvolvido.

Na sequência das referidas privatizações em Portugal e da integração dos mercados financeiros na União Económica e Monetária, passaram-se a realizar ofertas públicas de vendas de grandes empresas nacionais, permitindo desta forma que o mercado atingisse outra esfera e a banca ganhou novas linhas de financiamento, decidindo reorganizar-se e modernizar-se. Os bancos especializaram-se no financiamento individual e criaram desta maneira condições de mercado, através da aplicação de baixas taxas de juros, elevando-se o recurso ao crédito por diferentes clientes. Esta conjuntura obrigou a generalidade dos bancos a melhorar a sua capacidade técnica relativamente ao controlo do risco do crédito, principalmente ao cedido às PME.

No ordenamento jurídico português, assistimos à tipificação legal de novos intermediários, com vista a acompanhar o fenómeno internacional de desintermediação *supra* explicitado, tais como sociedades de investimento, sociedades de locação financeira, sociedades de *factoring*, sociedades de financiamento para aquisições a crédito, sociedades financeiras de corretagem, sociedades de fomento empresarial, sociedades gestoras de participações sociais, sociedades corretoras, sociedades de gestão de patrimónios, sociedades mediadoras do mercado monetário e do mercado de câmbios, sociedades gestoras de fundos de investimentos, sociedades gestoras de investimentos imobiliários e sociedades gestoras de fundos de pensões.

Apesar de esta nova malha institucional intuir a existência de uma nova separação de funções, houve, no entanto, uma diferenciação de entidades com funções interligadas, por vezes sobrepostas, surgindo uma verdadeira miscelânea de tarefas e uma concorrência acrescida pelo seu desempenho.

Esta análise do percurso histórico termina no início do século XXI, em que a desintermediação começa novamente a desenvolver-se através do surgimento de modelos de negócio baseados em plataformas eletrónicas no sistema financeiro. A desintermediação que se tem desenvolvido mais recentemente, comummente apelidada de *peer-to-peer finance* e associada ao fenómeno da *Sharing Economy* acima exposto, consiste, assim, num desvio à intermediação legalmente estabelecida para o funcionamento dos mercados financeiros, fornecendo esta desintermediação outra forma de ponto de contato, associada às novas tecnologias, entre investidores e empresas que procuram financiamento.

Com base na análise que efetuamos, salienta-se que nenhum dos processos de desintermediação referidos pode ser concebido com uma pura desintermediação financeira, mas antes perante uma reintermediação, ou seja, um processo de ressurgimento de intermediários nos mercados tecnológicos na forma de plataformas, desempenhando grande parte das funções dos intermediários tradicionais[630]. As plataformas eletrónicas não são meros pontos de contato e não estabelecem relações puramente *peer-to-peer*, estando, ao longo do tempo, a ganhar mecanismos cada vez mais sofisticados, preferindo a eficiência económica e a sua função de *gatekeepers* em detrimento da inclusão[631].

Mais especificamente, nos mercados financeiros o recurso a plataformas eletrónicas já remonta ao fim do século XX, com o advento dos sistemas alternativos de negociação (ATS, *Alternative Trading Systems*) e das *Electronic Communication Networks*[632], mas no pós-crise de 2007/2008 é que nos confrontamos com o dealbar da economia digital, onde abundam plataformas eletrónicas que oferecem rapidez, flexibilidade, especialização e desintermediação aos mercados financeiros. É esta última

---

[630] Cfr. Tetyana Balyuk e Sergei A. Davydenko, *Reintermediation in Fintech: Evidence from Online Lending*, 2018, p. 1, disponível em: papers.ssrn.com.

[631] Cfr. Fernando Zunzunegui, *Systematic and Conceptual Framework for Crowdfunding Regulation*, 2019, pp. 4 e 5, disponível em: papers.ssrn.com.

[632] Cfr. Teresa Rodríguez de las Heras Ballell, *El régimen jurídico de los mercados electrónicos cerrados (e-marketplaces)*, Marcial Pons, Madrid, 2006, p. 107: Com a DMIF II, surgiram ainda as *Dark Pools of Liquidity*, plataformas de negociação informais "nas quais as ordens são total ou parcialmente do mercado antes da execução e se subtraem às regras de transparência na pré-negociação", Paulo Câmara, "DMIF II: A Nova pedra Angular do direito dos mercados financeiros", *in O Novo Direito dos Valores Mobiliários- I Congresso sobre Valores Mobiliários e Mercados Financeiros,* Almedina, Coimbra, 2017, p. 200.

caraterística, que se materializa na oferta desintermediada ao público de produtos financeiros, que permite a disrupção dos modelos de negócio tradicionais, conseguindo-se de uma forma direta chegar a um número elevado de pessoas, permitindo-se, assim, recorrer ao que Hayek chama de "*wisdow of the crowd*".

Hayek analisou, em 1945, a problemática de o conhecimento estar disperso entre tantas pessoas, dando como exemplo o sistema de preços como uma solução para a coordenação desse conhecimento. "Praticamente, todo o indivíduo tem alguma vantagem sobre todos os outros, porque ele possui informações únicas que podem gerar benefícios, mas tudo dependerá das suas decisões e cooperação ativa"[633].

As plataformas eletrónicas são a mais recente resposta para esta problemática, congregando conhecimentos, técnicas, soluções e experiências num só espaço, *a internet*, onde o público financia aquilo que o público quer, existindo uma grande diversidade geográfica do financiamento[634]. Promove-se criatividade, inovação, transparência e eficiência de uma forma que outros meios de financiamento de sociedades comerciais não promovem.

As plataformas eletrónicas funcionam, inicialmente, como um ponto de encontro entre a oferta e a procura de serviços financeiros, gerindo a informação e a atenção gerada pelo mundo cibernético. Como referia Herbert Simon, Prémio Nobel da Economia de 1978, "a riqueza de informação cria a pobreza de atenção e a necessidade de distribuir essa atenção eficientemente perante uma abundância de fontes informação que

---

[633] Friedrich Hayek, "The Use of Knowledge in Society" in *American Economic Review*, Vol. 35, n. 4, American Economic Association, Pittsburgh, 1945, tradução livre, p. 521, disponível em: http://stevereads.com/.

[634] Cfr. Brian Rubinton, *Crowdfunding: Disintermediated Investment Banking*, 2011, p. 12, disponível em: http://papers.ssrn.com/sol3/papers.cfm?abstract_id=1807204; "Encontramos uma distância média de aproximadamente 5 mil km entre o artista/empresário e o investidor", Ajay Agrawal, Christian Catalini e Avi Goldfarb, *The Geography of Crowdfunding*, 2011, tradução livre, p.1, disponível em: http://www.nber.org/papers/w16820; "Os financiadores não estão particularmente interessados em projetos mais perto deles", Wybrich Willems, *What characteristics of crowdfunding platforms influence the success rate?*, 2013, tradução livre, p. 16, disponível em: http://thesis.eur.nl/pub/15182/.

a poderão consumir"[635]. De facto, a atenção tornou-se um bem escasso, realçando-se a importância da estratégia comercial no mundo cibernético e das plataformas eletrónicas na sua otimização[636].

O nível de proximidade, dinamismo e interconectividade promovido pelas plataformas eletrónicas conseguiu atrair novos investidores[637], tendo-se verificado um fortalecimento das relações *peer-to-peer*, devido à facilidade de armazenamento e partilha de uma grande quantidade de informação através de plataformas eletrónicas[638]. Por esse motivo, a função principal das plataformas eletrónicas costuma ser criar uma comunidade de interação eletrónica e proporcionar aos utilizadores registados o acesso aos serviços e aplicações, facilitando a interação dos seus utilizadores, promovendo a partilha de opiniões ou a participação nos processos de decisão[639]. Ultimamente, o papel de muitas plataformas também tem sido densificado, passando a haver uma intervenção mais intensa na formação dos contratos de serviços financeiros.

As plataformas digitais com mais potencial são os ecossistemas das empresas *Big Tech*, dado o seu poder de alavancar grande base de clientes e de exercer um forte poder de mercado em qualquer setor económico.

---

[635] Herbert Simon, *Designing Organizations for an Information-Rich World*, 1969, pp. 6 e 7, disponível em: http://zeus.zeit.de/2007/39/simon.pdf.

[636] Cfr. Teresa Rodríguez de las Heras Ballell, "El *crowdfunding*: una forma de financiación colectiva, colaborativa y participativa de proyectos" in *Revista Pensar en Derecho.*, n.º 3, Año 2, University of Buenos Aires, 2013, p. 110, disponível em: http://www.derecho.uba.ar/.

[637] Cfr. Adair Morse, *Peer-To-Peer Crowdfunding: Information and the Potential for Disruption in Consumer Lending*, 2015, pp. 10 e ss., disponível em: https://papers.ssrn.com/sol3/papers.cfm?abstract_id=2558951.

[638] Cfr. Jon Garon, *Reintermediation*, 2008, p. 1, disponível em: papers.ssrn.com.

[639] "A teoria de intermediação explica estes benefícios através do "efeito Baligh-Richartz. Se num mercado existem m compradores e n vendedores, são necessárias *m* x *n* relações. A posição central do intermediário reduz as relações necessárias a *m* + *n*. Em mercados com numerosos compradores e vendedores *m* + *n* é substancialmente menor que *m* x *n*, o que supõe uma considerável redução dos custos de transação – comprova-se como perde sentido a intermediação se *m* e/ou *n* são igual a 1 e como não supõe qualquer vantagem quando *m* e *n* são iguais a 2", Teresa Rodríguez de las Heras Ballell, "El *crowdfunding*: una forma de financiación colectiva, colaborativa y participativa de proyectos" in *Revista Pensar en Derecho.*, n.º 3, Año 2, University of Buenos Aires, tradução livre, 2013, p. 111, disponível em: http://www.derecho.uba.ar/.

Outro tipo de plataforma com potencial são os sites de comparação de preços de produtos financeiros, incidindo muito, para já, em hipotecas e depósitos. A ausência de um negócio "externo" estabelecido significa que têm a necessidade de crescer rapidamente para atingir a massa crítica com vista a tornarem-se um "*gatekeeper*" de acesso ao cliente[640].

A utilização cada vez mais corrente das plataformas eletrónicas ofereceu várias potencialidades ao setor financeiro, dada a facilidade como, através delas, se criam mercados com estruturas multilaterais *many-to-many*, *one-to-many*, *few-to-many* e *reverse auction*[641]. Esta última estrutura adequa-se especialmente bem ao setor financeiro, devido ao fomento da concorrência, à rapidez da transação e negociação e à facilidade de negociar valores homogéneos e fungíveis neste modelo, permitindo manter a liquidez do mercado sem entraves[642].

Perante o exposto, esta desintermediação financeira da era digital consiste, no fundo, no surgimento de novos agentes no setor financeiro, que atuam através de plataformas eletrónicas. Através destas plataformas, os investidores não profissionais passaram a dispor de canais e ferramentas que replicam em qualidade e rapidez as utilizadas pelos profissionais. Com o maior acesso à informação e a plataformas rápidas e transparentes que até aqui estavam reservadas ao uso profissional, são os investidores

---

[640] Arnould Boot, Peter Hoffmann, Luc Laeven e Lev Ratnovski, *Financial intermediation and technology: What's old, what's new?*, ECB Working Paper Series, 2020, pp. 17 e 18, disponível em: https://www.ecb.europa.eu/pub/pdf/scpwps/ecb.wp2438~d0d447b9b6.en.pdf.

[641] A estrutura *many-to-many* é aquela em que compradores e vendedores transacionam em vários operadores de mercado, sendo esta a estrutura mais comum dos mercados financeiros. As estruturas *one-to many* e *few-to-many* consistem na realização de transações num único operador de mercado ou em poucos, respetivamente, ficando estes responsáveis pela fixação de preços após análise da oferta e procura. Na estrutura *reverse auction*, conhecida em português como leilão invertido, consiste na realização de uma negociação em que existe apenas um comprador e vários vendedores, cfr. Michael Strobel, *Auctions as the Negotiation Paradigm of Electronic Markets*, 2010, pp. 39-44, disponível em: https://www.tandfonline.com/doi/abs/10.1080/10196780050033962.

[642] Cfr. Teresa Rodríguez de las Heras Ballell, *El régimen jurídico de los mercados electrónicos cerrados (e-marketplaces)*, Marcial Pons, Madrid, 2006, p. 107.

não profissionais os que mais têm a ganhar com os processos de desintermediação financeira[643].

Nos meios de financiamento, esta densificação deve-se, entre outros motivos, à necessidade de verificação da identidade e perfil dos financiadores, bem como à necessidade de avaliar e escolher os projetos a ser financiados, atribuindo-se estas funções às plataformas, devido ao esforço que essas funções implicam[644]. Outra das razões mais identificadas para justificar a maior intervenção das plataformas é a pouca propensão dos investidores para assumirem todo o risco da transação, preferindo que as plataformas assumam a gestão desse risco[645].

A intermediação continua, deste modo, a ter um papel primordial no sistema financeiro, apesar da grande transformação proporcionada pela inovação tecnológica. As principais funções da intermediação financeira permaneceram, assim, inalteradas, muito devido à complexidade e à fidúcia necessária no sistema financeiro[646], tendo havido, nos últimos anos, uma aproximação destas plataformas eletrónicas à estrutura dos intermediários tradicionais.

Verificámos, de igual modo, que a ideia da «*intermediação financeira infinita*» de Tom Lin, de que nenhuma das inovações financeiras que até agora surgiram se configuram como modelos de desintermediação pura. Essa ideia de desintermediação que os novos prestadores de serviços de financiamento tentam transparecer é, portanto, evasiva[647], sendo mais correto afirmar que se procedeu a um processo de reintermediação.

Esta realidade é uma constante dos processos de transformação do sistema financeiro, desde a segunda metade do século XX, existindo por parte dos agentes inovadores que tentam entrar no mercado um obje-

---

643 Cfr. Cátia Sofia Cerqueira Lopes, *A Reintermediação Financeira como Driver da Sustentabilidade do Sistema Financeiro Português*, dissertação de mestrado, ISCTE Business School, Lisboa, 2010, p. 18.

644 Cfr. Tetyana Balyuk e Sergei A. Davydenko, *Reintermediation in Fintech: Evidence from Online Lending*, 2018, pp. 31 e ss., disponível em: papers.ssrn.com.

645 Cfr. Sebastian Moenninghoff e Axel Wieandt, *The Future of Peer-to-Peer Finance*, 2016, p. 25, disponível em: https://link.springer.com/article/10.1007/BF03372882.

646 Cfr. Tom Lin, *Infinite Financial Intermediation*, 2016, p. 16, disponível em: papers.ssrn.com.

647 Cfr. Tom Lin, *Infinite Financial Intermediation*, 2016, p. 12, disponível em: papers.ssrn.com.

tivo de desintermediação, que, na realidade, acaba por se consubstanciar num processo de reintermediação.

Inferimos deste percurso vários pressupostos que poderão ser úteis para o nosso estudo. Primeiro, que os objetivos de desintermediação estão mais correlacionados com a primeira e com a terceira vertente da *FinTech*, ou seja, com a adoção de novos modelos de negócio, ou com alterações relevantes a modelos de negócio já estabelecidos no mercado.

Em segundo lugar, detetamos pela análise exposta que este ciclo de reintermediação que carateriza a inovação financeira e a transformação financeira é motivado por objetivos de simplificação, inclusão financeira e democratização do investimento e do financiamento. Isto é, perante um ciclo em que os modelos de negócio se vão maturando, crescendo e estruturando-se de uma forma complexa, o recurso a essa forma de financiamento vai-se afunilando cada vez mais nos investidores profissionais e nas grandes empresas, pelo que se cria a necessidade de surgirem novos modelos de negócio que se direcionem aos investidores não profissionais e às PME, iniciando-se um novo ciclo de crescimento e sofisticação desses modelos.

Ora, nessa renovação de ciclos em que transforma o sistema financeiro, existe esse objetivo de democratização do investimento e do financiamento prosseguido pelos novos agentes, podendo-se considerar, destarte, que desempenham uma função social e económica de interesse geral. Essa função social e económica constituí, assim, o índice que identificamos e que delimita o escopo do nosso juízo, indicando a sua finalidade meta-jurídica, fundamental e global[648]. Ou seja, os comportamentos de novos agentes que não se coadunem minimamente com essa função social e económica não constituem um factor de política económica neste âmbito[649], ficando assim excluídos dos argumentos que iremos aduzir.

O mesmo se refere em relação aos modelos de negócio que, após uma fase inicial em que essa função era devidamente prosseguida, já ganharam uma dimensão e maturidade considerável, esgotando-se essa função

[648] Cfr. Carlos Ferreira de Almeida, *Texto e Enunciado na Teoria do Negócio Jurídico*, Vol. II, Almedina, Coimbra, 1992.

[649] Cfr. António Menezes Cordeiro, *Da Boa Fé no Direito Civil*, Vol. II, Almedina, Coimbra, 1984, pp. 1230 e ss..

e não se justificando, do mesmo modo, a sua inclusão numa abordagem regulatória que pressupõe uma efetiva prossecução da função económica social de facilitar o acesso a todos os investidores e empresas que procuram financiamento.

Outrossim, convém, antecipadamente, precisar que abordamos a função social e económica não no mesmo sentido de causa enquanto fundamento de juridicidade[650], mas antes como índice do tipo e como um factor relevante para a configuração do regime aplicável a um novo modelo de negócio[651].

Após este importante enquadramento, refere-se, primeiramente, que a relevância da função económica e social de democratização do investimento e do financiamento advêm da garantia de universalidade pelo Estado[652], decorrente do artigo 12.º da CRP, bem como da necessidade de proporcionalidade de forma a potenciar o apoio às PME, desígnio constitucional previsto no n.º 1 do artigo 86.º da CRP, como *supra* expusemos.

Deste modo, a conformação normativa de um meio de financiamento *FinTech* deve ter em conta a função da sua aptidão para a prossecução de interesses gerais de caráter social e económico, que é como quem diz, segundo a capacidade para a satisfação de uma escala de necessidades de relevo social e económico, que deriva, em suma, do princípio geral democrático e do apoio às PME.

Essa função social e económica pode, com base no exposto, fundamentar um tratamento específico em termos de abordagem regulatória para novos modelos de negócio *FinTech* (primeira e terceira vertente), tendo em conta que esse tratamento vise potenciar a função social e eco-

---

[650] Sobre esta precisão e dos diferentes sentidos de causa, cfr. Pedro Pais de Vasconcelos, *Contratos Atípicos*, Dissertação de Doutoramento, Almedina, Coimbra, 1995, p. 126.

[651] "A causa como justificação ou aprovação social em função do qual se reconhece jurisdicidade ao negócio não poderá, depois, deixar de ser relevante na configuração do regime aplicável ao negócio, regime esse que deverá ser determinado por adequação à sua função", Diogo Pereira Duarte, "Causa: motivo, fim, função e fundamento no negócio jurídico", in *Estudos em Honra do Professor Doutor José de Oliveira Ascensão*, Vol. I, Almedina, Coimbra, 2008, p. 455.

[652] Sobre as preocupações sociais nos quadros regulatórios referindo em específico a garantia de universalidade, Pedro Costa Gonçalves, "Estado de Garantia e Mercado", in *Revista da Faculdade de Direito da Universidade do Porto*, Vol. VII, Coimbra Editora, Coimbra, 2010, p. 123.

nómica referida, procurando, igualmente, equilíbrios com os riscos inerentes a essas finalidades e com o princípio da neutralidade tecnológica, no sentido em que poderão haver caraterísticas que não justifiquem um tratamento diferente em relação a figuras próximas que já tenham sido enquadradas pelo legislador.

O surgimento de novos modelos de negócio em rápida transformação pode suscitar riscos operacionais que podem ser difíceis de mitigar e quantificar. Acresce que, a desintermediação das cadeias de distribuição de produtos e serviços financeiras cria preocupações de arbitragem regulatória, uma que esses riscos podem ser facilmente ocultados em estruturas complexas de rede, colocadas em entidades menos regulamentadas ou mais jurisdições menos exigentes, face à maior facilidade de, com as novas tecnologias, criar estruturas de financiamento numa escala global, pelo que, estabelecer condições de concorrência equitativas entre as entidades e evitar um *race to the bottom* entre jurisdições torna-se preponderante[653].

Sem prejuízo da necessidade de endereçar novos riscos, consideramos, pelo exposto, que a função económica e social das formas de financiamento empresarial *FinTech*, que consiste em providenciar um maior acesso ao investimento e ao financiamento a todas as empresas e investidores, deve ser considerada numa abordagem regulatória a estas figuras, incluindo na definição do seu regime, e deve poder justificar um tratamento diferente por parte do legislador relativamente a outros serviços financeiros já regulados e devidamente enquadrados no nosso ordenamento jurídico, com vista a potenciar os benefícios sociais e económicos que possam decorrer da referida função.

Neste sentido, é importante aludir as ideias de Robert Shiller sobre a democratização dos serviços financeiros: "A democratização da finança funciona lado a lado com a humanização da finança. Nessa medida, é importante que a finança seja humana e incorpore um conhecimento cada vez mais sofisticado da mente humana nos seus sistemas, modelos e

---

[653] Arnould Boot, Peter Hoffmann, Luc Laeven e Lev Ratnovski, *Financial intermediation and technology: What's old, what's new?*, ECB Working Paper Series, 2020, pp. 23 e 24, disponível em: https://www.ecb.europa.eu/pub/pdf/scpwps/ecb.wp2438~d0d447b9b6.en.pdf.

previsões (...). A chave para alcançarmos os nossos objetivos e realçarmos os valores humanos é manter, e melhorar continuamente, um sistema financeiro democrático que tenha em conta a diversidade de motivos e impulsos humanos. Precisamos de um sistema que permita que as pessoas realizem negócios complexos e estimulantes em prol dos seus objetivos e que permita um escape para o nosso instinto de agressão e sede de poder. Tem de ser um sistema que redirecione os inevitáveis conflitos humanos para uma arena onde se tornem fáceis de lidar, uma arena que seja, simultaneamente, pacífica e construtiva"[654].

2. A promoção da inovação enquanto factor de crescimento económico e exigência de interesse público

Verificámos *supra* a incumbência do Estado em promover o desenvolvimento sustentável, incluindo assegurar uma política científica e tecnológica favorável ao desenvolvimento do País, de acordo com a alínea l) do artigo 81.º da CRP, bem como em incentivar a criação científica, a investigação científica e a inovação tecnológica, nos termos do n.º 4 do artigo 73.º da CRP. Neste enquadramento, perguntamos se estas incumbências do Estado podem fundamentar uma abordagem regulatória específica para as formas de financiamento *FinTech*, tendo em conta que estas proporcionam o surgimento de processos inovadores, dos quais podem decorrer «espaços vazios de Direito», obrigando o legislador a intervir. Aqui referimo-nos a todas as vertentes da *FinTech*, mas especialmente à segunda e à terceira, uma vez que a utilização de novas tecnologias é mais propícia à existência de lacunas.

Com o objetivo de dar resposta à referida pergunta, entendemos que devemos analisar mais aprofundadamente o papel do Estado na promoção da inovação. Primeiro, há que referir que a base para o Estado adotar políticas de inovação tem sido, segundo as teorias económicas, são as

---

[654] ROBERT SHILLER, *A Ética das* Finanças, tradução de PEDRO CARVALHO E GUERRA E RITA CARVALHO E GUERRA, Lisboa, Bertrand Editora, 2015, pp. 395 e 402.

"falhas de mercado"[655], tendo estas origem na informação imperfeita, na estrutura do mercado e nas suas externalidades.

Começando pela informação imperfeita, esta é intrínseca ao processo de mudança tecnológica, uma vez que a tecnologia é informação e os mercados de informação são imperfeitos, não se percecionado facilmente os resultados e os custos associados à inovação. A informação disponível acerca de dada inovação cresce ao longo do processo de difusão, pois os que potencialmente virão a adotá-la adquirem conhecimentos pela experiência dos que já a adotaram[656].

Quanto à estrutura de mercado, esta é determinada pela natureza das oportunidades de inovação e pela natureza da procura de mercado, as diferentes combinações de expectativas dos utilizadores com os diferentes graus de poder de mercado do lado de oferta podem gerar ou não o caminho ótimo de difusão tecnológica, sendo incerto, igualmente, uma estrutura de mercado mais ou menos concentrada possa promover a inovação – apesar de haver dados que permitem constatar que existe uma melhor performance das economias mais concorrenciais –, no entanto, a sua influência é determinante em combinação com os restantes factores como a informação imperfeita[657].

Relativamente às externalidades, estas podem ser positivas caso a adoção pioneira de dada tecnologia apresente uma vantagem competitiva e fluxos de informação importantes para todo o mercado, ou negativas quando os seus efeitos afetam a racionalidade das decisões, levando a

---

[655] Cfr. Francis Bator, "The Anatomy of Market Failure", in *The Quaterly Journal of Economics*, Vol. 72, Issue 3, 1958, pp. 351 e ss., disponível em: https://courses.cit.cornell.edu/; Joseph Stiglitz, "Markets, Market Failures, and Development", in *The American Economic Review*, Vol. 79, n.º 2, 1989, pp. 197 e ss., disponível em: https://www.jstor.org/stable/1827756?seq=1; Alan Randall, "The Problem of Market Failure", in *Natural Resources Journal*, Vol. 23, n.º 1, pp. 131 e ss., disponível em: https://www.jstor.org/stable/24882453?seq=1.

[656] José Neves Cruz, *Reequacionando a Acção do Estado na Formulação de Políticas de Inovação*, 2005, p. 5, disponível em: https://repositorio-aberto.up.pt/handle/10216/23761.

[657] José Neves Cruz, *Reequacionando a Acção do Estado na Formulação de Políticas de Inovação*, 2005, p. 5, disponível em: https://repositorio-aberto.up.pt/handle/10216/23761.

uma concorrência indesejada por não estarem a ser adotadas as soluções mais eficientes[658].

Sobre os processos de inovação, também convém recorrer aos estudos de Schumpeter, que explicam que o processo evolutivo do sistema capitalista é a inovação, compreendendo esta última, a introdução de novos produtos, novos processos produtivos, novos mercados e novas estruturas de organização empresarial, resumida na expressão "destruição criativa". O impulso fundamental que estabelece e mantém o motor capitalista em movimento advém dos novos bens de consumo, dos novos métodos de produção ou transporte, dos novos mercados, das novas formas de organização industrial que a empresa capitalista cria[659].

Neste enquadramento, um dos grandes óbices da intervenção do Estado na promoção da inovação é a incerteza dos seus efeitos. Uma vez feita a aposta em determinada inovação, esta pode revelar-se obsoleta com os custos políticos daí advenientes. Deve-se procurar evitar escolhas relativas a uma tecnologia em particular, a não ser que haja uma estrutura que a permite autonomizar[660]. Também é preciso considerar o alto nível de imprevisibilidade contido na inovação tecnológica, especialmente nos mercados em que esta evolução se dá de forma mais célere e o facto de certa tecnologia ser determinante para o exercício da atividade em questão[661].

Acrescentamos que, enquanto anteriormente os estudos sobre os investidores se direcionavam para a racionalidade, irracionalidade, razoabilidade ou irrazoabilidade das suas decisões sobre investimento, atualmente a análise das formas de investimento tem que ter em conta este novo paradigma, em que o acesso à informação se encontra facilitado,

---

[658] José Neves Cruz, *Reequacionando a Acção do Estado na Formulação de Políticas de Inovação*, 2005, p. 6, disponível em: https://repositorio-aberto.up.pt/handle/10216/23761.

[659] Joseph Schumpeter, *Capitalism, Socialism and Democracy*, Harper, New York, 1942, pp. 82 e ss..

[660] Miguel Moura e Silva, *Inovação, Transferência de Tecnologia e Concorrência – Estudo Comparado do Direito da Concorrência dos Estados Unidos e da União Europeia*, Almedina, Coimbra, 2003, pp. 50 e ss..

[661] Patrícia Baptista e Clara Iglesias Keller, *Por que, quando e como regular as novas tecnologias? Os desafios trazidos pelas inovações disruptivas*, 2016, p. 23, disponível em: http://bibliotecadigital.fgv.br/ojs/index.php/rda/article/view/66659.

permitindo aos investidores de retalho estar mais habilitados a diversificar o risco e a obter uma maior variedade de produtos financeiros. Potenciam-se, desta forma, novos riscos derivados da crescente velocidade, complexidade e interconectividade dos investimentos[662], mas também o surgimento de serviços que fornecem maior comodidade, menos assimetria informativa e mais qualidade[663].

Deste modo, o Estado apenas intervém para colmatar as "falhas de mercado", podendo incentivar os agentes económicos a adotar uma nova tecnologia de forma responsável e serem capazes de resolver problemas. Para tanto, o Estado pode corrigir as assimetrias de informação existentes e criar regras que permitam o mercado organizar-se, tendo em consideração que as economias baseadas no conhecimento, atualmente, dependem de um dinâmico progresso tecnológico. A promoção de inovação não depende, assim, de dotes individuais, mas envolve a cooperação de muitos atores diferentes. Isso requer capacidades cognitivas que aumentam a difusão e, portanto, a compreensão da inovação leva ao empreendedorismo[664].

A complexidade do processo de inovação, os múltiplos agentes envolvidos no processo de inovação e a necessidade de existir um contexto institucional-organizacional favorável ao conhecimento e à inovação, sublinham a importância das características dos territórios e a natureza localizada da inovação. Comprova-se, deste modo, a importância do meio envolvente como preditor do desempenho das PME e *startups*, alertando-se para a necessidade de criar um meio ambiente mais propício à maior celeridade de processos e melhor informação, porventura, através da sim-

---

[662] Cfr. Tom Lin, The New Investor, in *UCLA Law Review* 678, 2013, pp. 699 e ss., disponível em: papers.ssrn.com.

[663] Christopher Koopman, Matthew Mitchell e Adam Thierer, "The Sharing Economy and Consumer Protection Regulation: The Case for Policy Change", in *The Journal of Business, Entrepreneurship & the Law*, Vol. 8, Issue 2, Article 4, pp. 540 a 542, disponível em: https://digitalcommons.pepperdine.edu/cgi/viewcontent.cgi?article=1130&context=jbel.

[664] Karol Sledzik, *Schumpeter's view on innovation and entrepreneurship*, 2013, p. 6, disponível em: https://www.researchgate.net/publication/256060978_Schumpeter's_View_on_Innovation_and_Entrepreneurship.

plificação administrativa para a criação de novas empresas[665], sendo que o crescimento de *startups* está, naturalmente, relacionado com a diminuição de custos para começar um empreendimento[666]

As *startups* e PME inovadoras são uma fonte importante de valor económico agregado e de crescimento. No entanto, o financiamento de seus projetos de investimento é particularmente difícil, devido a informações assimétricas, relacionadas à ausência de histórico[667]. Adicionalmente, a inovação tecnológica não pode ser vista como um artefacto que se pode comprar, mas como uma combinação de competências, que tanto envolve as pessoas, as instituições como os recursos disponíveis[668].

Outrossim, a desagregação das barreiras tecnológicas, geográficas e políticas tornaram a concorrência a nível local num mercado global. Esta nova realidade questiona permanentemente a sobrevivência das empresas induzindo a aquisição e a criação de novas competências organizacionais. Neste contexto, é importante que o Estado desenvolva uma cultura de inovação, isto é, que seja favorável à circulação livre de informação e que estimule os indivíduos a participar em parcerias no interior e no exterior, visando a multiplicação de ideias inovadoras[669].

No âmbito do setor financeiro, podemos referir, por um lado, que a inovação pode melhorar a eficiência do mercado, reduzindo os custos de transação e intermediação financeira, e, em particular, fornecer novas soluções para problemas antigos, incluindo exclusão financeira,

---

[665] Sobre a evolução histórica da simplificação histórica para a constituição de sociedades *vd.* MARIA ELISABETE RAMOS, "A simplificação dos processos de constituição de sociedades: o que mudou nos últimos 30 anos?" in *Direito das Sociedades em Revista*, outubro 2016, ano 8, Vol. 16, Almedina, Coimbra, 2016.

[666] Cfr. DUARTE GARCIA, *Do cohorts accelerate? Startups accelerators and entrepeneurial learning*, 2017, p.7, disponível em: https://repositorio.ucp.pt/.

[667] PHILLIP HARTMAN, FLORIAN HEIDER, ELIAS PAPAIOANNOU E MARCO LO DUCA, *The Role of Financial Markets and Innovation in Productivity and Growth in Europe*, 2007, p. 8, disponível em: https://www.ecb.europa.eu/pub/pdf/scpops/ecbocp72.pdf.

[668] JOSÉ NEVES CRUZ, *Reequacionando a Acção do Estado na Formulação de Políticas de Inovação*, 2005, p. 9, disponível em: https://repositorio-aberto.up.pt/handle/10216/23761.

[669] Cfr. JOSÉ MOLEIRO MARTINS, "A cultura de inovação como fonte dinâmica do empreendedorismo", in *Estudos de Homenagem ao Professor Doutor Alberto Xavier*, Vol. I, coord. EDUARDO PAZ FERREIRA, HELENO TAVEIRA TORRES E CLOTILDE CELORICO PALMA, Almedina, Coimbra, 2013, pp. 843 e ss..

qualidade da tomada de decisão do consumidor, custos de agência, custos de cumprimento regulatório[670], abrangência dos mercados e o reduzido envolvimento dos agentes nas transações[671]. Com efeito, a inovação pode ser um importante esteio para o sistema financeiro na sua função de canalização de recursos (principalmente capital) do setor em declínio para empresas, empreendedores e setores com boas perspetivas de crescimento. Portanto, economias financeiramente bem desenvolvidas convergem mais rapidamente para a fronteira de produção eficiente e experimentam maior crescimento geral da produtividade, uma vez que o capital é alocado para os setores que obtêm retornos mais altos[672].

Por outro lado, podemos também referir que a inovação no sector financeiro nem sempre traz resultados positivos para os investidores e consumidores e é muitas vezes vista como fonte de perigo para estes. Como foi notório na crise financeira de 2007/2008, os anos recentes ilustraram bem as principais questões criadas pelo excesso de entusiasmo inovador do setor financeiro, nomeadamente a criação de produtos complexos, desde obrigações e depósitos estruturados até aos créditos estruturados, que criaram muitos problemas a investidores e devedores, especialmente aos menos preparados para lidar com tal complexidade e a opacidade, assumindo, assim, mais riscos face à incerteza associada à inovação, nomeadamente, a relativa aos processos de desintermediação associados à *FinTech*[673]. Ademais, o ritmo da inovação também torna mais difícil para as entidades reguladoras monitorizarem efetivamente o

---

[670] Dirk Zetzsche, Ross P. Buckley, Douglas, W. Arner e Janos Nathan Barberis, "Regulating a Revolution from Regulatory Sandboxes to Smart Regulation", in *EBI Working Paper Series*, n.º. 11, 2017, p. 6, disponível em https://papers.ssrn.com.

[671] Phillip Hartman, Florian Heider, Elias Papaioannou e Marco Lo Duca, *The Role of Financial Markets and Innovation in Productivity and Growth in Europe*, 2007, p. 5, disponível em: https://www.ecb.europa.eu/pub/pdf/scpops/ecbocp72.pdf.

[672] Phillip Hartman, Florian Heider, Elias Papaioannou e Marco Lo Duca, *The Role of Financial Markets and Innovation in Productivity and Growth in Europe*, 2007, p. 29, disponível em: https://www.ecb.europa.eu/pub/pdf/scpops/ecbocp72.pdf.

[673] Cfr. William Magnusson, "Regulating FinTech", in *Vanderbilt Law Review*, Forthcoming Texas A&M University School of Law Legal Studies Research Paper n.º. 17-55, 2017, p. 35, disponível em: papers.ssrn.com.

sistema financeiro e, em conjunto com a interconectividade e a fragmentação, localizar e monitorizar os riscos potenciais[674].

Quanto aos seus efeitos, a adoção da *FinTech* provocou grandes impactos no setor financeiro: redução de barreiras à entrada pela eliminação de agências físicas e grandes estruturas organizacionais; desintermediação das cadeias de valor atuais; introdução de novos modelos de negócios baseados em plataformas e economias compartilhadas; e uma prestação de serviços mais eficiente. Os avanços na área da tecnologia computacional têm remodelado os serviços financeiros através da grande capacidade de acesso à informação através de meios com alta qualidade tecnológica, da fácil utilização e do investimento mais rápido e diverso, uma vez que qualquer produto ou serviço do mundo está ao alcance dos investidores em poucos segundos[675].

Há novos modelos e novas tecnologias que podem reduzir as imperfeições dos mercados financeiros, através da introdução de novos instrumentos e práticas que, por exemplo, permitem que as empresas giram de forma mais eficiente certos riscos, transferindo-os para investidores com maior capacidade para suportá-los[676].

Igualmente, a inovação provocada pela *FinTech* pode aumentar a concorrência internacional em serviços financeiros ao longo do tempo. Embora muitas empresas de *FinTech* comecem a se concentrar em uma economia, houve vários exemplos de expansão internacional e da imitação de modelos de negócios bem-sucedidos em diferentes mercados. Essa integração financeira pode apoiar uma maior diversificação e compartilhamento de riscos entre as economias, bem como ajudar a reverter parte do declínio da atividade financeira internacional observado desde a crise financeira global. Dadas as diferenças na regulamentação em vários mercados e o potencial de arbitragem regulatória, é crucial que

---

674 Dan Awrey, "Complexity, Innovation, and the Regulation of Modern Financial Markets", in *Harvard Law Review*, 2011, p. 275, disponível em: https://corpgov.law.harvard.edu/2011/10/07/complexity-innovation-and-the-regulation-of-modern-financial-markets/.

675 Cfr. Tom Lin, "The New Investor", in *UCLA Law Review* 678, 2013, p. 699, disponível em: papers.ssrn.com.

676 Phillip Hartman, Florian Heider, Elias Papaioannou e Marco Lo Duca, *The Role of Financial Markets and Innovation in Productivity and Growth in Europe*, 2007, p. 16, disponível em: https://www.ecb.europa.eu/pub/pdf/scpops/ecbocp72.pdf.

essa expansão global seja acompanhada por uma cooperação adequada entre as entidades reguladoras globais[677]. Com efeito, vários estudos têm evidenciado que a adoção de *FinTech* não é impulsionada pela arbitragem regulatória, pelo menos a um nível agregado[678], talvez explicável, pela dificuldade de extrair benefícios dos serviços e produtos inovadores com meras intenções de procurar espaços de não regulação (ou regulação "leve")[679].

Face ao exposto, para colher os benefícios e mitigar possíveis riscos da inovação financeira, é importante que os sistemas financeiros sejam resilientes a mudanças tecnológicas sem impedir o processo de transformação, inovação e concorrência[680]. As entidades reguladoras devem poder intervir para combater os excessos e os riscos criados pela inovação financeira, não só em termos de estabilidade dos mercados, mas também no âmbito da proteção do investidor, devendo, em contrapartida, a intervenção regulatória ser pertinente e eficiente e procurar que a inovação financeira se desloque do simples benefício dos fornecedores de produtos financeiros para servir também o interesse dos investidores, dos consumidores e da economia.

---

[677] Jon Frost, *The economic forces driving fintech adoption across countries*, BIS Working Papers n.º 838, 2020, pág. 10, disponível em: https://www.bis.org/publ/work838.htm.

[678] Raghavendra Rau, *Law, trust, and the development of crowdfunding*, 2018, disponível em: http://fmaconferences.org/SanDiego/Papers/Rau_Law_Crowdfunding.pdf; Giorgio Barba Navaretti, Giacomo Calzolari e Alberto Franco Pozzolo, *FinTech and Banks: Friends or Foes?*, 2017, disponível em: http://european-economy.eu/wp-content/uploads/2018/01/EE_2.2017-2.pdf; Stijn Claessens, Jon Frost, Grant Turner e Feng Zhu, *Fintech Credit Markets Around the World: Size, Drivers and Policy Issues*, 2018, disponível em: https://papers.ssrn.com/; Jon Frost, *The economic forces driving fintech adoption across countries*, BIS Working Papers n.º 838, 2020, pag. 8, disponível em: https://www.bis.org/publ/work838.htm.

[679] Dan Awrey, "Complexity, Innovation, and the Regulation of Modern Financial Markets", in *Harvard Law Review*, 2011, p. 276, disponível em: https://corpgov.law.harvard.edu/2011/10/07/complexity-innovation-and-the-regulation-of-modern-financial-markets/.

[680] Charles Taylor, Christopher Wilson, Eija Holttinen e Anastasiia Morozova, *Institutional Arrangements for Fintech Regulation and Supervision*, 2020, p. 1, disponível em: https://www.imf.org/en/Publications/fintech-notes/Issues/2020/01/09/Institutional-Arrangements-for-Fintech-Regulation-and-Supervision-48809.

Este equilíbrio – "um equilíbrio adequado entre o grau de protecção necessário para incentivar inovações socialmente úteis, por um lado, e a garantia de disseminação e utilização óptima dessas inovações, por outro"[681] – é um desafio enorme das entidades reguladoras, como já exploramos *supra*. Em muitos casos, uma política regulatória excessiva com a promoção de vários objetivos simultaneamente pode ter um efeito pernicioso relativamente a inovação, sendo que promover a inovação deve ser visto como um foco relevante das entidades reguladoras, face ao que expusemos, ou seja, pela sua aptidão para aumentar a eficiência das instituições financeiras para promover a inclusão financeira e para promover o progresso e a melhoria das condições de vida da sociedade[682]. A regulação do setor financeiro, nessa ótica, deve atuar como catalisadora da inovação e não o contrário[683].

É que, apesar dos riscos inerentes à inovação que devem ser devidamente endereçados, a inovação financeira também fomenta, pelo que expusemos, o espírito empresarial, a criação de postos de trabalho, o empreendedorismo, a inovação e a investigação, indispensáveis para o crescimento económico, podendo ser o veículo ideal para se promover uma democratização do sistema financeiro, porque têm a capacidade de, através da *web*, auxiliar um maior número de pessoas a realizar os investimentos que sempre pretenderam, e apoiar, de modo mais eficiente, as pequenas e médias empresas a conseguirem obter financiamento. Outrossim, a dispersão da informação por milhões de pessoas abre uma enorme oportunidade para alargar a participação da população no sistema financeiro, particularmente, no financiamento de projetos que podem proporcionar mais bem-estar e qualidade de vida a todos.

---

[681] Miguel Moura e Silva, *O abuso de posição dominante na nova economia*, Almedina, Coimbra, 2010, p. 455.

[682] Charles Taylor, Christopher Wilson, Eija Holttinen e Anastasiia Morozova, *Institutional Arrangements for Fintech Regulation and Supervision*, 2020, p. 3, disponível em: https://www.imf.org/en/Publications/fintech-notes/Issues/2020/01/09/Institutional-Arrangements-for-Fintech-Regulation-and-Supervision-48809.

[683] Patrícia Baptista e Clara Iglesias Keller, *Por que, quando e como regular as novas tecnologias? Os desafios trazidos pelas inovações disruptivas*, 2016, p. 29, disponível em: http://bibliotecadigital.fgv.br/ojs/index.php/rda/article/view/66659.

Neste contexto, cabe realçar a inovação como área fundamental, devido, sobretudo, ao facto desta área estar relacionada com o domínio da democracia, da participação, das garantias e da afirmação da cidadania, quer no desafio ao uso das novas tecnologias de informação e comunicação, quer em novas formas de envolvimento e de colaboração[684]. Verifica-se, também, que as sociedades mais competitivas e inovadoras e que promovem mais a livre concorrência são frequentemente sociedades com maior coesão e justiça social[685].

Após esta nossa análise, a promoção da inovação no setor financeiro parece ser consentânea com as incumbências do Estado em promover o desenvolvimento sustentável, incluindo assegurar uma política científica e tecnológica favorável ao desenvolvimento do País, de acordo com a alínea l) do artigo 81.º da CRP, bem como em incentivar a criação científica, a investigação científica e a inovação tecnológica, nos termos do n.º 4 do artigo 73.º da CRP. Deve o legislador, assim, ter em conta este objetivo no enquadramento das suas políticas económicas, procurando esse equilíbrio de interesses no enquadramento jurídico de novos modelos de negócio e novas tecnologias. Ademais, a promoção da inovação financeira deve, também, ser tratada como a prossecução de um interesse público[686], face à sua inserção no âmbito de consagrações constitucionais.

Funcionando o interesse público como um padrão e parâmetro de toda a atividade da administração pública mesmo quando esta se manifesta com recurso a instrumentos de direito privado[687], deverão as entidades reguladoras, deste modo, orientar-se de acordo com esse interesse público, conjuntamente com os seus importantes objetivos de assegurar

---

[684] Cfr. Arminda Neves, *A Inovação Social nas Políticas Públicas,* 2009, p. 4, disponível em: https://dspace.uevora.pt/rdpc/handle/10174/2205

[685] Cfr. Arminda Neves, *A Inovação Social nas Políticas Públicas,* 2009, p. 6, disponível em: https://dspace.uevora.pt/rdpc/handle/10174/2205.

[686] Aqui referimo-nos a interesse público enquanto interesse público individual e não interesse público como amiúde é utilizado enquanto *locutio brevis* do conjunto de interesses públicos. Sobre esta distinção e a noção de interesse público, *vd.* Luís Filipe Colaço Antunes, *A Tutela dos Interesses Difusos em Direito Administrativo: Para uma legitimação procedimental,* Almedina, Coimbra, 1989, pp. 35 e ss..

[687] Cfr. Pedro Vaz Mendes, *Pacta Sunt Servanda e Interesse Público nos Contratos Administrativos,* Universidade Católica Editora, Lisboa, 2016, p. 24.

a estabilidade financeira. Também está subjacente a este novo paradigma de intervenção pública na economia os pressupostos liberais de crença no funcionamento do mercado enquanto gerador de riqueza, e, consequentemente na capacidade dos privados de servir finalidades públicas, com vista à correcção das falhas ou incapacidades do mercado e, bem assim, para a obtenção de equilíbrios. "A regulação surge, neste contexto, como «*constitutiva e fomentadora do mercado*», assumindo como objectivo essencial a garantia da livre concorrência dos mercados. Não se visam já impor fins exteriores ou estranhos ao mercado, mas antes defender e fomentar esse mercado e o seu funcionamento transparente, eficaz e aberto"[688].

3. Quando e como deve o legislador intervir?

Após termos identificado a importância de o Estado ter uma abordagem regulatória específica em relação às formas de financiamento *FinTech*, devido à função social e económica de democratização do investimento e financiamento e à incumbência do Estado em promover a inovação, consideramos igualmente relevante o momento em que o legislador deve intervir, uma vez que se este intervir cedo demais ou tarde demais pode impedir ou prejudicar as potencialidades de certa inovação.

É difícil dar uma resposta exata a esta pergunta, face à celeridade e exponencialidade da transformação provocada pela *FinTech*, à morosidade dos processos legislativos e à dificuldade de encontrar o equilíbrio entre os vários interesses em causa[689].

Por um lado, há uma vocação para a plenitude do Direito, para além da importância de existir segurança jurídica para que exista confiança generalizada na utilização de um novo tipo contratual ou outro instrumento e haja um efetivo aproveitamento dos benefícios proporcionados pela ino-

[688] André Figueiredo, "A Informação Difundida no Mercado de Valores Mobiliários e os Poderes da CMVM", in *Cadernos do Mercado de Valores Mobiliários*, n.º 24, 2006, pp. 65 a 67, disponível em: https://www.cmvm.pt/pt/EstatisticasEstudosEPublicacoes/CadernosDoMercadoDeValoresMobiliarios/Pages/Cadernos-do-mercado-de-valores-mobiliarios.aspx?pg.

[689] Cfr. Marlene Amstad, *Regulating Fintech: Objectives, Principles, and Practices*, 2019, p. 9, disponível em: https://papers.ssrn.com/.

vação, justificando-se que o legislador atue assim que se figure razoável a sua intervenção. A falta de interesse em regular uma certa atividade pode dissuadir a inovação devido à falta de clareza regulatória, ou, no pior dos casos, comprometer a protecção dos consumidores e investidores ou mesmo fomentar a fraude[690].

Por outro lado, o legislador tem de ter em consideração, de igual forma, que uma regulação precoce pode inibir a inovação, ou seja, que um enquadramento institucional feito de uma forma muito célere pode restringir eventuais funcionalidades pensadas para uma nova criação, ou inibir os seus criadores face a possíveis custos regulatórios que decorram dessa opção, sendo de considerar, ainda, que um processo regulatório adequado não é propício a respostas imediatas[691].

Acresce que, o legislador deve ter em conta se as entidades reguladoras têm conhecimento suficiente sobre as oportunidades e riscos de certa inovação, mas também é muito difícil dizer ao certo quando é que o conhecimento é suficiente, podendo-se apenas estabelecer critérios para uma aproximação a esse ótimo.

O primeiro critério relaciona-se com a graduação dos impactos que os riscos de um novo modelo de negócio ou de uma nova tecnologia podem originar. Aqui destacam-se os riscos para a estabilidade financeira, para a integridade do mercado e para a proteção das partes mais débeis – no setor financeiro, os investidores e os consumidores. Poderão existir incertezas sobre quais riscos poderão estar em causa, sendo recomendável aguardar para que as entidades reguladoras obtenham mais conhecimento. Quando obtido esse conhecimento, deverá o legislador intervir, devendo o conhecimento ser considerado suficiente consoante a urgência de endereçar esses riscos[692]. Principalmente nos setores carac-

---

[690] Cfr. Agata Ferreira, Philipp Sandner e Thomas Dünser, *Cryptocurrencies, DLT and crypto assets – the road to regulatory recognition in Europe*, 2021, p. 26, disponível em: papers.ssrn.com.

[691] Cfr. Patrícia Baptista e Clara Iglesias Keller, *Por que, quando e como regular as novas tecnologias? Os desafios trazidos pelas inovações disruptivas*, 2016, p. 23, disponível em: http://bibliotecadigital.fgv.br/ojs/index.php/rda/article/view/66659.

[692] É preciso ter em conta que quanto maior o risco, menor a probabilidade de ele ser segurado, Cfr. José Manuel Mendes, *Sociologia do Risco: Introdução e Algumas Lições*, 2015, p. 25, disponível em: https://www.uc.pt/fluc/nicif/riscos/pub/src/SRCII/Sociologia_do_risco.pdf.

terizados por alta especificidade técnica como é da inovação financeira, o processo de exercício do poder normativo deve ser precedido de relatórios, análises de impacto regulatório e toda uma cadeia de possíveis atos que visam a informação do processo decisório[693].

Se esses riscos tiverem um impacto potencial elevado, podendo afetar gravemente a estabilidade financeira, a integridade do mercado ou a proteção dos investidores e consumidores, a exigência de conhecimento das entidades reguladoras deverá ser menor, face à urgência de intervenção da ordem jurídica para mitigar esses riscos. Numa sociedade democrática, a população deve estar informada sobre esses riscos, bem como o decisor político, advindo aí a obrigação a um reforço de transparência no sentido de proteção da população e credibilização das decisões administrativas[694].

O segundo critério consiste na dificuldade dos novos agentes inovadores interagirem ou de acederem ao mercado[695], ou seja, a dificuldade de um novo modelo de negócio ou nova tecnologia se enquadrar na ordem jurídica, por se suscitarem dúvidas quanto ao correto enquadramento ou por se encontrarem impedimentos difíceis de ultrapassar. A necessidade de segurança jurídica é essencial para promover a inovação financeira e para que esta se propague e expanda. Um enquadramento regulatório definido permite reduzir a complexidade e os custos associados a essa complexidade (custos jurídicos, administrativos e outros), sendo que a sua ausência pode prejudicar os desenvolvimentos legítimos de novos modelos de negócio e novas tecnologias. Deste modo, as entidades reguladoras devem, em estreita comunicação com as entidades governamentais, obter conhecimento sobre as dificuldades regulatórias

---

[693] Cfr. Patrícia Baptista e Clara Iglesias Keller, *Por que, quando e como regular as novas tecnologias? Os desafios trazidos pelas inovações disruptivas*, 2016, pp. 23 e 24, disponível em: http://bibliotecadigital.fgv.br/ojs/index.php/rda/article/view/66659.

[694] Carla Amado Gomes, *Risco e Modificação do Acto Autorizativo Concretizador de Deveres de Protecção do Ambiente*, Coimbra Editora, Coimbra, 2007, pp. 436 e ss..

[695] Cfr. Alain Strowel e Wouter Vergote, *Digital Platforms: To Regulate or Not to Regulate? Message to Regulators: Fix the Economics First, Then Focus on the Right Regulation*, 2016, pp. 11 e 12, disponível em: http://www.rosels.eu/2017/11/15/digital-platforms-to-regulate-or-not-to-regulate-message-to-regulators-fix-the-economics-first-then-focus-on-the-right-regulation/.

que impendam sobre novos modelos de negócio e novas tecnologias, devendo o legislador atuar quando essas dificuldades forem devidamente identificadas e encontrado o enquadramento mais apropriado para essas inovações.

Tal segue-nos para a segunda questão, que é como o legislador deve intervir. Para tanto, recorrermos novamente às nossas diferentes vertentes da *FinTech*, uma vez que poderá haver respostas diferentes. Começamos pela primeira e terceira vertentes por estas consubstanciarem um novo modelo negócio ou uma alteração substancial de um modelo negócio existente, justificando-se, neste caso, que o legislador crie regimes específicos para endereçar os problemas associados às inovações preconizadas por um modelo de negócio, sendo também relevante a promoção da função social económica de democratização do investimento e do financiamento preconizada por estas vertentes da *FinTech*, como explorámos anteriormente.

Assim, com vista a um enquadramento regulatório específico apropriado para estas inovações, deve-se ter em conta a que figuras jurídicas são aplicáveis ou aproximam-se aos elementos essenciais e distintivos dos novos modelos de negócio, recorrendo-se a "um lastro de prudência, bem característico do espírito humano: parte-se do conhecido para o desconhecido, pela dificuldade de abarcar o que não faz parte ainda da experiência"[696]. Essa análise também deve procurar acautelar que a unidade sistemática do nosso ordenamento jurídico não fique prejudicada por qualquer incoerência e também deve ter o objetivo de classificar corretamente esses novos modelos de negócio através de uma robusta definição dos perímetros de supervisão das entidades reguladoras, bem como da aplicação transparente da lei[697], em prol da segurança jurídica e da clareza necessária para a atração do investimento e para suscitar a confiança e credibilidade de toda a população no sistema financeiro, também

---

[696] José de Oliveira Ascensão, "Valor Mobiliário e Título de Crédito", *in Revista da Ordem dos Advogados*, ano 56, III, Ordem dos Advogados Portugueses, Lisboa, 1996, p. 841.

[697] Cfr. Marlene Amstad, *Regulating Fintech: Objectives, Principles, and Practices*, 2019, p. 9, disponível em: https://papers.ssrn.com/.

evitando que as atividades comerciais geradoras de risco se movimentem para jurisdições que não o mitiguem devidamente[698].

Nesse enquadramento regulatório específico que for criado, salientamos a necessidade de se recorrer à institucionalização da atividade em linha com as restantes construções legais do sistema financeiro, com vista a criar centros de imputação de responsabilidade, geralmente, em pessoas coletivas, em prol da segurança no comércio e na tutela de terceiros[699]. Contribui para este ponto o facto de no Direito das contraordenações, a responsabilidade das pessoas coletivas ser um princípio geral que decorre do artigo 7.º do Decreto-Lei n.º 433/82, de 27 de outubro (Regime Geral das Contraordenações), isto é, a responsabilidade das pessoas coletivas constitui uma regra geral de imputação, com inúmeras concretizações em regimes especiais.

Decorre, igualmente, essa norma que "as pessoas colectivas ou equiparadas serão responsáveis pelas contra-ordenações praticadas pelos seus órgãos no exercício das suas funções", impondo-se deveres acrescidos a estes órgãos sociais das pessoas coletivas. A crise financeira deixou claro que o comportamento humano tem um papel relevante no funcionamento das instituições financeiras e afeta o seu desempenho, tendo a cultura das instituições financeiras passado a estar sob grande escrutínio no pós-crise, nomeadamente, através de testes *fit and proper* para os membros do órgão de gestão, quer a nível de grupo, controlando comportamentos de risco nos processos de decisão, comunicação e liderança[700]. Deve, assim, existir um controlo prévio de acesso ao mercado das pessoas que pretendem exercer certa atividade relativa ao novo modelo de negócio, por parte das entidades reguladoras, incluindo um controlo de meios e de idoneidade dos órgãos de gestão.

---

[698] Fernando Restoy, *Regulating fintech: what is going on, and where are the challenges?*, 2019, p. 6, disponível em: https://www.bis.org/speeches/sp191017a.htm.

[699] Cfr. Diogo Costa Gonçalves, *Pessoa Coletiva e Sociedades Comerciais – Dimensão Problemática e Coordenadas Sistemáticas da Personificação Jurídico-Privada*, Almedina, Coimbra, 2016, p. 562.

[700] Olha O Cherednychenko, "EU Financial Regulation, Contract Law and Sustainable Consumer Finance, in Better Regulation", in *EU Contract Law – The Fitness Check and the New Deal for Consumers*, Hart Publishing, Chicago, 2019, p. 87.

Outro foco a que o enquadramento regulatório não pode desatender é a imposição de deveres de informação. A produção e disseminação de informação é uma parte crucial do funcionamento do sistema financeiro, sendo metaforicamente considerada o *oxigénio* dos mercados financeiros, pela dinâmica própria que se desenvolve a partir da informação sobre os agentes, as atividades e os projetos[701]. Por exemplo, a informação disponibilizada por empresas, processada eficientemente por intermediários reduz os custos de transação, tornando o sistema financeiro mais resiliente[702]. Adicionalmente, a maior parte da regulação relativa aos produtos financeiros comercializados no retalho está assente no reforço das exigências em termos de informação e nos alertas que têm que ser dados aos investidores. A verdade é que os investidores em serviços e produtos comercializados junto do público em geral, especialmente os não sofisticados, têm dificuldade em processar a informação financeira, daí a importância de reforço muito significativo da educação financeira dos investidores e da imposição de deveres de informação.

A promoção da inovação e da função social e económica de democratização do investimento e do financiamento poderão ser alcançados através do aligeiramento das exigências quanto a deveres de informação, mas sobretudo a outros deveres que não se revelem tão essenciais, enquanto as inovações proporcionadas pelo novo modelo de negócio se encontram em maturação. Outro meio para alcançar os referidos objetivos é o recurso mais frequente à figura comunicação prévia com prazo e com uma reserva de oposição pública, permitindo à entidade reguladora competente pronunciar-se num determinado prazo[703], devendo, portanto,

---

[701] Cfr. Teresa Pizarro Beleza e Frederico de Lacerda da Costa Pinto, "O papel das normas de conduta profissional a responsabilidade criminal dos auditores" in *Homenagem ao Professor Doutor Germano Marques da Silva*, Vol. IV, coord. José Lobo Moutinho, Henrique Salinas, Elsa Vaz de Sequeira e Pedro Garcia Marques, Universidade Católica Editora, Lisboa, 2020, p. 2777.

[702] Phillip Hartman, Florian Heider, Elias Papaioannou e Marco Lo Duca, *The Role of Financial Markets and Innovation in Productivity and Growth in Europe*, 2007, p. 20, disponível em: https://www.ecb.europa.eu/pub/pdf/scpops/ecbocp72.pdf.

[703] O prazo legal da comunicação prévia não é um prazo de não-oposição que possa ser suspenso pela entidade reguladora para por exemplo solicitar mais documentação, não estando, porém, reféns de poder comprovar o procedimento, mantendo a sua capacidade de interven-

esta proceder a uma operação de verificação dos requisitos, condições e pressupostos legais[704].

No entanto, não entendemos que esta figura da comunicação prévia seja adequada para o controlo do acesso de novos agentes ao mercado, sendo preferível o recurso a processos de autorização prévia. No entanto, na publicação de pedidos de financiamento de projetos e da emissão de instrumentos, por exemplo, não se apresenta como inadequado em certos casos recorrer a uma figura mais flexível que impõe um regime menos restritivo à atividade privada, face à celeridade da transformação da *FinTech*.

Essa comunicação prévia com prazo teria, assim, o objetivo de informar a entidade reguladora competente de que um pedido de financiamento ou a emissão de um certo instrumento será publicado, trespassando várias ideias de maior redistribuição das responsabilidades entre as entidades reguladoras e o mercado. Cabe, por outro lado, também ao interessado a garantia do cumprimento dos requisitos legais[705], mas exige-se à entidade reguladora uma abordagem mais operacional e mais interventiva[706] na supervisão *ex post*, perante a incerteza inerente à inovação. Está, igualmente, associada a esta opção pela comunicação prévia a simplificação procedimental e a redução da discricionariedade da entidade reguladora[707], por motivos de celeridade da inovação e pela falta de competências tecnológicas das entidades reguladoras financeiras.

Na segunda vertente da *FinTech*, juntamente com a terceira vertente por terem em comum a adoção de tecnologias emergentes, a adoção de

---

ção, cfr. Luís Guilherme Catarino, *Regulação e Supervisão dos Mercados de Instrumentos Financeiros – Fundamentos e Limites do Governo e Jurisdição das Autoridades Independentes*, Almedina, Coimbra, 2010, pp. 397 e ss..

[704] João Pacheco de Amorim, *Direito Administrativo da Economia, Vol. I (Introdução e Constituição Económica)*, Almedina, Coimbra, 2014, pp. 485 e ss..

[705] Cfr. Pedro Costa Gonçalves, *Reflexões sobre o Estado Regulador e o Estado Contratante*, Coimbra Editora, Coimbra, 2013, pp. 163 e 164.

[706] Cfr. Pedro Costa Gonçalves, *Reflexões sobre o Estado Regulador e o Estado Contratante*, Coimbra Editora, Coimbra, 2013, p. 18.

[707] Cfr. Dulce Lopes, "A comunicação prévia e os novos paradigmas de controlo administrativo da actividade privada", in *Revista Direito Regional e Local*, n.º 14, Universidade do Minho, Braga, 2011, pp. 7 e ss..

regimes específicos não se afigura adequada por respeito ao princípio da neutralidade tecnológica. Não existindo um novo modelo de negócio ou uma alteração substancial de um modelo de negócio existente em causa, deparamo-nos apenas perante uma necessidade de adaptação de um serviço ou produto financeiro às potencialidades de uma tecnologia emergente, devendo aqui a intervenção do legislador ser *cirúrgica* na procura dos elementos que requerem alteração para melhor conformar uma plena aplicação dessa nova tecnologia. No entanto, essa tarefa pode ser extremamente árdua, ou mesmo impossível, sem uma compreensão extensa da nova tecnologia, que muitas vezes não existe nem na própria sociedade, quanto mais na entidade reguladora, que não é uma especialista tecnológica.

Para além dessa complexidade inerente a novas tecnologias, existe a complexidade do setor financeiro e a complexidade do seu enquadramento regulatório (dada a tecnicidade e relevância dos bens públicos protegidos em causa). Acresce, ainda, a complexidade associada a uma antecipação com exatidão das consequências ou efeitos que a aplicação de uma determinada tecnologia espoletará no circuito operativo do sistema financeiro como um todo[708].

Deste cruzamento de complexidades resultam problemas específicos que, em certos casos, nos parece que apenas poderão ser solucionados por recurso a uma *regulatory sandbox*, uma vez que esta é passível de constituir, tal como referido no Relatório das Autoridades Europeias de Supervisão sobre facilitadores de inovação, "uma forma adequada de mapeamento e compreensão dos riscos e oportunidades oferecidos pela inovação com vista à implementação de respostas adequadas do ponto de vista regulatório e do exercício da supervisão"[709]. Não revestirá qualquer utilidade submeter uma plataforma de *Crowdfunding* a uma *regulatory*

---

[708] Cfr. Luís Heleno Terrinha, "Direito e Contingência: com e para além de Ulrich Beck", in *In Memorium Ulrich Beck*, coord. Carla Amado Gomes e Luís Heleno Terrinha, 2015, p. 23, disponível em: https://www.icjp.pt/sites/default/files/publicacoes/files/ebook_ulrichbeck_icjp_fct.pdf.

[709] *ESAs Joint Report on regulatory sandboxes and innovation hubs*, 2018, p. 16, disponível em: https://www.esma.europa.eu/press-news/esma-news/esas-publish-joint-report-regulatory-sandboxes-and-innovation-hubs.

sandbox, a não ser que a plataforma recorra a alguma tecnologia emergente, como a inteligência artificial, caso em que já estaríamos perante a terceira vertente da *FinTech*.

4. O recurso às *regulatory sandboxes*

Aferimos, perante o exposto, que os instrumentos adequados para o experimentalismo necessário às tecnologias emergentes, que sejam implementadas no âmbito da segunda e terceira vertentes da *FinTech*, são as *regulatory sandboxes*, cuja admissibilidade no nosso ordenamento jurídico já explorámos, faltando-nos expor o modo como este instrumento pode ser implementado no enquadramento da abordagem regulatória que propomos.

Referimos, primeiramente, que também nas *regulatory sandboxes* nos parece benéfico o recurso à comunicação previa com prazo, no âmbito de riscos que se considerem aceitáveis. Um fundamento para esta opção é a impossibilidade de não se assegurar com segurança suficiente a validação dos projetos a que está associado um processo autorizativo, perante o desconhecimento de uma nova tecnologia por parte de uma entidade reguladora.

Adicionalmente, a entidade reguladora terá tendência para recusar o acesso a uma *regulatory sandbox* perante uma situação de incerteza, *maxime* questões de índole tecnológica, podendo a opção pela comunicação prévia impelir a entidade reguladora a não-agir nesses casos, impedindo que a inovação seja paralisada, salvo por razões imperiosas[710]. Deste modo, uma *regulatory sandbox* pode revelar-se um instrumento essencial para o desenvolvimento de certa tecnologia.

Tendo em consideração a complexidade da regulação do setor financeiro, a obtenção de autorização com vista a testar uma ideia ou produto inovador no mercado pode envolver um esforço desproporcional por

---

[710] LUÍS HELENO TERRINHA, *O Direito Administrativo na Sociedade – Função, prestação e reflexão do sistema jurídico-administrativo*, Universidade Católica Editora, Porto, 2017, pp. 602 e ss..

parte de agentes de elevada componente tecnológica (maioritariamente, *startups*)[711].

Contudo, existem razões imperiosas para existerem processos autorizativos, e essas relacionam-se com os riscos que não se consideram aceitáveis. Para aferir se os riscos são inaceitáveis no contexto de uma *regulatóry sandbox*, o legislador deve ter em conta as consagrações constitucionais relativas ao setor financeiro (artigo 101.º da CRP) e as atribuições das entidades reguladoras do setor financeiro, nomeadamente, preservar a estabilidade financeira, a integridade do mercado e proteger os investidores e consumidores. Podendo estar em causa esses riscos inaceitáveis, determinados pelo legislador, o recurso ao processo de autorização prévia seria mais adequado na *regulatory sandbox*.

Afigura-se, deste modo, mais apropriada uma opção por um modelo híbrido, de autorização e comunicação prévia com prazo, consoante o projeto em causa, com critérios estabelecidos com clareza. Por exemplo, se um projeto consubstanciar o exercício de uma atividade de concessão de crédito, os riscos que estarão associados a esse projeto serão invariavelmente acrescidos, pelo que, será uma atividade que na *regulatory sandbox* deverá sujeitar-se a um processo de autorização. Dando outro exemplo: caso o projeto se relacione apenas com o serviço da consultoria para investimentos não nos repugnaria a sujeição a uma mera comunicação prévia com prazo para entrada na *regulatory sandbox*.

Na fase posterior, de realização de testes, o controlo terá de ser acrescido, começando-se pela prestação de garantias apropriados às dimensões dos testes (montantes monetários, número de consumidores e investidores envolvidos, duração, entre outros critérios) pelos promotores. Devem os promotores ficar sujeitos a deveres de notificar as entidades reguladoras em diferentes momentos, recorrendo aqui a uma prática análoga e assente na Regulamento (UE) n.º 536/2014, relativo aos ensaios clínicos

---

[711] Autoridade da Concorrência, *Regimes Regulatórios Promotores de Inovação no Setor Financeiro – Levantamento de Experiências Internacionais*, 2018, p. 1, disponível em: http://www.concorrencia.pt/vPT/Estudos_e_Publicacoes/Estudos_Economicos/Banca_e_Seguros/Documents/Fintech_Sandbox%20regulatórias%20e%20benchmarking%20internacional.pdf.

de medicamentos para uso humano[712], requerendo-se, igualmente, uma monitorização muito próxima das entidades reguladoras, face aos riscos inerentes a um teste no sistema financeiro e à necessidade de aprendizagem (compreensão dos riscos e oportunidades da inovação) das entidades reguladoras. Pelo exposto, questionamo-nos se poderá surgir uma «relação especial de poder» decorrente destes poderes de intervenção acrescidos das entidades reguladoras numa *regulatory sandbox*.

A doutrina das «relações especiais de poder» é de origem alemã, sendo imputada a Otto Mayer[713]. Esta doutrina cria a distinção entre as «relações gerais de poder», em que se encontra qualquer cidadão perante o Estado (e a situação em que, por títulos diversos, se encontram certos administrados, fazendo-se, comummente, referência a militares, presos, alunos de estabelecimentos e funcionários públicos[714]. Estas relações, segundo esta doutrina, seriam vistas inicialmente exclusivamente como pertencendo ao foro interno da Administração, podendo conduzir à limitação e restrição de direitos, inclusive direitos fundamentais, por livre

---

[712] Nomeadamente, a notificação de suspeitas de reações adversas graves inesperadas e as alterações aos ensaios clínicos seja suscetível de ter um impacto substancial na segurança ou nos direitos dos sujeitos do ensaio ou na fiabilidade e robustez dos dados produzidos no ensaio clínico, cfr. artigos 19.º e 42.º do Regulamento (UE) n.º 536/2014. Sobre este regime, *vd.* ANDRÉ DIAS PEREIRA, Experimentação com Pessoas Humanas e Embriões Humanos: Desafios em Tempos de Terapia Génica, 2017, p. 5 e ss., disponível em: https://idibe.org/cuestiones-de-interes-juridico/experimentacao-com-pessoas-humanas-e-embrioes-humanos-desafios-em-tempos-terapia-genica/; FERNANDO CABANELAS, "Responsabilidade Civil nos Hospitais Privados" in *Lex Medicinae – Revista Portuguesa de Direito da Saúde*, Ano 15, n.º 29, 2018, pp. 107 e ss., disponível em: https://www.uc.pt/fduc/ij/publicacoes/pdfs/lexmedicinae/Livro_Lex_Medicinae_2018_.pdf.

[713] Cfr. OTTO MAYER, *Deutsches Verwaltungsrecht*, Vol. I, 6.ª. ed., Von Duncker & Humblot, Berlim, 1969, pp. 80 e ss..

[714] Cfr. MÁRIO ESTEVES DE OLIVEIRA, *Direito Administrativo*, Almedina, Coimbra, 1980, pp. 118 e ss.; ROGÉRIO SOARES, *Direito Administrativo*, Universidade de Coimbra, Coimbra, 1978, p. 94; FRANCISCO LIBERAL FERNANDES, *Autonomia Colectiva dos Trabalhadores da Administração - Crise do modelo clássico de emprego público*, Coimbra Editora, Coimbra, 1995, p. 146; ANA FERNANDA NEVES, *Relação Jurídica de Emprego Público*, Coimbra Editora, Coimbra, 1999, pp. 76 e ss.; JOSÉ CARLOS VIEIRA DE ANDRADE, *Os Direitos Fundamentais na Constituição Portuguesa de 1976*, 6.ª ed., Almedina, Coimbra, 2019, pp. 313 e ss..

decisão interna da Administração, transformando o particular num "bem da Administração"[715].

Atualmente, é pacífico na doutrina que as «relações especiais de poder» (ou «relações jurídicas especiais») são relações juridicamente reguladas[716], não podendo existir uma renúncia a direitos fundamentais, como dedução do princípio *volenti non fit injuria*[717]. Como acima referimos, as entidades reguladoras estão sujeitas ao princípio da legalidade e da reserva de lei e apenas podem admitir-se restrições de alguns dos direitos por via legislativa, "pressupõe a existência de um valor que justifique uma ordenação especial e apenas vale na medida do que seja necessário para assegurar a realização dos objectivos das instituições respectivas"[718].

Esta doutrina tem sido aproveitada para caraterizar a relação entre a Administração e o sistema financeiro, com base nos poderes paralegislativos das entidades reguladoras financeiros, dos seus poderes sancionatórios e do controlo prévio do acesso ao mercado, ou seja, mais intensa do que aquela que a generalidade dos particulares tem com a Administração[719]. Todavia, esse aproveitamento desta doutrina e equiparação entre

---

[715] Luís Guilherme Catarino, *Regulação e Supervisão dos Mercados de Instrumentos Financeiros*, Almedina, Coimbra, 2010, p. 405.

[716] Não seria admissível um espaço não regulado neste campo de relação com particulares ou funcionários (públicos). As duas velocidades (legal/ilegal) apresentam o mesmo conteúdo de juridicidade, Pedro Jacob Morais, *Em Torno do Direito Penal do Inimigo – Uma análise crítica a partir de Gunther Jakobs*, Dissertação de Doutoramento apresentada na Faculdade de Direito da Universidade do Porto, 2017, p. 323. Sobre a impossibilidade da restrição de direitos fundamentais baseada nas «relações jurídicas especiais», cfr. José Gomes Canotilho, *Direito Constitucional e Teoria da Constituição*, 7.ª ed., Almedina, Coimbra, 2011, p. 452; José Carlos Vieira de Andrade, *Os Direitos Fundamentais na Constituição Portuguesa de 1976*, 6.ª ed., Almedina, Coimbra, 2019, p. 243.

[717] Cfr. José Gomes Canotilho, *Direito Constitucional e Teoria da Constituição*, 7.ª ed., Almedina, Coimbra, 2011, p. 452; Vasco Pereira da Silva, *O Contencioso Administrativo no Divã da Psicanálise*, Almedina, Coimbra 2009, pp. 275 e ss..

[718] Cfr. Cláudia Viana, "O conceito de funcionário público – tempos de mudança?" in *Revista de Estudos Politécnicos*, Vol V, n.º 8, 2007, p. 9, disponível em: http://www.scielo.mec.pt/pdf/tek/n8/v5n8a02.pdf.

[719] Luís Guilherme Catarino, *Regulação e Supervisão dos Mercados de Instrumentos Financeiros*, Almedina, Coimbra, 2010, pp. 405 e ss.; João Pacheco de Amorim, "Os poderes normativos do Banco de Portugal", in *I Congresso de Direito Bancário*, coord. Luís Miguel Pestana de Vasconcelos, Almedina, Coimbra, 2015, pp. 336 e ss..

as relações das entidades reguladoras e as instituições financeiras, por um lado, e a relação entre a Administração e militares entre outras que exemplificamos acima, por outro, nunca é feita de forma integral, atentas as especificidades das figuras comparadas[720].

Apesar do exposto, pode-se aproveitar a ideia de uma relação mais intensa para explicar como poderá ficar plasmado, no enquadramento legislativo de uma *regulatory sandbox*, a relação entre entidades reguladoras e os promotores de projetos *FinTech*, podendo justificar-se que os poderes de intervenção das entidades reguladoras sejam acrescidos para imporem medidas cautelares de suspensão dos testes com base num juízo sumário e meramente indiciário sobre a probabilidade da produção de danos[721] – face à necessidade das entidades reguladoras supervisionarem de uma forma próxima vários projetos numa *regulatory sandbox* –, sem prejuízo, sobretudo, do cumprimento do princípio da proporcionalidade (nos termos em que expusemos *supra*) e do cumprimento do dever de fundamentação[722] das entidades reguladoras, sem que exista qualquer renúncia aos direitos fundamentais dos particulares e sem qualquer superação dos princípios da legalidade da reserva de lei.

Serviu esta primeira parte do nosso estudo para identificar e expor as bases da abordagem regulatória específica para as formas de financiamento *FinTech* que propomos. Desta forma, vimos que esta abordagem assenta na necessidade de a ordem jurídica ter em conta a função social e económica de democratizar o investimento e o financiamento das formas

---

[720] João Pacheco de Amorim, "Os poderes normativos do Banco de Portugal", in *I Congresso de Direito Bancário*, coord. Luís Miguel Pestana de Vasconcelos, Almedina, Coimbra, 2015, pp. 336 e ss..

[721] Sobre o controlo de perigos e prevenção de danos coletivos ou individuais, *vd.* Pedro Costa Gonçalves, *Manual de Direito Administrativo*, Vol. 1, Almedina, Coimbra, 2019, pp. 1044 e ss..

[722] Fundamentação enquanto "exposição enunciadora das razões ou motivos da decisão, ou então como a recondução do decidido a um parâmetro valorativo que o justifique: no primeiro sentido, privilegia-se o aspeto formal da operação, associando-a à transparência da perspetiva decisória; na segunda dá-se relevo à idoneidade substancial do ato praticado, integrando-o num sistema de referência em que encontre bases de legitimidade", José Carlos Vieira de Andrade, *O Dever de Fundamentação Expressa de Atos Administrativos*, Almedina, Coimbra, 2007, p. 11.

de financiamento *FinTech*. Assenta, igualmente, na promoção da inovação enquanto exigência de interesse público, face à sua capacidade de gerar crescimento económico, servindo este objetivo, não só como orientador das iniciativas do legislador, mas também como orientador da atuação das entidades reguladoras.

Por último, identificámos as dificuldades de definir o momento e o modo da intervenção do legislador perante as formas de financiamento *FinTech*, em que propusemos vários critérios, tais como, o conhecimento adquirido pelas entidades reguladoras e análise comparativa com as figuras jurídicas aplicáveis e próximas. Neste âmbito, perante a necessidade de enquadrar juridicamente novos modelos de negócio e novas tecnologias, o legislador também tem que inovar e recorrer a novos instrumentos regulatórios, como as *regulatory sandboxes*, quando estes se mostrarem adequados, aproveitando a elasticidade flexibilidade proporcionada pela unidade sistemática do nosso ordenamento jurídico.

Servirão os próximos capítulos para validar a construção exposta anteriormente, através de uma análise do enquadramento de formas de financiamento *FinTech* concretas, pelo que, escolhemos as que mais se destacam em dimensão e impacto no sistema financeiro, o *Crowdfunding* e as *Initial Coin Offerings*, também sendo proveitoso para a nossa análise o facto destas duas figuras enquadrarem-se em diferentes vertentes da *FinTech*.

SEGUNDA PARTE

Regulação do *Crowdfunding*

I.
Fundamentos Básicos do *Crowdfunding*

1. O advento e a noção genérica de *Crowdfunding*

O comércio sempre se fundou na relação entre as pessoas e as suas necessidades com vista à distribuição mais eficiente dos bens. Esta relação costumava assentar na proximidade, na confiança, a chamada *fiducia*[723]. Atualmente, os negócios fazem-se cada vez mais com quem consegue transmitir a sua ideia eficazmente. A propagação dos meios eletrónicos e a globalização da economia vieram tornar mais importante a estética da mensagem do que o seu conteúdo, promovendo a simplicidade e celeridade na comunicação entre os diferentes intervenientes. Estamos a experienciar uma era, também, "em que a realização profissional exige maior autonomia por parte das pessoas, e esse estímulo tem potenciado as capacidades de iniciativa e de gerar novas ideias e negócios a partir do zero"[724].

---

[723] Que etimologicamente significa confiança, cfr. VIEIRA CURA, "Fiducia Cum Creditore" in *Boletim da Faculdade de Direito de Coimbra*, supl. vol. XXXIV, Coimbra, 1991, p. 1. Certas análises lexicais mostram que o termo tem por base o profano e o sagrado, GERARD FREYBURGER, "Étude sémantique et religieuse depuis les origines jusqu'à l'époque augustéenne" in *L'antiquité classique*, Tome 59, Persee, Brussels, 1990, pp. 439-441. "A deusa fides (fé), divindade reconhecida por cives (cidadão romanos) e por non-cives (peregrinos), era invocada na celebração dos negócios de peregrinos entre si e dos negócios entre peregrinos e cidadãos romanos. Ela velava pelo cumprimento desses negócios, castigando os faltosos e protegendo os cumpridores", SEBASTIÃO CRUZ, *Direito Romano (ius romanum)*, Tomo I, Introdução, Fontes, 4.ª ed., Coimbra, 1984, p. 241, nota 289.

[724] RICARDO MARQUES, *Crowdfunding*, 2014, disponível em: http://empreendedorismo.pt/.

No contexto de depressão não inflacionária e de crise reputacional do sector financeiro, desenvolveram-se novas fontes alternativas de financiamento que afetaram o monopólio da banca, sendo uma delas o *Crowdfunding*[725]. Esta nova figura que permite às empresas financiarem-se, recorrendo à internet, através de um apelo ao investimento do público (*crowd*), num contexto de aproximação dos projetos com os seus apoiantes, através de uma comunidade que partilha os mesmos interesses. Surge, assim, o *Crowdfunding* como expoente máximo da desintermediação e da democratização do acesso de pequenos investidores ao mundo do investimento, uma nova fonte de financiamento, em que é essencial a existência de plataformas eletrónicas que colocam em contacto promotores de projetos e investidores, estando estes dispostos a assumir riscos em troca de uma remuneração.

A utilização do *Crowdfunding* potencia a eficiência e o efeito multiplicador do princípio económico subjacente ao financiamento do público: a distribuição do risco[726]. Esta fonte de financiamento tem, no fundo, a mesma função económica que os mercados financeiros: de alocação de recursos e canalização de poupanças para mais e melhores investimentos e para o fomento de uma maior estabilidade de toda a economia.

Adicionalmente, o *Crowdfunding* constitui, há algum tempo, "uma importante fonte de financiamento para cerca de meio milhão de projetos

---

[725] *Crowdfunding* é, usualmente, traduzido para "Financiamento Coletivo". O legislador, na Lei n.º 102/2015, de 24 de agosto, optou por traduzir a expressão para "Financiamento Colaborativo". No entanto, preferimos usar o termo original, exceto quando abordarmos o regime jurídico português, por ser o termo mais usado e reconhecível na comunidade internacional e mesmo nacionalmente, uma vez que estamos a abordar um fenómeno globalizado, devido ao seu impulso tecnológico. Por vezes, também utilizaremos o termo "Financiamento Colaborativo", por ser a opção do nosso legislador. Noutros países, os respetivos legisladores também optaram por traduzir o termo. Por exemplo, Em Espanha, utiliza-se a expressão "*Financiación Participativa*" e em França, "*Financement Participative*", termo consagrado pela Commission générale de terminologie et de néologie, por Aviso publicado no *Journal officiel* de 18 de maio de 2013, que o define como "*Financement faisant appel à un grand nombre de personnes, généralement des internautes, pour qu'elles investissent les fonds nécessaires à l'aboutissement d'un projet*".

[726] Cfr. Teresa Rodríguez de las Heras Ballell, "El *crowdfunding*: una forma de financiación colectiva, colaborativa y participativa de proyectos", in *Revista Pensar en Derecho.*, n.º 3, Año 2, University of Buenos Aires, tradução livre, 2013, p. 105, disponível em: http://www.derecho.uba.ar/..

europeus em cada ano"[727] e uma prática corrente no nosso país, através de donativos e recompensas, sobretudo nas campanhas de sensibilização e no financiamento de trabalhos musicais de artistas portugueses[728].

"Efetivamente, com o objetivo de promover o *crowdfunding* foram criadas plataformas portuguesas como a *massivemov* e o *PPL – Crowdfunding Portugal.* A *massivemov* foi fundada em 2011, como uma plataforma de financiamento na multidão, tendo como objetivo ser uma alternativa de financiamento para projetos inovadores com valor acrescentado de empreendedores e empresas. Segundo dados disponíveis na internet, o projeto com maior valor financiado atingiu os 8.319 euros, num valor total financiado, até à data, de 103.548 euros. A taxa de sucesso dos projetos financiados atinge neste momento os 52%. Também o *PPL – Crowdfunding Portugal* nasceu em 2011, tendo sido criado pela empresa *Orange Bird*, cujo objetivo é promover o conceito de *crowdfunding* (financiamento coletivo) em Portugal e, consequentemente, dinamizar o empreendedorismo e o desenvolvimento social. O *site* foi inaugurado em junho de 2011, tendo em agosto de 2011 sido colocada em serviço a plataforma com os sete primeiros projetos. Em 2012, 34 projetos publicados conseguiram financiamento, tendo obtido, em média, 110% do valor necessário. No total foram angariados mais de 100 mil euros. Em novembro de 2012, o *PPL – Crowdfunding Portugal* lançou, em parceria com o Banco Espírito Santo, a plataforma BES *Crowdfunding*, dedicada a projetos de cariz social de Instituições Particulares de Solidariedade Social (IPSS) ou Organizações Não-Governamentais (ONG). Os projetos publicados têm um cofinanciamento de 10% pelo Banco Espírito Santo, ao abrigo da sua política de responsabilidade social. Devido ao desenvolvimento e impacto destas plataformas, a Católica-Lisbon School of Business & Economics, em parceria com o *PPL – Crowdfunding Portugal* e a Fundação

---

[727] Comissão de Assuntos Europeus e da Comissão da Economia e das Obras Públicas, *Parecer da Comissão de Assuntos Europeus e da Comissão da Economia e das Obras Públicas sobre a Comunicação da Comissão ao Parlamento Europeu, ao Conselho, ao Comité Económico e Social Europeu e ao Comité das Regiões: Aproveitar o potencial do financiamento coletivo na União Europeia*, COM (2014) 172, p. 3, disponível em: http://ec.europa.eu/.

[728] Cfr. Comissão de Economia e Obras Públicas, Parecer da Comissão de Economia e Obras Públicas sobre o Projeto de Lei 419/XII, 2013, disponível em: http://debates.parlamento.pt.

Calouste Gulbenkian organizou, em 28 de setembro de 2011, o primeiro evento internacional em Portugal sobre o tema do *crowdfunding*. Já no ano seguinte, a 11 de dezembro, o Grupo Parlamentar do Partido Socialista (GPPS) realizou uma conferência sobre *crowdfunding*, onde Deputados, especialistas e investigadores abordaram as vantagens e desvantagens da sua regulamentação e as novas possibilidades de financiamento que este novo conceito permite, quer em Portugal, quer no Mundo"[729].

Mais recentemente, a Câmara de Lisboa avançou com um projeto pioneiro na Europa, a criação de uma Plataforma de *Crowdfunding* de base territorial. Chama-se Boaboa e as ideias têm de partir de pessoas que residam em Lisboa ou têm de ter impacto em Lisboa. Conta com parceiros fundadores como a Câmara Municipal de Lisboa, a Startup Lisboa, a Vieira de Almeida & Associados, a Plataforma PPL, a Associação Mutualista Montepio e a Fundação Calouste Gulbenkian.

Relativamente a dados, o mercado nacional de Crowdfunding era de cerca de 15 milhões de euros, em 2018[730]. Globalmente, o volume do mercado do Crowdfunding atingiu em 2020 os 12 mil mihões de dólares[731].

A ideia do *Crowdfunding*, porém, não é nova. Muitos projetos empresariais foram financiados através do apelo ao investimento do público, muito antes do surgimento da internet. Já no século XVIII, Alexander Pope[732], Mozart e Beethoven[733] recorreram à subscrição pública para

---

[729] Cfr. Comissão de Economia e Obras Públicas, Parecer da Comissão de Economia e Obras Públicas sobre o Projeto de Lei 419/XII, 2013, disponível em: http://debates.parlamento.pt.

[730] Dados disponíveis em: https://p2pmarketdata.com/blog/p2p-lending-portugal/.

[731] Dados disponíveis em: https://www.statista.com/statistics/1078273/global-crowdfunding-market-size/.

[732] Alexander Pope traduziu a Ilíada de Homero em inglês, recorrendo a financiamento do público. Pope, em vez de procurar um rico e influente benfeitor, apelou à subscrição pública – em troca de 2 moedas, qualquer pessoa receberia uma cópia do livro. A iniciativa foi um sucesso, significando um dos primeiros exemplos conhecidos de *Crowdfunding*, cfr. Kyle Leslie Sim, *Equity Crowdfunding Dissertation*, 2014, p. 7, disponível em: https://pt.scribd.com/doc/235496297/Equity-Crowdfunding-Dissertation.

[733] Mozart e Beethoven recorriam habitualmente ao financiamento coletivo para captar fundos para compor as suas obras. Mozart recorreu a este método de financiamento para conseguir realizar três concertos em Viena, cfr. http://www.forbes.com/sites/wilschroter/2014/07/09/crowdfunding-around-the-world/.

financiarem as suas obras. Como outro exemplo, temos a captação de 100 mil dólares por parte do Jornal *The World*, em 1885, para pagar o pedestal da Estátua da Liberdade, graças aos donativos de 125 mil pessoas[734]. Em Portugal, no século XIX, este método também era utilizado para a construção de monumentos, como a Praça dos Restauradores[735] em Lisboa, não se olvidando a vetusta angariação de fundos, as comummente conhecidas campanhas de solidariedade, a lotaria e as rifas.

A inovação que surgiu através do *Crowdfunding* foi, apenas, a utilização da internet, que permitiu novas formas de interação, intermediação e atuação coletiva que potenciaram largamente esta nova figura[736], que se inspirou na ideia de *Crowdsourcing*, introduzida, em 2006, por Jeff Howe[737].

O *Crowdsourcing* pode ser definido como o ato de uma empresa ou instituição desempenhar uma função outrora realizada por trabalhadores e externalizá-la a um número não definido de pessoas ligadas em rede, na forma de um convite público. Esta nova figura incorpora a ideia de usar o conhecimento do agente, que tem como ideia base o *outsourcing*, "revolucionando o custo-eficiência de certas operações das empresas"[738],

---

[734] Cfr. DIOGO JESUS, *Geography of pledging and application of funds of crowdfunding platforms and the impact on their online notoriety*, 2013, p. 8, disponível em: http://repositorio.ucp.pt/handle/10400.14/10904. Num período mais recente, também podemos citar o caso de realizador americano John Cassavetes, que realizou o seu primeiro filme *Shadows*, com fundos enviados por ouvintes de rádio pelo qual ele havia feito um apelo público em 1958, cfr. JEREMY FRETIN, *Crowdfunding: Les ambiguïtés d'un modèle au cœur d'une économie culturelle en mouvement*, 2013, pp. 28 e ss., disponível em: http://memoires.sciencespo-toulouse.fr/. Finalmente, mencionar que a origem do *Crowdfunding* é por vezes associada com a data de 1997, quando o grupo de *rock* britânico Marillion, pediu aos seus fãs por meio de doações de *Internet* para financiar a sua *tour*, cfr. JUDITH MATA, *Las campañas de crowdfunding. Su eficacia en proyectos lucrativos y causas sociales*, 2014, pp. 27 e ss., disponível em: http://www.tdx.cat/handle/10803/279390.

[735] Cfr. Programa da inauguração do monumento aos restauradores (1886), disponível em: http://virtualandmemories.blogspot.pt/.

[736] Em, 2012, Barack Obama conseguiu perto de 500 milhões de dólares em contribuições do público na *internet*, *cfr.* RODRIGO DAVIES, *Civic Crowdfunding: Participatory Communities, Entrepreneurs and the Political Economy of Place,* 2014, p. 38, disponível em: http://papers.ssrn.com/.

[737] Cfr. JEFF HOWE, *The Rise of Crowdsourcing*, 2006, disponível em: http://archive.wired.com/.

[738] JOÃO RODRIGUES, *The Social Impact of Crowdfunding: PPL and BES Crowdfunding*, 2014, tradução livre, p.10, disponível em: http://repositorio.ucp.pt/.

utilizando, de um modo eficiente, o conhecimento do público para efetuar tarefas que normalmente seriam realizadas por trabalhadores. Schwienbacher e Larralde[739] estabeleceram as vantagens do *Crowdsourcing* em relação a outros sistemas de trabalhos, em três perspetivas distintas. Tecnologicamente, o *Crowdsourcing* permite que a informação se propague mais facilmente, socialmente, facilita a criação de redes de pessoas que compartilham interesses comuns, e economicamente, estimula a inovação através da habilidade dos participantes.

O *Crowdsourcing* permite a descentralização da produção baseando-se nas relações sociais e não no mercado ou nas relações hierárquicas. "Um dos exemplos mais conhecidos do poder de *Crowdsourcing* é a *Wikipedia*. A enciclopédia *online* é construída sobre contribuições de milhares de indivíduos"[740].

Estas caraterísticas do *Crowdsourcing* foram adaptadas por Michael Sullivan, criador do projeto *Fundvlog*. O objetivo de Michael Sullivan era, basicamente, desenvolver uma incubadora para projetos relacionados ao seu blog de e dar a possibilidade de fazer doações *online*. O projeto *Fundavlog* falhou, mas teve o mérito de fomentar o surgimento do *Crowdfunding*. O *site* da *Fundvlog* "é uma proposta a recolha de fundos da multidão alcançada através da web e foi baseada nos conceitos fundamentais da transparência, interesses e reciprocidade compartilhados que garantiram nos anos seguintes o sucesso das plataformas de *Crowdfunding*"[741].

Não obstante, a grande novidade passa, no fundo, pelo *Crowdfunding* de investimento (por empréstimo e de capital). Neste âmbito, as plataformas eletrónicas colocam em contacto promotores de projetos e investidores, que estão dispostos a assumir riscos em troca de remuneração,

---

[739] Cfr. Arwin Schwienbacher e Benjamim Larralde, *Crowdfunding of Small Entrepreneurial Ventures*, 2010, p. 5 e ss., disponível em: http://papers.ssrn.com/.

[740] Andrew Fink, *Protecting the Crowd and Raising Capital Through the JOBS Act*, 2012, p. 7, disponível em: http://papers.ssrn.com/. Ademais, outro exemplo de produto criado através do *crowdsourcing* é o *browser* Firefox, cfr. Filipa Lucas, *Organizações sem fim lucrativo: o caso da Fundação Serralves. O afirmar de novas formas de financiamento*, Dissertação da Universidade Católica Portuguesa – Faculdade de Economia e Gestão do Porto, 2014, p. 45.

[741] Alessandro Biffi e Manuel Columbaro, *Equity crowdfunding: un modello di analisi del comportamento di imprenditori e investitori*, 2014, p. 11, disponível em: https://www.politesi.polimi.it/.

funcionando esta fonte de financiamento como uma verdadeira concorrente da banca e dos mercados financeiros, e que, por essa razão, necessita da atenção da regulação e supervisão financeira. Também por essa razão, estas modalidades estão muito limitadas pela legislação da maioria dos países, apesar de serem as que estão em mais rápido crescimento[742]. Serão estas as modalidades a que daremos mais destaque no nosso estudo, uma vez que são as que mais interessam às empresas, tendo em conta que as modalidades de donativos e recompensas são mais utilizadas para financiar atividades lúdicas, de beneficência e de consumo.

Em Portugal, apenas em 2015, foi lançada no mercado a primeira plataforma de *Crowdfunding* por empréstimo, a Raize[743], não existindo, até ao momento, qualquer plataforma de *Crowdfunding* de capital. Apesar deste fraco desenvolvimento da indústria, até este momento, em Portugal, curiosamente duas das primeiras plataformas de *Crowdfunding* de capital do mundo foram criadas por portugueses. O português Carlos Silva e o americano Jeff Lynn fundaram a Seedrs, em Julho de 2012, primeira plataforma de *Equity Crowdfunding* (*Crowdfunding* de capital) a receber aprovação legal de um regulador financeiro – neste caso, da *Financial Conduct Authority* no Reino Unido[744] –, e o empresário português Gonçalo de Vasconcelos é um dos fundadores da Syndicate Room, plataforma de *Equity Crowdfunding*, que proclama ter sido a primeira do mundo a gerar lucros para investidores e recebeu vários prémios de melhor plataforma de *Crowdfunding* em 2015[745].

---

[742] Cfr. *Crowdfunding Industry Report – Market Trends Composition and Crowdfunding Plataforms*, disponível em: http://www.crowdfunding.nl/.

[743] A Raize é "a bolsa de empréstimos feita de pessoas e empresas, onde são as pessoas que emprestam diretamente às empresas portuguesas. Uma fonte alternativa de financiamento para empresas e de investimento para particulares. A Raize é a 1.ª bolsa de empréstimos coletivos em Portugal", *vd.* https://www.raize.pt/about-us. A Raize foi eleita a melhor StartUp de 2015, em Portugal, pela Revista "Economia Digital", e também foi considerada, nesse ano, uma das 10 StartUps mais inovadoras, no âmbito do Prémio Inovação NOS, *vd.* https://blog.raize.pt/raize-eleita-a-startup-do-ano-na-economia-digital/.

[744] *Vd.* http://www.portugalglobal.pt/, http://investimentosocial.pt/ e https://www.seedrs.com/, *vd.* /www.crowdfundinsider.com e /www.syndicateroom.com/.

[745] *Vd.* www.crowdfundinsider.com e /www.syndicateroom.com/.

O *Crowdfunding* carateriza-se pelo recurso a plataformas eletrónicas para efetuar apelos ao investimento do público. Carateriza-se, também, pela base comunitária de partilha de ideias, recursos e esforços[746], pela incidência em *startups* e por ser complexa a escolha de quais das caraterísticas são taxativas para o conceito de *Crowdfunding*, implicando, deste modo, o reconhecimento dos fatores do seu nascimento e que explicam o seu forte crescimento[747].

Kappel estabelece uma distinção de abordagens *ex-ante* e *ex post facto Crowdfunding*, restringindo à segunda os financiamentos como o utilizado pelos *Radiohead*, em 2007, no seu álbum *In Rainbows*, em que a banda lançou a versão digital do álbum e os seus consumidores contribuíam com um montante à sua escolha. As pessoas financiaram o produto depois de este estar completo. No entanto, como facilmente se pode depreender, a abordagem *ex post facto* possui reduzido interesse para agentes que não tenham uma grande capacidade de se autofinanciar[748].

Com este mesmo objetivo de limitar a figura ao seu uso corrente de função de financiamento de novos empreendedores através da *internet*, encontramos várias definições fornecidas pelos mais diversos autores: Ordanini, Miceli, Pizzetti e Parasuraman[749] definem o *Crowdfunding*

---

[746] Cfr. Teresa Rodríguez de las Heras Ballell, "El *crowdfunding*: una forma de financiación colectiva, colaborativa y participativa de proyectos" in *Revista Pensar en Derecho.*, n.º 3, Año 2, University of Buenos Aires, tradução livre, 2013, p. 107, disponível em: http://www.derecho.uba.ar/.

[747] Cfr. Teresa Rodríguez de las Heras Ballell, "El *crowdfunding*: una forma de financiación colectiva, colaborativa y participativa de proyectos" in *Revista Pensar en Derecho.*, n.º 3, Año 2, University of Buenos Aires, tradução livre, 2013, p. 107, disponível em: http://www.derecho.uba.ar/.

[748] Cfr. Tim Kappel, *Ex Ante Crowdfunding and the Recording Industry: A Model for the U.S.*, 2009, pp. 378 e ss., disponível em: http://digitalcommons.lmu.edu/cgi/viewcontent.cgi?article=1550&context=elr; Jack White, Beyoncé, Arcade Fire e David Bowie, utilizaram, posteriormente, o mesmo método de publicar o álbum antes que pudesse ser adquirido pelo público. *Vd.* http://blog.thecurrent.org/2013/12/is-beyonces-surprise-album-a-game-changer-or-just-another-sign-of-these-lawless-times/.

[749] Cfr. Andrea Ordanini, Lucia Miceli, Marta Pizzetti e Parasu Parasuraman, "Crowd-funding: transforming customers into investors through innovative service platforms" in *Journal of Service Management*, Vol. 22 Issue 4, Bingley, Emerald Group Publishing Limited, 2011, pp. 443 a 470.

como o esforço coletivo das pessoas, que se interligam e que juntam o seu dinheiro, geralmente através da *internet*, de forma a investir e apoiar os esforços de outras pessoas ou organizações; Schwienbacher, Belleflame e Lambert[750] consideram que é um convite público, essencialmente através da *internet*, para a provisão de recursos financeiros, quer seja em forma de donativo, quer seja em forma de alguma retribuição e/ou direitos de voto, de forma a apoiar iniciativas para propósitos específicos; Steinberg e DeMaria[751] definem *Crowdfunding* como o processo de pedir, ao público em geral, investimentos e donativos, através da *internet*, para novos empreendimentos; e Kappel[752] refere que é o ato de informalmente gerar e distribuir fundos, normalmente através da *internet*, por um grupo de pessoas para fins sociais, pessoais, lúdicos ou de outras índoles.

Destarte, considerando os conceitos referidos e a conceção abrangente dos fenómenos vertidos na utilização do termo, podemos reconhecer o *Crowdfunding*, de uma forma genérica, quando estivermos perante uma forma de financiamento de projetos e atividades, com recurso a plataformas eletrónicas acessíveis por *internet*, através de um convite ao investimento do público (*crowd*).

2. Sujeitos intervenientes

O *Crowdfunding*, em todas as suas modalidades, respeita uma estrutura básica comum que é composta necessariamente por três sujeitos: os promotores do projeto ou atividade, os financiadores e as plataformas eletrónicas, que funcionam como intermediários entre os promotores e os financiadores.

---

[750] Cfr. Arwin Schwienbacher, Paul Belleflame e Thomas Lambert, *Crowdfunding: Tapping the right crowd*, 2013, disponível em: http://papers.ssrn.com/.

[751] Cfr. Scott Steinberg e Rusel DeMaria, *The Crowdfunding Bible. How to raise money for any Start-up, video or Project*, 2012, pp. 2 e ss., disponível em: http://www.crowdfundingguides.com/.

[752] Cfr. Tim Kappel, *Ex Ante Crowdfunding and the Recording Industry: A Model for the U.S.*, 2009, pp. 375 e ss., disponível em: http://digitalcommons.lmu.edu/cgi/viewcontent.cgi?article=1550&context=elr.

Os promotores ou beneficiários são as pessoas singulares ou coletivas que procuram financiamento para o desenvolvimento do seu projeto ou atividade cultural, artística, científica ou empresarial[753].

Os financiadores são quem apoia financeiramente os projetos ou atividades dos promotores, normalmente apoiando também com ideias o sucesso desses projetos ou atividades. Sendo uma das caraterísticas essenciais do *Crowdfunding* o apelo ao investimento do público, o número de financiadores é, naturalmente, indeterminado. Consoante a modalidade de *Crowdfunding*, os financiadores podem ser donatários, compradores, mutuários ou mesmo sócios ou acionistas da sociedade promotora do projeto ou atividade[754].

A figura da plataforma eletrónica é a mais complexa e multifacetada, podendo atuar como uma simples prestadora de serviços ou adotar uma posição mais ativa, lidando com a captação de fundos e com a gestão das contribuições, podendo estas últimas atividades corresponder a funções de intermediários, dependendo do ordenamento jurídico a que as plataformas pertencem, sendo este um dos pontos essenciais no debate da regulação e supervisão do *Crowdfunding* financeiro.

No entanto, o funcionamento das plataformas eletrónicas pode ser muito variado, consoante a modalidade de *Crowdfunding*, e não só. Existem exemplos de plataformas eletrónicas com um funcionamento completamente diverso de outras, apesar de se encontrarem a desenvolver a mesma modalidade de *Crowdfunding*. As plataformas eletrónicas costumam utilizar dois modelos de negócios bastante diferentes: o *all or nothing*, em que existe um montante mínimo a obter e um prazo para o alcançar, sob pena de todos os fundos regressarem aos financiadores, sendo um ótimo método para evitar a fraude e para os promotores tra-

[753] Cfr. Teresa Rodríguez de las Heras Ballell, ""El *crowdfunding*: una forma de financiación colectiva, colaborativa y participativa de proyectos" in *Revista Pensar en Derecho.*, n.º 3, Año 2, University of Buenos Aires, tradução livre, 2013, p. 113, disponível em: http://www.derecho.uba.ar/.

[754] Cfr. Teresa Rodríguez de las Heras Ballell, "El *crowdfunding*: una forma de financiación colectiva, colaborativa y participativa de proyectos" in *Revista Pensar en Derecho.*, n.º 3, Año 2, University of Buenos Aires, tradução livre, 2013, p. 114, disponível em: http://www.derecho.uba.ar/.

çarem metas realistas[755]; e o modelo *all for all*, em que o projeto, quer alcance os objetivos ou não, receberá sempre os fundos[756].

A relação contratual entre a plataforma e os utilizadores (promotores e financiadores) é estabelecida através de um *membership agreement* ou acordo de utilização, – podendo ser diferente para promotores e para financiadores –, que estipula as regras de acesso e utilização dos serviços da plataforma eletrónica. Estes serviços podem ser gratuitos ou remunerados, mediante uma percentagem das transações realizadas na plataforma. Em virtude desse contrato, a plataforma atua como um intermediário eletrónico, sendo responsável por controlar as regras de acesso e pela supervisão do cumprimento das normas de utilização, geralmente, não intervindo diretamente nos contratos horizontais (doação, mútuo, compra e venda ou troca) entre os utilizadores da plataforma.

"O serviço essencial empreendido por estas plataformas é fornecer um mecanismo para os projetos encontrarem financiadores e os financiadores encontrarem projetos"[757]. Deste modo, a plataforma acaba por se revelar indispensável para o conceito de *Crowdfunding*, por ser a melhor resposta prática para estabelecer uma relação estável entre o beneficiário e o investidor[758], e por criar uma comunidade virtual, estabelecendo um elo de comunicação entre o beneficiário e os investidores, com o intuito de todos poderem ajudar no desenvolvimento e sucesso do projeto[759].

Estas plataformas reduzem as assimetrias de informação, permitindo diminuir, desse modo, as fraudes e a taxa de insucesso de forma a conseguir valorizar a confiança da população nesta nova forma de financia-

---

[755] Cfr. Alban Metelka, *Crowdfunding – Startups' alternative funding source beyond banks, business angels and venture capitalists.*, 2014, pp. 27 e ss., disponível em: www.bth.se/.

[756] Cfr. Bénédicte Couffinhal, *The use of crowdfunding as an alternative way to finance small businesses in France*, 2014, pp. 22 e ss., disponível em: http://esource.dbs.ie/.

[757] ESMA, *Opinion – Investment-based Crowdfunding*, 2014, p. 7, disponível em: http://www.esma.europa.eu/.

[758] Cfr. Edan Burkett, *A Crowdfunding Examption? Online Investment Crowdfunding and U.S. Securities Regulation*, 2011, disponível em: http://trace.tennessee.edu/.

[759] Cfr. Gianluca Grassi e Paola Rovelli, *Studio dell'impatto delle differenti dimensioni di Capitale Sociale sul successo dei progetti di Crowdfunding*, 2013, p. 14, disponível em: https://www.politesi.polimi.it/.

mento[760]. As referidas assimetrias de informação envolvem os custos de agência, isto é, o financiador, como principal, não consegue controlar devidamente a sua contribuição. Estas circunstâncias podem incitar o promotor, como agente, a usar os fundos para um projeto distinto[761].

Devido a esta falta de controlo, o problema da «seleção adversa» reflete-se sobre o promotor que sabe que existe uma enorme assimetria de informação entre ele e os financiadores, isto é, "o agente pode afastar-se dos interesses do principal porque pretende um resultado diferente, ou pode ser simplesmente incapaz de realizar os interesses do principal devido às suas características pessoais ou à escassez de recursos"[762]. Destarte, pode exigir um montante que não reflete o que verdadeiramente necessita, levando os financiadores a assumir mais riscos do que aqueles que estariam dispostos a pagar[763]. Neste contexto, a plataforma de *Crowdfunding* pode monitorizar a situação do promotor e estabelecer uma relação estável e segura entre os outros dois sujeitos do *Crowdfunding*, transmitindo a confiança necessária a esta nova fonte de financiamento.

3. Benefícios e riscos do *Crowdfunding*

3.1. Para os promotores

O *Crowdfunding* apresenta-se como uma forma de melhor transmitir a mensagem do beneficiário, – com a sua facilidade de utilização, potencialidade de atração de novos públicos e o facto de ser uma ferramenta de

---

[760] Cfr. Alexandra Moritz e Joern Block, *Crowdfunding: A literature review and research directions*, 2015, disponível em: http://papers.ssrn.com/.

[761] Cfr. Patryk Galuszka e Victor Bystrov, "Development of Crowdfunding in Poland from the Perspectives of Law and Economics" in *Polish Yearbook of Laws & Economics*, Vol. 3, Wydamnictwo, Varsóvia, 2013, p. 156.

[762] Duarte Schmidt Lino e Pedro Lomba, "Democratizar o Governo das Empresas Públicas: O Problema do Duplo Grau de Agência" in *O Governo das Organizações – A vocação universal do corporate governance*, Coimbra, Almedina, 2011, p. 702.

[763] Cfr. *Crowdfunding – Startups' alternative funding source beyond banks, business angels and venture capitalists.*, 2014, pp. 27 e ss., disponível em: www.bth.se/.

marketing online[764]. O *Crowdfunding* tem, portanto, a capacidade de reduzir riscos. Geralmente, as entidades gestoras das plataformas de *Crowdfunding* promovem a confiança dos utilizadores através de sistemas de *rating*, como forma de autogovernação e de sistema reputacional[765].

Outro dos interesses é permitir que o público teste ideias, que nunca surgiriam por causa dos seus custos[766]. "Logo, ao permitir-se o lançamento de ideias facilmente e com um baixo risco, mais ideias serão testadas, nas quais umas sobressairão, criando-se um espaço onde a sorte se encontra com a sagacidade"[767]. Para além de permitir aos promotores testar as suas ideias, o *Crowdfunding* permite que os promotores tenham todo o controlo sobre o projeto, custos, prazos e execução, com quase nenhum risco, podendo receber conselhos dos financiadores, que, logicamente, também querem o sucesso do projeto[768].

3.2. Para os financiadores

O *Crowdfunding* apresenta-se, também, como uma oportunidade única de facilitar o acesso ao mercado de capitais a pequenos investidores[769]. Num

---

[764] Cfr. Filipa Lucas, *Organizações sem fim lucrativo: o caso da Fundação Serralves. O afirmar de novas formas de financiamento*, Dissertação da Universidade Católica Portuguesa – Faculdade de Economia e Gestão do Porto, 2014, pp. 48 e ss.; cfr. Ethan Mollick, *The Dynamics of Crowdfunding: An Exploratory Study*, 2013, p. 2, disponível em: http://papers.ssrn.com/.

[765] Cfr. Christoph Busch, *Self-Regulation and Regulatory Intermediation in the Platform Economy*, 2018, pp. 5 e ss., disponível em: https://www.researchgate.net/.

[766] Uma ideia que comece a acumular fundos despertará a atenção de mais investidores, tendo mais probabilidade de sucesso, cfr. Giulia Chiapparelli, *Il finanziamento della cultura nell'era del Web 2.0: Il Crowdfunding*, 2013, p. 82, disponível em: http://dspace.unive.it/.

[767] Pedro Leite, *Crowdfunding: critical factors to finance a project sucessfully*, 2012, tradução livre, p.24, disponível em: http://repositorio-aberto.up.pt/bitstream/10216/76103/2/15934.pdf.

[768] Cfr. Scott Steinberg e Rusel Demaria, *The Crowdfunding Bible. How to raise money for any Start-up, video or Project*, 2012, p. 4, disponível em: http://www.crowdfundingguides.com/.

[769] Cfr. Martin Paolantonio, *Introducción a la financiación colectiva. (Crowdfunding) en el mercado de capitales*, 2014, pp. 287 e ss., disponível em: http://works.bepress.com/. "Pode ainda servir para um pequeno negócio local adquirir um meio de produção para melhor servir a comunidade onde está inserido", Frederico Rosa, *Barreiro – Model for the implementation of a local investment agency*, 2013, p. 15, disponível em: http://mpra.ub.uni-muenchen.de/51671/.

estudo feito no Reino Unido, 180 em 290 investidores de *Crowdfunding* de capital não tinham qualquer experiência em investimentos[770]. Existe, igualmente, a enorme vantagem para os financiadores de se envolverem no processo de criação do produto, de forma atraente e sustentável, sem mais qualquer ónus para o financiador[771]. Os custos de transação de Coase[772] reduzem-se, assim, de uma forma drástica com o surgimento desta figura. Isto posto, a razão de ser desta intermediação é a existência de custos de transação[773].

3.3. Riscos do *Crowdfunding*

Como riscos desta fonte de financiamento, temos o grande potencial de fraude, o risco de perda dos montantes investidos, uma vez que não há geralmente qualquer sistema de garantia, o branqueamento de capitais, a quase inexistência de um mercado secundário e o atual sistema de patentes ser demasiado fragmentado[774], percebendo-se a urgência na proteção dos investidores e da propriedade intelectual dos beneficiários. "Como as

---

770 Cfr. Peter Baeck, Liam Collins e Brian Zhang, *Understandting Alternative Finance – The UK Alternative Finance Industry Report 2014*, p. 53, disponível em: http://www.nesta.org.uk/.

771 Cfr. Bartos Bernardes e Rafael Lucin, "Comportamento de consumidores brasileiros e portugueses em plataformas de crowdfunding", in *Revista Portuguesa e Brasileira de Gestão*, Vol. 14, n.º 1, 2015, disponível em: http://www.scielo.mec.pt/.

772 Ronald Coase (vencedor do Prémio Nobel da Economia em 1991) desenvolveu a teoria que os custos de transação são o factor determinante para se decidir se certa tarefa económica se resolve dentro duma empresa ou se recorre ao mercado, Ronald Coase, *The Nature of the Firm*, 1937, pp. 386-405, disponível em: http://onlinelibrary.wiley.com/doi/10.1111/j.1468-0335.1937.tb00002.x/pdf.

773 George Benston e Clifford Smith, "A Transactions Cost Approach to the Theory of Financial Intermediation", in *Financial intermediaries*, Edward Elgar Publishing Company, Brookfield, 1995, p. 215.

774 Cfr. Comissão de Assuntos Europeus e da Comissão da Economia e das Obras Públicas, *Parecer da Comissão de Assuntos Europeus e da Comissão da Economia e das Obras Públicas sobre o Comunicação da Comissão ao Parlamento Europeu, ao Conselho, ao Comité Económico e Social Europeu e ao Comité das Regiões: Aproveitar o potencial do financiamento coletivo na União Europeia*, COM (2014) 172, pp. 5 e ss., disponível em: https://eur-lex.europa.eu/legal-content/PT/TXT/?uri=COM:2014:0172:FIN.

plataformas são abertas, qualquer competidor pode ter acesso aos detalhes do produto e de toda a campanha do projecto, o que aumenta ainda mais a vulnerabilidade do projecto, visto as ideias estarem expostas directamente ao público"[775].

Não podemos olvidar, igualmente, os potenciais conflitos de interesses entre plataformas e investidores, os riscos operacionais e de descontinuação do serviço, a grande assimetria de informação[776] entre os financiadores e os promotores, devido à limitação da informação sobre o beneficiário disponibilizada ao investidor e à falta de transparência e fluxo direto de informação entre investidor e beneficiário.

Outro fator a ter em conta no *Crowdfunding* é a utilização de plataformas eletrónicas, que alteraram fundamentalmente o modo de prestação de serviços. A escolha dos clientes foi historicamente limitada por custos significativos de pesquisa e estes, com a utilização de plataformas reduziram-se quase para zero agora a quase zero: os preços e os recursos da maioria dos produtos e serviços podem ser comparados com facilidade. Forma-se, assim, uma nova camada de intermediação que gera riscos de desintegração vertical nos intermediários financeiro, por estes poderem perder o acesso direto aos seus clientes.

4. Modalidades de *Crowdfunding*

O *Crowdfunding* pode assumir quatro modalidades: *Crowdfunding* através de donativo; *Crowdfunding* com recompensa; *Crowdfunding* de capital; e *Crowdfunding* por empréstimo. Neste ponto, vamos analisar cada uma destas modalidades. Após essa análise, focar-nos-emos mais nas modalidades de *Crowdfunding* de investimento (de capital e por empréstimo) por serem aquelas que estão mais direcionadas para as empresas.

---

[775] JOÃO CORREIA, *O financiamento de documentários através de acções de crowdfunding: o caso do projecto X.TO*, 2012, p. 18, disponível em: http://oatd.org/.

[776] Cfr. JOÃO VIEIRA DOS SANTOS, "Crowdfunding como forma de capitalização das sociedades" in *Revista Electrónica de Direito*, n.º 2, pp. 5 e ss., 2015, disponível em: www.cije.up.pt/revistared.

4.1. *Crowdfunding* através de donativo

O *Crowdfunding* através de donativo é a modalidade de *Crowdfunding* em que "os investidores contribuem para causas que apoiam, sem estarem à espera de qualquer compensação"[777]. Pertence ao tipo de empreendedorismo social sem fins lucrativos, geralmente liderado por Organizações não-governamentais. É a modalidade mais próxima da ideia inicial de incentivo a doações sem qualquer tipo de contrapartida[778]. "A pura filantropia é fortemente motivadora no *Crowdfunding*"[779]. Contudo, apesar de o fim da contribuição ser altruísta, o projeto pode ter fins lucrativos[780].

Diferencia-se, apenas, da tradicional angariação de fundos pelo seu recurso a plataformas eletrónicas acessíveis por *internet*. Sendo que, os projetos alvo desta modalidade tendem a ser de longo prazo e a envolver muito a interação com os financiadores e os promotores, reforçando o seu envolvimento e a construção de relações de confiança[781].

Uma das principais conclusões de Schwienbacher e Lambert[782] é que as organizações não lucrativas tendem a ter mais sucesso em alcançar as suas metas de captação de recursos, em comparação com organizações com fins lucrativos. Isto sugere que a forma de organização pode ser um importante motor do sucesso das iniciativas de *Crowdfunding*. Os autores sugerem que uma possível explicação para esse resultado decorre do facto de as organizações não lucrativas poderem ser mais propensas

---

[777] Pedro Leite, *Crowdfunding: critical factors to finance a project sucessfully*, 2012, tradução livre, p. 19, disponível em: http://repositorio-aberto.up.pt/bitstream/10216/76103/2/15934.pdf.

[778] Cfr. Cláudia Amador, *Sustentabilidade Financeira das Organizações da Economia Social: novas soluções socialmente inovadoras em época de crise*, 2013, p. 11, disponível em: http://cabodostrabalhos.ces.uc.pt/.

[779] Yi Zhang, *An Empirical Study into the Field of Crowdfunding*, 2012, p. 29, disponível em: http://lup.lub.lu.se/luur/download?func=downloadFile&recordOId=3049774&fileOId=3049777.

[780] Cfr. Salvatore Adamo, *Il Crowdfunding in Italia: Evoluzione normativa e profili quali-quantitative*, 2014, p. 14, disponível em: https://etd.adm.unipi.it/.

[781] Cfr. Kristof De Buysere, Oliver Gajda, Ronald Kleverlaan e Dan Marom, *A Framework for European Crowdfunding*, 2012, p. 10, disponível em: http://www.crowdfundingframework.eu/.

[782] Cfr. Arwin Schwienbacher e Thomas Lambert, *An Empirical Analysis of Crowdfunding*, 2010, disponível em: http://www.crowdsourcing.org/document/an-empirical-analysis-of-crowdfunding-/2458.

a comprometerem-se com produtos de alta qualidade e serviços, se a qualidade vem em detrimento da quantidade. Como as organizações não lucrativas colocam menos ênfase na obtenção lucro, podem concentrar--se mais na qualidade, caraterística suscetível de atrair um maior volume de doações.

4.2. *Crowdfunding* com recompensa

Esta modalidade consiste na atribuição de uma recompensa não-financeira ao investidor, normalmente um exemplar do produto ou serviço. Combina a motivação intrínseca e social com o desejo da recompensa e é uma ótima forma de testar produtos no mercado e avaliar o interesse do público na sua aquisição[783]. "Esta modalidade é a mais consentânea com projetos do mundo artístico, em que se procura financiamento para um livro, filme ou disco, reconhecendo-se ao investidor uma recompensa que pode ser um agradecimento nos créditos de um filme ou a entrega do livro ou disco. O valor económico da recompensa não é o mais importante, mas é um mecanismo que tenta incentivar os admiradores do projeto a contribuir"[784]. Temos o peculiar exemplo da campanha de *Crowdfunding* para pagar a dívida grega, em que aderiram 14 mil pessoas, e que, apesar do insucesso em chegar ao montante pretendido (a quantia quase irrealizável de 1,6 mil milhões de euros), arrecadou quase 2 milhões de euros. Mais peculiar ainda, era uma das recompensas, uma ilha grega, que obviamente foi retirada pouco depois do lançamento da campanha, por não houver qualquer consentimento do governo grego[785].

---

[783] Cfr. Judith Mata, *Las campañas de crowdfunding. Su eficacia en proyectos lucrativos y causas sociales*, 2014, pp. 40 e 41, disponível em: http://www.tdx.cat/.

[784] Alessandro Biffi e Manuel Columbaro, *Equity crowdfunding : un modello di analisi del comportamento di imprenditori e investitori*, 2014, p. 11, disponível em: https://www.politesi.polimi.it/.

[785] A campanha, como obedecia ao modelo *all or nothing*, acabou por não arrecadar nenhum montante por não ter sido alcançado o objetivo estipulado. Contudo, este exemplo demonstra a enorme força de financiamento que pode ter o *Crowdfunding*, e esta modalidade, em particular. *vd.* https://www.indiegogo.com/projects/greek-bailout-fund#/.

Ademais, esta modalidade pode ter relações contratuais entre financiadores e promotores ligeiramente diferentes, consoante o valor da contribuição realizada e o valor da recompensa. Podemos ter uma recompensa com um valor consideravelmente mais baixo que a contribuição, um valor considerado "simbólico", e neste caso, estaremos perante uma doação mista[786]. "Nestas situações, há lugar a um forte compromisso para um crescimento constante, em vez de dar prioridade ao lucro rápido, normalmente imposto pelos acionistas"[787].

Por outro lado, a contribuição pode corresponder ao preço da recompensa e, desta forma, estaremos perante um "contrato de compra e venda, de empreitada ou de prestação de serviços, em que o financiador antecipa o pagamento do preço convencionado para que o promotor disponha dos fundos necessários para o desenvolvimento da atividade"[788] ou projeto. Este regime de pré-venda tem tido um enorme sucesso. Aliás, a campanha de *Crowdfunding* que obteve mais financiamento em todo o mundo foi em regime de pré-venda, tratando-se de um jogo de computador chamado Star Citizen, que obteve 105 milhões de dólares na Kickstarter, Plataforma americana de *Crowdfunding* com recompensa[789].

A distinção entre estas duas situações – de equivalência ou não dos valores da contribuição e da recompensa – pode, frequentemente, não ser muito clara, tendo que ser se tomar em conta a perceção que o finan-

---

[786] "Diz-se doação mista o contrato em que, segundo a vontade dos contraentes, a prestação de um deles (em regra, a transmissão de uma coisa) só em parte é coberta pelo valor da contraprestação, para que a diferença de valor entre ambas beneficie gratuitamente o outro contraente", João de Matos Antunes Varela, *Das Obrigações em Geral*, Vol. I, 8.ª Reimpressão da 10.ª ed., Almedina, Coimbra, 2011, p. 295.

[787] Nuno Moutinho e Pedro Leite, *Crowdfunding: critical factors to finance a project sucessfully*, 2012, tradução livre, p.22, disponível em: http://repositorio-aberto.up.pt/.

[788] Teresa Rodríguez de las Heras Ballell, "El *crowdfunding*: una forma de financiación colectiva, colaborativa y participativa de proyectos" in *Revista Pensar en Derecho.*, n.º 3, Año 2, University of Buenos Aires, tradução livre, 2013, p. 109, disponível em: http://www.derecho.uba.ar/.

[789] Cfr. Hendrick Hakenes e Friederike Schlegel, *Exploiting the Financial Wisdom of the Crowd*, 2014, pp. 3 e 4, disponível em: papers.ssrn.com.

ciador tem do valor da recompensa e o carácter obrigatório ou de liberalidade que o promotor concebia para a prestação do financiador[790].

4.3. *Crowdfunding* de capital

O *Crowdfunding* de capital é a modalidade na qual projetos e atividades são financiados mediante a participação no capital da sociedade promotora, recebendo os investidores, em troca da sua contribuição, instrumentos financeiros, como por exemplo, participações sociais da sociedade que financiaram, ou apenas o direito de quinhoar nos lucros[791]. Isto posto, a participação dos investidores não está necessariamente relacionada com o consumo do produto ou serviço que a sociedade promotora pretende desenvolver[792].

A esta modalidade está associado, como o nome indica, a participação no capital social do beneficiário[793]. Desta forma, o *Crowdfunding* por capital permite ganhar o interesse do investidor no sucesso na sociedade comercial, ou a promover a troca desses direitos e instrumentos no mer-

[790] Cfr. Teresa Rodríguez de las Heras Ballell, "El *crowdfunding*: una forma de financiación colectiva, colaborativa y participativa de proyectos" in *Revista Pensar en Derecho.*, n.º 3, Año 2, University of Buenos Aires, tradução livre, 2013, pp. 109 e 110, disponível em: http://www.derecho.uba.ar/.

[791] Esta modalidade poderá envolver um *Special Purpose Vehicle*, criado pela Plataforma de Negociação, que poderá ser um Fundo de Titularização de Créditos, para, deste modo, o investidor estar indiretamente exposto ao risco, cfr. ESMA, *Opinion – Investment-based Crowdfunding*, 2014, pp. 6 e 7, disponível em: http://www.esma.europa.eu/system/files/2014-1378_opinion_on_investment-based_crowdfunding.pdf; "o Fundo de Titularização de Créditos constitui um *património autónomo*, pertencente em regime de comunhão especial às pessoas singulares ou colectivas detentoras das partes ou parcelas em que o mesmo se divide ... sem personalidade jurídica, portanto", João Calvão da Silva, *Titularização de Créditos – Securitization – No coração da crise financeira global*, 3.ª Edição, Revista e Aumentada, Coimbra, Almedina, 2013, p. 53.

[792] Cfr. Sebastian Dehling, *Crowdfunding – A Multifaceted Phenomenon*, 2013, pp. 20 e ss., disponível em: http://essay.utwente.nl/64436/.

[793] Cfr. Fernando Belezas, *Crowdfunding: Regime Jurídico do Financiamento Colaborativo*, 2.ª ed., Almedina, Coimbra, 2019, p. 86.

cado[794], promovendo-se a reunião numa única entidade os interesses de uma variedade de investidores, pelo que se pode revelar complexa a relação de equilíbrio entre a necessidade de ter os processos de decisão céleres e flexíveis associados ao *Crowdfunding* e a promoção dos referidos interesses dos investidores[795], podendo estes sentir dificuldades em coordenar-se e em obter informações sobre a sociedade comercial[796].

Nesta modalidade, como poderá envolver a transmissão de valores mobiliários, no caso de os beneficiários serem sociedades anónimas ou sociedades comanditas por ações, terão de surgir, nesse caso, figuras como os intermediários financeiros, por entrarmos num espaço de regulação financeira específico[797]. Existem, ademais, vários modelos em que se poderá recorrer a terceiros, sejam estes intermediários financeiros ou não (podem ser SPV, por exemplo, em que os investidores subscrevem o capital desse veículo)[798].

---

[794] Esta troca no mercado é muito limitada pela legislação de muitos países, não sendo permitido pela maioria deles, apesar de ser essa a modalidade em mais rápido crescimento, cfr. *Crowdfunding Industry Report – Market Trends Composition and Crowdfunding Plataforms*, disponível em: http://www.crowdfunding.nl/; *Naturaliter*, é um modelo ainda em evolução, devendo ser continuamente confrontado com a introdução de regulamentação, cfr. Alessandro Biffi e Manuel Columbaro, *Equity crowdfunding: un modello di analisi del comportamento di imprenditori e investitori*, 2014, pp. 8 e ss., disponível em: https://www.politesi.polimi.it/. Referindo como problema desta modalidade a pouca liquidez dos ativos, propondo, como contrapeso, a obrigação de divulgar informação com mais qualidade e obrigações de due *diligence*, Karen Wilson e Marco Testoni, *Improving the role of equity crowdfunding in Europe's capital markets*, 2014, p. 7, disponível em: http://www.bruegel.org/publications/publication-detail/publication/844-improving-the-role-of-equity-crowdfunding-in-europes-capital-markets/.

[795] Cfr. Inês Dias Lopes, "Equity Crowdfunding – A Governação da Sociedade Financiada", in *Revista de Direito das Sociedades*, Ano X, Número 4, Almedina, Coimbra, 2018, p. 750.

[796] Cfr. Maria Clara Natividade Martins Pereira, *Da regulação do crowdfunding de capital*, dissertação de mestrado da Universidade Católica Portuguesa – Escola de Lisboa, 2016, p. 23, disponível em: https://repositorio.ucp.pt/bitstream/10400.14/20625/1/Clara%20Martins%20Pereira%20-%20Tese%20MDG%20-%2031.03.2016.pdf.

[797] Cfr. Ana Rita Antunes Rodrigues, *Crowdfunding: uma análise sobre o financiamento colaborativo por empréstimo e as vantagens face ao financiamento tradicional*, dissertação de mestrado apresentada na Faculdade de Direito da Universidade Nova de Lisboa, 2019, pp. 19 e 20, disponível em: https://run.unl.pt/bitstream/10362/91301/1/AntunesRodrigues%20_2019.pdf.

[798] Cfr. Diogo Pereira Duarte, "Financiamento Colaborativo de Capital (Equity-Crowdfunding)", in *FinTech. Desafios da Tecnologia Financeira*, coord. António Menezes Cordeiro,

4.4. *Crowdfunding* por empréstimo

O *Crowdfunding* por empréstimo baseia-se num investimento inicial para financiar o projeto do beneficiário com um reembolso futuro do capital para os mutuantes, com juros[799]. Esta modalidade é mais antiga que o próprio termo "*Crowdfunding*", tendo em conta que a primeira plataforma desta atividade, a Zopa, surgiu em 2005, no Reino Unido e a primeira vez que foi utilizado o termo "*Crowdfunding*" foi em 2006 por Michael Sullivan[800]. O surgimento desta figura no Reino Unido está associado à longa tradição do país na realização de empréstimos entre particulares, já existindo instituições para o efeito o século XVIII, as *friendly societies*, que surgiram espontaneamente durante a revolução industrial como organizações que visam ajudar seus membros a reunir capital e a distribuir riscos[801].

Desde a sua criação, que este tipo de plataformas tem crescido a um ritmo impressivo[802] e ganho uma especial complexidade na estru-

---

Ana Perestrelo de Oliveira e Diogo Pereira Duarte, Almedina, Coimbra, 2017, pp. 258 e 259; Inês Dias Lopes, "Equity Crowdfunding – A Governação da Sociedade Financiada", in *Revista de Direito das Sociedades*, Ano X, Número 4, Almedina, Coimbra, 2018, pp. 731 e 732.

[799] Cfr. Steven Bradford, *Crowdfunding and the Federal Securities Law*, 2012, pp. 20 e ss., disponível em: http://papers.ssrn.com/sol3/papers.cfm?abstract_id=1916184; David Groshoff, *Kickstarter My Heart: Extraordinary Popular Delusions and the Madness of Crowdfunding Constraints and Bitcoin Bubbles*, 2014, p. 540, disponível em: http://papers.ssrn.com/sol3/papers.cfm?abstract_id=2313396.

[800] Cfr. Alessandro Biffi e Manuel Columbaro, *Equity crowdfunding: un modello di analisi del comportamento di imprenditori e investitori*, 2014, p. 11, disponível em: https://www.politesi.polimi.it/.

[801] Cfr. Craig Everett, *Origins and Development of Credit-Based Crowdfunding*, 2014, pp. 2 e ss., disponível em: https://papers.ssrn.com/.

[802] Cfr. Luís Roquette Geraldes, João Lima da Silva e Francisca Seara Cardoso, "P2P Lending", in *FinTech. Desafios da Tecnologia Financeira*, coord. António Menezes Cordeiro, Ana Perestrelo de Oliveira e Diogo Pereira Duarte, Almedina, Coimbra, 2017, p. 305; Cambridge Center for Alternative Finance, *The 2nd Global Alternative Finance Market Benchmarking Report*, 2021, disponível em: https://www.jbs.cam.ac.uk/faculty-research/centres/alternative-finance/publications/the-2nd-global-alternative-finance-market-benchmarking-report/.

tura dos seus diferentes modelos[803]. Esta modalidade de *Crowdfunding* por empréstimo tem o benefício de gerar retornos competitivos aos mutuantes, ao mesmo tempo que ajuda a economia através da concessão de empréstimos a pessoas que de outra forma podem ser incapazes de obter crédito[804]. Adair Morse refere que o *Crowdfunding* por empréstimo é uma desintermediação do financiamento ao consumo através de um mercado virtual[805]. Difere, deste modo, do funcionamento tradicional de um banco. As plataformas de *Crowdfunding* não financiam os projetos, dando liberdade aos investidores para escolherem que projetos devem ser financiados por estes[806]. Outrossim, existe a vantagem de poder-se apoiar projetos sociais, sem a estipulação de juros, contribuindo-se para "o emergente setor do microfinanciamento"[807].

"Na classificação do crédito, as plataformas recorrem tipicamente quer a métodos convencionais (*credit scoring/rating*, análise de rendimentos e do nível de endividamento, etc.), quer a métodos inovadores (informação pessoal revelada nas redes sociais, histórico de consumo e pagamentos, *customer reviews*, contabilidade em tempo real das empresas, etc.). A classificação atribuída é relevante não apenas para a decisão de aceitação do crédito, mas também para definir a taxa de juro aplicável. Pode suceder, no entanto, que a definição do juro se faça através de licitação junto do público"[808]. Neste sentido, as plataformas têm um papel essencial na relação contratual estabelecida entre investidores e bene-

---

[803] Cfr. Craig Everett, *Origins and Development of Credit-Based Crowdfunding*, 2014, p. 16, disponível em: https://papers.ssrn.com/.

[804] Cfr. Matthew Vitale, *Crowdfunding: Recent International Developments and Analysis Of Its Compatibility With Australia's Existing Regulatory Framework*, 2013, disponível em: http://papers.ssrn.com/.

[805] Cfr. Adair Morse, *Peer-to-Peer Crowdfunding: Information and the Potential for Disruption in Consumer Lending*, 2015, p. 2, disponível em: http://papers.ssrn.com/.

[806] Cfr. Paul Belleflame, Nessrine Omrani e Martin Peitz, *The Economics of Crowdfunding Platforms*, 2015, disponível em: http://papers.ssrn.com/.

[807] Teresa Rodríguez de las Heras Ballell, "El *crowdfunding*: una forma de financiación colectiva, colaborativa y participativa de proyectos" in *Revista Pensar en Derecho.*, n.º 3, Año 2, University of Buenos Aires, tradução livre, 2013, pp. 111 e 112, disponível em: http://www.derecho.uba.ar/.

[808] Vasco Costa, "A Regulação Jurídica do Financiamento Colaborativo ou «Crowdfunding» – Em Especial, o Caso Português", in *Cadernos do Mercado de Valores Mobiliários*, n.º 59, 2018, p.

ficiários. Mesmo que estas não façam parte nem assumam responsabilidades nessa relação contratual, a questão da reputação é essencial e as baixas taxas de incumprimento são dos principais critérios de sucesso de uma plataforma de *Crowdfunding*.

Nesta modalidade, as plataformas de *Crowdfunding* podem funcionar como verdadeiros intermediários, recebendo fundos dos mutuantes, – recebem do público depósitos ou outros fundos reembolsáveis –, e garantem a sua devolução aos mutuantes em determinadas condições, implicando esta atividade consequências regulatórias muito exigentes, próprias de instituições financeiras[809].

Importa esclarecer que existem dois grandes modelos dentro desta modalidade. Um modelo mais tradicional conhecido por *peer-to-peer lending*, em que as plataformas podem estruturar-se, tal como no *Crowdfunding* de capital, como um espaço de interação direta entre mutuários e mutuantes, em que executam uma função de *match-maker*, proporcionando aos utilizadores da plataforma o acesso eletrónico à identificação das empresas que necessitam de empréstimos, às informações financeiras destas empresas, à agregação e centralização de negociações e à realização de transações. Destarte, esta última estrutura minimiza as necessidades regulatórias e de supervisão, por distanciar-se da atividade exclusiva das instituições de crédito e sociedades financeiras. O processo de financiamento neste modelo pode-se estruturar, também, através de um leilão de taxas de juro ou de um leilão com taxa de juro fixa[810].

O outro grande modelo é chamado de *marketplace lending* e foi o primeiro modelo a surgir no mercado[811]. Este modelo consiste no recurso a

---

15, disponível em: https://www.cmvm.pt/pt/EstatisticasEstudosEPublicacoes/CadernosDoMercadoDeValoresMobiliarios/Pages/CadernosN59.aspx?v=.

[809] Cfr. Teresa Rodríguez de las Heras Ballell, "El *crowdfunding*: una forma de financiación colectiva, colaborativa y participativa de proyectos" in *Revista Pensar en Derecho.*, n.º 3, Año 2, University of Buenos Aires, 2013, p. 110, disponível em: http://www.derecho.uba.ar/.

[810] Cfr. Luís Roquette Geraldes, João Lima da Silva e Francisca Seara Cardoso, "P2P Lending", in *FinTech. Desafios da Tecnologia Financeira*, coord. António Menezes Cordeiro, Ana Perestrelo de Oliveira e Diogo Pereira Duarte, Almedina, Coimbra, 2017, pp. 316 e 317.

[811] Cfr. Luís Roquette Geraldes, João Lima da Silva e Francisca Seara Cardoso, "P2P Lending", in *FinTech. Desafios da Tecnologia Financeira*, coord. António Menezes Cordeiro,

uma instituição financeira para a transação de obrigações emitidas pelos beneficiários e que servirão para ser adquiridas pelos investidores, não se estabelecendo uma relação direta entre o beneficiário e o investidor, salvo o facto de este se tornar obrigacionista daquele[812].

Perante o exposto, existem alguns pontos de ligação entre o *Crowdfunding* de investimento e outras atividades reguladas. Para melhor compreender este enquadramento no Direito Financeiro iremos analisar, de seguida, de que forma é que as modalidades de *Crowdfunding* de capital e *Crowdfunding* por empréstimo foram introduzidas em vários ordenamentos jurídicos, explorando as diversas questões jurídicas com que se depararam.

Ana Perestrelo de Oliveira e Diogo Pereira Duarte, Almedina, Coimbra, 2017, p. 311.

[812] Cfr. Luís Roquette Geraldes, João Lima da Silva e Francisca Seara Cardoso, "P2P Lending", in *FinTech. Desafios da Tecnologia Financeira*, coord. António Menezes Cordeiro, Ana Perestrelo de Oliveira e Diogo Pereira Duarte, Almedina, Coimbra, 2017, pp. 311 e ss..

II.
Abordagens Regulatórias ao *Crowdfunding*

1. A Legislação e regulamentação portuguesa

O primeiro ato preparatório para a existência de legislação sobre *Crowdfunding* em Portugal foi o Projeto de Lei n.º 419/XII, apresentado a 30 de abril de 2013. O processo legislativo teve uma duração longa. Dois anos depois, surgiu a Lei n.º 102/2015, de 24 de agosto, que aprovou o RJFC. Esta Lei entrou parcialmente em vigor a 1 de outubro de 2015, atribuindo a responsabilidade de regulamentar o *Crowdfunding* de capital e por empréstimo à CMVM (artigo 23.º do RJFC). Deste modo, as disposições relativas a estas duas modalidades não entraram em vigor na referida data.

No dia 25 de maio de 2016, foi publicado o Regulamento da CMVM n.º 1/2016 relativo ao financiamento colaborativo de capital e por empréstimo, entrando "em vigor na data da entrada em vigor do regime aplicável à violação do regime jurídico do financiamento colaborativo de capital ou por empréstimo" (artigo 21.º do Regulamento da CMVM n.º 1/2016).

Esta opção decorre do artigo 22.º do RJFC, que prevê que sejam definidos em diploma próprio os regimes contraordenacional e penal aplicáveis à violação do disposto na presente lei, nomeadamente no que respeita ao desenvolvimento da atividade de financiamento colaborativo sem registo na CMVM, ao incumprimento de obrigações de informação, à violação de segredo profissional e à violação de regras sobre conflitos de interesses.

Posteriormente, a Lei n.º 3/2018, de 9 de fevereiro, veio definir o regime sancionatório aplicável ao desenvolvimento da atividade de financiamento colaborativo e proceder à primeira alteração ao RJFC. A entrada em vigor desta Lei, a 10 de fevereiro de 2018, fez com que entrasse em vigor todo o regime do *Crowdfunding* de capital e por empréstimo. Isto posto, nas próximas páginas, analisaremos detalhamento este regime.

1.1. Regime jurídico do financiamento colaborativo

A Lei n.º 102/2015 começa por definir, no seu artigo 2.º, o que é o financiamento colaborativo da seguinte forma: "O financiamento colaborativo é o tipo de financiamento de entidades, ou das suas atividades e projetos, através do seu registo em plataformas eletrónicas acessíveis através da Internet, a partir das quais procedem à angariação de parcelas de investimento provenientes de um ou vários investidores individuais".

O RJFC estabelece quatro modalidades de financiamento colaborativo, de uma forma taxativa[813]. Primeiro, o financiamento colaborativo através de donativo, pelo qual a entidade financiada recebe um donativo, com ou sem a entrega de uma contrapartida não pecuniária. Em segundo lugar, o financiamento colaborativo com recompensa, pelo qual a entidade financiada fica obrigada à prestação do produto ou serviço financiado, em contrapartida pelo financiamento obtido. Seguidamente, o financiamento colaborativo de capital, pelo qual a entidade financiada remunera o financiamento obtido através de uma participação no respetivo capital social, distribuição de dividendos ou partilha de lucros. Por fim, o financiamento colaborativo por empréstimo, através do qual a entidade financiada remunera o financiamento obtido através do pagamento de juros fixados no momento da angariação.

Ao contrário de outros ordenamentos jurídicos, o RJFC estabelece regras comuns para todas estas modalidades, acoplando num regime jurídico a realidade do financiamento colaborativo social (através de donativo e com recompensa) com a realidade do financiamento colaborativo de investimento (de capital e por empréstimo)[814].

---

[813] Previstas no artigo 3.º do RJFC.

[814] A solução noutros ordenamentos jurídicos tem sido a regulamentação específica do *Crowdfunding* de capital e por empréstimo, deixando o *Crowdfunding* através de donativo e com recompensa para a lei geral, como também é defendido pela doutrina, cfr. Joan Hemin-

Nessas disposições, prevê-se que apenas podem ser gestoras de plataformas de financiamento colaborativo as pessoas coletivas ou estabelecimentos individuais de responsabilidade limitada e que cada plataforma pode combinar mais do que uma modalidade de financiamento colaborativo[815].

O RJFC dispõe que as entidades gestoras de plataformas de financiamento colaborativo devem assegurar aos investidores o acesso a informação relativa aos produtos colocados através das mesmas plataformas, bem como a confidencialidade da informação que receberem dos investidores. Devem ainda assegurar o cumprimento das normas legais e regulamentares aplicáveis à prevenção de conflitos de interesses, nomeadamente no que respeita aos seus dirigentes e trabalhadores, e não podem fornecer aconselhamento ou recomendar oportunidades de investimento nos respetivos sítios ou portais de Internet nem deter valores mobiliários ou gerir fundos de investimento (artigo 5.º do RJFC)[816].

Para além de estabelecidos mais deveres de informação e outras normas protetivas na relação entre a entidade gestora da plataforma e os investidores e entre os beneficiários e os investidores nos artigos 6.º a 8.º do RJFC, outra questão pertinente resolvida pelo RJFC é a de saber o que acontece se o projeto não atingir o montante previamente indicado. O artigo 9.º, n.º 1 do RJFC dispõe que "caso os montantes indicados não sejam angariados nos prazos definidos, consideram-se sem efeito os negócios entretanto celebrados, devendo os beneficiários do investimento proceder à devolução dos montantes que tiverem recebido nos casos em que essa transferência já tenha ocorrido, sem prejuízo do dis-

---

WAY, *Securities Crowdfunding and Investors Protection*, 2016, pp. 11 e 12, disponível em: papers.ssrn.com.

[815] Cfr. artigo 4.º do RJFC.

[816] No entanto, a Lei não impede que as plataformas publiquem os processos de *due diligence* realizados às empresas, como é habitualmente feito nas plataformas inglesas, americanas, canadianas e espanholas, de forma criarem um impacto positivo perante os investidores, cfr. DOUGLAS CUMMING E YELIN ZHANG, *Are Crowdfunding Platforms Active and Effective Intermediaries?*, 2016, p. 19 e ss., disponível em: ssrn.com.

posto no número seguinte". Determina-se aqui legalmente o modelo *all or nothing*, anteriormente explanado[817].

No entanto, o n.º 2 do artigo 9.º do RJFC acrescenta que "se a oferta previr expressamente a possibilidade de alteração dos montantes e dos prazos, e esse facto tiver sido comunicado inicialmente aos investidores, as plataformas devem notificar todos os investidores da alteração superveniente das condições de subscrição, identificando, consoante os casos, qual o novo prazo de subscrição ou qual o novo montante máximo a angariar". Os n.ºs 3 e 4 complementam que apenas é permitida uma prorrogação de prazo ou alteração de montante por cada oferta e em caso de alterações à oferta deve ser determinado um prazo para o cancelamento das subscrições já efetuadas. Esta solução do RJFC é inovadora, já que os restantes ordenamentos jurídicos optaram apenas pelo modelo *all or nothing*, ou, como aconteceu com o ordenamento espanhol que optaram por um modelo *all or nothing* mitigado, em que se o projeto atingir 90% do montante indicado, poderá haver uma alteração da oferta.

A solução portuguesa parece, à primeira vista, equilibrada e positiva para todas as partes envolvidas, sendo uma solução que também foi encontrada a nível da legislação da União Europeia para os prospetos das ofertas públicas de valores mobiliários, em que os investidores têm direito a revogar a sua aceitação no prazo de dois dias úteis após a publicação da adenda ao prospeto, nos termos do n.º 2 do artigo 23.º do Regulamento (UE) n.º 2017/1129.

O n.º 1 do artigo 10.º do RJFC contém uma disposição importante ao estabelecer que se aplicam plenamente às relações jurídicas subjacentes ao financiamento colaborativo, em particular na relação estabelecida entre os beneficiários do financiamento e os investidores, os regimes correspondentes aos tipos contratuais celebrados com recurso às plataformas de financiamento colaborativo, nomeadamente a doação, compra e venda, prestação de serviços, emissão e transação de valores mobiliários e mútuo, bem como as disposições sobre proteção da propriedade intelectual, quando relevantes. Deste modo, ficamos esclarecidos quanto

[817] Convergentemente, Fernando Belezas, *Crowdfunding: Regime Jurídico do Financiamento Colaborativo*, 2.ª ed., Almedina, Coimbra, 2019, p. 84.

à amplitude do RJFC, não havendo pretensões que o RJFC derrogue as disposições referentes aos contratos entre investidores e beneficiários.

O n.º 2 do artigo 10.º do RJFC é igualmente importante ao referir que o financiamento colaborativo de capital ou por empréstimo apenas pode implicar a emissão de instrumentos financeiros se exercido por intermediário financeiro, nos termos da legislação aplicável ao mercado de instrumentos financeiros. Esta norma clarifica que sempre que estejam em causa instrumentos financeiros é necessária a intervenção de intermediários financeiros, uma opção controversa que analisaremos em detalhe *infra*.

Ademais, o RJFC estabelece que as plataformas devem organizar-se por forma a identificar possíveis conflitos de interesses e atuar de modo a evitar ou reduzir ao mínimo o risco da sua ocorrência, não podendo os seus titulares, dirigentes, trabalhadores ou outros prestadores de serviços com intervenção direta na atividade de financiamento colaborativo possuir interesses contrapostos aos beneficiários ou investidores e que, em situação de conflito de interesses, as plataformas devem atuar por forma a assegurar aos investidores e aos beneficiários um tratamento transparente e equitativo[818].

Em termos específicos sobre o *Crowdfunding* de donativo e por recompensa, não nos alongaremos por serem modalidade que não se enquadram no escopo do nosso estudo. Referimos apenas que o RJFC estabeleceu especificamente para estas modalidades que as plataformas devem comunicar o início da sua atividade à Direção-Geral das Atividades Económicas[819], que cada oferta disponibilizada está sujeita ao limite máximo de angariação de dez vezes o valor global da atividade a financiar[820].

No financiamento colaborativo de capital e por empréstimo, o RJFC prevê em específico a necessidade de registo prévio das entidades gestoras das plataformas junto da CMVM, registo que tem como função

818 Cfr. artigo 11.º do RJFC.

819 Cfr. artigo 12.º, n.º 1, do RJFC.

820 Cfr. artigo 13.º do RJFC. Esta norma refere, igualmente, que cada oferta apenas pode ser disponibilizada numa única plataforma de financiamento colaborativo, mas também temos a mesma disposição para as ofertas de financiamento colaborativo de capital e por empréstimo, devendo esta regra estar, pelo exposto, localizada nas disposições comuns.

assegurar o controlo dos requisitos para o exercício da atividade pelas plataformas de financiamento colaborativo e permitir a organização da supervisão, bem como assegurar o controlo da idoneidade da gestão dos operadores da plataforma, devendo a CMVM regulamentar o procedimento de registo, incluindo os requisitos de acesso e causas de indeferimento, assentes, nomeadamente, na demonstração da idoneidade dos titulares das plataformas, prazos, regime de suspensão e cancelamento do registo e demais formalidades[821].

Também em específico em relação a estas modalidades, são estabelecidos deveres de informação das plataformas relativamente aos investidores[822], o dever de as plataformas adotarem uma política e matéria de conflito de interesses reduzida a escrito[823], bem como limites ao investimento, diferenciados em função do rendimento anual dos investidores, que devem ser definidos pela CMVM em regulamento[824]. Como observamos nesta breve exposição do RJFC, existem algumas previsões em que foi atribuída à CMVM o dever de densificação por regulamento, algo que sucedeu em 2016 e que passaremos a analisar.

1.2. O Regulamento da CMVM n.º 1/2016

O Regulamento da CMVM n.º 1/2016 (neste capítulo, referido apenas como "Regulamento") desenvolve o regime previsto no RJFC, aprovado pela Lei n.º 102/2015, de 24 de agosto, em relação ao acesso à atividade de intermediação de financiamento colaborativo, causas de indeferimento e registo das entidades gestoras de plataformas de financiamento colaborativo, aos deveres das entidades gestoras das plataformas de financiamento colaborativo, às obrigações de informação dos beneficiários do financiamento colaborativo às plataformas eletrónicas de financiamento colaborativo para efeitos de informação aos investidores e à CMVM, aos limites máximos de angariação, aos limites ao investimento, às relações

[821] Cfr. artigo 15.º do RJFC.

[822] Cfr. artigos 17.º e 19.º do RJFC.

[823] Cfr. artigo 21.º do RJFC.

[824] Cfr. artigo 20.º do RJFC.

com serviços bancários como os de pagamento e aos deveres de prevenção de conflitos de interesses pelas entidades gestoras das plataformas[825].

No Regulamento assinala-se, portanto, a preocupação de assegurar uma gestão sã e prudente das entidades que gerem as plataformas eletrónicas de financiamento colaborativo e, neste sentido, estabelece-se que sejam adotadas, de forma escrita, políticas e procedimentos adequados e eficazes que regulem, designadamente, o controlo interno inerente à atividade, à prevenção de fraude e de branqueamento de capitais e do financiamento do terrorismo, entre outros. As plataformas devem também adotar, mediante a forma escrita, medidas de organização interna para prevenir o conflito de interesses.

Salientamos, assim, que a CMVM supervisiona especialmente a idoneidade dos membros do órgão de administração ou gestão das entidades gestoras de plataformas eletrónicas de investimento em financiamento colaborativo, bem como a adoção, por estas, de políticas e procedimentos de controlo interno, que assegurem, nomeadamente, os objetivos já assinalados de uma gestão sã e prudente, de prevenção de fraude e branqueamento de capitais, de segurança e de continuidade dos dados e funções da plataforma de financiamento colaborativo, do cumprimento dos deveres de informação aos investidores e da identificação e redução de conflitos de interesses.

Como exigido pelo artigo 2.º do Regulamento, as entidades gestoras de plataformas de financiamento colaborativo devem reunir, pelo menos, um dos seguintes requisitos: um capital social inicial mínimo, integralmente realizado, de € 50.000,00; um seguro de responsabilidade civil com uma cobertura mínima de € 1.000.000,00 por sinistro e, globalmente, € 1.500.000,00 para todos os sinistros que ocorram por ano; ou uma combinação das duas opções anteriores, desde que resulte num grau de proteção equivalente ao conferido por qualquer um dos dois isoladamente.

Tendo em consideração que as entidades gestoras de plataformas de financiamento colaborativo não podem deter fundos, nos termos do n.º 3 do artigo 21.º do RJFC, o Regulamento prevê no seu artigo 20.º a obriga-

---

[825] Cfr. artigo 1.º do Regulamento.

tória intervenção de uma entidade autorizada à prestação de serviços de pagamento[826] para a realização do investimento, de acordo com as normas legais e regulamentares que regem os respetivos serviços.

O Regulamento prevê que o beneficiário, relativamente a cada oferta de *Crowdfunding*, elabore e disponibilize à plataforma de financiamento colaborativo e aos investidores as "informações fundamentais destinadas aos investidores de financiamento colaborativo" (IFIFC), correspondentes a um documento informativo similar ao atualmente exigido para a maioria dos fundos de investimento, também conhecido por "informações fundamentais destinadas aos investidores" (IFI), nos termos do Regulamento (UE) n.º 583/2010. O principal objetivo das IFIFC é conter as informações necessárias para que o investidor tome uma decisão de investimento fundada e esclarecida sobre as características e os riscos de determinada oferta. Também por esta razão, estabelece-se que as IFIFC devem ser redigidas em português, de modo sucinto e mediante o uso de linguagem não técnica.

O formato das IFIFC consta do Anexo II ao Regulamento e deve conter as informações quanto à oferta, previstas no artigo 19.º do RJFC, designadamente, a descrição da atividade ou do produto a financiar, o montante e o prazo para angariação e o preço dos valores de cada unidade a subscrever e a forma de determinação do preço. Para além destes elementos, as IFIFC devem, ainda, conter a informação prevista nas alíneas do n.º 2 do artigo 16.º do Regulamento, designadamente, advertências quanto ao risco de perda parcial ou total dos montantes investidos e quanto ao facto de os produtos e atividades a financiar através do financiamento colaborativo não serem objeto de autorização ou supervisão pela CMVM ou por

---

[826] No âmbito dos serviços de pagamento eletrónicos, estabelece-se uma relação complexa, na qual "direitos subjetivos, direitos potestativos, deveres principais, deveres acessórios, deveres laterais, ónus e sujeições, expetativas, etc., se combinam numa estrutura composta por uma série de relações jurídicas simples, parecelares, interligadas, conformadas por uma génese coum e articuladas em ordem à prossecução de um mesmo fim contratual", Maria Raquel Guimarães, *O Contrato-quadro no âmbito da utilização de meios pagamentos electrónicos*, Dissertação de Doutoramento em Ciências Jurídico-Civilísticas pela Faculdade de Direito da Universidade do Porto, Coimbra Editora, Coimbra, 2011, p. 279. Sobre relações obrigacionais complexas, *vd.* Jorge Ribeiro de Faria, Luís Miguel Pestana de Vasconcelos, Rute Teixeira Pedro, *Direito das Obrigações – Vol. I*, Almedina, Coimbra, 2020, pp. 153 e ss..

qualquer outra entidade de supervisão financeira, nem estas entidades aprovarem a informação disponibilizada através das IFIFC. As IFIFC deverão ser entregues gratuitamente ao investidor, em momento prévio à aceitação da oferta, sendo que a entidade gestora da plataforma em causa assegurará a sua autenticidade e inteligibilidade, bem como a prova da sua receção pelo investidor e a respetiva tomada de conhecimento das advertências em momento prévio à subscrição da oferta[827].

Quanto aos limites ao investimento, estabelece-se que os investidores não podem ultrapassar €3.000 por oferta e €10.000 no total dos seus investimentos através do financiamento colaborativo no período de um ano. Estes dois limites não se aplicam, contudo, (i) às pessoas coletivas, (ii) às pessoas singulares que tenham um rendimento anual igual ou superior a € 70.000 e (iii) aos investidores profissionais nos termos das alíneas a) a k) do artigo 30.º do CVM[828].

Ademais, o Regulamento estabelece que o limite máximo de angariação por oferta é de € 1.000.000, não podendo uma atividade ou um produto em sede de financiamento colaborativo de capital ou por empréstimo ultrapassar esse limite, no período de um ano, podendo tal limite ser alcançado por uma única oferta, ou pelo cômputo global de mais ofertas a terem lugar no âmbito da União Europeia. No caso de as ofertas se destinarem a ser subscritas, em exclusivo, por investidores que sejam pessoas coletivas, investidores profissionais ou pessoas singulares com rendimento anual igual ou superior a € 70.000, os limites máximos aumentam e passam a ser de € 5.000.000[829].

Por último, refere-se que o artigo 15.º do Regulamento, vem, no seguimento da clarificação do artigo 10.º, n.º 2, do RJFC, reforçar que apenas as entidades legalmente habilitadas para o efeito podem desenvolver atividades de intermediação financeira e conceder crédito, a título profissional com recurso a plataformas de financiamento colaborativo, ficando sujeitas às normas legais e regulamentares que regem as respetivas atividades. Significa, portanto, como já estabelecido no RJFC, que não existe qualquer derrogação dos regimes da relação subjacente nem do regime

[827] Cfr. artigo 17.º, n.º 1, do Regulamento.

[828] Cfr. artigo 12.º do Regulamento.

[829] Cfr. artigo 19.º do Regulamento.

da atividade de intermediação financeira. É de salientar, neste âmbito, que o Regulamento prevê que as entidades gestoras de plataformas de financiamento colaborativo, na instrução do seu registo junto da CMVM, devam indicar se revestem ou não a natureza de intermediário financeiro ou agente vinculado de intermediário financeiro e, no segundo caso, juntando a indicação do intermediário financeiro ao qual se encontrem vinculados[830].

2. Abordagem regulatória de outros países

Iremos dividir esta análise comparada em três planos: o plano dos beneficiários; o plano das plataformas; e o plano dos investidores. Sem prejuízo dessa organização, começamos, também, cronologicamente pela primeira intervenção legislativa a nível internacional. Nos Estados Unidos de América foi implementado, a 5 de abril de 2012, o *JOBS (Jumpstart our Business Startups) Act*, com vista a potenciar o crescimento das PME, a criação de emprego e a melhoria do mercado de capitais. No seu Título III encontra-se a regulamentação do *Crowdfunding* de capital[831], conhecida como *Crowdfund Act*[832].

---

[830] Cfr. artigo 4.º, n.º 1, alínea j), do Regulamento.

[831] O *Crowdfunding* por empréstimo não se encontra especialmente regulamentado mas sujeita-se às regras da SEC (*Securities and Exchange Comission*), cfr. David Groshoff, Kurtis Urien, Alex Nguyen, *Crowdfunding 6.0: Does the SEC's FinTechLaw Failure Reveal the Agency's True Mission to Protect – Solely Accredited – Investors?*, 2014, p. 8, disponível em: http://papers.ssrn.com/.

[832] Foi, também criado o CFRIA (*CrowdFunding Intermediary Regulatory Association*), composto pelas treze principais plataformas de negociação americanas, para trabalharem junto do governo para desenvolverem novos regulamentos e alguns membros do Congresso têm impulsionado esta associação para ter objetivos mais ambiciosos, cfr. Henrique Matos, *Crowdfunding – Material Incentives and Performance*, 2012, p. 25, disponível em: http://repositorio.ucp.pt/. Sobre o *Crowdfund Act*, cfr. Thomas Hazen, *Crowdfunding or Fraudfunding? Social Networks and the Securities Laws – Why the Specially Tailored Exemption Must be Conditioned on Meaningful Disclosure*, 2012, disponível em: http://papers.ssrn.com/,; Jason Parsont, *Crowdfunding: The Real and the Illusory Exemption*, 2013, disponível em: http://papers.ssrn.com/; Sean O'Connor, *Crowdfunding's Impact on Start-Up IP Strategy*, 2013, disponível em: http://papers.ssrn.com/; Ian Peck, *Where are the Jobs in the JOBS Act? An Examination of the Uneasy Connec-*

Este regime veio alterar os procedimentos de registo na SEC, sendo que anteriormente o beneficiário teria de se registar pelas regras do *Securities Act* de 1933, o que implicava enormes custos para a entidade beneficiária. O regime veio permitir aos beneficiários angariarem até um milhão de dólares por ano, sem terem que registar as transações na SEC, sendo obrigatório recorrerem a uma plataforma de *Crowdfunding*[833].

Segundo o *Crowdfund Act*[834], o beneficiário e emitente dos valores mobiliários tem que providenciar a sua estrutura de propriedade e capital, com as diferentes classes de valores mobiliários que são oferecidas e a determinação da sua diferença, a explicação dos direitos inerentes e como podem ser transmitidos ou modificados. O beneficiário deve divulgar uma lista com o nome dos titulares de participações qualificadas e a explicação dos riscos envolvidos para os acionistas minoritários e acionistas futuros. O beneficiário deve, também, explicitar a sua oferta, descrevendo os seus objetivos, o montante que pretende arrecadar e o preço dos valores mobiliários ou o método de determinação desse preço. Outrossim, os beneficiários devem elaborar um relatório anual para ser divulgado aos seus investidores e ser avaliado pela SEC.

Encontramos, assim, nos Estados Unidos da América, uma facilitação de acesso de pequenos investidores ao mercado, com uma rigorosa limitação do valor do investimento no *Crowdfunding*, para evitar que o investimento deixe de ser do público e passe a ser dos investidores institucionais[835].

---

tion Between Securities Disclosure and Job Creation, 2013, disponível em: http://papers.ssrn.com/; SAMUEL GUZIK, *SEC Crowdfunding Rulemaking Under the Jobs Act – An Opportunity Lost?*, 2014, disponível em: http://papers.ssrn.com/,; Para além da proteção dos investidores, esta regulamentação procurou integrar devidamente estes agentes no mercado, cfr. JOAN HEMINWAY, *What is a Security in the Crowdfunding Era?*, 2012, pp. 335 e ss., disponível em: http://papers.ssrn.com/.

[833] Cfr. RUTHERFORD CAMPBELL JUNIOR, *The New Regulation of Small Business Capital Formation: The Impact – If Any – Of the Jobs Act*, 2014, p. 21, disponível em: http://papers.ssrn.com/.

[834] Cfr. STEVEN BRADFORD, *The New Federal Crowdfunding Exemption: Promise Unfulfilled*, 2012, pp. 195 e ss., disponível em: http://web.law.columbia.edu/.

[835] Encontramo-nos, presentemente, perante uma "institucionalização da economia, que tem raízes profundas e estruturais na própria sociedade e na organização do Estado – no definhamento do Estado Providência, na redução das suas contribuições sociais, de reforma e de saúde, agravado pelo envelhecimento da população dos países ocidentais, levando a que os

Em Itália, a CONSOB publicou, em março de 2013, o Regulamento n.º 18592, que aplica o art.º 30.º do Decreto Legislativo n.º 179/2012, de 18 de outubro (*decreto crescita bis*, convertido, com modificações, na Lei n.º 221/2012, de 27 de dezembro) sobre *Crowdfunding* de capital, tendo sido o país pioneiro na Europa a adotar legislação sobre o assunto[836].

Segundo este Regulamento, as empresas podem recorrer a esta modalidade de *Crowdfunding*, ou seja, podem emitir ofertas de instrumentos participativos no capital de risco através de portais especializados até a um total de 5 milhões de euros. Os beneficiários só poderão ser *startups*, ou seja, sociedades que cumpram os requisitos dos números 2 e 4 do art. 25.º do *decreto crescita bis*, com vista a incentivar o crescimento económico sustentável e desenvolvimento tecnológico[837] e emancipar essas sociedades das formas de financiamento tradicionais[838]. Posteriormente, este leque foi alargado para as PME inovadoras. A opção, em Itália, como se infere, para além da limitação do valor da oferta, foi a delimitação legal dos sujeitos que podem recorrer à figura do *Crowdfunding* de capital.

Em França, foi desenvolvido um quadro jurídico que regulamenta o *Crowdfunding* por empréstimo e de capital, que entrou em vigor a 1 de outubro de 2014, integrado no Código Monetário e Financeiro[839]. Os beneficiários, tal como nos Estados Unidos, têm algumas obrigações de informação aos investidores e aos intermediários como relatórios anuais e contratos-quadro de financiamento. No *Crowdfunding* de capital, a lei francesa permite a emissão de títulos financeiros não cotados até

---

cidadãos canalizem partes crescentes do seu aforro para fundos de pensões, seguros de saúde, etc. -...", Pedro Maia, *Voto e corporate governance. Um novo paradigma para a sociedade anónima*, Almedina, Coimbra, 2019, pp. 881 e 882.

[836] Cfr. Comissão de Economia e Obras Públicas, *Parecer da Comissão de Economia e Obras Públicas sobre o Projeto de Lei 419/XII*, 2013, disponível em: http://debates.parlamento.pt:9091/dar_s2_imagens/s2a/l12/sl2/n157/s2al12sl2n157.pdf.

[837] Cfr. Maschietto Maggiore, *Start-up Innovative: il Regolamento Consob sul crowdfunding*, 2013, disponível em: http://www.lexology.com/library/detail.aspx?g=3aec8bdc-f1b1-4ec6-9eae-f7423cd215bd.

[838] Cfr. Vincenzo Caridi, "Misure a sostegno dell'impresa start-up innovativa" in *Diritto della banca e del mercato finanziario*, n.º 4, anno XXVII, Roma, Pacini Editore, 2013, pp. 153 e ss..

[839] Cfr. Anne-Valérie Le Fur, "Enfin un cadre juridique pour le crowdfunding une première étape dans la réglemantation" in *Recuei Dalloz*, n.º 32, Paris, Dalloz, 2014, pp. 1831-1837.

ao limite de um milhão de euros por oferta, enquanto no *Crowdfunding* por empréstimo o limite é de mil euros, globalmente. O *Crowdfunding* de capital está sujeito ao regime de oferta pública de título financeiros, obrigando, por isso, o beneficiário a realizar um prospeto, com todas as informações financeiras relevantes, para as plataformas de *Crowdfunding* divulgarem a potenciais investidores[840]. Ainda assim, com toda esta legislação procurou-se, em França, evitar a sobreposição da regulamentação bancária e financeira existente[841].

Na Alemanha, foi criado um regime simplificado que isenta os beneficiários de publicar um prospeto nas ofertas públicas, caso estas sejam empréstimos com participações nos lucros, empréstimos subordinados ou outras formas comparáveis de investimento, estando sujeitas a limite de 2,5 milhões de euros[842]. Se estivermos perante valores mobiliários, exige-se a apresentação de prospeto nas ofertas de montante superior a 1 milhão de euros.

Em Espanha, o regime do *Crowdfunding*[843] é parte integrante da Ley 5/2015, de 27 de abril, mais conhecida como Ley de Fomento de la Financiación Empresarial. As ofertas de *Crowdfunding* em Espanha têm o limite máximo de 2 milhões de euros, mas caso as ofertas sejam dirigidas exclusivamente a «*investidores acreditados*» o limite máximo é de 5 milhões de euros.

---

[840] Cfr. Jean-Marc Moulin, "La régulation du *crowdfunding* à la française" in *Revie de Droit Bancaire et Finacier*, n.º 4 –14.º Année, Paris, LexisNexis, 2013, p. 31.

[841] Cfr. Anne-Valérie Le Fur, "Enfin un cadre juridique pour le crowdfunding une première étape dans la réglemantation" in *Recuei Dalloz*, n.º 32, Paris, Dalloz, 2014, pp. 1831-1837.

[842] Cfr. Fernando Belezas, *Crowdfunding: Regime Jurídico do Financiamento Colaborativo*, 2.ª ed., Almedina, Coimbra, 2019, pp. 36 e 37; Lars Klon, Lars Hornuf e Tobias Schilling, "The Regulation of Crowdfunding in the German Small Investor Protection Act: Content, Consequences, Critique Suggestions", in *European Company Law*, vol 13, n.º 12, 2016, pp. 58 e 59.

[843] Para uma análise mais detalhada deste regime, *vd.* Teresa Rodriguez de las Heras Ballell, "El crowdfunding: una forma de financiación colectiva, colaborativa y participativa de proyectos" in *Revista Pensar en Derecho*, n.º 3, año 2, University of Buenos Aires, tradução livre, 2013, p. 121, disponível em: http://www.derecho.uba.ar/; Fernando Zunzunegui, "Régimen jurídico de las plataformas de financiación participativa (crowdfunding)", in *Revista de Derecho del Mercado Financiero*, junio 2015, disponível em: http://www.rdmf.es,

No Reino Unido, o regime específico do *Crowdfunding* entrou em vigor no dia 1 de abril de 2014, não tendo sido utilizada a exceção do artigo 3.º da DMIF II, tendo as ofertas superiores a 5 milhões de euros que estar sujeitas à apresentação de prospeto. Desta forma, quando o *Crowdfunding* envolve a execução de ordens ou a gestão de fundos em relação a valores mobiliários as plataformas terão de ser empresas de investimento. Adicionalmente, foram reguladas as plataformas de *Crowdfunding* por empréstimo com um regime distinto. "A *Financial Conduct Authority* publicou regras para o *investment crowdfunding* mas criou normas específicas para a atividade de *borrowing* que se encontram atualmente sob revisão dada a dimensão alcançada"[844].

Quanto ao plano das plataformas, nos Estados Unidos da América, o *Crowdfund Act* estabelece que o intermediário deve assegurar que a divulgação do projeto do beneficiário é conhecida pelos investidores, reforçar os conhecimentos técnicos, relacionados com o risco, dos investidores, tomar medidas para reduzir os riscos de fraude[845], limitar o acesso do beneficiário aos fundos dos investidores e proteger a privacidade dos investidores[846]. Ademais, as plataformas não podem dar conselhos ou recomendações sobre investimentos[847], solicitar a compra de valores mobiliários disponíveis nas plataformas nem usurpar os fundos dos inves-

[844] Luís Guilherme Catarino, *Crowdfunding e Crowdinvesting: O Regresso ao Futuro?*, 2017, p. 50, nota 112, disponível em: https://institutovaloresmobiliarios.pt/estudos/.

[845] Timothy Li propõe a adoção dum modelo de *D&O Insurance* para prevenir este tipo de fraudes ocorridas no *Crowdfunding*, Timothy Li, *Fraud in Crowdfunding and Antifraud Insurance*, 2013, pp. 3 e ss., disponível em: http://works.bepress.com/timothy_li/2/; Sobre o *D&O Insurance* em Portugal *vd.* Maria Elisabete Ramos, *O Seguro de Responsabilidade Civil dos Administradores – Entre a exposição ao risco e a delimitação da cobertura*, Coimbra, Almedina, 2010, pp. 303 e ss., Pedro Pais de Vasconcelos, *D&O Insurance: o seguro de responsabilidade civil dos administradores e outros dirigentes da sociedade anónima*, Coimbra, Almedina, 2007.

[846] Cfr. Joan Heminway, *How Congress Killed Investment Crowdfunding: A Tale of Political Pressure, Hasty Decisions, and Inexpert Judgments That Begs for a Happy Ending*, 2014, p. 873, disponível em: http://papers.ssrn.com/sol3/papers.cfm?abstract_id=2466130.

[847] Muitos entusiastas do *Crowdfunding* criticaram a proibição de publicitar os projetos com mais sucesso, argumento que se estava a retirar o factor da "sabedoria do público" para separar os bons planos de negócios daqueles com problemas graves ou que foram corrompidos, cfr. Robert Thompson e Donald Langevoort, *Redrawing the Public-Private Boundaries in Entrepreneurial Capital-Raising*, 2012, pp. 33 e ss., disponível em: http://papers.ssrn.com/sol3/

tidores. As plataformas de *Crowdfunding* devem assegurar que o beneficiário receba os fundos quando atingirem ou excederem o montante pretendido. Até lá, os investidores podem cancelar o seu compromisso de investir[848]. Deste modo, vemos aqui plasmado legalmente o modelo *all or nothing*. Para além do disposto, foi, também, regulamentada a captação de fundos através das redes sociais, como o Facebook e o LinkedIn[849].

Em Itália, o Regulamento, que aplica o *decreto crescita bis* italiano, criou rigorosas regras de conduta aos gestores das plataformas de *Crowdfunding*, que só podem ser bancos ou sociedades comerciais. O Regulamento prevê a instituição de registo especial de gestor de portal *online* e deve pedir autorização para iniciar a sua atividade à CONSOB, – que tem o objetivo de salvaguardar a qualidade das operações[850] –, acompanhado de um relatório sobre a sua atividade, estrutura organizacional e os detalhes dos seus objetivos de investimento. Essas plataformas terão, naturalmente, que se sujeitar a requisitos de idoneidade e profissionalismo e obrigações de transparência e de divulgar informações aos investidores – de forma a estes terem dados necessários para avaliarem devidamente os seus investimentos, sob pena de sanções disciplinares. Com a apresentação de uma proposta de projeto por parte de um beneficiário, a plataforma deve avaliar a adequação do projeto às caraterísticas do financiamento através de *Crowdfunding*, a reputação do beneficiário e a probabilidade de fraude[851]. Adicionalmente, as entidades gestoras das

papers.cfm?abstract_id=2132813; Robert Brown Júnior, *Selling Equity through Crowdfunding: A Comment*, 2014, disponível em: http://papers.ssrn.com/.

[848] Cfr. Steven Bradford, *The New Federal Crowdfunding Exemption: Promise Unfulfilled*, 2012, pp. 195 e ss., disponível em: http://web.law.columbia.edu/.

[849] Cfr. Lisa Alexander, *Cyberfinancing for Economic Justice*, 2013, p. 359, disponível em: http://scholarship.law.wm.edu/cgi/viewcontent.cgi?article=1055&context=wmblr; Cfr. Erica Siepman, *The JOBS Act and the Elimination of the Ban on General Solicitations*, 2013, disponível em: http://www.denverlawreview.org/online-articles/2013/4/27/the-jumpstart-our-business-startups-act-and-the-elimination.html.

[850] Cfr. Angela Troisi, "Crowdfunding e mercato creditizio:profili regolamentari" in *Contratto e Impresa – Dialoghi com la giurisprudenza civile e commerciale*, n.º 2, Anno XXX, Wolters Kluwer Italia, Milão, 2014, p. 530.

[851] Cfr. Alessandro Biffi e Manuel Columbaro, *Equity crowdfunding: un modello di analisi del comportamento di imprenditori e investitori*, 2014, p. 42, disponível em: https://www.politesi.polimi.it/.

plataformas estão sujeitas a deveres de prevenção de conflitos de interesses menos rígidos que os intermediários financeiros e não existe uma proibição de as entidades gestoras participarem nas ofertas das respetivas plataformas. Não existem ainda requisitos patrimoniais para a criação de plataformas.

Em França, as plataformas de *Crowdfunding* têm um estatuto específico de intermediário de modo a mitigar a desintermediação bancária. As entidades gestoras destas plataformas têm obrigatoriamente de garantir a frequência por parte dos investidores de formações iniciais e contínuas de modo a informá-los dos seus riscos de crédito e a incentivá-los a acompanhar todas as operações. Nos casos de *Crowdfunding* por empréstimo, as plataformas de *Crowdfunding* não podem ser pessoas coletivas, certamente, com o objetivo de evitar que certas sociedades substituam os bancos. Em relação ao *Crowdfunding* por capital, as plataformas regem-se por rigorosas condições de incompatibilidade e conflitos de interesses. Aliás, têm algumas obrigações de informação aos investidores e aos beneficiários como relatórios anuais e contratos-quadro de financiamento e devem efetuar um contrato de seguro de responsabilidade civil profissional[852]. As plataformas estão sujeitas aos deveres de prevenção de conflitos de interesses previstos na legislação financeira geral, por outro lado, não existe proibição das entidades gestoras participarem nas ofertas das respetivas plataformas.

Em Espanha, as entidades gestoras das plataformas devem ter € 60.000 de capital social, ou um seguro de responsabilidade civil ou a conjugação de ambos. Titulares e gestores das plataformas podem investir nas ofertas até 10% e podem lançar ofertas até 10% dos fundos da plataforma. As plataformas não podem gerir discricionariamente e individualizadamente os investimentos. Devem ser previstas medidas de prevenção de conflitos de interesse pelas plataformas, mas não existe proibição de participação nas ofertas. Na Alemanha, as plataformas devem divulgar as entidades de serviços de pagamento associadas e os benefícios econó-

[852] Cfr. Francis-J. Crédot, e Thierry Samin, "Ordonnance n° 2014-559 du 30 mai 2014 relative au financement participatif" in *Revue de Droit Bancaire et Finacier*, n.º 5, 15.º Année, Paris, LexisNexis, 2014, pp. 47 e 48.

micos provenientes de terceiros e no Reino Unido as plataformas devem ter € 50.000 de capitais próprios.

Na União Europeia, uma das questões mais relevantes relativas às plataformas é a de saber se numa atividade que envolva valores mobiliários deverão estas ser qualificadas como intermediários financeiros. Ora, em países como o Reino Unido, a Alemanha[853] e a Áustria foi este o caminho adotado, mas noutros países, como Espanha, França e Itália, foi aproveitada a exceção do art.º 3.º da DMIF II que permite fazer atuar as respetivas plataformas fora do âmbito desse normativo desde que as mesmas não executem ordens ou detenham fundos dos clientes.

A maior necessidade de proteção recai sobre os investidores não institucionais, que podem ser facilmente alvo de fraude[854], por causa da sua iliteracia financeira, a falta de segurança na internet e a pouca propensão destes investidores em recorrerem à justiça, devido aos elevados custos processuais comparativamente às perdas que possam ter tido[855]. Outrossim, o investimento em pequenas e médias empresas – chamado investimento em capital de risco – é caracterizado por perfis de risco, em média, maiores do que os investimentos tradicionais[856].

Terminando com o plano dos investidores, nos Estados Unidos da América, o *Crowdfund Act* impõe três limites aos investidores: limite no montante que um investidor pode investir numa oferta de *Crowdfunding*; limite no montante que pode investir em todas as ofertas; e limite

---

[853] Na Alemanha, a oferta de instrumentos financeiros está no âmbito da DMIF. Apenas existe uma exceção para produtos de investimento (empréstimos subordinados e participação em lucros), cfr. FERNANDO BELEZAS, *Crowdfunding: Regime Jurídico do Financiamento Colaborativo*, 2.ª ed., Almedina, Coimbra, 2017, p. 50

[854] "Os riscos de fraude aumentam no *Crowdfunding* em relação ao *Venture Capital* ou aos *Business angels*, porque os investidores não têm contacto direto nem conhecimento da ideia de negócio, para além do que é apresentado no *website* de *Crowdfunding*", KRISTOF DE BUYSERE, OLIVER GAJDA, RONALD KLEVERLAAN E DAN MAROM, *A Framework for European Crowdfunding*, 2012, tradução livre, p. 15, disponível em: http://www.crowdfundingframework.eu/.

[855] Cfr. RYAN KANTOR, *Why Venture Capital Will Not Be Crowded Out by Crowdfunding*, 2013, pp. 12 e ss., disponível em: http://papers.ssrn.com/sol3/papers.cfm?abstract_id=2400082.

[856] Cfr. ALESSANDRO BIFFI E MANUEL COLUMBARO, *Equity crowdfunding: un modello di analisi del comportamento di imprenditori e investitori*, 2014, p. 83, disponível em: https://www.politesi.polimi.it/.

mínimo de literacia financeira[857]. As pessoas singulares estão limitadas a investir 2.000 dólares ou 5% do lucro anual ou património líquido se o seu património líquido for inferior a 100.000 dólares ou 10 % do seu património líquido, se este for superior a 100.000 dólares[858].

Por outro lado, os investidores podem pedir um grande número de informações sobre ofertas à SEC[859], aspeto essencial no *Crowdfunding*, devido ao pouco conhecimento que os investidores costumam ter das empresas beneficiárias[860]. Por último, o *Crowdfund Act* proíbe que os investidores vendam valores mobiliários de *Crowdfunding* por um ano, após a data da sua compra[861].

Em Itália, Espanha e Alemanha também nos deparamos com limites ao investimento[862]. Na Alemanha, o limite de investimento para investidores não profissionais é de mil euros por oferta, exceto se o rendimento dessas pessoas for superior a cem mil euros, caso em que o limite é de dez mil euros, o mesmo limite fixado para as pessoas coletivas. Existe, igualmente, a obrigação de realização de testes de adequação para investidores não qualificado, em que estes demonstram os seus conhecimentos

---

857 As Plataformas de negociação têm que assegurar que os investidores façam um teste de literacia financeira, cfr. THAYA KNIGHT, HUYWEN LEO E ADRIAN OHMER, *A Very Quiet Revolution: A Primer on Securities Crowdfunding and Title III of the Jobs Act*, 2012, p. 153, disponível em: http://papers.ssrn.com.

858 Estes limites podem ser conferidos em: https://www.sec.gov/.

859 Cfr. HEATHER TRAEGER, THEODORE KASSINGER E ZACHARY KAUFMAN, *Democratizing Entrepreneurship: An Overview of the Past, Present, and Future of Crowdfunding*, 2013, pp. 210 e ss., disponível em: http://papers.ssrn.com.

860 Cfr. DANIEL JENG, *The JOBS Act: Rule 506, Crowdfunding, and the Balance between Efficient Capital Formation and Investor Protection*, 2012, pp. 23 e ss., disponível em: http://papers.ssrn.com/.

861 Cfr. ANDREW SCHWARTZ, *Keep It Light, Chairman White: SEC Rulemaking Under the CROWDFUND Act*, 2013, p. 61, disponível em: http://papers.ssrn.com/.

862 Em Itália, o Regulamento CONSOB n.º 18592 prevê para a isenção a sujeição às regras dos serviços financeiros, o limite de €500 por oferta ou €1.000 anualmente para pessoas singulares e o limite €5.000 euros por oferta ou de €10.000 anualmente para pessoas coletivas. Em França, no *Crowdfunding* por empréstimo, cada investidor só poderá emprestar mil euros por oferta e1 milhão de euros, globalmente, enquanto que no *Crowdfunding* de capital não existem limites a não ser para cada oferta que só pode ser de 1 milhão de euros num período de doze meses, cfr. ANNE-VALÉRIE LE FUR, "Enfin un cadre juridique pour le crowdfunding une première étape dans la réglemantation" in *Recuei Dalloz*, n.º 32, Paris, Dalloz, 2014, pp. 1831-1837.

sobre investimento. Em Espanha, os limites de investimento para «*investidores não acreditados*» são de € 3.000 por projeto e de € 10.000 por ano. Em Itália, os investidores têm um limite de investimento de mil euros por oferta, sendo também exigido o preenchimento de um questionário em que garantem saber e compreender os riscos inerentes ao investimento. Por outro lado, existe a possibilidade de estes investidores revogarem a sua oferta, caso ocorra um facto novo ou um erro na publicitação que tenha influenciado a decisão de investimento[863].

3. O Regulamento (UE) 2020/1503

Simultaneamente à apresentação do Plano de Ação *FinTech*, a 8 de março de 2018, a Comissão Europeia apresentou uma proposta de Regulamento do Parlamento Europeu e do Conselho relativo aos prestadores de serviços de *Crowdfunding* às empresas[864], que visou estabelecer regras uniformes ao nível europeu tendentes à eliminação dos constrangimentos sentidos pelas plataformas europeias face à ausência de um passaporte europeu e face à grandes diferenças nos regimes dos Estados-Membros.

Esta iniciativa é referida como uma das prioridades da Comissão Europeia em criar uma União dos Mercados de Capitais, com o objetivo de alargar o acesso ao financiamento por parte das empresas inovadoras, empresas numa fase inicial da sua atividade e outras empresas não cotadas. Assim, de acordo com a referida proposta, passa a ser possível obter o passaporte europeu para a prestação destes serviços, estando todas as entidades que desejem prestá-los numa base *cross-border*, dentro da União Europeia, sujeitas aos mesmos requisitos de funcionamento e supervisão.

Esta proposta inicial inspira-se na DMIF II em termos de requisitos e deveres, mas numa versão muito mais simplificada. Em relação ao seu âmbito, o regime aplica-se exclusivamente às modalidades de *Crowdfun-*

[863] Cfr. Andrea Guaccero, "La start-up innovativa in forma di società a responsabilità limitata: raccolta del capitale di rischio ed equity crowdfunding" in *Banca Borsa Titoli di Credito – Revista Bimestrale di Dottrina e Giurisprudenza*, Vol. LXVII, n.º 6,, Giuffrè, Milão, 2014, p.721.

[864] Consultável em: https://eur-lex.europa.eu/legal-content/PT/TXT/HTML/?uri=CELEX:52018PC0113&from=EN

ding de capital e por empréstimo e não se aplica a serviços de *Crowdfunding* dirigidos a projetos em que os gestores são consumidores, serviços de *Crowdfunding* de sociedades de investimento e serviços de *Crowdfunding* regidos pela legislação dos Estados-Membros.

Ao contrário da legislação portuguesa, clarificou-se nesta proposta que o *Crowdfunding* de capital e por empréstimo não se aplica ao financiamento de atos de consumo e, ainda mais importante, que às atividades de *Crowdfunding* quando praticadas por intermediários financeiros não se aplica o respetivo regime, garantido alguma coerência e compatibilidade com a DMIF II. Este âmbito estabelece, igualmente, que o regime será concorrente com os regimes nacionais no espaço da União Europeia, "assim procurando fomentar a escalabilidade transfronteiriça da atividade das plataformas"[865]. Com base na proposta, as plataformas de *Crowfunding* podem optar por reger-se pelo regime nacional ou pelo regime europeu, sendo que se escolherem este último, ficam munidas do passaporte europeu, podendo atuar em todos os Estados-Membros da União Europeia.

Esta proposta inicial não estabelece quaisquer limites ao investimento, no entanto, uma atividade ou produto de uma oferta não pode ultrapassar o limite de angariação de € 1.000.000, no período de 12 meses, ficando esta fonte de financiamento limitada a esse valor. Para a proteção dos investidores, ficou estabelecida a obrigação destes fazerem testes de adequação de literacia financeira antes de poderem investir. As plataformas devem pedir informações aos clientes sobre os seus conhecimentos básicos sobre risco em investimento e sobre financiamento colaborativo. Se os clientes não disponibilizarem essa informação ou a plataforma considerar que os seus conhecimentos são insuficientes, a plataforma deverá prevenir os clientes que o investimento é inapropriado e emitirem um alerta de risco. Adicionalmente, as plataformas devem disponibilizar um simulador para os clientes para verificarem as perdas que podem suportar.

---

[865] Diogo Pereira Duarte e João Freire de Andrade, "Breves notas sobre o financiamento de start-ups e a sua regulação" in *FinTech – Novos Estudos sobre Tecnologia Financeira*, coord. por António Menezes Cordeiro, Ana Perestrelo de Oliveira e Diogo Pereira Duarte, Almedina, Coimbra, 2019, p. 243

A proposta não exige quaisquer requisitos patrimoniais para as plataformas. As plataformas apenas têm de ser pessoas coletivas que disponham de um estabelecimento efetivo e estável num Estado-Membro, algo que nos parece razoável tendo em conta que "o capital social mínimo não desempenha – independentemente do tipo social em causa –, ao menos de forma eficiente, nenhuma das funções que lhe são atribuídas, apresentando, ao invés, não pequenos inconvenientes para o desenvolvimento da atividade económica"[866].

No dia 20 de julho de 2020, foi apresentada a proposta que resultou das negociações da fase dos trílogos, ou seja, entre o Conselho Europeu, a Comissão Europeia e o Parlamento Europeu, composta por uma proposta de Regulamento e uma proposta de Diretiva (que visa excluir do âmbito da DMIF II os prestadores de serviços de *Crowdfunding*). No dia 5 de outubro de 2020, o Regulamento (UE) 2020/1503 foi aprovado.

3.1. Objetivos, âmbito e entrada em aplicação

É referido no primeiro considerando do Regulamento (UE) 2020/1503 que o *Crowdfunding* é cada vez mais uma forma estabelecida de financiamento alternativo para *startups* e PME, e representa um tipo de intermediação cada vez mais importante, em que um prestador de serviços de *Crowdfunding* (as entidades gestoras das plataformas de *Crowdfunding*), sem assumir riscos próprios, opera uma plataforma digital aberta ao público a fim de facilitar a comunicação entre potenciais investidores ou credores e as empresas que necessitam de financiamento. Por sua vez, uma plataforma de *Crowdfunding* é definida pelo Regulamento (UE) 2020/1503 como um sistema de informação baseado na Internet e acessível ao público, operado ou gerido por um prestador de serviços de *Crowdfunding*[867].

[866] Paulo de Tarso Domingues, "A Figura do Capital Social: Cinderela ou Gata Borralheira?", in *Congresso Comemorativo dos 30 anos do Código das Sociedades Comerciais*, coord. Paulo de Tarso Domingues, Almedina, Coimbra, 2017, p. 175.

[867] Cfr. artigo 2.º, n.º 1, alínea d), do Regulamento (UE) 2020/1503.

Em relação ao âmbito, começamos por expor que o Regulamento (UE) 2020/1503 define serviços de *Crowdfunding* como serviços de intermediação de interesses de financiamento entre investidores e beneficiários através da utilização de plataforma de *Crowdfunding* que consista nas atividades de (i) facilitação da concessão de empréstimos[868] e (ii) de colocação sem garantia de valores mobiliários/outros instrumentos[869] emitidos pelos beneficiários ou SPV[870] e da consequente receção e transmissão de ordens relativas a esses valores mobiliários/outros instrumentos[871].

Seguidamente, expomos a importante exclusão de aplicação da DMIF II aos prestadores e à prestação de serviços de *Crowdfunding*, evitando a duplicidade de regimes que existe atualmente em Portugal, como *supra* exposto, e permitindo que outros agentes do mercado possam exercer certas atividades de intermediação financeira (receção e transmissão de ordens e colocação sem garantia) sem que lhes seja aplicável a DMIF II, mas antes este regime especial relativo ao *Crowdfunding*. Proceder-se-á, assim, a uma alteração ao artigo 2.º da DMIF II, incluindo nas isenções a esta Diretiva os prestadores de serviços de *Crowdfunding*.

No entanto, o regime do Regulamento (UE) 2020/1503 não se aplica a ofertas que num período de 12 meses excedam o montante de 5 milhões de euros, seja em valores mobiliários/outros instrumentos ou em empréstimos, para o financiamento de um determinado beneficiário através de uma plataforma de *Crowdfunding*, sendo clarificado que esta disposição não abrange as exceções à obrigação de apresentação de prospeto que se

---

[868] De acordo com a alínea b) do n.º 1 do artigo 2.º do Regulamento (UE) 2020/1503, trata-se necessariamente de contratos de mútuo onerosos, isto é, com a estipulação de juros.

[869] Segundo o Regulamento (UE) 2020/1503, são admissíveis outros instrumentos no âmbito do *Crowdfunding*, desde que sejam participações sociais de uma sociedade de responsabilidade limitada que sejam livremente transmissíveis, de acordo com a alínea n) do n.º 1 do artigo 2.º do Regulamento (UE) 2020/1503. Esta regra foi criada para poder abranger a vontade de alguns Estados Membros que possam querer incluir outras participações sociais.

[870] Quando é utilizada uma SPV para a prestação de serviços de *Crowdfunding*, apenas um ativo ilíquido ou indivisível deve ser oferecido através desse SPV. Esse requisito aplica-se numa base de análise ao ativo ilíquido ou indivisível subjacente detido por estruturas financeiras ou jurídicas total ou parcialmente detidas ou controladas pelo SPV e a decisão de assumir a exposição a esse ativo subjacente caberá exclusivamente aos investidores, nos termos do n.º 6 do artigo 3.º do Regulamento (UE) 2020/1503.

[871] Cfr. artigo 2.º, n.º 1, alínea a), do Regulamento (UE) 2020/1503.

encontram no Regulamento UE n.º 2017/1129. Em consequência, é estabelecido na Proposta um período de 36 meses (24 meses desde a sua entrada em vigor em que, nos Estado Membros que tenham transposto para a sua lei nacional um limite mínimo inferior a 5 milhões de euros para a obrigação de apresentação de prospetos nas ofertas públicas de valores mobiliários, nos termos do Regulamento UE n.º 2017/1129, este regime do Regulamento (UE) 2020/1503 é apenas aplicável a ofertas até esse limiar (o montante inferior a 5 milhões de euros que tenha sido estabelecido pelo Estado Membro)[872]. Após esse período de 36 meses, o limite de 5 milhões aplicar-se-á a todos os Estados Membros.

Os prestadores de serviços de *Crowdfunding* deverão estar proibidos de, a título profissional, conceder crédito e proceder à aceitação de depósitos ou de outros fundos reembolsáveis provenientes do público, salvo se estiverem igualmente autorizados enquanto instituições de crédito em conformidade com o artigo 8.º da Diretiva 2013/36/UE, mas, por outro lado, é dispensada a aplicação do artigo 9.º da Diretiva 2013/36/UE, ou seja, não existe a proibição do exercício, a título profissional, das atividades de concessão de crédito e receção de fundos por pessoas ou empresas que não sejam instituições de crédito no âmbito do regime do *Crowdfunding*, especificamente, nas situações em que o beneficiário aceite fundos dos investidores e em que os investidores concedem empréstimos facilitados por uma plataforma de *Crowdfunding*. *A contrario sensu*, significa isto que o artigo 9.º da Diretiva 2013/36/UE, no âmbito do *Crowdfunding*, aplica-se apenas a prestadores de serviços de *Crowdfunding* que não sejam instituições de crédito[873].

É também clarificado pelo Regulamento (UE) 2020/1503 que o regime não se aplica à prestação de serviços de *Crowdfunding* a consumidores, tal como definidos na alínea a) do artigo 3.º da Diretiva 2008/48/CE ("pessoa singular que, nas transacções abrangidas pela presente directiva, actua com fins alheios às suas actividades comerciais ou profissionais"), estando assim excluído o crédito ao consumo do regime europeu do *Crowdfunding*[874].

---

[872] Cfr. artigo 49.º do Regulamento (UE) 2020/1503.

[873] Cfr. artigo 1.º, n.º 3, do Regulamento (UE) 2020/1503.

[874] Cfr. artigo 1.º, n.º 2, do Regulamento (UE) 2020/1503.

O Regulamento (UE) 2020/1503 estabelece requisitos uniformes relativos à prestação de serviços de financiamento colaborativo em matéria de organização, autorização e de supervisão dos prestadores de serviços de financiamento colaborativo, ao funcionamento das plataformas de financiamento colaborativo, à transparência e às comunicações comerciais relacionadas com a prestação de serviços de financiamento colaborativo na União Europeia.

No entanto, existem vários regimes específicos criados pelos Estados-Membros, incluindo Portugal, que divergem entre si, contrariando o objetivo do Regulamento (UE) 2020/1503 de possibilitar a prestação de serviços de financiamento colaborativo em todo o Mercado Único uniformemente, procurando-se reduzir custos aos investidores de retalho, aos gestores das plataformas e aos beneficiários quando estes procuram perceber as regras aplicáveis em cada Estado-Membro.

Face ao exposto, foi estabelecido que o Regulamento (UE) 2020/1503 substitui os regimes nacionais que versem sobre os mesmos serviços que se encontrem no seu âmbito, sendo estabelecido um período transitório, no seu artigo 48.º, que permite às entidades que prestam esses serviços de financiamento colaborativo, em conformidade com o direito nacional, adaptarem as suas atividades ao Regulamento (UE) 2020/1503 e disporem de tempo suficiente para solicitar uma autorização ao abrigo do mesmo.

Deste modo, os prestadores de serviços de financiamento colaborativo podem continuar, em conformidade com o direito nacional aplicável, a prestar os serviços de financiamento colaborativo abrangidos pelo âmbito de aplicação do Regulamento (UE) 2020/1503 até 10 de novembro de 2022 (um ano após a entrada em aplicação do regime europeu) ou até que lhes seja concedida a autorização no âmbito do referido diploma. Nessa medida, os pedidos de autorização para a gestão de plataformas de financiamento colaborativo, efetuados a partir de 10 de novembro de 2021, com vista à prestação de serviços no território da União Europeia apenas podem ser submetidos ao abrigo do Regulamento (UE) 2020/1503[875].

---

[875] De acordo com as orientações da Autoridade Europeia dos Valores Mobiliários e dos Mercados, disponíveis em:

Durante esse período transitório (entre 10 de novembro de 2021 e 10 de novembro de 2022), os Estados-Membros podem criar procedimentos especiais que permitam que as pessoas coletivas, autorizadas ao abrigo do direito nacional a prestar serviços de financiamento colaborativo abrangidos pelo âmbito de aplicação do Regulamento (UE) 2020/1503, convertam as suas autorizações nacionais em autorizações ao abrigo do Regulamento (UE) 2020/1503, desde que os prestadores de serviços de financiamento colaborativo cumpram os respetivos requisitos.

Após o período transitório, os prestadores de serviços não autorizados no âmbito do regime europeu deverão encerrar a sua atividade e os pedidos de financiamento efetuados nas suas plataformas, com exceção dos serviços dos contratos existentes, incluindo a cobrança e a transferência de montantes a receber, a prestação de serviços de guarda de ativos ou o processamento de operações societárias, que poderão continuar em conformidade com o direito nacional aplicável.

3.2. Requisitos e deveres dos prestadores de serviços de *Crowdfunding*

O Regulamento (UE) 2020/1503 entrará em aplicação no dia 10 de novembro de 2021 e implementará um regime para a prestação de serviços de financiamento colaborativo na União Europeia. Nessa medida, e como a partir dessa data, os pedidos de autorização para a gestão de plataformas de financiamento colaborativo com vista à prestação de serviços no território da União Europeia devem ser submetidos ao abrigo do Regulamento (UE) 2020/1503.

O artigo 2.º, n.º 1, a), do Regulamento (UE) 2020/1503, define como "serviço de financiamento colaborativo" "o serviço que consiste em fazer corresponder os interesses dos investidores e os dos promotores de projetos em matéria de financiamento de entidades, através da utilização de uma plataforma de financiamento colaborativo, e que pode assumir uma das seguintes atividades: i) facilitação da concessão de empréstimos; e ii) colocação sem garantia, a que se refere o anexo I, secção A, ponto 7, da

https://www.esma.europa.eu/sites/default/files/library/esma35-42-1088_qas_crowdfunding_ecspr.pdf.

Diretiva 2014/65/UE, de valores mobiliários e instrumentos admitidos para efeitos de financiamento colaborativo emitidos por promotores de projetos ou por uma entidade com objeto específico, e receção e transmissão de ordens de clientes, como referido no ponto 1 daquela secção, relativas a esses valores mobiliários e instrumentos admitidos para efeitos de financiamento colaborativo".

Esclarece-se que um empréstimo é definido como "um acordo pelo qual um investidor coloca à disposição do promotor do projeto uma quantia em dinheiro acordada durante um prazo acordado e pelo qual o promotor do projeto assume uma obrigação incondicional de reembolsar esse montante ao investidor, juntamente com os juros vencidos, em conformidade com o calendário de pagamento das parcelas", conforme a alínea b) do n.º 1 do artigo 2.º do Regulamento (UE) 2020/1503.

Refere-se, igualmente, que o regime da intermediação financeira do CVM não é aplicável aos prestadores de serviços de financiamento colaborativo, de acordo com o artigo 289.º do referido diploma, face à alteração introduzida pelo Decreto-Lei n.º 56/2021, de 30 de junho.

No caso de uma entidade pretender prestar o serviço de financiamento colaborativo através da (i) facilitação da concessão de empréstimos e da (ii) colocação sem garantia de valores mobiliários[876] emitidos por promotores de projetos ou por uma entidade com objeto específico, e receção e transmissão de ordens de clientes relativas a esses valores mobiliários terá de submeter, à autoridade competente, um pedido de autorização para esses efeitos, a partir de 10 de novembro de 2021, conforme previsto no artigo 12.º e seguintes do âmbito do Regulamento (UE) 2020/1503, podendo prestar os referidos serviços em toda a União Europeia.

Apenas as pessoas coletivas sedeadas na União Europeia poderão ser prestadores de serviços, nos termos do n.º 1 do artigo 3.º do Regulamento (UE) 2020/1503, devendo solicitar o seu registo junto da autoridade com-

[876] E/ou instrumentos admitidos para efeitos de financiamento colaborativo, definidos no Regulamento (UE) 2020/1503 como, em relação a cada Estado-Membro, participações numa sociedade de responsabilidade limitada que não estão sujeitas a restrições que as impeçam efetivamente de ser transferidas, incluindo restrições à forma como essas participações são oferecidas ou anunciadas ao público.

petente do Estado Membro respetivo[877] e ficando sujeitas aos mesmos deveres de atuar de forma honesta, equitativa e profissional, em função do interesse dos clientes[878], estabelecidos no n.º 1 do artigo 24.º da DMIF II para os intermediários financeiros. Desta forma e visando garantir que os potenciais investidores tenham oportunidades de investimento numa base neutra, os prestadores de serviços de *Crowdfunding* não devem pagar ou aceitar qualquer remuneração, desconto ou benefício não monetário por fim a direcionar as ordens dos investidores para uma oferta específica disponível na sua plataforma ou na de um terceiro[879].

Por outro lado, os prestadores de serviços de *Crowdfunding* podem propor projetos de *Crowdfunding* a investidores com base em um ou mais parâmetros ou indicadores de risco específicos, como o tipo ou setor de atividade empresarial ou um *rating* de crédito, desde que tenham sido previamente definidos pelo prestador de serviços de *Crowdfunding* e pelo investidor[880].

O Regulamento (UE) 2020/1503 estabelece, nos números 1 e 2 do artigo 4.º, o dever do órgão de gestão do prestador de serviços de *Crowdfunding* estabelecer e supervisionar a implementação de políticas e procedimentos adequados para garantir uma gestão eficaz e prudente, incluindo a segregação de funções, a continuidade dos negócios e a prevenção de conflitos de interesse, de forma a promover a integridade do mercado e os interesses dos clientes da plataforma, bem como estabelecer e supervisionar a implementação de sistemas de controlo adequados para avaliar os riscos relacionados com os empréstimos intermediados na plataforma.

Os valores mobiliários/outros instrumentos oferecidos numa plataforma de *Crowdfunding*, e que possam ser registados numa conta de instrumentos financeiros aberta em nome de um investidor, ou que possam

---

[877] Cabendo a esta autoridade o controlo de legalidade da atividade e organização dos prestadores de serviços de *Crowdfunding*, nomeadamente, a verificação dos requisitos legais previsto no artigo 12.º da Regulamento (UE) 2020/1503 para o registo dos prestadores de serviços de *Crowdfunding*.

[878] Cfr. artigo 3.º, n.º 2, do Regulamento (UE) 2020/1503.

[879] Cfr. artigo 3.º, n.º 3, do Regulamento (UE) 2020/1503.

[880] Cfr. artigo 3.º, n.º 4, do Regulamento (UE) 2020/1503.

ser fisicamente entregues a um depositário, são mantidos em custódia pelo prestador de serviços de financiamento colaborativo ou por um terceiro, devendo as entidades que prestam serviços de custódia deter uma autorização em conformidade com a Diretiva 2013/36/UE ou com a Diretiva 2014/65/UE[881]. Por último, refere-se que um prestador de serviços de *Crowdfunding* pode, ele próprio ou através de terceiros, prestar serviços de pagamento, nos termos da Diretiva (UE) 2015/2366[882].

Quanto a esses serviços de depósito de ativos e de pagamentos, os prestadores de serviços de *Crowdfunding* devem informar os investidores sobre os termos e condições desses serviços e se os serviços são prestados diretamente pelos próprios prestadores de serviços de *Crowdfunding* ou por terceiros[883]. No caso dos pagamentos relativos a valores mobiliários/outros instrumentos, os prestadores de serviços de *Crowdfunding* devem depositar os fundos num banco central ou numa instituição de crédito[884].

Os prestadores de serviços de *Crowdfunding* também devem, nos termos do artigo 7.º da Regulamento (UE) 2020/1503, implementar um sistema de tratamento de reclamações que seja eficiente, justo, transparente, consistente e atempado, assegurando que os seus clientes podem apresentar reclamações gratuitamente e assegurando que todas as reclamações são tratadas e respondidas num tempo razoável.

A nível prudencial, os requisitos patrimoniais dos prestadores de serviços de *Crowdfunding* devem sujeitar a um montante mínimo de 25.000 euros de capital social (um seguro de responsabilidade civil de montante equivalente ou uma combinação das opções anteriores) ou, se superior, um quarto das despesas gerais fixas do ano anterior, que devem incluir o custo do serviço de facilitação de empréstimos durante três meses[885].

São, ainda, estabelecidos deveres de os prestadores de serviços de *Crowdfunding* avaliarem os beneficiários dos projetos que sejam financiados através das plataformas de aqueles, nos termos do artigo 5.º do Regulamento (UE) 2020/1503, consistindo essa avaliação na verificação

---

[881] Cfr. artigo 10.º, n.º 3, do Regulamento (UE) 2020/1503.

[882] Cfr. artigo 10.º, n.º 4, do Regulamento (UE) 2020/1503.

[883] Cfr. artigo 10.º, n.º 1, do Regulamento (UE) 2020/1503.

[884] Cfr. artigo 10.º, n.º 2, do Regulamento (UE) 2020/1503.

[885] Cfr. artigo 11.º do Regulamento (UE) 2020/1503.

da idoneidade dos beneficiários e na verificação que estes não se encontram sedeados em países terceiros cujos regimes nacionais de combate ao branqueamento de capitais e ao financiamento do terrorismo apresentem deficiências estratégicas que constituam uma ameaça significativa para o sistema financeiro da União Europeia, nos termos da Diretiva (UE) n.º 2015/849.

O Regulamento (UE) 2020/1503 estabelece ainda deveres de prevenção de conflitos de interesses, nos termos o artigo 8.º, como o dever de ter regras internas nesse âmbito e obrigando os prestadores de serviços de *Crowdfunding* a não terem qualquer participação nas ofertas disponibilizadas nas suas plataformas, estendendo-se esta obrigação aos seus sócios com uma participação no seu capital igual ou superior a 20%, aos membros dos seus órgãos de gestão, aos seus trabalhadores às pessoas que se encontrem em relação de controlo com algum dos seus sócios, membros do órgão de gestão ou trabalhadores.

Quanto às taxas de incumprimento de empréstimos, os prestadores de serviços de financiamento colaborativo que prestam serviços de *Crowdfunding* que consistam na facilitação da concessão de empréstimos, divulgam anualmente essas taxas de incumprimento relativas a projetos de *Crowdfunding* oferecidos nas respetivas plataformas de financiamento colaborativo ao longo, pelo menos, dos últimos 36 meses, e publicam uma declaração de resultados no prazo de quatro meses a contar do final de cada exercício financeiro, indicando, conforme aplicável: (i) a taxa de incumprimento prevista e efetiva de todos os empréstimos facilitados pelo prestador de serviços de *Crowdfunding* por categoria de risco e por referência às categorias de risco definidas no quadro de gestão dos riscos, (ii) um resumo dos pressupostos utilizados na determinação das taxas de incumprimento previstas, ou (iii) caso um prestador de serviços de *Crowdfunding* tenha oferecido uma taxa-alvo para a gestão individual de carteiras de empréstimos, o retorno efetivo alcançado[886]. As taxas de incumprimento são publicadas em lugar de destaque no sítio Web do prestador de serviços de *Crowdfunding*[887].

---

[886] Cfr. artigo 20.º, n.º 1, do Regulamento (UE) 2020/1503.

[887] Cfr. artigo 20.º, n.º 2, do Regulamento (UE) 2020/1503.

3.3. Admissibilidade da gestão discricionária e do mercado secundário

Apesar de a autorização obtida ao abrigo do Regulamento (UE) 2020/1503 não conferir aos prestadores de serviços de *Crowdfunding* o direito de prestar serviços de gestão de ativos individuais ou coletivos, existe a possibilidade de utilizar processos automáticos para a gestão de carteiras de empréstimos, consistindo essa gestão na afetação pelo prestador de serviços de *Crowdfunding* de um montante predeterminado de fundos de um investidor, o qual é um mutuante inicial, a um ou vários projetos de *Crowdfunding* na sua plataforma de *Crowdfunding*, em conformidade com um mandato individual conferido pelo investidor numa base discricionária em função do investidor[888].

O investidor deve especificar no mandato individual os parâmetros da prestação do serviço de gestão de carteiras de empréstimos, os quais deverão incluir pelo menos dois dos seguintes critérios: (a) a taxa de juro mínima e máxima a pagar ao abrigo de qualquer empréstimo; (b) as datas de vencimento mínimo e máximo de qualquer empréstimo; (c) a distribuição do risco aplicável aos empréstimos; e (d) se for oferecida uma taxa-alvo anual de retorno do investimento, a probabilidade dos empréstimos selecionados permitirem ao investidor atingir a taxa-alvo[889].

Face aos critérios referidos, os prestadores de serviços de *Crowdfunding* devem implementar processos internos robustos e metodologias próprias[890]. Adicionalmente, devem analisar o risco de crédito dos projetos, dos beneficiários do projeto e da carteira de empréstimos dos investidores e devem disponibilizar a cada investidor a possibilidade de acederem à informação sobre a sua carteira, nomeadamente, a lista de empréstimos da carteira, a taxa de juros média anual ponderada desses empréstimos e a distribuição de empréstimos de acordo com a categoria de risco[891].

O prestador de serviços de *Crowdfunding* pode criar um fundo de contingência para a sua atividade de gestão individual de carteiras de

[888] Cfr. artigo 2.º, n.º 1, alínea c), do Regulamento (UE) 2020/1503.

[889] Cfr. artigo 6.º, n.º 1, do Regulamento (UE) 2020/1503.

[890] Cfr. artigo 6.º, n.º 3, do Regulamento (UE) 2020/1503.

[891] Cfr. artigo 6.º, n.ºs 3 e 4, do Regulamento (UE) 2020/1503.

empréstimo, devendo nesse caso disponibilizar aos investidores informação sobre a política de gestão e governação definida e sobre a dimensão do fundo comparada com os montantes totais pendentes de empréstimos relevantes para o fundo de contingência[892].

Face ao exposto, existe este caso em que é possível a gestão discricionária no âmbito do Regulamento (UE) 2020/1503, uma vez que é admissível que os prestadores de serviços de *Crowdfunding* exerçam poder discricionário em nome dos seus investidores dentro dos parâmetros acordados no contrato de mandato, sem necessidade de os investidores reverem e tomarem uma decisão de investimento em relação a cada oferta individual, de acordo com o n.º 5 do artigo 3.º do Regulamento (UE) 2020/1503.

Quanto à admissibilidade de um mercado secundário desenvolvido pelos prestadores de serviços de *Crowdfunding*, apenas existe a possibilidade de estes disponibilizarem, nos termos do artigo 25.º do Regulamento (UE) 2020/1503, os chamados boletins informativos, que não devem ser utilizados para reunir interesses de transações por meio dos protocolos dos prestadores de serviços de *Crowdfunding* ou por outros procedimentos operacionais internos que resultem na celebração de contratos.

Os boletins informativos não devem, portanto, consistir num sistema interno que executa as ordens dos clientes numa base multilateral[893], mas deve apenas permitir aos clientes dos prestadores de serviços de *Crowdfunding* que publicitem os seus interesses em adquirir ou ceder posições nos empréstimos e valores mobiliários/outros instrumentos que foram originalmente oferecidos nas plataformas de *Crowdfunding*. Os prestadores de serviços de *Crowdfunding* podem, no entanto, sugerir um preço de referência, desde que informem os seus clientes que o preço de referência não é vinculativo, bem como o método que utilizar para determinar o preço de referência.

---

[892] Cfr. artigo 6.º, n.ºs 5 e 6, do Regulamento (UE) 2020/1503.

[893] Os boletins informativos não são OTF nem MTF, e o risco da atividade de negociação corre por conta dos clientes da entidade gestora da plataforma, não sendo vinculativos os preços e critérios indicados por esta, cfr. EUGENIA MACCHIAVELLO, *The European Crowdfunding Service Providers Regulation and the Future of Marketplace Lending and Investing in Europe: the 'Crowdfunding Nature' Dilemma*, 2020, p. 15, disponível em: https://papers.ssrn.com/.

3.4. Proteção dos investidores

Os prestadores de serviços de *Crowdfunding* devem prestar, sempre que apropriado e antes de qualquer transação, informação clara, verdadeira e completa sobre os custos e riscos dos serviços prestados e sobre os critérios de seleção dos projetos[894]. Também deverá ser prestada informação sobre o facto dos serviços de *Crowdfunding* não se encontrarem cobertos por sistemas de garantia de depósitos, nos termos da Diretiva n.º 2014/49/UE, e por sistemas de indemnização de investidores, nos termos da Diretiva n.º 97/9/CE[895].

O Regulamento (UE) 2020/1503 faz uma distinção entre investidores sofisticados e não sofisticados, equivalendo aqueles aos investidores profissionais previstos no Anexo II da DMIF II, incluindo aqueles que pedem um tratamento como investidores não sofisticados nos termos que se aplica aos pedidos para tratamento como investidores não profissionais do mesmo Anexo II da DMIF II[896]. Os investidores não sofisticados são todos aqueles que não se qualifiquem como investidores sofisticados[897], aplicando-se-lhes normas mais protetoras face às suas fragilidades.

Nesse âmbito, é estabelecido no artigo 21.º, n.ºs 1, 3 e 5, do Regulamento (UE) 2020/1503 o dever de os prestadores de serviços de *Crowdfunding* verificarem e reverem uma vez em cada dois anos se as ofertas são apropriadas a investidores não sofisticados através de uma prova de conhecimentos e simulação de suportar perdas, calculada com base em 10% do património líquido de cada investidor, disponibilizada para o efeito. Para este propósito, os prestadores de serviços de *Crowdfunding* devem solicitar informação de cada investidor não sofisticado sobre a sua experiência, os seus objetivos de investimento, a sua situação financeira e o seu entendimento sobre os riscos envolvidos nos tipos de investimento oferecidos na plataforma[898].

---

[894] Cfr. artigo 19.º, n.ºs 1 e 4, do Regulamento (UE) 2020/1503.

[895] Cfr. artigo 19.º, n.º 2, do Regulamento (UE) 2020/1503.

[896] Cfr. artigo 2.º, n.º 1, alínea j), do Regulamento (UE) 2020/1503.

[897] Cfr. artigo 2.º, n.º 1, alínea k), do Regulamento (UE) 2020/1503.

[898] Cfr. artigo 21.º, n.º 2, do Regulamento (UE) 2020/1503.

Caso a informação não seja transmitida ao prestador de serviços de *Crowdfunding* ou caso este considere, com base na informação recebida, que o investidor não sofisticado não tem conhecimento ou experiência suficiente, o prestador de serviços de *Crowdfunding* deve emitir um alerta de risco, em que informa o investidor não sofisticado que os serviços oferecidos na plataforma podem não ser apropriados ao seu perfil[899]. Ademais, se um investidor não sofisticado investir mais de 1.000€ ou mais de 5% do seu património líquido numa única oferta de *Crowdfunding*, o prestador de serviços de *Crowdfunding* que opera a plataforma de *Crowdfunding* em que se encontra essa oferta deve assegurar que esse investidor não sofisticado recebe o alerta de risco acima referido, apresenta o seu consentimento de forma explicita e prova ao prestador de serviços de *Crowdfunding* que percebe o investimento e os seus riscos, podendo ser utilizado para essa prova a realização da simulação acima referida[900].

O Regulamento (UE) 2020/1503 estabelece, no seu artigo 22.º[901], um período de reflexão pré-contratual de quatro dias desde a aceitação da oferta para que os investidores não sofisticados possam revogar livremente a sua aceitação de uma oferta de *Crowdfunding*, devendo os prestadores de serviços de *Crowdfunding* informar os investidores não sofisticados deste seu direito, sendo abrangido por este dever o contrato de mandato para investimento em carteiras de empréstimos.

Por último, refere-se que, nos termos dos artigos 23.º e 24.º do Regulamento (UE) 2020/1503, deve ser disponibilizado pelos prestadores de serviços de *Crowdfunding* aos potenciais investidores um documento com a informação fundamental sobre o investimento (*key investment information sheet*) elaborado pelo benificiário para cada oferta de *Crowdfunding*, ficando este responsável civilmente por toda a informação disponibilizada nesse documento.

---

[899] Cfr. artigo 21.º, n.º 4, do Regulamento (UE) 2020/1503.

[900] Cfr. artigo 21.º, n.º 7, do Regulamento (UE) 2020/1503.

[901] O artigo 22.º do Regulamento (UE) 2020/1503 também estabelece que o período das ofertas se inicia com a disponibilização da oferta na plataforma até à data definida pelo beneficiário ou até à data em que o montante que foi definido como objetivo de financiamento é atingido, dependendo do evento que ocorrer mais cedo.

III.
Enquadramento do *Crowdfunding* no Sistema Jurídico Nacional

1. *Crowdfunding*, figuras aplicáveis e figuras de fronteira

Pela análise que até agora expusemos, verificámos que o *Crowdfunding* tem uma grande amplitude, abarcando várias modalidades e modelos, que podem enquadrar-se em regimes jurídicos de outras figuras. Importa-nos, assim, perscrutar essas figuras nas próximas páginas, tal como referimos na abordagem regulatória que propomos. Se a nossa questão é se deverá e poderá haver uma abordagem específica para o *Crowdfunding*, convém perceber que elementos já estão preenchidos pela nossa ordem jurídica, por forma a percebermos o que merecerá um tratamento diferente e o que deverá ter o mesmo tratamento. Para tanto, teremos em conta o RJFC e o Regulamento (UE) 2020/1503, de forma a aprofundarmos as opções legislativas que foram até ao momento tomadas.

Esclarecemos, igualmente, que as figuras que vamos abordar prendem-se com os modelos de *Crowdfunding* que se nos afiguram como os mais utilizados pelo mercado. "A primeira questão a resolver face a um determinado contrato diz respeito à interpretação das declarações de vontade das partes, por forma a apurar o sentido decisivo desse negócio jurídico, os traços fundamentais que o compõem. Só depois se dá o passo subsequente, que consiste em julgar e classificar juridicamente o contrato, ou seja, qualificá-lo, enquadrando-o sempre que possível num dos tipos negociais que a lei prevê e regula"[902]. Começaremos, deste modo,

---

[902] Luís Miguel Pestana de Vasconcelos, *Dos Contratos de Cessão Financeira (Factoring)*, Coimbra Editora, Coimbra, 1999, p. 378.

pelo *Crowdfunding* de capital e o *Crowdfunding* que envolve valores mobiliários, pela clara sobreposição de regimes que estas variantes envolvem, sobretudo, no Direito das Sociedades Comerciais e no Direito dos Valores Mobiliários.

1.1. *Crowdfunding* e subscrição pública

Uma grande parte dos modelos de negócio do *Crowdfunding* de capital consistem, como o próprio nome indica, na participação dos investidores no capital dos beneficiários, passando estes a deter participações sociais daqueles. Tendo isso em conta, o *Crowdfunding* pela sua definição significa nestes casos uma oferta das participações sociais ao público, parecendo estar necessariamente em causa a figura societário do apelo à subscrição pública[903] "também conhecida como subscrição sucessiva (por se realizar por etapas e não através de um ato único)"[904].

No entanto, a regra do direito societário português é a da constituição de sociedade comercial e a do aumento de capital da sociedade comercial por meio de subscrição particular, nos termos do n.º 1 do artigo 7.º e do número 1 do artigo 87.º do CSC, respetivamente, sendo excecionalmente estabelecida a possibilidade do recurso à subscrição pública às sociedades anónimas, nos artigos 18.º, n.º 4, 87.º, n.º 2, *in fine*, e 279.º do CSC.

Esta solução parece justificar-se pela importância da dispersão do capital nas sociedades anónimas em detrimento do caráter mais personalístico das restantes sociedades, conjugando-se assim perfeitamente com a natureza pública e impessoal da subscrição com apelo ao público.

Face ao exposto, é importante salientar primeiramente que as ofertas do RJFC não podem ser realizadas para a constituição de sociedades comerciais, tendo em conta que apenas poderão ser beneficiárias as

---

[903] No entendimento de Fernando Belezas, o recurso à subscrição particular é impossível nas ofertas de *Crowdfunding*, porque o recurso à subscrição particular exige a identificação e definição prévia dos investidores, cfr. FERNANDO BELEZAS, *Crowdfunding: Regime Jurídico do Financiamento Colaborativo*, 2.ª ed., Almedina, Coimbra, 2019, p. 85.

[904] GABRIELA FIGUEIREDO DIAS, Anot. ao art.º 279.º in *Código das Sociedades Comerciais em Comentário*, coordenado por COUTINHO DE ABREU, Vol. V, Coimbra, Almedina, 2012, p. 116.

pessoas coletivas já constituídas[905], opção que nos parece razoável face à dificuldade de avaliação do risco de projetos sem qualquer histórico por parte das plataformas e dos investidores. Outrossim, nos termos do n.º 4 do artigo 280.º do CSC, se a sociedade não chegar a constituir-se, todas as despesas efetuadas serão suportadas pelos promotores, levando-nos a inferir que a possibilidade de constituição de uma sociedade através de *Crowdfunding*, perante a aplicação regime da subscrição pública prevista no CSC, não é atrativa para os próprios promotores dos projetos.

Em segundo lugar, salienta-se a necessidade no RJFC das beneficiárias serem sociedades anónimas ou sociedades em comandita por ações, face à necessidade de determinação das pessoas que participarão no aumento de capital na deliberação do mesmo, com exceção da possibilidade da oferta se destinar ao à celebração do acordo de subscrição de novos sócios numa sociedade por quotas, nos termos do artigo 268.º, n.º 2, do CSC[906].

No entanto, o regime das sociedades por quotas não é totalmente compatível com a dispersão do capital que o *Crowdfunding* implica[907] ao exigir o registo comercial da aquisição das quotas, nos termos do artigos 242.º-A, do CSC, 3.º. n.º 1, alínea c), 29.º-A e 53.º-A do CRC[908]. Trata-se de um registo por depósito[909], em contraposição aos registos por trans-

[905] Convergentemente, Fernando Belezas, *Crowdfunding: Regime Jurídico do Financiamento Colaborativo*, 2.ª ed., Almedina, Coimbra, 2019, p. 86, nota 160.

[906] Convergentemente, Diogo Pereira Duarte, "Financiamento Colaborativo de Capital (Equity-Crowdfunding)", in *FinTech. Desafios da Tecnologia Financeira*, coord. António Menezes Cordeiro, Ana Perestrelo de Oliveira e Diogo Pereira Duarte, Almedina, Coimbra, 2017, p. 241. Divergentemente, Fernando Belezas, *Crowdfunding: Regime Jurídico do Financiamento Colaborativo*, 2.ª ed., Almedina, Coimbra, 2019, p. 86, nota 160.

[907] Convergentemente, Diogo Pereira Duarte, "Financiamento Colaborativo de Capital (Equity-Crowdfunding)", in *FinTech. Desafios da Tecnologia Financeira*, coord. António Menezes Cordeiro, Ana Perestrelo de Oliveira e Diogo Pereira Duarte, Almedina, Coimbra, 2017, p. 241.

[908] Sobre o registo da aquisição de quotas, explicando que o registo não é feito junto da sociedade, mas antes, no registo comercial, Alexandre de Soveral Martins, *Cessão de Quotas*, 2.ª ed., Almedina, Coimbra, 2016, pp. 21 e ss..

[909] Nos termos do n.º 3 do artigo 53.º-A do CRC, o registo por depósito consiste no mero arquivamento dos documentos que titulam factos sujeitos a registo.

crição[910], nos termos da alínea a) do n.º 5 do artigo 53.º-A do CRC, que deve ser pedido no prazo de dois meses a contar da data em que o facto tiver sido titulado (artigo 15.º, n.º 2, do CRC), sendo que, ademais, os factos relativos a quotas são ineficazes perante a sociedade enquanto não for solicitada, quando necessária, a promoção do respetivo registo (artigo 242.º-A do CSC).

A cessão de quotas depende, nos termos do n.º 1 do artigo 228.º do CSC, de documento escrito sob pena de nulidade do negócio que serve de base à cessão, conforme previsto no artigo 220.º do CC[911], e a sua eficácia depende de comunicação escrita à sociedade ou por esta reconhecida, expressa ou tacitamente (artigo 228, n.º 3, do CSC). Adicionalmente, o regime da cessão de quotas prevê a necessidade, em regra, de consentimento da sociedade (dado por deliberação dos sócios[912]) como requisito de eficácia deste negócio, nos termos do artigo 228.º, n.º 2 do CSC, a não ser que se trate de cessão entre cônjuges, entre ascendentes e descendentes ou entre sócios[913]. Este consentimento pode ser feito antes ou depois da cessão[914].

Quanto ao Regulamento (UE) 2020/1503, esta apenas contempla valores mobiliários, portanto apenas ações. As participações sociais das

---

[910] Nos termos do n.º 2 do artigo 53.º-A do CRC, o registo por transcrição consiste na extractação dos elementos que definem a situação jurídica das entidades sujeitas a registo constantes dos documentos apresentados.

[911] Cfr. RAQUEL DE LÓIA SEQUEIRA, "Transmissão de quotas e de ações – Algumas questões", in Revista de Direito das Sociedades, Ano X, n.º 3, Almedina, Coimbra, 2018, p. 533.

[912] Os sócios deverão tomar a deliberação 60 dias seguintes à sua receção do pedido de consentimento do cessionário ou do cedente, sob pena de a eficácia de cessão deixa de depender dele, nos termos do artigo 230.º do CSC.

[913] Pode-se incluir no contrato de sociedade uma cláusula que dispense a necessidade deste consentimento, em qualquer caso ou sob a verificações de certas condições, nos termos do artigo 229.º, n.º 2, do CSC. No entanto, esta necessidade de verificação do contrato de sociedade não é consentânea com a celeridade e simplicidade associada ao *Crowdfunding*. Acresce que, não é possível dispensar o consentimento da sociedade para a cessão de quotas através de um acordo parassocial, cfr. RAQUEL DE LÓIA SEQUEIRA, "Transmissão de quotas e de ações – Algumas questões", in Revista de Direito das Sociedades, Ano X, n.º 3, Almedina, Coimbra, 2018, p. 540.

[914] Cfr. RAÚL VENTURA, *Sociedades por Quotas – Comentário ao Código das Sociedades Comerciais*, Vol. I, 2.ª ed. Almedina, Coimbra, 1999, p. 623.

sociedades por quotas não são consideradas valores mobiliários, por lhes faltarem requisitos essenciais como a transmissibilidade, nomeadamente, a necessidade de consentimento. As quotas também não podem ser valores mobiliários devido à natureza documental destes, sendo que as quotas não podem ser representadas por títulos (art. 219.º, n.º 7, do CSC)[915].

No âmbito da constituição de sociedades por apelo à subscrição pública, este diploma não cria obstruções quanto a essa possibilidade, uma vez que os beneficiários podem ser pessoas singulares e pessoas coletivas[916], aplicando-se, assim, o regime do artigo 279.º do CSC, quer para as sociedades anónimas, quer para as sociedades em comandita por ações, por via do artigo 478.º do CSC[917]. Relativamente às sociedades por quotas, remete-se para o que foi referido anteriormente quanto ao aumento de capital.

Deste modo, verifica-se que as caraterísticas do *Crowdfunding* têm uma maior compatibilidade com a figura do aumento de capital por apelo à subscrição pública em sociedades anónimas e sociedades em comandita por ações no RJFC, e no Regulamento (UE) 2020/1503 também a constituição de sociedades anónimas e sociedades em comanditas por ações, casos em que necessariamente terá que existir uma oferta pública de valores mobiliários, figura do nosso sistema jurídico que passamos a analisar.

1.2. *Crowdfunding* e ofertas públicas de valores mobiliários

As ofertas de valores mobiliários no âmbito do *Crowdfunding*, quer no de capital (emissão de ações) quer no de empréstimo (emissão de obrigações), serão ofertas públicas, caso estejam preenchidos os requisitos previstos na definição de «oferta pública», prevista no Regulamento dos

---

[915] Cfr. Paulo Câmara, *Manual de Direito dos Valores Mobiliários*, 4.ª ed. Almedina, Coimbra, 2018, pp. 116 a 118.

[916] Cfr. alínea h), n.º 1, do artigo 2.º do Regulamento (UE) 2020/1503.

[917] Cfr.Maria Elisabete Ramos, "A simplificação dos processos de constituição de sociedades: o que mudou nos últimos 30 anos?" in *Direito das Sociedades em Revista*, outubro 2016, ano 8, Vol. 16, Almedina, Coimbra, 2016, p. 126.

Prospetos, o que acontecerá devido à universalidade associada às ofertas de *Crowdfunding*, ou seja, devido ao facto de se destinarem a destinatários indeterminados.

A oferta não estará sujeita ao regime das ofertas públicas de distribuição, como a exigibilidade de efetuar um prospeto, se os valores mobiliários distribuídos tiverem um valor total na União Europeia inferior a 8 milhões de euros, calculado em função das ofertas realizadas ao longo de um período de 12 meses (art. 3.º, n.º 2, alínea (b) do Regulamento dos Prospetos).

Por esta razão, o Regulamento (UE) 2020/1503 e o RJFC estabelecem limites para as ofertas que são iguais ou inferiores a € 5.000.000, de forma a não se aplicar a obrigatoriedade de apresentação de prospeto e os restantes deveres previstos no Regulamento dos Prospetos. No RJFC, o limite máximo de angariação por oferta é de € 1.000.000 no período de 12 meses, podendo tal limite ser alcançado através de uma única oferta ou do cômputo global de mais ofertas a terem lugar na União Europeia, nos termos do seu artigo 19.º, n.º 1.

Atenta-se, no entanto, que no n.º 2 do artigo 19.º é estabelecido que quando as ofertas se destinem a ser subscritas, em exclusivo, por investidores que sejam pessoas coletivas ou pessoas singulares que tenham um rendimento anual igual ou superior a € 70.000, o limite máximo previsto no número anterior é de € 5.000.000. Antes da alteração ao CVM pela Lei n.º 99-A/2021, de 31 de dezembro, existia uma sobreposição do regime das ofertas públicas com o RJFC. É o caso quando a oferta é de exatamente € 5.000.000 e a oferta não for dirigida apenas a investidores profissionais, tendo em conta os critérios para a qualificação dos investidores que eram estabelecidos no artigo 30.º do CVM e o critério estabelecido para as ofertas particulares estabelecido na alínea (a) do n.º 4 do artigo 1.º do Regulamento dos Prospetos, uma vez que o artigo 111.º, n.º 1, alínea i) do CVM que apenas excecionava do regime das ofertas públicas de distribuição aquelas cujo valor total na União Europeia seja inferior a (euro) 5 000 000, calculado em função das ofertas realizadas ao longo de um período de 12 meses. Tal já não ocorre face à revogação desta norma pela Lei n.º 99-A/2021, de 31 de dezembro, aplicando-se o limite de € 8.000.000 estabelecido no Regulamento dos Prospetos – deixando

Portugal de aplicar um limite mais abaixo, com base no artigo 3.º, n.º 2, segundo parágrafo, do Regulamento dos Prospetos.

Outra das consequências associada às ofertas públicas é a necessidade de registo dos valores mobiliários emitidos num único intermediário financeiro que presta o serviço de registo de valores mobiliários escriturais e que seja indicado pelo emitente, de acordo com a alínea b) do artigo 61.º e da alínea b) do número 1 do artigo 63.º, ambas do CVM. Este registo e a qualificação dos emitentes enquanto sociedades abertas consubstanciam normas nacionais que não decorrem das normas da União Europeia, importando este facto para a conformação do Regulamento (UE) 2020/1503 na nossa ordem jurídica, podendo estas exigências prejudicar o estabelecimento de entidades gestoras de plataformas de *Crowdfunding* em Portugal.

Antes das alterações ao CVM, promovidas pela Lei n.º 99-A/2021, de 31 de dezembro, uma das consequências da emissão de novas ações no aumento de capital por apelo era a qualificação automática do beneficiário como sociedade aberta[918]. Assim, aplicavam-se os critérios normativos previstos no artigo 13.º do CVM, o que implicava, "essencialmente, exigências adicionais no que respeita à transparência do respetivo funcionamento e à informação a prestar aos acionistas, ao regulador e/ou ao mercado em geral"[919]. Com a revogação do artigo 13.º do CVM, suprimiu-se exigências acrescidas e especificidades nacionais suscetíveis de afastar investidores internacionais e desencorajar a opção das empresas pelo *Crowdfunding* de capital em Portugal, sobretudo as PME e *startups*[920].

[918] "As sociedades abertas regem-se pelas normas aplicáveis às sociedades anónimas, bem como por normas especiais constantes do C.S.C. e do C.V.M., Regulamentos e Recomendações da CMVM e dos Mercados em que as suas acções tenham sido admitidas à negociação", António Pereira de Almeida, *Sociedades Comerciais, Valores Mobiliários e Mercados,* Volume 1, 6.ª ed., Coimbra, Coimbra Editora, 2011, p. 537.

[919] Gabriela Figueiredo Dias, "Anot. ao art.º 279.º" in *Código das Sociedades Comerciais em Comentário*, coordenado por Coutinho de Abreu, Vol. V, Coimbra, Almedina, 2012, p. 121.

[920] Cfr. Paulo Câmara, *Manual de Direito dos Valores Mobiliários*, 4.ª ed., Almedina, Coimbra, 2018, p. 666; Vasco Costa, "A Regulação Jurídica do Financiamento Colaborativo ou «Crowdfunding» – Em Especial, o Caso Português", in *Cadernos do Mercado de Valores Mobiliários*, n.º 59, 2018, p. 17, disponível em:

Com efeito, o regime jurídico aplicável às sociedades abertas incluia, nomeadamente, regras relativas a menção a essa qualidade em atos externos, à comunicação e divulgação de participações qualificadas e de acordos parassociais que visem adquirir, manter ou reforçar participações qualificadas nessas sociedades (artigos 16.º e ss. do CVM), regras relativas à convocatória e funcionamento das assembleias gerais e às deliberações sociais (artigos 21.º-B e ss. do CVM), a aplicação das disposições relativas a ofertas públicas de aquisição obrigatórias e o dever de publicação integral dos documentos de prestação de contas (n.º 3 do artigo 72.º do CRC).

Face a estas exigências, consideramos que o quadro jurídico do *Crowdfunding* deveria ter em conta o princípio da proporcionalidade e nas funções do *Crowdfunding* de visar o devido ao foco do *Crowdfunding* em colmatar o *funding gap* das PME e das *startups*. Por estes motivos, deveria o regime específico do *Crowdfunding*, desde ínicio, ter derrogado a qualificação dos beneficiários como sociedades abertas, algo que o legislador nacional não efetuou *ab initio* no RJFC[921].

1.3. *Crowdfunding* e intermediação financeira

No CVM, o art. 289.º, n.º 1 refere quais as atividades de intermediação financeira, aos quais se seguem o art. 290.º, n.º 1 relativo aos serviços e

https://www.cmvm.pt/pt/EstatisticasEstudosEPublicacoes/CadernosDoMercadoDeValoresMobiliarios/Pages/CadernosN59.aspx?v=.

[921] "O Legislador terá igualmente que revisitar o tema das sociedades abertas, dado que os critérios gerais vertidos no artigo 13.º do Código dos Valores Mobiliários atribuem às sociedades que recorram ao financiamento público de capital ou empréstimo uma natureza de «sociedade com o capital aberto ao investimento do público". Tal natureza implica deveres de transparência, de informação aos acionistas, ao mercado e ao regulador, a sujeição a deveres na sua vida social (em futuros aumentos ou venda de capital ou financiamento por empréstimo, que colide com a pretensão de desintermediação de redução de custos e de democratização do investimento que aqui se pretende. A criação de legislação especial ou a alteração do quadro atual são por isso essenciais", Luís Guilherme Catarino, *Crowdfunding e Crowdinvesting: O Regresso ao Futuro?*, 2017, p. 56, disponível em: https://institutovaloresmobiliarios.pt/estudos/.

atividades de investimento e os serviços auxiliares no art. 291.º, aos quais surgem associados os contratos de intermediação financeira, previstos nos arts. 321.º e ss., e que assumem importância no sentido em que vão estabelecer as condições entre as partes relativamente à prestação de atividades e serviços de intermediação.

O *Crowdfunding* que envolve instrumentos financeiros pode abranger várias atividades de intermediação financeira, desde logo e necessariamente a receção e transmissão de ordens, uma vez que a função de *match-maker* entre beneficiários e investidores da plataforma equivale à função da receção e transmissão de ordens de colocação em contacto de dois ou mais investidores com vista à realização de uma operação, de acordo com o n.º 2 do artigo 290.º do CVM. Nesta medida, mesmo que a maior parte das ofertas públicas de *Crowdfunding* não estejam sujeitas à intermediação financeira, terá que um intermediário financeiro assegurar a prestação da referida atividade nas relações contratuais das partes envolvidas no *Crowdfunding*, face ao previsto no artigo 10.º, n.º 2 do RJFC[922].

O legislador português podia, no entanto, recorrer a uma isenção facultativa da DMIF II, prevista no seu artigo 3.º, de forma a não aplicar esta Diretiva ao *Crowdfunding* e não ser necessária a intervenção de intermediários financeiros, tendo o legislador português que determinar, com vista a preencher os requisitos da isenção facultativa, que as plataformas de *Crowdfunding* não podem deter fundos ou valores mobiliários de clientes nem prestar qualquer serviço de investimento com exceção da receção e transmissão de ordens em valores mobiliários e da prestação de serviços de consultoria para investimento relacionados com esses instrumentos financeiros.

À primeira vista, poderia parecer que o legislador português iria recorrer à referida isenção ao estabelecer que as plataformas de financiamento colaborativo não podem gerir fundos de investimento ou deter valores mobiliários, nos termos do artigo 5.º, n.º 2, c), do RJFC, contudo, não foi esse caso, dispondo o n.º 2 do artigo 10.º do RJFC que "o financiamento colaborativo de capital e por empréstimo apenas pode implicar a emissão

[922] Convergentemente, FERNANDO BELEZAS, *Crowdfunding: Regime Jurídico do Financiamento Colaborativo*, 2.ª ed., Almedina, Coimbra, 2019, p. 93, nota 178.

de instrumentos financeiros se exercido por intermediário financeiro, nos termos da legislação aplicável ao mercado de instrumentos financeiros".

O legislador português optou, assim, por não recorrer à isenção facultativa do artigo 3.º da DMIF II e clarificou no n.º 2 do artigo 10.º do RJFC a intervenção obrigatória de intermediário financeiro no *Crowdfunding* que implique a emissão de instrumentos financeiros, porventura, por considerar que não se poderia aplicar a referida isenção, tendo em consideração que o *Crowdfunding* pode também envolver necessariamente o contrato de colocação, previsto nos artigos 338.º e seguintes do CVM, entendimento que não partilhamos pelos motivos que passamos a expor.

O contrato de colocação é definido no número 1 do artigo 338.º do CVM como contrato pelo qual "o intermediário financeiro obriga-se a desenvolver os melhores esforços em ordem à distribuição dos valores mobiliários que são objeto de oferta pública, incluindo a receção das ordens de subscrição ou de aquisição", compreendendo, desta forma, um conjunto de actividades de promoção da distribuição dos valores mobiliários, em que o intermediário financeiro põe os seus meios materiais e humanos à disposição da entidade oferente, de forma a fazer chegar os valores mobiliários aos potenciais investidores e de forma rececionar as suas adesões à oferta pública[923].

No âmbito da função de *match-maker* das plataformas de *Crowdfunding* não nos parece que exista um contrato de colocação se a plataforma apenas disponibilizar um anúncio público das ofertas na sua página e remeter para um entidade de serviços de pagamento para a realização de transação, sem demais contactos com os investidores sobre as ofertas, por não existir neste caso o desempenho dos melhores esforços em termos materiais e humanos para a distribuição da oferta, desempenhando a plataforma um papel passivo de mero publicitador da oferta.

Contudo e apesar de o legislador não dever ter entendido que não estaríamos necessariamente perante um contrato de colocação e sujeitar o *Crowdfunding* à intermediação financeira obrigatória, muitas platafor-

[923] Cfr. Catarina Figueiredo Rodrigues, "Contrato de Colocação com Tomada Firme (Breves Notas)", in *Cadernos do Mercado de Valores Mobiliários*, n.º 41, abril de 2012, disponível em: http://www.cmvm.pt/pt/EstatisticasEstudosEPublicacoes/CadernosDoMercadoDeValoresMobiliarios/Documents/CadernosMVM41Final.pdf.

mas de *Crowdfunding* praticam mais atos do que apenas a disponibilização de um anúncio e de reencaminhamento para uma entidade de serviços de pagamentos, como a de facilitação da subscrição da oferta na própria oferta, facilitação da comunicação entre investidores e beneficiários e a divulgação da oferta a investidores através de *emails* (e não apenas *newsletters*), ou seja, se estiverem ativamente a promover as ofertas junto de investidores.

Devido ao facto destas atividades serem recorrentes nas plataformas de *Crowdfunding*, o Regulamento (UE) 2020/1503 inclui no seu âmbito esta atividade de colocação como uma atividade de *Crowdfunding*. No entanto, foi também estabelecido um regime especial de isenção da DMIF II, não sendo necessária a intervenção de intermediário financeiro para a colocação das ofertas de *Crowdfunding*.

Com efeito, os requisitos para a constituição de um intermediário financeiro são exigentes, como se facilmente comprova pela consulta dos artigos 14.º e 199.º-C do RGICSF, razão pela qual o regime europeu, ao contrário do RJFC, isenta a participação destas entidades no *Crowdfunding* que envolve instrumentos financeiros, uma vez que os requisitos destas entidades foram estabelecidos devido à sua intervenção em formas de investimento mais complexas e que comportam mais riscos para os investidores e para a estabilidade financeira.

Existem outras atividades de intermediação financeira que poderão ser incluídas, como a consultaria para o investimento, permitindo às plataformas aconselharem os investidores sobre as ofertas disponibilizadas, e a gestão de carteiras (gestão dos instrumentos financeiros detidos pelo cliente)[924], permitindo às plataformas gerirem de forma discricionária, devendo aquelas, caso exerçam conjuntamente estas atividades, obter informação relativa à situação financeira de cada investidor, incluindo a sua capacidade para suportar perdas, e aos seus objetivos de investimento, incluindo a sua tolerância ao risco, de modo a poder recomendar o serviço e os instrumentos financeiros que lhe são mais adequados e, em particular, mais consentâneos com o seu nível de tolerância ao risco

[924] Paulo Câmara, *Manual de Direito dos Valores Mobiliários*, 4.ª ed. Almedina, Coimbra, 2018, pp. 514 e ss..

e a sua capacidade para suportar perdas, nos termos do n.º 1 do artigo 314.º-A do CVM.

Poderão ainda estar em causa as atividades de gestão de sistema de negociação multilateral e de gestão de sistema de negociação organizado, cabendo-nos analisar de forma isolada seguidamente, devido sua inserção num tema distinto, no das formas organizadas de negociação.

1.4. *Crowdfunding* e formas organizadas de negociação

Nos termos do n.º 1 do artigo 198.º do CVM, apenas são permitidas quatro formas organizadas de negociação de instrumentos financeiros, os mercados regulamentados, os sistemas de negociação multilateral, os sistemas de negociação organizado e a internalização sistemática, sem prejuízo de a CMVM poder, através de regulamento, determinar outras formas organizadas de negociação de instrumentos financeiros.

Estas formas organizadas de negociação destinam-se à celebração de operações e negócios jurídicos com vista à transmissão de valores mobiliários, contemplando a divulgação dos preços correntes de compra e venda e a profundidade dos interesses de negociação a esses preços e o preço, volume e a hora das transações executadas[925].

Tendo em conta que a maior parte das plataformas de *Crowdfunding* apenas exerce a sua atividade no mercado primário (emissão de valores mobiliários) e não no mercado secundário (transações subsequentes à subscrição dos valores mobiliários), implicando este a institucionalização de uma organização destinada a assegurar a transmissão de valores mobiliários já emitidos[926], nos termos do n.º 3 do artigo 198.º do CVM[927], as pla-

---

[925] Cfr. António Barreto Menezes Cordeiro, *Manual de Direito dos Valores Mobiliários*, 2.ª ed., Almedina, Coimbra, 2018 p. 122; e José Engrácia Antunes, Os Instrumentos Financeiros, 4.ª ed., Almedina, Coimbra, 2020, p. 112.

[926] Já com este entendimento antes da sua positivação, António Soares, "Mercados Regulamentados e Mercados Não Regulamentados", in *Cadernos do Mercado de Valores Mobiliários*, Vol. 7, 2000, n.º 1, disponível em:
https://www.cmvm.pt/pt/EstatisticasEstudosEPublicacoes/CadernosDoMercadoDeValoresMobiliarios/Documents/C07AntonioSoares.pdf.

[927] Adicionalmente, os intermediários financeiros apenas podem efetuar transações fora de uma forma organizada de negociação em ações admitidas à negociação em mercado regula-

taformas, para além de terem que ser intermediários financeiros[928], têm de revestir a forma de um sistema de negociação multilateral. No entanto, se estivermos perante uma plataforma de *Crowdfunding* de empréstimo cuja atividade envolva a emissão de obrigações, essa plataforma também poderá revestir a forma de sistemas de negociação organizado.

Os sistemas de negociação multilateral permitem o encontro de interesses relativos a instrumentos financeiros no sistema e de acordo com regras não discricionárias com vista à celebração de contratos sobre tais instrumentos, nos termos do n.º 1 do artigo 200.º do CVM. A DMIF II introduziu um novo segmento especial para esta forma de negociação, os sistemas de negociação multilateral de PME em crescimento, em que pelo menos 50% dos emitentes cujos instrumentos financeiros são admitidos à negociação no mercado são PME na data em que o registo é efetuado e em qualquer ano civil depois dessa data, bem como sujeito a outros requisitos previstos no n.º 2 do artigo 201.º-A do CVM, podendo este segmento especial adequar-se às plataformas de *Crowdfunding*, devido ao maior foco destas no financiamento de PME.

A DMIF II também introduziu os sistemas de negociação organizado, que poderão ser utilizados para a emissão de obrigações pelas plataformas de *Crowdfunding* de empréstimo. Os sistemas de negociação organizado distinguem-se dos sistemas de negociação multilateral pelo seu funcionamento estar dotado de uma maior discricionariedade, nomeadamente em matéria de emissão e revogação de ordens, e pelo leque de instrumentos financeiros estar limitado nos sistemas de negociação organizado a obrigações, licenças de emissão e derivados, nos termos do artigo 200.º-A do CVM, razão pela qual as plataformas de Crowdfunding de capital não podem ser sistemas de negociação organizado.

As entidades gestoras dos sistemas de negociação multilateral e dos sistemas de negociação organizado devem possuir um capital social de

mentado ou negociadas numa plataforma de negociação, se tiverem caráter não sistemático, *ad hoc*, irregular e ocasional, ou sejam efetuadas entre contrapartes elegíveis e/ou profissionais e não contribuam para o processo de determinação de preços, nos termos dos artigos 201.º-B do CVM e 23.º do RMIF.

[928] Os sistemas de negociação multilateral e os sistemas de negociação organizado podem ser geridos por intermediários financeiros, nos termos do artigo 203.º, n.º 1, do CVM.

montante não inferior € 730 000, nos termos da alínea b) do artigo 1.º da Portaria n.º 1619/2007, de 26 de dezembro, bem como estão sujeitas a registo na CMVM, nos termos do n.º 1 do artigo 202.º do CVM e às demais regras presentes nos artigos 5.º e seguintes do Decreto-Lei n.º 357-C/2007, de 31 de outubro, relativas, nomeadamente, ao objeto social, firma, às participações permitidas, à divulgação de participações, à composição da administração e aos requisitos dos titulares dos órgãos.

1.5. *Crowdfunding* e organismos de investimento coletivo

A utilização da gestão discricionária das plataformas no *Crowdfunding* que envolve instrumentos financeiros constitui, indubitavelmente, a atividade de intermediação financeira de gestão de carteiras, como já exposto. Por outro lado, o recurso à gestão discricionária no *Crowdfunding* também pode ser feito através de organismos de investimento coletivo, sendo um instrumento admitido em certos países, como o Reino Unido e a Áustria, que previram especificamente a sua admissibilidade[929]. A gestão discricionária permite aos investidores reduzirem custos de transação e diversificar facilmente o seu investimento, funções essenciais da intermediação no setor financeiro[930].

Enquanto o Regulamento (UE) 2020/1503 é claro quanto ao facto do diploma não conferir aos prestadores de serviços de *Crowdfunding* o

---

[929] "É importante salientar que, no contexto especificamente europeu, a referida *auto-bid functionality* tem tido adesão crescente por parte das plataformas de financiamento colaborativo por empréstimo e respetivos financiadores. Assim, estima-se que, em 2016, terão feito uso desta funcionalidade 77% dos financiadores em plataformas de *peer-to-peer consumer lending*, 67% dos financiadores em plataformas de *invoice trading* e 49% dos financiadores em plataformas de *peer-to-peer business lending*, sendo que, em todos esses casos, se terá registado um aumento face aos anos anteriores", Vasco Costa, "A Regulação Jurídica do Financiamento Colaborativo ou «Crowdfunding» – Em Especial, o Caso Português", in *Cadernos do Mercado de Valores Mobiliários*, n.º 59, 2018, p. 17, disponível em: https://www.cmvm.pt/pt/EstatisticasEstudosEPublicacoes/CadernosDoMercadoDeValoresMobiliarios/Pages/CadernosN59.aspx?v=.

[930] Olena Havrylchyk, *Regulatory Framework for the Loan-Based Crowdfunding Platforms*, OECD Working Papers, 2018, p. 13, disponível em: http://www.oecd.org/officialdocuments/publicdisplaydocumentpdf/?cote=ECO/WKP(2018)61&docLanguage=En.

direito de prestarem serviços de gestão coletiva de ativos ao não permitir uma alocação coletiva do investimento, o RJFC não se pronuncia em relação a essa admissibilidade desses serviços no financiamento colaborativo, apesar do recurso a este instrumento poder aproximar a plataforma à figura do organismo de investimento coletivo, e, consequentemente à sujeição ao seu regime, o RGOIC.

Os organismos de investimento coletivo são instituições, dotadas ou não de personalidade jurídica, que têm como fim o investimento coletivo de capitais obtidos junto de investidores, que compõe um património autónomo, sem personalidade jurídica, pertencente aos participantes e cujo funcionamento se encontra sujeito a um princípio de repartição de riscos e à prossecução do exclusivo interesse dos participantes, nos termos das alínea u) e aa) do n.º 1 do artigo 2.º do RGOIC, contrapondo-se à gestão de carteiras que se trata de uma gestão de patrimónios individuais, não tendo estes patrimónios vida funcional própria[931].

Os organismos de investimento coletivo dividem-se em organismos de investimento coletivo em valores mobiliários, que têm como objeto típico a gestão de patrimónios compostos por ativos de alta liquidez, e organismos de investimento coletivo alternativos, que são os que não cumprem os requisitos dos organismos de investimento coletivo em valores mobiliários, incluindo, nomeadamente, os organismos de investimento coletivo de capital de risco, os organismos de investimento imobiliário, os organismos de investimento em ativos não financeiros e as sociedades de investimento mobiliário para fomento da economia.

A Diretiva de Gestores de Fundos de Investimento Alternativo (Diretiva 2011/61/UE do Parlamento Europeu e do Conselho, de 8 de junho de 2011) define os organismos de investimento coletivo, no artigo 4.º, n.º 1, alínea, a), como um organismo de investimento coletivo, incluindo os respetivos compartimentos de investimento, que reúna capital junto de um certo número de investidores, tendo em vista investi-lo de acordo com uma política de investimento definida em benefício desses investidores, e não requeira autorização ao abrigo da Diretiva 2009/65/CE,

---

[931] ALEXANDRE BRANDÃO DA VEIGA, *Fundos de Investimento Mobiliário e Imobiliário (Regime Jurídico)*, Almedina, Coimbra, 1999, p. 561; PAULO CÂMARA, *Manual de Direito dos Valores Mobiliários*, 4.ª ed. Almedina, Coimbra, 2018, p. 875.

que coordena as disposições legislativas, regulamentares e administrativas respeitantes a alguns organismos de investimento coletivo em valores mobiliários.

Ora com base nestas duas definições, na do RGOIC e na Diretiva de Gestores de Fundos de Investimento Alternativo conseguimos identificar certos critérios para aferir se a gestão discricionária de uma plataforma de *Crowdfunding* a pode converter num organismo de investimento coletivo.

No dia 13 de agosto de 2013, a ESMA publicou orientações[932] sobre conceitos-chave da Diretiva de Gestores de Fundos de Investimento Alternativo que nos também auxilia na descoberta desses critérios. Estas orientações visam assegurar uma aplicação comum, uniforme e coerente das definições a que nos referíamos. A nível nacional, o RGOIC define organismos de investimento coletivo como "as instituições, dotadas ou não de personalidade jurídica, que têm como fim o investimento coletivo de capitais obtidos junto de investidores, cujo funcionamento se encontra sujeito a um princípio de repartição de riscos e à prossecução do exclusivo interesse dos participantes (...). Esta definição corresponde, em grande medida, à definição da Diretiva da de Gestores de Fundos de Investimento Alternativo, pelo que as orientações da ESMA são, igualmente, atendíveis para a nossa análise no âmbito do ordenamento jurídico nacional.

As orientações referidas clarificam que as caraterísticas que permitem identificar um organismo de investimento coletivo são as seguintes: "(a) a empresa ou organismo não possui um objetivo comercial ou industrial de caráter geral; (b) a empresa ou organismo congrega capital angariado aos seus investidores com o objetivo de investimento e numa perspetiva de gerar um rendimento partilhado para esses investidores; e (c) os participantes ou acionistas da empresa ou organismo – enquanto grupo coletivo – não possuem poderes discricionários ou de controlo quotidianos. O facto de serem concedidos a um ou mais, mas não à totalidade, dos participantes ou acionistas supracitados, poderes discricionários ou de

[932] ESMA, *Orientações da ESMA sobre conceitos-chave da Diretiva de Gestores de Fundos de Investimento Alternativo*, de 13 de agosto de 2013, disponível em: https://www.esma.europa.eu/sites/default/files/library/2015/11/esma_2013_00600000_pt_cor.pdf.

controlo quotidianos não deve ser considerado como indicativo de que não se trata de um organismo de investimento coletivo".

Outro critério relevante que podemos identificar através das referidas definições relacionam-se, sobretudo, com a existência de um património autónomo nos organismos de investimento coletivo, processando-se essa autonomização, através de uma política de investimento definida e de uma separação do património[933]. No ponto b), acima exposto, as orientações da ESMA estabelecem que "a empresa ou organismo congrega capital angariado aos seus investidores com o objetivo de investimento e numa perspetiva de gerar um rendimento partilhado para esses investidores". Tal significa que a empresa ou organismo devem ser considerados como tendo uma política de investimento definida, sendo que "os factores que, individualmente ou em conjunto, tendem a indicar a existência deste tipo de política são os seguintes: (a) a política de investimento é determinada e fixada, o mais tardar, no momento em que os compromissos dos investidores se tornam vinculativos para estes; (b) a política de investimento é estabelecida num documento que se torna parte integrante das normas de constituição ou estatutos da empresa ou é aí referenciada; (c) a empresa ou a pessoa coletiva que gere a empresa tem a obrigação (por qualquer motivo que seja) perante os investidores, a qual lhe é juridicamente imposta por estes, de cumprir a política de investimento existente, incluindo todas as alterações à mesma; (d) a política de investimento especifica orientações de investimento, com referência a critérios que incluem uma ou mais das seguintes situações: (i) investir em certas categorias de ativos, ou de acordo com restrições sobre afetação de ativos; (ii) prosseguir certas estratégias; (iii) investir em regiões geográficas específicas; (iv) respeitar restrições sobre alavancagem; (v) respeitar períodos mínimos de detenção de ações; ou (vi) respeitar outras restrições criadas para promover a diversificação dos riscos".

A política de investimento definida deve, assim, estar prevista nos estatutos ou noutro documento partilhado por todos os participantes e entidade gestora, tendo esta a obrigação legal de cumprir a política de investimento existente, incluindo todas as alterações à mesma,

---

[933] Cfr. Alexandre Brandão da Veiga, *Fundos de Investimento Mobiliário e Imobiliário (Regime Jurídico)*, Almedina, Coimbra, 1999, pp. 539 e ss..

decorrendo daqui o princípio da prossecução do exclusivo interesse dos participantes.

Nas plataformas de *Crowdfunding*, este critério pode ser facilmente preenchido, mesmo que a atividade não envolva instrumentos financeiros, podendo essa política de investimento ser seguida através da celebração de um contrato entre a entidade gestora da plataforma de *Crowdfunding* e os investidores.

Relativamente à separação patrimonial, esta não é uma mera distinção contabilística, sendo necessário que a entidade gestora impute custos e créditos diferenciadamente a certas parcelas ou parcela do seu património, como refere Alexandre Brandão da Veiga[934]. Desta importante clarificação decorre o princípio de repartição de riscos, aludido na alínea aa) do n.º 1 do artigo 2.º do RGOIC, uma vez que, a imputação de consequências jurídicas opera-se unicamente num património, entendido este como o "conjunto de relações jurídicas com valor económico, isto é, avaliável em dinheiro de que é sujeito activo e passivo uma determinada pessoa"[935], neste caso, o organismo de investimento coletivo.

Os riscos dos participantes em determinado organismo de investimento coletivo são mitigados com esta repartição do risco, considerando que o património de cada participante não está diretamente exposto às perdas e ganhos do investimento, apenas mas à valorização e desvalorização das unidades de participação do fundo do organismo de investimento coletivo, ou seja do património autónomo partilhado entre os participantes, sendo o valor de cada unidade de participação aferido tendo em conta o conjunto dos ativos em que o organismo de investimento coletivo investiu, pelo que as perdas sofridas pela desvalorização de um ativo são mitigadas pelos ganhos que se verifiquem na valorização de outros ativos, equilíbrio este que se encontra refletido no valor das unidades de participação do organismo de investimento coletivo.

Pelo exposto, conseguimos determinar que uma plataforma de *Crowdfunding* poderá ser um organismo de investimento de coletivo, consoante

---

934 Alexandre Brandão da Veiga, *Fundos de Investimento Mobiliário e Imobiliário (Regime Jurídico)*, Almedina, Coimbra, 1999, p. 541.

935 Manuel de Andrade, *Teoria geral da relação jurídica – Sujeitos e objecto*, Vol. I, Coimbra, 1987, pp. 205 e ss..

o conteúdo da relação jurídica estabelecida entre os investidores e a entidade gestora da plataforma por via contratual ou por procuração. Se houver uma política de investimento partilhada por todos os investidores e seguida pela entidade gestora e houver uma separação patrimonial que resulte numa imputação de consequências jurídicas apenas na participação de cada investidor e não diretamente no seu património, estaremos perante um organismo de investimento coletivo.

Caso não se preencha um dos critérios acima expostos, não estaremos perante um organismo de investimento coletivo, consequência relevante em termos de regime aplicável, uma vez que o RJFC e o RGOIC não se podem aplicar mutuamente, uma vez que as plataformas de financiamento colaborativo não podem gerir fundos de investimento, nos termos da alínea c) do n.º 2 do artigo 5.º do RJFC, e uma vez que as plataformas de financiamento colaborativo e os organismos de investimento são ambas estruturas institucionais que se auto-excluem.

Estas duas realidades são, de facto, muito próximas, existindo em ambas uma relação triangular: no caso dos organismos de investimento coletivo uma relação em que, para além do próprio organismo de investimento coletivo, a "ligação entre o detentor da unidade de participação e a sociedade, cujos ativos integram a carteira do fundo, é indireta"[936]. Existem, também, ofertas públicas em ambas as estruturas. Nos organismos de investimento coletivo, as ofertas públicas referem-se à subscrição de unidades de participação dirigidas a investidores[937], podendo estas ser realizadas por via de uma plataforma eletrónica ou não.

Outra questão que se coloca é se os organismos de investimento coletivo podem investir em ofertas de *Crowdfunding*. No artigo 2.º do RJFC a referência a "investidores individuais" pode eventualmente inviabilizar essa possibilidade no financiamento colaborativo. Não nos parece ser esse o caso, porque essa interpretação não tem um mínimo de correspon-

---

[936] Cfr. Maria João Tomé, *Fundos de Investimento Mobiliário Abertos*, Almedina, Coimbra, 1997, p. 20.

[937] Os organismos de investimento coletivo estão sujeitos à subscrição pública, elemento caraterizador do tipo legal, que se encontra parametrizada no regime das ofertas públicas de valores mobiliários previsto no CVM, Cfr. António Pereira de Almeida, *Sociedades Comerciais, Valores Mobiliários e Mercados*, Volume 2, 7.ª ed., Coimbra Editora, Coimbra, 2013, p. 225.

dência verbal, em violação do disposto no n.º 2 do artigo 9.º do Código Civil, uma vez que a expressão "investidores individuais" não é utilizada para se contrapor aos organismos de investimentos coletivo[938], até porque este compreendem uma realidade muito mais complexa que um mero investimento coletivo, sendo definidos como "as instituições, dotadas ou não de personalidade jurídica, que têm como fim o investimento coletivo de capitais obtidos junto de investidores, cujo funcionamento se encontra sujeito a um princípio de repartição de riscos e à prossecução do exclusivo interesse dos participantes", nos termos da alínea aa), do n.º 1, do artigo 2.º do RGOIC.

No nosso entendimento, o termo "investidores individuais" leva a uma possível interpretação de que não podem investir neste tipo de projetos os investidores profissionais[939], uma vez que esse termo era comumente usado nos primeiros diplomas sobre o mercado de valores mobiliários para contrapor investidores profissionais a investidores não profissionais (investidores individuais)[940]. Pode ter sido intenção do legislador evitar que o investimento no financiamento colaborativo deixe de ser do público e que seja controlado pelos investidores profissionais, face ao maior poder negocial destes. Não nos repugna tal interpretação, contudo o RJFC desmente este entendimento, no n.º 3 do artigo 20.º: "A definição dos limites pela CMVM assenta na fixação de valores limite diferenciados em função do rendimento anual dos investidores, podendo ainda definir limites de investimento diferenciados em função do perfil dos investidores, atendendo, nomeadamente, à sua experiência e qualificação". Parece-nos então que não houve qualquer intenção de restringir qualquer investidor, sendo objetivo que esta norma impõe a diferenciação de investidores, pressupondo a inclusão dos investidores profissionais.

---

[938] Divergentemente, FERNANDO BELEZAS, *Crowdfunding: Regime Jurídico do Financiamento Colaborativo*, 2.ª ed., Almedina, Coimbra, 2019, p. 55.

[939] Qualificação presente no artigo 30.º do Código dos Valores Mobiliários.

[940] Veja-se o preâmbulo do Código do Mercado de Valores Mobiliários (Decreto-Lei n.º 142-A/91, de 10 de abril).

1.6. *Crowdfunding* e contrato de cessão do direito ao dividendo

O *Crowdfunding* de capital pode consistir, para além da participação dos investidores enquanto sócios dos beneficiários, na distribuição de dividendos, estando esta opção prevista na alínea c) do artigo 3.º do RJFC. Esta distribuição pode ser feita nas sociedades anónimas e por quotas através da cessão a terceiros do direito ao dividendo.

Nas sociedades por quotas, esta cessão pode ser feita através da celebração de um contrato de associação à quota. Trata-se de um contrato pelo qual um sócio de uma sociedade cede todos ou parte dos direitos que integram a sua participação social a um terceiro, sem que este adquira a qualidade de sócio e sem que o primeiro a perca. Esta figura constava do Código Civil de 1867, mas não existe hodiernamente. No entanto nada impede que as partes a celebrem ao abrigo da autonomia privada, nos termos do artigo 405.º do CC.

Nas sociedades anónimas e nas sociedades em comandita por ações, o destaque do direito ao dividendo das ações consubstancia a emissão de novos valores mobiliários, de acordo com a figura dos direitos destacados que se encontra genericamente prevista na alínea f) do n.º 1 do artigo 1.º do CVM, o que implica a transformação da sociedade em sociedade aberta, uma vez que no *Crowdfunding* essa emissão reveste necessariamente a forma de oferta pública de valores mobiliários.

De forma a percebermos quando pode operar a cessão do direito ao dividendo, é importante perceber a distinção entre lucro abstrato e lucro concreto, constituindo apenas este último o dividendo. Esta distinção decorre do facto de só com deliberação sobre a distribuição é que o lucro se torna dividendo, passando o direito abstrato dos sócios ao direito para um direito de crédito destes sobre a sociedade, pelo que a posição do sócio se considera equivalente ao de qualquer terceiro credor sobre a própria sociedade. Desta forma, o direito ao dividendo, autonomiza-se da qualidade de sócio, assumindo um carácter extra-corporativo, pelo que só pode ser afetado com o consentimento do próprio sócio[941].

---

[941] Cfr. Ana Sá Couto e Joana Torres Ereio, "Transmissão do direito ao dividendo", in *Revista Actualidad Jurídica*, n.º 29, 2011. p. 74. carácter extra-corporativo deste direito determinará, na eventualidade de se verificarem as condições impeditivas da distribuição presentes

Com efeito, o sócio não é titular de um direito concreto sobre o lucro, mas "titular de uma expectativa juridicamente tutelada que incide sobre os lucros de balanço como coisa futura, a qual, com a formação destes, se torna um direito subjectivo"[942], tornando-se o lucro concreto e passando-se a chamar dividendo. Desta forma, o direito do sócio determina-se e materializa-se com este lucro de balanço que corresponde ao "acréscimo patrimonial gerado e acumulado pela sociedade desde o início da sua actividade até determinada data (a data a que se reporta o balanço) e que é distribuível pelos sócios"[943], estando este tipo de lucro presente no artigo 32.º do CSC, que fixa os limites da distribuição de bens aos sócios, consagrando, entre nós, o chamado princípio da intangibilidade do capital social.

Este momento de apuramento dos lucros de balanço é fulcral para a efetivação da transmissão do direito ao dividendo, por duas razões. Primeiro, o facto de os lucros serem lucro abstrato antes do apuramento dos lucros de balanço, sendo aquele entendido como o direito de exigir que a sociedade tenha por finalidade o escopo lucrativo, no direito a participar na distribuição dos lucros apurados pela sociedade[944] e no direito à quota de liquidação ou lucro final. Deste modo, o direito ao lucro abstrato não pode ser cedido por se tratar de um elemento essencial do contrato de sociedade e um direito irrenunciável e inderrogável dos sócios, nos termos dos artigos 980.º do CC e 20.º, n.º 1, alínea a) do CSC.

Em segundo lugar, o destaque nas ações encontra-se reservado aos direitos patrimoniais suficientemente individualizados e suscetíveis de

---

no art. 31.º, n.º 2, alínea a) do CSC, apenas o retardamento do seu pagamento até que a sociedade se encontre em condições de o efectuar, FÁTIMA GOMES, *O Direito aos Lucros e o Dever de Participar nas Perdas nas Sociedades Anónimas,* Almedina, Coimbra, 2011, pp. 288 e ss..

[942] FILIPE CASSIANO SANTOS, "A posição do accionista face aos lucros de balanço. O direito do accionista ao dividendo no Código das Sociedades Comerciais", in BFDUC, Coimbra Editora, Coimbra, 1996, p. 19.

[943] PAULO DE TARSO DOMINGUES, *Estudos de Direito das Sociedades,* 8.ª edição, Almedina, Coimbra, 2007, págs. 213 e segs. Realça-se que o lucro de balanço não se trata do lucro de exercício, sendo este gerado num determinado exercício e da aplicação que primacialmente lhe deve ser dada, não correspondendo ao lucro distribuível aos sócios.

[944] Cfr. PAULO DE TARSO DOMINGUES, *Variações sobre o Capital Social,* Almedina, Coimbra, 2009, p. 265.

serem autonomamente exercidos e transmitidos, ou seja, o direito ao dividendo parece cumprir estes requisitos, mas o direito ao lucro abstrato não, por não ser individualizado. Note-se que a existência de um direito ao lucro abstrato não significa que os sócios, individualmente considerados, tenham direito a exigir a distribuição dos dividendos. Cabe à coletividade dos sócios livremente decidir, por maioria absoluta, se, quando e como se procederá à sua repartição. Portanto, só a deliberação de distribuição de dividendos é constitutiva do direito concreto de crédito do sócio, contudo nada impede que os sócios possam transmitir a titularidade das participações sociais a terceiros antes da constituição do direito ao dividendo na sua esfera jurídica, enquanto direito futuro, admitindo-se, assim, uma cessão do direito à distribuição periódica do dividendo[945].

Perante o exposto, identificamos que no *Crowdfunding* poderá existir essa cessão do direito ao dividendo, mesmo que ainda não deliberado. Contudo, a ausência de uma relação duradoura e de aleatoriedade quando à determinação do valor dos créditos em causa tornam esta forma de *Crowdfunding* pouco atrativa para os investidores por não gerarem qualquer retorno, havendo outras formas mais adequadas para os investidores e também relacionadas com os lucros dos beneficiários.

1.7. *Crowdfunding* e contrato de associação em participação

A partilha de lucros está também prevista na alínea c) do artigo 3.º do RJFC, pelo que constitui uma forma de financiamento colaborativo de capital, podendo ser concretizada no Direito nacional através da celebração de um contrato de associação em participação, figura que encontra o seu regime no Decreto-Lei n.º 231/81, de 28 de julho, que revogou os arti-

[945] Convergentemente, Filipe Cassiano Santos, "A posição do accionista face aos lucros de balanço. O direito do accionista ao dividendo no Código das Sociedades Comerciais", in BFDUC, Coimbra Editora, Coimbra, 1996, pp. 116 e ss.; Tiago Arnould, "O Destaque do Direito aos Lucros: Esvaziamento do Direito ao Voto e Titularidade Oculta", in *Revista de Direito das Sociedades*, n.ºs 1 e 2, 2013, pp. 371 e ss.; Jorge Marques Estaca, "O destaque dos direitos de voto em face do CVM", in *Estudos em honra ao Professor Doutor José de Oliveira Ascensão*, vol. II, Almedina, Coimbra, 2008, p. 1349.

gos 224.º a 227.º do Código Comercial que nominava este tipo contratual de conta em participação.

A associação em participação é definida como a associação de uma pessoa a uma atividade económica exercida por outra, ficando a primeira a participar nos lucros ou nos lucros e perdas que desse exercício resultarem para a segunda, nos termos do n.º 1 do artigo 21.º do Decreto-Lei n.º 231/81, tratando-se um contrato *res inter alia acta*: a sociedade é terceira em relação ao contrato – os lucros são pagos ao sócio cedente e é este quem os cede ao associado. Não pode, por isso, o associado exigir o pagamento diretamente à sociedade. Ademais, refere-se que associado é-o nos lucros, ou nos lucros e perdas que desse exercício resultarem para o primeiro, sendo que a participação nas perdas pode ser dispensada por cláusula no contrato, nos termos dos artigos 21.º, n.º 2, e 23.º, n.º 2, do Decreto-Lei n.º 231/81.

A associação em participação não é uma sociedade civil ou comercial por não lhe ser atribuída personalidade jurídica e faltar o requisito do exercício em comum de certa atividade económica. Com efeito, o Decreto-Lei n.º 231/81 regula a associação em participação como uma relação obrigacional entre associante e associado, não como uma organização ou agrupamento institucional de relações[946].

Tratando-se o *Crowdfunding* de uma forma de financiamento de projetos, algumas possibilidades não se poderão aplicar como a dispensa de contribuição do associado e a participação recíproca em associação, previstas respetivamente nos números 2 e 3 do artigo 24.º do Decreto-Lei n.º 231/81, uma vez que ambas implicam a inexistência de qualquer contribuição de natureza patrimonial[947].

Por último, refere-se que o contrato de associação em participação não está sujeito a forma especial, à exceção da que for exigida pela natureza dos bens com que o associado contribuir, nos termos do n.º 1 do artigo 23.º Decreto-Lei n.º 231/81, facilitando a sua transmissibilidade nas pla-

[946] Ana Martins de Sousa, *O Contrato de Joint Venture*, Dissertação de Mestrado apresentada na Faculdade de Direito da Universidade de Coimbra, 2013, p. 37.

[947] Convergentemente, Fernando Belezas, *Crowdfunding: Regime Jurídico do Financiamento Colaborativo*, 2.ª ed., Almedina, Coimbra, 2019, pp. 87 e ss..

taformas de *Crowdfunding*, onde a simplicidade e celeridade são objetivos fundamentais.

1.8. *Crowdfunding* e contrato de mútuo pecuniário

Define o artigo 1142.º do CC que o "mútuo é o contrato pelo qual uma das partes empresta à outra dinheiro ou outra coisa fungível, ficando a segunda obrigada a restituir outro tanto do mesmo género e qualidade". O objeto deste contrato são, portanto, coisas fungíveis, sendo o dinheiro a mais relevante[948] e a que se afigura mais oportuna para o nosso estudo, portanto, cingimo-nos ao mútuo pecuniário.

O contrato de mútuo está sujeito a forma especial caso seja de valor superior a € 2500, devendo ser celebrado por documento assinado pelo mutuário, e se for de valor superior a € 25 000 só é válido se for celebrado por escritura pública ou por documento particular autenticado, nos termos do artigo 1143.º do CC.

No entanto, não nos parece que se aplique esta disposição sobre a forma especial do contrato de mútuo no Regulamento (UE) 2020/1503, porque nos parece que estaremos necessariamente perante empréstimos mercantis, sendo admissível todo o género de prova nos termos do artigo 396.º do Código Comercial – com exceção da taxa de juro que tem que ser fixada por escrito nos termos do artigo 102.º § 1.º do Código Comercial, dado que a coisa cedida se destina a um ato mercantil e por uma das partes ser comerciante[949].

Mais dúvidas suscita o RJFC, uma vez que nada é referido quanto à natureza das "atividades e projetos", aludidas na definição de financiamento colaborativo presente no seu artigo 2.º e refere, ainda, no seu artigo 7.º, n.º 1 que "podem recorrer às plataformas de financiamento colaborativo quaisquer pessoas singulares ou coletivas, nacionais ou estrangeiras, interessadas na angariação de fundos para as suas atividades ou projetos

[948] Cfr. Luís Miguel Pestana de Vasconcelos, *Direito Bancário*, 2.ª ed., Almedina Coimbra, 2019, pp. 163 e ss..

[949] Divergentemente, Fernando Belezas, *Crowdfunding: Regime Jurídico do Financiamento Colaborativo*, 2.ª ed., Almedina, Coimbra, 2019, pp. 91 e ss..

através desta modalidade de financiamento", obrigando-nos a recorrer a outros elementos interpretativos, dentro do que é permitido pelas regras de interpretação da lei estabelecidas no artigo 9.º do CC. Nos termos do n.º 1 deste artigo "A interpretação não deve cingir-se à letra da lei, mas reconstituir a partir dos textos o pensamento legislativo, tendo sobretudo em conta a unidade do sistema jurídico, as circunstâncias em que a lei foi elaborada e as condições específicas do tempo em que é aplicada".

Ora, um elemento relevante e histórico[950], para reconstituir o pensamento legislativo, é a exposição de motivos do Projeto de Lei n.º 419/XII (que deu origem ao RJFC) onde se refere o seguinte: "O financiamento às empresas é dos principais problemas que o País enfrenta. (...). Perante esta realidade, num cenário particularmente adverso, importa considerar soluções alternativas que, apesar de não responderem a todos os problemas, permitam lançar e viabilizar empresas, criar e salvaguardar emprego e canalizar recursos indispensáveis à economia, respondendo a parte do desafio. Uma dessas alternativas, testada e em expansão em muitos países e entre nós, é o financiamento colaborativo ou *Crowdfunding*. Neste modelo de financiamento, as empresas dirigem-se a plataformas online e procuram, através de campanhas de financiamento, recolher pequenos montantes junto de uma multidão de investidores que correspondem, essencialmente, a pessoas interessadas em investir parte das suas poupanças em negócios inovadores e com potencial. A empresa deve identificar quanto pretende angariar, em quanto tempo e o que oferece em troca do financiamento. As plataformas, por seu turno, procuram intermediar a relação entre empresa e investidor, determinando se o projeto é viável para ser financiado e informando os financiadores dos riscos que incorrem."

Por esta exposição de motivos e também pela onerosidade do contrato de mútuo que o RJFC estabelece no seu artigo 3.º, alínea d), sendo essa uma das caraterísticas essenciais do empréstimo mercantil nos termos

[950] "Muitas vezes, o cotejo da fórmula finalmente adoptada e promulgada como lei com as fórmulas propostas nos projetos, nas emendas, propostas, etc., é de grande valia para definir a atitude final e a opção do legislador, servindo, assim, para afastar interpretações que se devem considerar rejeitadas (pelo mesmo legislador)...", João Baptista Machado, *Introdução ao Direito e ao Discurso Legitimador*, 26.ª reimpressão, Almedina, Coimbra, 2019, p. 185.

do artigo 395.º do Código Comercial, verifica-se que o RJFC foi pensado como instrumento para financiar empresas numa conjuntura social e económica especial onde estas sentiam (e sentem) dificuldades no acesso ao financiamento. Deste modo, a referência a "atividades e projetos" no âmbito das modalidades de financiamento colaborativo de capital e por empréstimo, ou seja, às modalidades em que estão em causa investidores, deve ser entendida como atividades e projetos de natureza mercantil, através de uma interpretação histórica do artigo 7.º, n.º 1, do RJFC[951].

Outra das questões suscitadas pelo RJFC relaciona-se com a definição de financiamento colaborativo de empréstimo como aquele em que a entidade financiada remunera o financiamento obtido através do pagamento de juros fixados no momento da angariação, segundo a alínea d) do artigo 3.º do RJFC, criando dúvidas sobre a admissibilidade da estipulação de uma taxa de juro variável nos contratos de mútuo celebrados entre os beneficiários e os investidores.

Ora, "são três os elementos que influenciam o montante de uma obrigação de juros: o valor do capital em dívida; o tempo durante o qual o credor fica privado desse capital; e a taxa de remuneração fixada"[952], podendo essa taxa ser fixa ou variável, caso se refira a um valor não variável, normalmente fixada em percentagem sobre o capital mutuado, ou caso o valor esteja sujeito a um índice, respetivamente.

Face ao exposto e tendo em conta a referência a "juros fixados no momento da angariação" na alínea d) do artigo 3.º do RJFC, não nos parece que fique excluída a hipótese de ser determinada uma taxa variável de juros no momento da angariação, uma vez que uma componente essencial na fixação dos juros é a estipulação da sua taxa, considerando

[951] Cfr. Margarida Pacheco de Amorim e João Vieira dos Santos, "O regime nacional de *crowdfunding*: que *crowdfunding*?", in *Cadernos do Mercado de Valores Mobiliários – 20 anos do Código dos Valores Mobiliários*, Almedina, Coimbra, 2021, pp. 623 e ss..

[952] Mariana Fontes da Costa, "A proteção do consumidor-mutuário no crédito à habitação a taxa de juro variável", in *Revista Electrónica de Direito*, n.º 2, Vol. 16, 2018, p. 86, disponível em: https://cije.up.pt/pt/red/edicoes-anteriores/2018-nordm-2/a-protecao-do-consumidor-mutuario-no-credito-a-habitacao-a-taxa-de-juro-variavel/.

que, mesmo sendo variável, o seu índice de referência está devidamente determinado pelas partes[953].

1.9. *Crowdfunding* e contrato de mútuo bancário

No *Crowdfunding* de empréstimo, poderemos estar perante a figura do contrato de mútuo bancário, caso o mutuante se trate de uma instituição de crédito, estando esta figura contratual prevista no elenco de operações bancárias do artigo 362.º do Código Comercial, mais especificamente, o mútuo bancário, designando a classe de contratos de mútuo pecuniários e oneroso que sejam celebrados por uma instituição de crédito, na qualidade de mutuante"[954]. No RJFC, a relação subjacente ao financiamento colaborativo sujeita-se, neste caso, ao regime do mútuo civil oneroso, ao disposto no Decreto-Lei n.º 58/2013, de 8 de maio e, como previsto no n.º 3 do artigo 10.º do RJFC, à supervisão própria do Banco de Portugal. No Regulamento (UE) 2020/1503, a sujeição ao regime do Código Comercial é distinta, no entanto, uma vez que o seu artigo 1.º, n.º 3, assegura que os requisitos nacionais que transpõem o artigo 9.º, n.º 1, da Diretiva 2013/36/EU não se apliquem e que o respetivo direito nacional não preveja uma autorização enquanto instituição de crédito nem qualquer outra autorização, isenção ou dispensa a título individual relativamente à prestação de serviços de *Crowdfunding* nos seguintes casos: a) promotores de projetos que, no que diz respeito aos empréstimos facilitados pelo prestador de serviços de *Crowdfunding*, aceitam fundos de investidores; e b) investidores que concedem, a promotores de projetos, empréstimos facilitados pelo prestador de serviços de *Crowdfunding*.

Os contratos de mútuo bancário são contratos de mútuo típicos, particularmente mercantis bancários, mas poderão constituir-se, igualmente, como mútuos atípicos se forem de escopo, uma vez que os empréstimos bancários podem ser realizados tendo em vista um fim específico a que

---

953 Divergentemente, Fernando Belezas, *Crowdfunding: Regime Jurídico do Financiamento Colaborativo*, 2.ª ed., Almedina, Coimbra, 2019, p. 91.

954 Miguel Brito Bastos, *O Mútuo Bancário – Ensaio sobre a estrutura sinalagmática do contrato de mútuo*, Coimbra Editora, Coimbra, 2015, p. 12.

o mutuário se obriga a aplicar as quantias mutuadas"[955], ou seja, trata-se uma modalidade atípica em que o mutuário fica adstrito a dar um determinado destino à importância recebida[956] e que é muito utilizada na *praxis* bancária, em certos casos por imposição legal, como no crédito à habitação e no crédito ao consumo.

Trata-se, assim, de uma mera diferença subjetiva a que nos deparamos entre contrato de mútuo bancário e o empréstimo mercantil, podendo-se questionar quando é que os investidores poderão estar a exercer a título profissional operações de crédito, sem a devida autorização, ou sejam, não sendo instituições de crédito, e assim violando o monopólio bancário ou princípio da exclusividade das instituições de crédito, previsto no n.º 2 do artigo 8.º do RGICSF.

Como vimos acima na Parte I do nosso estudo, os critérios para aferir se estamos perante uma atividade é a sua prática reiterada e habitual. Ora, se um investidor celebrar de forma reiterada e habitual contratos de mútuo em plataformas de *Crowdfunding* pode-se considerar profissional esta atividade por parte do investidor e, desta forma, fica este sujeito a registo enquanto instituição de crédito junto do Banco de Portugal.

Por último, refere-se que, como o *Crowdfunding* se trata de uma forma de financiamento de projetos e atividades, nada se opõe à possibilidade de celebração contratos de mútuo bancário de escopo, como vimos, um "mútuo vinculado a um fim, a certo e determinado destino ou finalidade contratual ou legal"[957].

1.10. *Crowdfunding* e cessão de créditos

Já abordamos que poderá haver um mercado secundário no *Crowdfunding* que envolve instrumentos financeiros, em que se transmitem os valores mobiliários que já haveriam sido emitidos e alvos de uma oferta pública,

---

[955] Nuno Pinto da Silva, "Contrato de mútuo", in *Lusíada. Direito*, Universidade Lusíada Editora, Lisboa, 2014, p. 397.

[956] António Menezes Cordeiro, *Direito Bancário*, 6.ª Edição revista e atualizada, Almedina, Coimbra, 2016, p. 677

[957] João Calvão da Silva, *Direito Bancário*, Almedina, Coimbra, 2001, p. 363.

e também da admissibilidade da cessão de quotas, apesar da pouca compatibilidade do regime desta última figura com o *Crowdfunding*. A existência de um mercado secundário poderá suceder, também, em relação aos contratos de mútuo celebrados entre investidores e beneficiários numa plataforma de *Crowdfunding*, podendo esta facilitar a celebração de cessões dos créditos entre os investidores, créditos estes relativos aos aludidos contratos de mútuo[958]. Verifica-se, de facto que é uma prática internacional bastante comum as entidades gestoras das plataformas de *Crowdfunding* de empréstimo criarem um mercado secundário de forma a proporcionar liquidez aos investimentos inicialmente feitos nas mesmas plataformas[959].

No âmbito da nossa análise, começamos por precisar que não estamos perante cessões de posição contratual, uma vez que o contrato de mútuo não é um contrato sinalagmático em que advenham direitos e obrigações para ambas as pares, não estando em causa prestações recíprocas e não se aplicando, deste modo, o artigo 424.º do CC. Assim, no *Crowdfunding* de empréstimo aplicar-se-á o regime da cessão de créditos, regime que, face à especificidade o objeto deste negócio jurídico, estabelece uma complexa regulamentação para transmissão do mesmo, sendo, portanto, a transferência de créditos uma figura típica (artigos 577.º e 588.º do CC)[960].

Ao contrário da cessão de posição contratual, a cessão produz efeitos independentemente do consentimento do devedor, sendo a sua notificação ou a aceitação mera condição de eficácia externa em relação ao devedor. O devedor não precisa de saber nada da cessão nem tão-pouco de

---

[958] A cessão de créditos implica a existência de dois contratos, o primeiro donde os créditos emergem, aqui o contrato de mútuo, e o segundo o negócio de transferência dos direitos de crédito, cfr. LUÍS MIGUEL PESTANA DE VASCONCELOS, "A venda de créditos bancários e a insolvência da instituição de crédito. O regime dos créditos futuros em especial, in *I Congresso de Direito Bancário*, Almedina, Coimbra, 2015, p. 219.

[959] Cfr. OLENA HAVRYLCHYK, *Regulatory Framework for the Loan-Based Crowdfunding Platforms*, OECD Working Papers, 2018, p. 7, disponível em:
http://www.oecd.org/officialdocuments/publicdisplaydocumentpdf/?cote=ECO/WKP(2018)61&docLanguage=En.

[960] Precisa-se que o legislador visou, entre nós, unicamente a transferência do crédito, e não o acto de cessão em si (578.º, n.º 1, do CC), cfr. LUÍS MIGUEL PESTANA DE VASCONCELOS, *A Cessão de créditos em garantia e a insolvência*, Dissertação para Doutoramento em Ciências Jurídicas Jurídico-Civilísticas apresentada na Faculdade de Direito da Universidade do Porto, 2005, pp. 285 e 286.

colaborar, para que ela se verifique, tratatando-se de uma simples modificação subjetiva, não se produzindo a substituição de uma obrigação antiga por uma obrigação nova.

Consiste, assim, na substituição do credor originário por outra pessoa, mantendo-se inalterados os restantes elementos da relação obrigacional, transferindo-se apenas a posição debitória do cedente para o cessionário, sendo por mero efeito deste contrato que o cessionário adquire o direito de exigir a prestação, em seu nome e no seu próprio interesse, ao mesmo tempo que o cedente o perde[961]. A referida notificação para a eficácia da cessão pode ser facilitada de forma automatizada pela plataforma de *Crowdfunding*, respeitando assim os seus objetivos de simplicidade e celeridade.

Enquanto o RJFC em nada interfere com esta relação entre investidores em mercado secundário, o Regulamento (UE) 2020/1503 impõe, como vimos, que o mercado secundário, mesmo o relativo a empréstimo, funcione com boletins informativos[962], limitando assim a forma como as entidades gestoras podem modelar esse mercado secundário, uma vez que não podem reunir os interesses dos vários investidores nem operacionalizar o contrato de cessão de créditos entre investidores, mas apenas servir de "montra" desses interesses.

1.11. *Crowdfunding* e *Invoice Trading*

As plataformas de *Invoice Trading* são plataformas eletrónicas de negociação de faturas, funcionando num mecanismo P2P (*peer-to-peer*) e cruzando os interesses de financiamento de empresas para as suas operações de curto prazo com a dos interesses dos investidores na procura de obtenção de retorno para o seu investimento na aquisição de faturas[963].

---

[961] Cfr. Mário Júlio de Almeida Costa, *Direito das Obrigações*, 12.ª ed., Almedina, Coimbra, 2009, pp. 811 e ss.; João de Matos Antunes Varela, *Das Obrigações em Geral*, Vol. II, 7.ª ed., Almedina, Coimbra, 2017, pp. 294 e ss..

[962] Cfr. artigo 25.º do Regulamento (UE) 2020/1503.

[963] Cfr. Mafalda Miranda Barbosa, "Invoice Trading Plataforms: breve apontamento", in *Revista de Direito Comercial*, 2017, p. 290, disponível em: https://www.revistadedireitocomercial.com/artigos-2017.

A primeira questão que se apresenta neste âmbito é a de saber se estamos perante um contrato de *factoring* – contrato que estruturalmente se baseia na cessão de créditos, também conhecido por contrato de cessão financeira, sendo regido pelo Decreto-Lei n.º 171/95, de 18 de julho, diploma que também rege as sociedades de *factoring* e visou clarificar e simplificar a regulamentação do *factoring* –, face à aparente proximidade dos modelos de negócio, o que poderá implicar, em caso de resposta afirmativa, a sujeição dos investidores, que pretendem recorrer com um caráter profissional a plataformas de *Invoice Trading*, a um processo de autorização enquanto instituição de crédito ou sociedade financeira junto do Banco de Portugal (artigo 8.º, n.º 2, do RGICSF).

O contrato de factoring é um instrumento maleável às exigências das empresas, sendo dessa forma um contrato socialmente típico. Trata-se no nosso ordenamento de um contrato nominado, mas legalmente atípico[964]. Está prevista, porém, uma definição da atividade de *factoring* no n.º 1 do artigo 2.º do Decreto-Lei n.º 171/95, de 18 de julho: "A actividade de factoring ou cessão financeira consiste na aquisição de créditos a curto prazo, derivados da venda de produtos ou da prestação de serviços, nos mercados interno e externo".

O n.º 2 do referido artigo acrescenta que se compreendem na atividade de *factoring* ações complementares de colaboração entre, por um lado, as sociedades de factoring e as instituições de crédito, e, por outro, os seus clientes, designadamente de estudo dos riscos de crédito e de apoio jurídico, comercial e contabilístico à boa gestão dos créditos transacionados.

No entanto, esta definição trata-se apenas de uma clarificação do legislador quanto ao mecanismo operativo do *factoring*, não se afigurando estar em causa uma noção de um contrato construída de forma conceptual ou típica, através das suas notas distintivas[965]. Com vista a auxiliarmo-nos

---

[964] Cfr. Luís Miguel Pestana de Vasconcelos, Direito Bancário, 2.ª ed., Almedina Coimbra, 2019, pp. 245 e 246; Mafalda Monteiro, *O Contrato de Factoring em Portugal*, Elcla Editora, Porto, 1996, pp. 37 e ss.; Considerando o contrato de factoring um contrato atípico, António Pinto Monteiro e Carolina Cunha, "Sobre o Contrato de Cessão financeira ou de "Factoring", in *Boletim da Faculdade de Direito*, Volume Comemorativo, Universidade de Coimbra, Coimbra, 2002, pp. 18 e ss..

[965] Cfr. Luís Miguel Pestana de Vasconcelos, "O Contrato de Factoring: Insolvência e

com uma noção mais precisa, o contrato de *factoring* pode ser definido, de acordo com Luís Miguel Pestana de Vasconcelos como "o contrato pela qual uma das partes (o facturizado) cede ou se obriga a ceder a outra a totalidade ou parte dos seus créditos comerciais de curto prazo decorrentes dos contratos já celebrados ou a celebrar com terceiros (alguns ou mesmo a totalidade dos clientes do cedente), para que este último os administre e cobre na data do seu vencimento e, eventualmente, sobre o valor nominal desses créditos e/ou, também, garanta o cumprimento ou a solvência dos devedores cedidos"[966].

O factoring é uma fonte de financiamento essencial para as PME da União Europeia, sendo a Europa, enquanto região, o maior mercado de f*actoring* a nível mundial e representa 66 % do mercado mundial[967], razão pelo qual a Comissão Europeia apresentou uma proposta de Regulamento Europeu relativo à lei aplicável à oponibilidade a terceiros das cessões de créditos, em 12 de março de 2018, de forma a garantir segurança jurídica para a utilização do factoring em todo o Mercado Único[968].

Contudo, notam-se, de imediato, uma diferença essencial para a figura do *Invoice Trading*, que é o facto de nesta última o controlo da gestão do crédito manter-se no credor inicial, por forma a garantir a confidencialidade da operação[969]. Convém, no entanto, precisar que na atividade de *Invoice Trading*, é comum concretizarem-se operações de desconto

Penhora de Créditos", in *II Congresso de Direito Bancário*, Coord. LUÍS MIGUEL PESTANA DE VASCONCELOS, Almedina, Coimbra, 2017, pp. 239 e 240.

[966] LUÍS MIGUEL PESTANA DE VASCONCELOS, *Direito Bancário*, 2.ª ed., Almedina Coimbra, 2019, pp. 243 e 244.

[967] Dados disponíveis em: https://fci.nl/en/industry-statistics.

[968] Cfr. https://eur-lex.europa.eu/legal-content/PT/TXT/HTML/?uri=CELEX:52018PC0096&from=EN. Muita das vezes as cessões de creditos realizadas no âmbito do factoring são internacionais, suscitando-se dúvidas quanto à lei aplicável, cfr. LUÍS MIGUEL PESTANA DE VASCONCELOS, "As Cessões Internacionais de Créditos: O Regime do Regulamento Roma I", in *Revista da Faculdade de Direito da Universidade do Porto*, Vol. 9, Coimbra Editora, Coimbra, 2012, pp. 139 e ss..

[969] Cfr. MAFALDA MIRANDA BARBOSA, "Invoice Trading Plataforms: breve apontamento", in *Revista de Direito Comercial*, 2017, p. 308, disponível em: https://www.revistadedireitocomercial.com/artigos-2017.

de faturas[970], o que pode aproximar a figura do *Invoice Trading* a um contrato de segundo grau ao contrato-quadro de *factoring*, o contrato com recurso e antecipação[971]. Falha, de igual forma, outro elemento essencial do contrato de *factoring*, uma vez este tem por objeto uma cessão de créditos de massa[972], enquanto o *Invoice Trading* envolve necessariamente operações isoladas, face à sua estrutura assente numa plataforma eletrónica, em que se permite às empresas venderem as faturas consoante a sua disponibilidade[973].

Perante o exposto, afere-se que o *Invoice Trading* não coincinde exatamente com o contrato de *factoring*. No entanto, a atividade de *Invoice Tra-*

---

[970] O investidor adquire a fatura com um adiantamento (*advanced rate*) em relação ao valor nominal da fatura, cfr. MAFALDA MIRANDA BARBOSA, "Invoice Trading Plataforms: breve apontamento", in *Revista de Direito Comercial*, 2017, p. 311, disponível em: https://www.revistadedireitocomercial.com/artigos-2017, Normalmente, o desconto funciona sobre título de crédito, podendo ficar afetado pelas vicissitudes que atinjam o título, mas nada obsta a que funcione com créditos ordinários, cfr. ANTÓNIO MENEZES CORDEIRO, *Direito Bancário*, 6.ª Edição revista e atualizada, Almedina, Coimbra, 2016, p. 700; LUÍS MIGUEL PESTANA DE VASCONCELOS, *Dos Contratos de Cessão Financeira (Factoring)*, Coimbra Editora, Coimbra, 1999, pp. 357 e 358.

[971] O "factoring desdobra-se juridicamente num contrato-quadro celebrado entre a entidade financeira e o facturizado, que obriga as partes a concluir, durante um certo período de tempo, um número indeterminado de contratos de segundo grau, cuja regulamentação estabelece e que geram as transferências de crédito", LUÍS MIGUEL PESTANA DE VASCONCELOS, *Dos Contratos de Cessão Financeira (Factoring)*, Coimbra Editora, Coimbra, 1999, p. 355; No Invoice Trading, "os clausulados gerais a que investidores e vendedores de faturas aderem referem, as mais das vezes, que, em caso de não pagamento da fatura pelo devedor, o vendedor será contactado para a recomprar. Apõe-se, assim, uma condição resolutiva ao contrato de transmissão do crédito", MAFALDA MIRANDA BARBOSA, "Invoice Trading Plataforms: breve apontamento", in Revista de Direito Comercial, 2017, p. 331, disponível em: https://www.revistadedireitocomercial.com/artigos-2017.

[972] Cfr. LUÍS MIGUEL PESTANA DE VASCONCELOS, *Direito Bancário*, 2.ª ed., Almedina Coimbra, 2019, p. 239. O vendedor das faturas não se obriga a oferecer em cessão todos os seus créditos comerciais a curto prazo, pelo que a disponibilização das faturas é feita consoante as necessidades de liquidez do vendedor, Cfr. MAFALDA MIRANDA BARBOSA, "Invoice Trading Plataforms: breve apontamento", in Revista de Direito Comercial, 2017, p. 311, disponível em: https://www.revistadedireitocomercial.com/artigos-2017.

[973] MAFALDA MIRANDA BARBOSA, "Invoice Trading Plataforms: breve apontamento", in Revista de Direito Comercial, 2017, p. 311, disponível em: https://www.revistadedireitocomercial.com/artigos-2017.

ding coincide com a ampla definição de atividade de factoring, prevista no n.º 1 do artigo 2.º do Decreto-Lei n.º 171/95, de 18 de julho, devendo sujeitar-se, no nosso entendimento, ao regime do *factoring* por analogia[974]. Sendo o texto da lei o ponto de partida da interpretação[975] e devendo o intérprete presumir que o legislador consagrou as soluções mais acertadas e soube exprimir o seu pensamento em termos adequados (artigo 9.º, n.º 3, do CC), um entendimento no sentido contrário feria gravemente a segurança jurídica que deve imperar no comércio.

Ora, a sujeição do *Invoice Trading* ao Decreto-Lei n.º 171/95, de 18 de julho, implica, como já referimos, que os investidores em *Invoice Trading* não poderão desenvolver essa atividade de investimento de forma profissional, exceto se forem sociedades financeiras ou instituições de crédito (artigos 4.º, n.º 1, do Decreto-Lei n.º 171/95, de 18 de julho, e artigo 4.º, n.º 1, alínea b), do RGICSF)[976].

Uma vez que estamos perante um instrumento do sistema financeiro que utiliza plataformas eletrónicas, a nossa segunda questão é se as plataformas de *Invoice Trading* podem ser consideradas plataformas de *Crowdfunding*.

A resposta a esta questão tem sido muito variada consoante o país. Em Portugal, não parece haver uma posição clara no RJFC, uma vez que o *Invoice Trading* poderá ou não estar incluído no financiamento colaborativo de empréstimo, ou seja, na alínea d) do artigo 3.º do RJFC, que define esta modalidade como aquela que "através do qual a entidade financiada

---

[974] Convergentemente, Mafalda Miranda Barbosa, "Invoice Trading Plataforms: breve apontamento", in Revista de Direito Comercial, 2017, pp. 311 e ss., disponível em: https://www.revistadedireitocomercial.com/artigos-2017. A autora refere que a analogia apenas se pode efetuar em relação à atividade, ponto em discordamos, uma vez que os atos específicos de Invoice Trading podem equiparar-se aos atos específicos de factoring, apenas em nenhum deles estará em causa a aplicação do Decreto-Lei n.º 171/95, de 18 de julho. Pode, no entanto, haver implicações desses atos específicos que faça sentido equiparar.

[975] "Toda a interpretação de um texto há-de iniciar-se com o sentido literal", Karl Larenz, *Metodologia da Ciência do Direito*, 3.ª ed., tradução de José Lamego, Fundação Calouste Gulbenkian, Lisboa, 2009, p. 450.

[976] Convergentemente, Mafalda Miranda Barbosa, "Invoice Trading Plataforms: breve apontamento", in Revista de Direito Comercial, 2017, p. 321, disponível em: https://www.revistadedireitocomercial.com/artigos-2017.

remunera o financiamento obtido através do pagamento de juros fixados no momento da angariação", sendo possível argumentar que podemos estar perante figuras equiparáveis, devido às funções de antecipação de fundos, cobertura de riscos de crédito[977] e financiamento associada ao factoring[978] e, de certa forma, ao *Invoice Trading*[979].

Em Espanha, a CNMV publicou um entendimento no seu *website*, em que esclarece que as *plataformas de financiación participativa* não podem publicar projetos de *crowdfunding* que se baseiem em cessões de créditos, descontos de faturas ou notas promissórias, ou contas de participação, e que, mais especificamente, o desconto de faturas ou notas promissórias são considerado como um contrato atípico, constituindo um método de financiamento de curto prazo que enquadra-se na proibição estabelecida no artigo 49, n.º 1 da *Ley* n.º 5/2015, segundo a qual as *plataformas de finan-*

---

[977] Cfr. Rui Pinto Duarte, *Escritos sobre Leasing e Factoring*, Principia, S. João do Estoril, 2001, pp. 97 e ss.. João Calvão da Silva refere-se a uma função administrativa de prestação de serviços, gestão, cobrança e seguro de crédito, Cfr. João Calvão da Silva, *Direito Bancário*, Almedina, Coimbra, 2001, p. 430.

[978] "O factoring é um instrumento muitíssimo relevante de financiamento de curto prazo. As empresas na venda e na prestação de serviços concedem, em regra, aos seus devedores um prazo para o pagamento do preço (30, 60, 90 dias). Essa dilação temporal coloca aos credores dificuldades de tesouraria, impondo-lhes, na falta de meios próprios, o recurso ao crédito nesse período de tempo. Este é obtido também através dos adiantamentos prestados pelo factor. Com efeito, este adiantará uma percentagem acordada entre as partes do valor nominal do direito transmitido (em regra, cerca de 80% desse valor). O que significa que nessa percentagem os «monetariza», ou seja, transforma-os em liquidez. Esta função, a função financeira, é entre nós a mais relevante, dada a escassez de meios próprios das sociedades comerciais portuguesas, frequentes vezes subcapitalizadas, por isso muito carentes do crédito.", Luís Miguel Pestana de Vasconcelos, Direito Bancário, 2.ª ed., Almedina Coimbra, 2019, p. 248.

[979] "As invoice trading plataforms são, como referido anteriormente, plataformas de negociação de faturas, no quadro das quais é possível a um sujeito obter financiamento através da aquisição das suas faturas por um outro sujeito que ali investe. No fundo, elas servem para conectar empresas que vendem faturas e investidores que emprestam dinheiro contra a aquisição dos créditos que aquelas corporizam.", Mafalda Miranda Barbosa, "Invoice Trading Plataforms: breve apontamento", in *Revista de Direito Comercial*, 2017, p. 307, disponível em: https://www.revistadedireitocomercial.com/artigos-2017.

ciación participativa não podem publicar projetos que consistam no financiamento profissional de terceiros[980].

Em Portugal, o caráter não profissional do financiamento não constitui um elemento caraterizador do *Crowdfunding*, segundo o RJFC. No Regulamento (UE) 2020/1503, também não é pressuposto que o financiamento no *Crowdfunding* não tenha de ser profissional, levando-nos a perscrutar se pode mesmo ser realizada essa equiparação entre o *Invoice Trading* com o contrato de mútuo.

Pela relação próxima que referimos entre o *Invoice Trading* e o contrato com recurso e antecipação, aproveitamos os estudos de Luís Miguel Pestana de Vasconcelos sobre a comparação desta última figura com o contrato de mútuo, defendendo este autor que "o contrato com o recurso e adiantamento é, em grande parte, reconduzível ao contrato de mútuo comercial"[981] e que este contrato deve ser considerado um contrato misto, de mútuo (reembolso do adiantamento concedido) e mandato (cobrança de crédito)[982].

Concordamos com o exposto, pela similitude dos contratos, sendo que o contrato com recurso e antecipação assenta na obrigação de reembolso e no pagamento de juros, parecendo-nos estar aqui em causa os elementos essenciais do contrato de mútuo. Relativamente ao *Invoice Trading*, as semelhanças dos contratos ainda são maiores, uma vez que não podemos argumentar que estamos perante um contrato misto, por, geralmente, dispensar-se o vendedor de faturas da gestão da carteira de clientes e da cobrança de créditos[983], restando apenas os elementos típicos do contrato de mútuo.

No entanto, Carlos Ferreira de Almeida considera que a qualificação do contrato de desconto como mútuo confronta-se com o obstáculo da natureza não monetária nem fungível do objeto entregue pelo descon-

---

[980] *Vd.* https://www.cnmv.es/docportal/Legislacion/FAQ/QAsFinTech.pdf.

[981] Luís Miguel Pestana de Vasconcelos, *Dos Contratos de Cessão Financeira (Factoring)*, Coimbra Editora, Coimbra, 1999, p. 376.

[982] Cfr. Luís Miguel Pestana de Vasconcelos, *Dos Contratos de Cessão Financeira (Factoring)*, Coimbra Editora, Coimbra, 1999, p. 386.

[983] Cfr. Mafalda Miranda Barbosa, "Invoice Trading Plataforms: breve apontamento", in *Revista de Direito Comercial*, 2017, pp. 336 e 337, disponível em: https://www.revistadedireitocomercial.com/artigos-2017.

tatário, mas os melhores candidatos em termos de proximidade são a compra, o mútuo e o *factoring* impróprio[984]. Este aregumento é forte em relação à diferenciação dos contratos no âmbito do *Invoice Trading* e os contratos de mútuo. Deste modo, não podemos referir que na atividade da *Invoice Trading* estejam em causa contratos de mútuo, mas apenas contratos atípicos. Contudo e tendo em conta as semelhanças destas figuras (contrato de mútuo e *Invoice Trading*), a fácil equiparação que é possível efetuar sobre estas, em termos finalidades materiais de ambas, e a relevância social da atividade do *Invoice Trading*, entendemos que o legislador deve ser claro quanto ao enquadramento desta figura no regime do *Crowdfunding*, algo que lamentavelmente não sucedeu no RJFC[985] nem no Regulamento (UE) 2020/1503.

1.12. *Crowdfunding* e titularização de créditos

Questionamo-nos, neste ponto, se o modelo *marketplace lending* do *Crowdfunding* de empréstimo poderá configurar, quando utilizado um SPV, uma titularização de créditos. Quando este modelo utiliza uma instituição de crédito, as obrigações são emitidas pelos beneficiários não existindo um processo de titularização, mas existem outras variantes deste modelo e algumas delas podem, porventura, assemelhar-se à titularização de créditos.

Ora, a titularização de créditos pode ser definida "uma operação financeira consistente na agregação de créditos com vista à sua posterior alienação pelo originador (i.e. o titular originário dos créditos) ou cedente a uma outra entidade adquirente ou cessionária (normalmente um *Special*

[984] Cfr. Carlos Ferreira de Almeida, "Contratos de troca para a transmissão de direitos", in *Homenagem da Faculdade de Direito de Lisboa ao Professor Doutor Inocêncio Galvão Telles*, Almedina, Coimbra, 2007, pp. 213 e ss.. Na doutrina alemã surgiu numa distinção entre factoring impróprio (em que o risco corre por conta do cedente) de factoring próprio (que opera a transferência do risco para o cessionário, cumprindo assim a função de garantia própria deste tipo de contratos), cfr. Sónia Carvalho, *O contrato de factoring na prática negocial e sua natureza jurídica*, Universidade Católica, Porto, 2007, pp. 161 e ss..

[985] É nossa opinião que o *Invoice Trading* possa ser enquadrado no RJFC por analogia, tendo em conta estarem presentes os elementos essenciais e as funções do mútuo.

Purpose Vehicle – SPV), a qual vai emitir valores mobiliários representativos de dívida, garantidos ("colaterilizados") pelos créditos adquiridos, geralmente colocados junto de investidores institucionais (permitindo, assim, o financiamento da aquisição de créditos). A titularização "permite a obtenção de fundos de uma forma particular: a venda de ativos" [986], ou noutros termos, a venda de *cash flows*. Trata-se de uma operação iniciada e baseada na transmissão de créditos para a emissão de títulos baseados e derivados desses créditos. Em termos latos, a titularização consiste numa transformação de ativos em valores mobiliários[987].

Os artigos 577.º e seguintes do Código Civil permitem a realização em bloco de conjuntos de cessões de créditos com natureza e condições idênticas[988], cessões essas que podem ser efetuadas em base individual ou coletiva, consoante a vontade das partes e que podem dar origem à montagem de operações de financiamento estruturado, alicerçadas em pacotes de crédito cedidos para composição de um acervo patrimonial[989], procedendo-se, subsequentemente, a uma emissão de títulos baseados, derivados e garantidos por esses créditos, sendo colocados no mercado para financiar a aquisição destes, incluindo de toda a operação[990]. O acervo patrimonial que referimos é um aspeto essencial desta figura, devendo os créditos, fluxos financeiros, direitos e obrigações do veículo de investimento ficar exclusivamente afetos ao reembolso de uma emissão de obrigações titularizadas[991].

[986] Ana Perestrelo De Oliveira, *Manual de Corporate Finance*, 2.ª ed., Almedina, Coimbra, 2015, p. 176.

[987] Cfr. João Calvão da Silva, *Titularização de Créditos – Securitization – No coração da crise financeira global*, 3.ª ed., Revista e aumentada, Almedina, Coimbra, 2013, pp. 11 e ss..

[988] "A estatuição no artigo 4.º do DL de que cessão deve ser plena, não ficando sujeita a condição ou a termo (etc.) leva em conta os interesses do sistema financeiro", Diogo Leite de Campos e Manuel Monteiro, *Titularização de Créditos – Anotações ao Decreto-Lei n.º 453/99*, de 5 de novembro, Almedina, Coimbra, 2001, p. 24.

[989] Cfr. Pedro Cassiano Santos e Paula Gomes Freire, "Financiamentos estruturados susceptíveis de colocação em mercados de capitais", in *Estudos de Advocacia em Homenagem a Vasco Vieira de Almeida*, coord. Paulo Olavo Cunha, Almedina, Coimbra, 2017, pp. 87 e 88.

[990] Cfr. João Calvão da Silva, *Titularização de Créditos – Securitization – No coração da crise financeira global*, 3.ª ed., Revista e aumentada, Almedina, Coimbra, 2013, p. 12.

[991] Cfr. João Calvão da Silva, *Titularização de Créditos – Securitization – No coração da crise financeira global*, 3.ª ed., Revista e aumentada, Almedina, Coimbra, 2013, pp. 128 e ss..

Afigura-se, pelo exposto, que muito dificilmente o modelo de *marketplace lending* com recurso a uma SPV não se enquadra na operação que acabamos de descrever[992]. Poderá haver configurações específicas que não se enquadrem exatamente nos termos da titularização, mas uma grande parte dos casos corresponde ao que descrevemos, existindo uma segregação de contas e, consequentemente, a constituição de um património autónomo. Estando-se num desses casos correspondente a uma titularização de créditos, decorrem desse facto implicações quanto à natureza dos cedentes e dos cessionários.

Apenas podem ser cedentes de créditos para efeitos de titularização as entidades referidas na alínea 3) do artigo 2.º do Regulamento (UE) n.º 2017/2402 (entidades que por si próprias ou através de entidades relacionadas, participaram direta ou indiretamente no acordo inicial que fixou as obrigações, efetivas ou potenciais, do devedor ou potencial devedor que deram origem às posições em risco objeto de titularização, ou que adquiram as posições em risco de um terceiro por conta própria e, subsequentemente, procedem à sua titularização), incluindo o Estado e demais pessoas coletivas públicas, as instituições de crédito, as sociedades financeiras, as empresas de investimento, as empresas de seguros, os fundos de pensões e as sociedades gestoras de fundos de pensões.

Os cessionários apenas podem ser fundos de titularização de créditos ou sociedades de titularização de créditos, nos termos do artigo 3.º do Decreto-Lei n.º 453/99, de 5 de novembro, correspondendo à SPV que nos referíamos. Significa o aludido que no *Crowdfunding*, a entidade gestora da plataforma de *Crowdfunding* tem de recorrer a uma das referidas entidades. A entidade gestora da plataforma de *Crowdfunding* não pode constituir-se como uma sociedade de titularização de créditos devido ao objeto exclusivo desta corresponder à realização de operações de titularização de créditos ou de riscos, mediante a sua aquisição, gestão e transmissão e a emissão de obrigações titularizadas para pagamento dos créditos ou dos riscos adquiridos (artigo 39.º do Decreto-Lei n.º 453/99, de 5 de novembro), nem como uma sociedade gestora de um fundo de titularização de créditos por esta ter um objeto exclusivo de administra-

[992] ESMA, *Opinion – Investment-based Crowdfunding*, 2014, p. 22, disponível em: http://www.esma.europa.eu/.

ção, por conta dos detentores das unidades de titularização, de um ou mais fundos (artigo 16.º do Decreto-Lei n.º 453/99, de 5 de novembro).

1.13. *Crowdfunding*, contrato de mandato e contrato de mediação

Começando pelo contrato de mandato, este contrato é definido no artigo 1157.º do CC como "o contrato pelo qual uma das partes se obriga a praticar um ou mais actos jurídicos por conta da outra". Um dos elementos essenciais deste tipo contratual é o mandatário assumir a obrigação de praticar atos jurídicos por conta do mandante. Os efeitos jurídicos produzem-se na esfera do mandante por duas formas, consoante se trate de mandato com ou sem representação. No mandato com representação, os atos jurídicos praticados pelo mandatário em nome do mandante produzem os seus efeitos diretamente na esfera deste último (arts. 1178.º e 258.º do CC). Já no mandato sem representação, os atos jurídicos praticados pelo mandatário produzem os seus efeitos na esfera jurídica deste (artigo 1180.º do CC), sendo necessário um posterior ato de transmissão para que os direitos correspondentes possam ser adquiridos pelo mandante (artigo 1181.º, n.º 1 do CC)[993].

O contrato de mediação, por outro lado, é o "contrato pelo qual uma pessoa se obriga a pagar a outra uma remuneração se estoutra lhe conseguir interessado por certo contrato e se a primeira vier a celebrar o desejado contrato com o contributo da atividade da segunda"[994]. Distingue-se do contrato de mandato porque o mediador apenas aproxima as partes no negócio, põe-nas em presença (física ou virtual) e facilita o negócio, mas não actua por conta de nenhuma das partes e nunca representa qual-

[993] Cfr. Luís Menezes Leitão, *Direito das Obrigações*, Volume III, 12.ª ed., Almedina, Coimbra, 2018, pp. 428 e 429; Em relação à diferença entre o mandato e a procuração, refere-se que "o mandato impõe a obrigação de praticar atos jurídicos por conta de outrem enquanto que a procuração confere o poder de celebrar em nome de outrem", Acórdão do Tribunal da Relação de Guimarães, de 25-01-2018, processo n.º 4677/15.4T8GMR-A.G1, Relator: António Figueiredo de Almeida, disponível em: http://www.dgsi.pt/jtrg.nsf/-/094E501B4B9EF868802582360O568584.

[994] Higina Orvalho Castelo, *O contrato de mediação*, Almedina, Coimbra, 2014, p. 345.

quer delas no negócio que vem a ser celebrado[995], não figurando no contrato que se venha a celebrar entre elas[996].

[995] Cfr. Fernando Baptista de Oliveira, *O contrato de mediação imobiliária na prática judicial – Uma abordagem jurisprudencial*, 2016, pp. 24 e ss., disponível em: http://www.cej.mj.pt/cej/recursos/ebooks/civil/eb_Direito_dos_Contratos_O_Contrato_de_Mediacao_Imobiliaria.pdf.

[996] Em todos os conceitos do contrato de mediação transmitidos pela doutrina, é pacífico este ponto. Segundo Pedro Pais de Vasconcelos, a mediação traduz-se na "intermediação entre o comprador e o vendedor, ou entre as partes num outro tipo de negócio, em que o intermediário – o mediador – aproxima as partes no negócio, põe-nas em presença, por vezes até intervém na negociação para o promover, mas não participa no negócio. O mediador é um facilitador; não atua por conta de nenhuma das partes, embora contratado por uma delas; mas nunca representa qualquer delas no negócio que vem a ser celebrado", Pedro Pais de Vasconcelos, *Direito Comercial. Parte Geral, Vol. I, Contratos Mercantis, Títulos de Crédito*, Almedina, Coimbra, 2011, p. 197; António Menezes Cordeiro refere que "a mediação significa o ato ou efeito de aproximar voluntariamente duas ou mais pessoas, de modo a que, entre elas, se estabeleçam negociações que possam conduzir à celebração de um contrato definitivo", o que implica que "o mediador não represente nenhuma das partes a aproximar", António Menezes Cordeiro, "Do contrato de mediação", in *O Direito*, n.º 139, Almedina, Coimbra, 2007, pp. 517 e ss.; Por sua vez, para Maria de Fátima Ribeiro a mediação é definida como "um contrato pelo qual uma das partes se obriga a promover a aproximação de duas ou mais pessoas, com vista à conclusão de determinado negócio entre elas, mediante remuneração", Maria de Fátima Ribeiro, "O contrato de mediação e o direito do mediador à remuneração", in *Revista de Direito Comercial*, 2017, p. 215, disponível em: https://www.revistadedireitocomercial.com/o-contrato-de-mediacao; Para Adriano Vaz Serra, mediação é o contrato pelo qual "uma das partes se obriga a conseguir interessado para certo negócio e a aproximar esse interessado da outra parte", Adriano Vaz Serra, "Anotação ao Acórdão do STJ de 7 de Março de 1967", in *Revista de Legislação e de Jurisprudência*, n.º 100, Coimbra Editora, Coimbra, 1968, p. 343; Carlos Ferreira de Almeida define contrato de mediação como "o contrato pelo qual uma das partes – o mediador – se obriga, mediante remuneração, a promover negociações ou a indicar a contraparte para a formação de um contrato que a outra parte no contrato de mediação – o cliente – pretende celebrar", Carlos Ferreira de Almeida, *Contratos*, Vol. II, Almedina, Coimbra, 2016, p. 203; Paulo Olavo Cunha considera o contrato de mediação o contrato pelo qual "uma pessoa ou entidade (mediador) coloca em contacto dois interessados em concluir um determinado contrato – nomeadamente de compra e venda –, contribuindo para o esclarecimento das partes sobre o âmbito e escopo do negócio e favorecendo, desse modo, a respetiva conclusão, mediante uma retribuição", Paulo Olavo Cunha, *Lições de Direito Comercial*, Almedina, Coimbra, 2010, p. 200.

Perguntamos, assim, qual destas figuras se enquadra melhor nas relações estabelecidas entre as entidades gestoras de plataformas de *Crowdfunding*, por um lado, e os beneficiários e os investidores, por outro. De um ponto vista mais genérico e internacional, já vimos que, geralmente se estabelece um *membership agreement* ou acordo de utilização entre as partes, mas a resposta à nossa pergunta poderá não ser unívoca perante a diversidade de atuação das plataformas de *Crowdfunding*, sendo que alguns desses modelos de atuação já vimos *supra* que podem consubstanciar outras atividades reguladas, como a de intermediação financeira e a de gestão de organismos de investimento coletivo.

Sem prejuízo do que foi analisado e do *Crowdfunding* se poder enquadrar noutro regime especial, podemos distinguir dois grandes modelos na atuação das plataformas. O primeiro consiste numa atuação básica de aproximação dos beneficiários com os investidores, dirimindo os moldes essenciais da relação que surge entre estes. O segundo modelo consiste, por outro lado, numa atuação mais sofisticada por parte da plataforma em que a esta é atribuída o poder gerir o investimento recolhido. Este modelo pode ter um caráter fiduciário, uma vez que é confiada a gestão do investimento a um terceiro (um banco, por exemplo, no caso do *marketplace lending*[997]) ou a um SPV[998].

Assim, se não lhes for aplicável um regime especial como o da intermediação financeira, o primeiro modelo que referimos a relação contratual

[997] Cfr. Luís Roquette Geraldes, João Lima da Silva e Francisca Seara Cardoso, "P2P Lending", in *FinTech. Desafios da Tecnologia Financeira*, coord. António Menezes Cordeiro, Ana Perestrelo de Oliveira e Diogo Pereira Duarte, Almedina, Coimbra, 2017, p. 305

[998] Cfr. Diogo Pereira Duarte, "Financiamento Colaborativo de Capital (Equity-Crowdfunding)", in *FinTech. Desafios da Tecnologia Financeira*, coord. António Menezes Cordeiro, Ana Perestrelo de Oliveira e Diogo Pereira Duarte, Almedina, Coimbra, 2017, pp. 258 e 259. Há, assim, uma relação de triangularidade contratual, em que se procura reforçar a posição dos investidores, cfr. Tiago Azevedo Ramalho, *O Princípio da Relatividade Contratual e o Contrato a Favor de Terceiro – Da Titularidade do Direito à Prestação por parte do Beneficiário*, Coimbra Editora, Coimbra, 2013, pp. 61 e ss.. Sobre os modelos das plataformas de *Invoice Trading*, que são relativamente similares, *vd.* Mafalda Miranda Barbosa, "Invoice Trading Plataforms: breve apontamento", in *Revista de Direito Comercial*, 2017, p. 307, disponível em: https://www.revistadedireitocomercial.com/artigos-2017.

entre a entidade gestora da plataforma e as contrapartes (beneficiários e investidores) consubstancia um contrato de mediação[999], aplicando-se o regime do contrato de prestação de serviços por ser o macrotipo negocial que abrange o contrato de mediação[1000], aplicando-se, subsidiariamente, o regime do contrato de mandato[1001].

No segundo caso, a entidade gestora da plataforma participante no contrato estabelecido entre as partes, ao participar ativamente na configuração desse contrato e obrigando-se a retransmitir os fundos adquiridos para a esfera jurídica do investidor, ou seja, a plataforma surge como parte no contrato de financiamento (aquisição de valores mobiliários ou empréstimo, por exemplo), atuando no interesse e por conta dos investidores, pelo que, devemos considerar que estamos perante um contrato de mandato sem representação[1002] entre a entidade gestora da plataforma de *Crowdfunding* e os investidores. Como já encontramos regimes especiais que moldam esta relação contratual no *Crowdfunding*, como sucede com o RJFC e o Regulamento (UE) 2020/1503, a nossa excursão serviu para encontrarmos as bases destas relações contratuais, podendo estas ser, como vimos, de mediação ou de mandato sem representação, bem como para encontrarmos os regimes para os quais devemos recorrer em caso de lacunas dos regimes especiais referidos.

---

[999] Divergentemente, argumentando que estamos perante um contrato de mandato sem representação, ANA RITA ANTUNES RODRIGUES, *Crowdfunding: uma análise sobre o financiamento colaborativo por empréstimo e as vantagens face ao financiamento tradicional*, dissertação de mestrado apresentada na Faculdade de Direito da Universidade Nova de Lisboa, 2019, pp. 30 e ss.., disponível em: https://run.unl.pt/bitstream/10362/91301/1/AntunesRodrigues%20_2019.pdf.

[1000] JOSÉ ENGRÁCIA ANTUNES, *Direito dos Contratos Comerciais*, Almedina, Coimbra, 2009, pp. 575 e 576.

[1001] Cfr. ANTÓNIO MENEZES CORDEIRO, "Do contrato de mediação", in *O Direito*, n.º 139, Almedina, Coimbra, 2007, p. 545; MAFALDA MIRANDA BARBOSA, "Invoice Trading Plataforms: breve apontamento", in *Revista de Direito Comercial*, 2017, pp. 312 e 313, disponível em: https://www.revistadedireitocomercial.com/artigos-2017; Carlos Mota Pinto,

[1002] Cfr. MAFALDA MIRANDA BARBOSA, "Invoice Trading Plataforms: breve apontamento", in *Revista de Direito Comercial*, 2017, p. 315, disponível em: https://www.revistadedireitocomercial.com/artigos-2017

2. Que regime específico para o *Crowdfunding*?

Começamos por questionar que regime específico para o *Crowdfunding*, sem antes perguntarmos se deve existir esse regime específico, uma vez que a solução para esta última questão é pacífica. Já existem muitas jurisdições com um regime específico e na União Europeia passará a haver em breve. Poderíamos eventualmente argumentar que estas jurisdições estão erradas e não deviam ter enquadrado de forma específica o *Crowdfunding*, mas a verdade é que os agentes de mercado já se habituaram a tratar o *Crowdfunding* de forma autónoma, para além de existirem boas razões para essa autonomia, razões essas que analisaremos em detalhe seguidamente no nosso estudo de que regime específico se pode afigurar mais adequado tendo em conta a abordagem regulatória que propomos.

Agora, realça-se apenas a importância do surgimento de um novo sujeito que apareceu no mercado, a plataforma de *Crowdfunding*, e pela análise que apresentamos *supra* é fácil identificar as dificuldades e os custos relevantes que os agentes de mercado teriam a nível regulatório, se não fossem criadas regras específicas para o *Crowdfunding*[1003]. A segurança jurídica preconizada pela regulação específica da figura foi fundamental para o crescimento do *Crowdfunding* e para importância que este novo modelo tem hoje no mercado.

Nas próximas páginas, descreveremos os elementos essenciais do *Crowdfunding* que conseguimos identificar perante a análise periférica que elaboramos. Essa análise revelou-se fundamental para podermos verificar efetivamente os pontos distintivos do *Crowdfunding* de forma rigorosa. Num mercado cada vez mais de tendências internacionais e de recurso a *catch phrases* e a *hypes*, apenas uma completa compreensão dos instrumentos jurídicos utilizados no mercado perante a nossa ordem jurídica é que poderemos ter em conta os princípios que anteriormente abordamos e a unidade sistemática que carateriza o nosso ordenamento

---

[1003] Convergentemente, Luís Guilherme Catarino, *Crowdfunding e Crowdinvesting: O Regresso ao Futuro?*, 2017, pp. 27 e 28, disponível em: https://institutovaloresmobiliarios.pt/estudos/; Fernando Belezas, *Crowdfunding: Regime Jurídico do Financiamento Colaborativo*, 2.ª ed., Almedina, Coimbra, 2019, pp. 27 e 28.

jurídico, conseguindo, assim, enquadrar a figura de uma forma correta e compreensiva e responder à pergunta apresentada.

Notamos que apenas nos referiremos ao enquadramento do *Crowdfunding* de capital e por empréstimo, uma vez que as modalidades de donativo e por recompensa se encontram fora do escopo do nosso estudo, por não se referirem de forma específica ao financiamento empresarial e por não haver uma componente de investimento nessas modalidades.

3. Elementos essenciais e distintivos do *Crowdfunding*

No início da Parte I verificámos as principais caraterísticas do *Crowdfunding*, com vista a explicar o advento e modalidades desta figura. Voltamos à sua caraterização após termos verificado as figuras do nosso ordenamento jurídico aplicáveis ou próximas ao *Crowdfunding*, de forma a podermos, de um ponto de vista jurídico, identificar os seus traços distintivos.

Primeiro, é notório o facto de a relação triangular (beneficiário, investidores e plataforma) ser um elemento essencial do *Crowdfunding*. Sem essa relação triangular, em que se processa um contrato de mediação ou contrato de mandato, não estaríamos perante *Crowdfunding*, mas perante outras figuras que já se encontram enquadradas no nosso ordenamento. Não podemos, no entanto, referirmo-nos a esta relação triangular como um traço distintivo, porque as relações de intermediação são muito comuns e essenciais no setor financeiro, como vimos anteriormente.

De forma a reduzir as assimetrias informativas e assegurar segurança no relacionamento entre investidores e empresas que se visam financiar, é habitual e, por vezes, obrigatório o recurso a intermediários, estabelecendo-se, deste modo, uma relação negocial triangular. Sem prejuízo do disposto, a relação triangular será sempre um elemento que permitirá identificar o *Crowdfunding* e distingui-lo de outras figuras em que se apenas estabeleça uma relação bilateral.

Em segundo lugar, podemos apoiarmo-nos no termo "*Crowdfunding*" e referirmos que os outros elementos essenciais são o "*funding*" ou financiamento e a "*crowd*" ou o público. Como já referimos na caraterização inicial desta figura, para estarmos perante *Crowdfunding*, temos de estar perante uma atividade de financiamento e esta tem de visar o apoio do público em geral. Também pela análise periférica que fizemos, verificamos que estes elementos essenciais não são elementos distintivos, por existirem muitas figuras do nosso ordenamento que visam o financiamento e que apelam ao público em geral, caso das ofertas públicas de valores mobiliários.

Podemos, igualmente, referir o acesso a plataformas eletrónicos como um elemento essencial. Sem o recurso a uma plataforma eletrónica não estaríamos perante *Crowdfunding*. São as plataformas eletrónicas que permitem ao *Crowdfunding* ter um grande alcance ao nível de permitir agregar uma vasta rede internacional de beneficiários e uma vasta rede de investidores. Não podemos, no entanto, referir este acesso a plataformas eletrónicas como um elemento distintivo. Atualmente, todas as instituições funcionam com plataformas eletrónicas, inclusive nos seus processos de intermediação, em que a plataforma serve de *interface* na interação com os clientes e na oferta de instrumentos financeiros, quando estamos perante intermediários financeiros.

Questionamo-nos, deste modo, qual será a diferença entre uma plataforma eletrónica de *Crowdfunding* e uma plataforma de um intermediário financeiro. No *Crowdfunding* por empréstimo, em que apenas estamos perante contratos de mútuo, a destrinça será fácil de efetuar, uma vez que a colocação em contacto de diferentes partes com vista à celebração de contratos de mútuo não é uma atividade de intermediação financeira, pelo que, neste modelo do *Crowdfunding*, as plataformas preenchem um espaço "vazio" de regulação, não encontrando qualquer outra figura que se sobreponha.

Não sucede o mesmo quando está em causa o *Crowdfunding* de capital e por empréstimo que envolve instrumentos financeiros. Neste caso, a atividade das plataformas eletrónicas coincide com as atividades de intermediação financeira, que, a título profissional, são exclusivas dos intermediários financeiros, nos termos do artigo 289.º, n.º 2, do CVM.

Perante o exposto, poder-se-ia referir que as plataformas eletrónicas dos intermediários financeiros, que se dediquem a atividades de receção e transmissão de ordens e de colocação de instrumentos financeiros, são plataformas de *Crowdfunding*, mas este passo lógico não se afigura razoável. Para solucionar esta dilema, revela-se como particularmente essencial o recurso às finalidades do *Crowdfunding*. Ora, estas finalidades correspondem às funções sociais e económicas que expusemos na Parte I, ou seja, o *Crowdfunding* carateriza-se pelo seu foco no financiamento de PME e *startups*, bem como na abrangência universalista de investidores[1004].

O *Crowdfunding* tem, assim, como finalidade ser uma forma de financiamento alternativo, relativo a outras formas de financiamento tradicional (por exemplo, financiamento bancário) e essa alternatividade verifica-se nesse foco específico, que se pode desdobrar em várias funções sociais relevantes, uma vez que as plataformas de *Crowdfunding* também procuram diferenciar-se entre si, existindo, desta forma, plataformas que para além de se dedicarem a PME e *startups*, dedicam-se a causas como a sustentabilidade e a coesão territorial, face à maior diversidade de interesses de investidores que o *Crowdfunding* consegue abranger. Com efeito, os beneficiários procuram as plataformas de *Crowdfunding* para conseguir maior publicidade, pretendendo alcançar o máximo de público possível, explicando-se, também desta forma, a função de democratização do financiamento e investimento que é proporcionada pelo *Crowdfunding*[1005].

De igual modo, verificam-se aspetos inovadores no *Crowdfunding*, que se relacionam com os focos referidos, estando as plataformas eletrónicas dispostas e organizadas de um ponto de vista simples, de forma a permitir a sua utilização por qualquer investidor, independentemente da sua literacia, e a permitir que a interção dos investidores ocorra de forma célere e intuitiva. A este respeito, cumpre-nos enquadrar o *Crowdfunding* na primeira vertente da *FinTech*, dado que apenas consubstancia um novo modelo de negócio, não existindo o recurso a qualquer tecnologia emergente.

O *Crowdfunding* consiste, assim, num novo modelo de negócio, que ainda se encontra em fase de maturação, tendo sido notório a complexificação tendencial dos modelos das plataformas e a sua constante mutação. Isto posto, não deve a legislação inibir a inovação, como identificamos na Parte I, pelo que a aplicação *tout court* do regime da intermediação finan-

---

[1004] Diogo Pereira Duarte, "Financiamento Colaborativo de Capital (Equity-Crowdfunding)", in *FinTech. Desafios da Tecnologia Financeira*, coord. António Menezes Cordeiro, Ana Perestrelo de Oliveira e Diogo Pereira Duarte, Almedina, Coimbra, 2017, p. 299.

[1005] Cfr. António Barreto Menezes Cordeiro, *Manual de Direito dos Valores Mobiliários*, 2.ª ed., Almedina, Coimbra, 2018 p. 382.

ceira às entidades gestoras das plataformas de Crowdfunding não parece consentânea com este objetivo de promoção da inovação do legislador.

Face ao aludido, o legislador deve procurar promover a inovação, quando regulamenta o *Crowdfunding*, procurando nos seus aspetos distintivos meios de favorecer esta figura, de forma proporcional, isto é, tendo em conta os riscos que estão associados a esses aspetos distintivos, que no *Crowdfunding*, verificamos que estão relacionados com a sua função social e económica de democratizar o financiamento e o investimento. A regulamentação do *Crowdfunding* deve permitir preservar a autonomia das pequenas e médias empresas para cativar capital e criar postos de trabalhos. Mas, não nos podemos olvidar, também, da proteção dos investidores e dos deveres das entidades gestoras das plataformas de *Crowdfunding* enquanto centros de imputação e alocação do risco. Deve, assim, o enquadramento do *Crowdfunding* no nosso ordenamento jurídico ser modelado tendo em conta essa função social e económica que corresponde ao elemento essencial que mais distingue o *Crowdfunding* de outras figuras.

Com as bases dogmáticas expostas, subsiste a dúvida de que regime específico se deverá estruturar, com vista a respondermos à nossa pergunta inicial (que regime específico para o *Crowdfunding*?). Encetaremos uma análise dividida em âmbito subjetivo e objetivo, dado que será a partir do âmbito de um regime específico que conseguiremos enquadrar no nosso ordenamento jurídico e sustentar as restantes normas que deverão constar desse regime específico.

4. Âmbito subjetivo do *Crowdfunding*

Começámos a nossa proposta de enquadramento pelos sujeitos da relação triangular que carateriza o *Crowdfunding*. Sendo esta relação um elemento essencial, também será essencial prever as diferentes situações jurídicas dos seus intervenientes, até porque existem variantes relevantes entre as abordagens regulatórias que analisamos *supra*.

No enquadramento que proporemos, vamos procurar ter em conta as bases estruturais da abordagem regulatória apresentada na Parte I, bem como a análise à figura que fizemos nesta Parte II. Encetaremos, destarte, com os beneficiários, depois com os investidores e terminaremos com as plataformas

4.1. Beneficiários

A primeira questão que pretendemos explorar prende-se com o financiamento de atividades e de projetos ou apenas de projetos. Neste contexto, refira-se que o legislador português previu a possibilidade de haver financiamento de "entidades" (leia-se, de pessoas singulares ou coletivas, nacionais ou estrangeiras) independentemente de estar em causa qualquer atividade ou projeto específico dessa mesma "entidade". Esta opção não foi seguida pela jurisdição espanhola, onde o financiamento tem de ser atribuído a projetos específicos (cfr. alínea c) do artigo 49.º da Ley n.º 5/2015).

Por outro lado, o Regulamento (UE) 2020/1503 refere-se aos beneficiários apenas como promotores de projeto, mas define projeto de *Crowdfunding* como as atividades empresariais para as quais um promotor de projeto procura financiamento através de uma oferta de *Crowdfunding*. Ora, face à difícil e pouco útil destrinça entre atividade e projetos, esta definição do legislador da União Europeia parece-nos acertada por escolher o termo mais abrangente e elucidativo, "atividade", na definição referida, permitindo uma maior segurança jurídica ao mercado, não transferindo aos seus agentes a tarefa de identificar a diferença entre atividades e projetos específicos.

Em todo o caso, se atentarmos as outras duas alternativas previstas pelo legislador nacional "entidades ou das suas atividades e projetos", resulta bastante indefinição quando à sua natureza, sendo este, a nosso ver, o resultado da escolha do legislador nacional de abranger, neste conceito, as modalidades de financiamento colaborativo através de donativo e por recompensa, conforme já referido, onde o financiamento se destina a atividades e projetos muito variados por natureza, incluindo as de consumo.

Semelhante dificuldade não acontece, porém, com o regime espanhol mas isto porque, por um lado, o conceito de "*plataformas de financiación participativa*" aplica-se só àquelas plataformas em que o financiamento tem associado uma expectativa de retorno para o investidor (sem abranger o financiamento colaborativo por donativo ou recompensa) e, por outro lado, o legislador definiu o que é um "*proyecto de financiación participativa*" o qual "*solo podrá ser de tipo empresarial, formativo o de consumo*" (cfr. artigo 49.º da Ley n.º 5/2015).

Aproveitando este seguimento, surge outra questão que pretendemos responder, que é se o *Crowdfunding* deverá servir para financiar atos de consumo e, portanto, se os beneficiários podem ser consumidores neste contexto de uma relação de *Crowdfunding*.

Já identificámos *supra* que o Regulamento (UE) 2020/1503 exclui esta possibilidade de financiamento de consumidores no n.º 2 do seu 1.º e também vimos que o legislador nacional não foi claro em relação a esta questão, mas através de uma interpretação histórica do artigo 7.º, n.º 1, do RJFC, entendemos que a exclusão dos consumidores é a opção que melhor se enquadra no regime nacional.

Ora, parece-nos também que a exclusão dos consumidores será a melhor opção num nível mais abstrato. Ao passo que no *Crowdfunding* de donativos e por recompensa, poderá fazer sentido incluir o financiamento destes atos, no *Crowdfunding* de capital e por empréstimo fará mais sentido restringir o financiamento a atividades de caráter comercial, devendo ficar clara essa exclusão, ao contrário do que acontece no RJFC.

Consideramos, deste modo, ser a melhor opção excluir o financiamento de atos de consumo do quadro jurídico do *Crowdfunding*, pela função desta figura se centrar no financiamento de PME e *startups*. Se alargássemos o espectro, as implicações no nosso ordenamento jurídico seriam relevantes e o regime do *Crowdfunding* tornar-se-ia demasiado complexo para os agentes de mercado. Uma dessas implicações seria a aplicação de toda a legislação relativa à intermediação de crédito (Decreto-Lei n.º 81-C/2017, de 7 de julho) e ao crédito ao consumo (Decreto-Lei n.º 133/2009, de 2 de junho, bem como de outra legislação e regulamentação conexa), não fazendo sentido derrogar estes regimes, face ao princípio da neutralidade tecnológica e aos riscos insupríveis para os consumidores que daí adviriam, sendo necessária a imposição de deveres de informação muito reforçados e tornando os requisitos organizacionais muito exigentes para as entidades gestoras das plataformas.

4.2. Investidores

Começando esta nossa análise dos investidores de *Crowdfunding* pelo direito positivo, verificamos algumas imprecisões relacionadas com este tema na definição de financiamento colaborativo prevista no artigo 2.º do RJFC. Uma delas já foi acima explorada, quanto à referência a "investidores individuais", expressão em que não conseguimos extrair qualquer resultado útil.

Outra imprecisão é a utilização da expressão "investidores" para englobar todo o tipo de financiadores em todas as modalidades de financiamento colaborativo. Não nos parece muito preciso e rigoroso apelidar de investidores os doadores. Desta forma, a expressão "investidores" só deveria ser utilizada no financiamento colaborativo de investimento (de capital e por empréstimo), por estarmos neste caso efetivamente perante uma componente de investimento. O legislador nacional deveria ter utilizado a expressão "financiadores", de forma a contemplar todas as modalidades de financiamento colaborativo corretamente. No nosso caso, em que nos queremos apenas referir a *Crowdfunding* de capital e por empréstimo, tal como no Regulamento (UE) 2020/1503, manteremos a utilização do termo "investidores.

Adicionalmente, estranhamos a utilização da expressão "de um ou vários investidores", que parece incluir aqui a hipótese de uma oferta de financiamento colaborativo se dirigir apenas a um investidor (incluindo, porventura, um negócio feito por uma entidade e apenas um investidor através de correio eletrónico), o que desvirtua as finalidades e âmbito social do financiamento colaborativo, pelo que defendemos a interpretação restritiva[1006] de norma, de forma abranger, necessariamente, uma pluralidade dos investidores.

[1006] "Na interpretação restritiva, o resultado da interpretação é mais restrito do que o significado literal da lei", MIGUEL TEIXEIRA DE SOUSA, *Introdução ao Direito*, Almedina Coimbra, 2012, p. 377. Neste caso, o resultado da interpretação do artigo 2.º da Lei n.º 102/2015, de 24 de agosto, deve abranger apenas os casos em que as plataformas eletrónicas estão abertas a uma pluralidade de financiadores, e excluir os casos em que a plataforma eletrónica está aberta apenas a um financiador.

Questionamo-nos, a propósito do regime que propomos para o *Crowdfunding*, se esta pluralidade de investidores pode ser parcelada, designadamente, em investidores profissionais e não profissionais, algo que pode suceder no RJFC, em que poderão existir, como aferimos *supra*, ofertas dirigidas, em exclusivo, a investidores profissionais, que se depreende da leitura do n.º 2 do artigo 19.º do Regulamento da CMVM n.º 1/2016. O Regulamento (UE) 2020/1503, por outro lado, não se pronuncia relativamente a esta questão.

Neste contexto, o princípio que deve ser tido em conta na regulação do *Crowdfunding*, pelos elementos essenciais que identificamos, é o princípio da universalidade, referindo-se à amplitude universal de investidores. Segundo este princípio, pode-se argumentar que não poderão existir ofertas de *Crowdfunding* exclusivas para um certo tipo de investidores[1007]. No entanto, consideramos que não se deve ir tão longe face à importância que os investidores profissionais têm para a atividade do *Crowdfunding*, designadamente, à sua experiência, conhecimento e capacidade organizativa e de gestão de risco.

Estas caraterísticas dos investidores profissionais[1008] permitem garantir uma maior segurança no investimento nos beneficiários, mesmo para os investidores não profissionais que confiam no escrutínio realizado pelos investidores profissionais, e, como nem todas as ofertas apresentadas numa plataforma de *Crowdfunding* se podem mostrar adequadas para investidores não profissionais, face aos riscos associados, pode-se revelar essencial para o beneficiário e para a plataforma a exclusão dos investidores não profissionais das ofertas. Significa o exposto, que poderão existir

---

[1007] Cfr. Diogo Pereira Duarte, "Response to the Commission consultation paper on Fintech: a more competitive and innovative financial sector", in *Revista de Direito das Sociedades*, Ano IX, Número 3, Almedina, Coimbra, 2017, p. 719.

[1008] Estes investidores estão sujeitos a várias exigências de controlo e também têm direitos acrescidos face à sua tendência para deter o controlo de uma ou mais sociedades comerciais. "Porém, se os accionistas financeiros não têm a pretensão de administrar a sociedade, nem, por isso, lhes é indiferente quem controla esta, bem como a possibilidade de saída ou igualdade de tratamento em caso de mudanças de maioria de controlo. Para este efeito é necessário assegurar informação sobre as participações qualificadas e acordos parassociais, assim como a transparência e fiscalização da administração, principalmente nas sociedades admitidas à negociação em mercado regulamentado",

na plataforma ofertas particulares, isto é, ofertas dirigidas a um número determinado de investidores não profissionais inferior a 150, por equivalência à qualificação de oferta pública prevista no artigo 109.º do CVM.

Outra das interpretações possíveis é a de que não deve ser permitido às plataformas excluir os investidores não profissionais de todas as ofertas. Desta vez, esta interpretação parece-nos razoável. As plataformas não podem, assim, ter essa restrição no seu objeto social e não podem dificultar o acesso a investidores não profissionais, não podendo criar, de ponto vista material, restrições às ofertas no exercício da sua atividade. Sem esta imposição, perder-se-ia um dos elementos essenciais do *Crowdfunding*, em que "a oferta tem que ser dirigida a destinatários indeterminados que integram uma comunidade em rede: a *crowd*. Sem *crowd* não há *crowdfunding*"[1009].

Outra questão com que nos deparamos é se os investidores devem ser equiparados a consumidores no *Crowdfunding*, uma vez que estamos perante contratos à distância relativos a serviços financeiros e no diploma que rege estes contratos (Decreto-Lei n.º 95/2006, de 29 de maio, que transpõe para a ordem jurídica nacional a Diretiva n.º 2002/65/CE).

O Regulamento (UE) 2020/1503 e o RJFC não se pronunciam quanto à aplicação da Diretiva n.º 2002/65/CE e do Decreto-Lei n.º 95/2006, nem em relação à equiparação entre consumidores e investidores não profissionais. É pacífico na doutrina que estas duas realidades (consumidores e investidores) não são coincidentes, mas que é admissível que exista uma equiparação entre consumidores investidores não profissionais, com as

---

[1009] Diogo Pereira Duarte, "Financiamento Colaborativo de Capital (Equity-Crowdfunding)", in *FinTech. Desafios da Tecnologia Financeira*, coord. António Menezes Cordeiro, Ana Perestrelo de Oliveira e Diogo Pereira Duarte, Almedina, Coimbra, 2017, p. 299. "Somos da opinião que a chave para qualificar um fenómeno de crowdfunding reside no facto de a chamada de capital ser dirigida a uma multiplicidade de pessoas (...) Ainda que a noção de crowdfunding não implique que o financiamento seja obtido a partir de várias contribuições de pequena dimensão, ela implica, em qualquer caso, a angariação de uma multiplicidade de contribuições ou, pelo menos, um convite dirigido a uma multiplicidade de destinatários", Maria Clara Natividade Martins Pereira, *Da regulação do crowdfunding de capital*, dissertação de mestrado da Universidade Católica Portuguesa – Escola de Lisboa, 2016, pp. 14 e 17, disponível em: https://repositorio.ucp.pt/bitstream/10400.14/20625/1/Clara%20Martins%20Pereira%20-%20Tese%20MDG%20-%2031.03.2016.pdf.

devidas cautelas[1010]. As razões para esta equiparação centram-se, notoriamente, na necessidade de tutela destes agentes, e as cautelas devem-se às diferenças das atividades em causa e aos seus contextos[1011]. Enquanto o consumidor visa utilizar o que adquiriu, o investidor visa retorno para o seu investimento[1012]. No entanto, os investidores são considerados consumidores no âmbito da Diretiva n.º 2002/65/CE e do Decreto-Lei n.º 95/2006. Consumidor é definido na alínea d) do artigo 2.º da Diretiva n.º 2002/65/CE e na alínea e) do artigo 2.º do Decreto-Lei n.º 95/2006 como "qualquer pessoa singular que, nos contratos à distância, actue de acordo com objectivos que não se integrem no âmbito da sua actividade comercial ou profissional".

Desta forma, a Diretiva n.º 2002/65/CE e o Decreto-Lei n.º 95/2006 são aplicáveis ao *Crowdfunding*, apesar de haver regimes especiais que acabam por *esvaziar* essa aplicação, destacando-se mais neste contexto o caso da legislação da União Europeia. No RJFC, apenas os deveres de informação pré-contratual afastam a aplicação do Decreto-Lei n.º 95/2006, podendo-se aplicar o direito de os consumidores resolverem livremente o contrato à distância, sem necessidade de indicação do motivo, não existindo, no entanto, este direito relativo a valores mobiliários (artigo 19.º do Decreto-Lei n.º 95/2006), e o regime jurídico das cláusulas contratuais gerais (Decreto-Lei n.º 446/85, de 25 de outubro). No Regulamento (UE) 2020/1503, estão previstos deveres de informação pré-contratual (nomeadamente, a ficha de informação fundamental, prevista nos arti-

---

1010 Cfr. Paulo Câmara, *Manual de Direito dos Valores Mobiliários*, Almedina, Coimbra, 2018, pp. 256 e ss.; Gonçalo André Castilho dos Santos, *A Responsabilidade Civil do Intermediário Financeiro Perante o Cliente*, Almedina, Coimbra, 2008, pp. 43 e 44; Sofia Nascimento Rodrigues, *A protecção dos investidores em valores mobiliários*, Almedina, Coimbra, 2001, pp. 29 e ss.; António Barreto Menezes Cordeiro, *Manual de Direito dos Valores Mobiliários*, 2.ª ed., Almedina, Coimbra, 2018, pp. 111 e ss..

1011 Cfr. António Barreto Menezes Cordeiro, *Manual de Direito dos Valores Mobiliários*, 2.ª ed., Almedina, Coimbra, 2018, pp. 112 e 113.

1012 O rendimento que uma atividade de investimento pode proporcionar já não corresponde à fruição de um bem, mas constitui, diversamente, pressuposto da realização do escopo lucrativo da actividade empresarial, atividade que constitui um mero instrumento ao serviço de uma empresa comercial, cfr. Pedro Maia, *Função e Funcionamento do Conselho de Administração da Sociedade Anónima*, Coimbra Editora, Coimbra, 2002, pp. 304 e ss..

gos 23.º e 24.º e no anexo I) e um período de reflexão pré-contratual em que os investidores não sofisticado podem resolver o contrato relativao à oferta de *Crowdfunding*, afastando, por completo, a aplicação da Diretiva n.º 2002/65/CE.

4.3. Plataformas

As plataformas são uma das razões de ser do *Crowdfunding*. Voltando ao conceito de financiamento colaborativo do RJFC, verifica-se que está em causa o financiamento obtido através de meios eletrónicos, ou seja, "através do seu [entidades, ou das suas atividades e projetos] registo em plataformas eletrónicas acessíveis através da Internet, a partir das quais procedem à angariação de parcelas de investimento". Dito por outras palavras, nem todo o financiamento de empresas angariado através de plataformas eletrónicas é uma atividade *Crowdfunding*, no entanto, apenas estamos perante *Crowdfunding* quando o financiamento seja angariado através de plataformas eletrónicas acessíveis na *Internet*.

Adicionalmente, as plataformas devem ser o epicentro do seu regime, pela importância de regulação a relação fiduciária que existe entre a plataforma, por um lado, e os investidores e os beneficiários, por outro, para garantir segurança jurídica e confiança no tráfego. Ora, o *Crowdfunding* consiste num processo de intermediação, gerador da relação fiduciária que referimos, sendo pacífico que entre as várias jurisdições que sejam estabelecidos requisitos de organização para as entidades gestoras das plataformas, que incluem deveres de diligência, deveres de informação e requisitos prudenciais. Contudo, o dever de prevenção de conflitos de interesse tem merecido um tratamento diferenciado consoante a jurisdição.

O RJFC prevê no seu artigo 11.º, n.º 1, que "as plataformas devem organizar-se por forma a identificar possíveis conflitos de interesses e atuar de modo a evitar ou reduzir ao mínimo o risco da sua ocorrência, não podendo os seus titulares, dirigentes, trabalhadores ou outros prestadores de serviços com intervenção direta na atividade de financiamento colaborativo possuir interesses contrapostos aos beneficiários ou investidores".

O Regulamento (UE) 2020/1503 também estabelece que os prestadores de serviços de financiamento colaborativo não podem deter qualquer tipo de participação nas ofertas de financiamento colaborativo efetuadas nas respetivas plataformas de financiamento colaborativo, incluindo os membros do seu órgão de gestão, trabalhadores e os titulares de participações sociais que detenham pelo menos 20 % do capital social ou dos direitos de voto, nos termos do artigo 8.º.

Em algumas jurisdições, como no Reino Unido, Espanha, Itália e França, não é proibida a participação da própria entidade gestora da plataforma nas próprias ofertas que apresenta, tendo sido um tema controverso em todas estas jurisdições. Foram notórios os problemas relativos à falta da independência da entidade gestora da plataforma de *Crowdfunding*, não permitindo que se estabeleça uma relação de segurança e confiança entre esta nova forma de financiamento e o mercado.

Contudo, também identificamos vantagens na participação da entidade gestora nas ofertas, numa lógica de alocar risco nas ofertas que apresenta e transmitindo essa posição aos investidores, de forma que estes reconheçam e acompanhem essa tomada de risco, contribuindo para o financiamento de mais atividades e projetos. Dessa forma, parece-nos que uma posição intermédia, em que se garanta a participação de alguns sócios da entidade gestora da plataforma, tal como previsto no Regulamento (UE) 2020/1503, poderá ser a solução mais prudente e indicada, dado o pouco impacto que os acionistas minoritários possam causar nas ofertas, em termos de conflitos de interesses.

5. Âmbito objetivo do *Crowdfunding*

O espectro das atividades de financiamento e outras atividades que podem enquadrar no âmbito de um regime específico do *Crowdfunding* revela-se, igualmente, essencial, sobretudo, face à análise de figuras aplicáveis e próximas que efetuámos *supra*, em que se identificou uma quantidade e diversidade substancial dessas figuras. Será, assim, nas próximas páginas que procuraremos resolver os problemas mais complexos de enquadramento de *Crowdfunding* na nossa ordem jurídica, tendo por base a nossa abordagem regulatória.

Começaremos por identificar que atividades de financiamento estão na essência do *Crowdfunding* e devem ser abrangidas pelo seu regime. Seguiremos para a proteção do investidor e limites de investimento, face às implicações que poderão existir às ofertas de financiamento que se apresentam nas plataformas de *Crowdfunding* e terminaremos com a admissibilidade da gestão discricionária e do mercado secundário, duas atividades que têm sido utilizadas amiúde pelas plataformas de *Crowdfunding*.

5.1. Atividades de financiamento

Uma atividade que se afigura mais óbvia é a aquisição de valores mobiliários. Já tivemos aqui oportunidades de analisar as figuras da oferta de valores mobiliários e da intermediação financeira e o cruzamento destas figuras com o *Crowdfunding*, tarefa que todas as jurisdições tiveram de resolver, por facilmente se constatar que o regime dos valores mobiliários é, em todas as jurisdições, muito rigoroso nas condições de emissão de valores mobiliários, nas ofertas públicas relativas a valores mobiliários e na admissão à negociação em mercado regulamentado ou em sistemas de negociação multilateral, tornando muito difícil o acesso de PME a esta forma de financiamento.

Nos Estados Unidos da América, o *Crowdfunding Act* estabelece um regime para as ofertas públicas de valores mobiliários intermediadas através da rede, quer por *funding portals*, quer por *broker-dealers*, que apesar de impor limites ao investimento e deveres de prestar informação, trata-se de um regime menos exigente que o regime geral das ofertas públicas de distribuição e de venda de valores mobiliários. A razão para o *Crowdfunding Act* cingir-se às ofertas públicas de valores mobiliários deve-se ao facto de nos EUA todos os contratos de investimento serem valores mobiliários, de acordo com o *Howey Test*[1013], cobrindo todas os

[1013] O *Howey Test* consiste, basicamente, na aferição se se está perante *securities*, quando a relação entre as partes envolve um contrato de investimento em que uma das partes investe num determinado empreendimento cujos rendimentos advêm do esforço de terceiros. O *Howey Test* advém do caso SEC v. Howey Co no caso SEC vs W.J.Howey Co. 328 U.S. 298: "*any contract*

modelos da modalidade do *Crowdfunding* de empréstimo, funcionando estas através de *loan notes* das plataformas, nomeadamente, a Lending Club e a Prosper.

No Reino Unido, onde o mercado do *Crowdfunding* é muito dinâmico, existe a obrigação de registo das plataformas de *Crowdfunding* de capital e por empréstimo junto da *Financial Conduct Authority* ("FCA"), desde 1 de abril de 2014, com a entrada em vigor do *The FCA's regulatory approach to crowdfunding*, de 6 de março de 2014.

Em anos anteriores, já existia uma enorme atividade de plataformas de financiamento colaborativo no país. Com efeito, as plataformas de *Crowdfunding* que envolvem a negociação de instrumentos financeiros já se regiam pela Diretiva do Mercado de Instrumentos Financeiros[1014], e a opção regulatória britânica, em 2014, foi não excecionar a aplicação dessa diretiva. No entanto, foram introduzidas regras adicionais de proteção dos investidores, como a proibição de aprovação e comunicação de ofertas financeiras que não são imediatamente realizáveis (sem liquidez) a investidores, a não ser que estes comprovem a sua sofisticação, comprovem a sua solidez financeira ou que passem um teste de adequação, sendo que, neste último caso, apenas poderão investir até 10% dos seus ativos líquidos.

Quanto ao *Crowdfunding* de empréstimo que não envolve valores mobiliários, a FCA introduziu um regime específico com requisitos patrimoniais e de divulgação de informação para as plataformas, regime este que foi reforçado em junho de 2019, com a introdução de requisitos

that is (1) an investment of money (2) in a common enterprise (3) with an expectation of profits (4) arising solely from the efforts of a promoter or third party". Sentença consultável em: https://supreme.justia.com/cases/federal/us/328/293/case.html. Neste caso de 1946, a empresa *Howey Company* decidiu vender metade dos seus terrenos e celebrar com os compradores contratos de arrendamento para continuar a explorar os mesmos terrenos. Tal espoletou interesses especulativos de vários investidores, o que chamou a atenção da SEC que avançou com uma ação para o Tribunal considerar tais contratos como *securities*. O caso chegou ao Supremo Tribunal que determinou que os contratos em causa eram contratos de investimento, devendo, por isso, ser considerados *securities*, e estabeleceu os critérios para aferir se certo contrato é um contrato de investimento ou não, passando-se esta análise a chamar de *Howey Test*, cfr. https://medium.com/bittrust/passing-the-howey-test-how-to-regulate-blockchain-tokens-d218da93a8b6.

[1014] Diretiva 2004/39/CE do Parlamento Europeu e do Conselho, de 21 de abril de 2004.

organizacionais mais exigentes para as plataformas de *Crowdfunding* de empréstimo.

Seguindo um regime mais próximo do nosso, em Espanha, o legislador também decidiu clarificar que se aplicam todas as normas relativas às empresas e às atividades cumulativamente ao regime específico criado para as plataformas de financiamento colaborativo, prevendo, como nos EUA, limites às ofertas e ao investimento e deveres de divulgação de informação. No entanto o legislador espanhol aproveitou as isenções facultativas do artigo 3.º da DMIF II, permitindo às plataformas de financiamento colaborativo atuar fora do âmbito desta Diretiva.

Em Portugal, o legislador previu as condições das isenções facultativas do artigo 3.º da DMIF II para a não aplicação desta Diretiva, nomeadamente, as plataformas não estarem autorizadas a deter fundos e valores mobiliários de clientes, de acordo com a alínea c) do n.º 2 do artigo 5.º do RJFC, mas, por razões que se desconhecem, estabeleceu a aplicação da DMIF II ao financiamento colaborativo através do n.º 2 do artigo 10.º do RJFC, nos termos do qual: "O financiamento colaborativo de capital ou por empréstimo apenas pode implicar a emissão de instrumentos financeiros se exercido por intermediário financeiro, nos termos da legislação aplicável ao mercado de instrumentos financeiros".

Através desta mesma norma, o legislador português clarificou, como vimos *supra*, que as atividades das plataformas de financiamento colaborativo que envolvem instrumentos financeiros consubstanciam serviços de investimento de exclusiva competência dos intermediários, nos termos do artigo 290.º do CVM, sendo, deste modo, obrigatória a intervenção de um intermediário financeiro em qualquer oferta de financiamento colaborativo que envolva instrumentos financeiros[1015]. O serviço de investimento essencialmente em causa é a receção e transmissão de ordens por conta de outrem, uma vez que este serviço inclui a colocação em contacto de dois ou mais investidores com vista à realização de uma operação (n.º 2 do artigo 290.º do CVM).

No entanto, o Regulamento (UE) 2020/1503 inclui, nas atividades de financiamento, para além da receção e transmissão de ordens de clientes

[1015] No mesmo sentido, Fernando Belezas, *Crowdfunding: Regime Jurídico do Financiamento Colaborativo*, 2.ª ed., Almedina, Coimbra, 2017, p. 93.

relativas a valores mobiliários, a colocação sem garantia de valores mobiliários emitidos por promotores de projetos[1016]. Seguindo o raciocínio que o *Crowdfunding* envolve necessariamente a colocação sem garantia, tal impediria aos legisladores dos Estados Membros a aplicação da isenção facultativa do artigo 3.º da DMIF II, por esta apenas se aplicar a entidades que "não estejam autorizadas a prestar qualquer serviço de investimento com exceção da receção e transmissão de ordens em valores mobiliários e unidades de participação em organismos de investimento coletivo e/ou a prestação de serviços de consultoria para investimento relacionados com esses instrumentos financeiros" (alínea b) do n.º 1 do artigo 3.º da DMIF II). Contudo, o legislador espanhol teve um entendimento diferente ao ter aproveitado esta isenção, tendo, portanto, considerado que a atividade do financiamento colaborativo que envolve instrumentos financeiros apenas implica receção e transmissão de ordens em valores mobiliários.

Por sua vez, o RJFC estabeleceu, no seu artigo 10.º, n.º 2, que "o financiamento colaborativo de capital ou por empréstimo apenas pode implicar a emissão de instrumentos financeiros se exercido por intermediário financeiro, nos termos da legislação aplicável ao mercado de instrumentos financeiro".

Ora, isto quer dizer que sempre que estejam envolvidos valores mobiliários as plataformas têm que ser autorizadas enquanto intermediários financeiros ou agentes vinculados destes – ficando sujeitas a dois regimes, o do CVM e o do RJFC[1017] –, ou ainda, podem que recorrer a um intermediário financeiro para efetuarem a execução das ordens dos investidores[1018]. De todo o modo, serão aplicáveis no *Crowdfunding* os deveres dos intermediários financeiros, como o dever de apreciação do caráter ade-

---

[1016] Cfr. alínea ii) do n.º 1 do artigo 2.º d Regulamento (UE) 2020/1503.

[1017] Estas plataformas ficam, assim, sujeitas a todos os deveres dos intermediários financeiros, previstos no CVM, inclusive o dever de apreciação do caráter adequado da operação (art. 314.º do CVM).

[1018] Em relação a esta realidade da plataforma eletrónica apenas ser um ponto de encontro, é importante a questão do desequilíbrio contratual assente no facto de todo o risco e responsabilidade se transferir para as outras partes e não para a plataforma, *máxime* para a confiança do investidor. Deste modo, seria de ponderar uma solução de *iure condendo* para as regras de repartição da responsabilidade civil nestes casos, cfr. Joana Campos Carvalho, "A Prote-

quado da operação (artigo 314.º do CVM) e o dever de categorização dos clientes (artigo 317.º do CVM).

Identifica-se, facilmente, o grau desproporcional de exigência da aplicação dos regimes nacionais referidos à atividade de *Crowdfunding* que envolve instrumentos financeiros, tendo em conta a dimensão do nosso mercado, ao contrário de nos EUA e em Espanha, em que se criou um regime menos exigente para o financiamento colaborativo, apesar de se tratar de mercados com maior dimensão. No Reino Unido, aplica-se o regime das ofertas públicas *tout court*, com as exigências adicionais já referidas, mas trata-se do maior mercado de *Crowdfunding* na Europa.

Tal poderá explicar o facto de não haver uma única plataforma de *Crowdfunding* que envolva valores mobiliários registada junto da CMVM, estando apenas registadas plataformas cujos instrumentos utilizados são os contratos de mútuo e os contratos de associação em participação, dificultando-se ao mercado nacional a possibilidade de recorrer aos benefícios da utilização de valores mobiliários, cujo regime circulatório é mais fluído e assenta na inoponibilidade de exceções fundadas na relação entre o adquirente e o transmitente[1019].

Aliás, mesmo o Regulamento (UE) 2020/1503 opta por um regime especial à DMIF II, em que, para além de se aplicar à concessão de empréstimos, aplica-se, como acima referido, a atividades dentro do espetro daquela Diretiva, tendo o legislador da União Europeia excecionado da mesma, para efeitos de clarificação do regime, as entidades gestoras de plataformas de financiamento colaborativo (o que, aliás, só o legislador da União Europeia pode fazer).

O legislador nacional transpôs esta disposição através do Decreto-Lei n.º 56/2021, de 30 de junho, adicionando os prestadores de serviços de financiamento colaborativo ao leque de entidades que podem exercer, a título profissional, atividades de intermediação financeira, previstas no n.º 3 do artigo 289.º do CVM.

ção do Consumidor na Sharing Economy", *I Congresso de Direito do Consumo*, coordenação de Jorge Morais Carvalho, Almedina, Coimbra, 2016, pp. 126 e 127.

[1019] Cfr. Paulo Câmara, *Manual de Direito dos Valores Mobiliários*, 4.ª ed., Almedina, Coimbra, 2018, p. 111.

Ademais, o Regulamento (UE) 2020/1503 prevê um regime uniforme para as atividades descritas, tornando o regime muito mais simples e facilitando as exigências de cumprimento regulatório das empresas, ao contrário do regime português, em que se observa um regime muito distinto entre o financiamento colaborativo que envolve valores mobiliários e o financiamento colaborativo que não envolve valores mobiliários, e dentro deste, entre o financiamento colaborativo com recurso a contratos de mútuo e o financiamento colaborativo com recurso a contratos de associação em participação.

Outro problema que aqui se suscita e que já o identificamos anteriormente é o de saber quando estamos perante uma oferta de *Crowdfunding* de valores mobiliários. Naturalmente, as ofertas apresentadas nas plataformas de *Crowdfunding* serão ofertas de *Crowdfunding*, mas, se um *site* de um intermediário financeiro apresentar uma oferta pública para investidores subscreverem deverá esse intermediário registar-se como uma plataforma de financiamento colaborativo e ficar sujeita ao RJFC?

Perante o exposto, verificamos que o limite das ofertas tem aqui um papel fulcral na resolução deste problema de compatibilização do regime do *Crowdfunding* com o regime da intermediação financeira. Vimos que o *Crowdfunding* compreende necessariamente atividades de intermediação financeira como a receção e transmissão de ordens e a colocação sem garantia, sendo, por isso, a solução mais adequada para o *Crowdfunding*, tendo em conta a sua função social e económica de democratização do financiamento e investimento e de promoção de inovação, não se aplicar o regime da intermediação financeira, mas um regime menos exigente, que também preveja os riscos específicos do *Crowdfunding*.

Para tanto, é necessário que exista alguma componente que diferencie o regime do *Crowdfunding* e o regime da intermediação financeira e essa componente é limitar as ofertas de *Crowdfunding*. Sendo o foco do *Crowdfunding* nas PME, nas *startups* e nos pequenos investidores, não há razão para as ofertas de *Crowdfunding* serem avultados, sendo um limite como o previsto em várias jurisdições e no Regulamento (UE) 2020/1503, de 5 milhões de euros, completamente apto a que o *Crowdfunding* vise o seu fim.

Esta limitação visa também compatibilizar as ofertas de *Crowdfunding* com o regime dos prospetos serve, de igual forma, para cingir o

Crowdfunding para uma área de menor investimento do que se verifica nos mercados financeiros, sendo o *Crowdfunding* uma figura destinada a todos os investidores e para colmatar as necessidades de financiamento das empresas com menos recursos e menos capacidade de alcançarem os mercados financeiros[1020]

Tendo em conta que estamos num período de contração do valor das emissões de ações na Europa[1021] e de dificuldades de financiamento das PME, a solução do Regulamento (UE) 2020/1503 afere-se consentânea para resolver o problema referido. Esta solução permite também resolver a questão das plataformas eletrónicas dos intermediários financeiros. Estando estes sujeitos a maiores exigências que as plataformas de *Crowdfunding*, faz sentido que se sujeitem apenas ao regime da intermediação financeira, independentemente do valor da oferta, não ficando sujeitos aos dois regimes, no que se refere às atividades de intermediação financeira, ou seja, se um intermediário financeira pretender facilitar a concessão de empréstimos numa plataforma eletrónica, deve registar-se como plataforma de *Crowdfunding* e sujeitar-se ao respetivo regime, vigorando, assim, um princípio de exclusividade relativa por se tratar de um regime especial.

O regime da intermediação financeira consome, portanto, o regime do *Crowdfunding*, uma vez que aquele se revela mais exigente. O contrário não sucede e as plataformas de *Crowdfunding* não podem apresentar ofertas acima do valor referido, fazendo sentido estender esse limite

[1020] "O *crowdfunding* não é um conceito jurídico que possa ser aprisionado numa definição e num regulamento jurídico próprio – mas uma realidade pré-existente que nasceu num vazio jurídico que urge regular: o das ofertas públicas de valor inferior a €5.000.000. Assim, ainda que o aparecimento deste tipo de ofertas tenha sido facilitado pelo aparecimento da Internet – saudando-se a sujeição deste tipo de plataformas ao regime dos intermediários financeiros – estas ofertas devem ser reguladas independentemente do meio através do qual são feitas", Maria Clara Natividade Martins Pereira, *Da regulação do crowdfunding de capital*, dissertação de mestrado da Universidade Católica Portuguesa – Escola de Lisboa, 2016, p. 49, disponível em: https://repositorio.ucp.pt/bitstream/10400.14/20625/1/Clara%20Martins%20Pereira%20-%20Tese%20MDG%20-%2031.03.2016.pdf.

[1021] Como se pode verificar no Relatório sobre os Mercados de Valores Mobiliários, 2018, pp. 33 e ss., disponível em: https://www.cmvm.pt/pt/EstatisticasEstudosEPublicacoes/Publicacoes/relatorio_valores_mobiliarios/Documents/R_VM_2018.pdf.

para outras atividades de financiamento como a concessão de empréstimo, por uma razão paritária. Se fosse permitido uma oferta superior a € 8.000.000 através de empréstimo, os investidores estariam sujeitos a mais riscos e estariam menos protegidos, porque aplicar-se-ia o mesmo regime que nas ofertas de menor valor. O Regulamento (UE) 2020/1503 não se pronuncia expressamente sobre o regime que se aplica às entidades autorizadas nos termos da DMIF II, mas o enquadramento que expusemos é o que entendemos que melhor se coaduna com a unidade sistemática do Direito da União Europeia.

Com este enquadramento, conseguimos caraterizar o *Crowdfunding* de uma forma mais autónoma, por forma a diferenciá-lo mais facilmente de outras figuras, uma vez que podemos referirmo-nos ao *Crowdfunding* como um espaço de ofertas de financiamento de valor baixo dedicado a permitir o acesso a PME, *startups* e todo o tipo de investidores, sobretudo, os investidores não profissionais.

Todo o restante regime específico que consideramos apropriado para o *Crowdfunding*, incluindo o já explanado regime de transmissibilidade dos instrumentos de investimento, deverá ser coerente com os restantes regimes do sistema financeiro, e proporcional, não colocando demasiadas exigências nos beneficiários e nas plataformas – uma vez que o *Crowdfunding* tem o potencial de melhorar o acesso ao financiamento para a economia real e ampliar as oportunidades de investimento disponíveis para os investidores não profissionais existindo também um custo de oportunidade se o desenvolvimento desta forma de financiamento for indevidamente restringido[1022] –, sem prejuízo de garantir os instrumentos necessários para as entidades reguladoras protegerem eficazmente os investidores.

Aproveitando outro normativo do Regulamento (UE) 2020/1503, nomeadamente, o que se refere à possibilidade dos Estados Membros incluírem outros instrumentos, desde que sejam participações numa sociedade de responsabilidade limitada que não estão sujeitas a restrições que as impeçam efetivamente de ser transferidas, incluindo restrições à

[1022] No mesmo sentido, ESMA, *Opinion – Investment-based Crowdfunding*, 2014, p. 2, disponível em: http://www.esma.europa.eu/system/files/2014-1378_opinion_on_investment-based_crowdfunding.pdf.

forma como essas participações são oferecidas ou anunciadas ao público, questionamo-nos se o legislador nacional deverá incluir as quotas, uma vez que as PME são maioritariamente sociedades por quotas.

Já verificámos acima as dificuldades na circulabilidade nas quotas, nomeadamente, a necessidade do consentimento da sociedade e a proibição das quotas serem representadas por títulos, sendo esta última a mais controversa, até por estarmo-nos a referir a uma norma imperativa que carateriza a "pessoalidade" das sociedades por quotas.

Identificamos, no entanto, algumas posições na doutrina em que a possibilidade de titularização de quotas não lhes repugna. É o caso de Rui Pinto Duarte, que não vê razões para o registo das quotas ter que ser público, sugerindo que o registo dos factos relativos a quotas e a ações não integradas em sistema centralizado obedeça a orientações comuns, ou seja, que seja organizado pela sociedade, embora de acessibilidade pública, que obedeça aos princípios do trato sucessivo e da prioridade, que esse registo seja condição de oponibilidade (à sociedade e a terceiros), que seja completado pelo depósito anual no registo comercial da lista de sócios e das suas participações e que seja objeto de fiscalização por organismo público[1023].

João Anacoreta Correia refere, por sua vez que "a forma de evolução será a de avançar, no que toca a esta matéria, para uma equiparação entre o regime das quotas e o das acções. Este caminho de equiparação do regime das sociedades por quotas ao das sociedades anónimas, traduzir-se-ia, então, numa titulação das quotas, com emissão de títulos nominativos. Ora, este caminho parece desde logo esbarrar na consciência colectiva de acordo com a qual as sociedades anónimas e as sociedades por quotas são visceralmente distintas e servem interesses distintos. Há, obviamente, diferenças, mas a titulação das quotas não é incompatível com este tipo societário. Além disso, a experiência de outras jurisdições demonstra que estamos «presos» a determinados modelos que podem ter maior ou menos justificação histórica, mas que podem evoluir e adaptar-

[1023] Cfr. Rui Pinto Duarte, "Publicidade das participações nas sociedades comerciais" in *Direito das Sociedades em Revista*, Ano 2, Vol. 3, Almedina, Coimbra, 2010, pp. 71 e ss..

-se. O título nada tem de assustador e poderia simplificar e oferecer maior segurança do que a conferida pelo regime actualmente em vigor"[1024].

Margarida Costa Andrade também sugere como solução para resolver atuais problemas do regime da cessão de quotas[1025] a possibilidade destas se incorporem em título, passando-se a transacionar no molde das ações, sendo que, como o legislador pretende facilitar a circulação de quotas, teria já no regime dos títulos de crédito (ou dos valores mobiliários) um regime plenamente estudado e construído[1026].

Ademais, Pedro Maia alerta que "o tráfico mercantil reclama uma especial segurança, sobretudo quando se trate de bens cujo valor pode ser elevadíssimo e que, ainda por cima, não tem existência corpórea"[1027]. Refere-se o autor aos problemas do registo por depósito da cessão de quotas, especialmente quando este é promovido pela sociedade que poderá estar numa situação de conflito de interesses, sem que exista qualquer controlo de legalidade por parte de uma entidade externa. Neste contexto, o autor refere o especial reforço da tutela do tráfico que merecem as ações das sociedades anónimas, por lhes ser aplicável o regime dos títulos de crédito[1028].

Notemos, no entanto, que nos termos do Regulamento (UE) 2020/1503, os outros instrumentos que podem ser aplicáveis ficariam sujeitos ao mesmo regime que os valores mobiliários abrangidos por ofertas públicas, ou seja, sujeitos a registo num único intermediário finan-

---

[1024] João Anacoreta Correia, "O Registo por Depósito da Cessão de Quotas – A Perspectiva de um Advogado", in *Cessão de Quotas – "Desformalização e Registo por Depósito"*, Almedina, Coimbra, 2009, pp. 137 e ss..

[1025] Margarida Costa Andrade refere em relação à reforma do registo da cessão de quotas preconizado pelo Decreto-Lei n.º 76-A/2006, que "A celeridade e a simplificação não passam de uma ilusão, pois que as práticas notarias se mantiveram, só que com outras vestes", Margarida Costa Andrade, "Anotação artigo 242.º-A" in *Código das Sociedades Comerciais em Comentário*, 2.ª ed., Vol. III, Coord. Jorge Coutinho de Abreu, Almedina, Coimbra, 2016, pp. 604 e 605.

[1026] Cfr. Margarida Costa Andrade, "A Cessão de Quotas no Direito Comparado" in *Cessão de Quotas – "Desformalização e Registo por Depósito"*, Almedina, Coimbra, 2009, pp. 88 e ss.

[1027] Pedro Maia, "Registo e Cessão de Quotas" in *Reformas do Código das Sociedades*, Almedina, Coimbra, 2007, p. 176.

[1028] Cfr. Pedro Maia, "Registo e Cessão de Quotas" in *Reformas do Código das Sociedades*, Almedina, Coimbra, 2007, pp. 175 e 176.

ceiro, nos termos do artigo 63.º do CVM, para além do registo da emissão junto do emitente, nos termos dos artigos 43.º e 44.º do CVM. As razões para a sujeição a este duplo registo prendem-se com a necessidades de segurança necessária para a função de coordenar a massa total dos valores mobiliários em circulação.

A inclusão das quotas neste regime, asseguraria, pelo exposto, celeridade e segurança suficiente no tráfico mercantil, esse binómio que encontra no regime dos valores mobiliários o almejo do seu maior equilíbrio. Por outro lado, a natureza personalística das sociedades por quotas não é compaginável com as transmissões ocorridas à margem da sociedade[1029], podendo-se aferir que uma alteração completa do regime da cessão de quotas para o regime das ações revelar-se-ia de uma profundidade para a unidade sistemática da nossa ordem jurídica, que merecia uma análise periférica mais consistente de todos os tipos societários e do Direito das Sociedades Comerciais em geral.

No entanto, o que propomos neste contexto é apenas a inclusão das quotas no âmbito do regime que assegure a execução, na ordem jurídica nacional, do Regulamento (UE) 2020/1503, ou seja, apenas relativamente às ofertas de *Crowdfunding*, sendo que todo o regime de mercado secundário teria de voltar ao registo por depósito do regime geral da cessão de quotas. Assim e face a duas razões essenciais, o facto das PME serem maioritariamente sociedades por quotas e o regime do *Crowdfunding* se cingir a ofertas de valor relativamente baixo (5 milhões de euros), afigura-se razoável a admissibilidade de uma redução típica do regime da cessão de quotas para este efeito[1030]. A "*pessoalidade*"[1031] associada às socie-

[1029] Cfr. MARGARIDA COSTA ANDRADE, "A Cessão de Quotas no Direito Comparado" in *Cessão de Quotas – "Desformalização e Registo por Depósito"*, Almedina, Coimbra, 2009, p. 90.

[1030] Na nossa opinião, a colocação das quotas em títulos não seria descaracterizadora da participação social em causa, no âmbito do *Crowdfunding*.

[1031] Defendendo o carater personalístico das sociedades por quotas: PEDRO MAIA, "Tipos de sociedades comerciais", in *Estudos de Direito das Sociedades*, 12.ª ed., 2015, p. 38; ANTÓNIO FERRER CORREIA, "A sociedade por quotas de responsabilidade limitada segundo o CSC", in *Temas de Direito Comercial*, Almedina, Coimbra, 1989, p. 162; JORGE SIMÕES CORTEZ (com a colaboração de INÊS PINTO LEITE), "As formalidades da transmissão de quotas e acções no Direito Português: dos princípios à prática", *in Questões de Direito Societário em Portugal e no Brasil*, coord. por FÁBIO ULHOA COELHO E MARIA DE FÁTIMA RIBEIRO, Almedina, Coimbra,

dades por quotas que pode levantar alguns problemas, nomeadamente, nos eventos da vida societária devido à dispersão do capital associado ao *Crowdfunding* e, sobretudo, à distância entre investidores no *Crowdfunding*, mas, neste caso, a virtualidade também proporciona grande parte das soluções, como o recurso às assembleias virtuais[1032] e à utilização de *chats online*[1033]. O regime espanhol de *Crowdfunding* prevê algumas soluções interessantes neste âmbito[1034]. Ademais, existem outros meios que

2012, p. 327, nota 35; por outro lado, defendendo que a sociedade por quotas é uma sociedade de capitais, embora com o pendor pessoalista, PEDRO PAIS DE VASCONCELOS, *A participação social nas sociedades comerciais*, 2.ª ed., Almedina, Coimbra, 2006, p. 228.

[1032] Sobre o funcionamento de Assembleias gerais com meios telemáticos *vd.* PAULO DE TARSO DOMINGUES, "Os meios telemáticos no funcionamento dos órgãos sociais. Uma primeira aproximação ao regime do capital social", in *Reformas do Código das Sociedades*, IDET – Instituto de Direito das empresas e do Trabalho, Almedina Coimbra, 2007; e PAULO DE TARSO DOMINGUES, "A COVID-19 e a (re)descoberta do regime relativo ao uso dos meios telemáticos no funcionamento dos órgãos sociais, *Revista da Ordem dos Advogados*, Ano 80, Ordem dos Advogados Portugueses, Lisboa, 2020, pp. 275-304.

[1033] Atualmente é comum a utilização de plataformas eletrónicas de *chat online* como ferramentas de trabalho, por exemplo, o Slack e o Microsoft Teams.

[1034] "Interessante é também a solução adotada na lei espanhola segundo a qual os estatutos dos emitentes deverão permitir aos sócios (subscritores de participações através das plataformas) participar nas assembleias gerais por meios telemáticos, ou fazer-se representar nessas assembleias através de qualquer pessoa, bem como prever que quaisquer acordos parassociais que incidam sobre o exercício do direito de voto nas assembleias gerais ou sobre a transmissibilidade das ações, participações sociais ou outros valores representativos do capital social sejam imediatamente comunicados à própria sociedade e aos restantes sócios", VASCO COSTA, "A Regulação Jurídica do Financiamento Colaborativo ou «Crowdfunding» – Em Especial, o Caso Português", in *Cadernos do Mercado de Valores Mobiliários*, n.º 59, 2018, p. 15, disponível em: https://www.cmvm.pt/pt/EstatisticasEstudosEPublicacoes/CadernosDoMercadoDeValoresMobiliarios/Pages/CadernosN59.aspx?v=. Nas sociedade das quotas, também seria admissível, independentemente da sujeição ao regime do *Crowdfunding*, recorrer a instrumentos comuns no financiamento de PME e startups e que protegem os sócios-empresários, como as cláusulas *tag-along* e *drag-along* "...cláusulas de antidiluição e tag-along devem ser asseguradas, sob pena dos investidores sofrerem o risco de não receberem os dividendos correspondentes ou apenas uma soma irrisória, no caso de sucesso de *startups*", FRANCISCA SEARA CARDOSO, "Portugal: palco de uma nova revolução?" in *Expresso*, do dia 24 de janeiro de 2015. As cláusulas *tag-along* possibilitam "às partes o acompanhamento de determinado sócio que aliene a sua participação social. É uma cláusula frequente quando para as partes é essencial a presença ou continuidade de outra parte enquanto sócia da sociedade. Assim, quando um dos sócios pretende vender a sua quota, outro(s) sócio(s) terá(ão) o direito de

podem colmatar a distância associada aos investidores de *Crowdfunding* como a utilização de instrumentos de representação pelas plataformas, a celebração de acordos fiduciários ou a celebração de acordos parassociais[1035].

Pelo exposto, tendemos a considerar que o legislador deve aproveitar o ensejo do Regulamento (UE) 2020/1503 ao permitir a inclusão de outros instrumentos e, na conformação do Regulamento (UE) 2020/1503 na ordem jurídica nacional, incluir nestes instrumentos as quotas, devendo, adicionalmente prever que fica dispensado o consentimento da sociedade para a transmissão das quotas e prever que as quotas ficam sujeitas ao mesmo regime que os valores mobiliários escriturais no âmbito da oferta de *Crowdfunding*, ou seja, registadas junto do emitente e junto de um intermediário financeiro[1036].

Em suma, consideramos benéfica a sujeição das quotas à figura dos instrumentos admitidos para efeitos de financiamento colaborativo, através de um regime específico nacional que se adeque à rápida circulabili-

acompanhar essa venda, saindo também da sociedade. Estipula normalmente, por um lado, a obrigação do sócio que pretenda vender a sua quota de dar a conhecer ao potencial interessado na compra da sua quota a existência do direito dos restantes sócios (parte no acordo) venderem também a sua quota, se assim o desejarem.", Amadeu José dos Santos e Paula Baião, *Cláusulas Tag-along*, disponível em: http://sociedade-por-quotas.dashofer.pt/?s=modulos&v=capitulo&c=3196; A cláusula antidiluição é uma espécie de direito de preferência do acionista num aumento de capital ou direito de converter os seus valores mobiliários a certa taxa de conversão, protegendo o investidor/acionista da desvalorização do seu investimento, *vd.* http://financial-dictionary.thefreedictionary.com/Anti-Dilution+Provision.

[1035] Sobre estes meios, *vd.* Alexandre de Soveral Martins, Cessão de Quotas, 2.ª ed., Almedina, Coimbra, 2016, pp. 125 e ss..

[1036] Seriam também derrogadas as formalidades do registo das quotas na conservatória comercial, nos termos do CRC e do CSC, e das operações de aumento de capital com recurso a subscrição pública. Derrogar-se-ia, igualmente, a norma do CSC que obriga à aceitação por cada sócio novo das condições do contrato vigente e da deliberação do aumento de capital (art. 268, n.º 2, do CSC) e a norma que estabelece que as quotas não podem ser representadas por títulos (art. 219.º, n.º 7, do CSC). Estas formalidades revelam-se extremamente morosas para a celeridade exigida por mercados primários e secundários com liquidez. Não é por acaso as participações sociais das sociedades por quotas, das sociedades em nome coletivo e das sociedades civis não são consideradas valores mobiliários, dada as grandes restrições à sua transmissibilidade, cfr. Paulo Câmara, *Manual de Direito dos Valores Mobiliários*, 4.ª ed. Almedina, Coimbra, 2018, pp. 106 a 108.

dade das quotas apenas para efeitos de ofertas de financiamento colaborativo no âmbito do Regulamento (UE) 2020/1503, porque esta solução poderá potenciar a forte ligação entre o financiamento colaborativo e as sociedades por quotas[1037].

Relativamente ao *Crowdfunding* de concessão de empréstimos, a única dificuldade que se suscita é a inclusão ou exclusão do *Invoice Trading*. Acima, já expusemos que esta figura pode ser enquadrada na concessão de empréstimo e que nem o RJFC nem o Regulamento (UE) 2020/1503 são claros quanto a este tema.

Verificámos, igualmente acima, que se trata de uma figura exatamente com as mesmas componentes do *Crowdfunding* e com as mesmas finalidades, pelo que defendemos que o regime do *Crowdfunding* deverá ser-lhe aplicável, sujeitando-se às regras do *Crowdfunding* de empréstimo, relativamente, por exemplo, à publicação das taxas de incumprimento (como previsto no artigo 20.º do Regulamento (UE) 2020/1503).

5.2. Proteção do investidor e limites ao investimento

Poderíamos ter abordado este tema aquando da nossa excursão pelos deveres das entidades gestoras das plataformas, no entanto, queremos focar-nos nas próximas páginas no tema controverso dos limites ao investimento, uma medida tomada em várias jurisdições que visa a proteção dos investidores não profissionais e limita de forma relevante a atividade de financiamento dos beneficiários. Identificámos, acima, que jurisdições como a portuguesa, a espanhola, a francesa, a alemã, a italiana e a dos Estados Unidos da América impõem limites de investimento nos seus regimes de *Crowdfunding*, entendendo-se que os investidores não profissionais estão perante riscos acrescidos nesta nova forma de financiamento.

Pelo contrário, o Regulamento (UE) 2020/1503 e a jurisdição do Reino Unido não impõe limites ao investimento, colocando, por outro lado, mais foco nos deveres de informação e na imposição que as plata-

---

[1037] Cfr. João Vieira dos Santos, "Financiamento Colaborativo e sociedade por quotas" in *Revista de Direito das Sociedades*, Ano XIII, n.º 2, 2021, p. 184

formas assegurem a realização prévia (à aceitação das ofertas) de testes de adequação por parte dos investidores não profissionais.

No Reino Unido, "o foco do regulador dirigiu-se à limitação de categoria de investidor elegível, tendo em conta os riscos que o modelo acarreta. Dessa forma, apenas poderá investir em equity *Crowdfunding* através de uma plataforma autorizada, o investidor que: (i) comprove a sua sofisticação, de acordo com os critérios estabelecidos, ou (ii) que seja de alto valor (*high net-worth*), ou (iii) que tenha recebido aconselhamento em relação ao investimento. Caso o investidor não cumpra uma destas condições, terá de passar um *appropriateness* test e apenas poderá investir até 10% dos seus ativos líquidos (net investible assets)"[1038].

Questionamo-nos, desta forma, qual a melhor opção tendo em conta a nossa abordagem regulatória e o nosso ordenamento jurídico. Neste contexto, Fernando Zunzunegui considera os limites de investimento uma restrição inaceitável às liberdades da União Europeia, nomeadamente, as de estabelecimento e de prestação de serviços, por limitarem a atividade e o crescimento das entidades gestoras das plataformas[1039].

Ora, de acordo com o art. 16.º, n.º 1, da Diretiva n.º 2006/123/CE, relativa aos serviços no mercado interno, os Estados-Membros não devem condicionar o acesso ou o exercício de atividades no sector dos serviços no seu território ao cumprimento de qualquer requisito que não seja justificado por razões de ordem pública ou não seja adequado para garantir a consecução do objetivo prosseguido, não podendo ir além do necessário para o atingir.

No entanto, as restrições à liberdade de estabelecimento podem ser justificadas por razões imperiosas de interesse geral, desde que sejam adequadas a garantir a realização do objetivo por elas prosseguido e não ultrapassem o necessário para alcançar esse objetivo[1040], traduzida em

---

[1038] Cfr. ANA SÁ COUTO E FREDERICO ROMANO COLAÇO *O equity crowdfunding e os meios alternativos de financiamento*, 2015, p. 132, disponível em: http://www.uria.com/.

[1039] Cfr. FERNANDO ZUNZUNEGUI, "Régimen jurídico de las plataformas de financiación participativa (crowdfunding)", in *Revista de Derecho del Mercado Financiero*, junio 2015, p. 7, disponível em: http://www.rdmf.es.

[1040] Cfr. JOÃO PACHECO DE AMORIM E ANA FILIPA URBANO, "Reserva de atividade de farmácia e liberdade de estabelecimento (Art.º 49.º TFUE), in *Lusíada. Direito*, Universidade Lusíada Editora, Lisboa, 2014, p. 308.

alguns casos de razão não económica de proteção de interesses nacionais ou em razões de ordem pública (artigos 52.º e 55.º do TFUE)[1041].

A proibição de certos produtos e atividades financeiras é possível na ordem jurídica da União Europeia. A ESMA pode, sob certas condições, proibir ou restringir temporariamente na União Europeia a comercialização, distribuição ou venda de determinados instrumentos financeiros ou de instrumentos financeiros com determinadas características especificadas ou um determinado tipo de atividade ou prática financeira, nos termos do artigo 40.º do RMIF e artigo 9.º, n.º 5 do Regulamento (UE) n.º 1095/2010.

A proibição é, assim, um instrumento simples que impede investidores não profissionais de sofrer danos potenciais significativos, reservando esses investimentos apenas para investidores que possam suportar perdas inesperadas e/ou serem sofisticados o suficiente para entendê-los. Por outro lado, a proibição deixa muito pouco ou nenhum espaço para as empresas desenvolverem novos produtos e serviços. Nesse sentido, inibe a inovação[1042].

Apesar da opção do legislador nacional, por exemplo, poder ter sido baseada no problema do excessivo grau de endividamento pessoal vivido no momento da criação do RJFC, continua a revelar-se uma opção muito restritiva da atividade das entidades gestoras das plataformas e, também, das liberdades individuais dos investidores[1043].

Concordamos, assim, com Diogo Pereira Duarte, que refere que a imposição de limites de investimento é "discriminatória e contraproducente, já que priva as pessoas com menores recursos da possibilidade de

[1041] Nuno Cunha Rodrigues, *A Contratação Pública como Instrumento de Política Económica*, Dissertação de Doutoramento em Ciências Jurídico-Económicas apresentada na Faculdade de Direito da Universidade de Lisboa, Almedina, Coimbra, 2013, pp. 314 e ss..

[1042] Werner Bijkerk, *The Foundations of Finantial Regulation*, Simplexxis, Madrid, 2019, p. 68.

[1043] Referimo-nos aos preceitos materialmente constitucionais do CC que consagram a autonomia da vontade e a liberdade contratual, cfr. João Pacheco de Amorim, *Direito Administrativo da Economia, Vol. I (Introdução e Constituição Económica)*, Almedina, Coimbra, 2014, p. 514. Sobre os limites à liberdade contratual que visam proteger uma das partes contra si própria *vd.* Jorge Morais Carvalho, *Os Limites à Liberdade Contratual*, Reimpressão, Almedina, Coimbra, 2017, pp. 186 e ss..

obter ganhos resultantes de uma aposta em bons investimentos"[1044]. Adicionalmente, como uma das incumbências do Estado é promover a inovação, tal como identificámos *supra*, este só deverá limitar o investimento em *Crowdfunding*, se nenhuma das alternativas se revelar suficientemente protetora dos investidores não profissionais.

Face ao exposto, parece-nos que existem outras soluções que se adequam melhor ao equilíbrio que terá de existir entre a proteção do investidor e as liberdades em causa, como sejam, as soluções preconizadas pelo Regulamento (UE) 2020/1503 e pelo Reino Unido, face ao reforço de literacia financeira associadas a essas soluções que poderão, igualmente, capacitar os investidores no médio e longo prazo, uma missão muito relevante que também dever ser promovida pelo Estado.

Para além dos testes de literacia, os investidores poderão aproveitar a tutela auferida pelo regime dos contratos celebrados à distância, regime que já se baseia nos riscos superiores à contratação dita «tradicional», tais como, os decorrentes da redução do tempo de maturação da vontade de contratar, a par das armadilhas jurídicas geradas pela diversidade de ordenamentos nacionais potencialmente presentes[1045].

5.3. Admissibilidade da gestão discricionária e do mercado secundário

A admissibilidade da gestão discricionária e do mercado secundário é no *Crowdfunding* um tema controverso, pela diversidade de abordagens de diferentes jurisdições, pela aplicação de outras figuras do nosso ordenamento e pelos riscos suscitados.

Começando pela gestão discricionária, já identificámos *supra* que quando esta envolve instrumentos financeiros, estamos perante uma atividade de intermediação financeira, a gestão de carteiras por conta de

[1044] Diogo Pereira Duarte, "Financiamento Colaborativo de Capital (Equity-Crowdfunding)", in *FinTech. Desafios da Tecnologia Financeira*, coord. António Menezes Cordeiro, Ana Perestrelo de Oliveira e Diogo Pereira Duarte, Almedina, Coimbra, 2017, p. 299.

[1045] Cfr. Sofia Nascimento Rodrigues, "O Direito de Resolução do Investidor na Contratação de Serviços à Distância, in *Direito dos Valores Mobiliários*, Vol. VII, Coimbra Editora, Coimbra, 2007, p. 234.

outrem (atividade prevista no artigo 290.º, n.º 1, alínea c), do CVM). Também aferimos que no caso do *Crowdfunding* de empréstimos, esta atividade da gestão discricionária aproxima-se e perante certos critérios consubstancia a gestão de organismos de investimento coletivo. Perante o referido, verificam-se jurisdições em que o regime de *Crowdfunding* nada dispõe em relação a esta matéria, tais como a portuguesa, a francesa e a italiana.

Por outro lado, verificam-se outras jurisdições que regulam a matéria. No Reino Unido, estão previstos os deveres de cuidado das entidades gestoras das plataformas quando estas exercem a atividade de gestão discricionária de empréstimos. Em Espanha, as plataformas não podem gerir discricionariamente os investimentos em *Crowdfunding*.

No Regulamento (UE) 2020/1503, permite-se a gestão individual de carteiras de empréstimos, consistindo esta atividade na afetação pelo prestador de serviços de *Crowdfunding* de um montante predeterminado de fundos de um investidor, o qual é um mutuante inicial, a um ou vários projetos de na sua plataforma, em conformidade com um mandato individual conferido pelo investidor numa base discricionária.

Os prestadores de serviços de *Crowdfunding* que prestam serviços de gestão individual de carteiras de empréstimos devem fazê-lo de acordo com os parâmetros fornecidos pelos investidores e tomar todas as medidas necessárias para obter os melhores resultados possíveis para esses investidores, devendo divulgar aos investidores o processo de tomada de decisão de execução do mandato discricionário recebido e manter os registos do mandato conferido e de todos os empréstimos numa carteira individual, com base no artigo 6.º do Regulamento (UE) 2020/1503.

Com efeito, é notória no Regulamento (UE) 2020/1503 a preocupação que a gestão seja individualizada para se diferenciar da gestão de um organismo de investimento coletivo de forma clara. Prevendo, também, esta possibilidade no regime, o Regulamento restringe outras formas de gestão discricionária que poderão aproximar-se à gestão de um organismo de investimento coletivo[1046], por se equipararem em termos de

[1046] A escolha do termo "financiamento colaborativo" pelo legislador nacional para a tradução e *Crowdfunding* deveu-se, porventura, à confundabilidade que um termo como "financiamento coletivo" poderia criar com a figura dos organismos de investimento coletivo.

finalidade e riscos associados a esta figuras. Destarte, não deve qualquer gestão de organismos de investimenro coletivo ser permitida às entidades gestoras de plataforma de financiamento colaborativo.

Neste caso em que não se encontram razões fortes para um tratamento diferente entre o funcionamento dos organismos de investimento coletivo e *Crowdfunding*, cabe ao legislador mitigar riscos e aplicar os regimes que tutelam os riscos associados à gestão de organismos de investimento coletivo, numa prevalência do princípio da neutralidade tecnológica.

Perante o exposto, a solução do Regulamento (UE) 2020/1503 afigura-se adequada a mitigar os riscos de uma atividade que não se encontra regulada, que se trata da gestão individualizada de carteiras de empréstimos, uma atividade que poderá promover a eficiência do investimento em ofertas de *Crowdfunding*.

Quanto ao mercado secundário, observamos que, na prática, as plataformas de *Crowdfunding* de capital e por empréstimo têm vários pontos em comum, inclusive, a existência de mercados secundários, já que um dos principais objetivos das plataformas é mitigação do risco de iliquidez. A *internet* possibilita que os empréstimos se transmitam com bastante facilidade e segurança, providenciando alguma similitude entre os mercados secundários das plataformas de *Crowdfunding* por empréstimo e as plataformas de negociação dos mercados financeiros, o que nos faz questionar se ambas as situações carecem da mesma proteção legal.

As plataformas de *Crowdfunding* por empréstimo, mesmo enquadradas nos regimes que analisámos, encontram-se a atuar num mercado muito pouco regulado, suscitando mesmo grandes preocupações nos mercados mais desenvolvidos, nomeadamente, no Reino Unido e nos Estados Unidos da América. Em termos materiais, encontramo-nos perante transferências de valor em mercado, mas formalmente não nos deparamos perante atos associados a valores mobiliários nem a instrumentos financeiros, excluindo-se a aplicação do CVM e da DMIF II.

Ora, perante o referido, cabe-nos encetar um confronto destas duas figuras jurídicas, os empréstimos e os valores mobiliários. Em relação à primeira, referimo-nos aqui a contratos de mútuo pecuniário, como vimos anteriormente, em que o credor deixa de ser titular das quantias mutuadas e passa a ser titular de um crédito à restituição das quantias[1047]. O mercado secundário consistiria, portanto, na organização multilateral de interesses em ceder ou adquirir os direitos de créditos decorrentes dos contratos de mútuo originados nas ofertas de *Crowdfunding*.

Os valores mobiliários, por outro lado, constituem objeto central de um código com o seu nome, que se preocupa em teorizar genericamente os valores mobiliários[1048]. Estes têm como precursores os títulos de crédito, podendo o conceito amplo de título de crédito abranger os títulos de crédito individuais e os títulos de crédito de massa, reconduzindo-se estes aos valores mobiliários. A maioria da doutrina portuguesa[1049] procede a uma aproximação destes conceitos, com Carlos Ferreira de Almeida assimilando mesmo o registo de valores mobiliários ao universo das inscrições cartulares[1050].

Existem, no entanto, diferenças entre estes dois conceitos jurídicos: os valores mobiliários e os títulos de crédito. Apesar de quer os valores mobiliários quer os títulos de crédito serem documentos representativos de situações jurídicas, de o regime de ambos assentar na inoponibilidade de exceções fundadas na relação entre adquirente e transmitente e de em ambos os casos se poder diferenciar o direito representado no título e o direito ao título, no domínio mobiliário não funciona o princípio cartular da literalidade.

1047 Cfr. Luís Miguel Pestana de Vasconcelos, *Direito Bancário*, 2.ª ed., Almedina Coimbra, 2019, p. 168.

1048 Cfr. Alexandre Brandão da Veiga, *Transmissão de Valores Mobiliários*, Almedina, Coimbra, 2010, p. 15.

1049 Cfr. José de Oliveira Ascensão, "Valor Mobiliário e Título de Crédito", in *Revista da Ordem dos Advogados*, ano 56, III, Ordem dos Advogados Portugueses, Lisboa, 1996, pp. 837 e ss.; Adriano Vaz Serra, "Acções nominativas e ações ao portador, in *Boletim do Ministério da Justiça*, n.º 176, Lisboa, 1968, pp. 35 e ss.; Evaristo Mendes, *A Transmissibilidade das Acções*, Universidade Católica Portuguesa, Lisboa, 1989, pp. 37 e ss.; Referindo o papel congregador do termo título de crédito, António Barreto Menezes Cordeiro, "Valor mobiliário: evolução e conceito", in *Revista de Direito das Sociedades*, Ano VIII, n.º 2, Almedina, Coimbra, 2016, p. 315; Contra a aproximação entre estas duas figuras, referindo que os valores mobiliários não são um *minus*, mas um *aliud* em relação aos títulos de crédito, Amadeu Ferreira, *Valores Mobiliários Escriturais – Um Novo Modo de Representação e Circulação de Direitos*, Almedina, Coimbra, 1997, pp. 351 e ss..

1050 Cfr. Carlos Ferreira de Almeida, "Desmaterialização dos títulos de crédito: valores mobiliários escriturais", in *Revista da Banca*, n.º 26, 1993, pp. 23 a 39.

Os valores mobiliários, enquanto títulos de crédito em massa, gozam de uma elevada proteção através da imposição de deveres de informação a múltiplos agentes do mercado, supondo a aplicação de uma malha apertada de regras sobre a defesa dos mercados e sobre a proteção dos investidores, podendo-se mesmo enquadrar esta diferenciação num "divórcio conceitual entre título de massa e título de crédito"[1051].

Nas palavras de Carlos Ferreira de Almeida: "Reconhece-se, sem discrepância que a desmaterialização parcial desses valores (em depósito ou em título colectivo) ou total (nos valores escriturais puros) determinou a perda, parcial ou total, da função que neles desempenhava o papel. Reconhece-se também que as novas formas são funcionalmente equivalentes às tradicionais, que a função do papel é agora desempenhada pelo registo em conta e que o regime dos valores mobiliários é, no mínimo, inspirado pelo regime e pela cultura dos títulos de crédito. Uma derradeira via consiste em encontrar para a incorporação, que sempre foi aliás uma metáfora, um equivalente mais amplo e mais racional, porventura com nova designação: inerência ou imanência"[1052].

Em relação aos títulos de crédito, o seu surgimento deveu-se à impossibilidade de circulação dos direitos de crédito devido à sua natureza imaterial[1053]. No período do surgimento dos títulos de crédito, em pleno século XII, a realização de negócios dependia de movimentação física de montantes avultados de moeda, aplicando-se o regime juscivilista geral da cessão de crédito, um regime que se revelou inadequado às necessidades de segurança e celeridade do tráfico mercantil. Emergiu, deste modo, a figura do título de crédito como instrumentos de circulação indireta da riqueza, destinado a tornar simples, rápida e segura a movimentação de bens e direitos no tráfico jurídico-comercial[1054].

[1051] Bernardo Libonati, *Titoli di Credito e Strumenti Finanziari*, Giuffrè, Milão, 1999, p. 110.

[1052] Carlos Ferreira de Almeida, "Registo de Valores Mobiliários", in *Direito dos Valores Mobiliários*, Vol. VI, Coimbra Editora, Coimbra, 2006, pp. 83 a 86.

[1053] Cfr. Mário de Figueiredo, *Carateres Gerais dos Títulos de Crédito e o seu Fundamento Jurídico*, França Amado, Coimbra, 1919, pp. 3 e ss..

[1054] Cfr. José Engrácia Antunes, Os Instrumentos Financeiros, 4.ª ed., Almedina, Coimbra, 2020, pp. 11 e ss..

Em meados do século XX surge a figura do valor mobiliário, devido à necessidade de massificação de documentos representativos em grandes mercados. Mais recentemente, devido à acumulação de milhões de documentos guardados nas instituições financeiras e nas bolsas, todas estas forçaram a supressão dos papéis, ou pelo menos a sua imobilização para impedir a sua circulação[1055]. "A lentidão na circulação dos documentos representativos de mercadorias e no crédito documentário entram em contradição com a rapidez de circulação de bens"[1056]. Igualmente, o dealbar da *internet* alterou o paradigma da gestão dos valores mobiliários pelas instituições financeiras e pelas estruturas de mercado, surgindo, deste modo, os valores mobiliários escriturais[1057].

De igual forma, a *internet* veio alterar profundamente a forma de se realizar empréstimos, permitindo o registo e o tratamento informático dos direitos de crédito, da mesma forma que os valores mobiliários escriturais. É o que, geralmente, sucede nos mercados secundários das plataformas de *Crowdfunding* de empréstimo, onde são registados todos os contratos de mútuo e cessões de crédito correspondentes. Podemos considerar, destarte, que a *incorporação* num título deixou de ter qualquer vantagem em termos de segurança e celeridade no mundo virtual.

Vejamos melhor se essa equiparação pode ser realizada. Esta realidade é cada vez mais difícil de encaixar nestas categorias do direito, por força da evolução da economia e da sociedade, podendo as construções jurídicas anteriormente estabelecidas estarem prontas a ceder perante uma intuição mais profunda das necessidades da vida jurídica[1058].

[1055] Cfr. Amadeu Ferreira, *Valores Mobiliários Escriturais – Um Novo Modo de Representação e Circulação de Direitos*, Almedina, Coimbra, 1997, pp. 64 e ss..

[1056] Amadeu Ferreira, *Valores Mobiliários Escriturais – Um Novo Modo de Representação e Circulação de Direitos*, Almedina, Coimbra, 1997, p. 67.

[1057] A desmaterialização dos valores mobiliários em Portugal começou com o Decreto-Lei n.º 229-D/88, de 4 de julho, tendo aparecido a figura das ações escriturais e foi possível, igualmente, a desmaterialização das obrigações e outros valores emitidos por sociedades anónimas, *vd.* José Engrácia Antunes, Os Instrumentos Financeiros, 4.ª ed., Almedina, Coimbra, 2020, p. 44.

[1058] Maria Clara Sottomayor, *Invalidade e Registo – A Protecção do Terceiro Adquirente de Boa Fé*, Dissertação para Doutoramento em Direito Civil pela Universidade Católica Portuguesa, Almedina, Coimbra, 2010, pp. 554 e ss..

Os direitos de crédito decorrentes dos contratos de mútuo, tal como os valores mobiliários, podem ter suporte documental ou um registo[1059]. O regime da cessão de crédito adota, no entanto, formulações próprias dos negócios transmissivos de direitos reais, ainda que tenha por objeto situações estritamente obrigacionais.

Efetivamente exige-se a legitimidade do cedente para a válida disposição sobre o crédito e determina-se a ocorrência da transmissão por mero efeito do contrato (arts. 408.º, 879, a) e 954.º, a) e c), todos do CC), e estabelece-se um regime de prioridade em caso de dupla alienação do mesmo (art. 584.º do CC). Tal afasta-se do regime comum das obrigações, em que não se coloca um problema de legitimidade na sua constituição, a sua realização só se obtém com o cumprimento (art. 762.º, n.º 1 e c) do CC, e em caso de pluralidade de credores, o regime é do rateio (art. 604.º, n.º 1 do CC).

O crédito é assim configurado neste negócio como um bem que é objeto de transmissão, havendo quem coloque em causa se o direito de crédito é um direito relativo[1060]. Neste contexto, Luís Menezes Leitão refere que "a autonomização da titularidade do direito de crédito, enquanto objeto específico de cessão, permite conferir-lhe, nesse particular, natureza absoluta equiparável aos direitos reais e portanto com eficácia *erga omnes* do respetivo efeito patrimonial translativo, nos termos do artigo 408.º do CC"[1061].

Assunção Cristas defende a equiparação total entre direitos de crédito e direitos reais: "o direito de crédito, entendido como titularidade de uma situação jurídica activa, e não encarado especificamente de um ponto de vista estrutural, é oponível a todos e não é compaginável com uma mera transmissão «entre as partes». Entendido nesta perspectiva,

---

[1059] Cfr. CAROLINA CUNHA, *Letras e Livranças: Paradigmas atuais e Recompreensão do Regime*, Almedina, Coimbra, 2012, p. 448.

[1060] LUÍS MENEZES LEITÃO, *Cessão de Créditos*, reimpressão, Almedina, Coimbra, 2016, pp. 287 e 288.

[1061] Cfr. Acórdão do Supremo Tribunal de Justiça, de 12 de abril de 2018, processo n.º 529/15.6T8BGC.G1.S1.

como activo patrimonial transacionável e respeito por todos, o direito de crédito é igual aos direitos reais"[1062].

Quanto aos valores mobiliários, existem autores que consideram fundamentalmente como direitos e não como coisas, ainda que se trate de valores titulados. Os valores mobiliários, ou mesmo os títulos de crédito não são regulados pelo direito das coisas, mas por um conjunto de regras próprio[1063].

Por outro lado, outros autores defendem que, devido ao complexo de direitos e deveres contidos nas ações e quotas, a sua forma de domínio é análoga à do direito de propriedade, apesar de estarem registados em contas, que são coisas incorpóreas[1064].

António Miguel Arnaut refere que a categoria dos direitos coisificados não caberá bem, por exemplo, nas obrigações, que consubstanciam a emissão de valores que têm como base meros direitos de crédito, e não estruturas jurídicas complexas de base, como as ações. O autor justifica este tratamento diferenciado com base na posição duradoura dessa estrutura jurídica complexa, em que cada acionista é proprietário de uma parte da sociedade comercial, argumento que não colhemos devido ao tratamento unitário dado pelo legislador aos valores mobiliários[1065].

Alexandre Soveral Martins defende que a participação social é uma coisa, apesar de ser vista como um conjunto unitário de direitos e obrigações atuais e potenciais dos sócios. Coisa seria, segundo o autor, a participação unitariamente considerada, não os direitos que a compõem e o

---

[1062] Assunção Cristas, *Transmissão Contratual do Direito de Crédito – Do carácter real do direito de crédito*, Almedina, Coimbra, 2005, p. 572.

[1063] Cfr. Florbela de Almeida Pires, *Emissão de Valores Mobiliários*, Lex, Lisboa, 1999. No mesmo sentido, José de Oliveira Ascensão, *Direito Comercial, vol. III, Títulos de Crédito*, III, FDL, Lisboa, 1992, p. 33.

[1064] Cfr. João Carlos Gralheiro, "Da Usucapibilidade das Quotas Sociais", in *Revista da Ordem dos Advogados*, ano 59, III, Ordem dos Advogados Portugueses, Lisboa, 1999, pp. 1141 e ss.; José Engrácia Antunes, "O Artigo 490.º do CSC e da Lei Fundamental - "Propriedade corporativa", propriedade privada, igualdade de tratamento" in *Estudos de Comemoração dos Cinco Anos (1995-2000) da Faculdade de Direito da Universidade do Porto*, Coimbra Editora, Coimbra, 2001, pp. 147 e ss..

[1065] Cfr. António Miguel Arnaut, "A coisificação de participações sociais: breve reflexão", in *Direito das Sociedades em Revista*, Ano 8, Vol. 15, 2016, pp. 259 e ss.

valor mobiliário não seria a representação do valor, mas o valor enquanto representado por títulos ou por registos em conta. O autor recorre ao artigo 140.º do CSC para defender a sua posição, para demonstrar que são admitidos expressamente direitos reais de gozo ou de garantia sobre participações sociais[1066].

Apesar da informatização e da desmaterialização dos valores mobiliários e de muitas outras realidades, o suporte de registo é sempre um *quid* material, se bem que incorpóreo no caso de o registo ser informático (artigo 65.º do CVM), "a desmaterialização dos valores escriturais é relativa, podendo, por isso, continuar a aludir-se, embora contrariando a actual moda linguística à materialização (representação) através de registos em conta"[1067]. No âmbito dos valores mobiliários escriturais, a transmissão de valores mobiliários decorre sempre do crédito em conta do adquirente, ou seja, pelo lançamento a débito na conta de origem e crédito na conta de destino (artigos 71.º, n.º 1, e 80.º, n.º 1, do CVM, e 15.º do Regulamento da CMVM n.º 14/2000), sendo o momento da transmissão o do negócio subjacente (artigo 69.º, n.º 1, do CVM).

Deste modo, o título escritural consubstancia-se numa inscrição sobre uma conta e essa inscrição pertence ao titular que ela designa. O titular dessa inscrição é o proprietário do título, do mesmo modo que os anteriores titulares de títulos materializados. Aquele pode continuar a ser o único a ordenar qualquer modificação sobre os títulos e a inscrição a favor do proprietário, sendo este o sinal e a prova dos seus direitos face à sociedade emissora que a própria garante[1068].

Verifica-se, nesta breve excursão, que, quer os direitos de crédito, quer os valores mobiliários, podem ser equiparados aos direitos de propriedade, uma vez que os titulares de direitos de crédito e de valores mobi-

---

[1066] Cfr. Alexandre Soveral Martins, *Cláusulas do Contrato de Sociedade que Limitam a Transmissibilidade das Acções – Sobre os arts. 328.º e 329.º do CSC*, Dissertação de Doutoramento na Faculdade de Direito da Universidade de Coimbra, Almedina, Coimbra, 2006, pp. 81 e ss..

[1067] Fernando Conceição Nunes, "Contas colectivas de valores mobiliários" in *Direito dos Valores Mobiliários*, Vol. VI, Coimbra Editora, Coimbra, 2006, p. 276.

[1068] "O título escritural transmite-se exclusivamente por transferência de conta a conta", Vasco Soares da Veiga, *Direito Bancário*, 2.ª ed., Almedina, Coimbra, 1997, p. 301.

liários têm ambos uma posição jurídica garantida pela ordem jurídica[1069]. Nos valores mobiliários, essa proteção já decorre da sua origem nos títulos de crédito. "A disciplina jurídica destes títulos aparece toda enformada pela preocupação de defesa de terceiros de boa fé. Todo aquele que tiver adquirido, pelo modo legal de transmissão, um título de crédito, deve poder confiar no conteúdo literal e estar defendido contra a alegação de quaisquer irregularidades que tiverem porventura ocorrido numa fase precedente da circulação do mesmo título"[1070].

Afere-se, assim, que há em ambas as figuras uma igual procura de um equilíbrio entre a celeridade no tráfego mercantil e a segurança (essencial para se estabelecer confiança entre as partes e exista comércio). No entanto, não se pode equiparar de forma absoluta os valores mobiliários com os direitos de crédito, porque existe naqueles um fundamento essencial que é a massificação de valores fungíveis, decorrente do princípio da plenitude do valor mobiliário, significando que todos os direitos inerentes a um valor mobiliário são incorporados num único título ou inscrição escritural e cada título ou inscrição escritural representa todos os direitos inerentes ao valor mobiliário[1071].

Ora, os direitos de crédito que não sejam titularizados, por via da titularização de créditos[1072] ou da emissão de obrigações, não têm exatamente a mesma essência que os valores mobiliários, por serem infungíveis (existe uma independência e autonomia do crédito mesmo que vários sejam cedidos à mesma pessoa[1073]), daí a diferença de regimes.

[1069] Cfr. José de Oliveira Ascensão, Direito Civil Reais, 5.ª ed., Coimbra Editora, Coimbra, 2000, pp. 45 e ss..

[1070] António Ferrer Correia, *Lições de Direito Comercial*, Lex, Lisboa, 1994, p. 417. No caso dos titulares de direitos de crédito apesar destes não estarem dependentes, no que toca à consistência do seu direito, do comportamento de outrem, existe uma dependência do comportamento do devedor, tendo os titulares apenas um poder meramente ideal, cfr. Jorge Ribeiro de Faria, *Direito das Obrigações*, Vol. I, Almedina, Coimbra, 1990, pp. 52 e ss..

[1071] Jorge Costa Santos, "Direitos Inerentes aos Valores Mobiliários", in *Direito dos Valores Mobiliários*, Lex, Lisboa, 1997, p. 96.

[1072] Existe, igualmente, o regime simplificado para a cessão de créditos em massa (Decreto-Lei n.º 42/2019, de 28 de março).

[1073] Jorge Ribeiro de Faria, *Direito das Obrigações*, Vol. II, Almedina, Coimbra, 1990, pp. 501 e ss..

O referido não obsta a constatarmos que existe uma maior aproximação das figuras, face à facilidade e a segurança de circulação de créditos proporcionada pela *internet*. As implicações de incorporação num título, enquanto legitimação de um direito através de um documento que favorecem o tráfego jurídico[1074], já não as mesmas na *internet*. Sucede que, nestes mercados secundários das plataformas de *Crowdfunding* de empréstimo, a quantidade de investidores é de tal forma alta e os níveis de circulabilidade são tão elevados, que a infungibilidade dos créditos não prejudica a rápida transmissibilidade destes, procedendo-se de uma forma quase automatizada e instantânea à celebração dos contratos de cessão de créditos nestas plataformas.

A segurança e celeridade inerentes a estes mercados virtuais levam-nos a crer que os direitos de crédito transacionadas nas plataformas de *Crowdfunding* equiparam-se a valores mobiliários, uma vez que nestes mercados os direitos de crédito perdem a fragilidade a eles associada, juntando o facto de ser admissível a gestão discricionária de carteiras de empréstimo, garantido ainda mais celeridade e eficiência nas cessões de créditos, esbatem-se as diferenças, de um ponto de vista económico[1075].

Perante o exposto, verificamos que a solução do Regulamento (UE) 2020/1503 é a que se afigura mais razoável, ao apenas permitir a existência de boletins informativos e não verdadeiros mercados secundários e que reúnem juntos vários interesses de compra e venda num sistema com regras não discricionárias.

Como a existência de mercado secundário não é um dos elementos essenciais do *Crowdfunding*, a opção que mais respeite a neutralidade tecnológica é a mais adequada. Uma vez que o mercado secundário de instrumentos financeiros ficará sujeito ao regime das estruturas de negociação[1076] (acima explorado), não faria sentido que o legislador permitisse

---

[1074] Cfr. José de Oliveira Ascensão, "Valor Mobiliário e Título de Crédito", in *Revista da Ordem dos Advogados*, ano 56, III, Ordem dos Advogados Portugueses, Lisboa, 1996, p. 838.

[1075] Olena Havrylchyk, *Regulatory Framework for the Loan-Based Crowdfunding Platforms*, OECD Working Papers, 2018, p. 10, disponível em: http://www.oecd.org/officialdocuments/publicdisplaydocumentpdf/?cote=ECO/WKP(2018)61&docLanguage=En.

[1076] O registo de contas individualizadas num sistema centralizado dessas estruturas de negociação previsto no artigo 68.º do CVM e no Regulamento da CMVM n.º 14/2000 é especial-

criar um mercado secundário de empréstimos, que pela exposição que efetuamos, se equipararia a um mercado secundário de instrumentos financeiros.

Os boletins informativos parecem ser uma solução equilibrada, que não suscita os mesmos riscos que os mercados secundários, que permite um tratamento igualitário entre empréstimos e valores mobiliários, e, por último, que permitem mitigar os riscos de iliquidez associado ao *Crowdfunding*.

---

mente exigente, pela grande quantidade de elementos que devem constar nesse registo, António Barreto Menezes Cordeiro, *Manual de Direito dos Valores Mobiliários*, 2.ª ed., Almedina, Coimbra, 2018 p. 203.

TERCEIRA PARTE

Regulação das *Initial Coin Offerings*

I.
Fundamentos Básicos das *Initial Coin Offerings*

1. O Advento e a Noção das *Initial Coin Offerings*

No ano de 2017, as *Initial Coin Offerings* – obtenção de financiamento a através da emissão de criptoativos – envolveram mais de 3 mil milhões de dólares[1077] e, no ano de 2018, mais de 16 mil milhões de dólares[1078], espoletando cada vez mais o interesse de investidores, reguladores e não só, para conhecerem melhor este fenómeno. O crescimento do valor da *bitcoin* também transportou os criptoativos e as suas transações, com a finalidade de obter mais-valias, para o espaço mediático, tendo já incentivado as corretoras portuguesas a começarem a negociar produtos financeiros com o valor indexado ao valor da *bitcoin* e de outros criptoativos[1079]. A tecnologia subjacente aos criptoativos, as DLT tem sido, igualmente, alvo de uma crescente investigação por parte de diversos governos e empresas[1080], encontrando-se posições muito distintas quanto aos benefícios e riscos destas novas figuras.

[1077] Cfr. Jonathan Rohr e Aaron Wright, *Blockchain-Based Token Sales, Initial Coin Offerings, and the Democratization of Public Capital Markets*, 2017, p. 2, disponível em: https://papers.ssrn.com/.

[1078] Dados retirados de: https://www.coindesk.com/ico-tracker

[1079] https://eco.pt/2017/12/14/bitcoin-nao-e-legal-mas-ha-corretoras-portuguesas-a-vender-moeda-digital/.

[1080] Por exemplo, a Goldman Sachs tenciona criar uma plataforma de negociação de criptoativos, cfr. https://www.bloomberg.com/news/articles/2017-12-21/goldman-is-said-to-be-building-a-cryptocurrency-trading-desk.

Ao passo que, desde cedo, a posição institucional da China tem sido a de proibir a transação de criptoativos[1081] e a dos Estados Unidos da América de regular as *Initial Coin Offerings* por recurso às normas relativas a valores mobiliários[1082] – através do trabalho de investigação da SEC –, na Europa as posições institucionais sobre o assunto começaram por meros alertas para os riscos associados a estas figuras, nomeadamente, por parte da CMVM[1083] e da ESMA[1084].

A partir do final de 2018, as posições das instituições nos Estados-Membros da União Europeia multiplicaram-se e analisaremos as que mais se destacam no presente estudo. Quanto a Portugal, as posição ainda são escassas, ressalvado o referido comunicado da CMVM, o que nos impele a perscrutar as *Initial Coin Offerings* e a negociação de criptoativos segundo o Direito português, tendo em vista qual será a resposta mais adequada que o nosso ordenamento poderá dar ao advento destes fenómenos, se por um lado poderá optar-se pelo fomento a uma nova forma de financiamento e investimento, por outro lado haverá que ter em conta os prejuízos que, eventualmente, podem ser causados pelas *Initial Coin Offerings* aos investidores não profissionais[1085].

1081 Cfr. https://www.bloomberg.com/news/articles/2017-09-04/china-central-bank-says-initial-coin-offerings-are-illegal.

1082 Nos Estados Unidos da América, a SEC tem encerrado as *Initial Coin Offerings* que não sejam registadas como ofertas públicas relativas a valores mobiliários, mesmo que não exista qualquer indício de fraude, cfr. ttps://www.crowdfundinsider.com/2017/12/125780-munchee-halted-sec-shuts-initial-coin-offering-unregistered-security/. Tal comportamento tem propiciado uma saída das sociedades comerciais que querem financiar-se através das *Initial Coin Offerings* para jurisdições com uma abordagem *laissez-faire,* como a suíça, cfr. Jonathan Rohr e Aaron Wright, *Blockchain-Based Token Sales, Initial Coin Offerings, and the Democratization of Public Capital Markets,* 2017, p. 19, disponível em: https://papers.ssrn.com/.

1083 Cfr. CMVM, comunicado de imprensa "Alerta aos investidores sobre Initial Coin Offerings (ICOs)", 2017, disponível em: http://www.cmvm.pt/pt/Comunicados/Comunicados/Pages/20171103a.aspx.

1084 Cfr. ESMA, comunicado de imprensa "ESMA highlights ICO risks for investors and firms", 2017, disponível em: https://www.esma.europa.eu/press-news/esma-news/esma-highlights-ico-risks-investors-and-firms.

1085 Existe um grande número de *Initial Coin Offerings* que constituíram fraudes, cfr. https://bitmakler.net/class-action-lawsuit-filed-against-centra-ico-that-was-pumped-by-floyd-crypto-mayweather__news_193015.

O grande sucesso em 2017 e 2018 das *Initial Coin Offerings* demonstrou que existia uma lacuna no financiamento societário[1086], sendo imperioso aproveitar os benefícios criados por esta nova forma de financiamento, estabelecendo-se uma regulação que garanta a confiança de todos os agentes do mercado. Com efeito, muitas sociedades comerciais de base tecnológica recorreram às *Initial Coin Offerings* de modo a contornarem os grandes constrangimentos regulatórios do sistema financeiro tradicional, que têm aumentado desde a crise financeira de 2007/2008. A partir de 2019, o número de *Initial Coin Offerings* reduziu drasticamente, a nosso ver, pela quantidade de fraudes associadas a essa forma de financiamento e à maior atenção das entidades reguladoras de todo o mundo, que se aperceberam que muitas dos emitentes de *Initial Coin Offerings* atuavam num espaço regulado[1087].

Pretendemos, deste modo, por a analisar a tecnologia subjacente aos criptoativos e às *Initial Coin Offerings*, as DLT e os *smart contracts*, de forma a explicitar, sucintamente, o seu funcionamento. Posteriormente, analisaremos aprofundadamente os criptoativos e as *Initial Coin Offerings*, para conhecermos as suas caraterísticas essenciais, uma vez que o nosso estudo prossegue com uma análise jurídica das *Initial Offerings*, em que averiguaremos a melhor forma de integrar as *Initial Coin Offerings* no nosso ordenamento jurídico, e, por último, efetuaremos uma proposta de enquadramento jurídico desta figura, tendo por base a abordagem regulatória e a análise que expusemos *supra*.

[1086] Cfr. http://eurocrowd.org/2017/10/25/ecn-convention-debates-technology-cross-border-future-eu-alternative-finance-crowdfunding/. Sobre o *funding gap* que afeta milhões de pequenas empresas em todo o mundo, cfr. Ana Perestrelo de Oliveira, "O Papel das *Startups* na *FinTech* e o Ciclo de Financiamento de *Startup*", in *FinTech. Desafios da Tecnologia Financeira*, coord. António Menezes Cordeiro, Ana Perestrelo de Oliveira e Diogo Pereira Duarte, Almedina, Coimbra, 2017, p. 239.

[1087] Enquanto em 2018, existiram 1253 *Initial Coin Offerings*, em 2019 apenas existiram 96, cfr. Mathias Fromberger e Lars Haffke, *ICO Market Report 2018/2019 – Performance Analysis of 2018's Initial Coin Offerings*, 2020, pp. 9 e ss., disponível em: https://papers.ssrn.com/. O ICOBench reportou apenas 5 *Initial Coin Offerings* entre julho de 2020 e junho de 2021. Dados disponíveis em: https://icobench.com/stats.

2. O funcionamento das DLT

As DLT são normalmente definidas como uma base de dados distribuída e imutável, gerida de forma descentralizada e, geralmente, de forma autónoma, com uma verificação algorítmica e criptográfica associada[1088]. Dentro das DLT, existem várias tecnologias diferentes, como a *Blockchain*, a *Hashgraph* e *Holochain*. A que mais se destaca é, indubitavelmente, a *Blockchain*, e grande parte das explicações que faremos aplicar-se-ão de forma mais correta à *Blockchain*, mas utilizaremos o termo DLT, por ser mais neutro e abrangente.

As DLT permitem registar elementos de informação agrupados em blocos de armazenamento digital numa corrente expansível, tornando este sistema quase incorruptível por ser necessário decompor toda a corrente de blocos para alterar os registos criados[1089]. Isto é, podemos considerar, de uma forma ampla, as DLT como um método inovador que assegura confiança entre contrapartes anónimas em sistemas descentralizados e na transação de dados sem a necessidade de um ponto central de contacto e controlo[1090]. A confiança não assenta em instituições oficiais que verifiquem os dados, mas no código criptográfico que estabelece as regras de certa base de dados DLT, permitindo-se, igualmente, proteger o anonimato dos seus utilizadores e sendo atribuído a cada um deles uma chave de acesso privada para acederem a determinada DLT[1091] e onde

---

[1088] Para uma explicação das bases da tecnologia *Blockchain* cfr. J. H. Witte, *The Blockchain: A Gentle Introduction*, 2016, disponível em: https://papers.ssrn.com/; e Narayanan Joseph Bonneau, Edward Felten, Andrew Miller e Steven Goldfeder, *Bitcoin and Cryptocurrency Technologies. A Comprehensive Introduction*, 2016, disponível em: https://lopp.net/pdf/princeton_bitcoin_book.pdf.

[1089] Uma tentativa de alteração dos registos é liminarmente rejeitada pelo sistema. É necessário respeitar o historial de transações da corrente para inserir novos blocos, cfr. Chris Burniske e Jack Tatar, *Cryptoassets: The Innovative Investor's Guide to Bitcoin and Beyond*, McGraw-Hill, New York, 2017, p. 16.

[1090] Cfr. Paolo Tasca, Thayabaran Thanabalasingham e Claudio Tessone, *Ontology of Blockchain Technologies. Principles of Identification and Classification*, 2017, p. 2, disponível em: https://papers.ssrn.com/.

[1091] Cfr. Mark Pilkington, *Blockchain Technology: Principles and Applications*, 2015, p. 4, disponível em: https://papers.ssrn.com/.

podem ter acesso a criptoativos, que são representações digitais de valor ou de direitos[1092].

Isto posto, uma DLT é uma base de dados imutável e resiliente que permite efetuar transações, em que a informação é validada por rede de *nodes*[1093] com uma verificação algorítmica e criptográfica de chaves pública e privada[1094] associada. Nos últimos anos, esta tecnologia tem sido alvo de uma discussão a nível global devido ao seu potencial de alterar profundamente a forma como armazenamos, acedemos, processamos, verificamos e partilhamos dados. Para tanto, a criptografia assume duas funções essenciais: uma função unidirecional, em que a informação validada não pode apagar as informações validadas anteriormente, devido a uma técnica de assinatura digital chamada *hash*; e uma função de resistência à colisão, em que é praticamente impossível para duas entradas diferentes gerarem o mesmo bloco. Desta forma, em vez de um controlo exercido

---

[1092] Por outras palavras, criptoativos são meros pedaços ou cadeias de informação digital ("*strings of data*"), cfr. José Engrácia Antunes, "As Criptomoedas", in *Revista da Ordem dos Advogados*, Ano 81 - Vol. I/II - Jan./Jun. 2021, p. 145, disponível em: https://portal.oa.pt/publicacoes/revista/ano-2021/.

[1093] *Nodes* são cópias dos dados das transações de uma DLT, armazenadas num dispositivo. "Numa transação, cada node (ou utilizador) terá um código alfanumérico de 30 dígitos ou mais, que o identifica. As transações ocorrem entre os códigos alfanuméricos que são as moradas da DLT. A operação pressupõe ainda a realização de vários cálculos algorítmicos para garantir que o registo de transações é realizado permanentemente, ordenado de forma cronológica e disponibilizado a todos os utilizadores da rede", Luís Roquette Geraldes, Mariana Solá de Albuquerque e João Lima da Silva, "ICOs: security tokens vs. utility token", in *Fintech II – Novos estudos sobre tecnologia financeira*, coord. António Menezes Cordeiro, Ana Perestrelo de Oliveira e Diogo Pereira Duarte, Almedina, Coimbra, 2019, p. 330, nota 9.

[1094] A criptografia de chaves pública e privada utiliza duas chaves distintas, uma para codificar e outra para decodificar mensagens. Neste método cada entidade mantém duas chaves: uma pública, que pode ser divulgada livremente, e outra privada, que deve ser mantida em segredo pelo seu titular. As mensagens codificadas com a chave pública só podem ser descodificadas com a chave privada correspondente. Algo que já sucede com as assinaturas digitais e o seu processo de autenticação, cfr. Mário Castro Marques, "O Comércio Electrónico – Algumas Questões Jurídicas", *in O Comércio Electrónico – Estudos Jurídico- Económicos*, coord. Glória Teixeira, Almedina, Coimbra, 2002, pp. 45 e 46.

por uma entidade central temos um controlo exercido através da validação de todos os participantes de uma rede DLT[1095].

A ascensão das DLT deveu-se, em grande medida, ao sucesso das *bitcoins* e aos princípios definidos no artigo "*Bitcoin: A Peer-to-Peer Electronic Cash System*"[1096], publicado em 2008, cuja autoria pertence ao desconhecido, ou grupo de desconhecidos, chamado "Satoshi Nakamoto". A partir deste artigo, emitiram-se pela primeira vez, em 2009, as *bitcoins*, e permitiu-se, destarte, resolver o problema da dupla alienação (*double spending*)[1097], sem que seja necessária a intervenção de um intermediário[1098].

Como uma DLT efetua a verificação de qualquer transação de criptoativos uma forma automática, reduzindo drasticamente os custos normalmente associados a essa verificação[1099], resolve-se o problema da dupla alienação de uma forma mais segura e eficiente: (i) porque é uma base de dados descentralizada, sendo, por isso, mais difícil de corromper do que uma base de dados centralizada de uma intermediário do sistema financeiro; (ii) porque garante um maior acesso a toda a população, pela tendencial gratuitidade de utilização desta tecnologia; (iii) devido à maior

---

[1095] SARAH GREEN, "Cryptocurrencies: The Underlying Technology", *Cryptocurrencies in Public and Private Law*, DAVID FOX E SARAH GREEN (Eds.) Oxford University Press, Oxford, 2019, p. 2.

[1096] Cfr. https://bitcoin.org/bitcoin.pdf. Tais princípios consistem na criação sistema eletrónico de pagamentos assente apenas na confiança, e não numa instituição central, desenvolvido através de um mecanismo de consenso, democratizando e liberalizando o modo de realizar transações.

[1097] Este problema está normalmente associado à possibilidade de, numa rede informática, poder-se facilmente duplicar informação. Quando se envia um documento ou um email, o que estamos a enviar é uma cópia desse documento ou desse email. Ora, a transferência de ativos (dinheiro, ações, obrigações e patentes) não se compadece com o envio de cópias. Tradicionalmente, este desafio é solucionado com o recurso a uma entidade terceira central, que garante a autenticidade e a validade da informação. Com a resolução deste problema através da DLT, é possível criar uma cadeia de valor sem intermediários, porque a rede garante que cada informação é única e imutável.

[1098] Cfr. FRANCISCO MENDES CORREIA, "A tecnologia descentralizada de registo de dados (*Blockchain*) no sector financeiro", in *FinTech. Desafios da Tecnologia Financeira*, coord. ANTÓNIO MENEZES CORDEIRO, ANA PERESTRELO DE OLIVEIRA E DIOGO PEREIRA DUARTE, Almedina, Coimbra, 2017, p. 70.

[1099] Cfr. CHRSTIAN CATALINI E JOSHUA GANS, *Some Simple Economics of the Blockchain*, 2016, p. 6, disponível em: https://papers.ssrn.com/.

rapidez para se efetuar transações (demora apenas uns segundos, ao contrário das transferências de fundos entre diferentes países); (iv) porque corrige os problemas gerados pelas assimetrias de informação, devido à possibilidade de acesso público a todos os dados presente numa DLT.

Como já se referiu, os dados de uma DLT não estão armazenados num ponto central, mas estão distribuídos num registo global descentralizado, em que se utiliza criptografia de alto nível, e quando uma transferência de dados é realizada, esta é imediatamente publicada nesse registo global atravessando milhões de computadores. Deste modo, como uma DLT está replicada por todos os participantes, suscita-se o problema de sincronizar uniformemente estas bases de dados replicadas. Para tal, foram encontrados mecanismos para que todos os participantes se coloquem de acordo, em cada momento, sobre a versão correta da base de dados e que impeça que um dos participantes possa impor uma versão adulterada.

Normalmente, os mecanismos de consenso de uma DLT incorporam um conjunto de incentivos económicos que garantem o cumprimento correto de todos os participantes. Por esse motivo, é criada um criptoativo[1100] que serve para remunerar os participantes de uma determinada DLT.

Outrossim, existe um protocolo ou código criptográfico que determina o modo de funcionamento de certa DLT, nomeadamente, como é que a informação é inserida na DLT e como é que os seus membros podem alterar o protocolo[1101]. As pessoas que criam, gerem e alteram o protocolo são chamadas de *developers*. O protocolo pode ser aberto e público, em que qualquer pessoa pode aceder aos seus registos, construir blocos, e sugerir alterações, ou pode ser fechado, quando só um número

---

[1100] Estes criptoativos originários de uma DLT que servem para remunerar os seus participantes chamam-se *coins* e os criptoativos que são criados a partir de uma DLT já existente dá-se o nome de *tokens*. No entanto, por uma questão de simplicidade de exposição, trataremos estas duas realidades de igual forma com o termo "criptoativos", exceto nos casos em que se justifique essa distinção. Também é comum a utilização por outros autores e por autoridades do termo "*token*" para referir a ambas as realidades, correspondendo, portanto, ao que apelidamos de criptoativos.

[1101] Cfr. JONATHAN ROHR E AARON WRIGHT, *Blockchain-Based Token Sales, Initial Coin Offerings, and the Democratization of Public Capital Markets*, 2017, p. 8, disponível em: https://papers.ssrn.com/.

limitado de pessoas pode aceder aos registos do protocolo, podendo ser usado para facilitar a gestão interna das organizações, na redução de custos e no aumento da celeridade dos processos. Nas *bitcoins*, por exemplo, o protocolo é aberto e é gerido por uma equipa de *developers* principais e pelos "mineiros"[1102].

Uma rede DLT tem uma governança descentralizada no que concerne às regras que determinam a sua forma de funcionamento, chamando-se protocolo a esse conjunto de regras. Caso não haja acordo em relação ao protocolo, poderá haver uma cisão na rede, a que se dá o nome de *hard fork*, passando a coexistir duas redes distintas, e, por consequência, dois criptoativos. Em caso de desacordo entre os participantes e, se por esse motivo, se alterar o protocolo e subsistir apenas uma rede, efetua-se um *soft fork*.

Para contornar a imutabilidade inerente de uma DLT e corrigir alguma informação que possa ter sido inserida na rede, poderá realizar-se um *hard fork* para criar uma rede diferente com a informação correta. Posteriormente, pode existir uma fusão ou *merge* entre as duas redes, ficando apenas a rede com a informação corrigida a validar as novas transações. Outra solução para contornar essa imutabilidade consiste na criação *sidechains*, que são redes DLT que servem de suporte a uma outra DLT, podendo ser alteráveis.

Devido aos problemas associados com o consenso necessário em redes descentralizadas e abertas, têm sido criadas DLT mais controláveis e previsíveis, que se chamam *permissioned* DLT, por oposição às *permissionless* DLT como a Bitcoin e a Ethereum. Nas *permissioned* DLT, pode existir um controlo de uma entidade sobre quem são os participantes da rede e qual é a informação que pode ser inserida. Desta forma, a confiança dos participantes não assenta apenas no funcionamento, mas também na entidade controladora. Por outro lado, como estas *permissioned* DLT não precisam de mecanismos de consenso, conseguem ser muito mais rápidas que as *permissionless* DLT.

[1102] Cfr. Paolo Tasca, Thayabaran Thanabalasingham e Claudio Tessone, *Ontology of Blockchain Technologies. Principles of Identification and Classification*, 2017, p. 38, disponível em: https://papers.ssrn.com/.

As *permissioned* DLT ou DLT privadas distinguem-se das *permissionless* DLT ou DLT públicas, por existir, nas primeiras, controlo por parte de uma entidade ou número limitado de entidades sobre a rede. Essas entidades conseguem decidir quem são os participantes da rede, qual é a informação que pode ser inserida e validada e efetuar alterações às regras da rede[1103], recorrendo, para isso, a um conjunto de critérios de admissibilidade definidos *ab initio*[1104]. Nas *permissionless* DLT, o acesso é público e a gestão da rede é efetuada através dos mecanismos de consenso.

Apesar de se perderem os benefícios associados a uma gestão descentralizada, as *permissioned* DLT têm as suas vantagens, tais como, as entidades gestoras da rede terem conhecimento da identidade dos participantes da rede e o facto de existir uma base de dados imutável sob controlo/confirmação da entidade gestora da rede e distribuída por todos os participantes, com uma reconciliação em *real-time*.

Adicionalmente, a utilização de mecanismos de consenso permite a poupança de recursos computacionais, por oposição ao mecanismo de consenso de *proof-of-work*, comum nas *permissionless DLT* e existem ganhos de eficiência e velocidade em comparação às *permissionless DLTs*, devido à desnecessidade de recorrer a mecanismos de consenso. Devido às referidas caraterísticas, nomeadamente à centralização da gestão do sistema, as *permissioned DLT* têm mais capacidade de se enquadrar na atual estrutura organizativa dos mercados financeiros.

No caso das *permissionless DLTs*, a natureza descentralizada da gestão da rede e da validação da informação, não permitiria a adequação à legislação vigente, uma vez que o registo de valores mobiliários, ao abrigo da legislação nacional, pressupõe o recurso a um sistema de controlo centralizado.

[1103] SIMONE FABIANO, *DLTs: Applications in the Financial Markets*, 2018, p. 19, disponível em: https://papers.ssrn.com.

[1104] GUILHERME MARTINS, *A Tecnologia Blockchain e a sua aplicação ao Mercado de Instrumentos Financeiros*, dissertação de mestrado da Universidade Católica Portuguesa, 2018, p. 10, disponível em: https://repositorio.ucp.pt/bitstream/10400.14/25769/1/Tecnologia%20Blockchain%20e%20a%20sua%20aplica%c3%a7%c3%a3o%20ao%20mercado%20financeiro.pdf.

2.1. Os mecanismos de consenso

Os mecanismos de consenso são acionados quando as transações podem ser reunidas para criar um bloco e garantem o acordo dos vários participantes nas regras estabelecidas no protocolo de uma DLT. Existem diversos tipos de mecanismos de consenso, mas os principais são o *proof-of-work* (uma demonstração de realização de esforço) e o *proof-of-stake* (demonstração de participação ou interesse)[1105].

O mecanismo *proof-of work* implica a existência de *mineração*, que corresponde a um processo de validação e registo de novas transações na DLT. Este processo decorre nos *full nodes* e nas *master nodes*[1106], que recebem as informações de uma nova transação. Os titulares dos *full* e *master nodes*, chamados *mineiros*, verificam se as informações foram replicadas de transações anteriores e verificam a validade das assinaturas digitais.

Após essa validação, os *mineiros* competem entre si na resolução de um problema criptográfico para registar um novo bloco de transações validadas. O primeiro *mineiro* a resolver esse problema criptográfico, utilizando uma enorme capacidade de processamento informático, acrescenta um novo bloco que é validado pelos restantes mineiros, gerando-se um consenso na rede. Caso a solução apresentada pelo *mineiro* não seja válida, os restantes *mineiros* não aceitam o novo bloco e não o registam nas suas bases de dados.

Este processo de *mineração* serve, igualmente, para preservar a segurança da rede. Para um "mineiro" introduzir transações adulteradas na rede, sem o consentimento dos restantes "mineiros", necessita de deter mais de metade dos *full nodes* e *master nodes* da rede, o chamado "51% *attack*". Existe, desta forma, uma vulnerabilidade, aparentemente substancial, do protocolo em que assenta a rede.

[1105] Cfr. João Vieira dos Santos, "Regulação dos Criptoativos", in *Cadernos do Mercado de Valores Mobiliários*, n.º 64, 2020, pp. 37 e ss., disponível em: https://www.cmvm.pt/pt/EstatisticasEstudosEPublicacoes/CadernosDoMercadoDeValoresMobiliarios/Documents/CMVM-CADERNOS-n64.pdf.

[1106] *Full nodes* são *nodes* completos da rede, que permitem ao seu detentor validar as transações da rede por poderem verificar se as informações de uma nova transação já foram utilizadas numa qualquer transação anterior. Os *master nodes*, para além de terem todas as funcionalidades das *full nodes*, têm também direitos especiais de voto.

Os *mineiros* que registarem novos blocos também têm de apresentar aos restantes *mineiros* da rede que realizaram esforço computacional, de forma a serem remunerados, geralmente, com os criptoativos dessa DLT. Concretamente, os *mineiros* competem entre si para resolverem os referidos problemas, verificando, desse modo, novas transações numa determinada DLT, e o primeiro a resolver certo problema é premiado em criptoativos e/ou em *fees*[1107]. Existe, deste modo, um incentivo para os agentes, algo essencial num sistema descentralizado[1108].

Este mecanismo de consenso é utilizado pela *Bitcoin* e a *Ethereum*, as principais DLT. Contudo, devido aos problemas de gasto energético associados ao *proof-of-work*, procuraram-se outras formas de alcançar consenso na rede, destacando-se o *proof-of-stake*.

No mecanismo *proof-of-stake*, os titulares de *full* e *master nodes* têm de provar que têm um número de criptoativos determinado pela rede (os criptoativos em "*stake*") para poderem registar novos blocos e serem remunerados com novos criptoativos e com as *fees* das transações. Tal também pode originar *pools*, neste caso de investimento em "*stake*", com vista a existir mais probabilidade de um *full* ou *master node* ser escolhido pela rede para receber *coins* e *fees*. Caso um *full* ou *master node* registe um bloco com informação errada e, consequentemente, os restantes *full* ou *master nodes* não aceitarem esse novo bloco, são retiradas os criptoativos que esse detentor tinha em "*stake*".

Os gastos enérgicos são, deste modo, menores do que na *proof-of-work* porque não existe a resolução de problemas criptográficos, apenas existindo consumo energético na construção dos novos blocos validados pelo detentor de *full* ou *master nodes* que fez o "*stake*" e foi escolhido aleatoriamente pela rede através de um *hash* coincidente com o do novo bloco. No entanto, poderá ser mais fácil um "51% *attack*" por alguém que tenha

---

[1107] Uma rede DLT pode determinar o pagamento de comissões, chamadas *fees*, nas transações efetuadas. Esse tipo de incentivos económicos tem originado *mining pools*, que são grupos de "mineradores" que juntam os seus esforços computacionais para conseguirem ser remunerados, cfr. Marc Pilkington, *Blockchain Technology: Principles and Applications*, 2015, p. 6, disponível em: https://papers.ssrn.com/.

[1108] Cfr. Kevin Werbach e Nicolas Cornell, *Contracts Ex Machina*, 2017, p. 13, disponível em: https://papers.ssrn.com/.

muito capital, podendo as DLT que funcionam com *proof-of-stake* ser menos seguras por esse motivo.

Os criptoativos podem ser assim obtidos pelo público através destes mecanismos de consenso, por exemplo através da *mineração* no *proof-of-work*, ou através de uma posterior venda, quer peer-to-peer, quer em plataformas específicas de negociação de criptoativos, as chamadas *exchanges*[1109].

2.2. *Smart contracts*

As DLT permitem, igualmente, criar *smart contracts*[1110] – "algoritmos informáticos que executam automaticamente os termos contratuais, verificadas as condições previamente programadas"[1111]. Os *smart contracts* não necessitam de uma DLT para funcionar – aliás, os *smart contracts* associados à computação existem há mais de vinte anos[1112] –, mas as DLT fornecem-lhes um suporte muito útil para estabelecer confiança entre as

[1109] Cfr. Olivier Hari, "The protection of the owners of cryptocurrencies, in particular bitcoin: selected aspects of Swiss financial market and insolvency law" in *Blockchains, Smart Contracts, Decentralised Autonomous Organisations and the Law*, 2019, 2019, p. 187, disponível em: https://www.elgaronline.com/view/edcoll/9781788115124/9781788115124.xml.

[1110] Cfr. Max Raskin, *The Law and Legality of Smart Contracts*, 2017, pp. 2 e 5, disponível em: https://papers.ssrn.com/.

[1111] Delber Pinto Gomes, "Contratos ex machina: breves notas sobre a introdução da tecnologia Blockchain e «Smart Contracts»", in *Revista Electrónica de Direito*, outubro 2018 – n.º 3 (V. 17), p. 42, disponível em: https://cije.up.pt/pt/red/edicoes-anteriores/2018-nordm-3/.

[1112] Cfr. Nick Szabo, *Smart Contracts: Building Blocks for Digital Markets*, 1996, disponível em: http://szabo.best.vwh.net/smart_contracts_2.html. As máquinas de venda automática são um exemplo muito comum de *Smart Contracts*. Se a máquina funcionar e o dinheiro for inserido corretamente, o contrato executar-se-á de forma automática, cfr. Chris Burniske e Jack Tatar, *Cryptoassets: The Innovative Investor's Guide to Bitcoin and Beyond*, McGraw-Hill, New York, 2017, p. 16. "Na intermediação financeira, basta pensar nos algoritmos utilizados na gestão da execução de ordens recebidas por clientes, que há anos são utilizados pelos intermediários financeiros, para se compreender que não se trata de algo novo", Diogo Pereira Duarte, "Smart Contracts e intermediação financeira" in *Fintech II – Novos estudos sobre tecnologia financeira*, coord. António Menezes Cordeiro, Ana Perestrelo de Oliveira e Diogo Pereira Duarte, Almedina, Coimbra, 2019, p. 174.

partes e autonomia, determinando-se o modo de execução do *smart contract* com segurança de uma forma descentralizada, ou seja, sem necessidade de se recorrer a um intermediário[1113]. Estes programas executáveis são, desta forma, apenas um código de *software* armazenado e replicado numa DLT, que armazena os dados das transações efetuadas. Este código envia e recebe dados de transação; auto-executa, aplica e executa funções de forma autónoma, de acordo com a instrução escrita do software de contrato inteligente na premissa "*If This Then That*", tendo em vista, por exemplo, "reduzir o espaço de discricionariedade que numa obrigação se coloca ao devedor, quando este pode escolher se cumpre a referida obrigação"[1114].

O exemplo mais utilizado deste tipo de funcionalidade é a *Ethereum*, que é uma plataforma DLT de suporte a *smart contracts*, tendo popularizado esta utilização de *smart contracts* nas DLT. Não obstante, muitas outras funcionalidades estão a surgir, sendo que grande parte delas estão a ser criadas por grandes sociedades comerciais, como por exemplo, a empresa AXA que criou um *smart contract*, chamado *Fizzy*, integrado numa DLT[1115]. A rede *Ethereum* estabeleceu um grande marco, uma vez que, ao contrário da rede *Bitcoin* que usa uma linguagem *Script*, a rede *Ethereum* utiliza a linguagem *Solidity*[1116], uma linguagem computacionalmente universal[1117] que permite que qualquer pessoa emita facilmente um criptoativo. Esta inovação foi, deste modo, a grande impulsionadora tecnológica do crescimento das *Initial Coin Offerings* e da representação

---

[1113] Os smart contracts executados de uma forma centralizada criam, normalmente, um grande desequilíbrio entre as partes, cfr. LIN WILLIAM CONGY E ZHIGUO HEX, *Blockchain Disruption and Smart Contracts*, 2017, p.10, disponível em: https://papers.ssrn.com/; ALFONSO ORTEGA GIMÉNEZ, *«Smart Contracts» y Derecho Internacional Privado*, Aranzadi, Navarra, 2019, pp. 30 e 31.

[1114] DIOGO PEREIRA DUARTE, "Smart Contracts e intermediação financeira" in *Fintech II – Novos estudos sobre tecnologia financeira*, coord. ANTÓNIO MENEZES CORDEIRO, ANA PERESTRELO DE OLIVEIRA E DIOGO PEREIRA DUARTE, Almedina, Coimbra, 2019, p. 175.

[1115] Cfr. PHILIPP HACKER E CHRIS TOMALE, Crypto-Securities Regulation: ICOs, Token Sales and Cryptocurrencies under EU Financial Law, in *European Company and Financial Law Review*, 15(4), 645-696, 2018, p. 654.

[1116] Cfr. SANDRA VAN HEUKELOM, OLIVIER RIKKEN, *ET AL.*, "Legal aspects of smart contracts", in *The Legal Aspects of Blockchain*, UNOPS, Copenhaga, 2018, p. 89.

[1117] Cfr. PEDRO MARTINS, *Introdução à Blockchain*, FCA, Lisboa, 2018, p. 116.

de ativos tangíveis e intangíveis em criptoativos, atividade conhecida como *tokenization*[1118].

Uma vez que os criptotivos são representações de ativos criados numa rede DLT através de *smart contracts*[1119], a sua criação pode ser feita em qualquer rede DLT. Como a rede *Ethereum* é de fácil utilização e permite interagir com outras aplicações *web*, vulgarizou-se a criação de criptoativos e a utilização de *Initial Coin Offerings* para o financiamento de projetos.

Os *smart contracts* demonstram, deste modo, um enorme potencial, apesar de ainda estarem numa fase prematura de desenvolvimento, o que explica o seu uso pouco generalizado neste momento, também devido aos problemas jurídicos que ainda lhes estão subjacentes, relacionados com a identificação das partes para verificação da sua capacidade, a determinabilidade do objeto dos contratos, a identificação da proposta e da aceitação, a identificação de casos de simulação e erro[1120], os regimes da nulidade e da anulação e os erros de programação[1121]. Não obstante, devido às diversas funcionalidades que os *smart contracts* de uma DLT permitem nas *Initial Coin Offerings*, são muitas vezes determinados mecanismos de autorregulação e regras de segurança para os compradores de criptoativos, como por exemplo, a saída de fundos ser realizada por tranches mediante a execução do projeto para evitar a fraude.

Quanto à recondução dos *smart contracts* ao conceito legal de contrato, para existir essa correspondência terá que existir um prévio acordo entre pelo menos duas partes[1122]. Isto posto, um *smart contract*, por si só, é ape-

---

[1118] Cfr. Primavera de Filippi e Aaron Wright, *Blockchain and the Law – The Rule of Code*, Harvard University Press, Cambridge, 2018, pp. 71 e ss..

[1119] *Smart contracts* são algoritmos informáticos que executam automaticamente os termos contratuais, verificadas as condições previamente programadas.

[1120] Cfr. http://www.allenovery.com/publications/en-gb/lrrfs/cross-border/Pages/Smart--contracts-for-finance-parties.aspx.

[1121] Hugo Ramos Alves, "Smart Contracts: entre a tradição e a inovação", in *Fintech II – Novos estudos sobre tecnologia financeira*, coord. António Menezes Cordeiro, Ana Perestrelo de Oliveira e Diogo Pereira Duarte, Almedina, Coimbra, 2019, pp. 206 e ss..

[1122] De forma convergente, Hugo Ramos Alves, Smart Contracts: entre a tradição e a inovação, in *Fintech II – Novos estudos sobre tecnologia financeira*, coord. António Menezes Cordeiro, Ana Perestrelo de Oliveira e Diogo Pereira Duarte, Almedina, Coimbra, 2019, p. 205.

nas uma tecnologia computacional para a execução de contratos[1123], passando um *smart contract* a ser um contrato quando "seja possível imputar declarações de vontade"[1124].

As empresas têm utilizado smart contracts combinados com DLT para automatizar a execução de contratos, ocorrendo em eventos pré-programados, e para tornar essa execução mais previsível, transparente e irreversível[1125]. No caso de uma DLT pública, os smart contracts também podem ser implementados para que a informação disponibilizada sirva de parâmetro para alterações contratuais que possam ser automaticamente operadas usando diferentes tipos de algoritmos[1126].

3. Estrutura das *Initial Coins Offerings*

Apesar da existência de criptoativos estar comummente associada às *bitcoins*, existem mais de 1.300 criptoativos diferentes em que se pode investir[1127]. Geralmente, as diferentes DLT têm um ativo inerente a que se chama criptoativo, normalmente com uma quantidade limitada[1128], cuja propriedade é determinada pelos dados inseridos numa DLT, e que per-

---

[1123] Cfr. CONSELHO FEDERAL SUÍÇO, *Legal framework for distributed ledger technology and blockchain in Switzerland – An overview with a focus on the financial sector*, 2018, p. 80, disponível em: https://www.newsd.admin.ch/newsd/message/attachments/55153.pdf.

[1124] Cfr. HUGO RAMOS ALVES, "Smart Contracts: entre a tradição e a inovação", in *Fintech II – Novos estudos sobre tecnologia financeira*, coord. ANTÓNIO MENEZES CORDEIRO, ANA PERESTRELO DE OLIVEIRA E DIOGO PEREIRA DUARTE, Almedina, Coimbra, 2019, p. 206.

[1125] Cfr. LUKAS GOTTARDIS E RAIMUND PITTL, "Smart Contracts – An Analysis from the Perspective of Austrian Law", in *Journal of European Consumer and Market Law*, Volume 8, Issue 5, 2019, pp. 205 e ss..

[1126] Cfr. THIBAULT SCHREPEL, "Collusion by Blockchain and Smart Contracts" in *Harvard Journal of Law & Technology*, Volume 33, Number 1, 2019, p. 142, disponível em: https://papers.ssrn.com/.

[1127] Cfr. https://coinmarketcap.com/

[1128] A limitação do número de criptoativos emitidos deve-se a preocupações relacionadas com a sua valorização, nomeadamente, para servirem de incentivo aos "mineiros" e às suas finalidades monetárias e de investimento, cfr. PAOLO TASCA, THAYABARAN THANABALASINGHAM E CLAUDIO TESSONE, *Ontology of Blockchain Technologies. Principles of Identification and Classification*, 2017, p. 35, disponível em: https://papers.ssrn.com/.

mite a gestão diária da plataforma ou da comunidade[1129] e incentivar os "mineiros", como acima referido.

A certa altura, a rápida compra e venda de criptoativos[1130] tornou-as um meio eficaz de obter financiamento para projetos, sobretudo *startups*, tendo surgido, deste modo, as *Initial Coin Offerings* como meio alternativo de financiamento que não está, para já, sujeito ao *tsunami* regulatório europeu das ofertas públicas de distribuição e de venda. As *Initial Coin Offerings* são, assim, consideradas meios alternativos de angariação de fundos do público para financiar projetos específicos, através da emissão de criptoativos.

As *Initial Coin Offerings*, enquanto ofertas de venda de criptoativos ao público para atrair investimento, possuem estruturas muito diversas devido à falta de normas jurídicas sobre esta nova forma de financiamento. Quanto à duração, tanto podemos assistir a *Initial Coin Offerings* que em trinta segundos conseguem alcançar o seu limite de financiamento[1131], como vemos *Initial Coin Offerings* que duram um ano ou mais[1132]. Apesar desta diversidade, conseguimos encontrar alguns traços comuns que aqui nos propomos analisar.

Devido à finalidade de criarem impacto na comunidade de investidores, muitas *Initial Coin Offerings* começam por anunciar o projeto, em que os promotores publicam um resumo executivo da ideia e procuram obter ajuda de especialistas para poderem estruturar a sua *Initial Coin Offerings* a nível tecnológico, económico e jurídico. "Os canais de informação não

---

[1129] Cfr. Paolo Tasca, Thayabaran Thanabalasingham e Claudio Tessone, *Ontology of Blockchain Technologies. Principles of Identification and Classification*, 2017, p. 33, disponível em: https://papers.ssrn.com/.

[1130] Existem *Initial Coin Offerings* que duram poucos minutos, cfr. Jonathan Rohr e Aaron Wright, *Blockchain-Based Token Sales, Initial Coin Offerings, and the Democratization of Public Capital Markets*, 2017, p. 1, disponível em: https://papers.ssrn.com/. O *Bancor Protocol* conseguiu angariar mais de 150 milhões de dólares numa *Initial Coin Offering* que durou apenas três horas, cfr. Iris Barsan, *Legal Challenges of Initial Coin Offerings (ICO)*, 2017, p. 54 disponível em: https://papers.ssrn.com/.

[1131] A ICO da Brave alcançou 35 milhões de dólares em 30 segundos, vd. https://www.coindesk.com/35-million-30-seconds-token-sale-internet-browser-brave-sells.

[1132] A ICO da EOS alcançou 4 mil milhões de dólares no espaço de um ano, https://cointelegraph.com/news/eos-about-to-secure-a-record-4-bln-in-year-long-ico.

são os tradicionalmente utilizados pelos agentes de mercado, mas sim aqueles que as comunidades virtuais tendem a utilizar, ou seja, as redes sociais, os fóruns online e as aplicações informáticas de comunicação"[1133]. Após esta fase, é comum organizar-se uma oferta particular a poucos investidores, funcionando de primeira ronda de financiamento para promover o projeto, de forma a atingir uma maior escala nas fases subsequentes. Nesta fase, apresenta-se o *white paper*, um documento que explicita os detalhes do funcionamento da tecnologia, da solução proposta e dos criptoativos[1134].

O *white paper* é a componente da estrutura de uma *Initial Coin Offerings* mais caraterística e mais comum[1135]. No entanto, o seu conteúdo é muito diverso, podendo apenas conter informação sobre a tecnologia aplicada ou apenas informação financeira. Os modelos têm-se vindo a estandardizar em linha com a maturação deste mercado e das *Initial Coin Offerings*, vendo-se os agentes de mercado a tentarem imitar os casos de êxito[1136]. Desta forma, os *white papers* têm ganho alguma sofisticação e detalhe, seguindo genericamente a seguinte estrutura:

[1133] Tiago Azevedo Basílio, "Investment (Security) Tokens: A Captação de Fundos através de Initial Coin Offerings e Token Sales", in *Revista de Direito Financeiro e dos Mercados De Capitais*, Vol. 1, n.º. 2, 2019 p. 148, disponível em: http:/publications/publication/0e23e2fc2d1d/. O êxito de uma Initial Coin Offering dependerá, em grande parte, na capacidade dos promotores em criarem uma comunidade de apoiantes e entusiastas em torno do projeto, cfr. Rafael Del Castillo Ionov, *Las Initial Coin Offerings (ICOs) y la Tokenización de la Economía*, Aranzadi, Cizue Menor (Navarra), 2018, p. 98.

[1134] Cfr. Iris Barsan, *Legal Challenges of Initial Coin Offerings (ICO)*, 2017, p. 55, disponível em: https://papers.ssrn.com/.

[1135] A importância deste documento deve-se à criação da bitcoin e dos princípios associados a este criptoativo no *white paper* de Satoshi Nakamoto, publicado em 2008, *vd.* https://bitcoin.org/bitcoin.pdf. Este instrumento "foi adquirido como sendo uma boa prática neste modelo de negócio, a par de uma série de outras "melhores práticas" de auto-regulação (*best practices*)", Luís Guilherme Catarino, *Inovação Financeira e ICOs: mercados privados alternativos*, 2018, p. 9, disponível em:
https://institutovaloresmobiliarios.pt/estudos/pdfs/1548431077icos_lgc_vf.pdf.

[1136] É comummente referido o caso da Tron, uma empresa que alegadamente plagiou outro *white paper* e conseguiu angariar 70 milhões de dólares.

i) Começam por descrever um problema e a forma como solucioná-lo;
ii) Descrevem o produto e a tecnologia subjacente;
iii) Propõem um calendário de desenvolvimento do projeto;
iv) Apresentam um plano de negócio detalhado que explique a utilização dos fundos;
v) Apresentam a equipa e sua experiência profissional;
vi) Juntam a informação jurídica básica e as cláusulas de exclusão de responsabilidade;
vii) Descrevem a chamada *Tokenomics*, que consiste na exposição da funcionalidade dos criptoativos dentro do projeto, bem como a quantidade de criptoativos que serão distribuídos.
viii) Estipulam os direitos e obrigações atribuídos aos adquirentes dos criptoativos;
ix) Expõem em que *crypto exchanges* serão negociados os criptoativos.

Numa terceira fase, inicia-se uma campanha de promoção do projeto. Neste âmbito, tenta-se contactar investidores, gera-se conteúdos sobre a *Initial Coin Offerings* nas redes sociais, procura-se transmitir a visão do projeto e tenta-se publicar informações sobre a *Initial Coin Offerings* nos *sites* especializados[1137]. Nesta fase, faz-se frequentemente uma pré-venda com desconto para premiar os primeiros investidores a acreditar no projeto. Numa última fase, concretiza-se a *Initial Coin Offerings* propriamente dita, em que começa a oferta pública e a recolha de fundos. Normalmente, os criptoativos são criados após a recolha de fundos se ter finalizado, mas existem casos em que os criptoativos são criados durante a *Initial Coin Offerings* ou mesmo antes desta.

Normalmente, os *developers* formam uma sociedade para desempenhar determinada atividade económica e financiam-se a através das *Initial Coin Offerings*, sendo que, maioritariamente, os projetos financiados também se baseiam em DLT, de modo a aproveitarem os benefícios da uniformidade de todo o processo. Não obstante, o investimento em *Initial Coin Offe-*

[1137] Cfr. Philipp Hacker e Chris Tomale, "Crypto-Securities Regulation: ICOs, Token Sales and Cryptocurrencies under EU Financial Law", in *European Company and Financial Law Review*, 15(4), 645-696, 2018, p. 656.

rings não se distancia muito do investimento em capital de risco, apesar de existirem certas especificidades do investimento *Initial Coin Offerings*, devido à sua diferente estrutura e origem, destacando-se, desde logo, o início turbulento desta nova forma de financiamento. Em 2017, quando se iniciaram a maior parte das *Initial Coin Offerings*, era comum lançamento de campanhas fraudulentas e a prestação de informações falsas ou inexatas por parte dos promotores das *Initial Coin Offerings*, em prejuízo de uma grande quantidade de investidores, sem que estes tenham tido possibilidade de recorrer a ações judiciais. Desta forma, os investidores têm vindo a acautelar-se e a selecionar filtros nos seus investimentos em *Initial Coin Offerings*.

Dentro dos referidos filtros que permitem aferir a seriedade da *Initial Coin Offering*, destacam-se a existência de mecanismos de identificação de clientes (*know your customer*), a existência dos promotores do projeto e a credibilidade da sua experiência profissional, comentários de especialistas nas redes sociais ou em sites especializados[1138], as rondas de financiamento em que a empresa esteve, bem como a estrutura e qualidade do *white paper*. Existem, igualmente, as plataformas de *ratings* de *Initial Coin Offerings* e as comunidades de investidores que influenciam sobremaneira as decisões de investimento destes. "Algumas *Initial Coin Offerings* possuem uma *whitelist*, i.e., exigem um registo prévio para participar na *Initial Coin Offering*. Tal ocorre por serem *Initial Coin Offerings* com um reduzido número de *tokens* para distribuir e com elevada procura"[1139].

Após a *Initial Coin Offering*, os investidores poderão vender os seus criptoativos no mercado secundário (*crypto exchanges*), para poderem ser trocadas por euros, dólares ou outros criptoativos já emitidos, como *bitcoins* ou *ethers*, podendo o emeitente/oferente desenvolver a sua ativi-

---

[1138] "Os fóruns especializados têm divulgado informação aos investidores potenciais em ICOs", Ana Brochado, "Snapshot das Initial Coin Offerings (ICO's)", in *Cadernos do Mercado dos Valores Mobiliários*, n.º 60, 2018, p. 68, disponível em: https://www.cmvm.pt/pt/EstatisticasEstudosEPublicacoes/CadernosDoMercadoDeValoresMobiliarios/Documents/Cadernos%20MVM%2060%20-%20VF.pdf.

[1139] Ana Brochado, "Snapshot das Initial Coin Offerings (ICO's)", in *Cadernos do Mercado dos Valores Mobiliários*, n.º 60, 2018, p. 68, disponível em: https://www.cmvm.pt/pt/EstatisticasEstudosEPublicacoes/CadernosDoMercadoDeValoresMobiliarios/Documents/Cadernos%20MVM%2060%20-%20VF.pdf.

dade económica sem que exista, posteriormente, qualquer relação com os criptoativos por si emitidos.

4. Tipologia dos criptoativos

Os criptoativos distribuídos nas *Initial Coin Offerings* podem ter diversas funcionalidades e finalidades, consoante as regras determinadas pelo protocolo DLT subjacente. Isto posto, consideramos relevante agrupar os diferentes criptoativos, tendo em conta a sua finalidade e funcionalidades, da seguinte forma:

4.1. *Utility Tokens*[1140]

Este tipo de criptoativos confere um direito subjacente a um determinado projeto, nomeadamente, o direito a um produto desenvolvido pelo emitente/oferente dos criptoativos, o direito a aceder à plataforma eletrónica desenvolvida pela emitente/oferente ou o direito a participar numa comunidade pertencente à emitente/oferente[1141] – por exemplo, os titulares do criptoativo da rede *Ethereum* (chamado de *ether*) têm direito a aceder a uma plataforma de criação de *smart contracts*[1142]. Este tipo de criptoativos tem, deste modo, uma finalidade associada de consumo ou de utilidade que, normalmente, estabelece uma ligação entre os investidores e o emitente/oferente.

[1140] Também podem ser chamados de *App Tokens*, por estarem associados a certa aplicação ou serviço, cfr. Jonathan Rohr e Aaron Wright, *Blockchain-Based Token Sales, Initial Coin Offerings, and the Democratization of Public Capital Markets*, 2017, p. 14, disponível em: https://papers.ssrn.com/.

[1141] Cfr. Paolo Tasca, Thayabaran Thanabalasingham e Claudio Tessone, *Ontology of Blockchain Technologies. Principles of Identification and Classification*, 2017, p. 28, disponível em: https://papers.ssrn.com/.

[1142] Cfr. Philipp Hacker e Chris Tomale, "Crypto-Securities Regulation: ICOs, Token Sales and Cryptocurrencies under EU Financial Law", in *European Company and Financial Law Review*, 15(4), 645-696, 2018, p. 658.

4.2. *Currency Tokens*

Relativamente a este tipo de criptoativos, a sua finalidade pode ser dividida nas quatro funções que se atribuem à moeda: meio de troca, unidade de conta, reserva de valor e meio de pagamento. Esta última é a mais relevante por "prevalecer sobre as demais, condicionando-as: qualquer ativo que seja generalizadamente aceite como meio de pagamento será utilizado para funções de poupança e, com toda a probabilidade, converter-se-á em unidade de conta"[1143].

4.3. *Security Tokens*

Neste tipo de criptoativos, a finalidade é a sua transação para a obtenção de um retorno financeiro. A título de exemplo, a atribuição do direito aos lucros de determinada sociedade, geralmente, a emitente/oferente, através de *smart contracts*[1144] e a atribuição de unidades de participação de uma instituição de investimento coletivo[1145] enquadra-se nos *Security Tokens*. O foco essencial é, deste modo, a perspetiva de investimento dos titulares dos criptoativos e a transação destas nas plataformas de trocas.

4.4. *Hybrid Tokens*

Os *Hybrid Tokens* são criptoativos que compreendem mais do que uma das finalidades referidas *supra*. Certos criptoativos poderão ser *Utility Tokens* durante um período de tempo e depois de terminado esse período poderem ser transacionadas, ou vice-versa. O período em que o crip-

---

1143 Francisco Mendes Correia, *Moeda Bancária e Cumprimento. O Cumprimento das Obrigações Pecuniárias através de Serviços de Pagamento*, Almedina, Coimbra, 2017, p.42.

1144 Cfr. Philipp Hacker e Chris Tomale, "Crypto-Securities Regulation: ICOs, Token Sales and Cryptocurrencies under EU Financial Law", in *European Company and Financial Law Review*, 15(4), 645-696, 2018, p. 670.

1145 Cfr. Guilherme Maia, "*A Conceptual Framework for Crypto Assets*, 2017, disponível em: https://www.linkedin.com/pulse/conceptual-framework-crypto-assets-guilherme-maia/?trackingId=xzKX3ZZ%2BkyhdcqpICkBxzQ%3D%3D.

toativo é um *Utility Token* poderá eventualmente servir para valorizar o criptoativo, através do aperfeiçoamento do produto ou serviço desenvolvido pela emitente/oferente e/ou pelos *developers*, para depois ser transacionada em condições mais favoráveis[1146]. Também poderão existir criptoativos que, adicionalmente ao seu funcionamento como meio de pagamento, possam ser transacionados para gerarem mais-valias ou para terem certa utilidade na atividade do emitente/oferente. Tal sucede com a *bitcoin*, que, para além da sua finalidade original de funcionar como meio de pagamento, tem, atualmente, uma finalidade de investimento muito forte, sendo esta a que mais se destaca[1147]. A maior parte dos criptoativos enquadra-se nesta tipologia de *Hybrid Tokens*, dificultando, deste modo, a sua qualificação jurídica devido à multiplicidade de finalidades que um criptoativo, em concreto, poderá ter.

4.5. *Non-fungible Tokens*

Os *Non-fungible Tokens* são criptoativos únicos e insubstituíveis, que têm estado em destaque nas redes sociais e na imprensa nos últimos anos. Uma das notícias mais divulgada foi a venda de uma colagem num *Non-fungible Token* do artista Beeple, criada a partir de mais de cinco mil imagens por 69 milhões de dólares na Christie's[1148]. Outra foi a venda do primeiro "*tweet*" de sempre, feito pelo fundador da rede social Twitter, Jack Dorsey, num *Non-fungible Token*, por 2,9 milhões de dólares na plataforma online Valuables[1149].

[1146] Cfr. Philipp Hacker e Chris Tomale, "Crypto-Securities Regulation: ICOs, Token Sales and Cryptocurrencies under EU Financial Law", in *European Company and Financial Law Review*, 15(4), 645-696, 2018, p. 678.

[1147] Cfr. Philipp Hacker e Chris Tomale, "Crypto-Securities Regulation: ICOs, Token Sales and Cryptocurrencies under EU Financial Law", in *European Company and Financial Law Review*, 15(4), 645-696, 2018, p. 380, disponível em: https://papers.ssrn.com/.

[1148] *Vd.* https://www.theverge.com/2021/3/11/22325054/beeple-christies-nft-sale-cost-every days-69-million.

[1149] *Vd.* https://www.cnbc.com/2021/03/22/jack-dorsey-sells-his-first-tweet-ever-as-an-nft-for-over-2point9-million.html.

Tal como a bitcoin, os *Non-fungible Tokens* também contêm os dados dos endereços a que pertencem, com vista a facilitar a identificação dos seus detentores e a sua transmissibilidade. Mas ao contrário da bitcoin, em que uma unidade vale o mesmo que qualquer outra, cada *Non-fungible Token* contém uma identidade única, não podendo ser reproduzida devido à natureza imutável e distribuída das DLT, que tornaram assim possível a criação de documentos digitais únicos que podem ser fácil e seguramente transacionados.

Os *Non-fungible Tokens* são, assim, utilizados para representar diversas singularidades do mundo físico e digital, tais como, obras de arte (por exemplo, pinturas, fotografias, música), colecionáveis (por exemplo, selos), certificados (por exemplo, certificados de nascimento, passaportes, certificados de propriedade) e votos.

Os *Non-fungible Tokens* podem ser muito importantes para a proteção da propriedade de bens digitais e dos direitos de autor. Contudo, são apontados alguns problemas aos *Non-fungible Tokens*, por exemplo, a incapacidade dos seus criadores controlarem aonde e como os seus *Non-fungible Tokens* são vendidos e as barreiras de entrada para artistas menos conhecidos.

5. Finanças descentralizadas

Finanças descentralizadas é um termo genérico que abrange todas as aplicações de DLT em serviços financeiros que procuram alguma forma de desintermediação ou descentralização desses serviços. Trata-se de um ecossistema de aplicações descentralizadas (*dapps*)[1150] que começou a ser relevante em termos de dimensão em 2020 e 2021. Nos relatórios da

[1150] Dapps são programas que funcionam em redes descentralizadas, que podem ser executadas automaticamente quando certas condições são cumpridas e onde as transacções são afectadas de uma forma segura e verificável, sendo que as alterações registrais legítimas persistem numa cadeia de bloqueio público, cfr. ETHEREUM FOUNDATION, *What are dapps?*, 2020, disponível em: https://ethereum.org/en/dapps/#what-are-dapps.

ESMA sobre tendências, riscos e vulnerabilidades, de março[1151] e setembro[1152] de 2021 dispõem que o valor total de investimento em finanças descentralizadas subiu de cerca de 3 mil milhões de euros, em julho de 2020, para cerca de 13 mil milhões de euros, em dezembro de 2020 e para cerca de 70 mil milhões de euros, em maio de 2021.

Pode-se referir, igualmente, que este ecossistema consiste na prestação de serviços financeiros construída em cima de redes *peer-to-peer* e sem necessidade de confiar em terceiros, o que significa que não precisam de uma autoridade central[1153]. As aplicações das finanças descentralizadas são, geralmente, compostas por redes abertas, sem permissões e altamente interoperáveis, baseadas em DLT públicas, com vista à automação dos serviços, ao funcionamento constante 24 horas por dia, à resistência à censura e a replicar os serviços financeiros existentes de forma mais transparente e aberta[1154].

Existem várias categorias de aplicações das finanças descentralizadas, por exemplo: i) mercados de empréstimos, consistindo numa reprodução da atividade creditícia, incluindo a prestação de garantias, mas com criptoativos, ou na facilitação da celebração de empréstimos de criptoativos; ii) *dencentralized exchanges* (DEXs), correspondendo às plataformas de negociação e troca de criptoativos, mas que funcionam de forma descentralizada, isto é, sem necessidade de uma entidade gestora[1155]; e iii)

[1151] ESMA, *Report on Trends, Risks and Vulnerabilities*, n.º 1, 2021, pp. 54 e ss., disponível em: https://www.esma.europa.eu/sites/default/files/library/esma50-165-1524_trv_1_2021.pdf.

[1152] ESMA, *Report on Trends, Risks and Vulnerabilities*, n.º 2, 2021, pp. 56 e ss., disponível em: https://www.esma.europa.eu/sites/default/files/library/esma50-165-1842_trv2-2021.pdf.

[1153] Tamás Katona, "Decentralized Finance – The Possibilities of a Blockchain «Money Lego» System", in *Financial and Economic Review*, Magyar Nemzeti Bank (Central Bank of Hungary), vol. 20(1), 2021, pp 74-102.

[1154] Cfr. Fabian Schär, "Decentralized Finance: On Blockchain and Smart Contract-based Financial Markets", in *Federal Reserve Bank of St. Louis Research Paper Series*, 2021, p. 1, disponível em: papers.ssrn.com.

[1155] As DEXs surgiram do desejo de abordar as vulnerabilidades das plataformas centralizadas, cfr. ESMA, *Advice Initial Coin Offerings and Crypto-Assets*, 2019, p. 44, documento disponível em: https://www.esma.europa.eu/sites/default/files/library/esma50-157-1391_crypto_advice.pdf.

automated market makers (AMMs), referindo-se a protocolos automáticos e descentralizados que cumprem as funções de criadores de mercado[1156].

As aplicações das finanças descentralizadas podem incluir a prestação de serviços financeiros por múltiplos participantes, intermediários e utilizadores finais em várias jurisdições, com uma infraestrutura puramente tecnológica para facilitar as interacções entre diferentes agentes, por exemplo, através de uma implementação técnica robusta, resistente e transparente de um conjunto de funções, em que apenas o cliente/ utilizador tem acesso aos ativos depositados num determinado *smart contract*[1157]. As finanças descentralizadas permitem, deste modo, uma particação mais equititativa entre utilizadores e a promoção da inclusão financeira[1158].

No entanto, a vasta diversidade geográfica dos utilizadores e a falta de entidades centrais responsáveis pela prestação de serviços nas redes das finanças descentralizadas dificultam sobremaneira a identificação de um ponto de acesso e controlo de supervisão, o que complexifica o seu enquadramento nas normas do Direito Financeiro, que se centra atualmente na implementação de normas prudenciais e comportamentais para instituições financeiras e se baseia em competências jurisdicionais.

[1156] Cfr. Guilherme Maia e João Vieira dos Santos, *MiCA and DeFi ('Proposal for a Regulation on Market in Crypto-Assets' and 'Decentralised Finance')*, 2021, pp. 7 e ss., disponível em: https://papers.ssrn.com/sol3/papers.cfm?abstract_id=3875355.

[1157] Cfr. Dirk Zetzsche, Douglas Arner e Ross Buckley, "Decentralized Finance (DeFi)", in *Issue Brief 02/2020, European Banking Institute Working Paper Series 59/2020*, University of Hong Kong Faculty of Law Research Paper No. 2020/010, University of Luxembourg Faculty of Law, Economics & Finance WPS, Journal of Financial Regulation – forthcoming, 2020, p. 4, disponível em: papers.ssrn.com.

[1158] Cfr. OCDE, *Why Decentralised Finance (DeFi) Matters and the Policy Implications*, 2022, p. 57, disponível em: https://www.oecd.org/daf/fin/financial-markets/Why-Decentralised-Finance-DeFi-Matters-and-the-Policy-Implications.pdf.

II.
Abordagens Regulatórias às *Initial Coin Offerings*

1. A Abordagem da CMVM

A primeira intervenção da CMVM relativamente às *Initial Coin Offerings* ocorreu no período de crescimento desta figura e tratou-se da publicação do "Alerta aos investidores sobre *Initial Coin Offerings*" de 3 de novembro de 2017[1159].

Neste alerta, foram explicados os riscos da figura, nomeadamente, a volatilidade dos preços, o potencial de fraude, a documentação inadequada e o risco de perda total do capital investido. Também é referido no alerta que a maioria dos *Initial Coin Offerings*, pela forma como são estruturados, não são regulamentados, o que significa que poderão ficar fora da regulamentação dos mercados, sendo necessário determinar casuisticamente se os instrumentos estão abrangidos ou não pela referida regulamentação.

Ora, essa tarefa de análise casuística sobre o enquadramento jurídico de uma *Initial Coin Offering* é, por vezes, complexa e muito relevante, tendo em conta que a maior parte dos emitentes de *Initial Coin Offerings* são PME e startups que não têm condições de cumprir todas as exigências previstas para as sociedades abertas. Por esses motivos, a CMVM emitiu um comunicado às entidades envolvidas no lançamento de *Initial*

[1159] Cfr. CMVM, comunicado de imprensa "Alerta aos investidores sobre Initial Coin Offerings (ICOs)", 2017, disponível em: http://www.cmvm.pt/pt/Comunicados/Comunicados/Pages/20171103a.aspx.

Coin Offerings relativo à qualificação jurídica dos criptoativos emitidos[1160], que dispõe que:

"Tendo em conta que, à partida, os *tokens* podem ser considerados documentos (ainda que desmaterializados) e que todos os *tokens* gerados no âmbito de um ICO serão homogéneos e suscetíveis de ser transmitidos em mercado (requisitos que sempre cumprirá aferir em cada caso concreto), importa em especial clarificar, para efeitos da qualificação de *tokens* como valores mobiliários, o requisito relativo a situação jurídica representada e tida como relevante para efeitos da interpretação do artigo 1.º, alínea g), do CVM. A esse respeito é possível concluir que:

1. Um *token* será um valor mobiliário caso seja um documento representativo de uma ou mais situações jurídicas de natureza privada e patrimonial (i.e., direitos e deveres);
2. Um *token* será um valor mobiliário caso, tendo em conta a(s) situação(ões) jurídica(s) representada(s), seja comparável com valores mobiliários típicos;
3. Para efeitos do previsto no número anterior, deve nomeadamente considerar-se a previsão, nas informações disponibilizadas pelo emitente, de elementos dos quais possa decorrer uma vinculação do emitente à realização de condutas das quais resulte uma expectativa de retorno para o investidor, como sejam:

   a) O direito a um rendimento (por exemplo, se o *token* conferir direito a lucros ou a um juro);
   ou
   b) A prática de atos por parte do emitente ou entidade relacionada adequados à incrementação do valor do *token*".

Com este comunicado, a CMVM revela a sua interpretação do artigo 1.º do CVM, tendo em conta o aparecimento desta figura das *Initial Coin*

[1160] CMVM, comunicado de imprensa "Comunicado da CMVM às entidades envolvidas no lançamento de "Initial Coin Offerings" (ICOs) relativo à qualificação jurídica dos tokens", 2018, disponível em: https://www.cmvm.pt/pt/Comunicados/Comunicados/Pages/20180723a.aspx.

Offerings. Nessa interpretação, a CMVM determina as situações jurídicas relevantes para a qualificação de criptoativos como valores mobiliários. Assim e segundo o comunicado, parece-nos essencial identificar um núcleo ou natureza essencial do conceito de valor mobiliário a partir dos critérios interpretativos indicados no artigo 9.º do CC. Neste contexto, a CMVM chegou à ideia de comparabilidade funcional com valores mobiliários típicos[1161], encontrando-se como caraterística essencial a existência de um retorno financeiro para os titulares de valores mobiliários – por exemplo, nas ações, o direito aos lucros, nas obrigações, o direito a um juro, e nas unidades de participação, o direito a uma fração de um património coletivo.

2. A Abordagem regulatória de outros países

Analisando outras jurisdições, temos o caso paradigmático dos Estados Unidos da América, em que se destacou a decisão da SEC sobre a *Initial Coin Offering* de um projeto chamado DAO[1162]. Em 2016, a *Slock.it*, sociedade de direito alemão, desenvolveu este projeto, que consistia na criação de *Smart Contracts* que funcionavam como um veículo distribuído de investimento. Os criptoativos criados para este projeto atribuíam aos seus titulares direitos de voto sobre as decisões de investimento do veículo e o direito a participar nos lucros, sendo, por conseguinte, valores mobiliários.

A SEC espoletou uma investigação para aferir se se aplicaria o regime das *securities* (valores mobiliários) a estes criptoativos. Tendo como refe-

[1161] Convergentemente, ANTÓNIO GARCIA ROLO, "As Criptomoedas como Meio de Financiamento e a Qualificação dos Tokens", in *Fintech II – Novos estudos sobre tecnologia financeira*, coord. ANTÓNIO MENEZES CORDEIRO, ANA PERESTRELO DE OLIVEIRA E DIOGO PEREIRA DUARTE, Almedina, Coimbra, 2019, p. 288. Divergentemente, referindo que a alínea g) do artigo 1.º do CVM aplica-se por preenchimento da definição aberta e não por analogia ou qualquer outra ferramenta de interpretação, LUÍS ROQUETTE GERALDES, MARIANA SOLÁ DE ALBUQUERQUE E JOÃO LIMA DA SILVA, "ICOs: security tokens vs. utility token", in *Fintech II – Novos estudos sobre tecnologia financeira*, coord. ANTÓNIO MENEZES CORDEIRO, ANA PERESTRELO DE OLIVEIRA E DIOGO PEREIRA DUARTE, Almedina, Coimbra, 2019, p. 343.

[1162] Cfr. https://www.sec.gov/litigation/investreport/34-81207.pdf.

rência o *white paper* do projeto e a negociação dos criptoativos DAO no mercado secundário, o relatório de investigação concluiu, através do *Howey Test,* que os criptoativos em causa eram *securities* e, por consequência, dever-se-ia aplicar o *Securities Act* de 1933, nomeadamente, os requisitos de registo da *Initial Coin Offering* na SEC e a elaboração de prospeto, com vista à proteção dos investidores.

Esta decisão da SEC em relação à DAO serviu de referência para outras entidades que pretendiam realizar *Initial Coin Offerings,* como a *Filecoin,* que estruturou a sua *Initial Coin Offering* como um *private placement* nos termos da legislação americana (SEC *Regulation D Rule* 506(c)), tendo alcançado o feito histórico de *Initial Coin Offering* com o financiamento mais elevado, correspondente a mais de 250 milhões de dólares[1163]. No entanto, como a decisão do relatório de investigação da SEC incidiu sobre um caso em concreto, ainda subsistiram muitas dúvidas sobre as situações em que os criptoativos devem ser considerados *securities,* nos Estados Unidos da América.

Em Malta, no dia 26 de junho de 2018, o Parlamento aprovou de forma unânime um conjunto de três leis sobre criptoativos. A Lei para os Ativos Financeiros Virtuais e a Lei dos Serviços e Negócios de Inovação Tecnológica preveem os parâmetros para o lançamento de *Initial Coin Offerings* e o regime regulatório para a prestação de serviços no setor das criptoativos. Já a Lei da Autoridade para a Inovação Digital de Malta cria a nova entidade, que irá trabalhar em colaboração com o regulador dos mercados financeiros maltês. A primeira Lei referida estabelece os seguintes tipos de Ativos DLT (*Decentralized Ledger Technologies*):

- *Token* virtual (tem apenas utilidade na plataforma);
- Ativo Financeiro Virtual (funciona apenas como meio de pagamento ou reserva de valor);
- Moeda eletrónica;
- Instrumento financeiro.

[1163] Cfr. PHILIPP HACKER E CHRIS TOMALE, "Crypto-Securities Regulation: ICOs, Token Sales and Cryptocurrencies under EU Financial Law", in *European Company and Financial Law Review,* 15(4), 645-696, 2018, p. 652.

A referida Lei regulamenta as *Initial Coin Offerings* de ativos financeiros virtuais, estando os Ativos DLT, que constituem instrumentos financeiros, já sujeitos à legislação do mercado de capitais. Na segunda Lei, estão previstas normas regulatórias para todos os serviços relacionados com DLT, *smart contracts* e outras tecnologias inovadoras.

Em França, a AMF publicou um documento para consulta pública[1164], no dia 26 de outubro de 2017, que analisa a possível regulação das *Initial Coin Offerings* e alerta os investidores para os riscos envolvidos. Relativamente à sua regulação, a AMF propõe três vias: (i) promover as melhores práticas sem alterar qualquer legislação; (ii) estender o âmbito regulatório das ofertas públicas relativas a valores mobiliários para abranger as especificidades das *Initial Coin Offerings*; ou (iii) propor legislação *ad hoc* adaptada às *Initial Coin Offerings*.

Após esta consulta pública, o Ministro da Economia e Finanças decidiu criar legislação específica para as *Initial Coin Offerings,* num pacote legislativo para o crescimento das empresas chamado "PACTE", tendo sido apresentado a respetiva proposta de lei ao Parlamento francês no dia 14 de setembro de 2018. Nesta sequência, a AMF publicou um relatório[1165] sobre *Initial Coin Offerings,* no dia 16 de novembro de 2018, em que aborda as futuras competências nesta matéria. Nesse relatório é descrito que a proposta de lei francesa adota um sistema opcional de aprovação de uma certa *Initial Coin Offering* para os promotores, desde que a *Initial Coin Offering* não se sujeite a legislação já existente, como a dos instrumentos financeiros.

A AMF tem o dever de verificar se a oferta proposta contém o mínimo de garantias para a proteção dos investidores, bem como para o combate ao branqueamento de capitais e financiamento do terrorismo. Os emitentes destes criptoativos aparecerão numa "*white list*" assim que as suas

---

[1164] Cfr. AMF, *Discussion Paper on Initial Coin Offerings* (ICOs), 2017, disponível em: http://www.amf-france.org/en_US/Actualites/Communiques-de-presse/AMF/annee-2017?docId=workspace%3A%2F%2FSpacesStore%2F5097c770-e3f7-40bb-81ce-db2c95e7bdae.

[1165] Cfr. Caroline le Moign, *French ICOs – A New Method Of Financing?*, 2018, disponível em: https://www.amf-france.org/en_US/Publications/Lettres-et-cahiers/Risques-et-tendances/Archives?docId=workspace%3A%2F%2FSpacesStore%2F27604d2f-6f2b-4877-98d4-6b1cf0a1914b.

Initial Coin Offerings forem aprovadas. Também estão previstas as mesmas normas de proteção para os prestadores de serviços que transacionem ou que intermediem a transação destes *tokens*. A AMF fica com poderes de supervisão e sancionatórios relativamente aos referidos operadores. Nas conclusões deste relatório, a AMF refere que as *Initial Coin Offering* ainda são um método de financiamento embrionário, sendo que as *Initial Coin Offerings* que ocorreram em França angariaram montantes relativamente baixos (entre 200.000 a 20 milhões de euros). Existem, no entanto, futuros projetos que pretendem angariar entre 1 a 180 milhões de euros. No envolvimento da AMF com os promotores destes projetos é destacada a necessidade de transparência para o sucesso das *Initial Coin Offerings*. França decidiu avançar assim com legislação de forma a encontrar o equilíbrio certo entre proteção dos investidores e o apoio à inovação. De todo o modo, é destacado no relatório que a natureza transnacional deste tipo de projetos e investimento necessita de coordenação internacional na área da regulação e da deteção de fraudes.

No dia 22 de maio de 2019, entrou em vigor esta lei que regula *Initial Coin Offerings* e os prestadores de serviços em ativos digitais, nos mesmos termos que a proposta. Esta lei estabelece uma alteração ao Código Financeiro e Monetário Francês, com a introdução de um novo capítulo intitulado "Intermediários na Emissão de Tokens", em que estão previstas as regras de emissão de uma *Initial Coin Offering* e as definições de tokens (propriedade intangível que representa, de forma numérica, um ou mais direitos que podem ser emitidos, transferidos, registados e depositados, através de um mecanismo de registo eletrónico partilhado que facilita a identificação, direta ou indireta, do detentor dessa propriedade) e de *Initial Coin Offerings* (oferta pública, sob qualquer forma, de venda de *tokens*), estabelecendo um regime opcional para estas. Nesta lei, excetuam-se os criptoativos aqueles que representem instrumentos financeiros tradicionais, ficando estes sujeitos à legislação financeira existente. A AMF publicou, no dia 6 de junho de 2019, uma instrução[1166] sobre o procedimento de registo de uma *Initial Coin Offering* em França, nomea-

---

[1166] A instrução pode ser consultada em: https://www.amf-france.org/en_US/Reglementation/Doctrine/Doctrine-list/Doctrine?docId=workspace%3A%2F%2FSpacesStore%2Faf1f24bd-6d7b-4386-aa4b-f1fb69ea877f&category=I+-+Issuers+and+financial+disclosure

damente, o documento de informação aos investidores e a publicidade relativa à oferta.

Em Espanha, a CNMV publicou um entendimento[1167] sobre os critérios a aplicar às *Initial Coin Offerings*, no dia 20 de setembro de 2018. Nesse documento, esta entidade reguladora refere que grande parte dos *Initial Coin Offerings* deveriam ser tratadas como emissões ou ofertas públicas de valores mobiliários, atendendo às suas características. A CNMV fundamenta este entendimento, *inter alia*, com a definição lata de "*valores negociables*" constante do artigo 2.º da Ley del Mercado de Valores, que estabelece um conceito aberto com o propósito de evitar que a engenharia financeira conceba novos instrumentos ou valores que, implicando um apelo substancial às poupanças do público, permitiram eludir os controlos legais e regulamentares. Adicionalmente, a CNMV considera os seguintes fatores relevantes para valorar se através de um *Initial Coin Offering* estão a ser oferecidos «*valores negociables*»:

a) Caso atribuam direitos ou expectativas de participação na potencial revalorização ou rentabilidade dos projetos ou negócios, ou se atribuírem direitos equivalentes ou parecidos aos das ações, obrigações, ou outros instrumentos financeiros incluídos na legislação espanhola;
b) No caso de criptoativos que conferem o direito a aceder a serviços ou receber bens ou produtos, que os mesmos sejam oferecidos fazendo referência, de forma explícita ou implícita, à expectativa de obtenção pelo comprador ou pelo investidor de um benefício como consequência de sua reavaliação ou de qualquer remuneração associada ao instrumento ou com referência à sua liquidez ou possibilidade de negociação em mercados equivalentes ou supostamente semelhante aos mercados de valores sujeitos a regulamentação.

Mais recentemente, o *Real Decreto-ley* 5/2021, de 12 de março, atribuiu à CNMV competências para submeter a controlo administrativo a

[1167] Cfr. CNMV, *Criterios en relación com las ICOs*, 2018, disponível em: http://cnmv.es/DocPortal/Fintech/CriteriosICOs.pdf.

publicidade relativa a criptoativos que são oferecidos como propostas de investimento. Neste contexto, a CNMV colocou à consulta pública, no dia 5 de abril de 2021[1168], uma proposta de circular sobre publicidade de criptoativos. Nesta sequência, foi publicada, no dia 17 de janeiro de 2022, a Circular n.º 1/2022 da CNMV, que estabelece o seu âmbito objetivo e subjetivo, bem como os mecanismos e procedimentos de controlo a aplicar.

No Reino Unido, a FCA publicou uma consulta pública intitulada "*Guidance on Cryptoassets*"[1169], no dia 23 de janeiro de 2019. Esta consulta surge no contexto do Brexit e do aumento da quantidade de empresas envolvidas na negociação de criptoativos. Dessa forma, a FCA explica neste documento como é que esta atividade poderá entrar no âmbito da regulação da FCA, considerando a obrigação de registo na FCA e a aplicação de deveres de informação, da diretiva dos prospetos e dos controlos de crime financeiro a todas as entidades que se envolvam com qualquer tipo de criptoativo.

Após esta consulta pública, foi publicado o documento final[1170] com as respostas à consulta pública, no dia 31 de julho de 2019, contribuindo com uma visão útil sobre o modo como a FCA efetua a sua abordagem regulatória às atividades relativas a criptoativos, bem como algumas das principais preocupações e áreas de foco da FCA em relação a criptoativos, quer estes estejam dentro ou fora do seu âmbito de supervisão. Este documento serve, assim, como um guia de referência útil para as empresas cuja atividade envolva criptoativos.

Na Alemanha, os Ministério das Finanças e da Justiça e da proteção do consumidor publicaram, no dia 19 de março de 2019, um *Key Issue Paper*[1171] que discute várias propostas de digitalização de instrumentos

---

[1168] Consultável em: https://www.cnmv.es/DocPortal/DocFaseConsulta/CNMV/CP_CircularCriptoactivos_junio2021.pdf.

[1169] Cfr. FCA, *Guidance on Cryptoassets – Consultation Paper CP19/3*, 2019, documento disponível em: https://www.fca.org.uk/publication/consultation/cp19-03.pdf.

[1170] Cfr. FCA, *Guidance on Cryptoassets – Feedback and Final Guidance to CP 19/3*, 2019, documento disponível em: https://www.fca.org.uk/publication/policy/ps19-22.pdf.

[1171] Cfr. Bundesministerium der Finanzen e Bundesministerium der Justiz und für Verbraucherschutz, *Key-issues paper on the regulatory treatment of electronic securities and crypto tokens – Allowing for digital innovation, ensuring investor protection*, 2019, disponível em:

financeiros e de regulamentação de *Utility Tokens*. É discutida a possibilidade de registo de valores mobiliários na DLT e a imposição de deveres de informação aos emitentes de *Utility Tokens*.

3. Recomendações da ESMA e da EBA

No dia 9 de janeiro de 2019, a ESMA e a EBA publicaram cada uma o seu relatório com recomendações sobre o enquadramento dos criptoativos e das *Initial Coin Offerings* na legislação europeia, a pedido da Comissão Europeia, no âmbito do seu Plano de Ação *FinTech*.

O relatório da ESMA[1172] inclui um inquérito realizado no verão de 2018 às entidades reguladoras nacionais competentes, que foram chamadas a emitir a sua opinião sobre a qualificação de certos criptoativos como instrumentos financeiros, nos termos das respetivas leis nacionais, bem como sobre as opções estratégicas a tomar em relação aos criptoativos em geral. Os resultados foram, no entanto, insuficientes para a ESMA propor critérios para a qualificação jurídica dos criptoativos enquanto instrumentos financeiros, dada a discrepância de respostas obtidas pelas entidades reguladoras.

Subsequentemente, o relatório da ESMA apresenta uma análise detalhada de disposições legais da União Europeia do seu âmbito aplicáveis aos criptoativos, com vista a ajudar as entidades reguladoras e as empresas na sua abordagem em relação aos criptoativos e às *Initial Coin Offerings*, descrevendo, igualmente, a posição da ESMA em relação a lacunas e questões que existam no enquadramento regulamentar financeiro a ser considerado pelos responsáveis políticos da União Europeia.

---

https://www.bundesfinanzministerium.de/Content/EN/Standardartikel/Topics/Financial_markets/Articles/2019-03-25-electronic-securities-and-crypto-tokens_download.pdf?__blob=publicationFile&v=2.

[1172] Cfr. ESMA, *Advice Initial Coin Offerings and Crypto-Assets*, 2019, documento disponível em: https://www.esma.europa.eu/sites/default/files/library/esma50-157-1391_crypto_advice.pdf.

A ESMA identificou, outrossim, os riscos decorrentes essas atividades, como a fraude, os ciberataques, o branqueamento de capitais e a manipulação de mercado, e identificou algumas preocupações com base no atual quadro regulamentar financeiro da União Europeia, que passamos a explanar.

A primeira preocupação concerne o facto de as regras financeiras da União Europeia serem suscetíveis de aplicar-se a criptoativos qualificados como valores mobiliários ou outros tipos de instrumentos financeiros ao abrigo da DMIF II, embora possam exigir interpretação ou reconsideração de requisitos específicos para permitir uma aplicação eficaz da legislação existente;

A segunda preocupação está relacionada com o facto de quando os criptoativos não se qualificarem como instrumentos financeiros, a ausência de regras financeiras aplicáveis deixar os investidores sujeitos a riscos substanciais.

Perante estas preocupações ao nível de proteção dos investidores destes instrumentos que podem decorrer do seu enquadramento fora da regulamentação financeira, a ESMA recomendou à Comissão Europeia ponderar sobre a criação de legislação específica para os criptoativos e as *Initial Coin Offerings*, tal como foi implementado em outros Estados-Membros como França, Malta e o Liechtenstein[1173].

Em relação ao relatório da EBA[1174], este apresenta os resultados da avaliação da EBA quanto à aplicabilidade e adequação do Direito da União Europeia do seu âmbito aos criptoativos. Em suma, é referido que as atividades relativas aos criptoativos não constituem serviços regulamentados no âmbito da legislação da União Europeia relativa a serviços bancários, de pagamento e de moeda eletrónica, existindo, porém, riscos para os consumidores que não são abordados a nível da União Europeia.

[1173] Uma breve explicação da legislação do Liechtenstein pode ser consultada em: https://www.pwc.ch/en/insights/regulation/liechtenstein-publishes-draft-of-the-new-blockchain-act.html.

[1174] Cfr. EBA, *Report with advice for the European Commission on crypto-assets*, documento disponível em: https://eba.europa.eu/documents/10180/2545547/EBA+Report+on+crypto+assets.pdf.

À luz destas questões, a EBA recomenda que a Comissão Europeia realize uma análise custo-benefício mais aprofundada para determinar a resposta adequada a este fenómeno na União Europeia, devendo ter em consideração a aplicação potencial das DLT e dos criptoativos noutros setores para além do setor financeiro e o impacto ambiental de algumas atividades que envolvam criptoativos. Outrossim, a EBA aconselha a Comissão Europeia a considerar as recomendações mais recentes e quaisquer outras normas ou orientações emitidas pelo GAFI e solicita à Comissão Europeia que tome medidas sempre que possível para promover a consistência no tratamento contabilístico dos criptoativos. A EBA também identifica uma série de ações a serem tomadas em 2019 para aprimorar práticas de divulgação dos riscos para o consumidor e o monitoramento de forma harmonizada das atividades das instituições financeiras que envolvam criptoativos.

A EBA conclui no seu relatório que os criptoativos não são reconhecidos como moeda em curso legal, depósitos ou outros fundos reembolsáveis em qualquer um dos Estados-Membros da União Europeia ou pelo Banco Central Europeu. Conclui, também, que não é possível uma qualificação uniforme que cubra todos os tipos de criptoativos, apesar de alguns deles poderem ser qualificados como moeda eletrónica no âmbito da Diretiva n.º 2009/110/CE, relativa ao acesso à atividade das instituições de moeda eletrónica, ao seu exercício e à sua supervisão prudencial.

Ademais, é referido no relatório que a atual reduzida dimensão das atividades que envolvem criptoativos na União Europeia não geram implicações para a estabilidade financeira. No entanto, como grande parte destas atividades se encontram fora do escopo da legislação bancária e de pagamento, existem riscos para os consumidores que não estão a ser acautelados a nível da União Europeia. Com o desenvolvimento de respostas regulamentares nacionais, começam a surgir divergências entre os Estados-Membros, apresentando riscos de arbitragem regulatória. Por último, a EBA expõe que a evolução destas atividades aponta para a necessidade de uma nova revisão da legislação da União Europeia em matéria de combate ao branqueamento de capitais e ao financiamento do terrorismo.

4. Proposta de Regulamento Europeu sobre o Mercado de Criptoativos (MiCA)

Em 24 de setembro de 2020, foi apresentada uma proposta de Regulamento Europeu sobre o mercado de criptoativos, por parte da Comissão Europeia, apelidado de MiCA e incluído num pacote de medidas que visam permitir e apoiar ainda mais o potencial da *FinTech*, bem como mitigar os seus riscos. Como não existe um quadro regulamentar da União Europeia para os criptoativos, é notória a falta de confiança dos utilizadores de criptoativos e uma falta de segurança jurídica para as empresas que prestam serviços relativos a criptoativos, o que impede o desenvolvimento deste mercado, perdendo-se oportunidades em termos de serviços digitais inovadores, instrumentos de pagamento alternativos ou novas fontes de financiamento para as empresas da União Europeia. O objetivo do MiCA é eliminar os obstáculos ao estabelecimento de empresas e melhorar o funcionamento do mercado interno dos serviços financeiros, garantindo que as regras aplicáveis são totalmente harmonizadas. O MiCA parece também responder ao debate político sobre *stablecoins* globais causado pela proposta Libra do Facebook em junho de 2019[1175].

O MiCA prevê uma tipologia de criptoativos que pode ser apresentada da seguinte forma:

[1175] Cfr. Dirk Zetzsche, Filippo Annunziata, Douglas Arner e Ross Buckley, "The Markets in Crypto-Assets Regulation (MICA) and the EU Digital Finance Strategy", in *European Banking Institute Working Paper Series,* No. 2020/77, University of Luxembourg Law Working Paper Series No. 2020-018, University of Hong Kong Faculty of Law Research Paper No. 2020/059, 2020, p. 5.

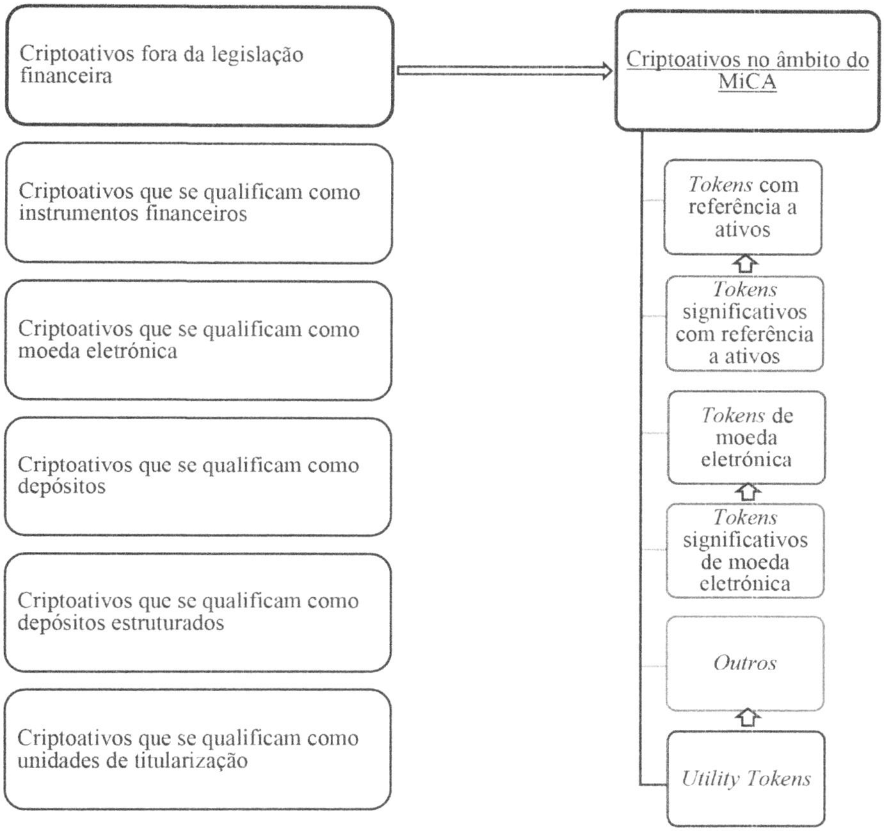

Pelo exposto, verifica-se que foram categorizados os criptoativos que se encontram fora da legislação financeira, que correspondem à maioria dos criptoativos existentes, expondo assim os seus utilizadores e a integridade do mercado a riscos relevantes, que a Comissão Europeia decidiu endereçar, estabelecendo como escopo do MiCA apenas esses criptoativos que se encontram fora da legislação financeira. Assim e de acordo com o artigo 2.º do MiCA, estão excluídos do âmbito do diploma os criptoativos que se qualifiquem como instrumentos financeiros, moeda eletrónica (exceto quando forem *tokens* de moeda eletrónica), depósitos, depósitos estruturados e unidades de titularização.

Como já observámos, a qualificação jurídica de criptoativos tem sido um assunto controverso internacionalmente e a União Europeia não é exceção. Encontramos, por exemplo, diversas transposições diferentes da DMIF II no que concerne o conceito de valor mobiliário[1176], o que dificultará sobremaneira o enquadramento da prestação de serviços de certos criptoativos no MiCA ou na DMIF II. Como a alteração da DMIF II nesse aspeto revelar-se-ia muito difícil, pelas diferentes perspetivas sobre o tema dos vários Estados Membros[1177], apenas resta ao MiCA tentar mitigar este problema.

Face ao exposto, recomendaríamos que o MiCA incluísse mais disposições de convergência relativamente à qualificação jurídica de criptoativos[1178], nomeadamente, através do estabelecimento de competências e deveres às Autoridades Europeias de Supervisão para emitirem orientações e pareceres sobre os critérios de qualificação, de uma forma genérica e, também, de uma forma concreta sobre certas ofertas de criptoativos. Deste modo, o trabalho gerado entre as Autoridades Europeias de Supervisão e as autoridades nacionais competentes poderá facilitar uma futura densificação do conceito de valor mobiliário e de outros conceitos na legislação financeira da União Europeia.

[1176] Também se suscitam várias dúvidas relativamente à qualificação jurídica das *stablecoins* enquanto moeda eletrónica, instrumentos derivados ou unidades de participação de organismos de investimento coletivo. A qualificação jurídica do instrument em causa impacta o regime aplicável e a autoridade competente, cfr. Dirk Zetzsche, Filippo Annunziata, Douglas Arner e Ross Buckley, "The Markets in Crypto-Assets Regulation (MICA) and the EU Digital Finance Strategy", in *European Banking Institute Working Paper Series,* No. 2020/77, University of Luxembourg Law Working Paper Series No. 2020-018, University of Hong Kong Faculty of Law Research Paper No. 2020/059, 2020, p. 8, disponível em: papers.ssrn.com.

[1177] Estas diferentes perspetivas foram comprovadas no Anexo I do Relatório da ESMA com recomendações sobre o enquadramento dos criptoativos e das Initial Coin Offerings na legislação europeia, abordado no ponto anterior.

[1178] O MiCA atribui aos oferentes, primeiramente, a faculdade de qualificarem juridicamente os criptativos e de definirem a sua abrangência pelo MiCA, o que pode gerar conflitos de interesses e arbitragem regulatória, cfr. Dirk Zetzsche, Filippo Annunziata, Douglas Arner e Ross Buckley, "The Markets in Crypto-Assets Regulation (MICA) and the EU Digital Finance Strategy", in *European Banking Institute Working Paper Series,* No. 2020/77, University of Luxembourg Law Working Paper Series No. 2020-018, University of Hong Kong Faculty of Law Research Paper No. 2020/059, 2020, p. 23, disponível em: papers.ssrn.com.

Os criptoativos são definidos no MiCA como representações digitais de valores ou direitos, que podem ser transferidos e armazenados eletronicamente, através da utilização de uma DLT ou tecnologia similar[1179]. Existem, dentro deste conceito, cinco categorias de criptoativos fora da legislação financeira que foram individualizados no MiCA, os *tokens* com referência a ativos[1180] e *tokens* de moeda eletrónica, os *utility tokens*, os *tokens* significativos com referência a ativos e os *tokens* significativos de moeda eletrónica.

É necessário, no entanto, fazer duas precisões. A primeira relativa ao facto de o elenco de categorias referido não ser fechado, podendo existir outras categorias de criptoativos, ficando esses sujeitos às normas genéricas do regime do MiCA e a segundo sobre o lugar de destaque que têm duas das categorias, os *tokens* com referência a ativos e *tokens* de moeda eletrónica, face ao maior número de previsões específicas sobre estas categorias, estando as regras sobre a emissão de cada uma destas categorias autonomizadas em títulos do regime do MiCA, sendo que os *tokens* significativos com referência a ativos e os *tokens* significativos de moeda eletrónica são mais subcategorias das duas anteriores, pelo que as suas regras estão incluídas nesses títulos.

Depois de um título primeiro relativo ao objeto, âmbito e definições, o segundo título dedica-se às regras sobre as ofertas públicas e distribuição de criptoativos que não são *tokens* com referência a ativos nem *tokens* de moeda eletrónica. Os terceiro e quarto títulos são os dois títulos a que nos referíamos anteriormente, ou seja, nestes tiítulos estão previstas as disposições específicas sobre a emissão de *tokens* com referência a ativos

[1179] Nos termos do artigo 3.º, n.º 1, (2), do MICA.

[1180] O título desta categoria parece vir buscar inspiração *às asset backed securities*, associados aos créditos titularizados. "A história da emissão de asset backed securities em Portugal começou antes da entrada em vigor da Lei da Titularização, tendo as primeiras operações sido construídas simplesmente com base no instituto da cessão de créditos, tal como regulado pelo Código Civil, sendo o adquirente dos créditos financiado através da emissão de valores representativos de dívida que, face à ausência de outras actividades ou passivos ao nível do balanço do emitente, ficavam estruturalmente associados aos créditos por ele adquiridos", Pedro Cassiano Santos e André Figueiredo, "O mercado português da titularização de créditos: diversificação e maturidade" in *Direito dos Valores Mobiliários*, Volume VI, Coimbra Editora, Coimbra, 2006, p. 358.

e *tokens* de moeda eletrónica. O quinto título refere-se às condições de autorização e exercício da atividade aplicáveis aos prestadores de serviços relativos a criptoativos e o sexto título prevê as regras de prevenção de abuso de mercado relativo a criptoativos. Por último, os sétimo, oitavo e nono títulos referem-se às competências da EBA e da ESMA, aos atos delegados e às disposições finais e transitórias, respetivamente.

São objeto, assim, do MICA os requisitos de transparência e divulgação para a emissão e admissão à negociação de criptoativos, a autorização e supervisão de prestadores de serviços relativos criptoativos e emitentes de *tokens* com referência a ativos e *tokens* de moeda eletrónica, a operação, organização e governação de emitentes de *tokens* com referência a ativos, emitentes de *tokens* de moeda eletrónica e prestadores de serviços relativos a criptoativos, regras de proteção dos consumidores/investidores e medidas para prevenir o abuso de mercado e garantir a integridade do mercado de criptoativos[1181].

Quanto à definição de cada categoria, comecemos pelos *tokens* com referência a ativos, que são definidos no MiCA como criptoativos cujo objetivo principal é serem usados como meio de troca, através da manutenção de um valor estável por referência ao valor de várias moedas fiduciárias, uma ou várias mercadorias ou um ou vários criptoativos, ou uma combinação de tais ativos[1182].

Os *tokens* de moeda eletrónica são definidos no MiCA como criptoativos cujo objetivo principal é serem usados como meio de troca e que visa manter um valor estável por ser denominado em unidades de uma moeda fiduciária[1183].

Os *utility tokens* são definidos no MiCA como criptoativos que se destinam a garantir o acesso eletrónico a uma aplicação, a serviços ou a recursos disponíveis numa DLT, sendo aceites pelo emitente unicamente para esse efeito[1184]. Estão abrangidos nos criptoativos que não são *tokens* com referência a ativos nem *tokens* de moeda eletrónica, sendo-lhes aplicável as regras do segundo título, quando à sua emissão e admissão à negociação.

[1181] Cfr. artigo 1.º do MiCA.

[1182] Nos termos do artigo 3.º, n.º 1, alínea (3), do MiCA.

[1183] Nos termos do artigo 3.º, n.º 1, alínea (4), do MiCA.

[1184] Cfr. artigo 3.º, n.º 1, alínea (5), do MiCA.

Os *tokens* significativos com referência a ativos e os *tokens* significativos de moeda eletrónica são *tokens* com referência a ativos e *tokens* de moeda eletrónica que podem ser considerados significativos, em termos de suscetibilidade de serem amplamente adotados pelos consumidores e, como resultado, levantarem desafios adicionais à estabilidade financeira, à política monetária ou à soberania monetária. Assim, para aferir essa significância, o MiCA prevê que a EBA deve estabelecer essa classificação com base em pelo menos três dos seguintes cinco critérios: (i) tamanho da base de clientes e de acionistas dos emitentes; (ii) valor dos *tokens* emitidos e a sua capitalização em mercado; (iii) número e valor das transações; (iv) tamanho da reserva de ativos (moedas fiduciárias, mercadorias e criptoativos); a importância significativa das atividades internacionais do emitente; e (v) a interconectividade com o sistema financeiro[1185].

Do ponto de vista subjetivo, ficam excluídos do âmbito do MiCA o BCE, o BEI, o Fundo Europeu de Estabilização Financeira, o Mecanismos Europeu de Estabilidade, bancos centrais, empresas de seguros, administradores de insolvência no processo de insolvência, pessoas que apenas prestam serviços relativos a criptoativos no seu grupo empresarial e organizações públicas internacionais[1186].

As instituições de crédito ficam dispensadas de cumprir alguns requisitos organizacionais do MiCA, em certas situações, nomeadamente, quando emitem *tokens* com referência a ativos, quando emitem *tokens* significativos com referência a ativos, bem como quando prestam serviços relativos a criptoativos[1187].

Para as empresas de investimento, existem isenções quanto aos requisitos de prestação de serviços relativos a criptoativos, quando estas estão autorizadas a prestar atividades de intermediação financeira que sejam consideradas pelo MiCA como equivalente à aqueles[1188], designadamente, as atividades de gestão de plataformas de negociação[1189] (conside-

[1185] Cfr. artigos 39.º e 50.º do MICA.

[1186] Nos termos do artigo 2.º, n.º 3, do MiCA.

[1187] Cfr. n.ºs 4 e 5 do artigo 2.º do MiCA.

[1188] Cfr. n.º 6 do artigo 2.º do MiCA.

[1189] Atividade definida na alínea (11) do n.º 1 do artigo 3.º do MiCA como a gestão de uma ou mais plataformas de negociação de criptoativos, nas quais as pessoas interessadas na compra

rada equivalente às atividades exploração de MTF ou OTF, previstas na DMIF II), de troca de criptoativos por cripotativos ou moeda fiduciária[1190] (considerada equivalente à atividade de negociação por conta própria de instrumentos financeiros, prevista na DMIF II), de execução de ordens de terceiros relativas a criptoativos[1191] (considerada equivalente à atividade de execução de ordens em nome de clientes, prevista na DMIF II), de colocação de criptoativos[1192] (considerada equivalente à atividade de colocação com ou sem garantia de instrumentos financeiros, prevista na DMIF II), de receção e transmissão de ordens relativas a criptoativos[1193] (considerada equivalente à atividade de receção e transmissão de ordens relativas a um ou mais instrumentos financeiros, prevista na DMIF II) e de consultoria sobre criptoativos[1194] (considerada equivalente à atividade de consultoria para investimento, prevista na DMIF II).

A única atividade qualificada como serviço relativo a criptoativos[1195] no MiCA que não foi acima referida é a de custódia e administração de criptoativos, definida como a custódia e controlo, em nome de tercei-

---

e venda de criptoativos podem interagir por forma a que tal resulte num contrato, seja trocando um criptoativo por outro ou um criptoativo por moeda com curso legal.

[1190] Atividade definida nas alíneas (12) e (13) do n.º 1 do artigo 3.º do MiCA como a celebração de contratos de compra ou venda relativos a criptativos com terceiros, sendo a contraprestação moeda com curso legal ou outros criptoativos, usando capital próprio.

[1191] Atividade definida na alínea (14) do n.º 1 do artigo 3.º do MiCA como a celebração de acordos para comprar, vender ou subscrever um ou mais criptoativos em nome de terceiros.

[1192] Atividade definida na alínea (15) do n.º 1 do artigo 3.º do MiCA como a distribuição de criptoativos recém-emitidos ou de criptoativos já emitidos, mas não admitidos à negociação numa plataforma de negociação de criptoativos, para compradores específicos, não consubstanciando uma oferta ao público nem aos detentores dos criptoativos emitidos.

[1193] Atividade definida na alínea (16) do n.º 1 do artigo 3.º do MiCA como a recepção de uma ordem de compra, venda ou subscrição de criptoativos e a transmissão dessa ordem a um terceiro para execução da mesma.

[1194] Atividade definida na alínea (17) do n.º 1 do artigo 3.º do MiCA como o ato de prestar ou concordar em prestar aconselhamentos personalizados ou específicos a um terceiro, a pedido de terceiro ou por iniciativa do prestador de serviços de criptoativos que prestar o aconselhamento, que concerne a aquisição ou venda de um ou mais criptoativos ou a utilização de serviços relativos a criptoativos.

[1195] Qualquer pessoa que preste um serviço relativo a criptoativos, a título profissional, deve ser considerada um «prestador de serviços relativo a criptoativos» e estar sujeita ao MiCA, segundo a alínea (8) do n.º 1 do artigo 3.º do MiCA.

ros, de criptoativos, quando aplicável na forma de chaves criptográficas privadas[1196].

Como medida de proteção dos investidores, os emitentes de criptoativos são obrigados a produzir e publicar um documento de informação (um *white paper*) contendo divulgações obrigatórias. O *white paper* deve incluir informações gerais sobre o emitente, sobre o projeto associado aos criptoativos, sobre a oferta pública de criptoativos ou sua admissão à negociação, sobre os direitos e obrigações inerentes aos criptoativos, as informações, sobre a tecnologia subjacente utilizada e sobre os riscos relacionados[1197].

Face ao caráter núpero dos criptoativos, é previsto um procedimento de comunicação prévia do *white paper* com um prazo de vinte dias úteis antes da data de publicação da oferta, nos termos do artigo 8.º do MiCA, não sendo previsto um processo de autorização como sucede com os prospetos das ofertas públicas de valores mobiliários. Contudo, as autoridades competentes têm o poder de exigir alterações ao *white paper*, de suspender ou proibir a oferta ou a admissão a negociação e de publicar os incumprimentos detetados[1198]. Na comunicação prévia referida, os emitentes devem explicar porque é que os criptoativos previstos no *white paper* não devem ser considerados instrumentos financeiros, moeda eletrónica, depósitos nem depósitos estruturados[1199].

Relativamentes às ofertas de criptoativos, são utilizados vários termos para nomear as pessoas que adquirem os criptoativos das ofertas, designa-

---

[1196] Cfr. alínea (10) do n.º 1 do artigo 3.º do MiCA. Outra atividade de investimento não foi acolhida pelo MiCA, a gestão de carteiras, sem nenhuma razão aparente, pelo que, recomendaríamos a sua inclusão. Convergentemente, Dirk Zetzsche, Filippo Annunziata, Douglas Arner e Ross Buckley, "The Markets in Crypto-Assets Regulation (MICA) and the EU Digital Finance Strategy", in *European Banking Institute Working Paper Series*, No. 2020/77, University of Luxembourg Law Working Paper Series No. 2020-018, University of Hong Kong Faculty of Law Research Paper No. 2020/059, 2020, p. 5, disponível em: papers.ssrn.com.

[1197] Cfr. artigo 7.º do MiCA. As medidas tomadas pelas instituições europeias no âmbito da Estratégia para as Finanças Sustentáveis poderão, eventualmente, incluir que o white paper dos emitentes de criptoativos contenham informações sobre o impacto ambiental da DLT utilizada.

[1198] Cfr. artigo 7.º, n.º 3, do MiCA.

[1199] Cfr. artigo 7.º, n.º 3, do MiCA.

damente, "consumidores", "investidores", "detentores", "compradores" e "adquirentes". Apesar de nenhum dos termos estar errado, consideramos que a homogeneização da terminologia seria importante para tornar o diploma mais claro. Recomendamos, deste modo, que se utilize um dos termos mais neutros, como "detentores" ou "adquirentes", uma vez que um criptoativo pode contemplar várias finalidades simultaneamente, de consumo e de investimento[1200].

Por outro lado, o conceito de emitente no diploma afigura-se muito abrangente, ao referir-se a qualquer pessoa jurídica que oferece ao público qualquer tipo de criptoativos ou procura obter a admissão de tais criptoativos numa plataforma de negociação de criptoativos[1201]. Neste caso, uma divisão deste conceito em oferentes e pessoas que procuram admissão à negociação, tal como é feito no Regulamento dos Prospetos relativo ao prospeto a publicar em caso de oferta de valores mobiliários ao público ou da sua admissão à negociação num mercado regulamentado, dado que poderá fazer sentido existirem regras diferentes para cada uma destas figuras. A admissão à negociação poderá ter regras mais exigentes, face a estar em causa indubitavelmente uma finalidade de investimento, enquanto nas ofertas podermos estar perante criptoativos com uma finalidade exclusivamente de consumo, não fazendo sentido existirem tantas exigências para os oferentes nesse contexto.

[1200] Jonathan Rohr e Aaron Wright, "Blockchains, Private Ordering, and the Future of Governance", in *Regulating Blockchain: Techno-Social and Legal Challenges*, Philipp Hacker, Ioannis Lianos, Georgios Dimitropoulos e Stefan Eich (Eds.), Oxford University Press, Oxford, 2019, p. 53.

[1201] O MiCA não define emissão de criptoativos, o que também dificulta, a perceção do que é um emitente, cfr. Dirk Zetzsche, Filippo Annunziata, Douglas Arner e Ross Buckley, "The Markets in Crypto-Assets Regulation (MICA) and the EU Digital Finance Strategy", in *European Banking Institute Working Paper Series,* No. 2020/77, University of Luxembourg Law Working Paper Series No. 2020-018, University of Hong Kong Faculty of Law Research Paper No. 2020/059, 2020, p. 25, disponível em: papers.ssrn.com. Nas DLT é particularmente difícil definir emitente, porque até poderá não existe alguém que controle a criação de um criptoativo, porque a rede é, desde o início, descentralizada, ou porque não existe qualquer rasto de quem é o emitente, como na bitcoin, cfr. Agata Ferreira, Philipp Sandner e Thomas Dünser, *Cryptocurrencies, DLT and crypto assets – the road to regulatory recognition in Europe*, 2021, p. 1, disponível em: papers.ssrn.com.

No que concerne as regras previstas no MiCA, os detentoress de criptoativos, que não sejam *tokens* com referência a ativos nem *tokens* de moeda eletrónica, devem dispor de um prazo de 14 dias para exercer o direito de resolução do contrato celebrado com o emitente ou com os prestadores de serviços relativo a criptoativos, sem necessidade de indicar qualquer motivo, e sem incorrer em quaisquer custos[1202]. Todos os pagamentos recebidos de um consumidor devem ser reembolsados no prazo de 14 dias a partir do dia em que o emitente de criptoativos ou o prestador de serviços relativo a criptoativos é informado da decisão do consumidor de rescindir o contrato[1203].

O considerando (16) do MiCA refere que a legislação horizontal da União Europeia que garante a proteção do consumidor, como a Diretiva 2011/83/UE do Parlamento Europeu e do Conselho, a Diretiva 2005/29/CE do Parlamento Europeu e do Conselho ou a Diretiva 93/13/CEE do Conselho, de 5 de abril de 1993, relativa às cláusulas abusivas nos contratos celebrados com os consumidores , incluindo quaisquer obrigações de informação neles contidas, permanece aplicável a essas ofertas públicas de criptoativos, sempre que pressuponham relações entre empresas e consumidores. No entanto, parece-nos que a referência à Diretiva 2011/83/UE não parece correta, porque o MiCA *esvazia* as suas disposições, tal como sucede no Regulamento (UE) 2020/1503, porque o MiCA já contempla deveres de informação pré-contratual e o direito de resolução aos detentores de criptoativos.

Os emitentes de criptoativos, que não sejam *tokens* com referência a ativos nem *tokens* de moeda eletrónica, que estabelecerem um limite temporal para sua oferta ao público, devem publicar no seu site o resultado da oferta no prazo de 16 dias úteis a partir do fim do período de subscrição e devem ter mecanismos eficazes para monitorizar e proteger os fundos, ou outros criptoativos, recebidos durante a oferta, devendo ser mantidos sob custódia numa instituição de crédito no caso de recebi-

---

[1202] Cfr. artigo 12.º, n.º 1, do MiCA. Este direito não é aplicável na aquisição de criptoativos admitidos à negociação, nos termos do artigo 12.º, n.º 4, do MiCA.

[1203] Cfr. artigo 12.º, n.º 2, do MiCA.

mento de moeda fiduciária ou num prestador de serviços de custódia de criptoativos[1204].

Adicionalmente, são previstos deveres para os emitentes de criptoativos, no artigo 13.º, n.º 1, do MiCA, designadamente, deveres de agir com honestidade, justiça e profissionalismo, de comunicar com os adquirentes de criptoativos de forma justa, clara e não enganosa, de prevenir, identificar, gerir e divulgar quaisquer conflitos de interesses que possam surgir, de dispor de mecanismos administrativos eficazes e de manter todos os seus sistemas e protocolos de segurança conforme os *standards* aplicáveis da União Europeia.

Certas ofertas de criptoativos, que que não sejam *tokens* com referência a ativos nem *tokens* de moeda eletrónica, estão isentas destas obrigações[1205], nomeadamente: (i) as ofertas gratuitas de criptoativos[1206]; (ii) a criação automática de criptoativos através da *mineração*[1207], como recompensa pela manutenção ou validação de transações numa DLT ou tecnologia similar; (iii) as ofertas de criptoativos que não são fungíveis, ou seja, de *Non-fungible Tokens*; (iv) as ofertas de criptoativos dirigidas a menos de 150 pessoas singulares ou coletivas por Estado Membro, agindo por conta própria; (v) as ofertas cujo valor total na União Europeia não exceda 1 milhão de euros, ou o equivalente correspondente noutra moeda ou em criptoativos, durante um período de 12 meses; (vi) as ofertas de criptoativos dirigidas exclusivamente a investidores qualificados[1208], na con-

---

1204 Cfr. artigo 9.º do MiCA.

1205 Cfr. artigo 4.º, n.º 2, do MiCA.

1206 Para a oferta ser considerada gratuita, os potenciais adquirentes de criptoativos não podem fornecer ou comprometer-se a fornecer dados pessoais ao emitente, como contraprestação dos criptoativos e os emitentes dos criptoativos não podem receber quaisquer taxas, comissões, benefícios monetários ou não monetários em contrapartida dos criptoativos, conforme previsto no artigo 4.º, n.º 2, parágrafo 2, do MiCA.

1207 Como vimos *supra*, a *mineração* refere-se apenas ao *proof-of-work*, suscitando-se dúvidas se o MiCA pretendeu incluir todos os mecanismos de consenso ou só o *proof-of-work*. A posição mais razoável é a de considerar todos os mecanismos de consenso, devendo isso ficar claraficado através da inclusão no MiCA de uma definição de *mineração* ou de mecanismo de consenso, que não precisa de ser uma definição técnica, mas que sirva apenas para delimitação do âmbito do termo utilizado.

1208 Tal como definidos na alínea e) do artigo 2.º do Regulamento (UE) n.º 2017/1129.

dição dos criptoativos só poderem ser detidos por esses investidores qualificados.

São previstas algumas regras específicas para *utility tokens*, como a previsão de prazo de doze meses de duração máxima para as ofertas públicas de *utility tokens* que garantam o acesso a serviços que ainda não estejam em operação[1209] e a obrigação dos emitentes de *utility tokens* preverem que os *utily tokens* emitidos podem não ser trocados pelo bem ou serviço prometido, especialmente em caso de falha ou descontinuação do projeto[1210].

Nas emissões de *tokens* com referência a ativos, são estabelecidas exigências acrescidas, como a necessidade dos emitentes e os *white papers* terem que se sujeitar a um processo de autorização conduzido pela autoridade competente[1211], tendo em conta os maiores riscos, em termos de proteção do consumidor e integridade do mercado, associados à adoção em massa destes criptoativos como meio de pagamento. Estas exigências não se aplicam a ofertas dirigidas exclusivamente a investidores qualificados ou se o saldo médio relativo aos ativos não ultrapassar 5 milhões euros, durante um período de 12 meses[1212].

De forma a mitigar os riscos que possam afetar a estabilidade, são previstos requisitos de capital aos emitentes de *tokens* referentes a ativos, ficando sujeitos a deterem, a todo o momento capitais próprios pelo menos iguais a 350 mil euros ou a 2% do valor médio dos ativos de reserva, consoante qual seja maior[1213]. Quando um emitente oferece mais do que uma categoria de criptoativos, a percentagem referida deve reportar-se a cada uma das categorias de *tokens* com referência a ativos[1214].

O MiCA também prevê a existência de uma reserva de ativos que todos os emitentes de *tokens* com referência a ativos devem constituir para funcionar como mecanismo de estabilização, devendo os seus deta-

---

1209 Cfr. artigo 4.º, n.º 3, do MiCA.

1210 Cfr. artigo 5.º, n.º 5, alínea d), do MiCA.

1211 Cfr. artigos 15.º, 16.º e 18.º do MiCA.

1212 Cfr. artigo 12.º, n.º 2, do MiCA.

1213 Cfr. artigo 31.º, n.º 1, do MiCA. Nos termos do artigo 41.º, n.º 4, do MiCA, os requisitos de capital para os emitentes de tokens significativos com referência a ativos são de 350 mil euros ou a 3% do valor médio dos ativos de reserva, consoante qual seja maior.

1214 Cfr. artigo 31, n.º 1, terceiro parágrafo, do MiCA.

lhes estar expostos no *white paper*[1215]. Assim, estes emitentes devem assegurar a gestão prudente de tal reserva de ativos e devem, em particular, assegurar que a criação e destruição (*burns*) de *tokens* com referência a ativos sejam sempre acompanhados por um aumento ou diminuição correspondente nos ativos de reserva e que tal aumento ou diminuição é gerida de forma adequada, com vista a evitar impactos adversos no valor dos ativos de reserva. Para tanto, os emitentes de *tokens* com referência a ativos devem estabelecer, manter e detalhar políticas que descrevam, *inter alia*, a composição dos ativos de reserva, a alocação dos ativos, a avaliação abrangente dos riscos gerados pelos ativos de reserva, o procedimento para a criação e destruição dos ativos subjacentes aos *tokens*, a política de investimento do emitente, bem como o procedimento para comprar e resgatar os *tokens* com referência em ativos por contrapartida dos ativos em reserva[1216].

Adicionalmente às informações incluídas no *white paper*, os emitentes de *tokens* com referência a ativos também devem prestar informações aos detentores dos *tokens* emitidos, de forma contínua, devendo divulgar o montante de *tokens* e a composição dos ativos de reserva, com uma periodicidade mensal no mínimo. Outrossim, os emitentes devem divulgar qualquer evento que possa ter um impacto significativo no valor dos *tokens* com referência a ativos ou nos ativos da reserva, independentemente de tais criptoativos serem admitidos à negociação numa plataforma de negociação para criptoativos ou não[1217].

No que alude aos emitentes de *tokens* de moeda eletrónica, estes devem: (i) ser autorizados como instituição de crédito ou como instituição de moeda eletrónica; cumprir os requisitos previstos na Diretiva n.º 2009/110/CE; e (iii) publicarem um *white paper* nos termos do artigo 46.º do MiCA a que tenha sido comunicado à autoridade competente, pelo menos 20 dias úteis antes da sua publicação[1218]. As exigências referidas não se aplicam se os *tokens* de moedas eletrónica emitidos apenas foram

1215 Cfr. artigo 17.º do MiCA.

1216 Cfr. artigos 32.º a 35.º do MiCA.

1217 Cfr. artigo 27.º do MiCA.

1218 Cfr. artigo 43.º, n.º 1, e artigo 46.º, n.º 9, do MiCA.

distribuídos a investidores qualificados[1219] e se o saldo médio relativo aos *tokens* de moeda eletrónica emitidos não ultrapassar 5 milhões de euros, calculados numa base de 12 meses[1220].

São, igualmente, estabelecidas regras para os prestadores de serviços relativos a criptoativos, nomeadamente, requisitos prudenciais, requisitos organizacionais, deveres de salvaguarda dos fundos de clientes e de prevenção de conflitos de interesses e deveres de tratamento de reclamações dos clientes[1221]. Assim, estes prestadores de serviços devem, designadamente, apresentar membros dos órgãos de gestão com idoneidade, conhecimento e experiência para o desempenho das suas funções, devem ter controlos internos sólidos, mecanismos de avaliação de risco, bem como sistemas e procedimentos adequados para garantir a integridade e a confidencialidade das informações recebidas, devem apresentar mecanismos adequados para manter o registo de todas as transações e devem ter sistemas implantados para detetar possíveis situações de abuso de mercado provocadas por clientes[1222].

Os serviços relativos a criptoativos devem ser considerados «serviços financeiros» para efeitos da Diretiva n.º 2002/65/CE, relativa à comercialização à distância de serviços financeiros ao consumidor, pelo que, quando comercializados à distância, os contratos entre os prestadores de serviços relativos a criptoativos e os seus clientes devem estar sujeitos às disposições dessa Diretiva, devendo fornecer aos seus clientes informações claras, precisas e não enganosas, alertar os seus clientes sobre os riscos associados aos criptoativos e tornar públicas suas políticas de preços[1223].

Em termos de prevenção de situações de abuso de mercado, o MiCA não remete *in totum* para o Regulamento (UE) n.º 596/2014 (Regulamento do Abuso de Mercado), face à desproporcionalidade de requisitos que poderia significar para os prestadores de serviços relativos a criptoativos, que poderão ser maioritariamente PME. Assim, foram incluí-

1219 Tal como definidos na alínea e) do artigo 2.º do Regulamento (UE) n.º 2017/1129.

1220 Cfr. artigos 43.º, n.º 2, do MiCA.

1221 Cfr. artigos 59.º a 63.º do MiCA.

1222 Cfr. artigo 61.º do MiCA.

1223 Cfr. artigos 3.º e 5 da Diretiva n.º 2002/65/CE.

das disposições específicas sobre abuso de mercado que proíbem alguns comportamentos, tais como negociações com informações privilegiadas, divulgação ilegal de informações privilegiadas e manipulação de mercado relativa a criptoativos. Estas regras específicas sobre o abuso de mercado relativo a criptoativos devem ser aplicadas sempre que estes sejam admitidos à negociação numa plataforma de negociação de criptoativos, devendo-se ter em conta as especificidades do mercado poder funcionar numa estrutura DLT, na qual os criptoativos são negociados[1224].

Quanto à supervisão contínua dos *tokens* significativos com referência a ativos e *tokens* significativos de moeda eletrónica, esta é conferida à EBA, devido à necessidade uma maior harmonização para supervisionar atividades que podem envolver grandes volumes de transações de pagamento a um nível global, podendo apresentar riscos significativos à estabilidade financeira. No âmbito dessa supervisão, a EBA deve criar, gerir e presidir um colégio para emitentes de *tokens* significativos referenciados em ativos e *tokens* significativos de moeda eletrónica, que deve incluir a ESMA, todas as autoridades nacionais competentes dos Estados Membros onde estão sediados esses emitentes e outras entidades relevantes (nomeadamente, instituições de crédito e prestadores de serviços relativos a criptoativos envolvidos na emissão de *tokens* significativos referenciados em ativos e *tokens* significativos de moeda eletrónica), com vista a facilitar a cooperação e a troca de informações entre os seus membros e a emitir pareceres não vinculativos sobre medidas de supervisão[1225].

5. Proposta de Regulamento Europeu sobre o regime piloto para a utilização de DLT em estruturas de mercado (DLT Pilot Regime)

No pacote de medidas sobre *FinTech* apresentadas no dia 24 de setembro de 2020 pela Comissão Europeia, inclui-se a proposta de Regulamento Europeu sobre o regime piloto para a utilização de DLT em estruturas de mercado (doravante, DLT Pilot Regime), implementando uma abordagem semelhante à de uma *regulatory sandbox*, mas com um foco especí-

[1224] Cfr. artigos 76.º a 80.º do MiCA.

[1225] Cfr. artigos 98.º a 102.º do MiCA.

fico[1226]. Podemos, no entanto, apelidar este regime de *regulatory sandbox*, por estar em causa, essencialmente, a criação de um ambiente seguro de testes da aplicação de uma tecnologia emergente em atividades e serviços regulados.

Este regime tem quatro objetivos. O primeiro refere-se à criação de segurança jurídica perante a existência de dúvidas se as regras definidas atualmente para os mercados secundários de instrumentos se adequam inteiramente à DLT e aos criptoativos. O segundo objetivo é apoiar a inovação, eliminando obstáculos à adoção de novas tecnologias. O terceiro objetivo é garantir a proteção dos consumidores e investidores, bem como a integridade do mercado. Por último, o quarto objetivo é garantir a estabilidade financeira.

O DLT Pilot Regime visa, igualmente, permitir que as estruturas de mercado que utilizem DLT sejam temporariamente isentas de alguns requisitos específicos ao abrigo da legislação financeira da União Europa que, de outra forma, poderiam impedi-los de desenvolver soluções para a negociação e liquidação de transações em criptoativos que se qualifiquem como instrumentos financeiros. Existe, no entanto, uma lacuna importante, o registo de valores mobiliários, que já decorre da legislação da União Europeia.[1227].

Adicionalmente, trata-se de um regime opcional, não impedindo que as estruturas do mercado financeiro, como MTF, OTF, CSD e contrapartes centrais, exerçam as suas atividades negociação e pós-negociação para criptoativos que se qualifiquem como instrumentos financeiros, ao abrigo da legislação financeira da União Europeia[1228]. O DLT Pilot Regime permite, outrossim, que a ESMA e as autoridades competentes

---

[1226] Convergentemente, Dirk Zetzsche e Jannik Woxholth, *The DLT Sandbox under the EU Pilot Regulation*, 2021, p. 4, disponível em: https://papers.ssrn.com/.

[1227] Isto é, as regras do registo de valores mobiliários e dos sistemas de registo centralizado de valores mobiliários não estão harmonizadas a nível da União Europeia, cfr. Dirk Zetzsche e Jannik Woxholth, *The DLT Sandbox under the EU Pilot Regulation*, 2021, pp. 14 e ss., disponível em: https://papers.ssrn.com/. Em Portugal, o título II do Código dos Valores Mobiliários dedica-se a este tipo de regras, que recomendamos que sejam isentas pelo legislador nacional apenas no contexto da aplicação do DLT Pilot Regime, com vista a que haja um aproveitamento completo dos testes que se realizem nesse âmbito.

[1228] Cfr. artigos 4.º, n.º 1, do DLT Pilot Regime.

adquiram experiência sobre as oportunidades e riscos específicos da DLT e dos criptoativos que qualifiquem como instrumentos financeiros.

O objeto do DLT Pilot Regime é, também, estabelecer as regras para a autorização de certas entidades operarem MTF ou sistemas de pagamentos e de liquidação de valores mobiliários, através de DLT[1229], estabelecendo os requisitos para: (i) conceder e retirar tais autorizações específicas; (ii) conceder, modificar e retirar as isenções associadas às autorizações; (iii) determinar, modificar e retirar as condições, medidas compensatórias ou corretivas associadas às autorizações; operar MTF ou sistemas de pagamentos e de liquidação de valores mobiliários através de DLT; supervisionar as atividades referidas; e a cooperação entre os operadores de estruturas de mercado através de DLT, as autoridades competentes e a ESMA[1230].

As entidades autorizadas para operar MTF, através de DLT, nos termos do regime proposto, são as pessoas coletivas autorizadas a explorar MTF, ao abrigo da DMIF II[1231], e são chamadas de DLT MTF. As entidades autorizadas para operar sistemas de pagamentos e de liquidação de valores mobiliários, através de DLT, nos termos do regime proposto, são CSD[1232] e são chamadas de DLT SSS (*Securities Settlement System*)[1233].

O regime piloto proposto tem certas limitações, como os instrumentos financeiros admitidos[1234], que são apenas as ações cujo emitente tenha uma capitalização bolsista ou uma capitalização bolsista provisória inferior a 200 milhões de euros e as obrigações com uma dimensão de emis-

---

1229 Cfr. artigo 1.º, n.º 1, do DLT Pilot Regime.

1230 Cfr. artigo 1.º, n.º 2, do DLT Pilot Regime.

1231 Cfr. artigo 7.º, n.º 1, do DLT Pilot Regime.

1232 Cfr. artigo 8.º, n.º 1, do DLT Pilot Regime.

1233 É criticável que apenas possam recorrer ao DLT Pilot Regime entidades já autorizadas, uma vez que o regime exclui aquelas empresas que apenas querem desenvolver um projeto em DLT e não estão autorizadas a operar uma estrutura de mercado de uma forma tradicional. Desta forma, restringi-se fortemente a promoção da inovação. Converegentemente, Dirk Zetzsche e Jannik Woxholth, *The DLT Sandbox under the EU Pilot Regulation*, 2021, p. 30, disponível em: https://papers.ssrn.com/.

1234 Defendendo a inclusão de ETFs (exchange-traded funds), *vd.* Dirk Zetzsche e Jannik Woxholth, *The DLT Sandbox under the EU Pilot Regulation*, 2021, p. 13, disponível em: https://papers.ssrn.com/.

são inferior a 500 milhões de euros[1235]. Como limite que visa mitigar os riscos para a estabilidade financeira, o valor total de mercado dos valores mobiliários registados numa CSD que opere um sistema de liquidação de valores mobiliários, através de DLT, ou por um operador de MTF, através de DLT, não deve exceder 2,5 mil milhões de euros[1236].

A isenção referente aos MTF possibilitada pelo DLT Pilot Regime consiste na possibilidade de admitir a transação de valores mobiliários que não estejam registados sob forma escritural numa CSD, de acordo com o artigo 3, n.º 2, do Regulamento (UE) 909/2014, mas, em vez disso, estão registados numa DLT[1237].

A empresa de investimento ou o operador do mercado deve propor medidas compensatórias para alcançar os objetivos prosseguidos pelas disposições que são objeto do pedido de isenção e assegurar, no mínimo:

(a) Que os valores mobiliários baseados em DLT são registados no registo digital distribuído;
(b) Que o número de valores mobiliários baseados em DLT registados no DLT MTF corresponde ao número total de valores mobiliários baseados em DLT em circulação no registo digital distribuído, em qualquer momento;
(c) Que o DLT MTF mantém registos que permitam à empresa de investimento ou ao operador de mercado que opera o DLT MTF separar, sem demora e em qualquer momento, os valores mobiliários baseados em DLT de um membro, participante, emitente ou cliente dos de qualquer outro membro, participante, emitente ou cliente[1238].

1235 Cfr. artigo 3.º, n.º 1, do DLT Pilot Regime.

1236 Cfr. artigo 3.º, n.º 3, do DLT Pilot Regime. A autoridade competente em causa pode permitir que a estrutura de mercado que esteja a utilizar a DLT continue a operar no âmbito do regime piloto até que o valor total de mercado dos valores mobiliários comunicados atinja 2,75 mil milhões de euros, desde que tal margem seja solicitada pelo operador da estrutura de mercado em causa e que seja objetivamente necessário para a implementação ordenada da estratégia de transição, de acordo com o artigo 3.º, n.º 4, do DLT Pilot Regime.

1237 Cfr. artigo 4.º, n.ºs 1 e 2, do DLT Pilot Regime.

1238 Cfr. artigo 4.º, n.º 2, do DLT Pilot Regime.

Foi também apresentada uma Diretiva de alteração da DMIF II, que complementa ao DLT Pilot regime, para clarificar a definição de instrumentos financeiros, incluindo aqueles baseados em DLT, e para incluir a possibilidade de uma empresa de investimento ou operador de mercado admitirem pessoas singulares num MTF baseado em DLT, se idóneas para o efeito.

Para se compreender o impacto destas isenções, exemplificamos abaixo uma operação atual de transação de valores mobiliários no mercado secundário, nos termos da legislação nacional atual, com as atividades (de intermediação financeira e outras) com alguns requisitos das entidades envolvidas, com vista a compreender-se os encargos associados.

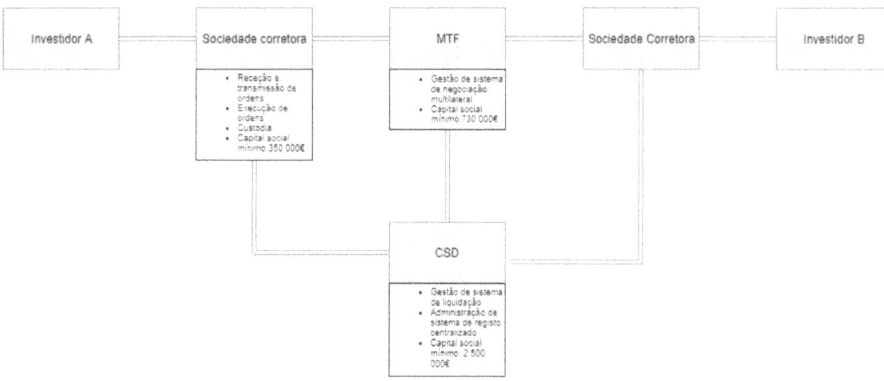

No DLT Pilot Regime, não será necessário a envolvência de sociedades corretoras, uma vez que pessoas singulares podem aceder diretamente ao MTF, nem de um CSD, dada a isenção do registo dos valores mobiliários sob forma escritural num CSD. Assim, demonstramos abaixo o que o DLT Pilot Regime pretende alcançar.

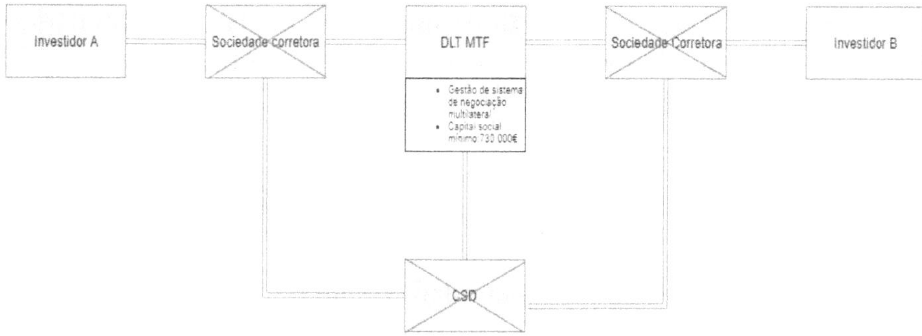

Relativamente às isenções previstas para as CSD neste regime piloto, prevê-se a possibilidade de não aplicação do artigo 2.º, n.ºs 4[1239], 9[1240] e 28[1241] e dos artigos 37.º[1242] e 38.º[1243] do Regulamento (UE) 909/2014, desde

[1239] Esta norma define forma desmaterializada o facto de determinados instrumentos financeiros existirem exclusivamente sob forma de registos escriturais, portanto, este regime piloto possibilita a existência de outra forma desmaterializada para o registo de instrumentos financeiros, a DLT.

[1240] Esta norma remete a definição de «ordem de transferência» para o artigo 2.º, alínea i), Diretiva n.º 98/26/CE, que dispões que uma ordem de transferência é uma instrução de um participante para colocar um certo montante pecuniário à disposição de um destinatário, através do lançamento nas contas de uma instituição de crédito, de um banco central ou de um agente de liquidação, ou uma instrução que resulte na assunção ou execução de uma obrigação de pagamento tal como definida pelas regras do sistema, ou uma instrução de um participante para transferir a titularidade de um ou mais valores mobiliários ou o direito relativo a um ou mais valores mobiliários através da inscrição num registo, ou sob outra forma.

[1241] Esta norma define conta de valores mobiliários como uma conta na qual podem ser creditados ou debitados valores mobiliários.

[1242] Esta norma obriga as CSD a tomar medidas de reconciliação adequadas para verificar se a quantidade de valores mobiliários que integram uma emissão ou parte de uma emissão de valores mobiliários integrada na CSD é igual à soma dos valores mobiliários registados nas contas de valores mobiliários dos participantes do sistema de liquidação de valores mobiliários gerido pela CSD e, se aplicável, nas contas de titularidade mantidas pela CSD. Essas medidas de reconciliação são tomadas pelo menos diariamente. (artigo 37.º, n.º 1, do Regulamento (UE) 909/2014).

[1243] Esta norma prevê que, para cada sistema de liquidação de valores mobiliários que gerem, as CSD devem manter registos e contas que lhes permitam, a qualquer momento e com a maior brevidade, segregar nas contas da CSD os valores mobiliários de um participante dos de qualquer outro participante e, se aplicável, dos próprios ativos da CSD (artigo 38.º, n.º 1, do Regulamento (UE) 909/2014).

que demonstrem que a utilização de uma conta de valores mobiliários ou que a utilização de um registo centralizado sob a forma escritural é incompatível com a utilização de uma DLT específica[1244]. Comparando com as isenções que se prevêm para os DLT MTF são mais extensos que para os DLT SSS, pelo que sugerimos que a proposta possa ser alterada no sentido de prever alguma igualdade no que esta figuras possam fazer neste regime piloto, nomeadamente, que o DLT SSS também possa funcionar sem recorrer a outras entidades. Para tanto, bastaria prever a possibilidade do DLT SSS abrangesse a operação de um MTF pela CSD, podendo admitir pessoas singulares, tal como no DLT MTF.

No requerimento que deve ser apresentado pelas entidades que se pretende sujeitar ao regime piloto às autoridades competentes, aquelas devem propor medidas compensatórias que assegurarem, no mínimo, o registo dos valores mobiliários numa DLT, que o número de valores mobiliários registados na DLT é igual ao número de valores mobiliários em circulação na DLT a todo o momento e que a estrutura de mercado mantém registos que permitem à estrutura de mercado, a todo o momento, segregar os valores mobiliários na DLT[1245]. No mesmo âmbito, devem as estruturas de mercado demonstrar que as isenções solicitadas são proporcionais e justificadas para o recurso a uma DLT e limitado ao DLT MTF e não são extensíveis a outras infraestruturas de mercado[1246].

Antes da decisão sobre a autorização para as estruturas de mercados poderem aproveitar as isenções previstas neste regime, as autoridades competentes notificam e disponibilizam as informações relevantes à ESMA e, no prazo de três meses a contar da receção da notificação referida, a ESMA deve enviar à autoridade competente um parecer não vinculativo sobre o requerimento e fazer recomendações sobre as isenções solicitadas pelo requerente, que sejam necessárias para garantir a proteção do investidor, a integridade do mercado e a estabilidade financeira[1247].

As autoridades competentes devem recusar uma autorização específica ao abrigo do regime previsto nesta proposta, se forem detetados ris-

[1244] Cfr. artigo 5.º, n.º 2, primeiro parágrafo e alínea a), do DLT Pilot Regime.

[1245] Cfr. artigos 4.º, n.º 2, segundo parágrafo, e artigo 5.º, n.º 2, alínea b), do DLT Pilot Regime.

[1246] Cfr. artigos 4.º, n.º 4, e artigo 5.º, n.º 4, do DLT Pilot Regime.

[1247] Cfr. artigo 7.º, n.º 2, e artigo 8.º, n.º 3, do DLT Pilot Regime.

cos significativos para a proteção do investidor, a integridade do mercado ou a estabilidade financeira que não foram devidamente tratados e mitigados pelo requerente ou a autorização específica visar apenas contornar os requisitos legais aplicáveis[1248].

A autoridade competente que concedeu uma autorização específica ao abrigo do regime piloto pode retirar essa autorização ou qualquer das isenções concedidas, após consulta da ESMA, se ocorrer alguma das seguintes situações: (i) uma falha foi descoberta no funcionamento do DLT ou nos serviços e atividades fornecidos pelo explorador do MTF ou pela CSD, que representa um risco para a proteção do investidor, integridade do mercado ou estabilidade financeira, que supera os benefícios dos serviços e atividades em experimentação; (ii) o explorador do MTF ou a CSD violou as condições associadas às isenções concedidas pela autoridade competente; (iii) o explorador do MTF admitiu à negociação instrumentos financeiros que não cumprem as condições estabelecidas no regime piloto; (iv) o explorador do MTF ou a CSD registou valores mobiliários que não cumprem as condições estabelecidas no regime piloto; (v) o explorador excedeu os limites previsto no regime piloto; ou (vi) a autoridade competente toma conhecimento de que a exploradora do MTF ou a CSD obteve essa autorização ou isenções relacionadas com base em informações enganosas, incluindo qualquer omissão relevante[1249].

Por fim, referimos que cinco anos após a entrada em vigor do DLT Pilot Regime, a ESMA deverá apresentar um relatório à Comissão Europeia sobre este regime, incluindo os benefícios potenciais associados à utilização de DLT, os riscos suscitados e as dificuldades técnicas[1250].

Nesta sequência e com base no relatório da ESMA, a Comissão Europeia deverá apresentar um relatório ao Conselho Europeu e ao Parlamento Europeu que avalie os custos e benefícios de uma de quatro opções: (i) a prorrogação deste regime, (ii) a extensão a outros instrumentos financeiros; (iii) tornar o regime permanente com ou sem modi-

[1248] Cfr. artigo 7.º, n.º 3, e artigo 8.º, n.º 4, do DLT Pilot Regime.

[1249] Cfr. artigo 7.º, n.º 5, e artigo 8.º, n.º 6, do DLT Pilot Regime.

[1250] Cfr. artigo 10.º, n.º 1, do DLT Pilot Regime.

ficações, introduzindo alterações à legislação financeira da União Europeia; ou (iv) terminar o regime[1251].

A execução do DLT Pilot Regime na ordem jurídica nacional implicará a adaptação das normas nacionais que são afetadas pelo DLT Pilot Regime, nomeadamente, aquelas que transpuseram a DMIF e que replicaram a CSDR, mas que são alvo de isenções pelo DLT Pilot Regime. Outra implicação é a aplicação de normas de âmbito meramente nacional, ou seja, que envolvem matérias que não são harmonizadas a nível da União Europeia e que poderão afetar a aplicação do DLT Pilot Regime.

Deste modo, o principal desafio do DLT Pilot Regime é a harmonização muito reduzida na legislação da União Europeia ao nível de sistemas de registo de valores mobiliários. Face ao exposto, importará avaliar se a normais legais e regulamentares relativa a sistemas de registo, sobretudo contidas no Código dos Valores Mobiliários, no Decreto-Lei n.º 357-C/2007 e no Regulamento da CMVM n.º 14/2000, poderão prejudicar a aplicação do DLT Pilot Regime, por, nomeadamente, não se revelarem adequadas à utilização de DLT.

Uma dessas normas nacionais que poderão suscitar dificuldades é o artigo 62.º do Código dos Valores Mobiliários, que obriga a integrar os valores mobiliários escriturais admitidos à negociação em sistema de negociação multilateral num sistema centralizado. Face ao envolvimento de apenas uma estrutura de mercado DLT na negociação de instrumentos financeiros no âmbito do DLT Pilot Regime, será de admitir a possibilidade de um sistema descentralizado de registo neste caso, ou seja, apenas com o registo dos valores mobiliários junto de um intermediário financeiro.

Outro exemplo é a obrigação de objeto exclusivo por parte das sociedades gestoras de sistema de liquidação, das sociedades gestoras de sistema centralizado de valores mobiliários (artigo 45.º, n.º 1, do Decreto-Lei n.º 357-C/2007) e das empresas de investimento que exerçam a atividade de gestão de sistemas de negociação multilateral (artigo 9.º, b), do Decreto-Lei n.º 109-H/2021). Esta obrigação de objeto exclusivo terá de ser mitigada pela admissibilidade suscitada pelo DLT Pilot Regime,

---

[1251] Cfr. artigo 10.º, n.º 2, da DLT Pilot Regime.

uma vez que se trata Regulamento europeu que se sobrepõe à legislação nacional. Assim, uma interpretação conforme ao Direito da União Europeia permitirá a um DLT MTF dispensar um CSD para o registo dos valores mobiliários negociados.

No entanto, alguns dos potenciais interessados no DLT Pilot Regime também estão envolvidos na negociação de criptoativos que não se qualifiquem enquanto instrumentos financeiros. Ora, quaisquer serviços sob esses criptoativos extravasam o âmbito dos serviços de investimento ou serviços auxiliares que abrangem o objeto social exclusivo das empresas de investimento. Por conseguinte, as empresas de investimento não podem prestar quaisquer serviços sob criptoativos que não se qualifiquem enquanto instrumentos financeiros. Esta proibição poderá traduzir-se numa desvantagem do ordenamento jurídico nacional para atração de potenciais interessados no DLT Pilot Regime.

III.
Enquadramento jurídico das *Initial Coin Offerings* no Sistema Jurídico Nacional

1. *Initial Coin Offerings*, figuras aplicáveis e figuras de fronteira

As *Initial Coin Offerings* enquadram-se na terceira vertente da *FinTech*, ou seja, consubstanciam um modelo de negócio inovador com base numa tecnologia emergente, neste caso, nas DLT. Existe todo um ecossistema, novas formas de organização e novos instrumentos que envolvem as *Initial Coin Offerings*, merecendo todas estas envolvências especiais cuidados de forma a verificarmos o que é inovador e o que se baseia exatamente em modelos já regulados.

Dessa forma e pela clara inspiração das *Initial Coin Offerings* no modelo das *Initial Public Offerings*, em português, ofertas públicas de valores mobiliários, existem certamente figuras aplicáveis e figuras de fronteira às *Initial Coin Offerings* no nosso ordenamento jurídico, especialmente, nas figuras que se relacionam com financiamento, que são as que interessam para o nosso estudo e que, portanto, iremos perscrutar nas próximas páginas.

1.1. *Initial Coin Offerings* e ofertas públicas de valores mobiliários

As ofertas constituem procedimentos, no sentido em que são compostas por atos complexos integrados por uma pluralidade de outros atos, todos eles coordenados entre si tendentes à produção de um resultado final[1252].

[1252] Cfr. Paula Costa e Silva, "Ofertas Públicas", in *Direito dos Valores Mobiliários e dos Mercados de Capitais – Angola, Brasil e Portugal*, coord. António Barreto Menezes Cordeiro e Francisco Satiro, Almedina, Coimbra, 2019, p. 168.

Constatando-se que certos criptoativos podem ser qualificados como valores mobiliários, tal implica que as *Initial Coin Offerings* podem ser ofertas públicas relativas a valores mobiliários, por serem propostas dirigidas ao público que têm em vista a emissão de criptoativos enquanto valores mobiliários.

Deste modo, as *Initial Coin Offerings* que englobem a emissão de criptoativos que se qualificam como valores mobiliários cujo montante monetário calculado ao longo de um período de 12 meses é igual ou superior a € 8.000.000 estão sujeitas ao regime das ofertas públicas previsto no CVM (artigos 108.º a 197.º), porquanto as principais consequências que decorrem deste regime são, nomeadamente, o dever de comunicação da oferta à CMVM (artigo 114.º, n.º 2, do CVM) e a necessidade de aprovação do prospeto pela CMVM (artigo 114.º, n.º 1, do CVM).

A falta de registo do prospeto ou da sua aprovação faz incorrer o emitente/oferente numa contraordenação muito grave, nos termos do artigo 393.º, n.º 1, do CVM, punível com coima de € 25.000 a € 5.000.000 (artigo 338.º, n.º 1, a), do CVM). Tal sucede devido à essencialidade do prospeto, um documento que "fornece aos investidores a informação necessária para uma tomada de decisão esclarecida e fundamentada"[1253]. Adicionalmente, poderá existir responsabilidade dos emitentes/oferentes pelos danos causados pela desconformidade do conteúdo do prospeto (salvo se provarem que agiram sem culpa), nos termos do artigo 149.º do CVM[1254]. Estas são cominações passíveis de se imputar às emitentes/oferentes de criptoativos numa *Initial Coin Offering*, quando estas sejam valores mobiliários, caso as emitentes/oferentes incumpram os deveres referidos.

No comunicado da CMVM às entidades envolvidas no lançamento de *Initial Coin Offerings* relativo à qualificação jurídica dos *tokens*, também, é referido que "na circunstância de uma ICO ser dirigida a investidores residentes em Portugal e de os *tokens* serem valores mobiliários na aceção

---

[1253] Ana Perestrelo de Oliveira, *Manual de Corporate Finance*, 2.ª ed., Almedina, Coimbra, 2015, p. 102.

[1254] Cfr. António Garcia Rolo, "As Criptomoedas como Meio de Financiamento e a Qualificação dos *Tokens*", in *Fintech II – Novos estudos sobre tecnologia financeira*, coord. António Menezes Cordeiro, Ana Perestrelo de Oliveira e Diogo Pereira Duarte, Almedina, Coimbra, 2019, p. 293.

do CVM, será aplicável a legislação relevante a nível nacional e da União Europeia, em especial e sem prejuízo de outras (i) as regras de emissão e representação e, bem assim, as regras relativas à respetiva transmissão; (ii) caso aplicável, as regras relativas às ofertas públicas; (iii) as normas quanto à comercialização de instrumentos financeiros para os efeitos da DMIF II; (iv) requisitos de qualidade da informação; (v) as regras relativas ao abuso de mercado"[1255].

Existem, no entanto, alguns problemas relacionados com as consequências da qualificação dos criptoativos como valores mobiliários, que analisaremos *infra*, uma vez que a legislação de valores mobiliários atual não foi concebida tendo em conta as DLT e as criptoativos.

Outra questão é que apenas estamos a referirmo-nos a critpoativos que se qualifiquem como valores mobiliários, existindo criptoativos em que não se pode fazer essa qualificação, isto é, nem todos os criptoativos são valores mobiliários, pelo que a legislação aplicável vai depender dessa qualificação.

1.2. *Initial Coin Offerings* e *Crowdfunding*

Existe no mercado uma tendência de comparação entre as *Initial Coin Offerings* e o *Crowdfunding* por serem duas figuras *FinTech* que se dedicam ao financiamento empresarial. Não são, no entanto, figuras que se confundem, uma vez que, como vimos, o *Crowdfunding* consiste num processo de intermediação entre beneficiários e investidores através de uma plataforma eletrónica que agrega várias ofertas de múltiplos beneficiários endereçadas a uma pluralidade de investidores, enquanto nas *Initial Coin Offerings* existe um contacto direto entre beneficiários e investidores, sem recurso a um terceiro. Haverá, decerto, uma plataforma eletrónica para a publicação da oferta, mas esta pertencerá ao próprio beneficiário, não existindo qualquer processo de intermediação.

[1255] CMVM, comunicado de imprensa "Comunicado da CMVM às entidades envolvidas no lançamento de "Initial Coin Offerings" (ICOs) relativo à qualificação jurídica dos tokens", 2018, disponível em: https://www.cmvm.pt/pt/Comunicados/Comunicados/Pages/20180723a.aspx.

Poderá, eventualmente, existir um cruzamento das figuras, se uma plataforma de *Crowdfunding* se dedicar à publicação de *Initial Coin Offerings*. No enquadramento jurídico que propusemos para o *Crowdfunding*, tal apenas seria possível se os criptoativos emitidos através das *Initial Coin Offerings* apresentadas na plataforma de *Crowdfunding* se qualificassem como valores mobiliários, devido à delimitação de atividades de investimento que propusemos no âmbito do regime jurídico do *Crowdfunding*.

Existem plataformas de finanças descentralizadas que se deficam à facilitação de empréstimo de criptoativos. Neste contexto, o RJFC define o financiamento colaborativo por empréstimo como a modalidade "através do qual a entidade financiada remunera o financiamento obtido através do pagamento de juros fixados no momento da angariação". No Regulamento (UE) 2020/1503, um empréstimo é definido como "um acordo pelo qual um investidor coloca à disposição do promotor do projeto uma quantia em dinheiro acordada durante um prazo acordado e pelo qual o promotor do projeto assume uma obrigação incondicional de reembolsar esse montante ao investidor, juntamente com os juros vencidos, em conformidade com o calendário de pagamento das parcelas", conforme a alínea b) do n.º 1 do artigo 2.º.

A principal diferença entre as duas definições é a referência expressa a dinheiro no regime europeu, parecendo que que se refere à figura da moeda fiduciária, dado que não existe qualquer definição de dinheiro na legislação da União Europeia e na legislação nacional. No nosso entendimento, deve-se presumir que foi esta a intenção do legislador face à desadequação das regras do Regulamento (UE) 2020/1503 aos criptoativos (nomeadamente, a ligação à atividade creditícia das instituições de crédito). Desta forma, o empréstimo de criptoativos não se enquadra no âmbito do Regulamento (UE) 2020/1503, enquanto na Lei n.º 102/2015 parece haver mais flexibilidade na definição de empréstimo, pelo que, com a alteração do quadro jurídico do financiamento colaborativo, perder-se-á a capacidade de enquadrar a atividade de intermediação de empréstimo de criptoativos[1256].

[1256] Cfr. João Vieira dos Santos, "Financiamento Colaborativo e sociedade por quotas" in *Revista de Direito das Sociedades*, Ano XIII, n.º 2, 2021, p. 184.

Entende-se, em suma, que os empréstimos se enquadram no RJFC correspondem aos contratos de mútuo, definindo o artigo 1142.º do Código Civil que o "mútuo é o contrato pelo qual uma das partes empresta à outra dinheiro ou outra coisa fungível, ficando a segunda obrigada a restituir outro tanto do mesmo género e qualidade". Ora, sendo os criptoativos, genericamente, coisas fungíveis[1257], o seu empréstimo pode enquadrar-se numa das modalidades de financiamento colaborativo do RJFC.

Pelo contrário, a referência a dinheiro nos empréstimos que se enquadram no âmbito do Regulamento (UE) 2020/1503 deve ser entendida como moeda fiduciária, dado que não existe qualquer definição de dinheiro na legislação da União Europeia e na legislação nacional, presumindo-se que foi esta a intenção do legislador face ao contexto. Relativamente a moeda fiduciária, encontra-se a sua menção na Diretiva (UE) 2018/843, em contraposição a moeda virtual, e encontra-se a sua definição na Lei n.º 58/2020, de 31 de agosto, que transpôs a referida Diretiva, correspondendo a "notas de banco e moedas designadas como tendo curso legal, moeda escritural e moeda eletrónica". Desta forma, a facilitação de empréstimos de criptoativos não se enquadra no âmbito de nenhuma das modalidades de *Crowdfunding* do Regulamento (UE) 2020/1503.

2. Qualificação jurídica dos criptoativos

Pela breve excursão que efetuámos, verifica-se que não existem muitas figuras jurídicas que se possam a aplicar às *Initial Coin Offerings*, tendo-se, também aferido que a aplicação dos regimes jurídicos presentes no nosso ordenamento dependerá da qualificação jurídica dos criptoativos emitidos em cada *Initial Coin Offering*, uma vez que os criptoativos são apenas representações digitais de valor e a sua composição é livremente estabelecida pelo emitente.

[1257] Cfr. PEDRO FERREIRA MALAQUIAS, "Cripto-ativos e a necessidade da sua regulação", in *Cadernos do Mercado de Valores Mobiliários – 20 anos do Código dos Valores Mobiliários*, Almedina, Coimbra, 2021, p. 228.

Na ordem jurídica nacional, a Lei n.º 58/2020, de 31 de agosto, que transpôs a Diretiva n.º 2018/843 do Parlamento Europeu e do Conselho, de 30 de maio de 2018, denominada de quinta Diretiva relativa ao combate ao branqueamento de capitais e ao financiamento de terrorismo[1258], avançou com uma definição de ativo virtual, na alínea ll) do n.º 1 do seu artigo 2.º: "uma representação digital de valor que não esteja necessariamente ligada a uma moeda legalmente estabelecida e que não possua o estatuto jurídico de moeda fiduciária, mas que é aceite por pessoas singulares ou coletivas como meio de troca ou de investimento e que pode ser transferida, armazenada e comercializada por via eletrónica". Este conceito de ativo virtual inserido no nosso ordenamento abrange não só criptoativos como outras realidades que não se baseiam em DLT, excluindo-se os ativos utilizados em contexto de jogos, que serão exclusivamente utilizadas naquele ambiente específico[1259].

Desta forma, podemo-nos referir a criptoativos como ativos virtuais transferidos e armazenados numa DLT, mas isso pouco nos ajudará quanto à qualificação jurídica destes instrumentos. Tão pouco, a tipologia que apresentamos anteriormente poderá rigorosamente servir como critério de qualificação jurídica dos criptoativos, apesar de poder ser um bom orientador destas realidades e das funções sociais e económicas, com vista à compreensão de todo o ambiente envolvente. Com efeito, o fenómeno dos criptoativos tem muitas semelhanças com as formas de investimento e com os meios de pagamento do sistema financeiro, nomeadamente, a análise técnica dos dados das transações, o aconselhamento técnico e a prospeção de produtos.

As particularidades deste fenómeno permitem-nos inferir que os criptoativos são percecionados pelos interessados na sua aquisição não só como meios de troca, mas também e principalmente como produtos de investimento, independentemente dos direitos subjacentes a esses ativos. Pelo exposto, vemos, como mais adequado, analisar o possível enquadramento jurídico dos criptoativos tendo em conta, estas finalidades de investimento, por serem aqueles que se aproximam do escopo do nosso

---

[1258] Esta Diretiva proporciona enormes vantagens para a regulação dos criptoativos, nomeadamente, a mitigação da pseudonomização associada a estes instrumentos.

[1259] Nos termos do considerando (10) da Diretiva n.º 2018/843, de 30 de maio.

estudo, sem antes expormos muito sumariamente a relação dos criptoativos com as espécies monetárias.

2.1. Os criptoativos enquanto representações de moeda

No ordenamento jurídico português não existe um conceito de moeda, devendo-se, por conseguinte, "encontrar os casos em que o legislador atribuiu consequências jurídicas relevantes ao desempenho de funções monetárias de pagamento por determinado bem. Esses bens serão designados por moeda, para efeitos jurídicos, independentemente do modo como o reconhecimento foi feito e da extensão das consequências jurídicas"[1260].

Nesta ótica, é importante notar o recurso às expressões "curso legal" e "poder liberatório", que estão estritamente ligadas à obrigatoriedade de aceitação. Isto é, o credor não pode "justificar a recusa de notas e moedas em euros com motivos atinentes ao objeto mediato da obrigação, *i.e.*, à qualificação das espécies monetárias como moeda"[1261]. Esta obrigatoriedade é concedida pela atribuição de curso legal a certos suportes monetários, tratando-se, por isso, de um regime supletivo em que se as partes nada estipularem, o pagamento deverá ser efetuado na moeda legalmente definida, não podendo o credor recusá-la[1262]. O mesmo não sucede com os criptoativos. Mesmo que haja quem aceite os criptoativos como objeto mediato de cumprimento de uma obrigação, tal é feito numa base voluntária[1263] e não devido à obrigatoriedade de aceitação, pois esta não existe sequer.

1260 Francisco Mendes Correia, *Moeda Bancária e Cumprimento. O Cumprimento das Obrigações Pecuniárias através de Serviços de Pagamento*, Almedina, Coimbra, 2017, p.115.

1261 Francisco Mendes Correia, *Moeda Bancária e Cumprimento. O Cumprimento das Obrigações Pecuniárias através de Serviços de Pagamento*, Almedina, Coimbra, 2017, p. 142.

1262 Cfr. Paulo Duarte, "Um Depósito Bancário não é um (Contrato de) Depósito: Ou a Desadequação da Linguagem dos Contratos Reais à Realidade do Dinheiro Bancário no Actual Sistema Monetário", in *Estudos de Direito do Consumidor*, n.º 10, 2016, p. 392, disponível em: https://www.fd.uc.pt/cdc/pdfs/rev_10_completo.pdf.

1263 Iris Barsan, *Legal Challenges of Initial Coin Offerings (ICO)*, 2017, p. 2 disponível em: https://papers.ssrn.com/.

No caso Skatteverket vs. David Hedqvist do Tribunal de Justiça da União Europeia, de 22 de outubro de 2015, processo C-264/14[1264], a *bitcoin* foi considerada um meio de pagamento contratual[1265], decisão que merece a nossa concordância. Neste sentido, os criptoativos podem funcionar como meio de pagamento por acordo das partes para o cumprimento de certa obrigação, mas tal estipulação contratual não implica que os criptoativos sejam comummente aceites pela sociedade civil como meio de pagamento nem que se estabeleça legalmente a obrigatoriedade da sua aceitação[1266]. Podemos, no entanto, considerar estarmos perante um "preço" na fixação do valor de um bem em criptoativos, devido às suas potencialidades de funcionar como unidade de conta, sendo, neste sentido, comparáveis funcionalmente, à moeda em sentido jurídico[1267].

Podemos, assim, qualificar este tipo de criptoativos que podem ser enquadrados nos *Currency Tokens* como meios de pagamento, expressão também utilizada no considerando (10) da Diretiva (UE) 2018/843, relativa à prevenção da utilização do sistema financeiro para efeitos de branqueamento de capitais ou de financiamento do terrorismo.

No entanto, alguns criptoativos podem ser qualificados como moeda eletrónica, que é definida pelo Decreto-Lei n.º 91/2018, de 12 de novem-

---

1264 Acórdão disponível em: http://curia.europa.eu/.

1265 Verifica-se, de facto, que os criptoativos têm várias semelhanças com os instrumentos monetários, como por exemplo, a elevada liquidez, podendo ser negociados rapidamente no mercado. Sobre as caraterísticas dos instrumentos monetários cfr. José Engrácia Antunes, *Os Instrumentos Financeiros*, 4-.ª ed., Almedina, Coimbra, 2020, p. 262.

1266 No Japão, já foi publicada uma Lei, em abril de 2017, que estabelece os criptoativos como um meio de pagamento. Desta forma, os criptoativos são consideradas moeda em sentido jurídico, no Japão, devido à obrigatoriedade da sua aceitação, cfr. Stéphane Blemus, *Law and Blockchain: a legal perspective on current regulatory trends worldwide*, 2017, p. 7, disponível em: https://papers.ssrn.com/. Referindo-se a esta finalidade como ""moeda contratualizada", uma vez que são utilizadas entre particulares que acordaram previamente na sua aceitação para fins determinados, Luís Guilherme Catarino, Inovação Financeira e ICOs: mercados privados alternativos, 2018, p. 27, disponível em: https://institutovaloresmobiliarios.pt/estudos/pdfs/1548431077icos_lgc_vf.pdf.

1267 Convergentemente, qualificando a compra de bens com bitcoins como um contrato de compra e venda e não como de troca, Paulo Duarte, "Obrigações de Dinheiro (Obrigações Monetárias) e Obrigações de Bitcoins", in Estudos de Direito do Consumidor, n.º 14, 2018 pp. 380 e 381., disponível em: https://www.fd.uc.pt/cdc/pdfs/rev_14_completo.pdf.

bro, que aprova o Regime Jurídico dos Serviços de Pagamento e da Moeda Eletrónica, como um valor monetário armazenado eletronicamente, inclusive de forma magnética, representado por um crédito sobre o emitente e emitido após receção de notas de banco, moedas e moeda escritural, para efetuar operações de pagamento e que seja aceite por pessoa singular ou coletiva diferente do emitente de moeda eletrónica. A moeda eletrónica é um signo eletrónico que carece de valor intrínseco, valendo apenas pela confiança que nele depositam os agentes económicos que se dispõem a aceitá-los, confiando que o emitente honrará, quando solicitado, o dever de proceder ao reembolso dos fundos contra cuja receção a moeda foi inicialmente emitida[1268].

Deste modo, os criptoativos qualificam-se como moeda eletrónica, caso o seu valor esteja associado ao valor de uma moeda em curso legal e caso representem um direito de crédito, por exemplo, se uma unidade de conta de um criptoativo corresponder sempre a um euro e se o adquirente poder exigir a prestação desse valor[1269], devendo as entidades que emitem esses criptoativos registar-se como instituições de moeda eletrónica junto do Banco de Portugal, nos termos dos artigos 11.º, 14.º, 18.º e 19.º do Regime Jurídico dos Serviços de Pagamento e da Moeda Eletrónica (Decreto-Lei n.º 91/2018, de 12 de Novembro).

Nos termos deste diploma, apenas as instituições de moeda eletrónica podem emitir moeda eletrónica, devendo ser autorizadas pelo Banco de Portugal e devendo satisfazer as condições previstas no artigo 18.º do Regime Jurídico dos Serviços de Pagamento e da Moeda Eletrónica. Verifica-se, assim, a importância da qualificação de um certo criptoativo enquanto moeda eletrónica, uma vez que a emissão de moeda eletrónica está reservada a entidades autorizadas.

[1268] Cfr. Fernando Conceição Nunes, "As Instituições de Moeda Electrónica e a Crise do Conceito Legal", in *Estudos em Homenagem ao Professor Doutor Paulo de Pitta e Cunha*, Vol. III, coord. Jorge Miranda, António Menezes Cordeiro, Eduardo Paz Ferreira e José Duarte Nogueira, Almedina, Coimbra, 2010, p. 127.

[1269] Deve-se estabelecer um vínculo jurídico por virtude do qual uma pessoa fica adstrita para com outra à realização de uma prestação, cfr. Mário Júlio de Almeida Costa, *Noções de Direito Civil*, Almedina, Coimbra, 1980, p. 20.

Na Lei n.º 58/2020, de 31 de agosto, introduziu-se o termo moeda fiduciária, definido no artigo 2.º, n.º 1, alínea kk), como notas de banco e moedas designadas como tendo curso legal, moeda escritural[1270] e moeda eletrónica. A introdução deste termo teve em vista, no nosso entendimento, contrapor-se ao termo ativos virtuais, sendo que moeda fiduciária abrange todas as realidades em que é conferida força liberatória legal. Salienta-se, igualmente, que é esclarecido no conceito legal de ativo vir-

---

[1270] Trata-se de moeda bancária, que consiste em moeda privada criada a partir dos créditos de que um banco é devedor e em que o Estado confere, em muitos casos, força liberatória legal. A criação de moeda opera-se através da concessão de crédito, porque nesse ato constitui-se um crédito a favor do mutuário e outo crédito devido ao depósito, correspondendo este depósito à criação de moeda escritural, cfr. Luís Miguel Pestana de Vasconcelos, Direito Bancário, 2.ª ed., Almedina Coimbra, 2019, pp. 28 e ss.; A criação de moeda bancária explica-se, igualmente, pelo regime de reservas mínimas fixado pelo BCE, sendo rácio principal fixado de 1.º, nos termos do artigo 3.º do Regulamento (UE) n.º 1358/2011. "Quer isto dizer que por cada 100 euros de depósitos (à ordem e de curto prazo) e títulos de dívida emitidos, as instituições de crédito devem manter 1 euro na respetiva conta de reserva aberta junto do Banco de Portugal. Donde se retira que a expansão da moeda bancária não é irrestrita em Portugal, e que, no limite, e simplificadamente, por cada novos 100 euros de crédito que uma instituição de crédito queira conceder, através de uma movimentação a crédito de uma conta bancária à ordem, deverá angaria 1 euro de novos recursos, para reforçar a sua conta de reservas", Francisco Mendes Correia, *Moeda Bancária e Cumprimento. O Cumprimento das Obrigações Pecuniárias através de Serviços de Pagamento*, Almedina, Coimbra, 2017, pp. 119 e 120. Paulo Duarte refere que o "depósito bancário, como venho repisando ao longo do texto não é mais do que uma específica obrigação monetária, que adquire a natureza de "dinheiro" ("moneyness") por efeito do acto de inscrição em conta", Paulo Duarte, "Um Depósito Bancário não é um (Contrato de) Depósito: Ou a Desadequação da Linguagem dos Contratos Reais à Realidade do Dinheiro Bancário no Actual Sistema Monetário", in *Estudos de Direito do Consumidor*, n.º 10, 2016, p. 424, disponível em: https://www.fd.uc.pt/cdc/pdfs/rev_10_completo.pdf. Defendendo a equiparação entre moeda corpórea e moeda bancária no plano jurídico, Carlos Osório de Castro, *Os Efeitos da Nulidade da Patente sobre o Contrato de Licença da Invenção Patenteada*, Universidade Católica Portuguesa, Porto, 1994, p. 190; Francisco Mendes Correia, *Moeda Bancária e Cumprimento. O Cumprimento das Obrigações Pecuniárias através de Serviços de Pagamento*, Almedina, Coimbra, 2017, pp. 144 e ss.; Contra esta equiparação entre moeda corpórea e moeda bancária, José Simões Patrício, *Direito Bancário Privado*, Lisboa, Quid Juris, 2004, p. 192; António Pedro de Azevedo Ferreira, "Contributo para uma abordagem integrada de moeda" in *Galileu – Revista de Economia e Direito*, VII, n.º 2, EdiUal, Lisboa, 2002, pp. 30 e ss.; Vítor Pereira Neves, "A Protecção do Proprietário Despossado de Dinheiro – Estudo dos Direito Inglês e Português", in *Transmissão da Propriedade e Contrato*, Almedina, Coimbra, 2001, p. 146.

tual que ficam excluídas as representações digitais que não possuam o estatuto jurídico de moeda fiduciária, nos termos do artigo 2.º, n.º 1, alínea ll). Fora desse regime, os conceitos de criptoativo e moeda eletrónica podem coincidir, uma vez que ainda não existe a definição de criptoativo na nossa ordem jurídica.

Outra funcionalidade muito comum nas *Initial Coin Offerings* é a associação do valor do criptoativo ao valor de um ou mais ativos estáveis, chamando-se a esses criptoativos de *stable coins*. Devido à recente desvalorização da maioria dos criptoativos do mercado, o interesse nas *stable coins* tem vindo a aumentar, destacando-se o projeto da libra do Facebook, anunciada a 18 de junho de 2019[1271].

As *stable coins* atraíram a atenção do público e dos reguladores em todo o mundo, tratando-se de uma variante particular de criptoativos que incorpora mecanismos de estabilidade destinados a mitigar o típico problema da volatilidade[1272]. Embora o mercado de criptoativos permaneça modesto em tamanho e atualmente não represente uma ameaça à estabilidade financeira, isso pode mudar com o advento das *stable coins*, que procuram uma adoção mais ampla incorporando recursos que visam manter um valor estável e explorar os efeitos decorrentes das empresas que promovem esses ativos.

A qualificação jurídica das *stablecoins* também não é clara, podendo estas ser consideradas como moeda eletrónica, caso o ativo subjacente seja uma única moeda com curso legal, valores mobiliários, podendo ser *warrants* autónomos ou unidades de participação, consoante as caraterísticas dos ativos subjacentes e do emitente, instrumentos derivados, tais como, opções, futuros, *swaps*, *caps*, *floors* ou *collars*, documentos que representam a propriedade de um bem de consumo.

[1271] O valor da libra do Facebook estará associado ao valor de várias moedas com curso legal e outros ativos, debatendo-se nos Estados Unidos da América se esta *stable coin* se pode qualificar como um ETF *(Exchange-Traded Funds)*, cfr. https://financialservices.house.gov/uploadedfiles/hhrg-116-ba00-20190717-sd002_-_memo.pdf

[1272] Cfr. José Engrácia Antunes, "As Criptomoedas", in *Revista da Ordem dos Advogados*, Ano 81 – Vol. I/II – Jan./Jun. 2021, p. 167, disponível em: https://portal.oa.pt/publicacoes/revista/ano-2021/.

2.2. Os criptoativos enquanto representações de instrumentos financeiros

O elenco de instrumentos financeiros[1273] está previsto no artigo 2.º, n.º 1, do CVM, sendo estes instrumentos o objeto central do Direito dos Valores Mobiliários[1274]. A Lei n.º 99-A/2021, de 31 de dezembro, alterou a Lei de Combate ao Branqueamento de Capitais e Financiamento do Terrorismo (Lei n.º 83/2017, de 18 de agosto) para clarificar que o conceito de ativo virtual não abrange valores mobiliários nem outros instrumentos para o âmbito da referida Lei. Contudo, para outros âmbitos é possível que os criptoativos se qualiquem enquanto instrumentos financeiros

Dentro deste conceito de instrumento financeiro, existem os instrumentos monetários (instrumentos de curto prazo), os valores mobiliários e os instrumentos derivados (instrumentos de médio e longo prazo). Os instrumentos monetários caraterizam-se por serem instrumentos dotados de elevada liquidez e baixo risco[1275]. Uma vez que a grande parte dos criptoativos têm uma durabilidade de longo prazo ou geralmente indeterminada e o seu risco não pode ser considerado baixo será de excluir, em princípio, a sua qualificação como instrumentos monetários.

Relativamente aos valores mobiliários, os seus critérios de qualificação no Direito português, encontram-se estabelecidos no artigo 1.º do CVM. Neste artigo, estão enumerados os tipos de valores mobiliários, nas alíneas a) a f), nomeadamente, as ações, as obrigações, os títulos de participação, as unidades de participação em instituições de investimento coletivo, os *warrants* autónomos e os direitos destacados dos valores mobiliários. Não obstante, a alínea g) do artigo 1.º do CVM reproduz um princípio de atipicidade (*numerus apertus*) de valores mobiliários. Nesta alínea, estão elencados os critérios tipológicos positivos para a qualifica-

---

[1273] Não existe, porém, uma definição sedimentada de instrumentos financeiros, cfr. Rui Almeida, *Organismos de investimento coletivo: a sua regulação no rescaldo da crise financeira*, Dissertação de Mestrado apresentada na Universidade Católica Portuguesa – Escola do Porto, 2014, p. 3, disponível em: https://repositorio.ucp.pt/handle/10400.14/16414.

[1274] Cfr. António Barreto Menezes Cordeiro, *Manual de Direito dos Valores Mobiliários*, 2.ª ed., Almedina, Coimbra, 2018 p. 29.

[1275] Cfr. José Engrácia Antunes, *Os Instrumentos Financeiros*, 4-.ª ed., Almedina, Coimbra, 2020, p. 294.

ção de valores mobiliários, estabelecendo-se que os valores mobiliários são "documentos representativos de situações jurídicas homogéneas, desde que sejam suscetíveis de transmissão em mercado".

Quanto ao primeiro critério, os valores mobiliários devem ser um documento. Ora, neste enquadramento deverá considerar-se a noção lata de documento do artigo 362.º do Código Civil[1276], podendo o documento ser em papel ou eletrónico (artigo 2.º, alínea a), do Decreto-Lei n.º 290-D/99, de 2 de agosto), desde que se respeite o princípio da unidade da forma em cada emissão[1277]. Deste modo, não existem dúvidas que os criptoativos preenchem este critério por corresponderem a documentos eletrónicos[1278].

Como segundo critério, as situações jurídicas representadas devem ser homogéneas, implicando que as situações jurídicas sejam fungíveis e, consequentemente, que os valores mobiliários também o sejam, de forma a terem uma aptidão para circular no mercado. Relativamente aos criptoativos, a homogeneidade poderá um problema se forem atribuídas direitos e obrigações diferentes a cada criptoativo emitido numa *Initial Coin Offering*. Geralmente, tal não sucede, uma vez que a homogeneidade dos criptoativos é promovida pelos emitentes/oferentes de forma a garantirem a sua liquidez no mercado secundário. "O facto do mercado das ICOs ser muito ativo mostra que os tokens emitidos em cada ICO são suficientemente homogéneos e fungíveis entre si para concederem facilidade de transferência e negociabilidade e, por conseguinte, liquidez ao mercado"[1279].

[1276] Convergentemente, José Engrácia Antunes, *Os Instrumentos Financeiros*, 4.ª ed., Almedina, Coimbra, 2020, p. 77.

[1277] Cfr. Paulo Câmara, *Manual de Direito dos Valores Mobiliários*, 4.ª ed., Almedina, Coimbra, 2018, pp. 196 e 197.

[1278] "É pacífica a qualificação dos registos magnéticos como documentos no seio do nosso ordenamento jurídico", Maria Raquel Guimarães, *As Transferências Electrónicas de Fundos e Cartões de Débito*, Almedina, Coimbra, 1999, p. 247.

[1279] António Garcia Rolo, "As Criptomoedas como Meio de Financiamento e a Qualificação dos Tokens", in *Fintech II – Novos estudos sobre tecnologia financeira*, coord. António Menezes Cordeiro, Ana Perestrelo de Oliveira e Diogo Pereira Duarte, Almedina, Coimbra, 2019, p. 285.

A característica da homogeneidade é um elemento essencial para qualificação de um instrumento enquanto valor mobiliário, com base na alínea g) do artigo 1.º do CdVM. Desta caraterística decorre que os valores mobiliários devem ser fungíveis com valores mobiliários da mesma categoria. Nesta sequência, o artigo 45.º do CdVM determina que "*os valores mobiliários que sejam emitidos pela mesma entidade e apresentem o mesmo conteúdo constituem uma categoria, ainda que pertençam a emissões ou séries diferentes*".

Esta necessidade de os valores mobiliários serem fungíveis incompatibiliza-se, aparentemente, com a natureza dos *Non-fungible Tokens*, face à unicidade e indivisibilidade destes. No entanto, a infungibilidade dos *Non-fungible Tokens* não se poderá aferir apenas em relação às caraterísticas tecnológicas, mas deverá aferir-se, sobretudo, em relação à situação jurídica representada nesses *Non-fungible Tokens*. A infungibilidade de um *Non-fungible Token* deve, deste modo, ser aferida casuisticamente, não sendo aconselhável depender-se apenas na qualificação anunciada pelo seu emitente ou vendedor. Poderá haver casos em que certos instrumentos estão a ser vendidos como *Non-fungible Tokens*, apesar da situação jurídica que representam não ser única e infungível. Nesses casos, os *Non-fungible Tokens* poderão qualificar-se enquanto valores mobiliários, por serem juridicamente homogéneos dentro de uma certa categoria.

Em terceiro lugar, temos a suscetibilidade de transmissão em mercado, que deverá ser apreciada em abstrato. Segundo os ensinamentos de Paulo Câmara: "Não precisa de se exigir que em concreto essa transmissibilidade esteja assegurada. Assim, para avaliar a potencialidade transmissiva de um instrumento há que atender ao respetivo regime supletivo, quanto a saber se deste não resultam embaraços ou constrangimentos a uma circulação fluída. Sendo a resposta negativa, este requisito deve ter-se por verificado"[1280]. Os criptoativos preenchem tipicamente este critério de transmissibilidade. Apenas se for tecnicamente impossível a transmissão dos criptoativos, como quando existir a atribuição ao comprador originário de uma chave de acesso única e intransmissível, é que podemos concluir pela não verificação do critério da suscetibilidade de

[1280] Paulo Câmara, *Manual de Direito dos Valores Mobiliários*, 4.ª ed., Almedina, Coimbra, 2018, p. 120.

transmissibilidade. Não se deve olvidar, também, a aferição da negociabilidade dos criptoativos em mercado, isto é, os criptoativos "devem ser transacionáveis na base do encontro entre oferta e procura exclusivamente em relação ao respetivo preço, sem negociação individualizada de outras condições"[1281]. Sendo as *exchanges* bastante comuns, parecem não se suscitar quaisquer dúvidas quanto à verificação de preenchimento deste critério por parte dos criptoativos. A referência ao mercado deve ser entendida no seu sentido de económico de ponto de encontro entre compradores e vendedores, não relevando se o mercado é regulamentado ou não, tal como entendido pela Comissão Europeia[1282].

Relativamente ao último critério, os valores mobiliários devem incorporar ou representar posições jurídicas, mormente, direitos e deveres de natureza patrimonial e privada, podendo assumir uma natureza complexa e variável[1283]. Ora, nos criptoativos, os direitos e deveres dos seus titulares estão previstos no protocolo DLT criada. Os criptoativos, no nosso entendimento, são representações em suportes informáticos de situações jurídicas, podendo estas abranger quaisquer realidades, sendo as mais típicas os direitos ao lucro da sociedade comercial emitente/oferente, os deveres de participar nas perdas ou pagar as comissões relacionadas com a aquisição do criptoativo e os direitos de crédito.

No entanto, para a existência de uma situação jurídica, importa ter em conta a descentralização associada aos criptoativos, uma vez que se não

---

[1281] José Engrácia Antunes, *Os Instrumentos Financeiros*, 4-.ª ed., Almedina, Coimbra, 2020, p. 83.

[1282] O entendimento da Comissão Europeia pode ser consultado em: https://ec.europa.eu/info/law/markets-financial-instruments-mifid-directive-2004-39-ec/implementation/guidance-implementation-and-interpretation-law_en. António Garcia Rolo expõe, igualmente, uma conceção mais minimalista de negociação, que consiste na aferição de forma objetiva e abstracta se os criptoativos, nos termos do artigo 204, n.º 1, a) do CVM, podem ser objeto de negociação organizada em mercados regulamentados ou em sistemas de negociação multilateral, tendo concluído que também nesta conceção não é problemática a qualificação de certos criptoativos enquanto valores mobiliários, cfr. António Garcia Rolo, "As Criptomoedas como Meio de Financiamento e a Qualificação dos Tokens", in *Fintech II – Novos estudos sobre tecnologia financeira*, coord. António Menezes Cordeiro, Ana Perestrelo de Oliveira e Diogo Pereira Duarte, Almedina, Coimbra, 2019, p. 285.

[1283] Cfr. José Engrácia Antunes, *Os Instrumentos Financeiros*, 4.ª ed., Almedina, Coimbra, 2020, p. 79.

estivermos perante a relação entre, pelo menos, duas partes, não poderemos estar perante uma situação jurídica.

O termo "descentralizado" é utilizado em vários sentidos diferentes em toda a indústria DLT. Um dos sentidos que nos importa concerne a distribuição dos poderes sobre o protocolo. Se os poderes vinculativos de gestão do protocolo e do serviço associado ao protocolo estiverem distribuídos por todos os participantes da rede, sem que exista qualquer controlo maioritário ou relevante por parte de um dos participantes, podemos considerar que existe descentralização.

No entanto, há outros factores a ter em conta com vista a considerarmos que há uma rede suficientemente descentralizada para não estarmos perante uma situação jurídica. Um desses factores é o benefício económico dos promotores ou outras pessoas responsáveis por qualquer parte do funcionamento do protocolo. Caso tenham direito a quaisquer taxas ou comissões, a rede não pode ser considerada como descentralizada. Alguém que recebe uma remuneração está, em princípio, a actuar profissionalmente no âmbito de uma actividade empresarial, pelo que se presume que o serviço é prestado por alguém, estabelecendo-se uma situação jurídica[1284].

Outro factor relaciona-se com a interface com o público, não podendo ser apenas uma ou um pequeno grupo de entidades a fornecer esse ter interface, para que a rede seja descentralizada, uma vez que essas entidades beneficiariam da prospecção de clientes e seriam responsáveis pelos efeitos que os criptoativos reflectem sobre o público.

Há atos dos *developers* de uma DLT, para além dos que referimos acima, que poderão gerar certas expetativas nos detentores de criptoativos dessa DLT, estabelecendo-se uma relação jurídica que carece de tutela jurídica[1285]. Importa ter em conta a conjugação de todos os factores que referimos e outros, de forma casuística, com vista a aferir se existe des-

---

[1284] Cfr. Guilherme Maia e João Vieira dos Santos, *MiCA and DeFi ('Proposal for a Regulation on Market in Crypto-Assets' and 'Decentralised Finance')*, 2021, pp. 13 e ss., disponível em: https://papers.ssrn.com/sol3/papers.cfm?abstract_id=3875355.

[1285] Cfr. Angela Walch, "In Code(rs) We Trust", in *Regulating Blockchain: Techno-Social and Legal Challenges*, Philipp Hacker, Ioannis Lianos, Georgios Dimitropoulos e Stefan Eich (Eds.), Oxford University Press, Oxford, 2019, pp. 71 e ss..

centralização, tal como existe na bitcoin, e podermos afirmar que não estamos perante uma situação jurídica, o que é essencial na qualificação dos criptoativos enquanto valores mobiliários.

Mesmo que centralizados, os *Currency Tokens* não representam, no entanto, qualquer situação jurídica, sendo coisas incorpóreas que se qualificam como um meio de pagamento[1286]. A não ser que esteja definido algum crédito no protocolo DLT ou estejamos perante uma *stablecoin* que se qualifique como moeda eletrónica, em que é representado um direito de crédito, não surge qualquer relação jurídica obrigacional entre o emitente e os titulares dos criptoativos, após a venda dos mesmos. A emissão dos criptoativos não consubstancia uma atribuição de um direito de crédito, mas decorre de um mecanismo de consenso, em que se estabelece um contrato, de prestação de serviço no caso da *mineração* do *proof-of-work*[1287], e de compra e venda, com uma condição suspensiva[1288], de coisas incorpóreas no caso de *proof-of-stake*[1289], sendo a contraparte os

---

[1286] Convergentemente, defendendo que as *bitcoins* não representam nenhuma relação jurídica entre o seu titular (aquele que tem a disponibilidade da chave privada que permite autenticar a transacção) e um qualquer emitente, Paulo Duarte, "Obrigações de Dinheiro (Obrigações Monetárias) e Obrigações de Bitcoins", in *Estudos de Direito do Consumidor*, n.º 14, 2018 pp. 374 e ss., disponível em: https://www.fd.uc.pt/cdc/pdfs/rev_14_completo.pdf. As bitcoins também não são uma "*chose in action*", não se podendo comparar a moeda bancária, dado que esta se baseia numa relação creditícia entre a instituição de crédito e o cliente, cfr. Sarah Green, "It's Virtually Money", *Cryptocurrencies in Public and Private Law*, David Fox e Sarah Green (Eds.) Oxford University Press, Oxford, 2019, p. 15.

[1287] A *mineração* não é considerada uma emissão de criptoativos porque não existe uma oferta ao público.

[1288] A condição suspensiva refere-se à coincidência entre o *hash* do novo bloco e o *hash* do adquirente.

[1289] Cfr. Ignacio Rabasa Martínez, "Integración del capital social con criptomonedas", in *Revista de derecho de sociedades*, n.º 53, Aranzadi, Madrid, 2018, p. 294. Defendendo que as Bitcoins são coisas incorpóreas, Mafalda Miranda Barbosa, "Inteligência artificial e blockchain: desafios para a responsabilidade civil", in *Revista de Direito da Responsabilidade*, Ano I, 2019, pp. 797 e ss., disponível em: http://revistadireitoresponsabilidade.pt/2019/inteligencia-artificial-e-blockchain-desafios-para-a-responsabilidade-civil-mafalda-miranda-barbosa/; defendendo que as bitcoins são bens corpóreos, Vanessa Teixeira, *A tributação em sede de IVA de moedas virtuais no âmbito da União Europeia: o caso do bitcoin*, dissertação de mestrado da Faculdade de Direito da Universidade do Porto, 2017, p. 28, disponível em:

responsáveis pelo funcionamento do protocolo e/ou pela emissão dos criptoativos.

Por outro lado, é possível qualificar os criptoativos como valores mobiliários, sempre que estejamos perante uma situação jurídica entre a emitente/oferente e os titulares/detentores dos criptativos, após a primeira relação contratual de transmissão, sendo que a situação jurídica que emerge da titularidade[1290] dos criptoativos confere direitos e/ou deveres de natureza patrimonial e privada aos seus titulares[1291].

---

https://sigarra.up.pt/fdup/pt/pub_geral.pub_view?pi_pub_base_id=236785, posição com a qual não podemos concordar porque não há qualquer relação corpórea entre as bitcoins e o seu titular, uma vez que o exercício da titularidade das bitcoins efetua-se através da chave privada associada ao titular. Se essa chave privada é perdida e esquecida, as bitcoins perdem-se para sempre, independentemente do suporte que as aloja, cfr. Jonathan Galea, *The Effect of Bitcoin on Money Laundering Law*, 2015, pp. 23 e 24, disponível em: https://www.academia.edu/33139764/THE_EFFECT_OF_BITCOIN_ON_MONEY_LAUNDERING_LAW. Apesar de se poder considerar que a moeda "is a direct or indirect credit claim against a central bank which can be used by the public as a general means of exchange and as a store of valure, which is originated and managed by central banks in a manner that preserves its availability, functionality, and purchasing value", Antonio Sáinz de Vicuña, "An Institutional Theory of Money", in *International Monetary and Financial Law – The Goblal Crisis*, Oxford University Press, Oxford, 2010, p. 525, o Direito Português e o Direito da União Europeia não reconhecem expressamente qualquer direito de crédito, sendo muito complicado ou quase impossível argumentar pela sua exigibilidade. Quanto a outro tipo de criptoativos, a sua qualificação jurídica dependerá de uma análise casuística das caraterísticas de cada criptoativo. De forma convergente, António Barreto Menezes Cordeiro, *Manual de Direito dos Valores Mobiliários*, 2.ª ed., Almedina, Coimbra, 2018, p. 187; e Luís Roquette Geraldes, Mariana Solá de Albuquerque e João Lima da Silva, "ICOs: security tokens vs. utility token", in *Fintech II – Novos estudos sobre tecnologia financeira*, coord. António Menezes Cordeiro, Ana Perestrelo de Oliveira e Diogo Pereira Duarte, Almedina, Coimbra, 2019, pp. 338 e ss..

[1290] Titularidade referida no sentido da relação entre a pessoa e a ordem dominial, sendo que a natureza da posição jurídica, o concreto conteúdo, as respetivas faculdades dependem da posição jurídica em causa. Sobre esta distinção, cfr. Tiago Azevedo Ramalho, *Da Legitimidade para a Produção de Efeitos Jurídico-Negociais*, Tese de Doutoramento apresentada na Faculdade de Direito da Universidade do Porto, 2016, p. 231.

[1291] "São situações jurídicas não o valor mobiliário *per se*, mas as situações encabeçadas pelos titulares desses valores mobiliários", António Barreto Menezes Cordeiro, "Valor mobiliário: evolução e conceito", in *Revista de Direito das Sociedades*, Ano VIII, n.º 2, Almedina, Coimbra, 2016, p. 338.

Perante o exposto, a qualificação de um criptoativo dependerá sempre de uma análise do preenchimento dos diferentes critérios, sendo necessário interpretá-los tendo em conta os riscos para os investidores e para a integridade do mercado, de forma a delimitar os criptoativos que, perante o nosso ordenamento jurídico, se justifique qualificar como valores mobiliários. Adicionalmente, terá que se avaliar todos os direitos atribuídos pelos criptoativos, uma vez que estes podem ser concebidos de várias formas e implicar a titularidade de uma variedade de direitos, financeiros e não financeiros[1292].

Ademais, nessa identificação das situações jurídicas relevantes[1293], deverão ter-se em conta não apenas os elementos intrínsecos dos criptoativos (as funções inerentes a determinado criptoativo), mas também os elementos extrínsecos, nomeadamente, a vinculação do emitente à prática de certos atos relevantes para qualificação da situação jurídica. Neste contexto, o negócio jurídico é um acto de vontade que só é juridicamente atendível enquanto por alguma forma se exteriorizar e se tornar, portanto, apreensível por aqueles com cujos interesses interfere. Isto é assim por, inelutavelmente qualquer negócio jurídico, ainda que não dirigido de modo específico a outrem, sempre se repercutir em situações jurídicas de outros sujeitos de direito, logo a existência dos elementos extrínsecos é essencial para a existência de uma situação jurídica[1294].

Esses atos dos emitentes dos cripoativos devem implicar, por sua vez, a caraterização da relação contratual como uma relação de investimento.

[1292] Cfr. Dirk Zetzsche, Filippo Annunziata, Douglas Arner e Ross Buckley, "The Markets in Crypto-Assets Regulation (MICA) and the EU Digital Finance Strategy", in *European Banking Institute Working Paper Series,* No. 2020/77, University of Luxembourg Law Working Paper Series No. 2020-018, University of Hong Kong Faculty of Law Research Paper No. 2020/059, 2020, p. 5 disponível em: papers.ssrn.com.

[1293] O conceito do valor mobiliário é puramente formal, não tendo o legislador se pronunciado sobre a situação jurídica representada no valor mobiliário, cfr. António Barreto Menezes Cordeiro, "Revisitando o conceito de valor mobiliário: o caso especial dos tokens emitidos no âmbito de ICOs", in *Direito dos Valores Mobili+arios e dos Mercados de Capitais – Angola, Brasil e Portugal,* Coord. António Barreto Menezes Cordeiro e Francisco Satiro, Almedina, Coimbra, 2019, p. 78.

[1294] Cfr. Luís Carvalho Fernandes, *A Conversão de Negócios Jurídicos Civis,* Dissertação de Doutoramento em Ciências Jurídicas apresenta na Faculdade de Direito da Universidade Católica Portuguesa, Quid Juris, Lisboa, 1993, pp. 33 e ss..

Para tal, é igualmente necessário diferenciar as relações de investimento das relações de consumo (normalmente associadas a *Utility Tokens*) bem como verificar se, para além do benefício resultante da relação de consumo, poderá, ainda, resultar um ganho decorrente da negociação dos criptoativos em mercado secundário.

Neste último caso, importa perceber se a valorização em mercado secundário depende do ativo apenas enquanto bem de consumo ou da realização de condutas direcionadas pelo emitente para a valorização dos criptoativos emitidas em mercado secundário, à luz da teoria da impressão do destinatário[1295], como publicidade à possível valorização dos criptoativos por parte do emitente ou de um terceiro, tais como programas de recompras, *air drops* e *burns*. As *airdrops* são ofertas gratuitas de criptoativos e são, geralmente, uma estratégia de marketing para dar a conhecer uma *Initial Coin Offering*. Os *burns* consistem na eliminação de criptoativos, podendo haver diversas finalidades para a sua realização, podendo uma delas ser a valorização do criptoativo em mercado, pela redução da oferta.

Outras questões que podem problematizar esta análise são os mecanismos de consenso[1296]. O *proof-of-stake* tem como objetivo a criação de consenso numa rede aberta e descentralizada, mas, por vezes, é utilizado em *Initial Coin Offerings* de criptoativos que funcionam em redes em que não é necessário qualquer consenso porque estão associados a redes criadas com base numa DLT já existente – estamos a falar, portanto, de

---

[1295] Isto é, deverá atender-se à expetativa razoável que teria o declarante, posto na posição de um declaratário típico, cfr. Pedro Pais de Vasconcelos, *Teoria Geral do Direito Civil*, 6.ª ed., Almedina, Coimbra, 2010, pp. 545 e ss.. Parece-nos adequado aplicação deste regime do Código Civil, porque as ofertas públicas regem-se, subsidiariamente, por ele, cfr. António Barreto Menezes Cordeiro, *Manual de Direito dos Valores Mobiliários*, Reimpressão, Almedina, Coimbra, 2017, p. 183.

[1296] Para uma análise sobre a aplicação da Diretiva de Gestores de Fundos de Investimento Alternativo à *mineração*, *vd.* Stefan Tomanek, Ralph Rirsch e Marlene Wintersberger, *Crypto mining business models: Points of contact to the AIFMD*, 2018, disponível em: https://www.henrystewartpublications.com/sites/default/files/Crypto_mining_business-models.pdf. Afere-se, sumariamente, a aplicação desta Diretiva à *mineração* se estiver em causa uma relação contratual apenas de investimento, em que os investidores não têm qualquer controlo sobre a atividade de *mineração* e sobre o consenso a ser alcançado pela DLT.

tokens e não de *coins* –, não tendo os *nodes* capacidade de validar as transações. Dessa forma e devido às enormes similitudes do *proof-of-stake* com métodos de distribuição de dividendos, a forma como este mecanismo é concebido numa DLT poderá consubstanciar um retorno financeiro pelo capital investido, o que qualifica o criptoativo utilizado como um valor mobiliário[1297].

Também convém perceber se o retorno em causa resulta de um investimento ou de outra contraprestação. Caso haja uma contraprestação em causa que não tenha uma componente de investimento, não podemos considerar que estamos perante valores mobiliários. É comum as novas plataformas digitais celebrarem com os seus utilizadores contratos cuja contraprestação são os dados pessoais dos utilizadores[1298] ("*if you are not paying for the product, you are the product*"[1299]), e algumas delas utilizam criptoativos para efetuar o pagamento desses dados. Os dados pessoais são, atualmente, considerados um importante bem transacionável, sendo, por vezes, mais importante para uma empresa tecnológica que uma contrapartida financeira[1300]. Nestes casos, não podemos considerar que tenha existido um retorno financeiro[1301], porque o rendimento não decorreu do capital investido, mas da alienação dos dados pessoais.

[1297] Um cripoativo numa DLT com *proof-of stake* assemelha-se, assim, a uma ação e, também, a uma moeda, uma vez que está subjacente a esse criptoativo uma expetativa de distribuição de valor e uma vez que esse criptoativo pode funcionar como unidade de conta e reserva de valor.

[1298] "Hoje em dia, existem vários serviços oferecidos a utilizadores que queiram diretamente lucrar com base na venda dos seus dados pessoais. Alguns destes serviços funcionam como bancos de dados pessoais ou como um serviço de investimento: o utilizador 'deposita' os seus dados pessoais na plataforma, a plataforma encontra um comprador para os dados do utilizador (que são anonimizados e agregados com os dados dos restantes utilizadores) e o utilizador recebe, normalmente, tokens (ou cripto moedas) em troca dos seus dados", MADALENA NARCISO, "Dados Pessoais como Contraprestação em Contratos de Consumo – Breve Reflexão", in *Anuário Nova Consumer Lab*, coord. JORGE MORAIS CARVALHO, ano 1, 2019, pp. 131, disponível em: http://novaconsumerlab.fd.unl.pt/.

[1299] Expressão que se popularizou para referir a prestação em dados pessoais, tendo em consideração que é uma prestação que nem sempre é fácil de detetar, face ao seu caráter inovador.

[1300] Cfr. JORGE MORAIS CARVALHO, Manual de Direito do Consumo, 7.ª ed., Almedina, Coimbra, 2020, p. 62.

[1301] "O papel de dados num contrato não pode ser comparado a uma prestação monetária", MADALENA NARCISO, "Dados Pessoais como Contraprestação em Contratos de Consumo –

Quanto à distinção das relações de investimento em face das relações de consumo de forma a diferenciar bens de investimento e bens de consumo, aquelas implicam a partilha do risco entre o investidor e o emitente, o que não acontece numa relação de consumo. Para identificar esta partilha de risco, é necessário ter em conta a relação jurídica estabelecida entre o emitente e o investidor e analisar se esta estabelece alguma ligação entre as expectativas de valorização dos criptoativos emitidos (ou o retorno gerado pelos criptoativos) e o risco do negócio ou projeto subjacente. Em suma, para a qualificação de criptoativos como valores mobiliários é necessário ter em conta a existência de uma vinculação do emitente desses criptoativos para gerar um retorno financeiro e uma relação de investimento, tendo em conta todas as particularidades da relação jurídica subjacente e toda a informação disponibilizada pelo emitente.

Infere-se, no entanto, que o ecossistema das DLT e das *Initial Coin Offerings*, ainda está em desenvolvimento, existindo pouca estandardização dos processos e dos modelos de governação. Os mecanismos de consenso e outras funcionalidades utilizadas em DLT são muito diversos e os seus conceitos ainda estão pouco consolidados no mercado. Por este motivo, muitos promotores de *Initial Coin Offerings* utilizam esses mecanismos e funcionalidades de uma forma que, por vezes, suscita algumas dificuldades na qualificação dos criptoativos como valores mobiliários.

Surge-nos, no entanto, outra questão. Poderão os criptoativos qualificar-se como valores mobiliários típicos (ações, obrigações, unidades de titularização[1302], unidades de participação e outros) e ficar sujeitos ao respetivo regime?

Breve Reflexão", in *Anuário Nova Consumer Lab*, coord. Jorge Morais Carvalho, ano 1, 2019, pp. 139, disponível em: http://novaconsumerlab.fd.unl.pt/.

[1302] As unidades de titularização são, por expressa determinação do n.º 1 do artigo 31.º do Decreto-Lei n.º 453/99, de 5 de novembro, valores mobiliários sob a forma escritural, pelo que o seu registo e controlo serão regulados pelas normas dos arts. 61.º e seguintes do CVM, aplicáveis aos valores mobiliários escriturais em geral. Para emissão das unidades de titularização, no entanto, será necessário assegurar que o valor correspondente ao seu preço de emissão, a aplicar no momento da aquisição de créditos, se encontra efetivamente realizado e integrado no ativo do fundo. Note-se que os próprios cedentes poderão adquirir unidades de titularização representativas dos ativos por si transmitidos para o fundo, cfr. Margarida Ferraz de Oliveira, *Titularização de créditos – o (in)sucesso da titularização no mercado hipotecário*, Disserta-

A tipicidade dos valores mobiliários significa que os critérios de identificação dos valores mobiliários reconhecidos são inderrogáveis, não podendo ser aproveitados para novas estruturas combinatórias. Todavia, essa inderrogabilidade incide apenas sobre os elementos da *fattispecie*, caracterizadores dos modelos pré-estabelecidos, não implicando necessariamente a inderrogabilidade de outros aspetos da disciplina normativa. Assim, desde que se respeite o núcleo essencial da figura estamos perante um valor mobiliário típico[1303]. É necessário, portanto, em cada criptoativo recorrer-se a um juízo analógico, de forma a poder-se justificar no caso concreto a aplicação de um certo tipo de valor mobiliário e também dos elementos essenciais ou *essentialia* desse tipo[1304]. "Para que de tipo legal se possa falar há que poder encontrar na lei elementos que nos permitam delimitar um modelo que seja reconhecível fora (e, por via de regra, antes) do mundo do Direito. Os tipos são abstrações da realidade social prévias às normas que lhes dão relevância jurídica"[1305].

Vejamos o caso paradigmático das ações. Estas parecem ter como elementos essenciais a partilha de lucros, por decorrer de uma norma inderrogável do CSC, o artigo 21.º, n.º 1, alínea a). Outro dos elementos essenciais parece-nos ser estarmos perante uma sociedade comercial. As ações são participações sociais e se não estivermos uma sociedade, essa partilha de lucros não poderá atribuir *per se* a qualificação de um instrumento enquanto participação social[1306].

ção de Mestrado da Faculdade de Direito – Escola de Lisboa, da Universidade Católica Portuguesa, 2016, p. 30, disponível em: https://repositorio.ucp.pt/bitstream/10400.14/22129/1/Tese_vf_23102016_limpa.pdf.

[1303] Cfr. Joaquim de Sousa Ribeiro, "Autonomia Privada e atipicidade dos valores mobiliários" in *Direito dos Valores Mobiliários*, Volume VI, Coimbra Editora, Coimbra, 2006, pp. 306 e ss..

[1304] Cfr. Rui Pinto Duarte, *Tipicidade e Atipicidade dos Contratos*, Dissertação de Doutoramento apresentada à Faculdade de Direito da Universidade de Lisboa, 1998, pp. 180 e ss..

[1305] Cfr. Rui Pinto Duarte, Tipicidade e Atipicidade dos Contratos, Dissertação de Doutoramento apresentada à Faculdade de Direito da Universidade de Lisboa, 1998, p. 56.

[1306] Sendo a participação social o "conjunto unitário de direitos e obrigações atuais e potenciais do sócio (enquanto tal)", Coutinho de Abreu, *Curso de Direito Comercial*, Vol. II, 6.ª ed., Almedina, Coimbra, 2019, p. 132.

Ora, a tecnologia DLT permite a criação de plataformas que desenvolvam certas atividades económicas de forma autónoma, as chamadas *Decentralized Autonomous Organizations*[1307]. As *Decentralized Autonomous Organizations* são organizações que tem os seus estatutos formalizados e codificados numa DLT, só podendo ser alterados quando um determinado número de participantes dessa rede da DLT votarem a favor dessa alteração. Caraterizam-se, igualmente, por uma união entre gestão e propriedade, sendo, normalmente, os criptoativos que atribuem essa gestão e a propriedade a cada um dos participantes da rede que detém pelo menos um criptoativo, numa espécie de *automated governance*[1308].

Estas organizações visam o desenvolvimento de um projeto ou de uma atividade, pelo que do seu desenvolvimento e gestão poderão resultar deveres fiduciários[1309]. Sendo os emitentes de cripoativos são maioritariamente *Decentralized Autonomous Organizations*, verifica-se que não existe uma pessoa coletiva constituída formalmente, mas poderemos eventualmente estar perante uma sociedade, em termos materiais.

Encontramos no artigo 980.º do CC a noção de contrato de sociedade, como sendo aquele em que duas ou mais pessoas se obrigam a contribuir com bens ou serviços para o exercício em comum de certa atividade económica, que não seja de mera fruição, a fim de repartirem os lucros resul-

---

[1307] Sobre as *Decentralized Autonomous Organizations vd.* António Garcia Rolo, "Challenges in the legal qualification of Decentralised Autonomous Organisations (DAOs): the rise of the crypto-partnership?", in *Revista de Direito e Tecnologia*, Vol. 1, n.º 1, 2019, pp. 33-87, disponível em: https://blook.pt/publications/publication/168e81e05a8b/; Rafael Del Castillo Ionov, *Las Initial Coin Offerings (ICOs) y la Tokenización de la Economía*, Aranzadi, Cizue Menor (Navarra), 2018. As DLT vieram alterar a forma como as organizações são geridas, sendo muito dos mecanismos automatizados através de smart contracts, como por exemplo sistemas de votos, cfr. Jonathan Rohr e Aaron Wright, "Blockchains, Private Ordering, and the Future of Governance", in *Regulating Blockchain: Techno-Social and Legal Challenges*, Philipp Hacker, Ioannis Lianos, Georgios Dimitropoulos e Stefan Eich (Eds.), Oxford University Press, Oxford, 2019, p. 43.

[1308] Gregorio Gitti, "Emissione e circolazione di criptoattività, in *Banca Borsa Titoli di Credito – Rivista Bimestrale di Dottrina e Giurisprudenza*, Vol. LXXIII, 2020, pp. 30 e ss..

[1309] Sagrario Navarro Lérida, "Las Empresas Ante el Espejo. Una Revisión del Concepto de Interés Social en la Nueva Economía. Economía Colaborativa, Información No Financiera y Blockchain", in *Revista de Derecho de Sociedades*, n.º 56, 2019, Aranzadi, Navarra, 2019, pp. 163 e ss..

tantes dessa atividade. A sociedade é, assim, uma entidade que, composta por um ou mais sujeitos (sócios), tem um património autónomo para o exercício de atividade económica, a fim de (em regra) obter lucros e atribuí-los aos sócios[1310].

"Há uma sequência lógica entre os três elementos do contrato: a realização das entradas torna possível o exercício da actividade económica e esta, por sua vez, dada a sua natureza, vai permitir o apuramento dum saldo de exploração positivo que deverá ser repartido pelos sócios"[1311]. Refere-se, ademais, que o caráter institucional da empresa permite que se demarque, de um interesse subjetivo do titular, movido pelo lucro, um interesse objetivo da empresa[1312], entendendo-se esta como como uma organização intencional de meios (pessoas e bens), apta à promoção do exercício relativamente estável e autónomo de uma atividade de produção de um resultado, que se externaliza e interage na sociedade, consubstanciando um valor económico próprio suscetível de troca no mercado, predominantemente com finalidade lucrativa[1313].

Verifica-se, pelo exposto, que as *Decentralized Autonomous Organizations* podem ser materialmente sociedades. Existe um caráter institucional, existe o caráter lucrativo e existe o contributo dos adquirentes dos criptoativos (que se poderão considerar entradas na sociedade), numa ativi-

---

[1310] COUTINHO DE ABREU, *Curso de Direito Comercial*, Vol. II, 6.ª ed., Almedina, Coimbra, 2019, p. 38.

[1311] MANUEL ANTÓNIO PITA, *Direito Comercial*, Edifisco, Lisboa, 1992, p. 79.

[1312] JOSÉ DE OLIVEIRA ASCENSÃO, *Direito Comercial – Parte Geral*, Lisboa, 1988, pp. 140 e ss..

[1313] Cfr. ORLANDO DE CARVALHO, *Direito das Empresas*, Coord. FRANCISCO LIBERAL FERNANDES, MARIA RAQUEL GUIMARÃES E MARIA REGINA REDINHA, Coimbra Editora, Coimbra, 2012, pp. 191 e ss.; JORGE COUTINHO DE ABREU, Da empresarialidade (as empresas no direito), Almedina, Coimbra, 1999, pp. 41 e ss.; FILIPE CASSIANO DOS SANTOS, *Direito Comercial Português*, Vol. I, Coimbra Editora, Coimbra, 2007, pp. 41 e 41; PAULO OLAVO CUNHA, *Direito Empresarial para economistas e gestores*, Almedina, Coimbra, 2014, pp. 131 e 132; ANTÓNIO MENEZES CORDEIRO, *Direito Comercial*, 3.ª ed., Almedina, Coimbra, 2012, pp. 322 e ss.; PEDRO PAIS DE VASCONCELOS, *Direito Comercial. Parte Geral, Vol. I, Contratos Mercantis, Títulos de Crédito*, Almedina, Coimbra, 2011, p. 75; MARIANA FONTES DA COSTA, *Da Alteração Superviniente das Circunstâncias – Em especial à luz dos contratos bilateralmente comerciais*, Tese de Doutoramento apresentada à Faculdade de Direito da Universidade do Porto, Almedina, Coimbra, 2017, p. 37.

dade produtiva (a gestão de uma comunidade aberta assente numa rede DLT que poderá ter outros propósitos sociais e económicos).

No entanto, o aspeto formal das sociedades afigura-se essencial. Com efeito, no atual ordenamento jurídico, existe um corpo especializado de normas e estruturas jurídicas, desde sempre concebido especialmente para disciplinar a atividade produtiva enquanto tal e com preocupações de índole sistémica, presentes no dispositivo obrigatório da escrituração, na especial tutela do crédito e na publicidade legal, ou seja, para a aplicação do CSC e a qualificação como comerciante, a pessoa coletiva tem que se constituir para o efeito como uma sociedade comercial mediante um processo formal, público e sujeito a controlo de legalidade, com vista à segurança no tráfego jurídico-mercantil[1314].

Não existindo essa formalização, celebração do contrato de sociedade (artigo 7.º e seguintes do CSC) e o seu registo na conservatória (artigo 18.º, n.º 5, do CSC), podemos estar perante uma sociedade irregular, sendo aplicáveis as disposições sobre sociedades civis, nos termos do artigo 36.º, n.º 2, do CSC, sendo que, face à ausência de responsabilidade limitada, podem todos vir a responder pelas obrigações sociais[1315]. Apenas com o registo definito do contrato, opera-se a assunção plena do regime das sociedades comerciais, no qual se inclui o mecanismo de limitação da responsabilidade inerente a cada tipo societário[1316]. Contudo nas *Decentralized Autonomous Organizations*, não existe, na maior parte das vezes, um acordo de celebração do contrato de sociedade, pelo que, não estamos perante sociedades irregulares, mas antes, perante sociedades aparentes.

Nas sociedades aparentes, os sujeitos em causa não querem criar qualquer sociedade, conseguindo, porém, que terceiros, independentemente dos meios que se utilizem para o efeito, acreditem na existência de uma sociedade entre eles. Por não haver contrato de sociedade, inexiste socie-

---

1314 Cfr. Evaristo Mendes, "Constituição e Direito Comercial" in *Estudos de Homenagem ao Prof. Doutor Jorge Miranda*, Vol. I, Coimbra Editora, Coimbra, 2012, p. 670.

1315 Alexandre Soveral Martins, "Anotação ao artigo 191.º", in *Código das Sociedades Comerciais em Comentário*", Vol. III, 2:.º ed., Jorge Coutinho de Abreu, Almedina, Coimbra, 2016, p. 130.

1316 Cfr. Diogo Costa Gonçalves, *Pessoa Coletiva e Sociedades Comerciais – Dimensão Problemática e Coordenadas Sistemáticas da Personificação Jurídico-Privada*, Almedina, Coimbra, 2016, p. 603.

dade, pelo que se trata de responsabilizar os falsos sócios pela aparência criada, como se cada um se tivesse obrigado pessoalmente[1317].

A aplicação do regime da sociedade aparente, previsto no artigo 36.º, n.º 1, do CSC, não pressupõe a intenção de lesar ou enganar terceiros, bastando, uma vez que é esse o único requisito posto pela lei, que se crie a falsa aparência da existência da sociedade[1318]. Ou seja, mesmo que não exista intenção, os sujeitos que exerceram a sua atividade como se de uma sociedade comercial se tratasse respondem, portanto, por aquilo que, aos olhos da outra parte, constitua a aparência da sua vontade. Se apesar de toda a diligência, os terceiros não acertarem que não se trata mesmo de uma sociedade, é justo que seja protegida a sua legítima confiança[1319]. António Menezes Cordeiro defende a aplicação, nestes casos, do regime das sociedades civis[1320], posição que não repugnamos, por podermos estar materialmente perante uma sociedade, faltando o aspeto formal, aspeto este que não tem de existir na celebração de um contrato que constitui uma sociedade civil.

Neste âmbito das *Decentralized Autonomous Organizations*, consideramos, pelo exposto, que o Direito português tem uma solução, ao ser aplicável o artigo 36.º, n.º 1, do CSC. Consideramos, assim, que o desenvolvimento de uma atividade comercial através de uma plataforma de base de dados DLT, que funciona autonomamente, sem a existência de uma sociedade comercial, pode criar a falsa aparência de que existe um contrato de sociedade[1321]. É usual que nessa plataforma se utilize uma

---

1317 Cfr. Maria Elisabete Ramos, "Anotação ao artigo 36.º", in Código das Sociedades Comerciais em Comentário, Vol. I, 2.ª ed., Coord. Jorge Coutinho de Abreu, Almedina, Coimbra, 2017, pp. 578 e ss..

1318 Paulo de Tarso Domingues, "O regime jurídico das sociedades de capitais em formação, in *Estudos de Comemoração dos Cinco Anos (1995-2000) da Faculdade de Direito da Universidade do Porto*, Coimbra Editora, Coimbra, 2001, pp. 970 e ss..

1319 Ferrer Correia, *Erro e Interpretação na Teoria do Negócio Jurídico*, Almedina, Coimbra, 1985, p. 190.

1320 Cfr. António Menezes Cordeiro, *Direito das Sociedades*, I, Parte Geral, 3.ª ed., Almedina, Coimbra, 2011, pp. 530 e ss..

1321 Cfr. Maria Elisabete Ramos, "Anotação ao artigo 36.º", in *Código das Sociedades Comerciais em Comentário*, Vol. I, 2.ª ed., Coord. Jorge Coutinho de Abreu, Almedina, Coimbra, 2017, p. 581. "A ratio do preceito – mormente quanto à cominação – reside na boa fé e na tutela da confiança perante terceiros", Eduardo dos Santos Júnior, *Código das Sociedades Comer-*

firma, o que pode criar facilmente essa falsa aparência da existência de uma sociedade comercial, tendo os responsáveis pelo funcionamento do protocolo e pela emissão dos criptoativos – podendo abranger os *developers* e os promotores do negócio, que respondem solidariamente e ilimitadamente por qualquer obrigação contraída e por qualquer dano causado, uma vez que, como vimos não é necessária a intenção de lesar ou enganar terceiros ("basta que se crie a falsa aparência da existência de sociedade"[1322]) para a aplicação do artigo 36.º do Código das Sociedades Comerciais ou do regime das sociedades civis, previsto nos artigos 980.º e seguintes do CC[1323].

Perante o exposto, os criptoativos em causa não poderiam ser ações, sendo apenas valores mobiliários atípicos, ficando na mesma sujeitos ao respetivo regime do CVM. Se, por outro lado, as *Decentralized Autonomous Organizations* estiverem constituídas enquanto sociedades anónimas, as ações poderão ser representadas por criptoativos, existindo as vantagens de uma imputação direta, orgânica, dos atos dos titulares dos órgãos da sociedade à própria sociedade, o que permite uma eficácia de atuação que não seria atingida pelo funcionamento dos instrumentos voluntários de representação e um nível de proteção de terceiros que também não existiria[1324].

---

ciais Anotado, coord. António Menezes Cordeiro, anot. ao artigo 36.º, Almedina, Coimbra, 2009, p. 171. Comumente, as pessoas que criam um negócio através de DLT, quando não se registam como sociedades aquando o início da sua atividade, não têm acordado a constituição de uma sociedade comercial no futuro, sendo sua intenção continuarem sem esse registo, pelo que não se poderá aplicar o regime das sociedades antes do registo (artigos 36.º, n.º 2, e ss. do CSC), cfr. António Menezes Cordeiro, *Direito das Sociedades*, I, Parte Geral, 3.ª ed., Almedina, Coimbra, 2011, p. 527..

1322 Paulo de Tarso Domingues, *Do Capital Social. Noção, Princípios e Funções*, 2.ª ed., Coimbra Editora, Coimbra, 2004, p. 106.

1323 Refere-se que em termos de aplicação do CVM, não parecem existir dúvidas que o regime se aplica aos participantes das *Decentralized Autonomous Organizations* ou às próprias *Decentralized Autonomous Organizations*, face ao previsto no n.º 1 do artigo 401.º: "Pela prática das contraordenações previstas neste Código podem ser responsabilizadas pessoas singulares, pessoas coletivas, independentemente da regularidade da sua constituição, sociedades e associações sem personalidade jurídica".

1324 Diogo Pereira Duarte, *Aspectos do Levantamento da Personalidade Colectiva nas Sociedades em Relação de Domínio*, Almedina, Coimbra, 2007, p. 83.

Ora, o entendimento em relação às ações aplica-se *mutatis mutandis* em relação aos restantes valores mobiliários típicos. Ou seja, se o criptoativo for materialmente um valor mobiliário típico, mas se falhar algum aspeto formal essencial, esse criptoativo será um valor mobiliário atípico, ficando, ainda assim, sujeito ao regime do CVM.

Em relação aos instrumentos derivados, já expusemos que as *stablecoins*, devido à sua referência ao preço de ativos, poderão, eventualmente, consubstanciar instrumentos derivados. No entanto, estes, devido à sua função de cobertura de risco, têm, normalmente, um prazo[1325], ao contrário da maioria dos criptoativos. Nada obsta, contudo, a que se verificarem os requisitos dos artigos 6.º, 7.º ou 8.º do Regulamento Delegado (UE) 2017/565 da Comissão, de 25 de abril de 2016, estejamos perante criptoativos que são instrumentos derivados.

3. A aplicação das DLT nas estruturas de mercado

Nos mercados financeiros, já nos deparámos nos últimos anos com a transformação potenciada pela revolução digital, nomeadamente, com a desmaterialização da forma de representação dos instrumentos financeiros e da moeda, alterando progressivamente uma realidade de registos em papel para registos em conta em bases de dados digitais.

Com o surgimento de novas tecnologias, o impacto da transformação digital nos mercados financeiros pode ser ainda maior. Em particular, as DLT, na modalidade *permissioned,* podem oferecer os vários benefícios aos mercados financeiros[1326]. Primeiro, as DLT permitem uma monitorização

---

[1325] Cfr. José Engrácia Antunes, *Os Instrumentos Financeiros*, 4-.ª ed., Almedina, Coimbra, 2020, p. 96 e ss..

[1326] Sobre a utilização e benefícios da utilização das DLT nos mercados financeiros *vd.* Guilherme Ribeiro Fernandes Gonçalves Martins, *A Tecnologia Blockchain e a sua aplicação ao Mercado de Instrumentos Financeiros*, dissertação de mestrado da Universidade Católica Portuguesa, 2018, disponível em: https://repositorio.ucp.pt/bitstream/. Sobre a utilização de *smart contracts* nos mercados financeiros, *vd.* Diogo Pereira Duarte, "Smart Contracts e intermediação financeira" in *Fintech II – Novos estudos sobre tecnologia financeira*, coord. António Menezes Cordeiro, Ana Perestrelo de Oliveira e Diogo Pereira Duarte, Almedina, Coimbra, 2019, p. 174

em *real time* das entidades reguladoras que podem participar na *permissioned DLT* enquanto utilizadores para efeitos do controlo, validação e registo de emissões e transações. É, também, possível impor maior transparência na identificação das partes e na identificação dos clientes (*know your customer*). Em terceiro lugar, é possível reduzir substancialmente a complexidade da coordenação entre os participantes dos mercados financeiros, devido à distribuição e sincronização da informação. Poderá existir uma maximização da eficiência, podendo-se dispensar algumas atividades de intermediação e concentrar os momentos de negociação e liquidação, devido à reconciliação das bases de dados de modo instantâneo, ao invés dos dois ou três dias úteis que a liquidação normalmente demora atualmente[1327].

Ademais, as DLT poderão ser um elemento facilitador no cumprimento das obrigações de reporte de informação dos vários agentes dos mercados financeiros, bem como poderão facilitar a gestão das garantias financeiras. Acresce que, a utilização das DLT nas CSD poderá assumir especial acuidade no desempenho de tarefas como a gestão/ supervisão da rede, do risco sistémico envolvido e do risco de contraparte. Por último, as DLT poderão garantir maior resiliência e segurança a um ciberataque ou a um colapso do sistema, uma vez que o risco de um ponto único de falha é reduzido pela validação distribuída.

Em termos de dificuldades de implementação de DLT nos mercados financeiros, antecipam-se problemas de escala, desconhecendo-se se a DLT consegue lidar com um elevado número de transações, e de interoperabilidade entre diferentes protocolos DLT[1328].

As DLT poderão também proporcionar muitos benefícios de eficiência à vida das sociedades com ações em mercado regulamente, nomeadamente, na implementação de *smart contracts* que organizem os eventos

---

[1327] Cfr. Alexandros Seretakis, "Blockchain, Securities Markets, and Central Banking", in *Regulating Blockchain: Techno-Social and Legal Challenges*, Philipp Hacker, Ioannis Lianos, Georgios Dimitropoulos e Stefan Eich (Eds.), Oxford University Press, Oxford, 2019, pp. 217 e ss..

[1328] Cfr. ESMA, *Report: The Distributed Ledger Technology Applied to Securities Markets*, 2016, p. 8, disponível em: https://www.esma.europa.eu/system/files_force/library/dlt_report_-_esma50-1121423017-285.pdf.

societários, como as assembleias gerais (facilitando a identificação dos acionistas e a partilha de informação), e procedam à distribuição dos dividendos, podendo potenciar um maior ativismo societário[1329].

Não obstante o acima referido, existem ainda um conjunto de desafios tecnológicos e legais que têm de ser ponderados. Por exemplo, a lei portuguesa não acolhe qualquer referência específica à possibilidade de recurso às DLT para efeitos da emissão, registo ou transmissão de valores mobiliários. Em todo o caso, parece-nos que a lei portuguesa não se incompatibiliza com a utilização das *permissioned* DLT, sendo comum a criação de cadeias sucessivas de registo de titularidade de valores mobiliários num esquema de *contas-espelho* junto dos intermediários intervenientes[1330]. Outros Estados-Membros, como França[1331] e Itália[1332] clarificaram, por via legislativa o valor jurídico do registo em DLT, todavia, o legislador nacional absteve-se de o fazer até esta data.

Ademais, as exigências da legislação financeira para a transação de instrumentos financeiros são consideráveis, sobretudo, nas obrigações de criação de várias cópias do documento original para serem enviadas entre as diferentes partes[1333], significando a utilização medidas de conciliação bastante complexas, através de uma cooperação adequada com troca de informações de modo a que seja mantida a integridade da emissão, pelas centrais de depósito de valores mobiliários (artigo 37.º do Regulamento (UE) n.º 909/2014, de 23 de julho de 2014) . Desta forma, a lógica das

---

[1329] Cfr. ZOFIA BENARZ, "El Uso de la Tecnología Blockchain en las Sociedades Cotizadas – La Implicación de los Accionistas", in *Revista de Derecho de Sociedades*, n.º 58, Aranzadi, Navarra, 2020, pp. 196 e ss.; MARÍA GÁLLEGO LANAU, "La Aplicación de la Tecnología de Registro Distribuido en la Junta General. Una Primera Aproximación", in *Revista de Derecho de Sociedades*, n.º 57, Aranzadi, Navarra, 2019, pp. 215 e ss..

[1330] Cfr. ANDRÉ FIGUEIREDO, *O Negócio Fiduciário Perante Terceiros – Com aplicação especial na gestão de valores mobiliários*, dissertação de doutoramento da Faculdade de Direito da Universidade Nova de Lisboa, Almedina, Coimbra, 2012, pp. 345 e ss..

[1331] Cfr. Décret n° 2018-1226 du 24 décembre 2018, disponível em: https://www.legifrance.gouv.fr/eli/decret/2018/12/24/ECOT1829578D/jo/texte

[1332] Cfr. *Proposta di modifica n. 8.0.3 al DDL n.* 989, disponível em: http://www.senato.it/japp/bgt/showdoc/frame.jsp?tipodoc=Emendc&leg=18&id=1096791&idoggetto=1095835

[1333] Cfr. FINTECH WORKING GROUP REPORT – PARIS EUROPLACE, *Impacts of Distributed Ledgers and Blockchain Technology on Market Activities*, 2018, pp. 32 e ss., disponível em: https://www.paris-europlace.com.

DLT dificilmente se enquadra com estas exigências, tornando a sua utilização demasiado onerosa, ao momento, para a sua adoção generalizada pelas estruturas de mercado, sobretudo na transação destes ativos no mercado secundário. Com efeito, as normas referentes à negociação de instrumentos financeiros no mercado secundário, previstas na DMIF II, no Regulamento (UE) n.º 648/2012, de 4 de julho de 2012 e no Regulamento (UE) n.º 909/2014, de de 23 de julho de 2014, não se compatibilizam facilmente com a utilização das DLT.

Por último, a dificuldade de compreensão dos códigos utilizados na DLT por partes das entidades reguladoras pode ser um problema relevante de supervisão, não obstante poder ser resolvido através do recurso a linguagem informática funcional ou com a obrigação de se proceder a uma auditoria ao código utilizado;

Relativamente a casos de aplicação, a NASDAQ desenvolveu a plataforma Linq que utiliza a DLT para operar a transação de instrumentos financeiros. Esta plataforma permite que o emitente faça o registo de propriedade, procurando reduzir o tempo do processo de liquidação e eliminando a necessidade de utilização de papel para os certificados de ações[1334]. Enquanto primeiro utilizador deste sistema, a empresa Chain documentou a emissão de ações para um investidor privado". A plataforma fica encarregue de estabelecer os termos e a forma do processo de emissão, controlo e transferência dos bens, de modo que os participantes na rede consigam fazê-lo através de assinaturas digitais e pelo acatamento de regras personalizadas. As transações serão agrupadas numa corrente e, posteriormente, num registo partilhado, onde os utilizadores encarregados de formar cada bloco devem seguir um protocolo consensual de forma a fazer uma cópia dos registos, transversal a todos os nodes que impossibilite a reversão de transações[1335].

Em agosto de 2018, o Banco Mundial emitiu, com a colaboração do Commonwealth Bank of Australia e da Microsoft, obrigações através das DLT[1336]. O Banco Mundial tem tido um histórico de estabelecer padrões

[1334] Cfr.http://ir.nasdaq.com/releasedetail.cfm?releaseid=948326.

[1335] Cfr. "*Chain Protocol Whitepaper*", disponível em: https://chain.com/technology.

[1336] Mais informações em: https://www.worldbank.org/en/news/press-release/2018/08/23/world-bank-prices-first-global-blockchain-bond-raising-a110-million.

de mercado em relação a inovação, como fez em 1989 com o "Bond Global" e em 2000 com a emissão totalmente eletrónica de obrigações.

Ainda, será de referir que, em França, foi criado um *Central Securities Depository* pela Orange e pela SETL, intitulado "ID2S", inteiramente conforme a legislação da União Europeia, que visa a emissão, negociação e liquidação de instrumentos financeiro através de DLT[1337].

Quanto a *Initial Coin Offerings* de valores mobiliários, as chamadas *Security Token Offerings*, começam a surgir nalguns locais. Nos Estados Unidos da América, as primeiras duas empresas a emitir *Security Token Offerings* foram a VC[1338] e a *tZero*[1339]. O registo destas *Initial Coin Offerings* nos Estados Unidos da América tem sido feito ao abrigo da *Rule* 506 (c) da *Regulation D*, que constitui uma isenção à *Securities Act* de 1933, e da *Delaware Blockchain Initiative*[1340]. Com efeito, se uma oferta pública apenas se destinar a investidores qualificados (não podendo os valores mobiliários ser transacionados em mercado secundário durante 12 meses), os valores mobiliários poderão ser registados e depositados numa rede DLT. A *Delaware Blockchain Initiative* espoletou uma alteração à legislação societária[1341], em agosto de 2018, passando a definir "registo de ações" como "qualquer registo administrado pela ou em representação da sociedade" e passando a permitir que todos os registos comerciais das sociedades possam ser armazenados numa ou mais redes eletrónicas ou bases de dados (incluindo, numa ou mais redes eletrónicas ou bases de dados distribuídas), passando, deste modo, a permitir o lançamento de *Security Token Offerings*. Na Alemanha, a primeira *Security Token Offering* com um prospeto aprovado pela BaFin pertenceu à empresa *Bitbond*, tendo-se iniciado no dia 11 de março de 2019[1342]. Os criptoativos emitidos eram obrigações que atribuem direito a 4% de juros ao ano aos seus titulares.

[1337] Mais informações em: https://csd.id2s.eu/.

[1338] Cfr. https://www.spicevc.com/.

[1339] Cfr. https://www.tzero.com/.

[1340] Sobre esta iniciativa, *vd.* https://corpgov.law.harvard.edu/2017/03/16/delaware-blockchain-initiative-transforming-the-foundational-infrastructure-of-corporate-finance/.

[1341] Cfr. https://legis.delaware.gov/BillDetail/25730.

[1342] Cfr. https://www.bitbondsto.com/.

Da presente análise constata-se que a evolução das estruturas de negociação nos mercados financeiros estará correlacionada com os desenvolvimentos verificados na DLT, tendo em conta as vantagens que, segundo os agentes do mercado, esta tecnologia pode oferecer a todos os intervenientes do sistema financeiro, incluindo as entidades reguladoras. Constata-se, no entanto, que apesar de já terem existido várias ofertas de criptoativos que sejam valores mobiliários, *Security Token Offerings*, as empresas do setor financeiro parecem estar a ter dificuldades em avançar com um mercado secundário de cripoativos que sejam valores mobiliários, perante a complexidade técnicas e jurídicas da atividade de pós-negociação. Por esse motivo, a Comissão Europeia avançou com a proposta de Regulamento Europeu sobre o regime piloto para a utilização de DLT em estruturas de mercado, acima exposta.

Ora, este regime piloto proposto pela Comissão Europeia consubstancia a criação de uma *regulatory sandbox*, uma opção que nos parece adequada e em linha com a abordagem regulatória que propusemos na Parte I. Passamos a explicar porquê.

Como estamos na terceira vertente da *FinTech* e nos deparamos, consequentemente, perante uma tecnologia emergente, existe ainda algum desconhecimento dessa nova tecnologia por parte do mercado das entidades reguladora, justificando-se algumas isenções num espaço tão regulado como o das estruturas de mercado. Essas isenções devem estar relacionadas com as caraterísticas da tecnologia, neste caso às potencialidades das DLT dispensarem a exigência de alguns registos, até agora necessários. Essas potencialidades são, no entanto, também fonte dessas incertezas, gerando dificuldades de responsabilização e de controlo interno[1343]. Face à especial complexidade das estruturas de mercado e aos montantes avultados que estas estruturas normalmente, justifica-se, igualmente, a sujeição a um processo autorizativo. Esta *regulatory sandbox* poderá proporcionar oportunidades para melhorias de eficiência em toda a área pós-negociação, condensando a negociação e a liquidação quase

---

[1343] Sobre essas dificuldades das DLT, *vd.* MARTINHO LUCAS PIRES, "Breve Nota sobre os Desafios Jurídicos da *Blockchain*", *Homenagem ao Professor Doutor Germano Marques da Silva*, Vol. III, coord. JOSÉ LOBO MOUTINHO, HENRIQUE SALINAS, ELSA VAZ DE SEQUEIRA E PEDRO GARCIA MARQUES, Universidade Católica Editora, Lisboa, 2020, pp. 1987 e ss..

em tempo real e poderá permitir a fusão das atividades de negociação e pós-negociação, prevendo-se, posteriormente, um regime que promova a inovação e beneficie, nesse sentido, as potencialidades das DLT.

4. Um regime específico para as *Initial Coin Offerings*?

Em benefício do princípio "*same activity-same risks-same rules*" e do princípio da neutralidade tecnológica e face às incertezas quanto às alterações legais que teriam de ser efetuadas relativamente ao mercado secundário (como identificado *supra*), parece-nos pacífica a questão de ainda não se avançar com um regime específico para os criptoativos que se qualifiquem como valores mobiliários.

No entanto, existe um vasto espectro de criptoativos que não se qualificam como valores mobiliários ou outros instrumentos financeiros, por esses criptoativos não representarem situações jurídicas ou não representarem situações jurídicas relevantes para essa qualificação. Questionamo-nos, assim, se poderá existir alguma equiparação que justifique a mesma tutela legal que feita aos instrumentos financeiros ou se esses criptoativos devem sujeitar-se a um regime específico.

Não nos pronunciaremos quanto aos criptoativos que se qualifiquem como moeda eletrónica, nem das implicações dos criptoativos para a política monetária, bem como para a estabilidade financeira devido às suas potenciais finalidades de serem um meio de troca, uma vez que é um tema, como já acima referido, que ultrapassa o escopo do presente estudo, que se centra, sobretudo, nas finalidades de financiamento empresarial.

Voltando às questões apresentadas acima, afigura-se que temos primeiro de clarificar algumass especificidades dos criptoativos. Ora, estes consistem apenas em representações digitais em DLT, e, portanto, parecem enquadrar-se aos registos em conta e contrapor-se ao papel, recorrendo-se às outras formas típicas de representação de valores mobiliários[1344]. Apesar de ser possível esta abrangência das DLT pelos registos

[1344] Sobre o princípio da tipicidade das formas de representação de valores mobiliários, *vd.* PAULO CÂMARA, *Manual de Direito dos Valores Mobiliários*, 4.ª ed., Almedina, Coimbra, 2018, pp. 195.

em conta, existem, decerto, diferenças entre a DLT e os registos em conta, que advêm das especificidades de estarmos perante uma nova tecnologia, mas também dessa nova tecnologia proporcionar novos modelos negócio.

Identificámos, acima, que grande parte dos emitentes de criptoativos são *Decentralized Autonomous Organizations*. Tal deve-se funções descentralizadoras e desintermediadoras das DLT, que proporciona a criação de comunidades abertas para o desenvolvimento de atividades económicas. Ora, exista quem defenda que os criptoativos não têm valor intrínseco, nem direto nem indireto, e que o seu valor não está vinculado à força económica de uma comunidade, mas é dado pelo volume de trocas com outras moedas e é condicionado pela oferta e procura dentro de um mercado virtual[1345], mas entendemos, pelo contrário, que o facto dos criptoativos estarem associados a essas comunidades abertas faz com que exista um efeito de rede em relação ao seu valor.

Os efeitos de rede, também conhecidos por lei de Metcalfe, são um campo de análise económica que tem como premissa a criação de produtos e serviços e a agregação de valor por meio de redes que operam em larga escala ou globalmente[1346], decorrendo o seu valor do tamanho da rede. Estes efeitos facilmente se explicam se referirmos que um telefone não terá qualquer valor, se só uma pessoa tiver o telefone, sendo que o valor do telefone, bem como a sua utilidade, aumenta se mais pessoas tiverem o seu telefone[1347]. Tal explica, de igual forma, a existência de valor nos criptoativos, mesmo que estes possam não representar qualquer situação jurídica. O registo em conta, por outro lado, não tem qualquer valor se não representar situações jurídicas.

[1345] Cfr. LLARIA FRANCI, "La conferibilità delle criptovalue alla luce dell'attuale dibattito circa il loro inquadramento giuridico", in *Diritto della banca e del mercato finanziario*, Anno XXXIV, Vol. I, Pacini Giuridica, Pisa, 2020, p. 146.

[1346] Cfr. TIMOTHY PETERSON, "Metcalfe's Law as a Model for Bitcoin's Value", in *Alternative Investment Analyst Review*, Q2, Vol. 7, n.º 2, 2018, p. 7, disponível em: https://papers.ssrn.com/.

[1347] Cfr. MIGUEL MOURA E SILVA, *O abuso de posição dominante na nova economia*, Almedina, Coimbra, 2010, p. 447.

Pode-se considerar, igualmente, que existe um direito dos titulares dos criptoativos análogo ao direito de propriedade[1348], uma vez que os poderes de disposição e transmissão dos criptoativos pertencem ao detentor da chave privada e existe um registo público (DLT) que garante publicidade à detenção desse valor (valor que deriva do efeito de rede da comunidade aberta a que o criptoativo pertence). Nos valores mobiliários escriturais, não interessa a detenção ou poder de facto sobre a coisa para tudo se limitar à verificação de situações formais. No sistema de registo, tudo se reduz formalmente à resultante de inscrições no registo"[1349], identificando-se aqui outra diferença em relação aos criptoativos.

Os registos em conta são assegurados, em certas situações, por terceiros, intermediários financeiros ou gestores de sistemas centralizados. Nas DLT, não se justifica uma tutela do mesmo teor, face às caraterísticas que expusemos sobre a tecnologia. No MiCA houve o mesmo entendimento, ao não obrigar nas ofertas públicos de criptoativos que houvesse um registo junto de uma terceira entidade. Assim, defendemos que seja juridicamente tutelada essa capacidade das DLT assegurarem celeridade e segurança na transmissão de valores e situações jurídicas. Toda a evolução histórica verificada nos títulos de crédito e nos valores mobiliários, no que diz respeito à transmissão de direitos subjetivos centrou-se numa preocupação entre duas ordens de interesse, o da celeridade na transmissão desses direitos e a proteção de todos que assumem expectativas, interesses, dignos de uma tutela jurídica[1350]. Nas DLT e nos criptoativos, parece existir uma aproximação dos bens corpóreos e, portanto, aos títulos em papel, no sentido de atribuir à titularidade um direito ou valor de

---

[1348] Referindo que não existe um direito de propriedade sobre os criptoativos por estes não serem bens corpóreos, Mafalda Miranda Barbosa, "Inteligência artificial e blockchain: desafios para a responsabilidade civil", in *Revista de Direito da Responsabilidade*, Ano I, 2019, p. 801, disponível em: http://revistadireitoresponsabilidade.pt/2019/inteligencia-artificial-e-blockchain-desafios-para-a-responsabilidade-civil-mafalda-miranda-barbosa/;

[1349] José de Oliveira Ascensão, "As acções", in *Direito dos Valores Mobiliários*, Vol. II, Coimbra Editora, Coimbra, 2000, p. 82.

[1350] Diogo Drago, *Actos abstractos e circulação de valores mobiliários*, in Direito dos Valores Mobiliários, Vol. V, Coimbra Editora, Coimbra, 2004, p. 438.

uma forma pública e autónoma, com um caráter probatório relevante, que permite gerar confiança no tráfego jurídico[1351].

Existem ainda vários aspetos que os criptoativos têm em comum com os registos em conta, tal como a representatividade, que se encontra em ambos assegurada pelo registo individualizado, correspondendo a um autêntico suporte documental, de base informática, transparecendo uma verdadeira literalidade que se conjuga com a causalidade. Naturalmente, como acontece com qualquer suporte documental representativo de um direito, o mesmo é adquirido derivadamente. É o direito cartular que se constitui originariamente na esfera do adquirente, não o documento que serve de base de suporte ao mesmo[1352]. "Por conseguinte, tudo se passa como o direito cartular não fosse propriamente transmitido, mas adquirido de forma originária, de cada vez que o título circula para um novo titular"[1353].

Estas especificidades da DLT podem merecer uma tutela própria, mas é certo que existe uma aproximação relevante dos criptoativos aos valores mobiliários, uma vez que em ambos existe um caráter especulativo e de investimento. Adicionalmente, os criptoativos surgem como meios de financiamento a projetos inovadores através das *Initial Coin Offerings*, suscitando-se uma necessidade de tutelar os investidores que têm uma confiança legítima no valor potenciado pelas comunidades abertas que emitem criptoativos.

A quantidade de fraudes já verificadas demonstra que a estrutura, organização e *governance* terá de ser melhorada, uma vez que tem sido muito comum a recentralização do sistema em agentes económicos fortes e a violação dos princípios básicos das comunidades DLT – descentralização, democratização e transparência –, estando os negócios sob criptoativos completamente desprovidos de controlo e de sanções. Face

---

1351 "A confiança depende da segurança das transações eletrónicas, bem como a integridade, autenticidade e confidencialidade dos dados", ALEXANDRE DIAS PEREIRA, *Comércio Electrónico na Sociedade da Informação: Da Segurança Técnica à Confiança Jurídica*, Almedina, Coimbra, 1999, pp. 18 e ss..

1352 DIOGO DRAGO, *Actos abstractos e circulação de valores mobiliários*, in Direito dos Valores Mobiliários, Vol. V, Coimbra Editora, Coimbra, 2004, pp. 474 e ss..

1353 MIGUEL PUPO CORREIA, *Direito Comercial*, SPB Editores, Lisboa, 1997, p. 38.

ao exposto, a ideia fundamental da regulação das atividades que envolvam criptoativos aproxima-se à dos mercados financeiros, precisamente o controlo da informação difundida aos investidores[1354]. Genericamente, quando os mercados financeiros são eficientes, criam efeitos positivos em toda a economia, mas pode haver casos em que os mercados não conseguem atingir o resultado mais eficiente, prejudicando toda a economia, tratando-se, portanto, de falhas de mercado. A existência dessas falhas justifica a regulação e supervisão dos mercados financeiros, que procura corrigir os casos de ineficiência e o mesmo sucede com os mercados de criptoativos.

Verifica-se, assim, que a melhor opção é a adoção de um regime específico para esses criptoativos que não se qualificam como instrumentos financeiros. Surge, deste modo, outra questão que é se esse regime específico deve ser opcional como o regime francês *supra* abordado, dado o estado ainda prematuro das DLT e dos modelos de negócio relativos a criptoativos, dado o caráter transnacional destas atividades[1355] e dada a

---

[1354] "Desde as suas primeiras manifestações que a regulação financeira assumiu como objectivo essencial, mesmo em países e ordenamentos marcadamente liberais, a protecção do investidor, dos seus interesses e da sua posição patrimonial. Identifica-se assim como o interesse público que justifica a intervenção do Estado nos mercados de capitais precisamente a necessidade de tutelar os agentes que, com o investimento das suas poupanças, fornecem o «combustível» essencial para o funcionamento eficiente e competitivo desse mercado. E é natural que assim seja. Desde cedo se constatou a importância da confiança dos investidores na transparência e integridade do funcionamento do mercado. Faltando essa confiança, os mercados de capitais deixam de funcionar e não atingem aqueles que são os seus objetivos fundamentais. Há que, então, salvaguardar esse bem valioso que é a confiança depositada pelos investidores no funcionamento eficaz do mercado, mediante uma cuidadosa e eficaz tutela pública dos interesses próprios dos investidores, os quais podem ser decompostos em três interesses específicos: a existência de liquidez do mercado, a rentabilidade dos investimentos e a segurança e credibilidade do mercado", André Figueiredo, "A Informação Difundida no Mercado de Valores Mobiliários e os Poderes da CMVM", in *Cadernos do Mercado de Valores Mobiliários*, n.º 24, 2006, pp. 68 e 69, disponível em:
https://www.cmvm.pt/pt/EstatisticasEstudosEPublicacoes/CadernosDoMercadoDeValoresMobiliarios/Pages/Cadernos-do-mercado-de-valores-mobiliarios.aspx?pg.

[1355] "A dificuldade de enquadramento jurídico do modelo de negócio e dos activos no quadro regulatório é acrescida pelo facto de o activo resultante desta inovação tecnológica ser objecto de open calls, por via electrónica, worldwide, o que acrescenta a dificuldade decorrente da multiplicidade de ordenamentos jurídicos, de reguladores e de sistemas judiciais

gestão distribuída permitida pelas DLT, tornando muito difícil fazer prova do incumprimento de qualquer regime.

Os motivos deste regime opcional francês fundam-se nas finalidades de permitir a identificação de projetos confiáveis e não fraudulentos de garantir o equilíbrio adequado entre a proteção dos investidores e o apoio à inovação e da dificuldade de controlar os riscos dos criptoativos sem uma efetiva cooperação internacional[1356]. Um emitente de criptoativos, um intermediário na negociação de criptoativos, uma entidade gestora de uma *crypto exchange* ou um consultor relativo a criptoativos teriam a opção de não ser regulados, sem prejuízo de terem que se sujeitar à legislação relativa ao combate ao branqueamento de capitais[1357] e financiamento do terrorismo, e teriam a opção de ser regulados, sujeitando-se aos deveres de informação previstos legalmente e ao registo público junto da entidade reguladora competente. Esse registo público permitirá aos investidores identificar os agentes que são regulados, de forma a saberem quando estão a ser tutelados por uma entidade reguladora e por um determinado regime, devendo a respetiva entidade reguladora alertar frequentemente os investidores para necessidade de consultarem esse registo.

Na base de um sistema de regulação opcional está uma tentativa do sistema jurídico influenciar de forma indireta os agentes de mercado, o que permite que estes façam uma autorreflexão e um juízo próprio de adequação sobre o impacto que cada alternativa poderá ter[1358], procurando o

---

que convoca", Luís Guilherme Catarino, *Inovação Financeira e ICOs: mercados privados alternativos*, 2018, p. 12, disponível em: https://institutovaloresmobiliarios.pt/estudos/pdfs/1548431077icos_lgc_vf.pdf.

[1356] Cfr. Caroline le Moign, *French ICOs – A New Method Of Financing?*, 2018, p. 2, disponível em: https://www.amf-france.org/en_US/Publications/Lettres-et-cahiers/Risques-et-tendances/Archives?docId=workspace%3A%2F%2FSpacesStore%2F27604d2f-6f2b-4877-98d4-6b1cf0a1914b.

[1357] "O principal foco de riscos de branqueamento é actualmente localizado nos mecanimos de reforço e anonimização e de obscurecimento e dispersão de criptomoedas transaccionadas", David Silva Ramalho e Nuno Igreja Matos, "Branqueamento e Bitcoin: uma introdução", in *Revista do Ministério Público*, 162, Ano 41, Sindicato dos Magistrados do Ministério Público, Lisboa, 2020, pp. 97 e 98.

[1358] É uma forma de promover a autorregulação através da hetero-regulação, permitindo aos agentes de mercado aderirem ou não às propostas regulatórias do sistema jurídico com base

sistema jurídico que os agentes de mercado confirmem os maiores benefícios que a regulação da sua atividade oferece, tais como, a legitimação que gera confiança nos investidores e a redução de custos na externalização da gestão e dirimição de conflitos que envolvam clientes numa entidade reguladora. O regime francês não é um regime opcionalista puro, no sentido em que não restringe a atuação dos agentes do mercado um certo número de hipóteses determinadas dentro do espectro maior de hipóteses possível, mas antes abrange todo o universo de hipóteses, os que querem e os não querem enquadrarem-se no regime.

Este regime tem várias desvantagens, tais como as entidades não compreenderem os benefícios da regulação, nem concebem a sua opção como um incentivo. Esta desvantagem ganha especial relevo nos criptoativos face ao *espírito* de alternatividade ao sistema do ecossistema dos criptoativos e das DLT, em que imperam as caraterísticas de descentralização e desintermediação, como acima referimos, o que nos permite antecipar que a escolha dos agentes de mercado tenderia a ser a opção de não se sujeitarem ao regime específico e permanecerem fora do espaço regulado. Outra desvantagem é a posição frágil em que encontra a entidade reguladora perante um regime opcional, num setor em que urgência das medidas e do *enforcement* da entidade reguladora deve imperar, face aos riscos que poderão estar em causa para toda a economia. O peso das desvantagens referidas leva-nos a crer que o regime opcional não é a escolha mais adequada para a regulação das *Initial Coin Offerings*.

Assim teríamos um regime específico imperativo que teria como objeto regular as as *Initial Coin Offerings* e as admissões a negociação dos criptoativos. Poderão existir criptoativos que tenham sido criados sem a finalidade nem a capacidade de serem transacionados, e se essas transações não ocorrerem, essa realidade não se aproxima da do regime dos valores mobiliários, nem comporta riscos, pelo que não deverá ficar sujeita ao regime que propomos. Quanto às exigências desse regime, parece-nos

---

nos critérios de racionalidade e estruturação operativa autónoma disponibilizados legalmente, cfr. Luís Heleno Terrinha, *O Direito Administrativo na Sociedade – Função, prestação e reflexão do sistema jurídico-administrattivo*, Universidade Católica Editora, Porto, 2017, pp. 533 e ss..

que será justificável adoção de um regime mais flexível que o dos valores mobiliários[1359], face à nossa proposta de abordagem regulatória.

Primeiro, as *Initial Coin Offerings* têm uma função social e económica de promover a democratização do investimento e do financiamento, com base nas ideias de descentralização e desintermediação das comunidades do ecossistema DLT, podendo as *Initial Coin Offerings* contribuir para o melhor acesso a financiamento das PME e das *startups*. Em segundo lugar, é importante não restringir a inovação neste âmbito, sobretudo, quanto tratamos de um modelo de negócio que se baseia numa tecnologia emergente que poderá proporcionar benefícios para toda a economia e o bem-estar da população. Ademais, as regras de funcionamento e concretização da DLT funcionam à base do consenso e são autodeterminadas pelo próprio sistema e uma "*light touch regulation* é por ora uma solução possível frente ao Mundo Digital, diminuindo as externalidades do *regulatory overshooting* a que se assistiu como reação às crises financeiras"[1360]. A preservação da natureza descentralizadora das DLT parece-nos, igualmente, essencial para promover-se a inovação e a democratização não só financeira, como também tecnológica, protegendo-se de forma mais eficiente os direitos, liberdades e garantias de todos os cidadãos.

Uma questão já analisada *supra* é a importância da aplicação dos princípios da neutralidade tecnológica e da substância sob a forma na qualificação jurídica de criptoativos. A estes, no nosso entendimento, deverá adicionar-se o princípio da segurança jurídica, devendo a lei definir com clareza as diferentes qualificações de criptoativos, dadas as enormes dúvidas suscitas pelos presentes critérios de qualificação dos valores mobiliários. Para tanto, sugerimos a determinação de critérios objetivos, sendo os valores mobiliários os documentos representativos de situação jurídicas que atribuam um direito a um rendimento (como o direito ao lucro ou o direito aos juros). Se um cripoativo não atribuísse um direito a um rendimento, aferindo-se essa atribuição às declarações do emitente, esse criptoativos não seria um valor mobiliário e, caso esse criptoativos

---

[1359] Cfr. Keren Arthur, *The emergence of financial innovation and its governance – a historical literature review*, 2017, p. 12, disponível em: https://papers.ssrn.com/.

[1360] Luís Guilherme Catarino, *Crowdfunding e Crowdinvesting: O Regresso ao Futuro?*, 2017, p. 75, disponível em: https://institutovaloresmobiliarios.pt/estudos/.

fosse objeto de uma oferta pública ou fosse admitido à negociação ficaria sujeito ao regime específico que aqui propomos. Os criptoativos[1361] poderão ter uma taxonomia, tal como a que expusemos acima, para melhor se identificarem as suas finalidades, mas essa taxonomia deve ser aberta[1362].

O regime deverá, assim, incluir as *Initial Coin Offerings* e todos os intermediários que se envolvam na posterior negociação dos criptoativos através da prestação de serviços[1363], atribuindo-se destaque aos deveres de informação que devem impender sobre estes agentes[1364], sem que, no entanto, haja um *information overload* muito associado às exigências das normas referentes aos prospetos[1365], que tornam, em certos casos, contra-

---

[1361] Estes criptoativos podem coincidir com qualquer tipo de criptoativos que abordamos: *Utility Tokens, Currency Tokens, Investment Tokens* e *Hybrid Tokens.* Ou seja, podemos ter um *Exchange Token* que seja um *Utility Token,* um *Currency Token,* um *Investment Token* ou um *Hybrid Token,* importando apenas que não se qualifique como instrumento financeiro e que seja negociado numa *exchange.*

[1362] Divergentemente, defendendo um numerus clausus para os criptoativos, Paula Valencia Lafuente, "Encaje Legal actual y propuestas de regulación de las ofertas iniciales de criptomonedas (ICOs)", in *Revista de Derecho Bancario y Bursátil,* Año XXXVIII, Aranzadi, Navarra, 2019, p. 235.

[1363] "Os serviços são acções e omissões humanas, cuja realização, isolada ou coordenada, se revista de utilidade para pessoa ou pessoas diferentes do próprio agente. Do seu âmbito excluem-se as acções jurídicas, de tal modo que nem a transmissão de um direito, por ser um efeito, nem o acto de entregar uma coisa, por estar consumido na função obrigacional, pertencem ao seu âmbito. Em ambos os casos, o objecto do negócio será a própria coisa sobre que incide o direito ou que foi prevista como objecto da prestação. Neste sentido, portanto, os serviços consistem sempre num *facere* (ou não *facere*) que não resolva no conteúdo clássico de *dare*", Carlos Ferreira de Almeida, *Texto e Enunciado na Teoria do Negócio Jurídico,* Vol. I, Almedina, Coimbra, 1992, p. 607.

[1364] "Com efeito, a proteção dos investidores será tanto ou mais robusta quanto se imponham deveres de informação aos emitentes, mas também quando se exija a revelação da identidade dos investidores, como condição para aplicação de alguns dos mais importantes blocos normativos que formam o edifício moderno Direito financeiro", Francisco Mendes Correia, "Algumas notas sobre ofertas públicas de criptomoedas (initial coin offerings)", in *O Novo Direito dos Valores Mobiliários- Vol. 2 – II Congresso sobre Valores Mobiliários e Mercados Financeiros,* 2019, p. 183.

[1365] "Devemos notar que – mesmo que o investidor tenha acesso e leia cuidadosamente todo prospecto – a sofisticação e complexidade de grande parte dos produtos financeiros obstam à capacidade da maioria para estimar o respectivo risco do investimento realizado ou a realizar", Inês Serrano de Matos, "Debt Finance", in *Revista de Concorrência e Regulação,* Ano VI,

producentes os esforços de proteção dos investidores[1366]. Por outro lado, a responsabilidade do *white paper*, tal como a do prospeto, desempenha um relevante papel em ordem ao reforço da segurança, clareza, funcionabilidade e fiabilidade do mercado de capitais[1367], algo que também deve imperar no mercado de criptoativos, que como acima referido, deve ficar sujeito a um regime fortemente inspirado no regime dos valores mobiliários, incluindo os prospetos, as atividades de intermediação financeira e os respetivos contratos[1368], só que menos exigente face à abordagem regulatória que propomos.

Assim, os serviços relativos à negociação de criptoativos deverão estar dotados das mesmas singularidades que os relativos à negociação de valores mobiliários em matéria de preparação, formalização documental, perfeição e cumprimento, assim como em matéria de proibições subjetivas, objetivas e formais, em geral impostas normativamente pela própria lei ou pelas entidades reguladoras no âmbito dos seus poderes[1369].

No entanto, existem vários projetos de finanças descentralizadas em que é difícil afirmar se existe uma pessoa singular ou colectiva respon-

---

número 23-24, Almedina, Coimbra, 2015, p. 160; "A multiplicidade de fontes de informação e a variedade e complexidade da informação propriamente dita podem traduzir-se, sobretudo para o investidor não profissional barreiras para a correcta e esclarecida formação de (des)investir em valores mobiliários", Gonçalo Castilho dos Santos, "Recomendações de investimento em valores mobiliários e conflito de interesses, in *Direito dos Valores Mobiliários*, Vol. VIII, Coimbra Editora, Coimbra, 2008, pp. 338 e ss..

[1366] Cfr. Madalena Perestrelo de Oliveira, "Os desafios na regulação dos tokens e dos tokenized securities", in *O Novo Direito dos Valores Mobiliários- Vol. 2 – II Congresso sobre Valores Mobiliários e Mercados Financeiros,* 2019, p. 192.

[1367] Manuel Carneiro da Frada, *Teoria da Confiança e Responsabilidade Civil,* Dissertação de Doutoramento em Ciências Jurídicas pela Faculdade de Direito da Universidade de Lisboa, Almedina, Coimbra, 2004, pp. 180 e 181.

[1368] Quanto ao objeto dos contratos de intermediação financeira, estes são veículos instrumentais da intermediação financeira, que tem por objeto imediato a prestação de serviços de intermediação, sendo reconduzíveis, na sua maioria, ao macrotipo negocial da prestação de serviços e profundamente tributários da disciplina geral da intermediação financeira, cfr. José Engrácia Antunes, *Direito dos Contratos Comerciais,* Almedina, Coimbra, 2009, pp. 575 e 576.

[1369] Cfr. Luís Bandeira, *A Renovada Crise da Dogmática da Autonomia da Vontade – Os Contratos de Serviços de Investimento em Instrumentos Financeiros,* Almedina, Coimbra, 2020, pp. 96 e ss..

sável pela prestação de serviços[1370], devendo-se ter em conta os critérios acima referidos para aferir se uma rede é ou não descentralizada para determinarmos se um criptoativo representa uma situação jurídica. Se a rede não for descentralizada, o prestador de serviços deve ser regulado, mas se for descentralizada, estaremos perante uma rede aberta que solicitará soluções regulatórias distintas[1371]. Relembrando esses critérios, referimos sumariamente que se relacionam com a distribuição dos poderes sobre o protocolo DLT, o benefício económico dos promotores ou outras pessoas responsáveis por qualquer parte do funcionamento do protocolo, a interface com o público e outros.

Infere-se, pelo que já expusemos anteriormente, que as caraterísticas dos investimentos em *Initial Coin Offerings* e em criptoativos em geral também não divergem em grande medida das componentes de muitas outras formas de financiamento e investimento como o *Crowdfunding*, fundos de capital de risco e *business angels* e as próprias ofertas públicas de valores mobiliários e a sua negociação em mercados regulamentados, sobretudo, pela sua liquidez e potencial de valorização[1372]. Por outro lado,

---

[1370] Cfr. Michael Schillig, *Lex Cryptographia, 'Cloud Crypto Land' or What? – Blockchain Technology on the Legal Hype Cycle*, 2021, disponível em: https://papers.ssrn.com/.

[1371] Uma dessas soluções pode ser a participação direta do Estado, sem *jure imperii*, no ecossistema das finanças descentralizadas, cfr. Guilherme Maia e João Vieira dos Santos, *MiCA and DeFi ('Proposal for a Regulation on Market in Crypto-Assets' and 'Decentralised Finance')*, 2021, pp. 15 e ss., disponível em: https://papers.ssrn.com/sol3/papers.cfm?abstract_id=3875355.

[1372] Cfr. Luís Roquette Geraldes, Mariana Solá de Albuquerque e João Lima da Silva, "ICOs: security tokens vs. utility token", in *Fintech II – Novos estudos sobre tecnologia financeira*, coord. António Menezes Cordeiro, Ana Perestrelo de Oliveira e Diogo Pereira Duarte, Almedina, Coimbra, 2019, p. 338. "A capitalização destes activos nos mercados electrónicos específicos (exchanges) passou de USD $17,7 mil milhões em janeiro de 2017 para uma capitalização recorde em Novembro e Dezembro de 2017 – em 21 de Dezembro atingiu USD$650 mil milhões mantendo-se em Janeiro de 2018 em valores similares. Os dados demonstram que nos primeiros meses de 2018 foram angariados cerca de USD$ $6 mil milhões (estatísticas actualizadas em https://www.coinschedule.com/stats.html). Estima-se que só no Japão, um Estado que aceitou e regulou estes mercados secundários registando as plataformas electrónicas de negociação de criptomoedas, existam mais 3,5 milhões de utilizadores. O mercado japonês é pujante e as suas plataformas têm sofrido os riscos inerentes a esta inovações tecnológicas – sucessivos desvios de fundos vg através de hackers. Os operadores criaram uma Associação de auto-regulação – a Japan Virtual Currency Exchange Association – como um meio de credibilizar os negócios e estatuir para os seus associados Guidelines

a utilização dos criptoativos e das DLT, em geral, tem sido vista como uma forma de aumentar a transparência e a confiança nas transações nos mercados financeiros e, assim, mitigar o risco sistémico e aumentar a estabilidade do sistema financeiro. No entanto, existe também um elevado número de riscos associados aos criptoativos e às DLT– que devido à falta de regulamentação deste fenómeno, tornam-se ainda maiores e mais preocupantes –, tais como, o risco de fraude, a manipulação de mercado e a volatilidade destes ativos.

Destarte, nesse regime específico devem constar (i) as regras aplicáveis à informação contida nos prospetos e nas fichas de informação normalizada, nomeadamente, a identificação dos emitentes/oferentes dos criptoativos, de forma a resolver, parcialmente, os problemas relativos ao anonimato associado às DLT, *i.e.* a imputação da responsabilidade e o cumprimento dos deveres de identificação dos clientes, (ii) os limites à transmissibilidade, os direitos e obrigações dos criptoativos[1373] e (iii) as cláusulas que deverão estar obrigatoriamente plasmadas no protocolo DLT dos criptoativos e nos *smart contracts*, com o intuito de proteger os investidores não profissionais.

Reveste particular importância a iniciativa de regulação específica deste fenómeno neste momento, porque está a decorrer a construção da União dos Mercados de Capitais, no sentido de proporcionar novas fontes de financiamento às sociedades comerciais, reduzir os custos da mobilização de capitais, facilitar o investimento entre países da União Europeia e atrair mais investimento estrangeiro para a União Europeia[1374]. Ora, a adequação das *Initial Coin Offerings* a estes objetivos parece plena, e, apenas com a sua integração no nosso ordenamento jurídico, é que as nossas instituições podem, verdadeiramente, controlar os seus riscos e fomentar a sua utilização no financiamento das nossas sociedades comerciais.

---

comportamentais, de controlo e organização interna, e prevenção de actos de abuso de mercado", LUÍS GUILHERME CATARINO, *Inovação Financeira e ICOs: mercados privados alternativos*, 2018, p. 12, disponível em:
https://institutovaloresmobiliarios.pt/estudos/pdfs/1548431077icos_lgc_vf.pdf.

[1373] Convergentemente, PHILIPP HACKER E CHRIS TOMALE, "Crypto-Securities Regulation: ICOs, Token Sales and Cryptocurrencies under EU Financial Law", in *European Company and Financial Law Review*, 15(4), 645-696, 2018, p. 686.

[1374] Cfr. http://www.consilium.europa.eu/pt/policies/capital-markets-union/.

SÍNTESE CONCLUSIVA

O financiamento empresarial sempre revestiu diversas formas e teve sempre o contributo da criatividade humana para se transformar continuamente. A tecnologia veio ajudar nesse processo, adicionando uma camada de complexidade, sobretudo devido à celeridade da evolução tecnológica. A tecnologia tem também alterado comportamentos e a forma de nos organizarmos. Perante estas alterações da forma como vemos o mundo, surgiu a nossa motivação para este estudo, a de dar o nosso pequeno contributo para o enquadramento jurídico de novas figuras que apareceram no cruzamento de complexidades que são a tecnologia e o setor financeiro.

Após algum aprofundamento destas realidades e de como foram construídas as iniciativas legislativas neste âmbito, verificámos a diversidade de interpretações e de opções tomadas pelas diferentes jurisdições, e, por vezes, pela mesma jurisdição. Identificámos, portanto, a necessidade de sedimentar alguns conceitos e de procurar alguma unidade sistemática para que haja um enquadramento jurídico coerente. A constante e rápida mistura de várias áreas do saber no mundo financeiro e comercial prejudicam esta coerência, levando os juristas a não terem uma plena compreensão das novas realidades com que se deparam.

O nosso contributo concerne, assim, uma clarificação destas realidades tendo em conta, igualmente, o nosso vasto e complexo sistema jurídico, que já contempla múltiplos regimes próximos e aplicáveis às figuras que vêm aparecendo. Certamente, nada é totalmente novo e original, e haverá sempre inspiração nos processos existentes, havendo apenas alterações no que os criadores concebem como benéfico para certa finalidade, razão pela qual, nos questionamos, no âmbito da nossa análise, se esse contributo inovador que visa uma certa finalidade deve ser valorizado e merecer um tratamento específico por parte da ordem jurídica.

Como nos encontramos no escopo do setor financeiro, abordámos inevitavelmente figuras que suscitam riscos, não estivéssemos perante uma verdadeira *Sociedade do Risco*, e perante um setor de grande importância para funcionamento da nossa sociedade. Tal explica o facto da nossa abordagem ser regulatória. O enquadramento de novas figuras no setor financeiro não pode apenas centrar-se nos problemas que concernem as partes que efetuam um negócio jurídico (de financiamento empresarial, no caso do nosso estudo), mas também todos os riscos para terceiros que podem advir da celebração desses negócios enquanto atividade do sistema financeiro. O mesmo se pode referir em relação aos benefícios que esses negócios proporcionam à nossa sociedade, podendo e devendo o Estado potenciá-los para que contribuam para o bem-estar de toda a população.

Face à dimensão do espectro do sistema financeiro, tivemos de começar o nosso estudo por segmentar o que pretendíamos analisar, enquadrando o caráter de alternatividade que as novas formas de financiamento procuram em relação às tradicionais. Também, sentimos necessidade de categorizar esse objeto de estudo em inovações do modelo de negócio utilizando tecnologias não emergentes, inovações quanto à utilização de tecnologias emergentes e inovação do modelo de negócio utilizando tecnologias emergentes. Verificámos que o conceito de FinTech abrangia estas três vertentes, e que para a nossa análise seria importante diferenciá-las, tendo em conta o maior grau de incerteza, mas também de maior potencialidade de transformação que uma inovação tecnológica reveste.

Para aferir os benefícios que certa inovação poderá proporcionar, também necessitamos de acompanhar o *espírito* dos tempos, e, dessa forma, verificámos quais são as maiores necessidades de financiamento empresarial atualmente, através de uma pesquisa das políticas que se têm destacado na União Europeia e no nosso país. Identificámos nessa análise que existem enormes preocupações políticas relativas ao financiamento das PME e das *startups*, pelo facto mais que provado de que estas têm tido dificuldade no acesso ao financiamento, nos últimos anos. Todas as jurisdições têm procurado investir na inovação, mas a que é potenciada a nível privado pelas PME e *startups* não têm encontrado uma base jurídica sólida para se potenciar.

No âmbito do setor financeiro, essa base jurídica tem sido procurada através da criação de novos instrumentos regulatórios e através do aproveitamento de outros não tão novos, que também visitamos. Desta forma, encontrámos o sustentáculo da nossa análise, que começa por procurar um enquadramento no nosso sistema jurídico para esses instrumentos regulatórios.

Seguidamente, perscrutamos uma abordagem que costuma ser associada à promoção da inovação, denominada regulação baseada em princípios. Procurámos, assim, saber do que se tratava e como tem sido utilizado por diversas jurisdições. O caráter internacional desta abordagem cria certas dificuldades de compreensão, tendo em conta a nossa realidade e da maneira como vemos o Direito. Após a análise, concluímos que a regulação baseada em princípio trata-se, sobretudo, de uma forma de simplificação legística, não podendo servir para a abordagem regulatória que pretendemos, uma vez que o nosso objetivo é facilitar o enquadramento jurídico de novas formas de financiamento no nosso ordenamento, pelo que, aferimos que se deve recorrer às valências que o nosso ordenamento proporciona.

Após termos perscrutado essas valências, concluímos que o nosso ordenamento é suficientemente amplo e flexível para enquadrar novos instrumentos regulatórios e prossecução de finalidades e funções que poderão surgir na constante transformação que acontece na nossa sociedade, desde que a unidade sistemática do nosso ordenamento não fique prejudicada. Para tanto, a nossa abordagem regulatória teve de encontrar o seu sustento nessas valências do nosso ordenamento jurídico.

A abordagem regulatória que propomos teve de se centrar nas principais finalidades dos meios de financiamento empresarial *FinTech*. Neste âmbito, verificámos que a função social económica de democratização do investimento e do financiamento dos meios de financiamento referidos é a que mais se destacava e que, simultaneamente, encontra sustento no nosso ordenamento jurídico, com vista a que haja uma promoção dessa função social e económica no enquadramento jurídico de novas figuras que contendem com o financiamento empresarial, no contexto do ciclo renovação que normalmente se identifica no mercado, existindo uma fase de crescimento e adaptação dos agentes de mercado a um certa inovação e uma fase subsequente de maturação.

Encontrámos também sustento para enquadrar juridicamente as formas de financiamento FinTech, tendo em conta a sua importância para promoção da inovação, enquadrando-se esta finalidade como uma incumbência do Estado, com vista ao crescimento económico, e, consequentemente, ao bem-estar de toda a população, o que nos permitiu fundamentar uma abordagem regulatória que potencie a inovação e facilite o financiamento de PME e *startups*.

Desta forma, procurámos identificar quando e de que forma o legislador deve intervir, com vista não prejudicar os benefícios da inovação proporcionada pelas formas de financiamento *FinTech*. O primeiro critério que identificámos que o legislador deverá ter em conta relaciona-se com a graduação dos impactos que os riscos de um novo modelo de negócio ou de uma nova tecnologia podem originar. Aqui destacam-se os riscos para a estabilidade financeira, para a integridade do mercado e para a proteção das partes mais débeis – no setor financeiro, os investidores e os consumidores. O segundo critério consiste na dificuldade dos novos agentes inovadores interagirem ou de acederem ao mercado, ou seja, a dificuldade de um novo modelo de negócio ou nova tecnologia se enquadrar na ordem jurídica, por se suscitarem dúvidas quanto ao correto enquadramento ou por se encontrarem impedimentos difíceis de ultrapassar, devendo o legislador atuar quando essas dificuldades forem devidamente identificadas e encontrar-se a melhor forma de mitigá-las através dos instrumentos jurídicos mais adequados.

Quanto ao modo de intervenção do legislador, concluímos que se deve ter em conta as figuras jurídicas aplicáveis e próximas aos elementos essenciais e distintivos dos novos modelos de negócio, com especial atenção à unidade sistemática do nosso ordenamento jurídico, que não poderá ficar prejudicada por qualquer incoerência. O legislador deverá, igualmente, recorrer à institucionalização da atividade em linha com as restantes construções legais do sistema financeiro, com vista a criar centros de imputação de responsabilidade.

Em certos casos, face à complexidade e incerteza de uma tecnologia, o legislador poderá recorrer a um novo instrumento regulatório, as *regulatory sandbox*, uma vez que estes instrumentos proporcionam um ambiente seguro em que essa tecnologia poderá ser testada, desde que seja sempre salvaguardada a proteção dos investidores e consumidores, bem como a estabilidade financeira e a integridade do mercado.

Não quisemos deixar de testar a abordagem regulatória que propusemos de uma forma específica em dois casos paradigmáticos, o *Crowdfunding* e as *Initial Coin Offerings*. Na primeira destas figuras, uma das nossas principais conclusões foi caraterizar *Crowdfunding* como um espaço de ofertas de financiamento de valor baixo dedicado a permitir o acesso a PME, *startups* e todo o tipo de investidores, sobretudo, os investidores não profissionais. Deste modo, o seu enquadramento jurídico deve não abranger apenas os valores mobiliários e empréstimos, mas também as quotas (através da admissibilidade da sua incorporação em títulos para efeitos de *Crowdfunding*) e o *Invoice Trading*.

As outras principais conclusões relativas ao *Crowdfunding* relacionam-se com a identificação dos testes de adequação e da imposição de outros deveres de informação enquanto medidas de proteção dos investidores preferíveis à limitação dos montantes de investimento e que a gestão discricionária e o mercado secundário no *Crowdfunding* devem ser admissíveis se se cingirem, no caso da gestão discricionária, à gestão individualizada de empréstimos, e, no caso do mercado secundário, à utilização de boletins informativos, com vista a enquadrarem-se de forma coerente e sem sobreposições na nossa ordem jurídica.

Relativamente às *Initial Coin Offerings*, as nossas principais conclusões relacionam-se com a necessidade de se prever um enquadramento regulatório específico para as ofertas e para admissão à negociação de criptoativos que não se qualifiquem como instrumentos financeiros, devido às especificidades das DLT e à aproximação relevante dos criptoativos aos valores mobiliários, uma vez que em ambos estes instrumentos existe um caráter especulativo e de investimento. Adicionalmente, os criptoativos surgem como meios de financiamento a projetos inovadores através das *Initial Coin Offerings*, suscitando-se uma necessidade de tutelar os investidores que têm uma confiança legítima no valor potenciadas pelas comunidades abertas que emitem criptoativos.

A abordagem regulatória que propusemos permitiu chegar a estas e muitas outras conclusões que se encontram ao longo do texto e que esperamos que possam contribuir para uma maior ponderação relativa ao adequado enquadramento jurídico das formas de financiamento *Fin-Tech*. A interseção entre o direito, a economia e a tecnologia suscita cada vez mais e maiores desafios que nos fascinam e motivam a sua análise e descoberta das soluções que permitem a melhoria das condições de vida de todos, num espaço que valorize a liberdade e a igualdade. Deixámos este pequeno passo no caminho longo e sinuoso que os juristas e outros interessados terão de enfrentar.

BIBLIOGRAFIA

ABREU, Coutinho de, *Governação das Sociedades Comerciais*, 2.ª ed., Almedina, Coimbra, 2010.

ABREU, Coutinho de, *Curso de Direito Comercial*, Volume II, 6.ª ed., Almedina, Coimbra, 2019.

ABREU, Coutinho de, *Curso de Direito Comercial*, Volume I, 12.ª ed., Almedina, Coimbra, 2020.

ABREU, Joana Covelo de, "O Mercado Único Digital e o seu Desígnio Político-Constitucional: o Impacto da Agenda Eletrónica Europeia nas Soluções de Interoperabilidade", in *UNIO – EU Law Journal*. Volume 3, n.º 1, 2017, disponível em: www.unio.cedu.direito.uminho.pt.

ADAMO, Salvatore, *Il Crowdfunding in Italia: Evoluzione normativa e profili quali-quantitative*, 2014, disponível em: https://etd.adm.unipi.it/

ADRIAN, Tobias e SHIN, Hyun Song, *The Shadow Banking System: Implications for Financial Regulation*, 2009, disponível em: https://papers.ssrn.com/.

ADRIAN, Tobias, "Shadow Banking and Market-Based Finance", in *Shadow Banking: Financial Intermediation Beyond Banks*, Larcier, Viena, 2018.

AGRAWAL, Ajay, CATALINI, Christian e GOLDFARB, Avi, *The Geography of Crowdfunding*, 2011, disponível em: http://www.nber.org/papers/w16820.

ALBUQUERQUE, Alexandre de e ALBUQUERQUE, Pedro de "O controlo contencioso da actividade das entidades de regulação económica", in *Regulação e Concorrência – Perspectivas e Limites da Defesa da Concorrência*, coord. Ruy de Albuquerque e António Menezes Cordeiro, Almedina, Coimbra, 2004.

ALEMANNO, Alberto, "How Much Better is Better Regulation? Assessing the Impact of the Better Regulation Package on the European Union – A Research Agenda", in *European Journal of Risk Regulation*, Volume 6, issue 3, 2015, disponível em: https://www.cambridge.org/core/journals/european-

-journal-of-risk-regulation/article/ how-much-better-is-better-regulation/ 863E24306B94D7299FD2150087A5A9CA.

Alexander, Lisa, *Cyberfinancing for Economic Justice*, 2013, disponível em: http:// scholarship.law.wm.edu/cgi/viewcontent.cgi?article=1055&context=wmblr.

Alexy, Robert, "Direitos fundamentais e princípio da proporcionalidade", in *O Direito*, Ano 146.º, IV, tradução de Paulo Pereira Gouveia, Juridireito, Coimbra, 2014.

Alford, Duncan, *The Lamfalussy Process and EU Bank Regulation: Another Step on the Road to Pan-European Bank Regulation?*, 2006, disponível em: https:// papers.ssrn.com/.

Ali, Rajab, *Technological Neutrality*, 2009, disponível em: https://papyrus.bib. umontreal.ca/xmlui/bitstream/handle/1866/9456/articles_236.pdf?se quence=1&isAllowed=y.

Almeida, António Pereira de, "Sociedades abertas" in *Direito dos Valores Mobiliários*, Volume VI, Coimbra Editora, Coimbra, 2006.

Almeida, António Pereira de, *Sociedades Comerciais, Valores Mobiliários e Mercados*, Volume 1, 6.ª ed., Coimbra Editora, Coimbra, 2011.

Almeida, António Pereira de, *Sociedades Comerciais, Valores Mobiliários e Mercados*, Volume 2, 7.ª ed., Coimbra Editora, Coimbra, 2013.

Almeida, Carlos Ferreira de, *Direito Económico*, II, AAFDL, Lisboa, 1979

Almeida, Carlos Ferreira de, *Texto e Enunciado na Teoria do Negócio Jurídico*, Volume I, Almedina, Coimbra, 1992.

Almeida, Carlos Ferreira de, *Texto e Enunciado na Teoria do Negócio Jurídico*, Volume II, Almedina, Coimbra, 1992.

Almeida, Carlos Ferreira de, "Desmaterialização dos títulos de crédito: valores mobiliários escriturais", in *Revista da Banca*, n.º 26, 1993.

Almeida, Carlos Ferreira de, "Registo de Valores Mobiliários", in *Direito dos Valores Mobiliários*, Volume VI, Coimbra Editora, Coimbra, 2006.

Almeida, Carlos Ferreira de, "Contratos de troca para a transmissão de direitos", in *Homenagem da Faculdade de Direito de Lisboa ao Professor Doutor Inocêncio Galvão Telles*, Almedina, Coimbra, 2007.

Almeida, Carlos Ferreira de, *Contratos*, Volume II, Almedina, Coimbra, 2016.

Almeida, Carlos Ferreira de, e Carvalho, Jorge Morais, *Introdução ao Direito Comparado*, 3.ª ed., Almedina, Coimbra, 2017.

Almeida, José Queirós de, "Contratos de Intermediação Financeira enquanto categoria jurídica", in *Cadernos dos Mercados de Valores Mobiliários*, n.º 24, 2006, disponível em: https://www.cmvm.pt/pt/EstatisticasEstudosEPublicacoes/CadernosDoMercadoDeValoresMobiliarios/Pages/Cadernos-do-mercado--de-valores-mobiliarios.aspx?pg.

ALMEIDA, Mário Aroso de, *Teoria Geral do Direito Administrativo*, 5.ª ed., Almedina, Coimbra, 2018.

ALMEIDA, Mário Aroso de, "A regulação como função administrativa do Estado: a complexidade de um conceito", in *Garantia de Direitos e Regulação: Perspectivas de Direito Administrativo*, Coord. Carla Amado Gomes, Ricardo Pedro, Rute Saraiva e Fernanda Maçãs, AAFDL Editora, Lisboa, 2020.

ALMEIDA, Rui, *Organismos de investimento coletivo: a sua regulação no rescaldo da crise financeira*, Dissertação de Mestrado apresentada na Universidade Católica Portuguesa – Escola do Porto, 2014, disponível em: https://repositorio.ucp.pt/handle/10400.14/16414.

ALVES, Hugo Ramos, "Smart Contracts: entre a tradição e a inovação", in *Fintech II – Novos estudos sobre tecnologia financeira*, coord. ANTÓNIO MENEZES CORDEIRO, ANA PERESTRELO DE OLIVEIRA E DIOGO PEREIRA DUARTE, Almedina, Coimbra, 2019.

AMADOR, Cláudia, *Sustentabilidade Financeira das Organizações da Economia Social: novas soluções socialmente inovadoras em época de crise*, 2013, disponível em: http://cabodostrabalhos.ces.uc.pt/

AMARAL, Diogo Freitas do, *Curso de Direito Administrativo*, Volume II, com a colaboração de Lino Torgal, Almedina, Coimbra, 2001.

AMARAL, Diogo Freitas do, *Curso de Direito Administrativo*, Volume II, 4.º ed., com a colaboração de Pedro Machete e Lino Torgal, Almedina, Coimbra, 2020.

AMF, *Discussion Paper on Initial Coin Offerings* (ICOs), 2017, disponível em: http://www.amf-france.org/en_US/Actualites/Communiques-de-presse/AMF/annee-2017?docId=workspace%3A%2F%2FSpacesStore%2F5097c770-e3f7-40bb-81ce-db2c95e7bdae.

AMORIM, João Pacheco de, *Direitos Fundamentais e Ordens Profissionais – Em especial, do direito de inscrição nas Ordens – Parte I*, Dissertação de Doutoramento em Ciências Jurídico-Políticas na Faculdade de Direito da Universidade de Coimbra, 2004.

AMORIM, João Pacheco de, *Direitos Fundamentais e Ordens Profissionais – Em especial, do direito de inscrição nas Ordens – Parte II*, Dissertação de Doutoramento em Ciências Jurídico-Políticas na Faculdade de Direito da Universidade de Coimbra, 2004.

AMORIM, João Pacheco de, *Direito Administrativo da Economia, Vol. I (Introdução e Constituição Económica)*, Almedina, Coimbra, 2014.

AMORIM, João Pacheco de, e URBANO, Ana Filipa, "Reserva de atividade de farmácia e liberdade de estabelecimento (Art.º 49.º TFUE), in *Lusíada. Direito*, Universidade Lusíada Editora, Lisboa, 2014.

AMORIM, João Pacheco de, "Os poderes normativos do Banco de Portugal", in *I Congresso de Direito Bancário*, coord. Luís Miguel Pestana de Vasconcelos, Almedina, Coimbra, 2015.

AMORIM, Margarida Pacheco de, e SANTOS, João Vieira dos, "O regime nacional de crowdfunding: que crowdfunding?", in *Cadernos do Mercado de Valores Mobiliários – 20 anos do Código dos Valores Mobiliários*, Almedina, Coimbra, 2021.

AMSTAD, Marlene, *Regulating Fintech: Objectives, Principles, and Practices*, 2019, disponível em: https://papers.ssrn.com/.

ANDRADE, João Freire de e MAIA, Margarida Mendes da, "Fomentar a Regtech: o futuro da regulação financeira", in *FinTech: Novos estudos sobre tecnologia financeira*, coord. António Menezes Cordeiro, Ana Perestrelo de Oliveira e Diogo Pereira Duarte, Almedina, Coimbra, 2019.

ANDRADE, José Carlos Vieira de, *O Dever de Fundamentação Expressa de Atos Administrativos*, Almedina, Coimbra, 2007.

ANDRADE, José Carlos Vieira de, *Os Direitos Fundamentais na Constituição Portuguesa de 1976*, 6.ª ed., Almedina, Coimbra, 2019.

ANDRADE, Manuel de, *Teoria geral da relação jurídica – Sujeitos e objecto*, Volume I, Coimbra, 1987.

ANDRADE, Margarida Costa, "A Cessão de Quotas no Direito Comparado" in *Cessão de Quotas – "Desformalização e Registo por Depósito"*, Almedina, Coimbra, 2009

ANDRADE, Margarida Costa, "Anotação ao artigo 242.º-A" in *Código das Sociedades Comerciais em Comentário*, 2.ª ed., Volume III, Coord. Jorge Coutinho de Abreu, Almedina, Coimbra, 2016.

ANTUNES, José Engrácia, "O Artigo 490.º do CSC e a Lei Fundamental – "Propriedade corporativa", propriedade privada, igualdade de tratamento" in *Estudos de Comemoração dos Cinco Anos (1995-2000) da Faculdade de Direito da Universidade do Porto*, Coimbra Editora, Coimbra, 2001.

ANTUNES, José Engrácia, *Direito dos Contratos Comerciais*, Almedina, Coimbra, 2009.

ANTUNES, José Engrácia, *Os Instrumentos Financeiros*, 4.ª ed., Almedina, Coimbra, 2020.

ANTUNES, José Engrácia, "Deveres e Responsabilidade do Intermediário Financeiro – Alguns Aspetos", in *Cadernos do Mercado dos Valores Mobiliários*, n.º 56, 2017, disponível em: https://www.cmvm.pt/pt/EstatisticasEstudosEPublicacoes/CadernosDoMercadoDeValoresMobiliarios/Documents/Cadernos%20MVM%2056.pdf.

ANTUNES, José Engrácia, "As Criptomoedas", in *Revista da Ordem dos Advogados*, Ano 81 – Vol. I/II – Jan./Jun. 2021, disponível em: https://portal.oa.pt/publicacoes/revista/ano-2021/.

ANTUNES, Luís Filipe Colaço, *A Tutela dos Interesses Difusos em Direito Administrativo: Para uma legitimação procedimental*, Almedina, Coimbra, 1989.

ANTUNES, Luís Filipe Colaço, "Constituição Administração e Interesse Público. O Eterno Retorno ao Momento Originante ou o Estado Contra a Administração", in *Nos 25 Anos da Constituição da República Portuguesa de 1976 – Evolução Constitucional e Perspectivas Futuras*, AAFDL, Lisboa, 2001.

ANTUNES, Luís Filipe Colaço, "Interesse Público, Proporcionalidade e Mérito; Relevância e Autonomia Processual do Princípio da Proporcionalidade", in *Estudos em Homenagem à Professora Doutora Isabel de Magalhães Collaço*, Volume II, Almedina, Coimbra, 2002.

APOLINÁRIO, Marisa, *O Estado Regulador: o novo papel do Estado – Análise da perspectiva da evolução recente do Direito Administrativo – O Exemplo do sector da energia*, Almedina, Coimbra, 2015.

ARMSTRONG, Patrick, *The Adoption of RegTech within the Financial Services Industry: Ten years from the Start of the 'Great Financial Crisis'*, 2017, disponível em: https://www.esma.europa.eu/sites/default/files/library/pka_speech_regtech.pdf.

ARNAUT, António Miguel, "A coisificação de participações sociais: breve reflexão", in *Direito das Sociedades em Revista*, Ano 8, Volume 15, 2016.

ARNER, Douglas W, BARBERI, Janos e BUCKLEY, Ross P., *FinTech, RegTech and the Reconceptualization of Financial Regulati*on, 2017, disponível em: https://papers.ssrn.com/.

ARNER, Douglas W, BARBERI, Janos e BUCKLEY, Ross P., *FinTech and RegTech in a Nutshell, and the Future in a Sandbox*, 2018, disponível em: https://papers.ssrn.com/.

ARNER, Douglas, BARBERI, Janos, WALKER, Julia, DAHDAL, Andrew e BUCKLEY, Ross, "Digital Finance & The COVID-19 Crisis", in *University of Hong Kong Faculty of Law Research Paper No. 2020/017 UNSW Law Research*, 2020, disponível em: papers.ssrn.com.

ARNOULD, Tiago, "O Destaque do Direito aos Lucros: Esvaziamento do Direito ao Voto e Titularidade Oculta", in *Revista de Direito das Sociedades*, n.ºs 1 e 2, 2013.

ARTHUR, Keren, *The emergence of financial innovation and its governance – a historical literature review*, 2017, disponível em: https://papers.ssrn.com/.

ASCENSÃO, José de Oliveira, *Direito Comercial – Parte Geral*, Lisboa, 1988

ASCENSÃO, José de Oliveira, *Direito Comercial, Vol. III, Títulos de Crédito*, III, FDL, Lisboa, 1992.

ASCENSÃO, José de Oliveira, "Valor Mobiliário e Título de Crédito", *in Revista da Ordem dos Advogados*, ano 56, III, Ordem dos Advogados Portugueses, Lisboa, 1996.

ASCENSÃO, José de Oliveira, "Interpretação das leis: integração das lacunas: aplicação do princípio da analogia", in *Revista da Ordem dos Advogados*, Lisboa, Ano 57, n.º 3, Ordem dos Advogados Portugueses, Lisboa, 1997

ASCENSÃO, José de Oliveira, Direito Civil Reais, 5.ª ed., Coimbra Editora, Coimbra, 2000.

ASCENSÃO, José de Oliveira, "As acções", in *Direito dos Valores Mobiliários*, Volume II, Coimbra Editora, Coimbra, 2000.

ASCENSÃO, José de Oliveira, *Direito Civil Teoria Geral: Acções e Factos Jurídicos*, 2.ª ed., Almedina, Coimbra, 2003.

ASCENSÃO, José de Oliveira, *O Direito – Introdução e Teoria Geral*, 13.ª ed. refundida, Almedina, Coimbra, 2016.

ATHAYDE, Augusto de, *Curso de Direito Bancário*, Volume I, 2.ª ed., Coimbra Editora, Coimbra, 2009.

AUTORIDADE DA CONCORRÊNCIA, *Regimes Regulatórios Promotores de Inovação no Setor Financeiro – Levantamento de Experiências Internacionais*, 2018, disponível em: http://www.concorrencia.pt/vPT/Estudos_e_Publicacoes/Estudos_Economicos/Banca_e_Seguros/Documents/Fintech_Sandbox%20regulatórias%20e%20benchmarking%20internacional.pdf

AWREY, Dan, "Regulating Financial Innovation: A More Principles-Based Proposal?" in *Brooklyn Journal of Corporate, Financial & Commercial Law*, Volume 5, Issue 2, Article 1, 2011, disponível em: brooklynworks.brooklaw.edu.

Awrey, Dan, "Complexity, Innovation, and the Regulation of Modern Financial Markets", in *Harvard Law Review*, 2011, disponível em: https://corpgov.law.harvard.edu/2011/10/07/complexity-innovation-and-the-regulation-of-modern-financial-markets/.

Azevedo, Maria Luísa, Jornadas "Sociedades Abertas, Valores Mobiliários e Intermediação Financeira" – DMIF – Desafios, in *Jornadas Sociedades Abertas, Valores Mobiliários e Intermediação Financeira*, coord. Maria de Fátima Ribeiro, Almedina, Coimbra, 2007.

Azevedo, Maria Luísa, *Temas de Direito da Economia*, 4.ª ed., Almedina, Coimbra, 2020.

Baeck, Peter, Collins, Liam e Zhang, Brian, *Understandtinf Alternative Finance – The UK Alternative Finance Industry Report 2014*, disponível em: http://www.nesta.org.uk/

Balyuk, Tetyana e Davydenko, Sergei A., *Reintermediation in Fintech: Evidence from Online Lending*, 2018, disponível em: https://papers.ssrn.com/.

Bandeira, Luís, *A Renovada Crise da Dogmática da Autonomia da Vontade – Os Contratos de Serviços de Investimento em Instrumentos Financeiros*, Almedina, Coimbra, 2020.

Baptista, Patrícia e Keller, Clara Iglesias, *Por que, quando e como regular as novas tecnologias? Os desafios trazidos pelas inovações disruptivas*, 2016, disponível em: http://bibliotecadigital.fgv.br/ojs/index.php/rda/article/view/66659.

Barbosa, Mafalda Miranda, "Invoice Trading Plataforms: breve apontamento", in *Revista de Direito Comercial*, 2017, disponível em: https://www.revistadedireitocomercial.com/artigos-2017.

Barbosa, Mafalda Miranda, "Inteligência artificial e blockchain: desafios para a responsabilidade civil", in *Revista de Direito da Responsabilidade*, Ano I, 2019, disponível em: http://revistadireitoresponsabilidade.pt/2019/inteligencia-artificial-e-blockchain-desafios-para-a-responsabilidade-civil-mafalda-miranda-barbosa/.

Barbosa, Mafalda Miranda, "Robots advisors e responsabilidade civil" in *Revista de Direito Comercial*, 2020, disponível em: https://www.revistadedireitocomercial.com/

Barroca, João Pedro Tomásia, *O sucesso das startups em tempo de crise*, Dissertação de Mestrado, ISCTE, Lisboa, 2012, disponível em: www:http://hdl.handle.net/10071/6272.

BARROS, João Nuno, "Sociedades de Investimento Mobiliário para Fomento da Economia (SIMFE): Primeiras Notas", in *Revista Electrónica de Direito*, Volume 15, n.º 1, 2018, disponível em: https://www.cije.up.pt.

BARSAN, Iris, *Legal Challenges of Initial Coin Offerings (ICO)*, 2017, disponível em: https://papers.ssrn.com/.

BASÍLIO, Tiago Azevedo, "Investment (Security) Tokens: A Captação de Fundos através de Initial Coin Offerings e Token Sales", in *Revista de Direito Financeiro e dos Mercados De Capitais*, Volume 1, n.º. 2, 2019, disponível em: http:/publications/publication/0e23e2fc2d1d/.

BASTOS, Miguel Brito, *O Mútuo Bancário – Ensaio sobre a estrutura sinalagmática do contrato de mútuo*, Coimbra Editora, Coimbra, 2015.

BATOR, Francis, "The Anatomy of Market Failure", in *The Quaterly Journal of Economics*, Volume 72, Issue 3, 1958, disponível em: https://courses.cit.cornell.edu/.

BBVA, "Banking Outlook", in *BBVA Research*, Março/2016, disponível em: https://www.bbvaresearch.com/wp-content/uploads/2016/03/Banking-Outlook-Q116.pdf.

BELEZA, Teresa Pizarro e PINTO, Frederico de Lacerda da Costa, "O papel das normas de conduta profissional a responsabilidade criminal dos auditores" in *Homenagem ao Professor Doutor Germano Marques da Silva*, Volume IV, coord. José Lobo Moutinho, Henrique Salinas, Elsa Vaz de Sequeira e Pedro Garcia Marques, Universidade Católica Editora, Lisboa, 2020.

BELEZAS, Fernando, *Crowdfunding: Regime Jurídico do Financiamento Colaborativo*, 2.ª ed., Almedina, Coimbra, 2019.

BELLEFLAME, Paul, OMRANI, Nessrine, e PEITZ, Martin, *The Economics of Crowdfunding Platforms*, 2015, disponível em: http://papers.ssrn.com/

BELLUZO, Luiz, *"O declínio de Bretton Woods e a emergência dos mercados "globalizados" in Revista de Economia da UNICAMP*, UNICAMP, São Paulo, 1995.

BELLUZO, Luiz, *"O declínio de Bretton Woods e a emergência dos mercados "globalizados" in Revista de Economia da UNICAMP*, UNICAMP, São Paulo, 1995.

BENARZ, Zofia, "El Uso de la Tecnología Blockchain en las Sociedades Cotizadas – La Implicación de los Accionistas", *in Revista de Derecho de Sociedades*, n.º 58, Aranzadi, Navarra, 2020.

BENDER, Anton, PISANI, Florence e GROS, Daniel, *Building a Capital Markeys Union... or designing a financial system for the euro area?*, 2015, disponível em: aei.pitt.edu/64585/.

BENSTON, George e SMITH, Clifford, "A Transactions Cost Approach to the Theory of Financial Intermediation", in *Financial intermediaries*, Edward Elgar Publishing Company, Brookfield, 1995.

BERGER, Allen N. e UDELL, Gregory F. "The economics of small business finance: The roles of private equity and debt markets in financial growth cycle", in *Journal of Banking & Finance*, Volume 22, ed. 6-8, Elsevier Science BV, Amesterdão, 1998.

BERNARDES, Bartos e LUCIN, Rafael, "Comportamento de consumidores brasileiros e portugueses em plataformas de crowdfunding", in *Revista Portuguesa e Brasileira de Gestão*, Volume 14, n.º 1, 2015, disponível em: http://www.scielo.mec.pt/.

BERTALANFFY, Von, *Teoria Generale dei Sistemi*, tradução de Enrico Bellone, ILI, Milano, 1971.

BESSIÈRE, Véronique, STEPHANY, Eric e WIRTZ, Peter, *Crowdfunding, Business Angels, and Venture Capital: New Funding Trajectories for Start-Ups?*, 2018, disponível em: https://papers.ssrn.com/.

BIFFI, Alessandro e COLUMBARO, Manuel, *Equity crowdfunding : un modello di analisi del comportamento di imprenditori e investitori*, 2014, disponível em: https://www.politesi.polimi.it/.

BIJKERK, Werner, *The Foundations of Finantial Regulation*, Simplexxis, Madrid, 2019.

BLACK, Julia, "Forms and Paradoxes of Principles Based Regulation" in *LSE Legal Studies Working Paper No. 13/2008*, 2008, disponível em: https://papers.ssrn.com/

BLACK, Julia, "The Rise, Fall and Fate of Principles Based Regulation", in *LSE Legal Studies Working Paper No. 17/2010*, 2010, disponível em: https://papers.ssrn.com/.

BLEMUS, Stéphane, *Law and Blockchain: a legal perspective on current regulatory trends worldwide*, 2017, disponível em: https://papers.ssrn.com/.

BLOCK, Joern Hendrich, SANDNER Philipp G. e DE VRIES, Geertjan, Venture Capital and the Financial Crisis: An Empirical Study across Industries and Countries, 2010, disponível em: https://www.researchgate.net/.

BOOT, Arnould, HOFFMANN, Peter, LAEVEN, Luc e RATNOVSKI, Lev, *Financial intermediation and technology: What's old, what's new?*, ECB Working Paper Series, 2020, disponível em: https://www.ecb.europa.eu/pub/pdf/scpwps/ecb.wp2438~d0d447b9b6.en.pdf.

BOOTH, Lourenço Gouveia, *Lisboa: Startup City – Caraterização do Ecossistema empreendedor de Lisboa*, Dissertação de Mestrado, Instituto Superior de Contabilidade e Administração de Lisboa, Lisboa, 2016.

BONNEAU, Narayanan Joseph, FELTEN, Edward, MILLER, Andrew e GOLDFEDER, Steven, *Bitcoin and Cryptocurrency Technologies. A Comprehensive Introduction*, 2016, disponível em: https://lopp.net/pdf/princeton_bitcoin_book.pdf

BRADFORD, Steven, *Crowdfunding and the Federal Securities Law*, 2012, disponível em: http://papers.ssrn.com/sol3/papers.cfm?abstract_id=1916184.

BRADFORD, Steven, *The New Federal Crowdfunding Exemption: Promise Unfulfilled*, 2012, disponível em: http://web.law.columbia.edu/.

BREALY, Richard E PYLE, Hayne, *Informational Asymmetries, Financial Structure and Financial Intermediation, in The Journal of Finance*, Volume 32, No. 2, Papers and Proceedings of the Thirty-Fifth Annual Meeting of the American Finance Association, Atlantic City, New Jersey, September 16-18, 1976, Wiley para a American Finance Association, Maio de 1977, disponível em: https://www.jstor.org/stable/2326770?seq=1#page_scan_tab_contents.

BRESSER-PEREIRA, Luiz Carlos, "A crise financeira de 2008", in *Revista de Economia Política*, Volume 29, n.º 1 (113), Janeiro-Março/2009, disponível em: http://submission.scielo.br/index.php/rep.

BROCHADO, Ana, "Snapshot das Initial Coin Offerings (ICO's)", in *Cadernos do Mercado dos Valores Mobiliários*, n.º 60, 2018, disponível em: https://www.cmvm.pt/pt/EstatisticasEstudosEPublicacoes/CadernosDoMercadoDeValoresMobiliarios/Documents/Cadernos%20MVM%2060%20-%20VF.pdf.

BROMBERG, Lev, GODWIN, Andrew e RAMSAY, Ian, "Fintech Sandboxes: Achieving a Balance between Regulation and Innovation" in *Journal of Banking and Finance Law and Practice*, Volume 28, No. 4, 2017, disponível em: https://papers.ssrn.com/.-

BRONZE, Fernando, "Pessoa, Direito e Estado (Algumas Reflexões), in *Estudos em Honra do Professor Doutor José de Oliveira Ascensão*, Volume I, Almedina, Coimbra, 2008.

BROWNSWORD, Roger e YEUNG, Karen, "Regulating Technologies: Tools, Targets and Thematics", in *Regulating Technologies: Legal Futures, Regulatory Frames and Technological Fixes*, Hart Publishing, Oxford, 2010.

BRUL, Volker, *Comments on the EU Commission's capital markets union Project*, 2015, disponível em: www.econstor.eu.

Buckley, Ross P., Arner, Douglas W. e Barberis, Janos Nathan, *150 Years of FinTech: An Evolutionary Analysis*, 2016, disponível em: https://www.researchgate.net/.

Bundesministerium der Finanzen e Bundesministerium der Justiz und für Verbraucherschutz, *Key-issues paper on the regulatory treatment of electronic securities and crypto tokens – Allowing for digital innovation, ensuring investor protection*, 2019, disponível em: https://www.bundesfinanzministerium.de/Content/EN/Standardartikel/Topics/Financial_markets/Articles/2019-03-25-electronic-securities-and-crypto-tokens_download.pdf?__blob=publicationFile&v=2

Burkett, Edan, *A Crowdfunding Examption? Online Investment Crowdfunding and U.S. Securities Regulation*, 2011, disponível em: http://trace.tennessee.edu/.

Burniske, Chris, e Tatar, Jack, *Cryptoassets: The Innovative Investor's Guide to Bitcoin and Beyond*, McGraw-Hill, New York, 2017.

Busch, Christoph, *Self-Regulation and Regulatory Intermediation in the Platform Economy*, 2019, disponível em https://papers.ssrn.com/.

Butler, Henry e Ribstein, Larry, "Legal Process and the Discovery of Better Policies for Fostering Innovation and Growth", in *Rules for Growth – Promoting Innovation and Growth through Legal Reform*, 2011, disponível em: https://www.kauffman.org/-/media/kauffman_org/research-reports-and-covers/2011/02/rulesforgrowth.pdf

Buttigieg, Christopher, *Governance of securities regulation and supervision: Quo vadis Europa?*, 2015, disponível em: https://papers.ssrn.com/.

Buysere, Kristof de, Gajda, Oliver, Kleverlaan, Ronald e Marom, Dan, *A Framework for European Crowdfunding*, 2012, disponível em: http://www.crowdfundingframework.eu/.

Cabanelas, Fernando, "Responsabilidade Civil nos Hospitais Privados" in *Lex Medicinae – Revista Portuguesa de Direito da Saúde*, Ano 15, n.º 29, 2018, disponível em: https://www.uc.pt/fduc/ij/publicacoes/pdfs/lexmedicinae/Livro_Lex_Medicinae_2018_.pdf

Caetano, Marcello, *Manual de Direito Administrativo*, Volume I, Almedina, Coimbra, 1980.

Caldeira, Rui, *O Contributo das Sociedades de Capital de Risco para o Empreendedorismo*, 2014, disponível em: http://comum.rcaap.pt/handle/123456789/7307.

CALIENDO, Marco, KUNN, Steffen e WEISSENBERG, Martin, *Personality Traits and the Evaluation of Start-Up Subsidies*, 2016, disponível em: https://papers.ssrn.com/.

CÂMARA, Paulo, "Emissão e Subscrição de Valores Mobiliários", in *AA.VV.*, *Direito dos Valores Mobiliários*, Lex, Lisboa, 1997.

CÂMARA, Paulo, "A Operação de Titularização", in *Titularização de Créditos*, Instituto de Direito Bancário, Lisboa, 2000.

CÂMARA, Paulo, "O governo das bolsas" in *Direito dos Valores Mobiliários*, Volume VI, 2006, Coimbra Editora, Coimbra, 2006.

CÂMARA, Paulo, *A Regulação baseada em Princípios e a DMIF*, in *Cadernos do Mercado de Valores Mobiliários*, n.º 27, 2007, disponível em: https://www.cmvm.pt/pt/EstatisticasEstudosEPublicacoes/CadernosDoMercadoDeValoresMobiliarios/Documents/43ffdf6896544a209c04b8468f5c4f89Artigo3.pdf.

CÂMARA, Paulo, "Medidas regulatórias adotadas em resposta à crise financeira: um exame crítico", in *Direito dos Valores Mobiliários*, Volume IX, Coimbra Editora, Coimbra, 2009.

CÂMARA, Paulo, "Regulação e Valores Mobiliários", in *Regulação em Portugal: Novos Tempos, Novo Modelo?*, Almedina, Coimbra, 2009.

CÂMARA, Paulo, *O sistema europeu de supervisão financeira*, 2011, disponível em: www.institutovaloresmobiliarios.pt.

CÂMARA, Paulo, "DMIF II: A nova pedra angular do direito dos mercados financeiros", in *O Novo Direito dos Valores Mobiliários*, Almedina, Coimbra, 2017.

CÂMARA, Paulo, *Manual de Direito dos Valores Mobiliários*, 4.ª ed., Almedina Coimbra, 2018.

CAMBRIDGE CENTER FOR ALTERNATIVE FINANCE e WORLD BANK GROUP, *Regulating Alternative Finance: Results From a Global Regulator Survey*, 2019, disponível em: https://www.jbs.cam.ac.uk/wp-content/uploads/2020/08/2019-11-ccaf-regulating-alternative-finance-report.pdf.

CAMBRIDGE CENTER FOR ALTERNATIVE FINANCE, WORLD BANK GROUP e WORLD ECONOMIC FORUM, *Global COVID-19 FinTech Market Rapid Assessment Study*, 2020, disponível em: https://www.jbs.cam.ac.uk/faculty-research/centres/alternative-finance/publications/2020-global-covid-19-fintech-market-rapid-assessment-study/.

CAMBRIDGE CENTER FOR ALTERNATIVE FINANCE, *The 2nd Global Alternative Finance Market Benchmarking Report*, 2021, disponível em: https://www.

jbs.cam.ac.uk/faculty-research/centres/alternative-finance/publications/the-2nd-global-alternative-finance-market-benchmarking-report/.

Campos, Diogo Leite de e Monteiro, Manuel, *Titularização de Créditos – Anotações ao Decreto-Lei n.º 453/99*, de 5 de novembro, Almedina, Coimbra, 2001.

Campos, João Mota de, Campos, João Luís Mota de e Pereira, António Pinto, *Manual de Direito Europeu – O sistema institucional, a ordem jurídica e o ordenamento económico da União Europeia*, 7.ª ed., Coimbra Editora, 2014.

Canaris, Claus-Wilhelm, *Pensamento Sistemático e Conceito de Sistema na Ciência do Direito*, 5.ª ed, tradução de António Menezes Cordeiro, Fundação Calouste Gulbenkian, Lisboa, 2012.

Canas, Vitalino, *O Princípio da proibição do excesso na conformação e no controlo de atos legislativos*, reimpressão, Almedina, Coimbra, 2019.

Canotilho, José Gomes, "Relatório sobre programa, conteúdos e métodos de curso de teoria da legislação", in *Boletim da Faculdade de Direito da Universidade de Coimbra*, Volume LXIII, Gráfica de Coimbra, Lda., 1992.

Canotilho, José Gomes e Moreira, Vital, "Anotação do artigo 266.º", in *Constituição da República Portuguesa Anotada*, Volume II, 4.ª ed., Coimbra Editora, Coimbra, 2010.

Canotilho, José Gomes e Moreira, "Anotação do artigo 267.º", in *Constituição da República Portuguesa Anotada*, Volume II, 4.ª ed., Coimbra Editora, Coimbra, 2010

Canotilho, José Gomes, *Direito Constitucional e Teoria da Constituição*, 7.ª ed., Almedina, Coimbra, 2011

Canotilho, José Gomes e Moreira, Vital, "Anotação do artigo 81.º", in *Constituição da República Portuguesa Anotada*, Volume I, 4.ª ed., Coimbra Editora, Coimbra, 2014.

Canotilho, José Gomes e Moreira, Vital, "Anotação do artigo 86.º", in *Constituição da República Portuguesa Anotada*, Volume I, 4.ª ed., Coimbra Editora, Coimbra, 2014.

Canotilho, José Gomes e Moreira, Vital, "Anotação do artigo 101.º", in *Constituição da República Portuguesa Anotada*, Volume I, 4.ª ed., Coimbra Editora, Coimbra, 2014.

Cardona, Maria Celeste, *Contributo para o conceito e a natureza das entidades administrativas independentes – As Autoridades Reguladoras*, Almedina, Coimbra, 2016.

CARDOSO, José Lucas, "Do Problema dos Conceitos Jurídicos Indeterminados em Direito Administrativo – Para uma análise dos limites funcionais da jurisdição administrativa", in *Polis – Revista de Estudos Jurídico-Políticos*, n.º 1, 1994, disponível em: http://revistas.lis.ulusiada.pt/index.php/polis.

CARIDI, Vincenzo, "Misure a sostegno dell'impresa start-up innovativa" in *Diritto della banca e del mercato finanziario*, n.º 4, anno XXVII, Roma, Pacini Editore, 2013.

CARVALHO, Joana Campos, "A Proteção do Consumidor na *Sharing Economy*", in *I Congresso de Direito do Consumo*, Almedina Coimbra, 2016.

CARVALHO, Joana Campos, "A Proteção do Consumidor na Sharing Economy", *I Congresso de Direito do Consumo*, coordenação de JORGE MORAIS CARVALHO, Almedina, Coimbra, 2016.

CARVALHO, Jorge Morais, *Os Limites à Liberdade Contratual*, Reimpressão, Almedina, Coimbra, 2017.

CARVALHO, Jorge Morais, *Manual de Direito do Consumo*, 7.ª ed., Almedina, Coimbra, 2020.

CARVALHO, Orlando de, *Critério e Estrutura do Estabelecimento Comercial – O Problema da Empresa como Objecto de Negócios*, Atlântica Editora, Coimbra, 1967

CARVALHO, Orlando de, *Direito das Empresas*, Coord. Francisco Liberal Fernandes, Maria Raquel Guimarães e Maria Regina Redinha, Coimbra Editora, Coimbra, 2012.

CARVALHO, Sónia, *O contrato de factoring na prática negocial e sua natureza jurídica*, Universidade Católica, Porto, 2007.

CASCALDI, Luiz, *Mas afinal, o que são as regtechs?*, 2018, disponível em: https://canaltech.com.br/startup/mas-afinal-o-que-sao-as-regtechs-114748/.

CASEY, Jean-Pierre, e LANNOO, Karel, "The MiFID Implementing Measures: Excessive detail or level playing field?", in *ECMI Policy Brief*, n.º 1, 2006, 2-4, disponível em: https://www.files.ethz.ch/isn/29605/001_The%20MiFID%20Implementing%20Measures.pdf.

CASSON, Mark e LEE, John, "The Origin and Development of Markets: A Business History Perspective" in *Business History Review*, Volume 85, Issue 1, Cambridge Journals, Cambridge, 2011.

CASTELO, Higina Orvalho, *O Contrato de Mediação*, Almedina, Coimbra, 2014.

CASTEJÓN MARTÍN, Luis, *Competition Issues in the Area of Financial Technology (FinTech)*, Estudo encomendados pelo Comité Económico, Social e de Qualidade de Vida do Parlamento Europeu, Julho 2019, disponível em http://www.europarl.europa.eu/thinktank/en/document.html?reference=IPOL_STU(2018)619027.

Castri, Simone di, e Plaitakis, Ariadne, *Going Beyond Regulatory Sandboxes to Enable FinTech Innovation in Emerging Markets*, 2018, disponível em: https://papers.ssrn.com/.

Castro, Angelina Morais, *O Processo de Lamfalussy*, 2008, disponível em: http://www.gpeari.gov.pt/arquivo-interno-de-ficheiros/bmep/2008-1/Art-06-O--Processo-de-Lamfalussy.pdf.

Castro, Carlos Osório de, *Os Efeitos da Nulidade da Patente sobre o Contrato de Licença da Invenção Patenteada*, Universidade Católica Portuguesa, Porto, 1994.

Castro, Raquel Brízida, *Constituição, Lei e Regulação dos Media*, Almedina, Coimbra, 2016.

Catalini Chrstian, e Gans, Joshua, *Some Simple Economics of the Blockchain*, 2016, disponível em: https://papers.ssrn.com/.

Catarino, Luís Guilherme, *Regulação e Supervisão dos Mercados de Instrumentos Financeiros – Fundamentos e Limites do Governo e Jurisdição das Autoridades Independentes*, Almedina, Coimbra, 2010.

Catarino, Luís Guilherme, *Crowdfunding e Crowdinvesting: O Regresso ao Futuro?*, 2017, disponível em: https://institutovaloresmobiliarios.pt/estudos/.

Catarino, Luís Guilherme, *Inovação Financeira e ICOs: mercados privados alternativos?*, 2018, disponível em: https://www.institutovaloresmobiliarios.pt/estudos/pdfs/1548431077icos_lgc_vf.pdf.

Caupers, João, *Direito Administrativo*, Editorial Notícias, Lisboa, 1998.

Chambal, Erika, *Robo-advisors: desafios no mercado de capitais*, Dissertação de Mestrado em Direito na Universidade Católica Portuguesa – Escola do Porto, 2019, disponível em: https://repositorio.ucp.pt/handle/10400.14/30378

Chammo, Pierre, *Capital Markets Union and small and médium-sized enterprises (SME's): A preliminary assesment*, 2015, disponível em: https://papers.ssrn.com/.

Cherednychenko, Olha O, "EU Financial Regulation, Contract Law and Sustainable Consumer Finance, in Better Regulation", in *EU Contract Law – The Fitness Check and the New Deal for Consumers*, Hart Publishing, Chicago, 2019.

Chiapparelli, Giulia, *Il finanziamento della cultura nell'era del Web 2.0: Il Crowdfunding*, 2013, disponível em: http://dspace.unive.it/.

Claessens, Stijn, Frost, Jon, Turner, Grant e Zhu, Feng, *Fintech Credit Markets Around the World: Size, Drivers and Policy Issues*, 2018, disponível em: https://papers.ssrn.com/.

CMVM, *comunicado de imprensa* "Alerta aos investidores sobre Initial Coin Offerings (ICOs)", 2017, disponível em:
http://www.cmvm.pt/pt/Comunicados/Comunicados/Pages/20171103a.aspx.

CMVM, *comunicado de imprensa* "Comunicado da CMVM às entidades envolvidas no lançamento de "Initial Coin Offerings" (ICOs) relativo à qualificação jurídica dos tokens", 2018, disponível em: https://www.cmvm.pt/pt/Comunicados/Comunicados/Pages/20180723a.aspx.

CMVM, *Perguntas e Respostas sobre financiamento colaborativo (crowdfunding)*, 2019, disponível em: https://www.cmvm.pt/pt/AreadoInvestidor/Faq/Pages/crowdfunding.aspx.

CMVM, *Perguntas e Respostas sobre criptoativos*, 2019, disponível em: https://www.cmvm.pt/pt/AreadoInvestidor/Faq/Pages/Criptoativos.aspx.

CNMV, *Criterios en relación com las ICOs*, 2018, disponível em: http://cnmv.es/DocPortal/Fintech/CriteriosICOs.pdf

Coase, Ronald, *The Nature of the Firm*, 1937, disponível em: http://onlinelibrary.wiley.com/doi/10.1111/j.1468-0335.1937.tb00002.x/pdf.

Cole, Rebel, Cumming, Douglas e Taylor, Jon, *Does FinTech Compete With or Complement Bank Finance?*, 2019, disponível em: https://papers.ssrn.com/.

Comissão das Comunidades Europeias, *European Governance – A White Paper*, 2001, consultável em: https://www.ab.gov.tr/files/ardb/evt/1_avrupa_birligi/1_6_raporlar/1_1_white_papers/com2001_white_paper_european_governance.pdf.

Comissão de Assuntos Europeus e da Comissão da Economia e das Obras Públicas, *Parecer da Comissão de Assuntos Europeus e da Comissão da Economia e das Obras Públicas sobre o Comunicação da Comissão ao Parlamento Europeu, ao Conselho, ao Comité Económico e Social Europeu e ao Comité das Regiões: Aproveitar o potencial do financiamento coletivo na União Europeia*, COM (2014) 172, disponível em: http://ec.europa.eu/.

Comissão de Economia e Obras Públicas, Parecer da Comissão de Economia e Obras Públicas sobre o Projeto de Lei 419/XII, 2013, disponível em: http://debates.parlamento.pt.

Comissão Europeia, Recomendação n.º 2003/361/CE de 6 de Maio de 2003, disponível em: https://eur-lex.europa.eu/legal-content/PT/ALL/?uri=CELEX%3A32003H0361.

Comissão Europeia, *Think Small First – Considering SME interests in policy-making including the application of an 'SME Test' – Report of the Expert Group*, 2009, disponível em: https://ec.europa.eu/growth/content/report-think-small-first-expert-group-considering-smes-interests-policy-making-0_en.

Comissão Europeia, Comunicação da Comissão ao Parlamento Europeu, ao Conselho, ao Comité Económico e Social Europeu e ao Comité das Regiões, "Plano de Ação para a Criação de uma União dos Mercados de Capitais", COM/2015/0468, 30 de Setembro de 2015, disponível em https://eur-lex.europa.eu/summary/PT/2405_5.

Comissão Europeia, *Comunicação da Comissão ao Parlamento Europeu, ao Conselho, ao Comité Económico e Social Europeu e ao Comité das Regiões: Legislar melhor para obter melhores resultados – agenda da UE*, 2015, disponível em: https://eur-lex.europa.eu/legal-content/PT/TXT/HTML/?uri=CELEX:52015DC0215&from=EN.

Comissão Europeia, *Livro verde: Construção de uma União dos Mercados de Capitais*, COM (2015) 63 final, 2015, disponível em https://eur-lex.europa.eu/legal-content/PT/TXT/?uri=CELEX%3A52015DC0063.

Comissão Europeia, comunicado (2016) 356, disponível em: https://ec.europa.eu/transparency/regdoc/rep/1/2016/PT/COM-2016-356-F1-PT-MAIN-PART-1.PDF.

Comissão Europeia, *Better regulations for innovation-driven investment at EU level – Commission staff working document*, 2016, disponível em: https://op.europa.eu/en/publication-detail/-/publication/404b82db-d08b-11e5-a4b5-01aa75ed71a1/language-en/format-PDF/source-79728021

Comissão Europeia, *Public consultation on FinTech: a more competitive and innovative European financial sector*, 2017, disponível em: https://ec.europa.eu/info/consultations/finance-2017-fintech_en.

Comissão Europeia, *Comunicação da Comissão: Plano de Ação para a Tecnologia Financeira: rumo a um setor financeiro europeu mais competitivo e inovador*, 2018, disponível em: https://eur-lex.europa.eu/legal-content/PT/TXT/HTML/?uri=CELEX:52018DC0109&from=EN.

COMISSÃO EUROPEIA, *A Digital Single Market for the benefit of all Europeans*, 2019, disponível em: https://ec.europa.eu/digital-single-market/en/news/digital-single-market-benefit-all-europeans

COMISSÃO EUROPEIA, *Comunicação da Comissão ao Parlamento Europeu, ao Conselho, ao Comité Económico e Social Europeu e ao Comité Das Regiões – Uma Estratégia para as PME com vista a uma Europa Sustentável e Digital*, 2020, disponível em: https://eur-lex.europa.eu/legal-content/PT/TXT/HTML/?uri=CELEX:52020DC010 3&from=EN

COMISSÃO EUROPEIA, *Commission Staff Working Document "A Digital Single Market Strategy for Europe – Analysis and evidence"*, Communication from the Commission to the European Parliament, the Council, the European Economic and Social Committee and the Committee of the Regions – "A Digital Single Market Strategy for Europe", SWD(2015) 100 final, Bruxelas, 6 de maio de 2015, disponível em: https://eur-lex.europa.eu/legal-content/EN/TXT/?uri=CELEX%3A52015SC0100.

CONGY, Lin William, e HEX, Zhiguo, *Blockchain Disruption and Smart Contracts*, 2017, disponível em: https://papers.ssrn.com/.

CONSELHO FEDERAL SUÍÇO, *Legal framework for distributed ledger technology and blockchain in Switzerland – An overview with a focus on the financial sector*, 2018, disponível em: https://www.newsd.admin.ch/newsd/message/attachments/55153.pdf.

CORDEIRO, António Barreto Menezes, "Organização e supervisão dos mercados financeiros" in *Revista de Direito das Sociedades*, Ano VI, n.ºs 3/4, Almedina, Coimbra, 2014.

CORDEIRO, António Barreto Menezes, *Manual de Direito dos Valores Mobiliários*, Volume I, Coimbra, Almedina, 2015.

CORDEIRO, António Barreto Menezes, "Valor mobiliário: evolução e conceito", in *Revista de Direito das Sociedades*, Ano VIII, n.º 2, Almedina, Coimbra, 2016.

CORDEIRO, António Barreto Menezes, "Inteligência artificial e consultoria robótica (Automation in Financial Advice)", in *FinTech. Desafios da Tecnologia Financeira*, coord. António Menezes Cordeiro, Ana Perestrelo de Oliveira e Diogo Pereira Duarte, Almedina, Coimbra, 2017

CORDEIRO, António Barreto Menezes, *Manual de Direito dos Valores Mobiliários*, 2.ª ed., Almedina, Coimbra, 2018.

CORDEIRO, António Barreto Menezes, "Revisitando o conceito de valor mobiliário: o caso especial dos tokens emitidos no âmbito de ICOs", in *Direito dos*

Valores Mobili+arios e dos Mercados de Capitais – Angola, Brasil e Portugal, Coord. António Barreto Menezes Cordeiro e Francisco Satiro, Almedina, Coimbra, 2019.

CORDEIRO, António Menezes, *Da Boa Fé no Direito Civil*, Volume II, Almedina, Coimbra, 1984.

CORDEIRO, António Menezes, "Da Sistematização das Leis como Problema de Política Legislativa" in *Cadernos de Ciência de Legislação – INA*, n.º 6, Centro de Estudos INA – Instituto Nacional de Administração, Lisboa, 1993.

CORDEIRO, António Menezes, "Do contrato de mediação", in *O Direito*, n.º 139, Almedina, Coimbra, 2007.

CORDEIRO, António Menezes, "Das Obrigações Naturais: Direito ou Moral?" in *Liber Amicorum de José de Sousa Brito*, Almedina, Coimbra, 2009.

CORDEIRO, António Menezes, *Direito das Sociedades*, I, Parte Geral, 3.ª ed., Almedina, Coimbra, 2011.

CORDEIRO, António Menezes, e LEITÃO, Adelaide Menezes, Anot. Ao art.º 279.º in *Código das Sociedades Comerciais Anotado*, coordenado por ANTÓNIO MENEZES CORDEIRO, 2.ª ed., Coimbra, Almedina, 2011.

CORDEIRO, António Menezes, *Direito Comercial*, 3.ª ed., Almedina, Coimbra, 2012.

CORDEIRO, António Menezes, *Direito Bancário*, 6.ª Edição revista e atualizada, Almedina, Coimbra, 2016.

CORREIA, António Ferrer, *Erro e Interpretação na Teoria do Negócio Jurídico*, Almedina, Coimbra, 1985.

CORREIA, António Ferrer, "A sociedade por quotas de responsabilidade limitada segundo o CSC", in *Temas de Direito Comercial*, Almedina, Coimbra, 1989.

CORREIA, António Ferrer, *Temas de Direito Comercial e Direito Internacional Privado*, Almedina, Coimbra, 1989.

CORREIA, António Ferrer, *Lições de Direito Comercial*, Lex, Lisboa, 1994.

CORREIA, Fernando Alves, *O Plano Urbanístico e o Princípio da Igualdade*, Almedina, Coimbra, 2001.

CORREIA, Francisco Mendes, "A tecnologia descentralizada de registo de dados (*Blockchain*) no sector financeiro", in *FinTech. Desafios da Tecnologia Financeira*, coord. ANTÓNIO MENEZES CORDEIRO, ANA PERESTRELO DE OLIVEIRA E DIOGO PEREIRA DUARTE, Almedina, Coimbra, 2017.

CORREIA, Francisco Mendes, *Moeda Bancária e Cumprimento. O Cumprimento das Obrigações Pecuniárias através de Serviços de Pagamento,* Almedina, Coimbra, 2017.

CORREIA, Francisco Mendes, "Algumas notas sobre ofertas públicas de criptomoedas (initial coin offerings)", in *O Novo Direito dos Valores Mobiliários- Vol. 2 – II Congresso sobre Valores Mobiliários e Mercados Financeiros,* 2019.

CORREIA, João, *O financiamento de documentários através de acções de crowdfunding: o caso do projecto X.TO,* 2012, disponível em: http://oatd.org/.

CORREIA, João Anacoreta, "O Registo por Depósito da Cessão de Quotas – A Perspectiva de um Advogado", in *Cessão de Quotas – "Desformalização e Registo por Depósito"*, Almedina, Coimbra, 2009.

CORREIA, Miguel Pupo, *Direito Comercial,* SPB Editores, Lisboa, 1997.

CORREIA, Sérvulo, *Legalidade e Autonomia Contratual nos Contratos Administrativos,* Dissertação de Doutoramento em Ciências Jurídico-Políticas na Faculdade de Direito da Universidade de Lisboa, Almedina, Coimbra, 2020.

CORTÊS, António, *Jurisprudência dos princípios – ensaio sobre os fundamentos da decisão jurisdicional,* Universidade Católica Editora, Lisboa, 2010.

CORTEZ Jorge Simões (com a colaboração de INÊS PINTO LEITE), "As formalidades da transmissão de quotas e acções no Direito Português: dos princípios à prática", *in Questões de Direito Societário em Portugal e no Brasil,* coord. por Fábio Ulhoa Coelho e Maria de Fátima Ribeiro, Almedina, Coimbra, 2012.

COSTA, António de Araújo, "Do equilíbrio contratual na relação de crédito: a posição jurídica do garante no âmbito das PME", in *Colecção Estudos Instituto do Conhecimento AB,* n.º 6, Almedina Coimbra, 2016.

COSTA, José de Faria, *O perigo em direito penal,* Coimbra Editora, Coimbra, 2000.

COSTA, Mariana Fontes da, *Da Alteração Superveniente das Circunstâncias – Em especial à luz dos contratos bilateralmente comerciais,* Tese de Doutoramento apresentada à Faculdade de Direito da Universidade do Porto, Almedina, Coimbra, 2017.

COSTA, Mariana Fontes da, "A proteção do consumidor-mutuário no crédito à habitação a taxa de juro variável", in *Revista Electrónica de Direito,* n.º 2, Volume 16, 2018, disponível em: https://cije.up.pt/pt/red/edicoes-anteriores/2018--nordm-2/a-protecao-do-consumidor-mutuario-no-credito-a-habitacao--a-taxa-de-juro-variavel/.

COSTA, Mário Júlio de Almeida, *Noções de Direito Civil,* Almedina, Coimbra, 1980.

Costa, Mário Júlio de Almeida, *Direito das Obrigações*, 12.ª ed., Almedina, Coimbra, 2009.

Costa, Vasco "A Regulação Jurídica do Financiamento Colaborativo ou «Crowdfunding» – Em Especial, o Caso Português", in *Cadernos do Mercado de Valores Mobiliários*, n.º 59, 2018, disponível em:
https://www.cmvm.pt/pt/EstatisticasEstudosEPublicacoes/CadernosDoMercadoDeValoresMobiliarios/Pages/CadernosN59.aspx?v=.

Couffinhal, Bénédicte, *The use of crowdfunding as an alternative way to finance small businesses in France*, 2014, disponível em: http://esource.dbs.ie/.

Coutinho, Juliana Ferraz, *O Público e o Privado na Organização Administrativa – Da relevância do sujeito à especialidade da função*, Almedina Coimbra, 2017.

Coutinho, Juliana Ferraz, "Os princípios da justiça, da razoabilidade e da proporcionalidade", in *Procedimento Administrativo – Jurisdição Administrativa e Fiscal*, 2020, disponível em: http://www.cej.mj.pt/cej/recursos/ebooks/Administrativo_fiscal/eb_ProcedimentoAdministrativo.pdf.

Couto, Ana Sá, e Colaço, Frederico Romano, *O equity crowdfunding e os meios alternativos de financiamento*, 2015, disponível em: http://www.uria.com/.

Couto, Ana Sá, e Ereio, Joana Torres, "Transmissão do direito ao dividendo", in *Revista Actualidad Jurídica*, n.º 29, 2011.

Cravo, Laura Abreu e Santos, João Vieira dos, "*Regulatory Sandboxes*", in *Cadernos do Mercado de Valores Mobiliários – 20 anos do Código dos Valores Mobiliários*, Almedina, Coimbra, 2021

Crédot, Francis-J., e Samin, Thierry, "Ordonnance n° 2014-559 du 30 mai 2014 relative au financement participatif" in *Revue de Droit Bancaire et Finacier*, n.º 5, 15.º Année, Paris, LexisNexis, 2014.

Cristas, Assunção, *Transmissão Contratual do Direito de Crédito – Do carácter real do direito de crédito*, Almedina, Coimbra, 2005.

Cristovâo, Maria Teresa Oliveira, *Alterações legislativas em Portugal como elemento condicionante do desenvolvimento das empresas: a dimensão institucional e as perceções dos empresários*, Dissertação de Mestrado apresentada na Faculdade de Direito da Universidade do Porto, 2019, disponível em: https://sigarra.up.pt/fdup/pt/pub_geral.pub_view?pi_pub_base_id=300226

Cruz, José Neves, *Reequacionando a Acção do Estado na Formulação de Políticas de Inovação*, 2005, disponível em: https://repositorio-aberto.up.pt/handle/10216/23761.

CRUZ, José Neves, "Anomia Institucional em Economias de Mercado: Uma Revisão de Estudos Empíricos", in *Estudos Comemorativos dos 20 anos da FDUP*, Volume I, Almedina, Coimbra, 2017.

CRUZ, Sebastião, *Direito Romano (ius romanum)*, Tomo I, Introdução, Fontes, 4.ª ed., Coimbra, 1984.

CUMMING, Douglas e JOHAN, Sofia, *Demand-driven securities regulation: evidence from crowdfunding*, 2013, disponível em: http://www.tandfonline.com/.

CUNHA, Ary Ferreira da, *Combate à Corrupção – Da Teoria à Prática*, Quid Juris, Lisboa, 2015.

CUNHA, Ary Ferreira da, *Authority and Accountability – Contributions of Agency Theory to Good Governance*, Tese de Doutoramento apresentada à Faculdade de Direito da Universidade do Porto, 2016

CUNHA, Carolina, *Letras e Livranças: Paradigmas atuais e Recompreensão do Regime*, Almedina, Coimbra, 2012.

CUNHA, Paulo Olavo, *Lições de Direito Comercial*, Almedina, Coimbra, 2010.

CUNHA, Paulo Olavo, *Direito Empresarial para economistas e gestores*, Almedina, Coimbra, 2014.

CUNHA, Paulo Pitta e, "O Processo de Desmaterialização da Moeda", in *Revista da Ordem dos Advogados*, Ano 67, Ordem dos Advogados, Lisboa, 2007.

CURA, Vieira, "*Fiducia Cum Creditore*" in *Boletim da Faculdade de Direito de Coimbra*, supl. Volume XXXIV, Coimbra, 1991.

DAVIES, Rodrigo, *Civic Crowdfunding: Participatory Communities, Entrepreneurs and the Political Economy of Place*, 2014.

DECARRÉ, Maxence, e WETTERHAG, Emilie, *Uncovering the Outcomes of Equity Crowdfunding*, 2014, disponível em: https://papers.ssrn.com/.

DEHLING, Sebastian, *Crowdfunding – A Multifaceted Phenomenon*, 2013, disponível em: http://essay.utwente.nl/64436/

DEMARY, Markus, Diemeier, MATHIAS e HAAS, Heidi. *A capital markets union for Europe: The relevance of banks and markets*, 2015, disponível em: www.iwkoeln.de.

DIAS, Cristina Sofia, "União do Mercado de Capitais", in *III Congresso de Direito Bancário*, Coord. Luís Miguel Pestana de Vasconcelos, Almedina, Coimbra, 2018.

DIAS, Gabriela Figueiredo, *A assistência técnica nos contratos de know-how*, Coimbra Editora, Coimbra, 1995.

Dias, Gabriela Figueiredo, "Anot. ao art.º 279.º" in *Código das Sociedades Comerciais em Comentário*, coord. Coutinho de Abreu, Volume V, Coimbra, Almedina, 2012.

Dias, Mário Caldeiro, "Fundo Social Europeu (FSE): análise da sua evolução", in *Revista Lusíada. Economia & Empresa*, Universidade Lusíada Editora, Lisboa, 2017.

DNB e AFM, *More room for innovation in the financial sector*, 2016, disponível em: https://www.dnb.nl/en/binaries/More-room-for-innovation-in-the-financial%20sector _tcm47-361364.pdf.

Domingues, Paulo de Tarso, "O regime jurídico das sociedades de capitais em formação, in *Estudos de Comemoração dos Cinco Anos (1995-2000) da Faculdade de Direito da Universidade do Porto*, Coimbra Editora, Coimbra, 2001.

Domingues, Paulo de Tarso, *Do Capital Social. Noção, Princípios e Funções*, 2.ª ed., Coimbra Editora, Coimbra, 2004.

Domingues, Paulo de Tarso, "Os meios telemáticos no funcionamento dos órgãos sociais. Uma primeira aproximação ao regime do capital social", in *Reformas do Código das Sociedades*, IDET – Instituto de Direito das empresas e do Trabalho, Almedina Coimbra, 2007.

Domingues, Paulo de Tarso, "O capital social (ou a falta dele) nos Estados Unidos da América" in *Revista da Faculdade de Direito da Universidade do Porto*, Ano VI, Coimbra Editora, Coimbra, 2009.

Domingues, Paulo de Tarso, *Variações sobre o Capital Social*, Almedina, Coimbra, 2009.

Domingues, Paulo de Tarso, "A conversão de suprimentos em capital social (DL n.º 79/2017, de 30 de junho)" in *Direito das Sociedades em Revista*, Outubro 2017, Ano 9, Volume 18., Almedina, Coimbra, 2017.

Domingues, Paulo de Tarso, "A Figura do Capital Social: Cinderela ou Gata Borralheira?", in *Congresso Comemorativo dos 30 anos do Código das Sociedades Comerciais*, coord. Paulo de Tarso Domingues, Almedina, Coimbra, 2017.

Domingues, Paulo de Tarso, "Regime Jurídico da Conversão de Créditos: A tomada de assalto das sociedades pelos credores?", in *Seminário de Direito da Insolvênci*a, coord. Catarina Serra, Almedina, Coimbra, 2019.

Domingues, Paulo de Tarso, "A COVID-19 e a (re)descoberta do regime relativo ao uso dos meios telemáticos no funcionamento dos órgãos sociais, *Revista da Ordem dos Advogados*, Ano 80, Ordem dos Advogados Portugueses, Lisboa, 2020.

DRAGO, Diogo, "Actos abstractos e circulação de valores mobiliários", in *Direito dos Valores Mobiliários*, Volume V, Coimbra Editora, Coimbra, 2004.

DUARTE, Diogo Pereira, *Aspectos do Levantamento da Personalidade Colectiva nas Sociedades em Relação de Domínio*, Almedina, Coimbra, 2007.

DUARTE, Diogo Pereira, "Causa: motivo, fim, função e fundamento no negócio jurídico", in *Estudos em Honra do Professor Doutor José de Oliveira Ascensão*, Volume I, Almedina, Coimbra, 2008.

DUARTE, Diogo Pereira, "Financiamento Colaborativo de Capital (Equity-Crowdfunding)", in *FinTech. Desafios da Tecnologia Financeira*, coord. ANTÓNIO MENEZES CORDEIRO, ANA PERESTRELO DE OLIVEIRA E DIOGO PEREIRA DUARTE, Almedina, Coimbra, 2017.

DUARTE, Diogo Pereira, "Response to the Commission consultation paper on Fintech: a more competitive and innovative financial sector", in *Revista de Direito das Sociedades*, Ano IX, Número 3, Almedina, Coimbra, 2017.

DUARTE, Diogo Pereira e ANDRADE, João Freire de, "Breves notas sobre o financiamento de start-ups e a sua regulação" in *FinTech – Novos Estudos sobre Tecnologia Financeira*, coord. por António Menezes Cordeiro, Ana Perestrelo de Oliveira e Diogo Pereira Duarte, Almedina, Coimbra, 2019.

DUARTE, Diogo Pereira, "Smart Contracts e intermediação financeira" in *Fintech II – Novos estudos sobre tecnologia financeira*, coord. António Menezes Cordeiro, Ana Perestrelo de Oliveira e Diogo Pereira Duarte, Almedina, Coimbra, 2019.

DUARTE, Paulo, "Um Depósito Bancário não é um (Contrato de) Depósito: Ou a Desadequação da Linguagem dos Contratos Reais à Realidade do Dinheiro Bancário no Actual Sistema Monetário", in *Estudos de Direito do Consumidor*, n.º 10, 2016, disponível em: https://www.fd.uc.pt/cdc/pdfs/rev_10_completo.pdf.

DUARTE, Paulo, "Obrigações de Dinheiro (Obrigações Monetárias) e Obrigações de Bitcoins", in *Estudos de Direito do Consumidor*, n.º 14, 2018, disponível em: https://www.fd.uc.pt/cdc/pdfs/rev_14_completo.pdf.

DUARTE, Rui Pinto, *Tipicidade e Atipicidade dos Contratos*, Dissertação de Doutoramento apresentada à Faculdade de Direito da Universidade de Lisboa, Almedina, Coimbra, 2000.

DUARTE, Rui Pinto, *Escritos sobre Leasing e Factoring*, Principia, S. João do Estoril, 2001.

DUARTE, Rui Pinto, "Publicidade das participações nas sociedades comerciais" in *Direito das Sociedades em Revista*, Ano 2, Volume 3, Almedina, Coimbra, 2010

DUARTE, Rui Pinto, "Considerações sobre níveis de regulação e conceitos legais a propósito das sociedades comerciais" in *Cadernos do Mercado de Valores Mobiliários -Ensaios de Homenagem a Amadeu Ferreira*, n.º 51, , Volume 1, 2015, disponível em: https://www.cmvm.pt/pt/EstatisticasEstudosEPublicacoes/CadernosDoMercadoDeValoresMobiliarios/Pages/Caderno51-HomenagemAmadeuFerreira.aspx?v.

DUARTE, Rui Pinto, "Contratos de Intermediação no Código dos Valores Mobiliários", in *Escritos Jurídicos Vários 2000-2015*, Almedina, Coimbra, 2015.

DUQUE, João, "A Regulação Do Sistema de Valores Mobiliários – Uma Abordagem pela Teoria Financeira", in *Cadernos dos Mercados de Valores Mobiliários*, n.º 6, 1998, disponível em: https://www.cmvm.pt/pt/EstatisticasEstudosEPublicacoes/CadernosDoMercadoDeValoresMobiliarios/Pages/Cadernos-do-mercado-de-valores-mobiliarios.aspx?pg.

DWORKIN, Ronald, *Justice in Robes*, The Belknap Press of Harvard University Press, Cambridge, 2006.

EBA, *Discussion Paper on EBA's approach to financial technology (FinTech)*, 2017, disponível em: https://www.eba.europa.eu/documents/10180/1919160/EBA+Discussion+Paper+on+Fintech+%28EBADP-2017-02%29.pdf.

EBA, *The EBA's Fintech Roadmap – Conclusions from the Consultation on the EBA's Approach to Financial Technology (FinTech)*, 2018, disponível em: https://eba.europa.eu/documents/10180/1919160/EBA+FinTech+Roadmap.pdf.

EBA, *Report with advice for the European Commission on crypto-assets*, disponível em: https://eba.europa.eu/documents/10180/2545547/EBA+Report+on+crypto+assets.pdf.

EFIGÉNIA, Ana, "O princípio "comply or explain" e a "Soft law"", in *Revista Electrónica de Direito*, n.º 1, fevereiro de 2015, 2015, disponível em: https://www.cije.up.pt/revistared.

EFIGÉNIA, Ana "A tutela *ex post* das declarações de corporate governance falsas", in *Revista Electrónica de Direito*, n.º 2, junho de 2015, disponível em: https://www.cije.up.pt/revistared.

ENGISH, Karl, *Introdução ao Pensamento Jurídico*, 6.ª ed., Fundação Calouste Gulbenkian, Lisboa, Tradução de JOÃO BAPTISTA MACHADO, 1988.

ENRIQUES, Luca, *Financial Supervision and RegTech: Four Roles and Four Challenges*, 2017, disponível em: papers.ssrn.com.

ESAs, *ESAs Joint Report on regulatory sandboxes and innovation hubs*, 2018, disponível em: https://www.esma.europa.eu/press-news/esma-news/esas-publish-joint-report-regulatory-sandboxes-and-innovation-hubs.

ESMA, *Orientações da ESMA sobre conceitos-chave da Diretiva de Gestores de Fundos de Investimento Alternativo*, de 13 de agosto de 2013, disponível em: https://www.esma.europa.eu/sites/default/files/library/2015/11/esma_2013_00600000_pt_cor.pdf.

ESMA, *Opinion – Investment-based Crowdfunding*, 2014, disponível em: http://www.esma.europa.eu/.

ESMA, *Report: The Distributed Ledger Technology Applied to Securities Markets*, 2016, disponível em: https://www.esma.europa.eu/system/files_force/library/dlt_report_-_esma50-1121423017-285.pdf

ESMA, *comunicado de imprensa* "ESMA highlights ICO risks for investors and firms", 2017, disponível em: https://www.esma.europa.eu/press-news/esma-news/esma-highlights-ico-risks-investors-and-firms.

ESMA, *Advice Initial Coin Offerings and Crypto-Assets*, 2019, documento disponível em: https://www.esma.europa.eu/sites/default/files/library/esma50-157-1391_crypto_ advice.pdf.

ESMA, *RegTech and SupTech – Change for Markets and Regulators*, 2019, disponível em: https://www.esma.europa.eu/press-news/esma-news/regtech-and-suptech-–-change-markets-and-regulators.

ESMA, *Report on Trends, Risks and Vulnerabilities*, n.º 1, 2021, disponível em: https://www.esma.europa.eu/sites/default/files/library/esma50-165-1524_trv_1_2021.pdf.

ESMA, *Report on Trends, Risks and Vulnerabilities*, n.º 2, 2021, disponível em: https://www.esma.europa.eu/sites/default/files/library/esma50-165-1842_trv2-2021.pdf.

Estaca, Jorge Marques, "O destaque dos direitos de voto em face do CVM", in *Estudos em honra ao Professor Doutor José de Oliveira Ascensão*, Volume II, Almedina, Coimbra, 2008.

Ethereum Foundation, *What are dapps?*, 2020, disponível em: https://ethereum.org/en/dapps/#what-are-dapps.

Etner, Diana e Silveira, João Tiago, "Programas de Better Regulation em Portugal: o SIMPLEGIS", in *e-Pública*, Volume 1, No. 1, Lisboa, Janeiro 2014, disponível em: http://www.scielo.mec.pt/scielo.php?script=sci_arttext&pid=S2183-184X2014000100008.

Everett, Craig, *Origins and Development of Credit-Based Crowdfunding*, 2014, disponível em: https://papers.ssrn.com/.

Fabiano, Simone, *DLTs: Applications in the Financial Markets*, 2018, disponível em: https://papers.ssrn.com.

Fachana, João, *A responsabilidade civil pelos conteúdos ilícitos colocados e difundidos na Internet – Em especial da responsabilidade pelos conteúdos gerados pelos utilizadores*, Almedina, Coimbra, 2012.

Faria, Jorge Ribeiro de, *Direito das Obrigações*, Volume I, Almedina, Coimbra, 1990.

Faria, Jorge Ribeiro de, *Direito das Obrigações*, Volume II, Almedina, Coimbra, 1990.

Faria, Jorge Ribeiro de, Vasconcelos, Luís Miguel Pestana de Vasconcelos, Pedro, Rute Teixeira, *Direito das Obrigações*, Volume I, Almedina, Coimbra, 2020.

FCA, *Regulatory sandbox*, 2015, disponível em: https://www.fca.org.uk/publication/research/regulatory-sandbox.pdf.

FCA, *Call for input on supporting the development and adopters of RegTech*, 2016, disponível em: https://www.fca.org.uk/publication/feedback/fs-16-04.pdf.

FCA, *Sandbox tools*, 2017, disponível em: https://www.fca.org.uk/firms/regulatory-sandbox/sandbox-tools.

FCA, *Sandbox lessons learned report*, 2017, disponível em: https://www.fca.org.uk/publication/research-and-data/regulatory-sandbox-lessons-learned-report.pdf.

FCA, *Guide To Promoting Financial & Regulatory Innovation Insights From The UK*, Cambrige Center for Alternative Finance, University of Cambrige, Judge Buiness School, Março/2018, disponível em: https://assets.publishing.service.gov.uk/government/uploads/system/uploads/attachment_data/file/701847/UK_finanical___regulatory_innovation.pdf.

FCA, *Call for Input: Using technology to achieve smarter regulatory reporting*, 2018, disponível em: https://www.fca.org.uk/publication/call-for-input/call-for--input-smarter-regulatory-reporting .pdf.

FCA, *Digital Regulatory Reporting – Pilot Phase 1 Report*, 2018, disponível em: https://www.fca.org.uk/firms/our-work-programme/model-driven-machine-executable-regulatory-reporting.

FCA, *GFIN – One year on, 2019*, disponível em: https://www.fca.org.uk/firms/global-financial-innovation-network.

FCA, *Guidance on Cryptoassets – Consultation Paper CP19/3*, 2019, documento disponível em: https://www.fca.org.uk/publication/consultation/cp19-03.pdf.

FCA, *Guidance on Cryptoassets – Feedback and Final Guidance to CP 19/3*, 2019, documento disponível em: https://www.fca.org.uk/publication/policy/ps19-22.pdf.

Fein, Melanie, *The Shadow Banking Charade*, 2013, disponível em: papers.ssrn.com.

Fernandes, Francisco Liberal, *Autonomia Colectiva dos Trabalhadores da Administração - Crise do modelo clássico de emprego público*, Coimbra Editora, Coimbra, 1995.

Fernandes, Luís Carvalho, *A Conversão de Negócios Jurídicos Civis*, Dissertação de Doutoramento em Ciências Jurídicas apresenta na Faculdade de Direito da Universidade Católica Portuguesa, Quid Juris, Lisboa, 1993.

Fernandes, Ricardo Sá, "O direito dos mercados em geral e o mercado de valores mobiliários em especial", in *Direito dos Valores Mobiliários*, LEX, Lisboa, 1997.

Ferrão, Sara, "Empreendedorismo e Empresas Startup: Uma nova visão estratégica como motor da empregabilidade jovem", in *Boletim de Sociologia Militar*, número 4, Centro de Psicologia Aplicada do Exército, Lisboa, 2013.

Ferreira, Abel Sequeira, "A soft law e a juridicidade dos códigos de governo das sociedades", in *Revista de Direito das Sociedades*, Ano X, n.º 1, Almedina, Coimbra, 2018.

Ferreira, Agata, Sandner, Philipp e Dünser, Thomas, *Cryptocurrencies, DLT and crypto assets – the road to regulatory recognition in Europe*, 2021, disponível em: papers.ssrn.com.

Ferreira, Amadeu, *Valores Mobiliários Escriturais – Um Novo Modo de Representação e Circulação de Direitos*, Almedina, Coimbra, 1997.

Ferreira, Amadeu, "Direito dos Valores Mobiliários", *Sumário das lições dadas ao 5.ª ano, menções de Ciências Jurídico-Económicas, no ano letivo de 1997/98, 1.º e 2.º semestres*, Associação Académica da Faculdade de Direito de Lisboa, Lisboa, 1997.

Ferreira, António Pedro de Azevedo, "Contributo para uma abordagem integrada de moeda" in *Galileu – Revista de Economia e Direito*, VII, n.º 2, EdiUal, Lisboa, 2002.

Ferreira, Eduardo Paz e Morais, Luís Silva, "A Regulação Sectorial da Economia – Introdução e Perspetiva Geral", in *Regulação em Portugal: Novos Tempos, Novo Modelo?*, Almedina, Coimbra, 2009.

Ferreira, José Gonçalves, "Novo (?) Processo Especial para Acordo de Pagamento", in *Seminário de Direito da Insolvência*, coord. Catarina Serra, Almedina, Coimbra, 2019.

Festas, David de Oliveira, "Alterações a introduzir no Processo Especial de Revitalização (17.º-A a 17.º-I)", in *Revista de Direito das Sociedades*, Ano IX – 2017, n.º 1, Almedina, Coimbra, 2017.

Feteira, Lúcio Tomé, "Regulação financeira e o setor bancário: justificação, âmbito e perspetivas", in *Garantia de Diretios e Regulação: Perspectivas de Direito Administrativo*, Coord. Carla Amado Gomes, Ricardo Pedro, Rute Saraiva e Fernanda Maçâs, AAFDL Editora, Lisboa, 2020.

Figueiredo, André, "A Informação Difundida no Mercado de Valores Mobiliários e os Poderes da CMVM", in *Cadernos do Mercado de Valores Mobiliários*, n.º 24, 2006, disponível em: https://www.cmvm.pt/pt/EstatisticasEstudosEPublicacoes/CadernosDoMercadoDeValoresMobiliarios/Pages/Cadernos-do--mercado-de-valores-mobiliarios.aspx?pg.

Figueiredo, André, *O Negócio Fiduciário Perante Terceiros – Com aplicação especial na gestão de valores mobiliários*, dissertação de doutoramento da Faculdade de Direito da Universidade Nova de Lisboa, Almedina, Coimbra, 2012.

Figueiredo, Mário de, *Carateres Gerais dos Títulos de Crédito e o seu Fundamento Jurídico*, França Amado, Coimbra, 1919.

Financial Stability Board, *Shadow Banking: Strengthening Oversight and Regulation*, 2011, disponível em: http://www.fsb.org/wp-content/uploads/r_111027a.pdf

Financial Stability Board, *Global Shadow Banking Monitoring Report 2017*, 2017, disponível em: http://www.fsb.org/wp-content/uploads/r_111027a.pdf.

Financial Stability Board, *FinTech and market structure in financial services: Market developments and potential financial stability implications*, 2019, disponível em: https://www.fsb.org/wp-content/uploads/P140219.pdf.

Fink, Andrew, *Protecting the Crowd and Raising Capital Through the JOBS Act*, 2012, disponível em: http://papers.ssrn.com.

FinTech Working Group Report – Paris Europlace, *Impacts of Distributed Ledgers and Blockchain Technology on Market Activities*, 2018, disponível em: https://www.paris-europlace.com.

Fonseca, Rui Guerra da, *Comentário à Constituição Portuguesa*, II Volume, coord. Paulo Otero, Almedina, Coimbra, 2008.

Fonseca, Tânia Schneider da, "O Debate Entre Herbert L. A. Hart E Ronald Dworkin", in *Revista de Filosofia*, n.º 4, 2011, disponível em: https://periodicos.ufpel.edu.br/ojs2/index.php/searafilosofica/article/view/541.

Frada, Manuel Carneiro da, *Teoria da Confiança e Responsabilidade Civil*, Dissertação de Doutoramento em Ciências Jurídicas pela Faculdade de Direito da Universidade de Lisboa, Almedina, Coimbra, 2004

Frada, Manuel Carneiro da, "Ou cumpres ou explicas-te! Sobre Soft Law no Governo Societário", in *III Congresso Direito das Sociedades em Revista*, Almedina, Coimbra, 2014.

Fraile Carmona, Alberto, González-Quel Lombardo, Agustín, Rivera Pastor Rafael, Tarín Quirós, Carlota, Villar García, Juan Pablo, Ramos Muñoz, David, *Competition issues in the Area of Financial Technology (FinTech)*, Estudo encomendados pelo Comité Económico, Social e de Qualidade de Vida do Parlamento Europeu, Julho/2019, disponível em: http://www.europarl.europa.eu/thinktank/en/document.html?reference=IPOL_STU(2018)619027.

Franci, Llaria, "La conferibilità delle criptovalue alla luce dell'attuale dibattito circa il loro inquadramento giuridico", in *Diritto della banca e del mercato finanziario*, Anno XXXIV, Volume I, Pacini Giuridica, Pisa, 2020.

Freitas, José, *O venture capital: a transformação de uma ideia inovadora numa empresa de sucesso*, 2014, disponível em: https://repositorio-aberto.up.pt/handle/10216/76812?locale=pt.

Fretin, Jeremy, *Crowdfunding: Les ambiguïtés d'un modèle au cœur d'une économie culturelle en mouvement*, 2013, disponível em: http://memoires.sciencespo-toulouse.fr/.

Freyburger, Gerard, "Étude sémantique et religieuse depuis les origines jusqu'à l'époque augustéenne" in *L'antiquité classique*, Tome 59, Persee, Brussels, 1990.

Fromberger, Mathias e Haffke, Lars, *ICO Market Report 2018/2019 – Performance Analysis of 2018's Initial Coin Offerings*, 2020. disponível em: https://papers.ssrn.com/

FROSIO, Giancarlo, "Reforming Intermediary Liability" in *The Platform Economy: A European Digital Single Market Strategy*, 2019, disponível em: https://papers.ssrn.com/.

FROST, Jon, *The economic forces driving fintech adoption across countries*, BIS Working Papers n.º 838, 2020, disponível em: https://www.bis.org/publ/work838.htm.

FUR, Anne-Valérie Le, "Enfin un cadre juridique pour le crowdfunding une première étape dans la réglemantation" in *Recuei Dalloz*, n.º 32, Paris, Dalloz, 2014.

GALEA, Jonathan *The Effect of Bitcoin on Money Laundering Law*, 2015, disponível em: https://www.academia.edu/33139764/THE_EFFECT_OF_BITCOIN_ON_MONEY_LAUNDERING_LAW.

GÁLLEGO, María Lanau, "La Aplicación de la Tecnología de Registro Distribuido en la Junta General. Una Primera Aproximación", in *Revista de Derecho de Sociedades*, n.º 57, Aranzadi, Navarra, 2019.

GALUSZKA, Patryk e BYSTROV, Victor, "Development of Crowdfunding in Poland from the Perspectives of Law and Economics" in *Polish Yearbook of Laws & Economics*, Volume 3, Wydamnictwo, Varsóvia, 2013.

GALVEIAS, Miguel Gonçalves, *O dever de adequação: instrumento de proteção dos investidores*, dissertação de mestrado, Universidade de Lisboa, Faculdade de Direito, Lisboa, 2017, http://repositorio.ul.pt/handle/10451/32156?locale=en.

GAMA, Rui e FERNANDES, Ricardo, *Políticas públicas de inovação em Portugal – Uma análise do QREN*, 2011, disponível em: https://estudogeral.sib.uc.pt/handle/10316/20470.

GARCIA MANDALONIZ, Maria, *La Financiacion de las PYMES*, Aranzadi, Navarra, 2003.

GARCIA, Duarte, *Do cohorts accelerate? Startups accelerators and entrepeneurial learning*, 2017, disponível em: https://repositorio.ucp.pt/.

GARON, JON, *Reintermediation*, 2008, disponível em: https://papers.ssrn.com/.

GASPAR, Fernando, "Fomentar o Empreendedorismo Através do Capital de Risco e da Incubação de Empresas – Um estudo empírico em Portugal.", in *Revista Portuguesa e Brasileira de Gestão*, v.7 n.3, Almedina, Coimbra, 2008.

GENBERG, Hans, *The changing nature of financial intermediation and its implications for monetary policy*, 2008, disponível em: https://www.bis.org/publ/bppdf/bispap39f.pdf.

GERALDES, Luís Roquette, SILVA, João Lima da, e CARDOSO, Francisca Seara, "P2P Lending", in *FinTech. Desafios da Tecnologia Financeira*, coord. António Menezes Cordeiro, Ana Perestrelo de Oliveira e Diogo Pereira Duarte, Almedina, Coimbra, 2017.

GERALDES, Luís Roquette, ALBUQUERQUE, Mariana Solá, e SILVA, João Lima da, "ICOs: security tokens vs. utility token", in *Fintech II – Novos estudos sobre tecnologia financeira*, coord. António Menezes Cordeiro, Ana Perestrelo de Oliveira e Diogo Pereira Duarte, Almedina, Coimbra, 2019.

GITTI, Gregorio, "Emissione e circolazione di criptoattività", in *Banca Borsa Titoli di Credito – Rivista Bimestrale di Dottrina e Giurisprudenza*, Volume LXXIII, 2020.

GOMES, Carla Amado, *Risco e Modificação do Acto Autorizativo Concretizador de Deveres de Protecção do Ambiente*, Coimbra Editora, Coimbra, 2007.

GOMES, Delber Pinto, "Contratos ex machina: breves notas sobre a introdução da tecnologia Blockchain e »Smart Contracts»", in *Revista Electrónica de Direito*, outubro 2018 – n.º 3, Volume 17, disponível em: https://cije.up.pt/pt/red/edicoes-anteriores/2018-nordm-3/.

GOMES, Fátima, *O Direito aos Lucros e o Dever de Participar nas Perdas nas Sociedades Anónimas*, Almedina, Coimbra, 2011.

GOMES, José Ferreira, "Alterações aos artigos 87.º e 88.º do Código das Sociedades Comerciais – Conversão de créditos em suprimentos em capital" in *Revista de Direito das Sociedades*, Ano IX – 2017, n.º 1, Almedina, Coimbra, 2017.

GOMES, José Ferreira, "O novo Código de Governo das Sociedades do IPCG e a substituição do Código da CMVM", in *Revista de Direito das Sociedades*, Ano IX, n.º 4, 2017, Almedina, Coimbra, 2017.

GONÇALVES, Diogo Costa, *Pessoa Coletiva e Sociedades Comerciais – Dimensão Problemática e Coordenadas Sistemáticas da Personificação Jurídico-Privada*, Almedina, Coimbra, 2016.

GONÇALVES, Maria e GAMEIRO, Maria, *Hard Law, Soft Law and Self-regulation: Seeking Better Governance for Science and Technology in the EU*, disponível em: https://repositorio.iscte-iul.pt/handle/10071/4870.

GONÇALVES, Pedro Costa, "Advertências da Administração Pública", in *Estudos de Homenagem ao Prof. Doutor Rogério Soares*, Coimbra Editora, Coimbra, 2001.

GONÇALVES, Pedro Costa, *Entidades privadas com poderes públicos – o exercício de poderes públicos de autoridade por entidades privadas com funções administrativas*, Reimpressão, Almedina, Coimbra, 2008.

GONÇALVES, Pedro Costa, "Estado de Garantia e Mercado", in *Revista da Faculdade de Direito da Universidade do Porto,* Volume VII, Coimbra Editora, Coimbra, 2010.

GONÇALVES, Pedro Costa, *Reflexões sobre o Estado Regulador e o Estado Contratante,* Coimbra Editora, Coimbra, 2013.

GONÇALVES, Pedro Costa, *Manual de Direito Administrativo,* Volume 1, Almedina, Coimbra, 2019.

GONÇALVES, Sara, *Determinantes da evolução do shadow banking europeu,* dissertação de mestrado, Universidade do Porto, Faculdade de Economia, Porto, 2016, disponível em: https://sigarra.up.pt/fcup/pt/pub_geral.pub_view?pi_pub_base_id=149485.

GORJÃES-HENRIQUES, Miguel, *Direito da União – História, Direito, Cidadania, Mercado Interno e Concorrência,* 7.ª Ed., Almedina, Coimbra, 2010.

GOTTARDIS, Lukas, e PITTL, Raimund, "Smart Contracts – An Analysis from the Perspective of Austrian Law", in *Journal of European Consumer and Market Law,* Volume 8, Issue 5, 2019.

GOUVEIA, Ana e MARTINS, Ana, "O Plano de investimento para a Europa: Oportunidade e limitações", in *Boletim Mensal de Economia Portuguesa,* n.º3, disponível em: www.gee.min-economia.pt, 2015.

GRALHEIRO, João Carlos, "Da Usucapibilidade das Quotas Sociais", in *Revista da Ordem dos Advogados,* ano 59, III, Ordem dos Advogados Portugueses, Lisboa, 1999.

GRASSI, Gianluca, e ROVELLI, Paola, *Studio dell'impatto delle differenti dimensioni di Capitale Sociale sul successo dei progetti di Crowdfunding,* 2013, disponível em: https://www.politesi.polimi.it/.

GREEN, Sarah, "Cryptocurrencies: The Underlying Technology", *Cryptocurrencies in Public and Private Law,* David Fox e Sarah Green (Eds.) Oxford University Press, Oxford, 2019.

GREEN, Sarah, "It's Virtually Money", *Cryptocurrencies in Public and Private Law,* David Fox e Sarah Green (Eds.) Oxford University Press, Oxford, 2019.

GROSHOFF, David, *Kickstarter My Heart: Extraordinary Popular Delusions and the Madness of Crowdfunding Constraints and Bitcoin Bubbles,* 2014, disponível em: http://papers.ssrn.com/sol3/papers.cfm?abstract_id=2313396.

GROSHOFF, David, URIEN, Kurtis, NGUYEN, Alex, *Crowdfunding 6.0: Does the SEC's FinTechLaw Failure Reveal the Agency's True Mission to Protect – Solely Accredited – Investors?,* 2014, disponível em: http://papers.ssrn.com/

Grosso, Luís Ferreirinho, *O Impacto das Agências de Notação Financeira na Conjuntura Económica*, dissertação de mestrado, Universidade Técnica de Lisboa, Instituto Superior de Economia e Gestão, Lisboa, 2012.

Guaccero, Andrea, "La start-up innovativa in forma di società a responsabilità limitata: raccolta del capitale di rischio ed equity crowdfunding" in *Banca Borsa Titoli di Credito – Revista Bimestrale di Dottrina e Giurisprudenza*, Volume LXVII, n.º 6,, Giuffrè, Milão, 2014.

Gual, Ana, *Determinantes da Estrutura de Capital das Startups Portuguesas*, 2015, disponível em: https://sapientia.ualg.pt/handle/10400.1/8281.

Guimarães, Maria Raquel, *As Transferências Electrónicas de Fundos e Cartões de Débito*, Almedina, Coimbra, 1999.

Guimarães, Maria Raquel, *O Contrato-quadro no âmbito da utilização de meios pagamentos electrónicos*, Dissertação de Doutoramento em Ciências Jurídico-Civilísticas pela Faculdade de Direito da Universidade do Porto, Coimbra Editora, Coimbra, 2011.

Guimarães, Maria Raquel, "The Legal (Ir)relevance of Sleeping on Someone Else's Sofa" in *The Sharing Economy – Legal Problems of Permutations and Combinations Society*, Cambridge Scholars Publishing, Cambridge, 2019.

Gupta, Pranay e Tham, Mandy, *Fintech – A New DNA for Financial Services*, De|G Press, Berlim, 2018.

Gurdgiev, Constantin, *Summary of comments on the European Commission Green Paper "Building a Capital Markets Union (COM(2015)63*, 2015, disponível em: https://www.semanticscholar.org/paper/Summary-of-Comments-on-the-European-Commission-a-Gurdgiev/89924039111bc2dfdb63457d60b63dac079d34fb

Guttentag, Jack e Herring, Richard, "Credit Rationing and Financial Disorder", in *The Journal of Finance*, Volume XXXIX, n.º 5, dezembro, American Finance Association, 1984.

Guzik, Samuel, *SEC Crowdfunding Rulemaking Under the Jobs Act – An Opportunity Lost?*, 2014, disponível em: http://papers.ssrn.com/

Hacker, Philipp e Tomale, Chris, "Crypto-Securities Regulation: ICOs, Token Sales and Cryptocurrencies under EU Financial Law", in *European Company and Financial Law Review*, 15(4), 645-696, 2018.

Hacker, Philipp, "Corporate Governance for Complex Cryptocurrencies? A Framework for Stability and Decision Making in Blockchain-Based Organizations", in *Regulating Blockchain: Techno-Social and Legal Challenges*, Philipp Hacker, Ioannis Lianos, Georgios Dimitropoulos e Stefan Eich (Eds.), Oxford University Press, Oxford, 2019.

HADFIELD, Gillian, "Producing Law for Innovation", in *Rules for Growth – Promoting Innovation and Growth through Legal Reform*, 2011, disponível em: https://www.kauffman.org/-/media/kauffman_org/research-reports-and--covers/2011/02/rulesforgrowth.pdf.

HAKENES, Hendrik, e SCHLEGEL, Friederike, *Exploiting the Financial Wisdom of the Crowd*, 2014, disponível em: https://papers.ssrn.com/.

HANDERSON, Niki, BROOKE, Martin, HUME, Michael e KURTSIOVA, Miriam, *European Capital Markets Union: implications for growth and stability*, 2015, disponível em: www.bankofengland.co.uk.

HARBELE, Peter, "Demokratische Verfassungstheorie im Lichte des Möglichkeitsdenken", in *Die Verfassung des Pluralismus*, Königstein/TS, Athenäum, 1980.

HARI, Olivier, "The protection of the owners of cryptocurrencies, in particular bitcoin: selected aspects of Swiss financial market and insolvency law" in *Blockchains, Smart Contracts, Decentralised Autonomous Organisations and the Law*, 2019, 2019, disponível em: https://www.elgaronline.com/view/edcoll/9781788115124/9781788115124.xml.

HART, Herbert L., *O Conceito de Direito*, tradução de Ribeiro Mendes, 2.ª ed., Fundação Calouste Gulbenkian, Lisboa, 1996.

HARTMAN, Phillip, HEIDER, Florian, PAPAIOANNOU, Elias e LO DUCA, Marco, *The Role of Financial Markets and Innovation in Productivity and Growth in Europe*, 2007, disponível em: https://www.ecb.europa.eu/pub/pdf/scpops/ecbocp72.pdf.

HAVRYLCHYK, Olena, *Regulatory Framework for the Loan-Based Crowdfunding Platforms*, OECD Working Papers, 2018, disponível em: http://www.oecd.org/officialdocuments/publicdisplaydocumentpdf/?cote=ECO/WKP(2018)61&docLanguage=En

HAYEK, Friedrich, "The Use of Knowledge in Society" in *American Economic Review*, Volume 35, n. 4, American Economic Association, Pittsburgh, 1945, disponível em: http://stevereads.com/.

HAZEN, Thomas, *Crowdfunding or Fraudfunding? Social Networks and the Securities Laws – Why the Specially Tailored Exemption Must be Conditioned on Meaningful Disclosure*, 2012, disponível em: https://papers.ssrn.com/.

HEMINWAY, Joan, *What is a Security in the Crowdfunding Era?*, 2012, disponível em: https://papers.ssrn.com/.

HEMINWAY, Joan, *How Congress Killed Investment Crowdfunding: A Tale of Political Pressure, Hasty Decisions, and Inexpert Judgments That Begs for a Happy Ending*, 2014, disponível em: http://papers.ssrn.com/sol3/papers.cfm?abstract_id=2466130.

HEMINWAY, Joan, *Securities Crowdfunding and Investors Protection*, 2016, disponível em: https://papers.ssrn.com/.

HERAS BALLELL, Teresa Rodríguez de las, *El régimen jurídico de los mercados electrónicos cerrados (e-marketplaces)*, Marcial Pons, Madrid, 2006.

HERAS BALLELL, Teresa Rodríguez de las, "El *crowdfunding*: una forma de financiación colectiva, colaborativa y participativa de proyectos" in *Revista Pensar en Derecho*, n.º 3, Año 2, University of Buenos Aires, Buenos Aires.

HERRING, Richard, *Innovations to Enhance Liquidity: Implications for Systemic Risk*, Working Paper, n.º 93-10, The Wharton School, University of Pennsylvania, Filadélfia, 1993.

HEUKELOM, Sandra van, RIKKEN, Olivier, *et al.*, "Legal aspects of smart contracts", in *The Legal Aspects of Blockchain*, UNOPS, Copenhaga, 2018.

HOWE, Jeff, *The Rise of Crowdsourcing*, 2006, disponível em: http://archive.wired.com/.

HOWE, Neil e STRAUSS, William, *Rising: The next great generation*, 1.ª ed., Vintage Books, Nova Iorque, 2009.

IONOV, Rafael Del Castillo, *Las Initial Coin Offerings (ICOs) y la Tokenización de la Economía*, Aranzadi, Cizue Menor (Navarra), 2018.

IOSCO, *Update to the Report on the IOSCO Automated Advice Tools Survey*, 2016, disponível em: https://www.iosco.org/library/pubdocs/pdf/IOSCOPD552.pdf.

JANCIC, Davor, "The Juncker Commission's Better Regulation Agenda and its Impact on National Parliaments", in *EUI Working Paper MWP 2015/18*, 2015, disponível em https://papers.ssrn.com/.

JENG, Daniel, *The JOBS Act: Rule 506, Crowdfunding, and the Balance between Efficient Capital Formation and Investor Protection*, 2012, disponível em: http://papers.ssrn.com/.

JENSEN, Michael C. e MECKLING, William H., "Theory of the Firm: Managerial Behavior, Agency Costs and Ownership Structure", in *Journal of Financial*

Economics, Volume 3, Issue 4, Outubro de 1976, disponível em: http://www.sfu.ca/~wainwrig/Econ400/jensen-meckling.pdf.

JESUS, Diogo, *Geography of pledging and application of funds of crowdfunding platforms and the impact on their online notoriety*, 2013, disponível em: http://repositorio.ucp.pt/handle/10400.14/10904.

JUNCKER, Jean-Claude, TUSK, Donald, DIJSSELBLOEM, Jeroen, DRAGHI, Mario e SCHULZ, Martin, Relatório dos 5 Presidentes: Concluir a União Económica e Monetária Europeia, Junho/2015, disponível em: https://ec.europa.eu/commission/sites/beta-political/files/5-presidents-report_pt.pdf.

JÚNIOR, Eduardo dos Santos, *Da Responsabilidade Civil de Terceiro por Lesão do Direito de Crédito*, Dissertação em Ciências Jurídicas na Faculdade de Direito da Universidade Clássica de Lisboa, Almedina, Coimbra, 2003

JÚNIOR, Eduardo dos Santos, "Anotação ao Artigo 36" in *Código das Sociedades Comerciais Anotado*, coord. António Menezes Cordeiro, Almedina, Coimbra, 2009.

JUNIOR, Rutherford Campbell, *The New Regulation of Small Business Capital Formation: The Impact – If Any – Of the Jobs Act*, 2014, disponível em: http://papers.ssrn.com/.

KANTOR, Ryan, *Why Venture Capital Will Not Be Crowded Out by Crowdfunding*, 2013, disponível em: http://papers.ssrn.com/sol3/papers.cfm?abstract_id=2400082.

KAPPEL, Tim, *Ex Ante Crowdfunding and the Recording Industry: A Model for the U.S.*, 2009, disponível em: http://digitalcommons.lmu.edu/cgi/viewcontent.cgi?article=1550&context=elr.

KATONA, Tamás, "Decentralized Finance – The Possibilities of a Blockchain «Money Lego» System", in *Financial and Economic Review*, Magyar Nemzeti Bank (Central Bank of Hungary), vol. 20(1), 2021, pp 74-102.

KAYA, Orçun, *Capital Marktes Union – Na ambitious goal but a few quick wins*, 2015, disponível em: www.dbresearch.com.

KEDAR, Roy e BLEMUS, Stephane, *Crypto-currencies and Market Abuse Risks: It's Time for Self-Regulation*, 2017, disponível em: https://papers.ssrn.com/.

KELSEN, Hans, *Teoria Pura do Direito*, tradução de JOÃO BAPTISTA MACHADO, 7.ª edição da tradução portuguesa, Almedina, Coimbra, 2008

KIM, Jin-Hyuk e WAGMAN, Liad, *Portfolio Size and Information Disclosure: An Analysis of Startup Accelerators*, 2012, disponível em: https://papers.ssrn.com/.

KNIGHT, Thaya, LEO, Huymen e OHMER, Adrian, *A Very Quiet Revolution: A Primer on Securities Crowdfunding and Title III of the Jobs Act*, 2012, disponível em: http://papers.ssrn.com.

KOOPMAN, Christopher, MITCHELL, Matthew e THIERER, Adam, "The Sharing Economy and Consumer Protection Regulation: The Case for Policy Change", in *The Journal of Business, Entrepreneurship & the Law*, Volume 8, Issue 2, Article 4, disponível em: https://digitalcommons.pepperdine.edu/cgi/viewcontent.cgi?article=1130&context=jbel.

LAMEGO, José, *Elementos de Metodologia Jurídica*, Almedina, Coimbra, 2018.

LANOO, Karel, *Which Union for Europe Capital's Market?*, 2015, disponível em: www.ceps.eu.

LARENZ, Karl, *Metodologia da Ciência do Direito*, 3.ª ed., tradução de José Lamego, Fundação Calouste Gulbenkian, Lisboa, 2009.

LAUTENSCHLÄGER, Sabine, *Digital na(t)ive? Fintechs and the future of banking*, 2017, disponível em: https://www.bankingsupervision.europa.eu/press/speeches/date/2017/html/se170327_1.en.html.

LEAL, Ana Alves, "O processo especial para acordo de pagamento (PEAP): o novo regime pré-insolvencial para devedores não empresários", in *Revista de Direito das Sociedades*, Ano IX – 2017, n.º 1, Almedina, Coimbra, 2017.

LEÃO, Patrícia Pereira de, *O Penhor como Elemento Resolutivo da Insolvência*, Dissertação de Mestrado, Faculdade de Direito da Universidade Nova de Lisboa, Lisboa, 2018.

LEE, Kwangwook, *Investor Protection in European Union: Post FSAP Directives and MiFID*, 2009, disponível em: https://papers.ssrn.com/.

LEHMANN, Matthias, Global Rules for a Global Market Place? – The Regulation and Supervision of FinTech Providers" in *EBI Working Paper Series*, n.º 45, 2019, disponível em: https://papers.ssrn.com/.

LEITÃO, Adelaidade Menezes, *Normas de Protecção e Danos Puramente Patrimoniais*, Dissertação de Doutoramento em Ciências Jurídicas na Faculdade de Direito da Universidade de Lisboa, Almedina, Coimbra, 2009.

LEITÃO, Luís Menezes, *Cessão de Créditos*, reimpressão, Almedina, Coimbra, 2016.

LEITÃO, Luís Menezes, *Direito das Obrigações*, Volume III, 12.ª ed., Almedina, Coimbra, 2018.

LEITÃO, Luís Menezes, *A Recuperação Económica dos Devedores – (RERE, PER, PEAP, Plano de Insolvência, Plano de Pagamentos e Exoneração do Passivo Restante)*, Almedina, Coimbra, 2019.

LEITE, António Nogueira, "Bolsa Portuguesa: O Caminho Percorrido e os próximos Desafios", *in Cadernos de Valores Mobiliários*, n.º 12, Dezembro de 2001, disponível em: https://www.cmvm.pt/pt/EstatisticasEstudosEPublicacoes/CadernosDoMercadoDeValoresMobiliarios/Pages/CadernoN12.aspx?v=.

LEITE, Pedro, *Crowdfunding: critical factors to finance a project sucessfully*, 2012, disponível em: http://repositorio-aberto.up.pt/bitstream/10216/76103/2/15934.pdf.

LI, Timothy, *Fraud in Crowdfunding and Antifraud Insurance*, 2013, disponível em: http://works.bepress.com/timothy_li/2/.

LIBONATI, Bernardo, *Titoli di Credito e Strumenti Finanziari*, Giuffrè, Milão, 1999.

LIMA, Mário Franzen de, *Da Interpretação Jurídica*, 2.ª ed., Ed. Forense, Rio de Janeiro, 1955.

LIMA, Pedro, *A Eficácia do Sistema de Incentivos do QREN para a Internacionalização de PME's*, 2014, disponível em: https://repositorio-aberto.up.pt/handle/10216/77341.

LIN, Tom, "The New Investor", in *UCLA Law Review* 678, 2013, disponível em: https://papers.ssrn.com/.

LIN, Tom, *Infinite Financial Intermediation*, 2016, disponível em: https://papers.ssrn.com/.

LINO, Duarte Schmidt, e LOMBA, Pedro, "Democratizar o Governo das Empresas Públicas: O Problema do Duplo Grau de Agência" in *O Governo das Organizações – A vocação universal do corporate governance*, Coimbra, Almedina, 2011.

LOBO, Carlos Baptista, *Concorrência Bancária?*, Almedina, Coimbra, 2001.

LOPES, Cátia Sofia Cerqueira, *A Reintermediação Financeira como Driver da Sustentabilidade do Sistema Financeiro Português*, dissertação de mestrado do ISCTE Business School, Lisboa, 2010.

LOPES, Dulce, "A comunicação prévia e os novos paradigmas de controlo administrativo da actividade privada", in *Revista Direito Regional e Local*, n.º 14, Universidade do Minho, Braga, 2011.

LOPES, Inês Dias *Equity Crowdfunding* – "A Governação da Sociedade Financiada", in *Revista de Direito das Sociedades*, Ano X, Número 4, Almedina, Coimbra, 2018.

LOPES, Pedro Moniz, *Princípio da Boa Fé e Decisão Administrativa*, Almedina, Coimbra, 2011.

LUCAS, Filipa, *Organizações sem fim lucrativo: o caso da Fundação Serralves. O afirmar de novas formas de financiamento*, Dissertação da UCP – Faculdade de Economia e Gestão, Porto, 2014.

LUHMANN, Niklas, *Fin y Racionalidad en los Sistemas: sobre la función de los fines en los sistemas sociales*, tradução de Jaime Nicolás Muñiz, Torregalindo, Madrid, 1983.

MACCHIAVELLO, Eugenia, *The European Crowdfunding Service Providers Regulation and the Future of Marketplace Lending and Investing in Europe: the 'Crowdfunding Nature' Dilemma*, 2020, disponível em: https://papers.ssrn.com/.

MACHADO, Francisco Soares, "A Proposta de Reforma da Supervisão Financeira em Portugal" in *Revista de Direito Financeiro e dos Mercados De Capitais*, n.º 3, Volume 1, 2019, disponível em: http:/publications/publication/7876768308f6/.

MACHADO, João Baptista, *Introdução ao Direito e ao Discurso Legitimador*, 26.ª reimpressão, Almedina, Coimbra, 2019

MAGALHÃES, Pedro Jorge, *Governo Societário e a Sustentabilidade da Empresa – Stakeholders Model Vs Shareholders Model*, Almedina, Coimbra, 2019.

MAGGIORE, Maschietto, *Start-up Innovative: il Regolamento Consob sul crowdfunding*, 2013, disponível em: http://www.lexology.com/library/detail.aspx?g=3aec8bdc-f1b1-4ec6-9eae-f7423cd215bd.

MAGNUSSON, William, "Regulating FinTech", in *Vanderbilt Law Review*, Forthcoming Texas A&M University School of Law Legal Studies Research Paper n.º. 17-55, 2017, disponível em: https://papers.ssrn.com/.

MAIA, Guilherme, *A Conceptual Framework for Crypto Assets*, 2017, disponível em: https://www.linkedin.com/pulse/conceptual-framework-crypto-assets-guilherme-maia/?trackingId=xzKX3ZZ%2BkyhdcqpICkBxzQ%3D%3D.

MAIA, Guilherme, E SANTOS, João Vieira dos, *MiCA and DeFi ('Proposal for a Regulation on Market in Crypto-Assets' and 'Decentralised Finance')*, 2021, disponível em: https://papers.ssrn.com/sol3/papers.cfm?abstract_id=3875355.

MAIA, Pedro, *Função e Funcionamento do Conselho de Administração da Sociedade Anónima*, Coimbra Editora, Coimbra, 2002.

MAIA, Pedro, "Registo e Cessão de Quotas" in *Reformas do Código das Sociedades*, Almedina, Coimbra, 2007.

MAIA, Pedro, "Tipos de sociedades comerciais", in *Estudos de Direito das Sociedades*, 12.ª ed., 2015.

MAIA, Pedro, *Voto e corporate governance. Um novo paradigma para a sociedade anónima*, Almedina, Coimbra, 2019.

MALAQUIAS, Pedro Ferreira, "Cripto-ativos e a necessidade da sua regulação", in *Cadernos do Mercado de Valores Mobiliários – 20 anos do Código dos Valores Mobiliários*, Almedina, Coimbra, 2021.

MANUEL, Leonildo, e MANUEL, Jacinto, "FinTech: experiências e desafios no contexto africano" in *Escritos sobre FinTech e Corporate Finance – Experiências e Desafios no Contexto Africano*, AAFDL, Lisboa, junho 2019.

MARQUES, Mafalda Gouveia e FREIRE, Mário, "A Informação no Mercado dos Capitais", in *Cadernos dos Mercados de Valores Mobiliários*, n.º 3, 1998, disponível em: https://www.cmvm.pt/pt/EstatisticasEstudosEPublicacoes/CadernosDoMercadoDeValoresMobiliarios/Pages/Cadernos-do-mercado-de-valores-mobiliarios.aspx?pg.

MARQUES, Mário Castro, "O Comércio Electrónico – Algumas Questões Jurídicas, in "O Comércio Electrónico – Estudos Jurídico- Económicos, coord. Glória Teixeira, Almedina, Coimbra, 2002.

MARQUES, Ricardo, *Crowdfunding*, 2014, disponível em: http://empreendedorismo.pt/.

MARTINS, Alexandre Soveral, *Cláusulas do Contrato de Sociedade que Limitam a Transmissibilidade das Acções – Sobre os arts. 328.º e 329.º do CSC*, Dissertação de Doutoramento na Faculdade de Direito da Universidade de Coimbra, Almedina, Coimbra, 2006.

MARTINS, Alexandre Soveral, *Cessão de Quotas*, 2.ª ed., Almedina, Coimbra, 2016.

MARTINS, Alexandre Soveral, "Anotação ao artigo 191.º", in *Código das Sociedades Comerciais em Comentário*", Volume III, 2:.º ed., Jorge Coutinho de Abreu, Almedina, Coimbra, 2016

MARTINS, Alexandre Soveral, *Estudos de Direito da Insolvência*, 2.ª ed., Almedina, Coimbra, 2018.

MARTINS, Ana Maria Guerra, *Curso de Direito Constitucional da União Europeia*, Almedina, Coimbra, 2004.

MARTINS, Ana Maria Guerra, Manuel de Direito da União Europeia, 2.ª ed., Almedina, Coimbra, 2018.

MARTINS, Guilherme d'Oliveira, *A Constituição Económica Portuguesa – Novas Perspectivas"*, in *Estudos em Homenagem a Cunha Rodrigues*, Volume 2, Coimbra Editora, Coimbra, 2001.

MARTINS, Guilherme Gonçalves, *A Tecnologia Blockchain e a sua aplicação ao Mercado de Instrumentos Financeiros*, dissertação de mestrado, Universidade Católica Portuguesa, Faculdade de Direito de Lisboa, Lisboa, 2018, disponível em: https://repositorio.ucp.pt/bitstream/10400.14/25769/1/Tecnologia%20Blockchain%20e%20a%20sua%20aplicação%20ao%20mercado%20financeiro.pdf.

MARTINS, José Moleiro, "A cultura de inovação como fonte dinâmica do empreendedorismo", in *Estudos de Homenagem ao Professor Doutor Alberto Xavier*, Volume I, coord. Eduardo Paz Ferreira, Heleno Taveira Torres e Clotilde Celorico Palma Almedina, Coimbra, 2013.

MARTINS, José Pedro Fazenda, "Deveres dos Intermediários Financeiros – Em especial, os deveres para com os clientes e o Mercado", in *Cadernos do Mercado dos Valores Mobiliários*, n.º 7, 2000, disponível em: https://www.cmvm.pt/pt/EstatisticasEstudosEPublicacoes/CadernosDoMercadoDeValoresMobiliarios/Pages/CadernoN31.aspx?v=.

MARTINS, Pedro, *Introdução à Blockchain*, FCA, Lisboa, 2018.

MATA, Judith, *Las campañas de crowdfunding. Su eficacia en proyectos lucrativos y causas sociales*, 2014, disponível em: http://www.tdx.cat/handle/10803/279390.

MATEUS, Sílvia Marques, "Risk and Regulatory Technology: algumas notas sobre a aceleração de negócio (business acceleration) com inteligência artificial" in *Fintech – Desafios da Tecnologia Financeira*, coord. por ANTÓNIO MENEZES CORDEIRO, ANA PERESTRELO DE OLIVEIRA E DIOGO PEREIRA DUARTE, Almedina, Coimbra, 2017.

MATIAS, Tiago dos Santos e LUÍS, João Pedro, *Fundos de Investimentos em Portugal – Análise do Regime Jurídico e Tributário*, Almedina, Coimbra, 2008.

MATOS, Henrique, *Crowdfunding – Material Incentives and Performance*, 2012, disponível em: http://repositorio.ucp.pt/.

MATOS, Inês Serrano de, "Debt Finance", in *Revista de Concorrência e Regulação*, Ano VI, número 23-24, Almedina, Coimbra, 2015.

MAXWELL, Winston, e BOURREAU, Marc, "Technology neutrality in Internet, telecoms and data protection regulation" in *Computer and Telecommunications L. Rev.*, 2014, disponível em: https://papers.ssrn.com/.

Mayer, Otto, *Deutsches Verwaltungsrecht*, Volume I, 6.ª. ed., Von Duncker & Humblot, Berlim, 1969.

Medeiros, Rui e Martins, Patrícia Fragoso, "Anotação ao artigo 99.º", in *Constituição Portuguesa Anotada*, Volume II, 2.ª ed., coord. Jorge Miranda e Rui Medeiros, Universidade Católica Editora, Lisboa, 2018.

Melo, Barbosa de, "Introdução às formas de concertação social", in *Boletim da Faculdade de Direito*, Volume LIX, Faculdade de Direito da Universidade de Coimbra, Coimbra, 1985.

Mendes, Evaristo, *A Transmissibilidade das Acções*, Universidade Católica Portuguesa, Lisboa, 1989.

Mendes, Evaristo, "Anotação ao Artigo 61.º", in *Constituição Portuguesa Anotada*, Tomo I, 2.ª ed., coord. Jorge Miranda e Rui Medeiros, Coimbra Editora, Coimbra, 2010.

Mendes, Evaristo, "Constituição e Direito Comercial" in *Estudos de Homenagem ao Prof. Doutor Jorge Miranda*, Volume I, Coimbra Editora, Coimbra, 2012.

Mendes, João Pedro Castro, "Estabilidade Financeira, Princípio da Proporcionalidade e Supervisão Microprudencial", in *Estudos de Direito Bancário I*, Almedina, Coimbra, 2018.

Mendes, José Manuel, *Sociologia do Risco: Introdução e Algumas Lições*, 2015, disponível em:
https://www.uc.pt/fluc/nicif/riscos/pub/src/SRCII/Sociologia_do_risco.pdf.

Mendes, Pedro Vaz, *Pacta Sunt Servanda e Interesse Público nos Contratos Administrativos*, Universidade Católica Editora, Lisboa, 2016

Metelka, Alban, *Crowdfunding – Startups' alternative funding source beyond banks, business angels and venture capitalists.*, 2014, disponível em: www.bth.se/.

Miranda, Jorge, "Anotação ao Artigo 8.º", in *Constituição Portuguesa Anotada*, Tomo I, 2.ª ed., Coimbra Editora, Coimbra, 2010.

Moenninghoff, Sebastian e Wieandt, Axel, *The Future of Peer-to-Peer Finance*, 2016, disponível em: https://link.springer.com/article/10.1007/BF03372882.

Moign, Caroline le, *French ICOs – A New Method Of Financing?*, 2018, disponível em: https://www.amf-france.org/en_US/Publications/Lettres-et-cahiers/Risques-et-tendances/Archives?docId=workspace%3A%2F%2FSpacesStore%2F27604d2f-6f2b-4877-98d4-6b1cf0a1914b.

Moncada, Luís Cabral de, "Boa Fé e Tutela da Confiança no Direito Administrativo" in *Estudos em Homenagem ao Prof. Doutor Sérvulo Correia*, Volume II, Coimbra Editora, Coimbra, 2010.

MONCADA, Luís Cabral de, *Direito Económico*, 7.ª ed., Almedina, Coimbra, 2018.

MONIZ, Ana Raquel Gonçalves, *Estudos sobre os Regulamentos Administrativos*, Almedina, Coimbra, 2013.

MONIZ, Ana Raquel Gonçalves, "Juízo(s) de Proporcionalidade e Justiça Constitucional", in *Revista da Ordem dos Advogados*, Ano 80, Jan./Jun. 2020, 43 e 44, disponível em: https://portal.oa.pt/media/131430/roa-i_ii-2020-web.pdf.

MONTEIRO, António Pinto e CUNHA, Carolina, "Sobre o Contrato de Cessão financeira ou de "Factoring", in *Boletim da Faculdade de Direito*, Volume Comemorativo, Universidade de Coimbra, Coimbra, 2002.

MONTEIRO, Jorge Sinde, *Responsabilidade por Conselhos, Recomendações ou Informações*, Dissertação de Doutoramento em Ciências Jurídicas pela Faculdade de Direito da Universidade de Coimbra, Almedina, Coimbra, 1989.

MONTEIRO, Mafalda, *O Contrato de Factoring em Portugal*, Elcla Editora, Porto, 1996.

MORAIS, Carlos Blanco de, *As Leis Reforçadas – As Leis Reforçadas pelo Procedimento no Âmbito dos Critérios Estruturantes das Relações Entre Actos Legislativos*, Coimbra Editora, Coimbra, 1998.

MORAIS, Carlos Blanco de, *Manual de Legística – Critérios e Técnicos para Legislar Melhor*, Verbo, Lisboa, 2007.

MORAIS, Luís Silva, "Lei-quadro das Entidades Reguladoras", in *Revista de Concorrência e Regulação*, Ano V, n.º 17, Coimbra, Almedina 2014.

MORAIS, Luís Silva, *Modelos de Supervisão Financeira em Portugal e no contexto da União Europeia*, 2016, disponível em:
https://www.bportugal.pt/sites/default/files/anexos/pdf-boletim/estudomodelosupervisao2016.pdf

MORAIS, Pedro Jacob, *Em Torno do Direito Penal do Inimigo – Uma análise crítica a partir de Gunther Jakobs*, Dissertação de Doutoramento apresentada na Faculdade de Direito da Universidade do Porto, 2017.

MOREIRA, Vital, *Auto-regulação Profissional e Administração Pública*, Almedina, Coimbra, 1997.

MORITZ, Alexandra e BLOCK, Joern, *Crowdfunding: A literature review and research directions*, 2015, disponível em: http://papers.ssrn.com/

MORSE, Adair, *Peer-To-Peer Crowdfunding: Information and the Potential for Disruption in Consumer Lending*, 2015, disponível em: https://papers.ssrn.com/sol3/papers.cfm?abstract_id=2558951.

MOULIN, Jean-Marc, "La régulation du *crowdfunding* à la française" in *Revie de Droit Bancaire et Finacier*, n.º 4 –14.º Année, Paris, LexisNexis, 2013.

MOUTINHO, Nuno, e LEITE, Pedro, *Crowdfunding: critical factors to finance a project sucessfully*, 2012, disponível em: http://repositorio-aberto.up.pt/.

MULDER, Jan-Maarten, *RegTech is real and 120+ startups to prove it,* 2016, disponível em: https://medium.com/@janmaartenmulder/regtech-is-real-and-120-startups-to-prove-it-6b396d94dd8c.

NARCISO, Madalena, "Dados Pessoais como Contraprestação em Contratos de Consumo – Breve Reflexão", in *Anuário Nova Consumer Lab,* coord. Jorge Morais Carvalho, ano 1, 2019, disponível em: http://novaconsumerlab.fd.unl.pt/.

NAVARETTI Giorgio Barba, CALZOLARI, Giacomo e POZZOLO, Alberto Franco, *FinTech and Banks: Friends or Foes?,* 2017, disponível em: http://european-economy.eu/wp-content/uploads/2018/01/EE_2.2017-2.pdf;

NAVARRO, Sagrario Lérida, "Las Empresas Ante el Espejo. Una Revisión del Concepto de Interés Social en la Nueva Economía. Economía Colaborativa, Información No Financiera y Blockchain", in *Revista de Derecho de Sociedades,* n.º 56, 2019, Aranzadi, Navarra, 2019.

NEAL, Larry e CAMERON, Rondo, *História Económica do Mundo,* Tradução de Inês Guerreiro, Escolar Editora, Forte da Casa, 2019.

NETO, Luísa, "Estado de direito democrático, força de lei e revisões constitucionais: Cinco considerações" in *Epública – Revista Eletrónica de Direito Público,* Volume 3, n.º 3, 2016, disponível em: https://www.e-publica.pt/.

NEVES, Ana Fernanda, *Relação Jurídica de Emprego Público,* Coimbra Editora, Coimbra, 1999.

NEVES, António Castanheira, *Metodologia Jurídica – Problemas Fundamentais,* Coimbra Editora, Coimbra, 2013.

NEVES, Arminda, *A Inovação Social nas Políticas Públicas,* 2009, disponível em: https://dspace.uevora.pt/rdpc/handle/10174/2205.

NEVES, Vítor Pereira, "A Protecção do Proprietário Despossado de Dinheiro – Estudo dos Direito Inglês e Português", in *Tranmissão da Propriedade e Contrato,* Almedina, Coimbra, 2001

NICOLETTI, Bernardo, *The Future of FinTech: Integrating Finance and Technology in Financial Services,* Palgrave Macmilan, Suíça, 2017.

NOBLE, Elisabeth, *Crypto-assets – Overcoming impediments to scaling: A view from the EU,* 2020, disponível em: ssrn.com.

NOVAIS, Jorge Reis, *Princípios Estruturantes de Estado de Direito*, Reimpressão, Almedina, Coimbra, 2019.

NUNES, Fernando Conceição, *Direito Bancário*, Volume I, AAFDL, Lisboa, 1994.

NUNES, Fernando Conceição, "Os intermediários financeiros" in *Direito dos Valores Mobiliários*, Volume II, 2000.

NUNES, Fernando Conceição, "Contas colectivas de valores mobiliários" in *Direito dos Valores Mobiliários*, Volume VI, Coimbra Editora, Coimbra, 2006.

NUNES, Fernando Conceição, "As Instituições de Moeda Electrónica e a Crise do Conceito Legal", in *Estudos em Homenagem ao Professor Doutor Paulo de Pitta e Cunha*, Volume III, coord. Jorge Miranda, António Menezes Cordeiro, Eduardo Paz Ferreira e José Duarte Nogueira, Almedina, Coimbra, 2010.

NUNES, João Andrade, "Os Deveres de Informação no Mercado de Valores Mobiliários: O Prospeto", in *Revista de Concorrência e Regulação*, Ano VI, número 23-24, Almedina, Coimbra, 2015.

O'CONNOR, Sean *Crowdfunding's Impact on Start-Up IP Strategy*, 2013, disponível em: http://papers.ssrn.com/

OBSTFELD, Maurice e TAYLOR, Alan, *Globalization in Historical Perspective*, University of Chicago Press, Chicago, 2003.

OCDE, *Why Decentralised Finance (DeFi) Matters and the Policy Implications*, 2022, disponível em: https://www.oecd.org/daf/fin/financial-markets/Why-Decentralised-Finance-DeFi-Matters-and-the-Policy-Implications.pdf.

OEHLER, Andreas, HORN, Matthias e WENDT, Stefan, "Benefits from social trading? Empirical evidence for certificates on wikifolios", in *International Review of Financial Analysis*, Volume 46, n. 2, Maio/2016, disponível em: https://papers.ssrn.com/sol3/papers.cfm?abstract_id=2807385.

OLIVEIRA, Ana Perestrelo de, *Manual de Corporate Finance*, 2.ª ed., Almedina, Coimbra, 2015.

OLIVEIRA, Ana Perestrelo de, "O papel das startups na FinTech e o ciclo de financiamento de startups", in *FinTech – Desafios da Tecnologia Financeira*, Almedina, Coimbra, 2017.

OLIVEIRA, Fernanda Paula, *Noções Fundamentais de Direito Administrativo*, Almedina, Coimbra, 2005.

OLIVEIRA Fernando Baptista de, *O contrato de mediação imobiliária na prática judicial – Uma abordagem jurisprudencial*, 2016, disponível em: http://www.cej.mj.pt/cej/recursos/ebooks/civil/eb_Direito_dos_Contratos_O_Contrato_de_Mediacao_Imobiliaria.pdf

Oliveira, Fernando Faria de, "A DMIF II e a dinamização do mercado de capitais" in *O Novo Direito dos Valores Mobiliários*, Volume 2, Almedina, Coimbra, 2019.

Oliveira, Madalena Perestrelo de, "As Recentes Tendências da FinTech: Disruptivas e Colaborativas", in *FinTech – Desafios da Tecnologia Financeira*, Almedina, Coimbra, 2017.

Oliveira, Madalena Perestrelo de, "O Regime de Proteção do "Dinheiro Novo" no PER", in *Revista de Direito das Sociedades*, Ano IX – 2017, n.º 1, Almedina, Coimbra, 2017.

Oliveira, Madalena Perestrelo de, "Os desafios na regulação dos tokens e dos tokenized securities", in *O Novo Direito dos Valores Mobiliários- Vol. 2 – II Congresso sobre Valores Mobiliários e Mercados Financeiros*, 2019.

Oliveira, Mário Esteves de, *Direito Administrativo*, Almedina, Coimbra, 1980.

Oliveira, Mário Esteves de, Gonçalves Pedro Costa, e Amorim, João Pacheco de, "Anotação ao Artigo 5.º", *Código do Procedimento Administrativo Comentado*, 2.º ed., reimpressão, Almedina, Coimbra, com a colaboração de Rodrigo Esteves de Oliveira, 2010.

Oliveira, Margarida Ferraz de, *Titularização de créditos – o (in)sucesso da titularização no mercado hipotecário*, Dissertação de Mestrado da Faculdade de Direito – Escola de Lisboa, Universidade Católica Portuguesa, 2016, disponível em: https://repositorio.ucp.pt/bitstream/10400.14/22129/1/Tese_vf_23102016_limpa.pdf

Ordanini, Andrea, Miceli, Lucia, Pizzetti, Marta e Parasuraman, Parasu, "Crowd-funding: transforming customers into investors through innovative service platforms" in *Journal of Service Management*, Volume 22 Issue 4, Bingley, Emerald Group Publishing Limited, 2011.

Ortega Giménez, Alfonso, *«Smart Contracts» y Derecho Internacional Privado*, Aranzadi, Navarra, 2019.

Otero, Paulo, *Legalidade e Administração Pública – O sentido da vinculação administrativa à juridicidade*, Almedina, Coimbra, 2003.

Otero, Paulo, *Direito do Procedimento Administrativo*, Volume I, reimpressão, Almedina, Coimbra, 2019.

Pais, Sofia Oliveira, *Entre Inovação e Concorrência, Em Defesa de um Modelo Europeu*, Universidade Católica Editora, Lisboa, 2011.

Pakin, Nizan, *RegTech, Compliance and Technology Judgement Rule*, 2017, disponível em: https://papers.ssrn.com/.

Palá Laguna, Reyes "La licencia sandbox para las Fintech: ¿es necesario un nuevo derecho para estos nuevos hechos?", in *Revista de Derecho del Mercado de Valores*, n.º 22/2018, N.º 22, 1 de ene. de 2018, Editorial Wolters Kluwer, Madrid.

Paniant, Iulian, "Towards a Capital Market Union" in *Hyperion Economic Journal*, Volume III, Issue 2, 2015, disponível em: ideas.repec.org/s/hyp/journl.html.

Paolantonio, Martin, *Introducción a la financiación colectiva. (Crowdfunding) en el mercado de capitales*, 2014, disponível em: http://works.bepress.com/.

Parsons, Talcott, "Sugestions for a Sociological Approach to a Theory of Organization" in *Administrative Science Quaterly*, Volume 1, n.º 1, Sage Publications, Inc., New York, 1956.

Parsont, Jason, *Crowdfunding: The Real and the Illusory Exemption*, 2013, disponível em: http://papers.ssrn.com/.

Patrício, José Simões, *Direito Bancário Privado*, Lisboa, Quid Juris, 2004.

Peck, Ian, *Where are the Jobs in the JOBS Act? An Examination of the Uneasy Connection Between Securities Disclosure and Job Creation*, 2013, disponível em: http://papers.ssrn.com/.

Pereira, Alexandre Dias, *Comércio Electrónico na Sociedade da Informação: Da Segurança Técnica à Confiança Jurídica*, Almedina, Coimbra, 1999.

Pereira, André Dias, *Experimentação com Pessoas Humanas e Embriões Humanos: Desafios em Tempos de Terapia Génica*, 2017, disponível em: https://idibe.org/cuestiones-de-interes-juridico/experimentacao-com-pessoas-humanas-e-embrioes-humanos-desafios-em-tempos-terapia-genica/

Pereira, José Nunes, "Regulação e Supervisão dos Mercados de Valores Mobiliários e das Empresas de Investimento: Alguns Problemas Actuais", in *Boletim de Ciências Económicas*, Volume XL, 1997.

Pereira, José Nunes, "A Comissão do Mercado de Valores Mobiliários: Uma Experiência de Regulação Financeira em Portugal", in *Cadernos de Valores Mobiliários*, n.º 12, dezembro de 2001, disponível em: https://www.cmvm.pt/pt/EstatisticasEstudosEPublicacoes/CadernosDoMercadoDeValoresMobiliarios/Pages/CadernoN12.aspx?v=.

Pereira, Maria Clara Natividade Martins, *Da regulação do crowdfunding de capital*, dissertação de mestrado da Universidade Católica Portuguesa – Escola de Lisboa, 2016, disponível em: https://repositorio.ucp.pt/bitstream/10400.14/20625/1/Clara%20Martins%20Pereira%20-%20Tese%20MDG%20-%2031.03.2016.pdf.

Perrone, Andrea, "Servizi di investimento e tutela dell'investitore", in *Banca Borsa Titoli di Credito*, Volume LXXII, Giuffrè, Milão, 2019.

Peterson, Timothy, "Metcalfe's Law as a Model for Bitcoin's Value", in *Alternative Investment Analyst Review*, Q2, Volume 7, n.º 2, 2018, disponível em: https://papers.ssrn.com/.

Pidwell, Pedro, "O Mediador de Recuperação de Empresas – Algumas Notas", in *Seminário de Direito da Insolvência*, coord. Catarina Serra, Almedina, Coimbra, 2019.

Pilkington, Mark, *Blockchain Technology: Principles and Applications,* 2015, disponível em: https://papers.ssrn.com/.

Pina, Carlos Costa, *Instituições e Mercados Financeiros,* Almedina, Coimbra, 2005.

Pinto, Carlos Mota, *Direito Económico Português, Desenvolvimentos Recentes,* Coimbra, 1982.

Pinto, Carlos Mota, *Cessão da Posição Contratual,* Almedina Coimbra, 2003.

Pinto, Diana Magalhães, *A Responsabilidade Civil do Intermediário Financeiro,* dissertação de mestrado, ISCTE Business School, 2014, disponível em: https://repositorio.iscte-iul.pt/handle/10071/8532.

Pires, Florbela de Almeida, *Emissão de Valores Mobiliários,* Lex, Lisboa, 1999.

Pires, José Maria, *Direito Bancário,* 2.º Volume, Rei dos Livros, Lisboa, 1995.

Pires, Martinho Lucas, "Breve Nota sobre os Desafios Jurídicos da *Blockchain*", *Homenagem ao Professor Doutor Germano Marques da Silva*, Vol. III, coord. José Lobo Moutinho, Henrique Salinas, Elsa Vaz de Sequeira e Pedro Garcia Marques, Universidade Católica Editora, Lisboa, 2020.

Pita, Manuel António, *Direito Comercial,* Edifisco, Lisboa, 1992.

Polónia, Rui, *Deveres de Informação dos Intermediários Financeiros,* Almedina, Coimbra, 2019.

Porto, Manuel Lopes, *Teoria de Integração e Políticas Comunitárias, Face aos Desafios da Globalização,* 4.ª edição, Almedina, Coimbra, 2009.

Queiró, Afonso, *O poder discricionário da administração,* Tese de doutoramento apresentada à Faculdade de Direito da Universidade de Coimbra, 1944, disponível em: https://estudogeral.sib.uc.pt/handle/10316/12575.

Queiroz, Cristina, "O plano da ordem jurídica", in *Revista da Faculdade de Direito da Universidade de Lisboa*, Lisboa, Volume 30 e 31, 1989.

QUELHAS, José, *Sobre crises financeiras, o risco sistémico e a incerteza sistemática*, Almedina, Coimbra, 2012.

RABASA, Ignacio Martínez, "Integración del capital social con criptomonedas", in *Revista de derecho de sociedades*, n.º 53, Aranzadi, Madrid, 2018.

RACOLTA-PAINA, Nicoleta-Dorina e MONE, Sorina-Diana, *Start-up Marketing: How to Become a Player on the B2B Services Market in Romania*, 2009, disponível em: http://www.managementmarketing.ro.

RAIMUNDO, Miguel Assis, "Os princípios no novo CPA e o princípio da boa administração, em particular", in *Comentários ao N Estudos em Homenagem a Cunha Rodrigues ovo Código do Procedimento Administrativo*, coord. Carla Amado Gomes, Ana Fernanda Neves e Tiago Serrão, Volume 1, AAFDL editora, Lisboa, 2018.

RAMADANI, Valend, "Business Angels – Who They Really Are?" in *Strategic Change: Briefings on Entrepreneurial Finance*, Volume 18, Nos. 7-8, 2009, disponível em: https://papers.ssrn.com/.

RAMALHO, David Silva e MATOS, Nuno Igreja, "Branqueamento e Bitcoin: uma introdução", in *Revista do Ministério Público*, 162, Ano 41, Sindicato dos Magistrados do Ministério Público, Lisboa, 2020.

RAMALHO, Inês Palma, "Suptech e Regtech – O futuro da supervisão portuguesa?", in *InforBanca – Revista do Instituto de Formação Bancária*, n.º 116, 2019, disponível em: https://ifb.pt/publicacoes/.

RAMALHO, Tiago Azevedo, *O Princípio da Relatividade Contratual e o Contrato a Favor de Terceiro – Da Titularidade do Direito à Prestação por parte do Beneficiário*, Coimbra Editora, Coimbra, 2013

RAMALHO, Tiago Azevedo, *Da Legitimidade para a Produção de Efeitos Jurídico-Negociais*, Tese de Doutoramento apresentada na Faculdade de Direito da Universidade do Porto, Porto, 2016.

RAMOS, Maria Elisabete, "A simplificação dos processos de constituição de sociedades: o que mudou nos últimos 30 anos?" in *Direito das Sociedades em Revista*, Outubro 2016, ano 8, Volume 16, Almedina, Coimbra, 2016.

RAMOS, Maria Elisabete, "Anotação ao artigo 36.º", in *Código das Sociedades Comerciais em Comentário*, Volume I, 2.ª ed., Coord. Jorge Coutinho de Abreu, Almedina, Coimbra, 2017.

RANCHORDAS, Sofia, "Does Sharing Mean Caring? Regulating Innovation in the Sharing Economy", in *Minessota Journal of Law, Science and Technology*, Volume 16, Issue 1, Article, 9, disponível em: scholarship.law.umn.edu.

RANDALL, Alan, "The Problem of Market Failure", in *Natural Resources Journal*, Volume 23, n.º 1, disponível em: https://www.jstor.org/stable/24882453?seq=1.

RASKIN, Max, *The Law and Legality of Smart Contracts*, 2017, disponível em: https://papers.ssrn.com/.

RAU, Raghavendra, *Law, trust, and the development of crowdfunding*, 2018, disponível em: http://fmaconferences.org/SanDiego/Papers/Rau_Law_Crowdfunding.pdf.

REIS, José, *A Economia Portuguesa – Formas de economia política numa periferia persistente (1960-2017)*, Almedina, Coimbra, 2018.

RESTOY, Fernando, *Regulating fintech: what is going on, and where are the challenges?*, 2019, disponível em: https://www.bis.org/speeches/sp191017a.htm.

RIBEIRO, Joaquim de Sousa, *O Problema do Contrato – As Cláusulas Contratuais Gerais – As Cláusulas Contratuais Gerais e o Princípio da Liberdade Contratual*, Dissertação de Doutoramento em Direito Civil apresentada à Faculdade de Direito da Universidade de Coimbra, Almedina, Coimbra, 1999.

RIBEIRO, Joaquim de Sousa, "Autonomia Privada e atipicidade dos valores mobiliários" in *Direito dos Valores Mobiliários*, Volume VI, Coimbra Editora, Coimbra, 2006.

RIBEIRO, Maria de Fátima, *A Tutela dos Credores da Sociedade por Quotas e "Desconsideração da Personalidade Jurídica"*, Dissertação para Doutoramento em Ciências Jurídicas na Faculdade de Direito da Universidade Católica Portuguesa, Almedina, Coimbra, 2009.

RIBEIRO, Maria de Fátima, "O contrato de mediação e o direito do mediador à remuneração", in *Revista de Direito Comercial*, 2017, disponível em: https://www.revistadedireitocomercial.com/o-contrato-de-mediacao.

RIBEIRO, Maria de Fátima, "Regime Simplificado de Aumento de Capital por Conversão de Suprimentos", in *Seminário de Direito da Insolvência*, coord. Catarina Serra, Almedina, Coimbra, 2019.

RIEDEL, Robby, *Capital Markets Union – another European failure?*, 2016, disponível em: https://www.thebrokeronline.eu/capital-markets-union-another-european-failure/

RINGE, Wolf-Georg, *Capital Markets Union for Europe – A political message to the UK*, 2015, disponível em: https://papers.ssrn.com/.

RODRIGUES, Ana Rita Antunes, *Crowdfunding: uma análise sobre o financiamento colaborativo por empréstimo e as vantagens face ao financiamento tradi-*

cional, dissertação de mestrado apresentada na Faculdade de Direito da Universidade Nova de Lisboa, 2019, disponível em: https://run.unl.pt/bitstream/10362/91301/1/AntunesRodrigues%20_2019.pdf.

Rodrigues, Catarina Figueiredo, "Contrato de Colocação com Tomada Firme (Breves Notas)", in *Cadernos do Mercado de Valores Mobiliários*, n.º 41, abril de 2012, disponível em: http://www.cmvm.pt/pt/EstatisticasEstudosEPublicacoes/CadernosDoMercadoDeValoresMobiliarios/Documents/CadernosMVM41Final.pdf.

Rodrigues, João, *The Social Impact of Crowdfunding: PPL and BES Crowdfunding*, 2014, disponível em: http://repositorio.ucp.pt/.

Rodrigues, Nuno Cunha, *A Contratação Pública como Instrumento de Política Económica*, Dissertação de Doutoramento em Ciências Jurídico-Económicas apresentada na Faculdade de Direito da Universidade de Lisboa, Almedina, Coimbra, 2013.

Rodrigues, Nuno Cunha, "Anotação ao artigo 101.º", in *Constituição Portuguesa Anotada*, Volume II, 2.ª ed., coord. Jorge Miranda e Rui Medeiros, Universidade Católica Editora, Lisboa, 2018.

Rodrigues, Patrícia, *O Capital de Risco e o Conflito de Interesses*, 2012, disponível em: http://repositorio.ucp.pt

Rodrigues, Pedro Miguel, "A intermediação financeira: em especial, os deveres de informação do intermediário perante o cliente", in *Data Venia*, Edição n.º 02 – Janeiro/Junho 2013, disponível em: https://datavenia.pt/edicoes/76-edicao02.

Rodrigues, Patrícia, *O Capital de Risco e o Conflito de Interesses*, dissertação de mestrado da Universidade Católica Portuguesa, Lisboa, 2012, disponível em: http://repositorio.ucp.pt.

Rodrigues, Sofia Nascimento, *A protecção dos investidores em valores mobiliários*, Almedina, Coimbra, 2001.

Rodrigues, Sofia Nascimento, "O Direito de Resolução do Investidor na Contratação de Serviços à Distância, in *Direito dos Valores Mobiliários*, Volume VII, Coimbra Editora, Coimbra, 2007.

Rodrigues, Vasco, *Análise Económica do Direito – uma introdução*, Almedina, Coimbra, 2007.

Rohr Jonathan, e Wright, Aaron, *Blockchain-Based Token Sales, Initial Coin Offerings, and the Democratization of Public Capital Markets*, 2017, disponível em: https://papers.ssrn.com/.

Rohr Jonathan, e Wright, Aaron, "Blockchains, Private Ordering, and the Future of Governance", in *Regulating Blockchain: Techno-Social and Legal Challenges*, Philipp Hacker, Ioannis Lianos, Georgios Dimitropoulos e Stefan Eich (Eds.), Oxford University Press, Oxford, 2019.

Rolo, António Garcia, "As Criptomoedas como Meio de Financiamento e a Qualificação dos Tokens", in *Fintech II – Novos estudos sobre tecnologia financeira*, coord. António Menezes Cordeiro, Ana Perestrelo de Oliveira e Diogo Pereira Duarte, Almedina, Coimbra, 2019.

Rolo, António Garcia, "Challenges in the legal qualification of Decentralised Autonomous Organisations (DAOs): the rise of the crypto-partnership?", in *Revista de Direito e Tecnologia*, Volume 1, n.º 1, 2019, disponível em: https://blook.pt/publications/publication/168e81e05a8b/.

Rolo, Nuno Miguel Cunha, *Manual de Administração e Governação Pública*, Volume I, AAFDL Editora, Lisboa, 2019.

Rolo, Nuno Miguel Cunha, *Manual de Administração e Governação Pública*, Volume II, AAFDL Editora, Lisboa, 2020.

Rosa, Frederico, *Barreiro – Model for the implementation of a local investment agency*, 2013, disponível em: http://mpra.ub.uni-muenchen.de/51671/

Rosa, José Gonzaga, "Shadow Banking – New Shadow Entities Come to Light", *in Revista de Concorrência e Regulação*, Ano V, N.º 18, abril/junho 2014, Almedina, Coimbra, 2014.

Rosalino, Hélder, "Fintech e Banca Digital", in *FinTech – Desafios da Tecnologia Financeira*, Almedina, Coimbra, 2017

Rosek, Antonin, *Capital Markets Union: The Key to Restoring the Economic Growth and the Real Convergence in the Eurozone*, 2015, disponível em: scholarpublishing.org.

Ross, Verena, *Financial Innovation: towards a balanced regulatory response*, Discurso apresentado na Conferência da London Business School/ Bank of England sobre "How Imminent is the real Fintech Revolution", Londres, Reino Unido, 2016, disponível em: https://www.esma.europa.eu/sites/default/files/library/2016-345_financial_innovation_ towards_a_balanced_regulatory_response_-_speech_by_v._ross_0.pdf.

Rostoy, Fernando, *Regulating fintech: what is going on, and where are the challenges?*, Discurso apresentado na ASBA-BID-FELABAN XVI Banking public-private sector regional policy dialogue "Challenges and opportunities in the new financial ecosystem", Washington DC, EUA, 2019, disponível em: https://www.bis.org/speeches/sp191017a.pdf.

Rubinton, Brian, *Crowdfunding: Disintermediated Investment Banking*, 2011, disponível em: http://papers.ssrn.com/sol3/papers.cfm?abstract_id=1807204.

Sáinz de Vicuña, Antonio, "An Institutional Theory of Money", in *International Monetary and Financial Law – The Goblal Crisis*, Oxford University Press, Oxford, 2010.

Samuelson, Paul e Nordhaus, William, *Economia*, 18.ª edição, Tradução de Elsa Fontainha e José Pires Gomes, Mcgraw-hill Interamericana de España, Madrid, 2005.

Santos, António Carlos dos, Gonçalves, Maria Eduarda e Marques, Maria Leitão, *Direito Económico*, 5.ª ed., Almedina, Coimbra, 2010.

Santos Amadeu José dos, e Baião, Paula, *Cláusulas Tag-along*, disponível em: http://sociedade-por-quotas.dashofer.pt/?s=modulos&v=capitulo&c=3196

Santos, Armando e Rossetti, Pedro, *Startups de Base Tecnológica na UPTEC – Caracterização e Análise das Startups*, 2014, disponível em http://paginas.fe.up.pt.

Santos, Filipa Ferro dos, "Importância da informação no mercado de capitais", in *Revista de Direito das Sociedades*, Ano X, n.º 2, Almedina, Coimbra, 2018.

Santos, Filipe Cassiano dos, "A posição do accionista face aos lucros de balanço. O direito do accionista ao dividendo no Código das Sociedades Comerciais", in *BFDUC – Boletim da Faculdade de Direito da Universidade de Coimbra*, Coimbra Editora, Coimbra, 1996.

Santos, Filipe Cassiano dos, *Direito Comercial Português*, Volume I, Coimbra Editora, Coimbra, 2007.

Santos, Gonçalo André Castilho dos, *A Responsabilidade Civil do Intermediário Financeiro Perante o Cliente*, Almedina, Coimbra, 2008.

Santos, Gonçalo André Castilho dos, "Recomendações de investimento em valores mobiliários e conflito de interesses, in *Direito dos Valores Mobiliários*, Volume VIII, Coimbra Editora, Coimbra, 2008.

Santos, João Vieira dos, "Ações de lealdade – A primazia dos interesses da estabilidade a longo prazo das sociedades anónimas" in *Revista de Direito das Sociedades*, Ano VI , n.º 2, Almedina, Coimbra, 2014.

Santos, João Vieira dos, "Crowdfunding como forma de capitalização das sociedades" in *Revista Electrónica de Direito*, n.º 2, 2015, disponível em: www.cije.up.pt/revistared.

SANTOS, João Vieira dos, "Regulação dos Criptoativos", in *Cadernos do Mercado de Valores Mobiliários*, n.º 64, 2020, disponível em: https://www.cmvm.pt/pt/EstatisticasEstudosEPublicacoes/CadernosDoMercadoDeValoresMobiliarios/Documents/CMVM-CADERNOS-n64.pdf.

SANTOS, João Vieira dos, "Financiamento Colaborativo e sociedade por quotas" in *Revista de Direito das Sociedades*, Ano XIII, n.º 2, 2021

SANTOS, Jorge Costa, "Direitos Inerentes aos Valores Mobiliários", in *Direito dos Valores Mobiliários*, Lex, Lisboa, 1997.

SANTOS, Pedro Cassiano e FIGUEIREDO, ANDRÉ, "O mercado português da titularização de créditos: diversificação e maturidade" in *Direito dos Valores Mobiliários*, Volume VI, Coimbra Editora, Coimbra, 2006.

SANTOS, Pedro Cassiano e FREIRE, Paula Gomes, "Financiamentos estruturados susceptíveis de colocação em mercados de capitais", in *Estudos de Advocacia em Homenagem a Vasco Vieira de Almeida*, coord. Paulo Olavo Cunha, Almedina, Coimbra, 2017.

SANTOS, Ricardo, *As Fintech na geração Millennials*, dissertação de mestrado, Instituto Superior de Gestão, Lisboa, 2017, disponível em: comum.rcaap.pt.

SARAIVA, Rute, "O sistema financeiro no mundo mágico de Harry Potter", in *Estudos de Homenagem ao Professor Doutor Alberto Xavier*, Volume II, coord. Eduardo Paz Ferreira, Heleno Taveira Torres e Clotilde Celorico Palma, Almedina, Coimbra, 2013.

SCHÄR, Fabian, "Decentralized Finance: On Blockchain and Smart Contract-based Financial Markets", in *Federal Reserve Bank of St. Louis Research Paper Series*, 2021, disponível em: papers.ssrn.com.

SCHENA, Cristiana, TANDA, Alessandra, ARLOTTA, Carlo e POTENZA, Gianluca, *The development of FinTech Opportunities and risks for the financial industry in the digital age*, 2018, disponível em:
https://www.researchgate.net/publication/333683133_The_development_of_FinTech_Opportunities_and_risks_for_the_financial_industry_in_the_digital_age.

SCHILLIG, Michael, *Lex Cryptographia, 'Cloud Crypto Land' or What? – Blockchain Technology on the Legal Hype Cycle*, 2021, disponível em: https://papers.ssrn.com/.

SCHREPEL, Thibault, "Collusion by Blockchain and Smart Contracts" in *Harvard Journal of Law & Technology*, Volume 33, Number 1, 2019, disponível em: https://papers.ssrn.com/.

Schumpeter, Joseph, *Capitalism, Socialism and Democracy*, Harper, New York, 1942.

Schwartz, Andrew, *Keep It Light, Chairman White: SEC Rulemaking Under the CROWDFUND Act*, 2013, disponível em: http://papers.ssrn.com/

Schwartz, Steven, *Regulating Shadow Banking*, 2012, disponível em: https://papers.ssrn.com/.

Schwienbacher, Arwin, e Larralde, Benjamim, *An Empirical Analysis of Crowdfunding*, 2010, disponível em: http://www.crowdsourcing.org/document/an-empirical-analysis-of-crowdfunding-/2458

Schwienbacher, Arwin, e Larralde, Benjamim, *Crowdfunding of Small Entrepreneurial Ventures*, 2010, disponível em: http://papers.ssrn.com/.

Sequeira, Joana, *Financiamento de startups com recurso a financiamento angel em Portugal – Estudo de Caso*, 2014, disponível em: http://www.repository.utl.pt/handle/10400.5/7499.

Sequeira, Raquel de Lóia, "Transmissão de quotas e de ações – Algumas questões", in *Revista de Direito das Sociedades*, Ano X, n.º 3, Almedina, Coimbra, 2018.

Seretakis, Alexandros "Blockchain, Securities Markets, and Central Banking", in *Regulating Blockchain: Techno-Social and Legal Challenges*, Philipp Hacker, Ioannis Lianos, Georgios Dimitropoulos e Stefan Eich (Eds.), Oxford University Press, Oxford, 2019.

Serra, Adriano Vaz, "Anotação ao Acórdão do STJ de 7 de Março de 1967", in *Revista de Legislação e de Jurisprudência*, n.º 100, Coimbra Editora, Coimbra, 1968.

Serra, Adriano Vaz, "Acções nominativas e ações ao portador, in *Boletim do Ministério da Justiça*, n.º 176, Lisboa, 1968.

Serra, Catarina, "Novo (?) Regime Extrajudicial de Recuperação de Empresas", in *Seminário de Direito da Insolvência*, coord. Catarina Serra, Almedina, Coimbra, 2019.

Shapiro, Martin, "Agencies in the European Union: An American Perspective", in *The New European Agencies – Conference Report*, EU Working Papers, Instituto Universitário Europeu, San Domenico, 1993.

Shiller, Robert, *A Ética das* Finanças, tradução de Pedro Carvalho e Guerra e Rita Carvalho e Guerra, Lisboa, Bertrand Editora, 2015.

Shoenmaker, *From Banking Union to Capital Markets Union*, 2015, disponível em: http://www.ilf-frankfurt.de/fileadmin/user_upload/Article_Schoenmaker.pdf.

Siepman, Erica, *The JOBS Act and the Elimination of the Ban on General Solicitations*, 2013, disponível em: http://www.denverlawreview.org/online-articles/2013/4/27/the-jumpstart-our-business-startups-act-and-the-elimination.html.

Silva, Fátima Reis, "Novos Aspetos do Processo de Insolvência – As Alterações Introduzidas pelo Decreto-Lei n.º 79/2017, de 30 de junho", in *Seminário de Direito da Insolvência*, coord. Catarina Serra, Almedina, Coimbra, 2019.

Silva, João Calvão da, *Direito Bancário*, Almedina, Coimbra, 2001

Silva, João Calvão da, "Globalização e direito da banca, da bolsa e dos seguros: uma resposta europeia, in *Globalização e Direito*, Coimbra Editora, Coimbra, 2003

Silva, João Calvão da, *Banca, Bolsa e Seguros – Direito Europeu e Português*, 4.ª ed., Revista e Aumentada, Tomo I – Parte Geral, Almedina, Coimbra, 2013.

Silva, João Calvão da, "Global Master Repurchase Agreement e Reporte Financeiro" in *Estudos de Homenagem a António Barbosa de Melo*, Almedina, Coimbra, 2013.

Silva, João Calvão da, *Titularização de Créditos – Securitization – No coração da crise financeira global*, 3.ª ed., Revista e aumentada, Almedina, Coimbra, 2013.

Silva, João Calvão da, *Fundos de Investimento e Fundos de Garantia – Sumários (Ano lectivo 2014/2015)*, apontamentos policopiados.

Silva, João Nuno Calvão da, "Poderes e Instrumentos Regulatórios das Entidades Reguladoras", in *Estudos de Regulação Pública*, Volume II, Coimbra Editora, Coimbra, 2015.

Silva, Liliana, Gomes, Luís e Ramos, Patrícia, *Estrutura de financiamento das empresas start-up em Portugal*, 2015, disponível em: http://www.aecal.org.

Silva, Miguel Moura e, *Inovação, Transferência de Tecnologia e Concorrência – Estudo Comparado do Direito da Concorrência dos Estados Unidos e da União Europeia*, Almedina, Coimbra, 2003.

Silva, Miguel Moura e, *O abuso de posição dominante na nova economia*, Almedina, Coimbra, 2010.

Silva, Nuno Pinto da, "Contrato de mútuo", in *Lusíada. Direito*, Universidade Lusíada Editora, Lisboa, 2014

SILVA, Paula Costa e, "Compra, venda e troca de valores mobiliários", In *Direito dos Valores Mobiliários*, Lex, Lisboa, 1997.

SILVA, Paula Costa e, *Direito dos Valores Mobiliários – Relatório*, Coimbra Editora, Coimbra, 2005.

SILVA, Paula Costa e, "Ofertas Públicas", in *Direito dos Valores Mobiliários e dos Mercados de Capitais – Angola, Brasil e Portugal*, coord. António Barreto Menezes Cordeiro e Franscisco Satiro, Almedina, Coimbra, 2019.

SILVA, Vasco Pereira da, *O Contencioso Administrativo no Divã da Psicanálise*, Almedina, Coimbra 2009.

SIM, Kyle Leslie, *Equity Crowdfunding Dissertation*, 2014, disponível em: https://pt.scribd.com/doc/235496297/Equity-Crowdfunding-Dissertation.

SIMON, Herbert, *Designing Organizations for an Information-Rich World*, 1969, disponível em: http://zeus.zeit.de/2007/39/simon.pdf.

SOARES, António, "Mercados Regulamentados e Mercados Não Regulamentados", in *Cadernos do Mercado de Valores Mobiliários*, Volume 7, 2000, n.º 1, disponível em: https://www.cmvm.pt/pt/EstatisticasEstudosEPublicacoes/CadernosDoMercadoDeValoresMobiliarios/Documents/C07AntonioSoares.pdf.

SOARES, Guido Fernando Silva, *Curso de Direito Internacional Público*, Volume I, Atlas, São Paulo, 2002.

SOARES, Rita Mota, "Renovado Processo Especial de Revitalização", in *Seminário de Direito da Insolvência*, coord. Catarina Serra, Almedina, Coimbra, 2019.

SOARES, Rogério, *Direito Administrativo*, Universidade de Coimbra, Coimbra, 1978.

SOTTOMAYOR, Maria Clara, *Invalidade e Registo – A Protecção do Terceiro Adquirente de Boa Fé*, Dissertação para Doutoramento em Direito Civil pela Universidade Católica Portuguesa, Almedina, Coimbra, 2010.

SOUSA, Ana Martins de, *O Contrato de Joint Venture*, Dissertação de Mestrado apresentada na Faculdade de Direito da Universidade de Coimbra, Coimbra, 2013.

SOUSA, António Francisco de, *«Conceitos Indeterminados» no Direito Administrativo*, Almedina, Coimbra, 1994.

SOUSA, António Francisco de, *Manual de Direito Administrativo*, Vida Económica, Porto, 2019.

SOUSA, Marcelo Rebelo de, e MATOS, André Salgado de, *Direito Administrativo Geral – Introdução e princípios fundamentais*, Tomo I, 3.ª ed., reimpressão, Dom Quixote, Alfragide, 2008.

SOUSA, Miguel Teixeira de, *Introdução ao Direito*, Almedina Coimbra, 2012.

SOUSA, Rabindranath Capelo de, *Teoria Geral do Direito Civil*, Volume I, Coimbra Editora, Coimbra, 2003.

STEINBERG, Scott e DEMARIA, Rusel, *The Crowdfunding Bible. How to raise money for any Start-up, video or Project*, 2012, disponível em: http://www.crowdfundingguides.com/

STEPANOVA, Julia e STOEV, Tsvetoslav, "Institutional and Market Drivers towards a European Market Union" in *Journal of Global Economics*, Volume 7, N.º. 1, 2015, disponível em www.iem.ro/en/publicatii/revista-de-economie-mondiala/.

STIGLITZ, Joseph, "Markets, Market Failures, and Development", in *The American Economic Review*, Volume 79, n.º 2, 1989, disponível em: https://www.jstor.org/stable/1827756?seq=1

STRAZISAR, Borut, *Principle Based Legislation Smart Choice for Capital Market's Regulation?*, 2011, disponível em: https://papers.ssrn.com/sol3/papers.cfm?abstract_id=1999798.

STROBEL, Michael, *Auctions as the Negotiation Paradigm of Electronic Markets*, 2010, disponível em: https://www.tandfonline.com/doi/abs/10.1080/10196780050033962.

STROWEL, Alain e VERGOTE, Wouter, *Digital Platforms: To Regulate or Not to Regulate? Message to Regulators: Fix the Economics First, Then Focus on the Right Regulation*, 2016, disponível em:
http://www.rosels.eu/2017/11/15/digital-platforms-to-regulate-or-not-to-regulate-message-to-regulators-fix-the-economics-first-then-focus-on-the-right-regulation/.

SZABO, Nick, *Smart Contracts: Building Blocks for Digital Markets*, 1996, disponível em: http://szabo.best.vwh.net/smart_contracts_2.html.

TASCA, Paolo, THANABALASINGHAM, Thayabaran, e TESSONE, Claudio, *Ontology of Blockchain Technologies. Principles of Identification and Classification*, 2017, disponível em: https://papers.ssrn.com/.

TAYLOR, Charles, WILSON, Christopher, HOLTTINEN, Eija e MOROZOVA, Anastasiia, *Institutional Arrangements for Fintech Regulation and Supervision*, 2020, disponível em: https://www.imf.org/en/Publications/fintech-notes/

Issues/2020/01/09/Institutional-Arrangements-for-Fintech-Regulation--and-Supervision-48809.

TEIXEIRA, Aurora, *Aceleradores de comercialização de tecnologias em Portugal*, 2016, disponível em: https://repositorio-aberto.up.pt/handle/10216/86571.

TEIXEIRA, Vanesa, *A tributação em sede de IVA de moedas virtuais no âmbito da União Europeia: o caso do bitcoin*, dissertação de mestrado da Faculdade de Direito da Universidade do Porto, Porto, 2017, disponível em: https://sigarra.up.pt/fdup/pt/pub_geral.pub_view?pi_pub_base_id=236785.

TERRINHA, Luís Heleno, *Necessidade, efectividade e legalidade da (Nova) Arquitectura Europeia de Supervisão Financeira*, 2012, disponível em: recipp.ipp.pt.

TERRINHA, Luís Heleno, "Direito e Contingência: com e para além de Ulrich Beck", in *In Memorium Ulrich Beck*, coord. Carla Amado Gomes e Luís Heleno Terrinha, 2015, disponível em: https://www.icjp.pt/sites/default/files/publicacoes/files/ebook_ulrichbeck_icjp_fct.pdf.

TERRINHA, Luís Heleno, *O Direito Administrativo na Sociedade – Função, prestação e reflexão do sistema jurídico-administrattivo*, Universidade Católica Editora, Porto, 2017.

THIEL, Michael, "Finance and Economic Growth – a review of theory and the available evidence" in *Economic Papers* 158, European Commission, 2001, disponível em: https://ideas.repec.org/p/euf/ecopap/0158.html.

THOMPSON, Robert e LANGEVOORT, *Donald, Redrawing the Public-Private Boundaries in Entrepreneurial Capital-Raising*, 2012, disponível em: http://papers.ssrn.com/.

TOMANEK, Stefan, RIRSCH, Ralph e WINTERSBERGER, Marlene, *Crypto mining business models: Points of contact to the AIFMD*, 2018, disponível em:
https://www.henrystewartpublications.com/sites/default/files/Crypto_mining_businessmodels.pdf.

TOMÉ, Maria João, *Fundos de Investimento Mobiliário Abertos*, Almedina, Coimbra, 1997.

TRAEGER, Heather, KASSINGER, Theodore e KAUFMAN, Zachary, *Democratizing Entrepreneurship: An Overview of the Past, Present, and Future of Crowdfunding*, 2013, disponível em: http://papers.ssrn.com

TROISI, Angela "Crowdfunding e mercato creditizio:profili regolamentari" in *Contratto e Impresa – Dialoghi com la giurisprudenza civile e commerciale*, n.º 2, Anno XXX, Wolters Kluwer Italia, Milão, 2014.

VALE, Alexandre Lucena e, "Consultoria para investimento em valores mobiliários" in *Direito dos Valores Mobiliários*, Volume V, Coimbra Editora, Coimbra, 2004.

VALENCIA, Paula Lafuente, "Encaje Legal actual y propuestas de regulación de las ofertas iniciales de criptomonedas (ICOs)", in *Revista de Derecho Bancario y Bursátil*, Año XXXVIII, Aranzadi, Navarra, 2019.

VALIANTE, Diego, *Light and shadows in Europe's new Action Plan for Capital Markets Union*, 2015, disponível em: http://aei.pitt.edu/67884.

VARELA, João de Matos Antunes, *Das Obrigações em Geral*, Volume I, 8.ª Reimpressão da 10.ª ed., Almedina, Coimbra, 2011.

VARELA, João de Matos Antunes, *Das Obrigações em Geral*, Volume II, 7.ªed., Almedina, Coimbra, 2017.

VASCONCELOS, Luís Miguel Pestana de, *Dos Contratos de Cessão Financeira (Factoring)*, Coimbra Editora, Coimbra, 1999.

VASCONCELOS, Luís Miguel Pestana de, *A Cessão de créditos em garantia e a insolvência*, Dissertação para Doutoramento em Ciências Jurídicas Jurídico-Civilísticas apresentada na Faculdade de Direito da Universidade do Porto, 2005.

VASCONCELOS, Luís Miguel Pestana de, "As Cessões Internacionais de Créditos: O Regime do Regulamento Roma I", in *Revista da Faculdade de Direito da Universidade do Porto*, Volume 9, Coimbra Editora, Coimbra, 2012.

VASCONCELOS, Luís Miguel Pestana de, "A venda de créditos bancários e a insolvência da instituição de crédito. O regime dos créditos futuros em especial", in *I Congresso de Direito Bancário*, Almedina, Coimbra, 2015.

VASCONCELOS, Luís Miguel Pestana de, "O Contrato de Factoring: Insolvência e Penhora de Créditos", in *II Congresso de Direito Bancário*, Coord. Luís Miguel Pestana de Vasconcelos, Almedina, Coimbra, 2017

VASCONCELOS, Luís \Miguel Pestana de, *Direito Bancário*, 2.ª ed., Almedina Coimbra, 2019.

VASCONCELOS, Pedro Pais de, *Contratos Atípicos*, Dissertação de Doutoramento, Almedina, Coimbra, 1995

VASCONCELOS, Pedro Pais de, *A participação social nas sociedades comerciais*, 2.ª ed., Almedina, Coimbra, 2006.

VASCONCELOS, Pedro Pais de, *D&O Insurance: o seguro de responsabilidade civil dos administradores e outros dirigentes da sociedade anónima*, Coimbra, Almedina, 2007.

VASCONCELOS, Pedro Pais de, *Teoria Geral do Direito Civil*, 6.ª ed., Almedina, Coimbra, 2010.

VASCONCELOS, Pedro Pais de, *Direito Comercial. Parte Geral, Vol. I, Contratos Mercantis, Títulos de Crédito*, Almedina, Coimbra, 2011.

VASCONCELOS, Pedro Pais de, "O acionista de capital de risco – dever de gestão", in *II Congresso Direito das Sociedades em Revista*, Almedina, Coimbra, 2012.

VAZ, Manuel Afonso, *Lei e Reserva de Lei, A Causa da Lei na Constituição Portuguesa de 1976*, Dissertação de Doutoramento na Faculdade de Direito da Universidade Católica Portuguesa, Porto, 1992.

VAZ, Manuel Afonso, *Direito Económico – A Ordem Económica Portuguesa*, 4.ª ed., Coimbra Editora, Coimbra, 1998.

VAZ, Manuel Afonso, e FONTAINE, Manuel, Anotação ao artigo 81.º", in *Constituição Portuguesa Anotada*, Volume II, 2.ª edição, coord. Jorge Miranda e Rui Medeiros, Universidade Católica Editora, Lisboa, 2018.

VEERPALU, Anne, *Shareholder Ledger Using Distributed Ledger Technology: The Estonian Perspective*, 2019, disponível em:
https://journals.muni.cz/mujlt/article/view/11500.

VEIGA, Alexandre Brandão da, *Fundos de Investimento Mobiliário e Imobiliário (Regime Jurídico)*, Almedina, Coimbra, 1999.

VEIGA, Alexandre Brandão da, "A Profissionalidade na Intermediação Financeira", in *Cadernos do Mercado de Valores Mobiliários*, n.º 10, 2001, disponível em: https://www.cmvm.pt/pt/EstatisticasEstudosEPublicacoes/CadernosDoMercadoDeValoresMobiliarios/Pages/CadernoN10.aspx?v=.

VEIGA, Alexandre Brandão da, *Transmissão de Valores Mobiliários*, Almedina, Coimbra, 2010.

VEIGA, Alexandre Brandão da, "Idoneidade e Supervisão", in *Cadernos do Mercado de Valores Mobiliários*, n.º 55, 2016, disponível em:
https://www.cmvm.pt/pt/EstatisticasEstudosEPublicacoes/CadernosDoMercadoDeValoresMobiliarios/Documents/Cadernos%20MVM%2055E.pdf.

VEIGA, Fábio, e SANTOS, João Vieira dos, "A União Financeira e o Sistema Europeu de Supervisão Financeira: a «quarta» liberdade constitutiva do mercado comunitário", in *O Direito Constitucional e o seu Papel na Construção do Cenário Jurídico Global*, Coord. por Fábio da Silva Veiga e Rúben Miranda Gonçalves, IPCA, Barcelos, 2016.

VEIGA, Vasco Soares da, *Direito Bancário*, 2.ª ed., Almedina, Coimbra, 1997.

VENTURA, Raúl, *Sociedades por Quotas – Comentário ao Código das Sociedades Comerciais,* Volume I, 2.ª ed. Almedina, Coimbra, 1999

VERMEULEN, Erik, FENWICK, Mark e KAAL, Wulf A., "Regulation Tomorrow: What Happens when Technology is Faster than the Law?", *TILEC Discussion Paper,* Tilburg University, 2016, disponível em https://papers.ssrn.com.

VÉRON, Nicolas e WOLFF, Guntram, *Capital Markets Union: A vision for the long term,* 2015, disponível em: bruegel.org.

VIANA, Cláudia, "O conceito de funcionário público – tempos de mudança?" in *Revista de Estudos Politécnicos,* Vol V, n.º 8, 2007, disponível em: http://www.scielo.mec.pt/pdf/tek/n8/v5n8a02.pdf.

VICENTE, Dário Moura, *Direito Comparado – Volume I,* 4.ª ed. Almedina, Coimbra, 2019.

VIRTUOSO, Tomás, GOUVEIA, Ana e MARTINS, Ana, "A União dos Mercados de Capitais: Análise Crítica", in *Boletim Mensal de Economia Portuguesa,* n.º 8, 2015.

VITALE, Matthew, *Crowdfunding: Recent International Developments and Analysis Of Its Compatibility With Australia's Existing Regulatory Framework,* 2013, disponível em: http://papers.ssrn.com/.

VOERMANS, Wim, "Beating about the bush" in *Better Regulation,* Eleven International Publishing, Haia, 2016.

WALCH, Angela, "In Code(rs) We Trust", in *Regulating Blockchain: Techno-Social and Legal Challenges,* Philipp Hacker, Ioannis Lianos, Georgios Dimitropoulos e Stefan Eich (Eds.), Oxford University Press, Oxford, 2019.

WERBACH, Kevin, e CORNELL, Nicolas, *Contracts Ex Machina,* 2017, disponível em: https://papers.ssrn.com/.

WILLEMS, Wybrich, *What characteristics of crowdfunding platforms influence the success rate?,* 2013, disponível em: http://thesis.eur.nl/pub/15182/.

WILSON, Karen e TESTONI, Marco, *Improving the role of equity crowdfunding in Europe's capital markets,* 2014, disponível em:
http://www.bruegel.org/publications/publication-detail/publication/844-improving-the-role-of-equity-crowdfunding-in-europes-capital-markets/.

WITTE, J. H., *The Blockchain: A Gentle Introduction,* 2016, disponível em: https://papers.ssrn.com/.

WONG, Andrew Y., *Angel Finance: The Other Venture Capital,* 2006, disponível em: papers.ssrn.com.

ZETZSCHE, Dirk, BUCKLEY, Ross P., ARNER, Douglas W. E BARBERIS, Janos Nathan, "Regulating a Revolution From Regulatory Sandboxes to Smart Regulation", in *EBI Working Paper Series*, n.º. 11, 2017, disponível em https://papers.ssrn.com.

ZETZSCHE, Dirk, BUCKLEY, Ross P., ARNER, Douglas W. E BARBERIS, Janos Nathan, "From FinTech to TechFin: The Regulatory Challenges of Data--Driven Finance", in *EBI Working Paper Series*, n.º. 6, 2017, disponível em: https://papers.ssrn.com/.

ZETZSCHE, Dirk, ANNUNZIATA, Filippo, ARNER, Douglas e BUCKLEY, Ross, "The Markets in Crypto-Assets Regulation (MICA) and the EU Digital Finance Strategy", in *European Banking Institute Working Paper Series*, No. 2020/77, University of Luxembourg Law Working Paper Series No. 2020-018, University of Hong Kong Faculty of Law Research Paper No. 2020/059, 2020, disponível em: papers.ssrn.com.

ZETZSCHE, Dirk, ARNER, Douglas e BUCKLEY, Ross, "Decentralized Finance (DeFi)", in *Issue Brief 02/2020, European Banking Institute Working Paper Series 59/2020*, University of Hong Kong Faculty of Law Research Paper No. 2020/010, University of Luxembourg Faculty of Law, Economics & Finance WPS, Journal of Financial Regulation – forthcoming, 2020, disponível em: papers.ssrn.com.

ZETZSCHE, Dirk, E WOXHOLTH, Jannick, *The DLT Sandbox under the EU Pilot Regulation*, 2021, p. 13, disponível em: https://papers.ssrn.com/.

ZHANG, Yi, *An Empirical Study into the Field of Crowdfunding*, 2012, disponível em: http://lup.lub.lu.se/luur/download?func=downloadFile&recordOId=3049774&fileOId=3049777.

ZUNZUNEGUI, Fernando, *Derecho del Mercado Financiero*, 3.ª ed., Marcial Pons, Barcelona, 2005.

ZUNZUNEGUI, Fernando, *Derecho Bancário e Bursátil*, 2.ª ed., Constitución y Leyes, Madrid, 2012.

ZUNZUNEGUI, Fernando, "Régimen jurídico de las plataformas de financiación participativa (crowdfunding)", in *Revista de Derecho del Mercado Financiero*, junio 2015, disponível em: http://www.rdmf.es.

ZUNZUNEGUI, Fernando, *Systematic and Conceptual Framework for Crowdfunding Regulation*, 2019, disponível em: https://papers.ssrn.com/.

ÍNDICE

NOTA PRÉVIA 5
PREFÁCIO 7
RESUMO 21
ABSTRACT 23
LISTA DE ABREVIATURAS 25
PLANO DA TESE 29

Introdução 31
1. Enquadramento e importância do objeto de estudo 31
2. Sequência da exposição e método 38

PRIMEIRA PARTE – REGULAÇÃO DAS FORMAS DE FINANCIAMENTO *FINTECH*

I. Formas de Financiamento FinTech 45
1. O surgimento da *FinTech* 45
2. *FinTech* e financiamento alternativo 50
3. *FinTech* e financiamento de *startups* 55
4. As três vertentes da *FinTech* 60

II. Estratégias a Nível Governamental Relacionadas com as Formas de Financiamento *FinTech* 65
1. Plano de Ação da União dos Mercados de Capitais 65
1.1. O contexto histórico dos modelos anglo-saxónico e continental 68
1.2. O objetivo do financiamento das PME 73

1.3. O investimento a longo prazo e os mercados de titularização 77
1.4. O fomento da concorrência 80
1.5. Revisão intercalar e novo plano de ação 82
2. Estratégia para o Mercado Único Digital na União Europeia e o Pacote de Serviços Digitais 83
3. Os Planos de Ação *FinTech* e o Pacote dos Serviços Financeiros Digitais 87
4. A Estratégia Europeia para as Finanças Sustentáveis 90
5. Estratégia Nacional de Transição Digital, incentivos públicos às *startups* e PME em Portugal e o programa "Capitalizar" 91
6. Zonas livres tecnológicas 105
7. A agenda "*Better Regulation*" da Comissão Europeia, o programa "Legislar Melhor" e o processo de Lamfalussy 109

III. Estratégias a Nível Regulatório sobre *FinTech* 121
1. Entidades reguladoras e *FinTech* 121
2. O Sistema Europeu de Supervisão Financeira 125
3. *Soft Law* 132
4. Autorregulação 134
5. *RegTech* 138
6. *SupTech* 148
7. *Innovation Hubs* 151
8. *Regulatory sandboxes* 156

IV. Enquadramento das Estratégias Governamentais e Regulatórias *FinTech* no Sistema Jurídico Nacional 169
1. Enquadramento no Direito da União Europeia e no Direito Constitucional 169
2. Princípios estruturantes da regulação da *FinTech* 181
2.1. Princípio da proporcionalidade 182
2.2. Princípio da igualdade 186
2.3. Princípio da neutralidade tecnológica 188
2.4. Princípio "*same activity-same risks-same rules*" 190
3. Missões estatutárias das entidades reguladoras financeiras 191
4. Enquadramento dos instrumentos regulatórios *Fintech* no sistema jurídico nacional 193
5. Uma regulação baseada em princípios para a *FinTech*? 207

V. Uma Abordagem Regulatória para as Formas de Financiamento Empresarial *FinTech* 231
1. A «*intermediação financeira infinita*» enquanto função social e económica 231
2. A promoção da inovação enquanto factor de crescimento económico e exigência de interesse público 259
3. Quando e como deve o legislador intervir? 269
4. O recurso às *regulatory sandboxes* 277

SEGUNDA PARTE – REGULAÇÃO DO *CROWDFUNDING*

I. Fundamentos Básicos do *Crowdfunding* 285
1. O advento e a noção genérica de *Crowdfunding* 285
2. Sujeitos intervenientes 293
3. Benefícios e riscos do *Crowdfunding* 296
3.1. Para os promotores 296
3.2. Para os financiadores 297
3.3. Riscos do *Crowdfunding* 298
4. Modalidades de *Crowdfunding* 299
4.1. *Crowdfunding* através de donativo 300
4.2. *Crowdfunding* com recompensa 301
4.3. *Crowdfunding* de capital 303
4.4. *Crowdfunding* por empréstimo 305

II. Abordagens Regulatórias ao Crowdfunding 309
1. A Legislação e regulamentação portuguesa 309
1.1. Regime jurídico do financiamento colaborativo 310
1.2. O Regulamento da CMVM n.º 1/2016 314
2. Abordagem regulatória de outros países 318
3. O Regulamento (UE) 2020/1503 327
3.1. Objetivos, âmbito e entrada em aplicação 329
3.2. Requisitos e deveres dos prestadores de serviços de *Crowdfunding* 333
3.3. Admissibilidade da gestão discricionária e do mercado secundário 338
3.4. Proteção dos investidores 340

III. Enquadramento do *Crowdfunding* no Sistema Jurídico Nacional 343
1. *Crowdfunding*, figuras aplicáveis e figuras de fronteira 343

1.1. *Crowdfunding* e subscrição pública 344
1.2. *Crowdfunding* e ofertas públicas de valores mobiliários 347
1.3. *Crowdfunding* e intermediação financeira 350
1.4. *Crowdfunding* e formas organizadas de negociação 354
1.5. *Crowdfunding* e organismos de investimento coletivo 356
1.6. *Crowdfunding* e contrato de cessão do direito ao dividendo 363
1.7. *Crowdfunding* e contrato de associação em participação 365
1.8. *Crowdfunding* e contrato de mútuo pecuniário 367
1.9. *Crowdfunding* e contrato de mútuo bancário 370
1.10. *Crowdfunding* e cessão de créditos 371
1.11. *Crowdfunding* e *Invoice Trading* 373
1.12. *Crowdfunding* e titularização de créditos 380
1.13. *Crowdfunding*, contrato de mandato e contrato de mediação 383
2. Que regime específico para o *Crowdfunding*? 387
3. Elementos essenciais e distintivos do *Crowdfunding* 388
4. Âmbito subjetivo do *Crowdfunding* 391
4.1. Beneficiários 392
4.2. Investidores 394
4.3. Plataformas 398
5. Âmbito objetivo do *Crowdfunding* 399
5.1. Atividades de financiamento 400
5.2. Proteção do investidor e limites ao investimento 413
5.3. Admissibilidade da gestão discricionária e do mercado secundário 416

TERCEIRA PARTE – REGULAÇÃO DAS *INITIAL COIN OFFERINGS*

I. Fundamentos Básicos das *Initial Coin Offerings* 431
1. O Advento e a Noção das *Initial Coin Offerings* 431
2. O funcionamento das DLT 434
2.1. Os mecanismos de consenso 440
2.2. *Smart contracts* 442
3. Estrutura das *Initial Coins Offerings* 445
4. Tipologia dos criptoativos 450
4.1. *Utility Tokens* 450
4.2. *Currency Tokens* 451

4.3. *Security Tokens* 451
4.4. *Hybrid Tokens* 451
4.5. *Non-fungible Tokens* 452
5. Finanças descentralizadas 453

II. Abordagens Regulatórias às *Initial Coin Offerings* 457
1. A Abordagem da CMVM 457
2. A Abordagem regulatória de outros países 459
3. Recomendações da ESMA e da EBA 465
4. Proposta de Regulamento Europeu sobre o Mercado de Criptoativos (MiCA) 468
5. Proposta de Regulamento Europeu sobre o regime piloto para a utilização de DLT em estruturas de mercado (DLT Pilot Regime) 482

III. Enquadramento jurídico das *Initial Coin Offerings* no Sistema Jurídico Nacional 493
1. *Initial Coin Offerings*, figuras aplicáveis e figuras de fronteira 493
1.1. *Initial Coin Offerings* e ofertas públicas de valores mobiliários 493
1.2. *Initial Coin Offerings* e *Crowdfunding* 495
2. Qualificação jurídica dos criptoativos 497
2.1. Os criptoativos enquanto representações de moeda 499
2.2. Os criptoativos enquanto representações de instrumentos financeiros 504
3. A aplicação das DLT nas estruturas de mercado 521
4. Um regime específico para as *Initial Coin Offerings*? 527

SÍNTESE CONCLUSIVA 539
BIBLIOGRAFIA 545